동남아시아 대륙부의 고고학

지은이 가 종 수
일본 슈지츠대학 종합역사학과 교수

著者 賈 鍾壽
『東南アジア大陸部の考古学』(學研文化社, 2022年, 韓國)
就実大学　人文科学部　総合歴史学科　教授
岡山市中区西川原町1-6-1

1992年から長期間にわたる東南アジアの現地調査を可能に支援してくれた就実大学人文科学部総合歴史学科の同僚の方々と就実大学に深く感謝する。本著は就実大学の個人研究費及び出版助成金によるものである。

Professor Jongsoo, KA
"Archaeological Studies of the Southeast Asia Mainland" (Hakyoun Cultural Publishing, 2022)
Shujitsu University
(Office) 1-6-1, Nishigawara, Naka-ku, Okayama City, Japan
Phone & Fax 81-86-271-8151
E-mail: ka@shujitsu.ac.jp

동남아시아 대륙부의 고고학

2022년 8월 10일 초판 1쇄 발행

지은이　가종수
펴낸이　권혁재
편　집　권이지
표　지　이정아
교　정　천승현

인　쇄　성광인쇄
펴낸곳　학연문화사
등　록　1988년 2월 26일 제2-501호
주　소　서울시 금천구 가산디지털1로 16 가산2차SKV1AP타워 1415호

전　화　02-6223-2301
팩　스　02-6223-2303
E-mail　hak7891@chol.com

ISBN　978-89-5508-469-6 93910

동남아시아 대륙부의 고고학

Archaeological Studies of the Southeast Asia Mainland

가종수 지음

학연문화사

책머리에

　아득히 먼 지질시대에 인도와 중국의 거대한 지괴가 충돌하며 그 사이에 히말라야산맥이 융기했다. 당시의 충격이 동남쪽으로 뻗어 큰 바다에 삼각형의 지괴를 형성한 것이 동남아시아 대륙부이고, 그 외연에 아시아의 다도해라고 하는 순다 대륙붕이 탄생했다. 중국 남서쪽에서 인도 동쪽으로 펼쳐지는 이 지역을 동남아시아라고 부르게 된 것은 제2차 세계대전 이후이다. 현재의 국명으로 하면 베트남, 캄보디아, 라오스, 태국, 미얀마, 말레이시아, 브루나이, 싱가포르, 인도네시아, 필리핀, 동티모르 등을 칭한다.

　지리적으로 동남아시아는 크게 대륙부와 도서부로 분류하는 것이 일반적이다. 본서에서 말하는 '동남아시아 대륙부'는 현재의 국가와 국경을 기준으로 하는 지역 구분이 아니라, 역사와 민족을 중심으로 하는 영역을 의미한다. 동남아시아 대륙부의 사람과 문화의 기원은 운남과 귀주(貴州) 고원을 포함하는 중국 서남부로 추정된다. 운남, 티베트 고원을 수원으로 하는 메콩강, 차오프라야강, 살윈강, 에야와디강 등의 큰 강이 내륙 산지와 연안 지역과의 교류에 중요한 역할을 했다. 내륙 연안부와 도서부와는 바다를 사이에 두고 밀접한 교류가 있었다. 동남아시아 선사 시대인과 문화는 북부 내륙에서 강을 따라 남하하여 대륙부, 말레이반도, 도서부로 확산한다. 동남아시아 기후는 적도 바로 아래의 열대에서 온대까지를 포함하는 광대한 지역으로, 민족적으로도 다양하다. 동남아시아 문화는 오래전부터 중국의 운남 지역이나 인도의 힌두교와 불교의 영향을 받았지만, 인도나 중국 문화와는 다른 독자적인 문화를 가지고 있다.

　지금까지 동남아시아의 고고학 연구는 주로 세 가지의 큰 주제를 연구과제로 하고 있다.

　첫째, 동남아시아 고고학 연구의 가장 큰 과제는 식민지 시대 이전까지 거의 빈 곳처럼 남아 있는 선사 시대부터 고대까지 역사를 복원하는 작업이다. 동남아시아의 선사 시대 고고학 연구는 나라와 지역에 따라서 '어디에', '어떤' 유적이 있는지 정확한 지표 조사조차도 없는 상황이다. 동남아시아는 크게 선사 시대와 역사 시대로 구분할 수 있다. 동남아시아 대륙부의 선사 시대는 구석기 시대, 호아빈니안·박썬니안, 금속기 시대까지이며, 역사 시대는 고대, 중세, 식민지 시대, 근·현대로 구분하는 것이 일반적이다. 그러나 17~18세기 식민지 시대 이전의 역사는 문헌 자료나 고고학적인 편년 연구와 같은 근거가 매우 적어 상세한 역사의 실증적 뒷받침이 어렵다. 특히 동남아시아의 선사 시대와 고대의 유적은 아직도 발굴을 수반한 본격적인 조사가 이루어지지 않아 역사의 큰 흐름밖에 알 수 없는 것이 현실이다.

둘째, 동남아시아에 남아 있는 개별 유적과 유물에 관한 편년 연구의 축적과 확립이다. 동남아시아 유적과 유물의 개별 연대에 관해서는 아직 모두가 인정할 수 있는 확고한 답이 마련돼 있지 않다. 나라와 지역, 연구자에 따라서 시대 구분과 연대에 대하여 이견이 적지 않다. 동남아시아 역사 연구를 위한 개개의 유물과 유적의 편년이 확실하지 않으므로 이를 해결하기 위해서는 가능한 각 유적의 발굴 조사와 면밀한 현지 조사를 통해 고고학 연구 성과를 축적할 필요가 있다. 식민지 시대 유럽의 고고학자와 현지의 1세대 고고학자의 편년 연구에는 사료의 한계로 인한 적지 않은 오류가 있다. 이 책에서 제시한 유적과 유물의 연대도 어디까지나 독자들의 편의를 위해 필자가 대략적인 편년을 제시하고 있다는 점을 유념하길 바란다.

셋째, 동남아시아 역사의 문화적 다양성, 내적 변화와 민족적 독자성을 주목해야 할 필요가 있다. 지금까지 동남아시아 역사 연구는 '식민지 사관(유럽 중심 사관)', 인도와 중국의 영향을 지나치게 강조한 '문화 전파 주의 사관'이라는 올바르지 않은 역사관에서 생기는 잘못과 편견이 있었다. 동남아시아 역사 연구의 중심축을 인도나 중국에 두고, 이 양대 문화권의 영향을 지나치게 강조하거나 과대평가한 측면이 있었다. 우리는 문화상대주의(文化相對主義, Cultural relativism)에 따라 동남아시아 문화와 민족적 독자성에 관해서 학문적으로 새로운 이론을 구축해야 할 시기에 있다. 또한 현재 동남아시아 각국에서 어느 정도 고고학 자료를 축적하고 있지만, 우리나라 고고학자와 동남아시아 현지의 학자와 공동 조사와 연구가 더욱더 활성화되어야 한다. 또한 아시아권이라는 넓은 지역과의 비교 연구도 유효하며, 연구자들끼리의 교류도 중요하다.

우리나라와 동남아시아는 더는 '멀고도 먼 남의 나라'가 아니다. 최근 동남아시아 역사 연구는 놀라운 진전을 이루고 있고, 세계사 연구에서 가장 연구가 활발한 지역이라 할 수 있다. 세계 각국의 고고학자, 미술사가, 건축사가들이 동남아시아 각지에서 경쟁적으로 유적 조사와 복원에 참여하고 있으며, 현재까지도 영어와 일본어로 저술된 전문 서적이 계속해서 출판되고 있다. 한국에서도 2000년대 이후 한국문화재재단, 아시아문화연구소, 동남아시아학회, 서울대학교 아시아연구소 등에서 활발한 연구 활동을 하여 동남아시아 각국에서 높은 평가를 받고 있다. 특히 한국문화재재단이 진행한 라오스 참파삭의 홍낭시다 유적의 복원 사업, 캄보디아 씨엠립의 프레아 피투 유적의 복원 사업, 바간의 술라마니 사원 복원, 아시아문화연구소가 진행한 동남아시아 각지의 다양한 연구 및 지원 활동은 우리나라 국립 문화재 기관이 동남아시아 역사와 문화 연구에 크게 기여하는 계기가 되었다. 우리나라와 동남아시아의 교류사는 앞으로 우리나라 고고학이 규명해야 할 중요한 연구 과제이다.

필자는 고고학을 일본에서 배웠고, 첫 발굴 조사 또한 동남아시아 유적이었다. 지금까지 일본의 대학에서 동남아시아 고고학을 학생들에게 가르치며 연구해 왔다. 필자는 우리나라 고고학과는 이렇다 할 인연이 없고, 이 책에도 우리나라의 선학이나 동학들의 연구 성과를 충분히 반영하지 못한 점은 아쉽게 생각한다. 그럼에도 이 책을 한국에서 출판하는 이유는 크게 두 가지이다. 첫째, 지금까지 조사하고 연구한 동남아시아 유적과 유물이 우리나라에서 거의 알려있지 않기 때문이다. 원래 이 책은 고고학, 역사학을 연구하는 연구자들을 대상으로 쓴 전문 서적이다. 둘째, 동남아시아를 갈 때마다 이 나라, 저 나라의 여행 안내서를 사서 여행 후 버리거나, 혹은 동남아시아의 역사와 문화를 알아보고, 가족, 친구들과 같이 다음에는 동남아시아의 어디를 갈까 고민하는 일반 독자들이 오랫동안 이 책을 책장에 놓고 유용하게 쓰기를 기대하기 때문이다.

지금까지 우리나라에서 동남아시아의 고고학을 주제로 체계적이면서 전체적인 흐름을 알 수 있는 연구서는 출판된 적이 없는 것으로 알고 있다. 본서를 집필하면서 동남아시아의 넓은 지역에 있는 유적을 '언제', '어디에', '무엇'이 있는지 철저히 현지 조사했고, 조사한 자료는 오랫동안 사료(史料)를 근거로 '왜' 혹은 '어떻게'를 밝히려 노력했다. 본서는 동남아시아의 고고학이 주요 연구 기반이나, 미술사와 문헌사를 포함하는 동남아시아 문화사가 연구 대상이다. 즉, 기존의 고고학 연구 영역보다는 '문화사학(文化史學)'이라는 관점에서 동남아시아의 유적과 유물을 소개했다. 단, 필자의 동남아시아 유적 조사 및 연구는 어디까지나 필자가 관심을 가졌던 주제와 분야를 중심으로 하고 있고, 특히 시대적으로 이슬람교 전래와 유럽 식민지 시대 이후의 역사와 유적은 연구 대상에서 제외했다.

이 책에 게재한 모든 사진의 유적과 유물은 소재지를 영어로 표기해 일반 독자들이 쉽게 인터넷으로 상세한 정보를 찾을 수 있도록 했다. 또한, 전문 서적에서 지키는 문장과 사항, 논점마다 일일이 주를 달고 가능한 많은 주석을 달아 전거를 밝히고, 참고한 영어, 일본어, 현지어의 전문 서적을 명기해야 하는 일반적인 원칙을 무시했다. 가능한 주를 최대로 생략했고, 전문가들이 필요하다고 생각하는 최소한의 전거를 밝혔다. 말미의 참고 문헌도 최소화 했고, 동남아시아 고고학의 개설적인 문헌을 소개하는 데 중점을 두었다. 필자는 동남아시아의 문화유산을 바르고 정확하게 알려고 부단히 노력했다. 필자가 조사하고 연구한 동남아시아 문화유산의 멋과 아름다움을 조금이나마 독자들에게 알리게 되길 기대하며 이 책을 출판한다.

2022년 7월

가종수

목 차

제4장 동남아시아 대륙부의 고대 왕국

제5장 동남아시아 대륙부의 중세 왕국

I am deeply grateful to Shujitsu University and fellow professors of the Department of History at Shujitsu University who have supported my long-term field research in Southeast Asia since 1992. I received a personal research grant and publication support from Shujitsu University for this book. While I was a visiting researcher at Thammasat University(Thailand) in 2014, I had the opportunity to conduct research at historical at ruins and at national museums in Thailand, Myanmar, Laos, Cambodia and Vietnam. As a research fellow at the Korea Cultural Heritage Foundation and Asian Culture Research Institute from 2015 to 2017, I had the opportunity to closely examine Thailand, Laos, and Cambodia. I received a lot of guidance and assistance from archaeologists from the Department of Fine Arts of Thailand, the Bagan Archaeological Institute of Myanmar, the APSARA and Royal University of Arts in Cambodia, the Ministry of Culture and Tourism of Laos, the National University of Hanoi in Vietnam, and the Centre for Archaeological Research Malaysia in Science University of Malaysia.

제1장 | 동남아시아 고고학 개설

1-1. 동남아시아 문화의 독자성

20세기 초기부터 동남아시아를 역사적·문화적으로 하나의 세계로 인식하려는 다양한 시도가 있었다. 역사학에서는 1929년 프랑스의 르네 그루세(René Grousset)가 외래문화의 영향을 근거로 하여, 동남아시아를 중국 문화권과 인도 문화권으로 분류했다.[1] 이러한 그루세의 연구 영향을 받은 프랑스의 동남아시아 역사학자 G. 세데스(George Cœdès, 이하 G. 세데스, 1886~1969년)는 1944년 『인도화(Indianisation)한 제국의 고대사』를 발간하여, 16세기까지의 동남아시아·인도 문명권의 역사를 소개했다.[2]

G. 세데스는 동남아시아 역사 연구에서 중요한 개념인 '인도화한 동남아시아 제국(The Indianized States of Southeast Asia)'을 주장했지만, 이 개념에는 많은 문제점이 있다.[3] 동남아시아와 인도는 기원 전후부터 교류를 시작했다. 서기 4~5세기 이후부터 말레이반도 및 인도네시아에 인도 문화가 서서히 영향을 끼치기 시작했다. 동남아시아 대륙부나 도서부에 힌두교와 불교가 전파한 것은 인도와 동남아시아의 교류에 의해서였다. 그 과정에서 신학 교리, 신화 체계, 산스크리트어, 사회와 정치 조직 등과 함께 힌두교와 불교가 인도의 테두리를 넘어 동남아시아에 전파됐다.

동남아시아 고대 국가의 성립은 중국 운남성을 기원으로 하는 헤가 I 식 동고(銅鼓)를 대표로 하는 청동기 시대부터이다. 동남아시아 국가들은 기원후 인도에서 전파한 힌두교와 불교를 수용하여 독자적으로 왕권을 강화했다. 동남아시아 고대 왕국은 농업을 기반으로 하는 '무앙(Muang, 성읍 국가)'으로 시작하여, 해상 무역을 중심으로 하는 '느가라(Negara, 항시국가=港市國家)'가 세력을 확대했다.[4] 정치적으로 동남아시아의 대표적인 고대 왕국은 부남, 임읍, 진랍, 스리위자야, 샤일렌드라 등이다. 그 후 동남아시아 대제국 앙코르 왕조의 출현을 시작으로 9~10세기부터 유럽 식민지 시대 이전인 16세기까지를 동남아시아 중세로 구분한다.

---

1   Rene Grousset, In the Footsteps of the Buddha, J. A. Underwood (trans) Orion Press, New York, 1971.

2   Cœdès, George (1968), Walter F. Vella (ed.), The Indianized States of Southeast Asia, trans. Susan Brown Cowing, University of Hawaii Press.

3   가종수, 『보로부두르-찬란한 불교 미술의 세계-』, 북 코리아, 2013. G. 세데스의 '고대 동남아시아의 인도화라는 개념'은 예를 들어 우리나라와 일본의 고대사를 '중국화'라고 취급한다면, 그의 주장에 얼마나 문제가 있는지 우리는 쉽게 알 수 있다.

4   느가라(Negara)는 산스크리트어 'nagara'(도시)에서 유래하는 말로, 인도네시아어와 말레이어로 'negara'(도시 국가)라고 한다. 이 책에서는 동남아시아 도서부에 있는 'negara'는 교역을 경제적 기반으로 하는 '항구(港口)+시장/도시(市場/都市)+무역 국가(貿易國家)'의 의미로 사용한다.

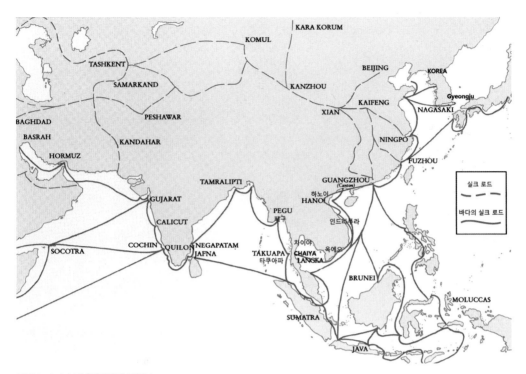

도판 1-1-1 | 동남아시아의 교역로

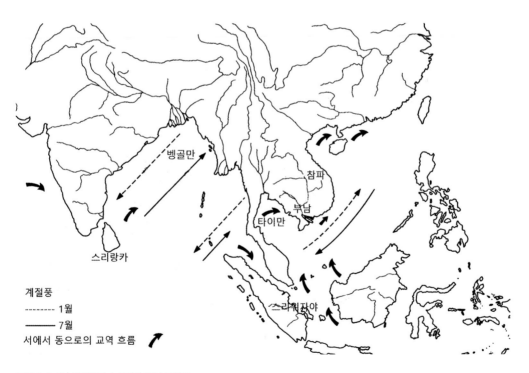

도판 1-1-2 | 계절풍과 4~5세기 동서 교역로

도판 1-1-3 | 한국문화재재단이 복원 중인 홍낭시다 유적(11~12세기, Hong Nang Sida, Champasak, Laos, 2019년)

도판 1-1-4 | 카오 플라라 동굴 벽화 유적 전경(기원전 3세기~기원전 1세기, Khao Plara, Uthai Thani, Thailand)

중국 사서에서는 3세기 이후가 되어서야 단편적으로나마 동남아시아에 관한 기록이 나온다. 중국 삼국시대 오나라(吳)의 부남(扶南) 사절단 225년 기록이 처음이다. 그러나 동남아시아에서 인도 기원의 종교를 위한 조형 활동이 명확해지는 시기는 5세기 이후로, 특히 힌두교와 불교는 지배층의 열렬한 비호 아래서 사원과 신상이 활발하게 만들어졌다. 현재 동남아시아 대륙부는 대부분 남방 상좌부 불교(이하 소승 불교)이고, 동남아시아

도판 1-1-5 | 주술사와 의례용 소(기원전 3,000~기원전 1,000, Khao Plara, Uthai Thani, Thailand)

도서부는 주로 이슬람교를 신봉하지만, 고대의 사원과 조상(彫像)에는 대승 불교와 힌두교가 우세했으며, 소승 불교도 공존하고 있었다.

힌두교는 부남과 진랍, 베트남 중부의 임읍, 인도네시아 중부 자바에서 융성했다. 불교는 미얀마, 말레이반도, 드바라바티(태국)에서 성행했다. 대승 불교와 함께 전개한 밀교는 8~9세기를 중심으로 중부 자바와 태국 남부, 12세기 말부터 13세기 초에 캄보디아에서 융성했다. 소승 불교는 11세기 중반 이후 미얀마에서 최초로 우세했다. 그 후 13세기의 태국, 14세기의 캄보디아와 라오스에서 힌두교는 상좌부 불교로 교체됐다. 13~14세기 이후 태국과 미얀마를 제외하면 동남아시아의 조형 활동은 활기를 잃고, 특히 인도네시아는 13세기 말 이후 이슬람화가 진행하면서 큰 전환기를 맞이했다.

동남아시아는 동아시아와 남아시아 사이의 교역 중계지로서 중요한 역할을 했고, 때문에 중국과 인도의 2대 문명권의 영향은 필연적이었다. 특히 인도 문화는 동인도네시아의 도서부, 필리핀 등의 일부 지역을 제외하고 동남아시아 각지에 많은 영향을 끼쳤다. 동남아시아 대부분이 인도 문화의 영향을 강하게 받은 것은 부정할 수 없는 사실이다. 특히 사원과 종교 미술의 경우는 그 경향이 뚜렷하다. 그러나 동남아시아의 사원과 유물은 인도 문화의 일부도 아류도 아닌 독자적인 문화를 가지고 있다. 따라서 우리는 인도나 중국과는 다른 동남아시아 문화의 독자성을 명확하게 인식해야 한다.

동남아시아 선사 시대의 문화를 대표하는 것은 동굴(바위 그늘) 벽화, 채색 토기, 거석문화, 동썬 동고(銅鼓)이다. 동썬 동고는 동남아시아 각지에서 발견되어 기술적, 조형적으로 매우

도판 1-1-8 | 태국의 거석 유구(기원전 4,000~기원후 1,500년, Phu Phra Bat Historical Park, Udon Thani, Thailand)

도판 1-1-6 | 응옥루 출토의 동썬 동고(기원전 3세기~기원전 2세기, Ngoc Lu, Ly Nham, Ha Nam, Vietnam National Museum of History, Vietnam)

도판 1-1-7 | 반치앙 유적 출토의 채색 토기(기원전 2~기원후 1세기, Ban Chiang National Museum, Udon Thani, Thailand)

높은 수준의 문화가 있었던 것을 알려주는 유물이다. 기형(器形)이나 문양에 동남아시아의 독자성을 잘 발휘하고 있다. 그 밖에도 청동 인물상이나 의례용 제기, 태국 북부 반치앙 문화의 채문(홍도) 토기도 주목된다. 중국 사천성 무산현 대계(巫山縣 大溪) 유적에서 출토한 신석기 시대의 채색 토기가 동북 태국의 채색 토기와 어떠한 관련이 있었는지 앞으로 검토할 문제이지만, 반치앙 토기는 동북 태국에서 독자적으로 탄생한 토기로 보는 것이 일반적인 견해다.[5] 기원후 4~5세기 이후 동남아시아는 독자적인 기층문화 위에 서서히 인도 문화를 수용했다.

히말라야산맥의 북 티베트 고원에서 브라마푸트라강(Brahmaputra River), 메콩강, 양자강이 발원한다. 브라마푸트라강은 남쪽에서 시작하여 인도양으로 흐르고, 양자강은 동쪽으로 향하여 동중국해로 흘러간다. 동남아시아 대륙부는 브라마푸트라강과 양자강 사이에 있는 지역을 가리킨다. 동남아시아 대륙 각지에 분포하는 여러 민족은 양자강 분지 근처에서 기원하고 있다. 이 지역의 중앙을 북서에서 남동으로 장대한 메콩강이 중국과 미얀마, 라오스와 태국, 캄보디아와 베트남 남부를 연결하고 있다. 그러나 메콩강은 세계적으로 크고 긴 강이지만 라오스와 캄보디아 국경 사이에 폭포와 급류가 있기 때문에 운하로 이용하기에는 약점이 있다. 메콩강변의 많은 민족은 서로 교류했지만 각각 독립한 생활을 영위해왔다.

동남아시아 대륙부의 고대 왕국은 대부분 삼각

5   石井米雄編, 『東南アジア史Ⅰ』, 山川出版者, 1999.

주의 해안 근처, 혹은 바다에서 그다지 멀지 않은 곳에 수도를 정하고 항시 국가로 세력을 확장했다. 이러한 항구 도시는 불교의 중심지인 인도 남부, 중국의 주요 항구인 광주(현 광저우)와 연결되어 있었다. 항구 도시는 내륙에서 수전 농업(水田農業)을 중심으로 하던 성읍 국가와 통합됐다. 거대 도시가 만들어지고 화려한 궁전과 사원이 출현했다. 내륙의 농민들은 매년 몬순 시기에 발생하는 홍수에 의지하여 혈관처럼 수로를 만들어 이를 기반으로 만든 수전에서 벼농사를 지었다. 이들은 미얀마의 에야와디강 삼각주, 태국의 차오프라야강 삼각주, 베트남 남부의 메콩강 삼각주에 광대한 수전을 만들었다. 그러나 베트남 북부의 홍강 삼각주는 홍수 피해가 잦아 1,800년 전에 이미 치수에 필요한 수백 ㎞에 달하는 제방과 운하를 건설했다.[6] 복잡한 관개 사업은 지역 일대의 각마을의 충분한 협력과 고도의 기술적 경험을 수반하는 복잡한 사회 조직을 발달시켰다. 동남아시아 대륙부의 고대사는 성읍 국가와 항시 국가로 출발하지만, 중세 이후의 국가들은 수전 농업을 기반으로 하고 있다. 지금도 지역 주민의 절대 다

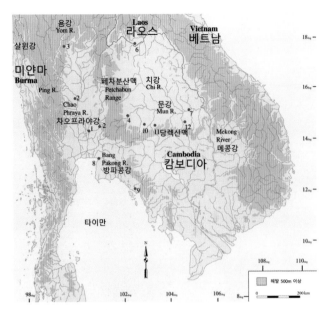

도판 1-1-9 | 동남아시아 태국의 주요 하천과 도시
1. 롭부리(Lopburi), 2. 나콘사완(Nakhon Sawan), 3. 우타라딧(Uttaradit), 4. 나콘랏차시마(Nakhon Ratchasima), 5. 사라부리(Saraburi), 6. 비엔티안(Vientiane), 7. 우본랏차타니(Ubon Ratchathani), 8. 촌부리(Chonburi), 9. 뜨랏(Trat), 10. 부리람(Buriram), 11. 수린(Surin), 12. 시사켓(Sisaket)

도판 1-1-10 | 17세기의 태국 아유타야(View of Judea, the Capital of Siam, Ayutthaya 1662 –1663, Ricjks Museum)

수가 농민이다. 17세기 초 태국을 본 영국 선원은 수도 아유타야의 규모가 런던에 필적한다고 보고했다.

---

6   新田榮治·西村正雄·坂井隆, 『東南アジアの考古學』, 同成社, 1998.

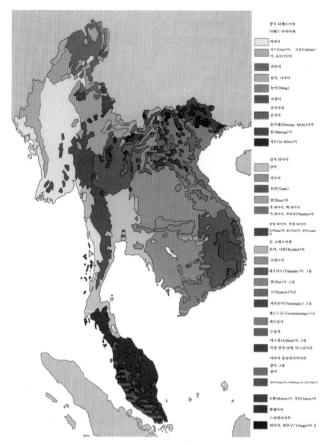

도판 1-1-11 | 동남아시아 대륙의 언어 분포도

동남아시아 대륙부의 수도는 무엇보다 신앙의 중심지이며, 상징적 성격이 강했다. 그래서 왕국의 힘이 쇠퇴하면 사람들은 수도를 버리고 떠났다. 캄보디아에 남아 있는 장엄한 유적인 앙코르 와트가 대표적인 사례이다. 과거 약 4,000년간 동남아시아 대륙에서는 각각 독자적인 문화를 가진 민족들이 강을 따라서 북쪽에서 남쪽으로 끊임없이 이주했다. 원주민은 나중에 온 이주자와 동화됐다. 당시 동남아시아 대륙부로 이주한 사람들은 오스트로네시아어족(Austronesia語族) 말레이폴리네시아어(Malayo-Polynesian languages)를 사용했다.

동남아시아 도서부는 방언의 차이는 있지만 전 지역이 오스트로네시아어족에 속하며, 일부 산악지대를 제외하면 비교적 균질한 사회를 형성하고 있다. 동남아시아 대륙부의 주요 언어는 티베트 버마어파(버마어), 타이어족(태국, 라오스어), 몬-크메르어파(캄보디아어, 베트남어)로 나뉘어 매우 다양하다. 티베트고원에서 발원하여 동남쪽을 향하여 방사선상으로 큰 강이 흐르고 있고, 그 사이에 융기하는 산맥 때문에 동서가 단절되어 이러한 복잡한 언어들이 형성됐다.

말레이폴리네시아어를 사용하는 이들은 지금의 인도네시아, 말레이시아, 필리핀에 많이 살고 있었다. 다음으로 '몬-크메르어계' 민족이 남하하여 말레이폴리네시아어 사람들을 대체했다. 앙코르 왕도에 중심지를 둔 앙코르 제국은 절정기인 12~13세기에 동남아시아 대륙부의 거의 전역을 장악했다. 13세기가 되면서 서쪽의 티베트·버마어계 민족이 등장하고, 동쪽에 타이어계 민족이 이주했다. 이들 타이어족은 산간 분지나 하천 평야에 정착했다.

하천 평야부로 이주한 사람들은 정주 농경을 하면서 인도의 힌두교와 불교의 영향으로 복잡한 계층 사회를 가진 왕국을 차례로 구축했다. 동남아시아 대륙부의 절반 이상을 차지하는 산지에서는 수전 경작을 거의 할 수 없었고, 그 대신 전형적인 화전 농업이 보급됐다. 이들 산지민은 사냥과 삼림 산물을 채집하며 작은 마을을 형성하여 생활했다. 불교와 힌두교의 영향이 미치지 않았지만, 그들은 고립된 소수 민족이 아니었다. 산지와 산지끼리, 또는 산지와 평지 사이에는 옛날부터 매우 복잡한 교역 관계가 있었다. 평지부 왕의 즉위식에 산지민이 중요한 역할을 하는 예도 많았고, 평지 세력이 약했던 지방에서는 카친(Kachin people), 카렌(Karen People) 등 민족에서 독자적인 수장제가 태어났다.

동남아시아 대륙부에는 소수 민족이지만 인구 전체에서 매우 큰 비율을 차지하는 지역이 있다. 미얀마, 운남, 라오스 북부, 북부 및 북서부 베트남의 소수 민족은 상당한 자치권을 가지고 있다. 또한, 동남아시아 대륙부의 거의 모든 민족에 공통되는 문화적 유사점이 있다. 어느 민족도 먼 과거의 기원을 따라가면 출발점이 하나라는 점이다. 또 하나는 자연환경의 유사점을 들 수 있다. 그들이 사는 세계는 '우기'와 '건기', '진흙'의 세계이며, 급속하게 많은 종류의 식물이 성장하는 세계이기도 하다. 도구, 주거 등에 사용되는 주요 재료는 대부분이 목재(야자수 나무와 대나무 등)이다. 평지부 사람들은 쌀을 주식으로 하고 어로와 사냥을 하며 살아왔다. 그들에게 물소는 중요하다. 작업에 사용되기도 하고 집단 간의 의례적 교환 혹은 의례용의 제물로도 쓰인다. 지금도 미얀마의 바간 사람들은 소를 운반과 밭갈이에 주로 사용하고 있다. 신앙, 관습에도 현저하게 유사한 점이 많다. 동남아시아 대륙부의 사람들은 현재 불교를 믿는 사람이 많지만, 기층에는 조상 숭배와 정령 숭배가 뚜렷하다.

동남아시아 대륙에서는 청동기를 대표하는 동썬(Dongson) 문화가 융성했고, 그 후 베트남 중남부 연안 지방을 중심으로 '사후인(Sa Huỳnh) 문화'가 확대한다. 사후인 문화의 유적에서 발견되는 유물은 대만, 필리핀, 태국 서부와 공통하는 것으로, 고(古) 말레이계 해양 민족인 '인도네시아계 참파족'이 남긴 것으로 추정되고 있다.[7] 오스트로네시아어족의 원향에 대해서는 아삼, 운남 혹은 중국 남서부 지역으로 추정되지만, 참파족이 보르네오(인도네시아 칼리만탄)에서 이주한 사람들이라는 가설은 명확하게 밝혀지지 않았다. 하지만 참파족과 크메르족은 같은 오스트로아시아어족으로 이들은 공통의 기층문화를 많이 가지고 있다. 따라서 지금까지의 연구는 동남아시아의 사원과 미술에는 인도의 종교와 문화의 영향이 강조됐지만, 오스트로아시아어족, 오스트로네시아어족 공통의 기층문화, 즉 조상 숭배에서 유래한다는 점을 지금부터 명백히 밝히고자 한다.

7　新田榮治編,『岩波講座東南アジア史』1, 2001.

도판 1-1-12 | 보로부두르 유적(8세기 말~9세기 초, Central Java, Indonesia, 박진호 제공)

    G. 세데스는 '인도화'라는 개념을 내세워 동남아시아의 고대 국가가 인도 문화의 여러 요소를 조직적으로 수용하여 성립했다고 주장했으며, 이는 세계적으로 큰 영향을 끼쳤다. 일반적으로 동남아시아 문화(사원과 조상을 포함)는 인도의 영향을 받아 성립한 것으로 여겨졌다. 최근까지도 동남아시아 지역은 외부의 영향을 받아 형성됐다는 역사관이 주류였다. 하지만 우리의 모든 문화가 중국의 영향을 받았다는 일제 강점기의 일부 일본인 역사학자들의 주장이 인정되지 않듯이, 현재 동남아시아의 '인도화'라는 G. 세데스의 개념은 인정될 수 없다.

    동남아시아는 기층문화(동썬 문화, 두작문화)를 기반으로 하여, 인도 문화 가운데 자신들의 문화에 적합한 요소만을 취사선택하여 채용했다. 이들 문화의 자주성을 간과해서는 안된다. 이러한 선택, 변용, 융합의 과정을 인도 문화의 '지역화'라고 부르는 연구자도 있다.[8] 즉 선택해서 수용한 문화가 어떠한 과정을 거쳐서, 어떻게 '동남아시아적'으로 변용했는지를 탐구하는 것이야말로 동남아시아 문화의 특성을 밝히는데 유효하다. 오히려 '지역화'라기보다

---

8   肥塚 隆,「東南アジア文化と東南アジア化」『世界美術大全集第12巻東南アジア』, 小學館, 2001.

'동남아시아화'라고 표현하는 것이 적절하다.

　대표적인 사례가 인도네시아의 보로부두르 유적, 캄보디아의 앙코르 와트, 미얀마의 바
간 유적이다. 세계 3대 불교 유적은 인도와 중국이 아니라, 모두 동남아시아에 있다. 이들
동남아시아의 세계 문화유산은 불교나 힌두교 등 인도에서 기원한 종교의 영향을 받아서
탄생했다. 그러나 동남아시아에서 인도 문화를 단순히 복제하여 수용한 것은 아니다. 그 증
거로 보로부두르, 앙코르 와트, 바간 등은 인도에는 볼 수 없는 유적이며 규모의 방대함은

도판 1-1-13 | 앙코르 와트(서면, 12세기 초, Sieam Reap, Cambodia, 오세윤 촬영)

도판 1-1-14 | 바간 유적(13세기, Pagan, Myanmar)

물론 세부의 예술적 수준은 청출어람의 전형이라 할 수 있다. 이러한 문화유산은 단순한 인도 문화의 영향에서 탄생한 것이 아니라, 동남아시아가 기층문화를 기반으로 하여 인도나 중국 문명을 초월한 사례라고 할 수 있다.

1-2. 동남아시아의 지리적 배경과 기후

1-2-1. 동남아시아의 지리적 배경

동남아시아의 총면적은 약 400만 ㎢이다. 동쪽은 필리핀의 사마르섬(Samar Island), 서쪽과 북쪽은 버마(미얀마), 남쪽은 인도네시아의 숨바섬(Sumba Island)에 이른다. 그러나 인도와 중국 사이에 있는 지금의 동남아시아 국경선을 기준으로 하여, 지정학적·민족학적으로 범위를 정확하게 규정하기에는 여러 가지 복잡한 문제가 있다. 왜냐하면 현재의 동남아시아 국경은 유럽의 식민지 지배의 산물에 지나지 않기 때문이다. 일반적으로 동남아시아는 크게 2개 지역으로 나뉜다. 하나는 동남아시아 대륙부 지역으로 베트남, 라오스, 캄보디아, 태국, 미얀마가 속한다. 또 하나는 동남아시아의 도서부 지역이다. 현재의 국가 구분으로는 말레이시아, 싱가포르, 브루나이, 필리핀, 인도네시아, 동티모르 등이 있다.

동남아시아 지역은 적도를 사이에 두고 북회귀선(23° 27)에서 남위 10°에 위치한다. 북위와 남위에 걸쳐 있기 때문에 기후가 다양하다. 동남아시아는 서쪽에서 인도에 접하고 북서에서 중국과 접해 있어서 이들 문화권과의 교류가 고고학 자료에서 명백히 나타난다. 동남아시아와 인도, 혹은 동남아시아와 중국의 경계를 살펴보면 현재의 국경선은 역사적으로 큰 의미가 없다. 이들은 현재의 국경을 훨씬 뛰어넘어 역사적·문화적·민족적 교류가 이루어졌다. 또한 동남아시아 대륙부와 동남아시아 도서부는 생태적으로도 큰 차이점을 보인다. 각각의 지역이 다양한 생태계를 가지고 있으며, 생태계의 무자이크 상황을 나타내고 있다.

동남아시아의 지역적 특성을 보면 다음과 같다. 첫째, 몬순(계절풍)의 영향권에 있다. 계절풍은 대륙과 해양의 비열 차이로 발생한다. 해양보다 비열이 작은 대륙은 해양보다 빨리 데워지고 빨리 냉각되는 특징이 나타난다. 이로 인하여 지역에 따라서 정도의 차이는 있지만, 우기와 건기가 나타나는 원인이 된다. 몬순으로 인해 적도 남쪽이 건기가 되면 북쪽은 우기가 되고, 적도 북쪽이 건기가 되면 남쪽이 우기가 된다.

둘째, 적도 지역 특성상 일반적으로 고온 다습하다. 고온 다습한 지대는 지세, 특히 바다로부터 고저 차이 때문에 다양성을 가진다. 동남아시아 지역은 크게 네 가지의 기후로 구분되는데 열대 우림, 열대 계절풍, 사바나, 열대 고원 기후대로 나눌 수 있다. 이들 기후대에 따라 각각 특이한 생태계가 나타난다.

동남아시아는 대륙부와 이에 부수하는 얕은 바다 부분의 지각은 안정되어 있으며, 이와 반대로 그 주위를 둘러싼 형태인 대다수의 섬들은 환태평양 조산대(Circum-Pacific belt)에 속하여 지각이 불안정하다.[9] 따라서 동남아시아는 지각이 안정한 지역과 불안정한 지역(화산과 지진이 빈발한 지역)이 함께 존재한다. 특히 인도네시아는 화산과 지진이 자주 발생하는 지역으로, 2006년 5월과 2010년 11월 중부 자바의 므라피(Gunung Merapi) 화산 폭발, 2004년 12월과 2010년 10월 수마트라 대지진, 2017년 11월 발리 아궁산(Gunung Agung) 화산 폭발, 2018년 9월 술라웨시 팔루(Palu)의 쓰나미, 2018년 12월 인도네시아 순다해협 쓰나미(아낙 크라카타우 화산 분화) 등 대참사가 발생했다. 이들 지역의 사원과 유적은 자연재해에 의한 붕괴와 복원이 반복되고 있다.

그 중에서 지각이 안정되어있는 지역에 순다 대륙붕이 있다. 순다 대륙붕은 말레이반도의 남단과 동안, 보르네오섬 북안에 둘러싸인 얕은 바다이다. 현재 순다 대륙붕을 둘러싼 도서부의 얕은 바다(Sunda Shelf와 Banda Sea)는 과거 육지의 가장자리에 있었다. 이 중심부가 수마트라섬과 자바섬 아래로 들어가 있는데, 이는 인도양 해저의 지각 변동으로 생긴 것이다. 현재의 얕은 바다 지역은 홍적세 기간에 탄생한 육지였다. 그 육지는 필리핀의 팔라완섬, 수마트라 리아우제도, 링가 열도까지 이어졌다. 마지막 빙하기 이후 해수면이 상승하여 현재의 바다가 형성됐다. 당시의 육지 부분을 순다 랜드(Sundaland)라고 칭한다.

순다 랜드는 현재 태국의 중앙을 흐르는 차오프라야강이 빙하기에 형성했던 광대한 해안 평야를 가리킨다. 범위는 현재의 말레이반도 동쪽 해안에서 인도차이나반도에 접하는 대륙붕까지로 추정된다. 빙하기에는 지금보다 해수면이 100m 정도 낮아서 이 일대가 광대한 평야였다. 순다 랜드는 기원전 70,000년경부터 기원전 14,000년경에 걸친 뷔름 빙기(Würm glacial stage)에는 육지였다. 그러다 기원전 12,000년경부터 기원전 4,000년까지 약 8,000년간 이루어진 해수면 상승으로 해저에 묻혔다. 오세아니아에도 호주와 뉴기니 사이에 비슷한 시기 해수면 아래에 사홀 랜드(Sahulland=Sahul Shelf)가 있었다.

일부 일본인 학자들이 주장하는 몽골로이드의 남방 기원설에 따르면 광대한 순다 랜드는

---

9   高谷好一編, 『東南アジアの自然』, 弘文堂, 1990.

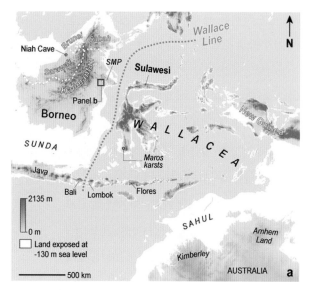

도판 1-2-1 | 뷔름 빙기의 해안선(기원전 70,000~기원전 14,000년)

몽골로이드의 고향이라고 한다. 그들은 "순다 랜드에 살던 현생 인류가 기원전 50,000년경부터 일부가 북상하여, 몽골과 시베리아로 퍼져 서서히 추위에 적응하여 새로운 몽골로이드가 되고, 또한 이들 중 일부는 시베리아에서 육지였던 베링 해협을 넘어 미주 대륙에 확산했다"고 주장한다. 이는 '고(古) 몽골로이드'에 해당하는 일본 열도의 조몬인(縄文人)이 '신(新) 몽골로이드' 우성(優性)인 동아시아의 다른 집단과 달리 '순다 랜드형' 치열(齒列)을 가진 특징이 많이 보였기 때문이다.

순다 랜드 동쪽에 발달한 큰 산호초를 대 순다 산호초라고 부른다. 이는 보르네오섬을 지나 마카사르해협(Makassar Strait)과 술라웨시섬까지 확대하여, 순다 대륙붕 일대가 육지였을 때의 해안선으로 추정하고 있다. 이 주변을 겹겹이 둘러싸는 형태로 존재하는 화산대는 수마트라섬 동쪽을 지나 서쪽의 말루쿠 제도 세람섬(Pulau Seram)까지 이어져 있다. 이들 지역에는 80개 이상의 화산이 있고, 지각 변동이 활발하다.

인도네시아의 자바섬과 발리섬 사람들의 생활은 화산과 밀접한 관계가 있다. 동서로 늘어선 산맥에는 지금도 활동하는 화산이 있다. 화산이 분화하면 주변의 몇 십 킬로에 걸쳐 화산재를 내리고, 용암 때문에 대참사가 발생하기도 한다. 그러나 화산에서 나오는 화산재는 토질을 영양분이 잘 흡수되고 비옥하게 하여 섬 사람들에게 도움을 준다. 안산암이나 현무암으로 이루어지는 비옥한 화산재의 흙으로 인해 수전 경작이 가능했고 자바섬과 발리섬에 인구가 밀집할 수 있었다.

분화구에 만들어진 화산호는 해발 2,000m가 넘는 높은 산에 위치해 있다. 이로 인해 우기가 아니더라도 정상에 비가 내리는 날이 많아, 이러한 호숫물과 빗물이 지하수가 되어 평야에 풍부한 물을 제공하고 있다. 세계적으로 인구가 밀집한 지역인 자바섬과 발리섬은 화산과 관련한 비옥한 토지와 풍부한 물의 혜택을 받은 자연환경에서 발전했다.[10] 화산대 밖은

---

10   賈 鍾壽, 『バリ島—Island of Gods—』, 大学教育出版, 2009.

도판 1-2-2 | 중부 자바의 화산 므라피산(Gunung Merapi, Central Java, Indonesia)

도판 1-2-3 | 동부 자바의 화산 보로모산(Gunung Bromo, East Java, Indonesia)

해구가 있어, 그것을 넘어 다른 비화산성 산맥을 형성하고 있다. 이것이 현재의 숨바섬, 티모르섬, 부루섬(Buru island) 등이다.

동남아시아 대륙부의 생태 공간은 산간부와 평야부로 나뉜다. 역사적으로 보면 초기 국가는 항상 평야에서 시작됐다. 산간부는 항상 평야부 세력에 종속됐다. 근대 국가에 필수 불가결한 요소인 명확한 국경 관념은 존재하지 않았지만, 왕도를 중심으로 하는 정치 권력의 도달 범위를 국가라고 인식하는 전통 국가의 외연은 통치자의 자질에 따라서 부침을 거듭했다. 강력한 지배자가 나타나면 일거에 세력 범위를 확대했고, 평범한 왕의 치하에 놓이게 되면 세력 범위는 순식간에 축소됐고 각지에 대항하는 세력이 창궐하여 왕의 지배를 벗어났다. 중앙 왕권과 지방 호족을 연결하는 관계는 거리에 반비례하여 약해지고, 물리적 강제력이 미치지 않은 원거리는 직위 및 칭호의 수여와 조공의 답례 등 상징적 교환에 그쳤다. '중앙·지방' 관계와 닮은 구조를 갖는 '지배=종속' 관계는 지방의 여러 권력 사이에서도 인정된다.

이러한 구조를 가진 동남아시아 전통 국가의 형태를 '만다라형 국가'(Mandala=曼荼羅論)라고 부른다.[11] 만다라 이론이란 1982년에 미국의 역사학자 올리버 월터스(Oliver William Wolters)가 저서 『동남아시아에서 본 역사·문화·지역』에서 주장한 근세 이전의 동남아시아 국가 형태론이다. 국가(지방의 주권)는 인도네시아어·말레이어로 '느가라', 태국어·라오스어·캄보디아어로는 '무앙'이라고 부른다.

고대부터 근세에 걸쳐서 동남아시아는 부계와 모계의 양성 사회이며, 사회적 지위는 혈

11   O. W. Wolters. (1982). History, Culture, and Region in Southeast Asian Perspectives. SEAP Publications.
    石井米雄·桜井由躬雄, 『東南アジア世界の形成』世界の歴史12, 講談社, 1985年

연만으로 정해지지 않고 항상 권력의 내부에서 혈연간의 권력 투쟁이 있었다. 이 때문에 세습에 의한 왕국은 성립하기 어려웠고, 통치자는 항상 자신의 힘을 계속하여 보여줄 수밖에 없었다. 그러나 원시사회와 같이 실력만으로는 광역지배를 유지할 수 없었기 때문에 권력의 도식은 지방마다 작은 주권, 중규모 주권, 그리고 대규모 주권을 형성했다.

그리고 중소 규모의 영역은 종종 중복되고, 마치 만다라 그림과 같이 어디까지가 중앙이 지배하는 영역인지 명확하지 않은 중층적, 다중적인 권력에 의한 연합 국가의 형태가 보인다. 역사적으로 동남아시아는 어떤 왕조의 속국으로 보이는 도시가 독자적으로 중국에 조공하거나, 하나의 국가로 인식되는 도시끼리 영역 싸움을 하는 사례가 잦았다. 이러한 시스템에서는 권력의 정점에 있는 통치자가 자신의 권위를 힌두교 신과 동일시하는 경향이 힌두교화한 동남아시아에서 널리 관찰할 수 있다.

미국의 인류학자 클리포드 기어츠(Clifford James Geertz, 1926~2006년)는 1980년 "느가라 19세기 발리의 극장 국가"에서 '극장 국가론'을 주창했다.[12] 발리섬의 극장 국가론에서는 국가 기구나 촌락 기구에 있어서 정치·경제·민간 의례가 국가 없이 움직이고 있어 중층적이고 다양성이 강한 사회에서는 의례와 같은 연극적 요소가 중요하다고 논하고 있다. 네덜란드 인류학자 하네이스틴(Renée Hagesteijn)은 저서 『서클스 오브 킹스』에서 동남아시아의 왕권을 '마을-지방의 중심-광역 지역의 중심'의 3중 구조라고 주장했다.[13] O. 월터스의 '만다라형 국가론'은 동남아시아의 고대·중세 왕국의 연구에 많은 영향을 끼쳤다.

동남아시아 대륙부의 생태적 배경을 산, 바다, 연안, 삼각주, 평야, 산간으로 나누어 간략히 소개한다.

① 산

동남아시아 대륙부의 지형은 왼쪽 손바닥을 펴서 파란 종이 위에 올려 놓은 모습과 비슷하나. 인도와 중국이 집하여 히말라야 조산대를 형성했을 때, 동쪽 자라이 튀는 것처럼 동남쪽으로 돌출한 것이 동남아시아 대륙부의 지형이다. 손가락 끝은 남쪽을 가리키고 있다. 손등에 해당하는 것이 중국 남부의 운귀고원(雲貴高原)이다. 다섯 개의 산맥이 펼쳐져 있고, 산

12　클리퍼드 기어츠 지음, 김용진 옮김,『극장국가 느가라 19세기 발리의 정치체제를 통해서 본 권력의 본질』 눌민, 2017.

13　Renée Hagesteijn, (1989), Circles of kings : political dynamics in early continental Southeast Asia. Verhandelingen van het Koninklijk Instituut voor Taal-, Land- en Volkenkunde, 138, Foris Publications.

맥과 산맥 사이에 큰 강이 흘러 그 하구에 삼각주를 형성한다.

브라마푸트라강, 에야와디강, 살윈강, 차오프라야강, 메콩강, 홍강, 그리고 중국 광동의 주강(珠江), 양자강 등 큰 강은 모두 운남을 기점으로 하고 있다. 엄지손가락에 해당하는 곳은 남아시아와 동남아시아 세계를 나누는 미얀마의 아라칸산맥이다. 아라칸산맥은 미얀마 서부의 산맥으로, 라킨 해안과 에야와디강 계곡 사이에 있다. 친족(Chin People)은 미얀마 서부(친주)에서 주로 살고, 인도의 나가 랜드(Naga People), 아삼 근처에도 살고 있다. 검지는 미얀마와 태국의 국경 테나세림(Tenasserim)산맥이다. 이 두 산맥 사이에 미얀마 평원이 있고, 에야와디강과 시탕강(Sittaung River) 등 양대 하천이 남하하여 그 하구에 에야와디 삼각주를 형성한다. 테나세림산맥의 서쪽 자락에는 살윈강이 운남과 뱅골만(Bay of Bengal)을 연결하여 흐른다.

가운뎃손가락에 해당하는 곳은 동북 태국과 중부 태국을 나누는 펫차분(Phetchabun)산맥으로, 검지와 중지 사이에 차오프라야(Chao Phraya)강과 파삭(Pa Sak)강이 흐른다. 펫차분산맥은 북남에서 동쪽으로 구부러져 당렉(Dangrek)산맥을 형성하고, 북쪽에 동북 태국, 남쪽에 캄보디아, 동쪽에 라오스의 참파삭과 접하고 있다. 당렉산맥은 동북 태국과 캄보디아를 나눈다. 약지는 안남산맥(安南山脈, Annamite Range)으로, 서쪽 기슭의 메콩강으로 흘러 동북 태국과 라오스를 나눈다. 남북으로 펼쳐진 안남산맥은 베트남과 캄보디아의 국경을 가르고 있다. 새끼손가락은 중국과의 국경을 이루는 난링산맥(南嶺山脈=Nanling)이다. 안남산맥과 난링산맥 사이에 베트남 북부의 젖줄인 홍강, 마강, 차강이 흐른

도판 1-2-4 | 화전을 생업으로 하는 친족(Mindat, Arakan Mountain Range, Myanmar)

도판 1-2-5 | 나가족의 전사(Naga People, Arakan Mountain Range, Myanmar-India)

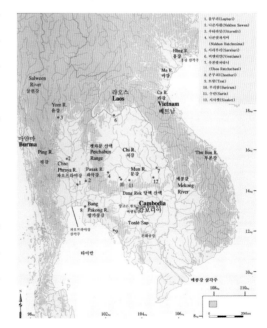

도판 1-2-6 | 태국의 주요 하천과 도시

도판 1-2-7 | 에야와디강(Ayeyarwady River, Pagan, Myanmar)　　도판 1-2-8 | 차오프라야강(Chao Phraya River, Bangkok)

다. 이 다섯 산맥을 기준으로 동남아시아 대륙부는 크게 4개의 지역으로 나뉜다.

- 서쪽의 버마족을 주요 민족으로 하는 '에야와디강(Ayeyarwady River=Irrawaddy River)의 세계'
- 타이족을 주요 민족으로 하는 '살윈·차오프라야강(Salween River·Chao Phraya)의 세계'
- 타이족의 일파인 라오족, 크메르족, 비엣족이 사는 '메콩강(Mekong River)의 세계'
- 비엣족을 주요 민족으로 하는 '홍강(Sông Hồng/瀧紅)의 세계'

② 바다

동남아시아 대륙부를 둘러싼 바다는 산과 강에 의해 분단된 여러 민족을 횡단하여 연결한다. 벵골만의 콜카타(Kolkata)를 정점으로 삼고 서쪽을 인도 반도 동해안, 동쪽을 미얀마 서쪽의 아라칸 안다만, 니코바르제도, 그 저변을 동부 스리랑카 남쪽에서 수마트라 최서단의 아체(Aceh)를 연결하면 이등변 삼각형이 만들어진다. 이 해구(海口)에 5월부터 10월 사이에는 남서풍, 11월에서 4월까지는 북동풍이 불어온다. 연안 항해를 주로 하던 시대에는 계절풍을 이용하여 동남아시아와 인도가 교류했다.

③ 연안

동남아시아 대륙부 연안은 첫째로 내륙부와 도서부를 연결하는 삼각주, 둘째는 동서의 세계를 연결하는 중계 항구가 있다. 미얀마의 에야와디강 삼각주, 말레이반도의 끄라 지협(Kra Isthmus, 말레이반도 동쪽의 차이야, 말레이반도 서쪽의 타쿠아파), 메콩강 삼각주, 홍강 삼각주는 동남아시아 대륙부의 고대 문명의 발상지이며, 항시 국가의 중요 항구였다. 삼각주는 상부의 강을 통하여 내륙과 산지를 연결하는 교역망이 발달한다. 국제 중계항은 산지에 접한 해안

도판 1-2-9 | 메콩강 삼각주의 수전(Mekong Delta, Vietnam)

도판 1-2-10 | 홍강 삼각주와 통킹만의 위성 사진(Red River Delta, Vietnam)

지역으로 내륙과의 직접적인 네트워크를 갖지 않기 때문에 내륙의 큰 민족과는 독립적인 정치 문화 지역을 형성한다.

④ 삼각주

삼각주는 마지막 빙하기 이후에 큰 강이 만 입구에 진흙을 충적하여 형성한 저지대 평야이다. 동남아시아 대륙에는 미얀마의 에야와디강 삼각주, 태국의 차오프라야강 삼각주, 캄보디아와 베트남의 메콩강 삼각주, 베트남 북부의 홍강 삼각주 등 4개의 삼각주가 각각 여러 삼각주와 복합하여 대 삼각주를 이루고 있다. 홍강 삼각주 이외의 3대 삼각주는 열대 사바나에 속하고, 건기와 우기의 차이가 크다. 동남아시아의 삼각주는 두 가지 기능이 있다. 첫째는 내륙과 바다를 연결하는 항구의 기능, 둘째는 수전 경작지의 기능이다.

⑤ 평야

각각의 삼각주 상류에는 오래된 융기 평원이 펼쳐져 있다. 건기에는 자연 식생이 약하고 가장 제어하기 쉬운 상태이다. 육로를 주로 사용했던 고대에는 광범위한 네트워크를 지배하는 성읍(城邑=Muang) 세력이 성립했다. 산간부는 비가 부족하여 밭농사(옥수수 등)가 주가 되고 평야에서는 주변의 산에서 흐르는 물을 사용하여 보와 저수지를 만든 관개 시설이 발달하면서 고대부터 많은 도시가 출현했으며, 도시들은 북쪽 산지와 바다를 연결하고 있다. 진랍 왕조와 앙코르 제국의 성장은 대동맥과 같은 메콩강과 평야부 중앙에 바다와 같은 호

수 톤레삽(Tonlé Sap)이 있었기 때문이다. 톤레삽 호수의 수원은 프놈쿨렌에서 시작하는 씨엠립강이다. 씨엠립강은 그리 크지 않지만, 앙코르 왕도를 흐르는 앙코르 제국의 젖줄이다.

도판 1-2-11 | 씨엠립 평야(Siem Reap, Cambodia, 오세윤 촬영)

⑥ 산간

각각의 평원 북부에 '운귀산지'가 있다. 운귀산지에서 남쪽으로 흐르는 큰 강을 따라서 수많은 분지가 있다. 이들 분지에는 예로부터 각각 반 독립적인 정치 권력을 유지하면서 대하 수계를 단위로 하는 연합 왕국을 형성했다. 산지 사람들은 산림 생산물의 공급자로 평원, 삼각주, 그리고 연해 지역 정권과 역사적으로 깊은 관계를 맺고 있었다. 미얀마의 아라칸산맥의 친족과 나가족은 화전을 생업으로 하고, 지금도 2차장의 지석묘 장제를 이어오고 있다. 산지민 중에는 산주의 아카족과 같이 육도를 재배하는 경우

도판 1-2-12 | 친족의 고상 가옥과 화전(Mindat, Arakan Mountain Range, Myanmar)

도판 1-2-13 | 민탓의 지석묘(Kyardo, Mindat, Arakan Mountain Range, Myanmar)

도판 1-2-14 | 아카족의 고상 가옥(Aka, South Shan, Myanmar)

도판 1-2-15 | 카얀족의 가옥 내부(Kayan, Myanmar)

도 있으며, 옥수수를 주식으로 하고 있다. 아카족의 여성 장로들은 마을 중대사를 결정하는 정치적인 힘을 가지고 있다.

1-2-2. 동남아시아의 기후

동남아시아는 적도를 중심으로 남북으로 분포해 있다. 전체적으로는 몬순의 영향을 받는 열대 우림 기후가 지배적이다. 연평균 기온이 25도 이상이고, 1년 내내 비가 많은 것이 특징이다. 동남아시아는 적도를 사이에 두고 우기와 건기 구분이 뚜렷하다. 일반적으로 적도 북부의 동남아시아 대륙부는 11~2월이 건기이고, 6~10월이 우기이다. 적도 북부의 동남아시아 도서부는 4~9월이 건기이고, 10~3월이 우기이다.

동남아시아 대부분이 남회귀선과 북회귀선 사이에 있기 때문에 기후는 적도를 중심으로 하는 기압 상황에 따라서 좌우된다. 적도를 사이에 두고 남북 두 반구에 각각 한 개씩 열대 기단(氣團)이 존재한다. 기단은 항상 바람을 내뿜고 있어, 결과적으로 두 기단은 적도 위에서 서로 팽팽하게 마주치게 된다. 이들의 기단이 만나는 부분에 적도 전선 또는 열대 전선이라고 불리는 전선이 생긴다. 이 전선은 아시아 대륙 내부 및 오스트레일리아 대륙 내부의 기온에 따라서 발생하고, 계절에 따라서 남북으로 이동한다. 전선 부분에는 저기압과 스콜이 발생하고, 전선이 다가온 곳은 우기가 시작된다.

북반구가 겨울이 되어 아시아 대륙이 시원해지면, 반대로 남반구에 있는 오스트레일리아 대륙은 무더워진다. 이 계절에 아시아에서 밖으로 향하는 기압은 열대 전선을 남쪽으로 밀어내 인도네시아의 남부에서 호주 북부에 위치한다. 한편 북반구가 여름이 되면 아시아 대륙은 무더워지고 오스트레일리아 대륙은 시원해진다. 이때 열대 전선은 북쪽으로 밀려난다.

각 반구의 계절에 따라 발생한 저압부와 고압부로 인해 계절풍이 생성된다. 바다 위에서 발달한 기단으로 인해 계절풍이 발달한다. 이는 무역풍으로 바뀌어 적도를 넘어 반대 측의 반구에 파고든다. 계절풍은 방향으로 명명하고 있다. 북반구 열대 기단은 동북쪽 무역풍을, 남반구 열대 기단은 남동쪽 무역풍을 낳는다. 계절풍은 바다 위에서 습기를 빨아들이고, 불어가는 곳에 가져가 비를 내린다. 이러한 현상 때문에 적도를 가운데 둔 양 반구에 정기적으로 건기와 우기가 발생한다.

한편 전선 부근에서는 남북 양기단의 바람이 상쇄하여, 수평 방향의 대기 이동이 약해진다. 이를 적도 무풍지대라 하며, 적도에서 북위와 남위 5° 사이에 형성된다. 적도 무풍지대는 거의 1년 내내 대기가 불안정한 전선이 형성된다. 이 지역에서는 대기가 활발하게 상하

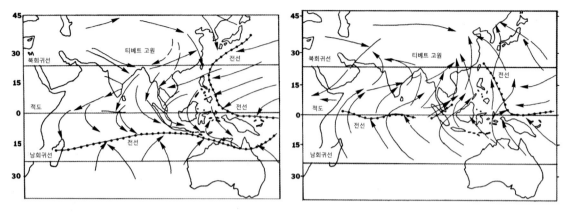

도판 1-2-16 | 아시아 동기 계절풍   도판 1-2-17 | 아시아 하기 계절풍

운동을 해서 적란운이 발생하여 스콜이 내린다. 습기가 많고 비도 자주, 많이 내려 상록 열대 우림이 성장하기 쉬운 환경이다. 적도 무풍지대는 말레이반도 남부와 수마트라섬, 자바 서부, 보르네오섬, 술라웨시섬 중부, 필리핀 남부 등이 포함된다. 동남아시아는 위도와 고도 차이로 인해 크게 4개의 기후대로 나눌 수 있다.

① 열대 우림 기후대

열대 우림 기후대는 적도를 사이에 두고 남북 위도로 7°까지이다. 여기에서는 일 년 내내 비가 많이 내려, 우기와 건기의 구분은 그다지 명확하지 않다. 기온은 월평균 26℃ 정도로 연간 거의 일정하다. 무풍대이기 때문에 계절풍은 확실하지 않고, 태풍의 영향도 거의 없다. 현재 열대 우림 기후 지역은 말레이반도, 수마트라섬, 자바 서부, 보르네오섬, 술라웨시섬, 말루쿠제도, 필리핀 민다나오섬 등이다.

② 열대 계절풍림 기후대

우기와 건기 구분이 뚜렷하다. 건기에는 비가 거의 내리지 않아 낙엽수가 많다(미얀마의 남부, 캄보디아 등). 건기는 위도 혹은 고도에 따라서 다르고, 다양성이 있다. 이에 반해서 우기에는 강우량이 많고, 연간 강수량의 대부분이 우기에 집중한다.

③ 사바나 기후대

사바나 기후대는 열대 우림, 열대 계절 풍림대(季節風林帶)에 속한다. 대부분이 고원 지대로 작은 관목(灌木)이 주가 된다. 광범위한 사바나 기후대는 태국의 코랏고원, 미얀마 만달레이, 인도네시아의 동부 자바, 소순다열도(숨바와섬, 숨바섬, 티모르섬) 등이다.

④ 열대 고지대

동남아시아 가장 높은 지점은 말레이시아 사바주(보르네오섬)에 있는 키나발루산(Gunung Kinabalu, 해발 4,104m)이다. 동남아시아의 고지대는 해발 500~2,000m 정도로 기복이 완만한 산지이다. 이러한 고지성 기후는 인도네시아의 동 칼리만탄, 자바섬의 프리안간고원(Priangan, 해발 500~700m), 수마트라섬의 파당고원(Padang Plateau, 해발 1,500m), 파세마고원(Pasemah Plateau, 해발 500~1,000m), 필리핀 루손섬의 바기오(Baguio, 해발 1,500m) 등이 있다.

1-3. 동남아시아 고고학의 시작

우리나라의 고고학이 그러했듯이 동남아시아의 고고학도 유럽의 식민지 지배와 밀접한 관련이 있다. 동남아시아에서 최초로 고고학적 조사를 한 것은 유럽 사람들이었다. 16세기 초 유럽 사람들은 자국이 지배하는 식민지에 대하여 많은 관심을 가졌다. 특히 네덜란드 사람들은 동남아시아 도서부의 인도네시아, 프랑스 사람들은 현재의 베트남, 라오스, 캄보디아, 영국 사람들은 버마(미얀마)와 말레이시아에 많은 관심을 가졌다. 처음에 종주국에서 식민지로 파견 간 사람들은 군인과 관리들이었지만, 현지 사람들과 활발하게 교류했던 것은 기독교 선교사들이었다. 당시의 선교사들이 식민지에서 보고한 민족지를 토대로 성립한 것이 독일과 오스트리아의 '빈 학파(Wiener Schule, 민족학)'이다.

19세기 초, 많은 유럽 사람들이 동남아시아로 떠난 계기 중 하나는 선교사들이 이야기한 열대 낙원의 신천지를 향한 동경이었다. 프랑스 박물학자 앙리 무오(Henri Mouhot, 1826~1861년)는 1850년 프랑스인 신부 보일러보(Pere Charles Emile Bouillevaux, 1823~1913년)에게서 들었던 캄보디아의 앙코르 유적을 탐사했다. 보일러보 신부는 1857년에 『인도차이나 여행, 안남과 캄보디아』를 발간했다. 앙리 무오는 캄보디아의 프놈펜에서 톤레삽 호수를 거슬러 올라가 앙코르에 도착했다. 앙리 무오는 앙코르 와트를 조사하여 프랑스에서 소개했으며, 유럽,

특히 프랑스의 탐험가, 박물학자가 이 조사 보고서를 주목하게 되었다.[14] 1866~1868년 프랑스인 곤충학자 라그레(Ernest Doudart de Lagrée)가 메콩강을 탐험하여 캄보디아 앙코르 유적, 베트남 참파 유적, 중국 운남의 많은 유적을 보고했다.

라그레와 함께 프랑스의 메콩강 탐험대에 참가했던 군인 루이 델라포르트(Louis Delaporte)는 앙코르 와트를 처음 보고 "크메르 예술은 이 광대한 아시아에서 인간의 가장 천재적이고 가장 아름다운 표현"이라고 기록했다(1880년, Voyage au Cambodge; l'architecture khmer).[15] 그 후 델라포르트는 코케르, 벵 메알리아, 반테이 츠마르 등의 앙코르 유적을 조사했다. 프랑스의 행정관 아이모니에(Etienne Aymonier, 1844~1929년)는 크메르 및 참파의 유적을 조사하여 많은 비문을 수집했다.

1876년 프랑스의 루크(M. Rouques), 1879년 코레(Dr. Corre)가 캄보디아의 삼롱센(Samrong Sen=Somrong Seng) 유적을 조사했고, 그 후에 이 유적을 1902년 프랑스의 고생물학자이며 고고학자인 앙리 망쉬이(Henri Mansuy)가 발굴 조사했다. 이 유적은 캄퐁 치낭(Kampong Chhnang)의 톤레삽 남쪽을 흐르는 치닛강(Stueng Chinit) 제방에 있는 기원전 3,400~기원전 500년의 패총 유적이다. 1880년대에 시작된 삼롱센 유적의 발굴은 동남아시아 청동기 시대의 존재를 증명하는 최초의 선사 시대 고고학 연구로 유명하다. 발굴 조사는 지하 6m 정도까지 진행되었으며, 치닛강 유역과 태국의 반치앙(Banchiang) 지역에 살았던 청동기 시대 공동체의 청동기 제작 기술과 묘제의 연결 고리를 드러낸다.

삼롱센 유적은 캄보디아에서 거의 유일하게 알려진 청동기 시대 정착지로, 다양한 간석기, 청동기, 토기, 장신구 등이 출토됐다. 특히 잘 연마한 사각돌도끼는 인도차이나, 태국 남부, 미얀마, 인도, 말레이시아, 인도네시아, 필리핀, 멜라네시아, 미크로네시아, 폴리네시아에서 발견되는 것과 아주 유사하다. 캄보디아의 톤레삽 범람원에서 신석기 시대에서 금속기 시대로 이행하는 과정을 알 수 있는 중요한 유적이다. 캄보디아 독립 후에도 프랑스와 미국의 고고학자 머로칙(1986년, Robert E. Murowchick, Boston University) 등이 조사하여, 동남아

---

14 アンリ・ムオ, 大岩誠, 『アンコールワットの「発見」The Discovery of Angkor Wat』, まちごとパブリッシング, 2018)

15 루이 델라포르트는 군인이라고 생각할 수 없을 정도로 앙코르 와트를 가장 아름답고 정확하게 평가하고 있다(원문 프랑스어, I admired the bold and grandiose design of these monuments no less than the perfect harmony of all their parts. Khmer art, issuing from the mixture of India and China, purified, ennobled by artists whom one might call the Athenians of the Far East, has remained the most beautiful expression of human genius in this vast part of Asia that extends from the Indus to the Pacific.)

시아 대륙부에서 고도로 발달한 석기 시대와 청동기 시대 문화로 결론지었다.[16]

앙리 망쉬이는 1902년에 삼롱센 유적을 발굴 조사하였으며, 이는 동남아시아 최초의 본격적인 발굴 조사였다(Higham; 1989년). 앙리 망쉬이(Henri Mansuy, 1857~1937년)는 프랑스인 고고학자로 초기 베트남 고고학의 선구자이기도 했다. 그는 마들렌 꼴라니(Madeleine Colani, 1866~1943년)와 함께 박썬(Bac Son) 문화를 발견했다. 박썬 문화는 중석기 시대의 호아빈(Hoa Binh) 문화를 대체한 초기 신석기 시대 문화로, 동남아시아의 산악 지역에서 널리 발견됐다.[17] 주로 동굴의 주거 유적지로 홈돌로 만든 간돌도끼, 토기 등이 출토됐다. 박썬 문화의 소유자들은 채집과 수렵에 종사했고, 인류학적으로는 오스트랄로이드 인종 유형(Australoid racial type)이며 일부 몽골로이드 요소가 혼합되어 있다. 프랑스의 여류 고고학자 마들렌 꼴라니는 베트남의 호아빈에서 33개의 호아빈니안 동굴 유적을 발견했고, 라오스의 자르 고원 유적과 대만의 거석 유적의 선구적 발굴 조사로 유명하다.

캄보디아 씨엠립 북동에 가장 아름다운 앙코르 사원이라고 하는 반테이 스레이(Banteay Srei, 967년)가 있다. 반테이 스레이는 1914년 프랑스 측량 기사가 밀림 속에서 처음 발견했으며, 그 직후에 앙리 파르망티에(Henri Parmentier,

도판 1-3-1 | 프라삿 톰(10세기 초, Prasat Thom, Koh Ker, Cambodia)

도판 1-3-2 | 벵 메알리아(12세기 초, Beng Mealea, Siem Reap, 오세윤 촬영)

도판 1-3-3 | 반테이 츠마르(12세기 말~13세기 초, Banteay Chmar, Banteay Meanchey, 오세윤 촬영)

---

16 Higham, Charles (2002). Early cultures of mainland Southeast Asia.

17 Higham, Charles (1996). The Bronze Age of Southeast Asia. Cambridge University Press.

1870~1940년)가 논문을 발표했다. 앙리 파르망티에는 프랑스 건축가이자 미술사가이자 고고학자로, 인도차이나 고고학 분야에서 많은 업적을 남겼다. 그는 많은 크메르, 참파(미썬 유적) 및 라오스 유적을 조사·보고했다. 반테이 스레이의 조각은 매우 정교하여 '크메르 예술의 극치' 또는 '크메르 예술의 보석'이라고 한다.

반테이 스레이는 프랑스 작가 앙드레 말로(André Malraux, 1901~1976년)가 동양의 모나리자라고 할 정도로 아름다운 데바타 조각을 도굴하여 세계적으로 유명해졌다. 1923년 그는 부인과 함께 캄보디아에 가서 같은 해 12월 23일 반테이 스레이의 데바타 부조를 도굴했다. 그는 얼마 후 프놈펜에서 체포됐다. 1924년 앙드레 말로는 사이공(베트남)에서 열린 항소심에서 집행유예 1년으로 감형됐다. 형을 마친 그는 프랑스로 돌아가 1930년 '반테이 스레이 데바타상 도굴 사건'을 바탕으로 한 『왕도』를 출판했다. 이 책은 한국어와 일본어로도 번역됐다.[18]

프랑스의 건축가인 앙리 마르셀(Henri Marchal, 1876~1970년)은 1929년 네덜란드 식민지였던 중부 자바 사원의 복원 방식을 배우기 위해 인도네시아로 파견됐다. 그 후 1931년부터 1936년까지 5년 동안 앙리 마르셀의 지휘 아래 캄보디아에서는 최초로 아나스틸로시스(Anastylosis) 공법으로 반테이 스레이를 복원했다. 앙리 마르셀은 캄보디아 앙코르 사원 유적의 보존과 복원에 일생을 바쳤다. 그가 복원한 대표적인 유적은 씨엠립의 타프롬(Ta Prohm, 1920년), 1922~1929년에 프레아 칸(Preah Khan), 니악 뽀안(Neak Pean), 프놈 바켕(Phnom Bakheng), 프라삿 크라반(Prasat Kravan) 등이 있다.

프랑스인 탐험가의 조사 성과로 프랑스 식민지 정부가 프랑스 극동학원(EFEO, 인도차이나 고고학 조사단의 시작이다)을 설립했다. 1898년 프랑스령 인도차이나(현재의 캄보디아, 베트남, 라오스)의 총독 폴 드메르(Paul Doumer, 1857~1932년)가 처음 주장하여 사이공(현 호찌민)의 인도차이나 고고 조사단을 기반으로 1900년 '프랑스 극동학원'을 설립했다(1901년 하노이로 이전). 초대 하원장 루이 피노(Louis Finot, 고고학자, 1864~1935년)는 박물관과 도서관을 건립했고, 프랑스 식민지의 본격적 고고학적 조사에 착수했다. 루이 피노 원장의 동료인 폴 펠리오(Paul Pelliot, 중국학자, 1878~1945년), 앙리 파르망티에(Henri Parmentier), 라종퀴에르(Étienne Lunet de Lajonquière, 프랑스 고고학자, 1861~1933년) 등은 그 후 인도차이나의 고고학, 고대사 발전에 큰 공헌을 했다. 이들은 인도차이나 고고학의 최초 유럽 전문가로 많은 앙코르 유적, 참파 유적

---

18   원저: La Voie royale, Grasset, 1930. 번역서: 앙드레 말로 지음, 홍순호, 윤옥일 옮김, 『인간의 조건/왕도』 세계문학전집 88, 동서문화사, 2017년, アンドレ·マルロー, 小松清訳, 『王道』新潮文庫, 1952)

을 조사했다.

프랑스 식민지 학자로 지금도 동남아시아 연구에 가장 큰 영향을 끼친 학자가 G. 세데스이다. G. 세데스는 어린 시절부터 동양학에 관심을 두고, 18세 때(1904년)에 크메르어와 산스크리트어의 비문에 관한 논문을 발표했으며, 1911년 앙코르 와트의 부조 연구로 고등 연구 실습원에서 학위를 받았다. 그 후 세데스는 하노이의 프랑스 극동학원 연구원(1911년), 극동학원 교수(인도차이나 문헌학, 1915년), 프랑스 극동학원 원장(1929~1947년)을 역임했다. 그는 프랑스 극동학원에서 근무하는 동안 동남아시아 전역에서 출토한 고대 비문을 연구했다. 세데스의 연구는 스리위자야 왕국과 앙코르 왕국뿐만 아니라 동남아시아 고대사를 연구하는 데 교과서 같은 존재이고, 동남아시아 고고학 연구에서 없어서는 안 되는 가장 기초적인 자료이다. 그러나 그의 연구는 인도의 영향을 지나치게 과대평가했다는 비판을 받고 있다.

20세기 초부터 프랑스 극동학원을 중심으로 하여 앙코르 유적 등 캄보디아 유적을 조사 및 복원했다. 1931년 반테이 스레이 사원에서 도입한 아나스틸로시스 공법으로 앙코르 유적의 본격적인 복원이 이루어지게 됐다. 모리스 글라이즈(Maurice Glaize, 건축·고고학자, 1886~1964년)는 1937년 씨엠립에 도착하여 앙코르 사원 복원에 주목할 만한 업적을 남겼다. 씨엠립의 프라삿 바콩(Prasat Bakong)의 중앙 탑, 니악 뽀안(Neak Pean)과 반테이 삼레(Banteay Samre)는 그가 복원한 대표적인 앙코르 사원이다. 이러한 복원 사업은 점차 대규모로 발전했다. 1950년대에 들어서면 프라삿 바푸온(Prasat Baphuon) 전체를 해체하여 복원하는 대사업에 착수한다. 이 사업은 캄보디아 내란 때문에 중단했지만, 프랑스 연구단은 마침내 2015년에 전면 복원을 끝냈다. 앙코르 유적이 폐허에서 부활하여 세계적인 문화유산으로 유명해진 것은 프랑스의 탐험가, 고고학자들의 발견과 복원이 있었기 때문이다. 프랑스가 캄보디아를 비롯하여 인도차이나를 식민지 통치한 평가와는 별개로, 프랑스는 베트남과 캄보디아의 고고학과 역사학 연구를 연구를 주도했다.

역사 시대의 유적 연구와 함께 프랑스 식민지 정부 부속 지질 연구소의 마들렌 꼴라니와 앙리 망수이는 동남아시아 대륙부의 많은 선사 시대 유적을 발굴했다. 현재 '박보 문화'(Bac Bo culture, 灣北部)라

도판 1-3-4 | 마들렌 꼴라니가 조사한 라오스 자르 고원의 돌 항아리 유적(기원전 5~기원후 5세기, Ban Na-O, Phonsavanh, Xieng Khuang, Laos)

고 부르는 베트남 통킹만 지역의 선사 문화를 조사 연구했다.[19] 태국에서는 시암 협회(Siam Society)가 1904년 설립되어 태국 고고학 발전에 크게 기여했다. 시암 협회의 활동에 자극받은 태국 정부는 1924년 시암 고고학국을 출범시켜서 롭부리, 아유타야 지역에 있는 역사 유적의 조사와 보존 작업에 착수했다. 1926년에는 시암 국립박물관(현재 방콕 국립박물관)을 설립하고, 태국의 유적과 유물의 조사, 보존, 전시 활동에 중심적 역할을 했다.

식민지 시대의 영국과 프랑스 고고학자의 연구에는 여러 오류가 있다. 그러나 인도차이나의 고고학적 활동을 시작한 것은 프랑스 학자들이고, 그 노력은 지금까지 계속되어 많은 연구 업적을 축적하고 있다. 지금까지 동남아시아 대륙부의 고고학 연구 업적 중 특히 중요한 점은 다음과 같다.

1) G. 세데스(George Cœdès, 1886~1969년) : 동남아시아 전 지역에서 발견한 산스크리트어와 고대 크메르어 비문을 해독했다. 앙코르 와트의 제1회랑 벽면에 새긴 비문 해석도 세데스의 연구 성과이다.
   - 1918년 논문에서 당대 중국문헌에서 보이는 '室利仏逝'이 스리위자야 왕국인 것을 밝힘("Le royaume de Çrivijaya". BEFEO 18 (6): 1-36, 1918).
   - 1937년 이후 캄보디아 비문의 수집·해독·번역을 총 8권의 대저로 정리(Inscriptions du Cambodge. Hanoi/Paris: École Française d'Extrême-Orient, 1937-1966)

2) H. 망수이(Henri Mansuy, 1857~1937년), M. 꼴라니(Madeleine Colani, 1866~1943년) : 베트남 북부의 랑썬(Lang Son) 지방에서 호아빈히안 및 박썬니안 유적을 발견했다. 이들은 베트남 고고학의 개척자이며, 베트남의 선사 시대 문화를 확립했다.
   - 1927년 마들렌 꼴라니는 베트남 북부 호아빈(Hòa Binh)성에서 9곳의 호아빈히안 동굴 유적을 발굴하여 보고(Colani M. (1927). L'âge de la pierre dans la province de Hoa Binh. Mémoires du Service Géologique de l'Indochine 13.)

3) L. 말루레(Louis Malleret, 1901~1970년) : 프랑스 고고학자인 그는 베트남 남부의 옥에오(Oc Eo)에서 부남 시대의 고대 운하와 도시 유적을 발굴하여, 중국 문헌에서 등장하는 동남아시아 대륙부의 고대 왕국 부남의 성립을 밝혔다.

4) C. 고먼(Chester Gorman), 차런웡사(Charoenwongsa) : 태국의 반치앙 유적을 발굴 조사

---

19   Higham Charles (1989). The Archaeology of Mainland Southeast Asia. Cambridge University Press.

했다.

5) C. 히검(Higham Charles) : 태국 콕파놈디(Khok Phanom Di)
유적을 발굴 조사했다.

6) M. 사이딘(Dr. Mokhtar Saidin) : 말레이시아 자연과학대학
교 교수로 말레이시아 페락의 렝공계곡에서 구석기 시대
유적을 발굴 조사했다.

7) 조흥국 교수의 『한국과 동남아시아 교류사』(소나무, 2009년),
권오영 교수의 '고대 한반도와 동남아시아의 교류에 대한
고고학적 연구'(2013~2016년, 서울대학교)라는 연구 성과가 있
었고, 우리나라와 동남아시아의 교류사는 앞으로 우리나라
고고학이 규명해야 할 중요한 연구 과제이다.

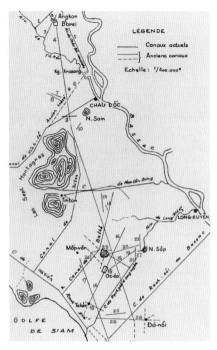

도판 1-3-5 | 옥에오 유적 평면도(Louis Malleret, 1940)

동남아시아 식민지 시대는 제2차 세계대전 직후에 끝났지
만, 실질적으로 그 나라 출신의 고고학 연구자가 활동하는 것
은 그보다 늦은 1960년대 이후이다. 베트남은 1954년 프랑스
가 퇴각한 후 베트남인 스스로 고고학적 연구를 시작했다. 1958년 베트남은 프랑스의 극동
학원(French School of the Far East=EFEO)이 1910년에 설립한 루이 휘노 박물관(Louis Finot École
française d'Extrême-Orient)을 국립박물관으로 재탄생시켰다. 이곳은 현재 하노이 베트남 국
립역사박물관(Viện Bảo tàng Lịch sử Việt Nam)으로 1926~1932년 프랑스의 어니스트 에브라
르(Ernest Hébrard)가 건축했다. 재탄생된 국립박물관에서는 베트남 출신의 제1세대 고고학
자들이 활발하게 발굴 작업을 시작했다. 그러나 베트남의 고고학 연구는 베트남 전쟁으로
1964년부터 1973년까지 암흑기를 맞이한다.

베트남 전쟁 이후 1975년부터 베트남의 고고학자들은 적극적으로 메콩강 삼각주의 부남 시대
유적을 발굴했다. 지금까지 확인된 부남 시대 유적은 세 지역의 약 50곳에 3개 지역에 분포하고
있다. 첫째는 현재의 캄보디아와 베트남 국경의 남쪽을 동서로 흐르는 반코강(Sông Vanko) 유역의
유적군, 두 번째는 옥에오 부근의 유적군, 세 번째는 메콩강의 서쪽 지류인 바삭강(Sông Basak) 유적
군으로, 각각 묘지, 사원 유구(6~8세기)가 확인됐다. 특히, 메콩강 삼각주의 조사에서 부남 혹은 진
랍에 속하는 유적의 발굴 조사는 동남아시아 초기 국가의 실체를 보다 상세하게 밝혔다.

태국에서 라마 5세(제위 1868~1910년)가 최초로 박물관 건설에 착수했고, 1935년에 '역사 건조

도판 1-3-6 | 소르 클로 사원 유적(7세기, Sor Khlor, Kampong Chhnang, Cambodia)

물, 문화재, 미술품 및 국립박물관법'을 선포하여 문화재 보호를 시작했다. 1961년 국가적 문화유산 보호의 권한을 가진 '태국 예술국'(Fine Arts Department, 1912년 설립)이 수코타이, 시사차날라이, 아유타야를 법적으로 보호하여 보존과 복원을 시작했다. 태국에서는 정부가 특히 타이족과 관련하는 역사 시대 유적인 수코타이와 아유타야를 중심으로 조사와 활용(관광)에 힘을 쏟았다. 이는 베트남도 마찬가지로 자국의 국가 정체성을 찾으려는 민족주의의 움직임과 연결되어 있지만, 학문적 성과를 낳는 원동력이 됐다. 최근 중국 고고학의 운남성 동썬 동고 연구와 베트남 고고학의 동썬 동고 연구는 이러한 민족주의 움직임과 무관하지 않다. 이러한 조사와 연구는 태국과 베트남 선사 유적의 발견과 편년을 확립했고 다양성을 밝혀냈다.

태국 선사 문화의 존재는 네덜란드인 고고학자 반 헤케렌(H. R. Van Heekeren, 1902~1974년)이 처음 제시했다. 반 헤케렌은 태국뿐 아니라 인도네시아 고고학 연구에도 많은 업적을 남겼다. 특히 헤케렌의 인도네시아 석기 시대와 금속기 시대 연구는 세계적으로 많은 영향을 끼쳤다.[20] 그가 동남아시아 고고학을 연구하게 된 계기는 일본이 일으킨 태평양 전쟁 때문

20 H. R. Van Heekeren. (1957). The Stone Age of Indonesia. Nijhoff.; H. R. Van Heekeren. (1989). The Bronze-Iron Age of Indonesia. S. Gravenhage Martinus NIJHOFF.; H. R. Van Heekeren. (2007). A Preliminary Note on the Excavation of the Sai-Yok rock-shelter. AbeBooks.

이었다. 헤케렌은 1943년 제2차 세계대전 중 동남아시아 전선에 참전했다가 일본군 포로로 잡혔다. 그는 지금의 태국과 미얀마 간 철도 건설 공사 현장(현 칸차나부리 쾌노이강 상류)에서 강제 노역을 하던 중 우연히 뗀석기를 발견했다.

그 후 쾌노이(Khwae Noi=Khwae Sai Yok)강 유역에서는 중석기 시대(호아빈 문화)에서 청동기 시대의 매장 유적이 발견됐다. 반카오 유적에서 기원전 1,600년의 인골과 토기, 간돌도끼, 멧돼지 뼈 등 부장품이 출토됐다. 헤케렌은 태평양 전쟁이 끝난 후에도 1950년에 인도네시아 술라웨시섬 마로스에서 구석기 시대 동굴벽화를 처음으로 보고했고, 1960년에 사이욕

도판 1-3-7 | 쾌노이강의 반카오 유적 출토 인골과 부장품(기원전 1,600년, Ban Kao, Khwae Noi, Bangkok National Museum)

도판 1-3-8 | 반카오 유적의 부장품(2,000년 전, Ban Kao, Khwae Noi, Kanchanabri)

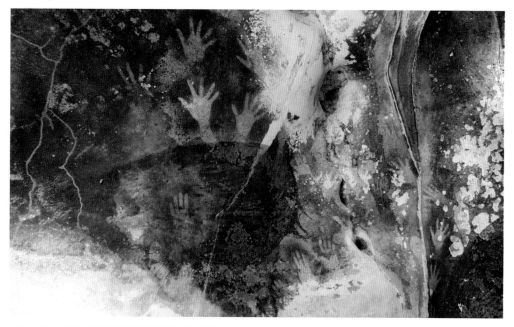

도판 1-3-9 | 리앙 페태 케레의 동굴벽화(약 40,000년 전, Leang Pettae Kere, Maros, Sulawesi, Indonesia)

도판 1-3-11 | 반치앙 유적(Ban Chiang, Udon Thani, Thailand)

도판 1-3-10 | 반치앙 유적 출토 채색 토기(기원전 300~기원후 200년 전, Ban Chiang National Museum, Udon Thani)

(Sai Yok) 동굴 유적을 발굴하여 기원전 10,000~기원전 8,000년의 호아빈히안 뗀석기와 다수의 동물뼈를 발견했다.

쇠렌슨(P. Sorensen)이 태국 북동부 콘캔의 반카오 유적(Bang Kao)[21]을, 베이야드(D. Bayard)가 논녹타 유적(Non Nok Tha)을[22], 체스터 고먼(Chester Gorman)과 차런웡사(Charoenwongsa)가 반치앙 유적(Ban Chiang)[23]을, C. 히검(Higham)이 콕파놈디(Khok Phanom Di) 유적을 발굴 조사해 실체가 주목됐다.

논녹타 유적은 태국 중북부 콘캔(Khon Kaen)에서 발굴된 기원전 3,500~기원전 1,000년의 매장 유적이다. 기원전 3,500~기원전 3,000년에 소, 돼지, 개를 가축화한 유물이 출토됐다. 태국에서 청동기 제작에 관한 가장 오래된 유물 또한 출토됐는데 이는 철기가 일반화되기 이전의 유적이다. 1966년에 발견된 반치앙 유적은 태국 우돈타니주 농한(Nong Han)에 있는 고고학 유적지로 붉은 채색 토기가 출토되어 1992년 유네스코 세계 문화유산으로 등재됐다. 왓포시나이(Wat Pho Si Nai) 마을에는 발굴 당시의 유적을 그대로 보존하여 전시하고 있다.

논무앙 유적(Non Muang, Khon Kaen)은 태국 동북부의 중요한 환호 도시 유적지다. 태국 예술국이 1982년, 1983년, 1991년에 발굴한 주거 유적과 매장 유적이다. 방사성 탄소 연대 측정(C14)에 따르면 가장 오래된 층은 기원전 500년 무렵의 후기 선사 시대 문화, 6~7세기의 드바라바티 시대의 초기 역사 문화층, 12~14세기의 롭부리 시대의 인골과 유물이 출토됐다. 이

21　Sorensen, P. (1976) Archaeological Excavations in Thailand Vol. Ⅱ : Ban-Kao. Munksgaard, Copenhagen.

22　Donn T. Bayard, (1970), Excavation at Non Nok Tha, Northeastern Thailand, 1968, Asian Perspectives, ⅩⅢ

23　Gorman, C. F. ; Charoenwongsa, P. (1976). "Ban Chiang: A Mosaic of Impressions from the First Two Years". Expedition. 8 (4): 14-26.

와 같이 동북 타이 코랏고원의 청동기 시대의 환호 유적(기원전 3~기원전 1세기)이 고대 왕국의 드바라바티 시대(6~10세기), 앙코르 시대(11~14세기)까지 중복하여 사용되는 사례가 적지 않다.

① 기원전 500년 무렵의 선사 시대 후기 문화
② 드바라바티(Davaravati) 초기의 문화(기원후 6~7세기)
③ 롭부리 시대 문화(12~14세기)

도판 1-3-14 | 논무앙 유적 출토 신전장 인골과 부장품(기원전 500년, Non Muang, Khon Kaen)

반프라삿 유적(Ban Prasat, Nakhon Ratchasima)은 1991년 태국 예술국이 발굴 조사했다. 약 3,000년 전에 사람들이 정착하여 쌀을 재배하고 가축을 키웠던 것이 밝혀졌다. 총 60개의 무덤이 발견됐으며, 가장 오래된 무덤은 약 3,000년 전 청동기 시대, 가장 새로운 무덤은 기원전 500년에 시작한 철기 시대 무덤이다. 죽은 자들을 위해 조개와 대리석 팔찌와 같은 토기와 장식품을 함께 부장했다. 인근에서 드바라바티 시대(6~11세기)와 앙코르 왕조 시대(12~14세기)의 유적이 분포하고 있다.

콕파놈디(Khok Phanom Di) 유적은 방콕 동쪽 촌부리(Chonburi)의 방파공(Bang Pakong)강 범람원 근처에 있는 기원전 2,000년~기원전 1,500년의 고고학 유적이다. 이 유적은 1984~1985

도판 1-3-12 | 반프라삿 유적(기원전 1,000~기원전 500년, Ban Prasat, Nakhon Ratchasima)

도판 1-3-13 | 반프라삿 유적 출토 토기(기원전 600~기원전 200년, Ban Prasat, Phimai National Museum)

도판 1-3-15 | 콕파놈디 유적 출토 유골과 부장품(기원전 2,000~기원전 1,000년, Khok Phanom Di, Nikhom, Chonburi)

도판 1-3-16 | 콕파놈디 유적 출토 목걸이(비즈, 기원전 2,000~기원전 1,000년, Khok Phanom Di, Pranchinburi National Museum)

년 뉴질랜드 고고학자인 C. 히검(Charles Higham) 등의 발굴 조사로 154개의 무덤을 포함하여, 7개의 매장 단계를 확인했다.[24]

스피릿 동굴(Spirit Cave)은 태국 북서부 매홍손(Mae Hong Son) 팡마파(Pang Mapha)에 있는 고고학 유적지이다. 기원전 9,000년에서 기원전 5,500년 사이에 북베트남에서 온 수렵 채집인 호아빈히안(Hoabinhian) 유적이다. 유적은 해발 650m, 살윈(Salween)강이 내려다보이는 언덕에 있고, C. 고먼이 발굴 조사했다.[25] 닛타 에이지(新田榮治)의 동북 태국 제염·제철 유적 발굴 조사

24 Higham, C. F. W. and Bannanurag, R, The Excavation of Khok Phanom Di: Volume I, The Excavation, Chronology and Human Burials, The Society of Antiquaries of London and Thames and Hudson, London, 1990, p. 387; Higham, C. F. W. and Bannanurag, R (eds), The Excavation of Khok Phanom Di: Volume II: The Biological Remains Part 1, The Society of Antiquaries of London and Thames and Hudson, London, 1991, p. 388; Higham, C. F. W. and Thosarat, R. (eds), Khok Phanom Di: Volume III: The Material Culture Part 1, The Society of Antiquaries of London, 1993, p. 288; Higham, C. F. W. and Thosarat, R., Khok Phanom Di: Prehistoric Adaptation to the World's Richest Habitat, Harcourt Brace Jovanovich, 1994, p. 155; Higham, C. F. W. (1996) The Bronze Age of Southeast Asia. Cambridge: Cambridge University Press.; Higham, C. F. W. and Thosarat, R. (eds.) The Excavation of Khok Phanom Di: Volume IV: The Biological Remains, Part II, by G. B. Thompson, The Society of Antiquaries of London, 1996, p. 312; Higham, C. F. W. and Thosarat, R. (eds), The Excavation of Khok Phanom Di: Volume V: The People, by N. G. Tayles, The Society of Antiquaries of London, 1999, p. 386; Higham, C. F. W. & R. Thosarat. (ed.) 2004. The excavation of Khok Phanom Di, Volume VII. The Society of Antiquaries of London.

25 Gorman C. (1971) The Hoabinhian and After: Subsistence Patterns in Southeast Asia during the Late

등으로 실상이 어느 정도 밝혀졌다.[26] 이러한 발굴 조사로 선사 시대부터 동남아시아 사람들의 생활에도 현재의 생태적 다양성을 적용할 수 있게 됐으며, 새로운 유적과 유물을 연구한 성과가 증가했다. 이를 통합하여 체계적인 연구가 가능하게 됐다는 점에서 이러한 발굴 조사가 중요하다.

동남아시아 대륙부의 고고학은 유럽, 특히 식민지 종주국인 프랑스 고고학자(베트남, 라오스, 캄보디아)와 영국의 고고학자(미얀마, 말레이시아)를 중심으로 시작했다. 프랑스와 영국의 자금 원조로 탐험대가 조직되어 유적을 발굴하면서, 동남아시

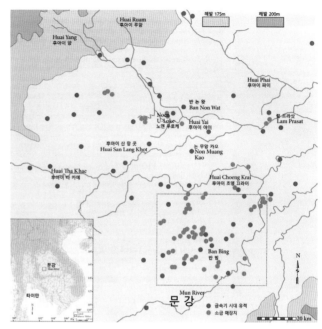

도판 1-3-17 | 동북 태국 문강(Mun River) 유역 금속기 시대 유적과 제염 유적

아 문화의 다양성이 밝혀졌다. 그리고 동남아시아의 다양성을 체계적으로 통합하여 해석하는 고고학 연구의 큰 흐름을 형성하여 오늘에 이르고 있다. 동남아시아를 연구하는 고고학자에게 가장 중요한 점은 가능한 많은 유적을 발굴 조사하여 자료를 축적하는 것과 동시에, 이것을 해석하기 위한 새로운 방법론을 구축하는 것이다.

Pleistocene and Early Recent Periods. World Archaeology 2: 300-20

26   新田榮治, 『タイの製鉄·製塩に関する民俗考古學的研究』平成6·7年度科學研究費補助金(國際學術研究) 研究成果報告書, 鹿児島大學教養部考古學研究室, 1996. 3.

표 1-3-1 | 베트남의 선사 시대 구분과 주요 유적

시대 구분	주요 유적
① 구석기 시대	짱안 문화기(Văn hóa Tràng An, 기원전 23,000~기원전 1,000년)
	썬비 문화기(Sơn Vi, 기원전 20,000~기원전 12,000년)
	소이누 문화기(Soi Nhụ, 기원전 18,000~기원전 7,000년)
② 중석기 시대	호아빈 문화기(Hòa Bình, 기원전 12,000~기원전 10,000년)
③ 신석기 시대	박썬 문화기(Bắc Sơn, 기원전 10,000~기원전 8,000년)
	꾸잉반 문화기(Quynh Van, 기원전 8,000~기원전 6,000년)
	카이베오 문화(Cai Beo, 기원전 7,000~기원전 5,000년)
	다붓 문화기(Da But, 기원전 6,000~기원전 5,000년)
④ 청동기 시대	하롱 문화기(Hạ Long, 기원전 3,000~기원전 1,500년)
	풍응웬 문화기(Phùng Nguyên, 기원전 2,000~기원전 1,500년)
	콘찬티엔 문화기, 호아록 문화기(Cồn Chân Tiên, Hoa Lộc, Pre-Sa Huynh 문화, 기원전 2,000~기원전 1,000년)
	동다우 문화기(Đồng Đậu, 기원전 1,500~기원전 1,000년)
	고문 문화기(Gò Mun, 기원전 1,000~기원전 600년)
⑤ 철기 시대	사후인 문화(Sa Huỳnh, 기원전 1,000~기원전 200년)
	동썬 문화(Đông Sơn, 기원전 800~기원전 200년)
	동나이 문화(Đông Nai, 기원전 500~0년)
	옥에오 문화 (Óc Eo, 기원후 1~기원후 630년)

표 1-3-2 | 태국 선사 시대의 구분과 주요 유적

시대 구분	주요 유적		
① 구석기 시대 (250,000년 전 ~120,000년 전)	람팡맨 화석 인골(Lampang Man)		
	매홍손 탐로드 바위 그늘 유적(40,000년 전 석기 출토, Tham Lod Rockshelter, Mae Hong Son)		
② 중석기 시대	호아빈히안(Hoabinhian) 문화기(12,000년 전~10,000년 전)		
③ 신석기 시대 (10,000년 전 ~4,000년 전)	매홍손, 칸차나부리, 나콘랏차시마, 우본랏차타니(기원전 9,000년경)		
	끄라비의 카오토총 바위 그늘 유적(Khao Toh Chong rockshelter, Krabi)		
	태국 중부 벼농사(4,000년 전)와 가축 사육(지역 고유의 신석기 문화 완성)		
	태국의 신석기 시대 주거 유적	스피릿 동굴(Spirit Cave, Khwae Noi River, Mae Hong Son, 기원전 9,000~기원전 5,500년)	
		랑캄난 동굴 유적(Lang Kamnan Cave, Kanchanaburi, 후기 홍적세~초기 홀로세)	
		왕보디 동굴 유적(Wang Bhodi, Kanchanaburi, 기원전 4,500~기원전 3,000년)	
		반치앙(Nong Han, Udon Thani, 기원전 4,420~기원전 3,400년, 신석기 시대~철기 시대 무덤)	
		콕파놈디 유적(Khok Phanom Di, Bang Pakong River, Chonburi, 기원전 2,000~기원전 1,500년)	
		카오 라키안(신석기 시대, Khao Rakian, Songkhla)	

시대 구분	주요 유적
④ 청동기 시대 (기원전 1,500 ~기원후 300년)	반 치앙(Ban Chiang, 기원전 2,100년경~기원전 200년)
	타케 유적(기원전 3,500~기원전 300년, Tha Kae, Lopburi)
⑤ 철기 시대 (3,400년 전 ~1,700년 전)	논녹타(기원전 1,420~기원후 50년)
	롭부리 포병 기지 안의 유적(기원전 120년, Lopburi Artillery Centre)
	옹바 동굴(기원전 310~기원후 150년, Tham Ongbah, Kanchanaburi)
	반돈타펫(기원전 24~기원후 276년, Ban Don Ta Phet, Kanchanaburi)

표1-3-3 | 말레이시아의 선사 시대 구분과 주요 유적

시대구분	주요 유적
① 구석기 시대 (초기 석기 시대, 기원전 35,000년 전)	말레이반도 북부에 있는 렝공(Lenggong) 유적군은 183만년 전부터 1,700년 전의 석기 가공 유적지와 구석기 시대 동굴 유적군이 있다.
	보르네오섬 사라왁의 니아 동굴(Niah Caves)에서 40,000년 전의 유물을 발견했다. 말레이시아 고고학자들은 보르네오섬 사바의 만수리(Mansuli) 계곡에서 발견된 석기의 연대가 훨씬 더 올라간다고 주장했지만, 정확한 연대 분석은 아직 발표되지 않았다.
② 신석기 시대 (10,000~5,000년 전)	페락의 렝공 계곡 유적은 당시 사람들이 석기로 도구를 만들고, 장식품을 만들어 사용했던 것을 보여준다. 이 기간의 고고학 자료는 동굴과 바위 그늘 유적에서 출토한 것으로 호아빈히안(Hoabinhian)이라는 수렵 채집민과 관련이 있다고 추정하고 있다. 말레이시아 고고학자들은 말레이시아에서 발견된 바위 그림 중 가장 오래된 것이 이 시기에 그려진 것으로 추정하고 있다. 그러나 보르네오섬의 동 갈리만탄에서 40,000년 전의 동굴 벽화가 발견되어, 앞으로 말레이시아에서 각 유적의 연대 측정 조사가 이루어진다면 40,000년 전의 유적이 발견될 가능성이 크다. 말레이시아에서 농경은 신석기 시대의 호아빈히안이 3,000~4,000년 전에 이 지역에 전래한 것으로 추정되고 있다.
③ 청동기 시대 (2,500년 전~?)	청동기와 철기 문화를 가진 사람들이 태국을 남하하여 이주했다. 기원 전후가 되면서 인도 상인의 왕래가 시작하여 항구 도시가 탄생한다. 내륙의 산악지대와는 달리 말레이시아 해안부에서는 인도인, 자바인, 중국인과의 교섭과 이주가 시작된다.

표1-3-4 | 미얀마의 선사시대 구분과 주요 유적

시대 구분	주요 유적
① 초기 안야티안 문화 (early Anyathian culture, 호모 에렉투스, BP 750,000~275,000년)	하부 구석기 시대 사람들은 에야와디(Ayeyawaddy)강 주변에 살았다.
② 후기 안야티안 문화 (late Anyathian culture, BP 275,000~25,000년)	호모 사피엔스의 고고학적 증거는 미얀마 중부에서 약 25,000BP로 추정되고 있다. 샨주의 파다란 동굴 유적에서 65000년 전 퇴적물층과 25000년 전 뗀석기가 발견됐다(Padah-Lin Caves, Ywangan Township, Taunggyi District, Shan State).
③ 후기 구석기 시대 (기원전 11,000년, 호모 사피엔스)	남부 샨주(Shan States) 야간(Ywagan)의 바다린(Badahlin)에서 발견됐다.
④ 신석기 시대 (기원전 7,000 ~기원전 2,000년)	신석기 시대 사람들은 미얀마 중부, 카친주(Kachin State), 샨주, 몬주, 타닌타니(Taninthayi) 지역, 그리고 친드윈(Chindwin) 및 에야와디강 유역에 살았다.

시대 구분	주요 유적
⑤ 청동기 시대 (기원전 1500년)	에야와디 계곡에서 구리 및 청동기, 벼농사, 닭과 돼지 가축화와 관련하는 유적이 발견됐다 (Badahlin Cave 및 Gu Myaung Cave). 기원전 1500년 유적에서 청동 도끼가 출토됐다(Nyaunggan의 Shwebo 유적).
⑥ 철기 시대 (기원전 500년)	만달레이 남쪽에서 제철소 유적이 발견됐다. 미얀마에서는 청동기와 철기 문화가 겹쳤다. 샨 구릉 지대(Shan hills)에서 구리 광산 유적, 포파 고원(Popa Plateau)에서 철 광산, 할린 (Halin)에서 제염 유적이 발견됐다. 매장 유적에서 중국제 유물이 출토됐다.
⑦ 선 바간 시대 (Pre-Pagan period, 기원전 200년)	퓨족(Pyu people)이 중국 운남에서 에야와디강 유역으로 이주했다. 퓨 도시 국가(기원전 2세기~기원후 11세기 중반) 유적이 에야와디강과 친드윈강이 합류하는 주 변의 무계곡(Mu valley), 짜욱세(Kyaukse)평야 및 민부 지역(Minbu region)에서 발견됐다. 할린(Halin)과 쓰리 크세트라(Sri Ksetra)는 가장 크고 영향력 있는 국가였다.

표1-3-5 | 라오스의 선사시대 구분과 주요 유적

시대 구분	주요 유적
① 구석기 시대 (BP 63,000~46,000년)	탐파링 동굴 유적(Tam Pa Ling, BP 50,000년) 라오스의 동굴과 바위 그늘 유적(약 BP 10,000년)에서 호아빈니안 석기가 출토됐다.
② 신석기 시대	최초의 라오스 거주민인 오스트랄로-멜라네시아어족의 뒤를 이어 오스트로아시아어족이 뒤를 이었다(Lao Theung).
③ 청동기 시대 (기원전 2,000년)	벼농사는 기원전 약 2,000년부터 중국 남부의 장강에서 전해졌다. 사냥과 채집은 식량 공급의 중 요한 측면으로 남아 있었다.

제2장 | 동남아시아 대륙부의 선사 시대

2-1. 동남아시아 대륙부의 구석기 시대

2-1-1. 동남아시아 최초의 인간

지구는 200만년 전부터 10,000년 전까지 간빙기와 빙하기가 되풀이되었다. 빙하기에는 대륙 전체의 기온이 내려가 증발한 바닷물이 지표면에 눈이 되어 쌓이고 얼어붙었다. 육지에는 큰 얼음덩어리가 켜켜이 쌓이며 빙하가 생성됐다. 지구상의 물은 육지에 고정되어 바다의 면적이 점점 줄어들고 해수면이 낮아졌다. 현재보다 최대 100m 아래로 해수면이 내려갔고, 곳곳에서 대륙부와 섬 사이를 잇는 육로가 생겼다. 동남아시아 대륙과 보르네오섬, 인도네시아에 둘러싸인 바다는 육지로 변했다.

최초의 인류인 오스트랄로피테쿠스(Australopithecus)는 동아프리카에서 태어났다. 700만년 전에 아프리카에서 탄생한 인류는 오랜 진화 과정을 거쳐 250만년 전 처음으로 도구를

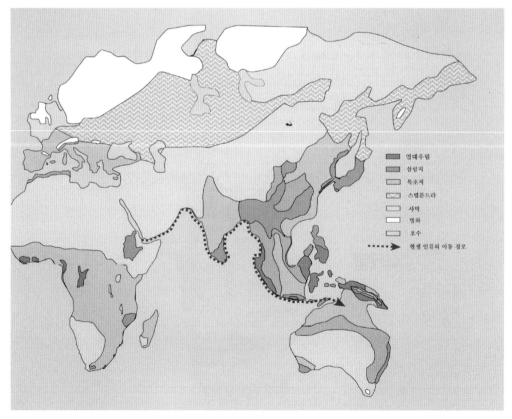

도판 2-1-1 | 현생 인류가 아프리카에서 동남아시아로 이동한 경로

만들어 사용했다. 인류는 150만년 전 이후 아프리카에서 유럽 동남부와 남아시아의 온난한 지역으로 거주 지역을 확장했다. 그러나 동남아시아에서는 오스트랄로피테쿠스에 속하는 인골은 아직 발견되지 않았다.

인류의 아프리카 기원설은 현재 인류학의 정설이다. 100만년 전 동남아시아 최초로 호모 에렉투스(Homo Erectus)가 살기 시작했다. 직립 원인은 열대 삼림 지대에서 아열대 삼림 지대, 한랭한 삼림, 초원 지대 등 다양한 환경에 적응했다. 호모 에렉투스는 처음으로 불을 사용하며 환경에 적응하는 등 획기적인 변혁을 가져왔다.

1891~1892년 중부 자바 솔로(Solo, 인도네시아어 Surakarta)의 크둥브루부스(Kedungbrubus)에서 네덜란드 군의관 외젠 뒤부아(Marie Eugène François Thomas Dubois, 1858~1940년)가 자바 원인을 발견했다. 자바의 호모 에렉투스(Java Man=Homo erectus erectus)는 지금부터 100만년 전에서 700,000년 전에 살았던 인류이다. 베트남 북부 랑썬성(tỉnh Lạng Sơn)의 하이 동굴(Tham Hai), 꾸옌 동굴(Hang Quyên)에서 사람의 치아가 출토되었으며, 이들은 약 250,000~300,000년 전의 인류로 추정되고 있다.[1]

대륙부와 도서부의 광대한 지역에서 거주하고 있던 호모 에렉투스 중에서 더욱 진화한 인류가 출현한다. 네안데르탈인(구인)과 현대인의 직접 조상인 신인 호모 사피엔스 사피엔스(Homo Sapiens Sapiens)이다. 구인은 중부 홍적세 말기부터 상부 홍적세, 신인은 상부 홍적세에 살았다. 인도네시아 자바섬(Sangiran, Trinil, Perning, Ngandong)에서 많은 인골 화석이 발견되었고, 동남아시아 대륙부에서도 일부 출토 사례가 있다.

베트남 게앙성 서부의 옴 동굴(Hang Om)에서 기간토피테쿠스, 스테고돈, 대 판다 등과 함께 원인에서 구인으로 이행하는 인류의 어금니가 발견되었다. 또한 베트남 북부 호앙리엔썬(Hoàng Liên Son)의 훔 동굴(Hang Hum)에서 리스바룸 간빙기, 140,000~80,000년 전의 구인 어금니 3개가 발견되었다. 신인은 닌빈성의 뜽란(Tung Lan) 동굴에서 치아, 랑썬성의 케오렝(Keo Leng) 동굴에서 두개골과 치아 2개가 출토되었고, 후자는 우유룸

도판 2-1-2 | 호모 사피엔스의 두개골(Misium Negara, Malaysia)

---

1   Charles F. W. Higham (2017-05-24). "First Farmers in Mainland Southeast Asia". Journal of Indo-Pacific Archaeology. University of Otago. 41: 13-21.

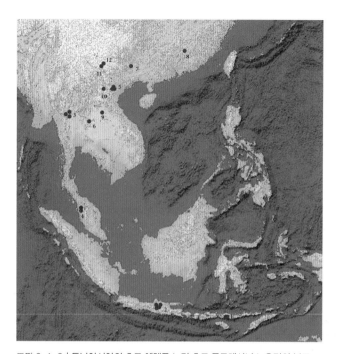

도판 2-1-3 | 동남아시아의 호모 에렉투스 및 호모 플로레시니스 유적의 분포
1. 리앙 부아(Liang Bua), 마타 멩(Mata Menge), 워로세게(Wolo Sege), 2. 산기란(Sangiran), 트리닐(Trinil), 페닝(Perning), 응간동(Ngandong), 3. 사오딘(Sao Din), 카오파남(Khao Pah Nam), 반돈문(Ban Don Mun), 반매타(Ban Mae Tha), 하푸다이(Had Pu Dai), 4. 코타탐판(Kota Tampan), 부킷비누(Bukit Bunuh), 5. 마우이(Ma U' Oi), 탐쿠옌(Tham Khuyen), 탐하이(Tham Hai), 6. 툼위만나킨(Thum Wiman Nakin), 7. Liuhuaishan(중국), 8. Maba(중국), 9. 농파카오(Nong Pa Kho), 10. 탐항(Tham Hang), 11. Maludong(馬鹿洞人, 운남성), 12. Longlin(광서, 중국)

간빙기인 약 30,000년 전인 인골로 추정된다. 라오스 북부(Annamic Chain)의 탐파링(Tam Pa Ling=Cave of the Monkeys)이라는 동굴에서는 63,000년 전의 조각난 인간의 두개골 파편을 출토했다.

동남아시아에서 발견된 인골 화석은 인류의 진화 경로를 나타내고, 동남아시아가 제3기에 연속하는 인류의 거주 지역이었음을 말하고 있다. 이는 화석에서 그 시대 동물이 살았을 것으로 추정되는 환경이 인류가 거주하기 적합한 온난한 기후였기 때문이다. 더욱이 인류는 자연환경에 적응하여, 더욱더 넓은 지역으로 거주 영역을 넓혀갔다. 순다 대륙붕(Sundaland)은 뷔름 빙기 시기(기원전 70,000년 경부터 기원전 14,000년 경)에는 육지였다. 사람과 동물은 동남아시아 대륙부에서 도서부로 이동할 수 있었고, 그 결과 현재의 도서부에 인류가 거주할 수 있었다.

동남아시아의 구석기에서 신석기 시대까지는 고유의 자연환경에 대응하는 독특한 특징이 있다. 저위도 지역인 동남아시아는 열대성, 아열대성 기후가 뚜렷하다. 그러나 당시 기후 변화의 격차는 미미하며, 자연환경의 변화가 온대 지역처럼 두드러지지 않았다. 해부학적으로 동남아시아에 사는 사람들은 50,000년 전 또는 70,000년 전 이전에 이주한 것으로 추정된다. 사람들은 이러한 자연환경에 적응하여, 장기간에 걸쳐서 도구를 제작하여 사용했다. 동남아시아의 석기 시대는 명확하지는 않지만 크게 구석기 시대와 신석기 시대로 나뉘며, 신석기 시대를 '호아빈히안·박썬니안'과 후기 신석기 시대로 구분한다.[2]

---

2   新田榮治·西村正雄·坂井隆, 『東南アジアの考古學』, 同成社, 1998. 베트남의 고고학(하노이 국립대학교 역사학과 교과서 『CO SO KHAO CO HOC』, 2008년)에서는 구석기 시대를 전기 구석기 시대(Nui Do 유적, Gia Tan-Xuan Loc 유적)와 후기 구석기 시대(Nguom 유적, Son Vi 유적)로 분류하고, 신석기 시대는 신석

도판 2-1-4 | 구석기 시대 동굴 유적 고아 무상(USM 고고학 연구 센터 조사단, Gua Musang, Kelantan, Malaysia, 2018년)

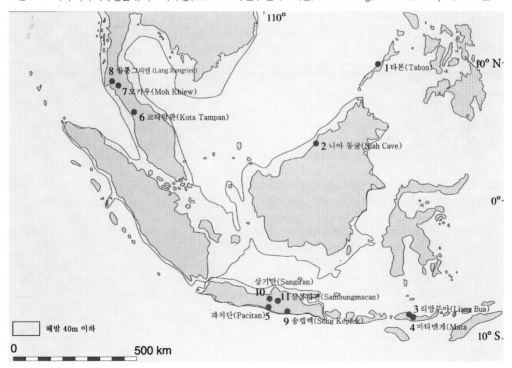

도판 2-1-5 | 동남아시아의 구석기 시대 유적도(해발 40m 이하)
1. 타본(Tabon), 2. 니아 동굴(Niah Cave), 3. 리앙 부아(Liang Bua), 4. 마타멘게(Mata Menge), 5. 파치탄(Pacitan), 6. 코타탐판(Kota Tampan), 부킷부누(Bukit Bunuh), 7. 모키우(Moh Khiew), 8. 랑롱그리엔(Lang Rongrien), 9. 송켑렉(Song Keplek), 10. 상기란(Sangiran), 11. 삼붕마찬(Sambungmacan)

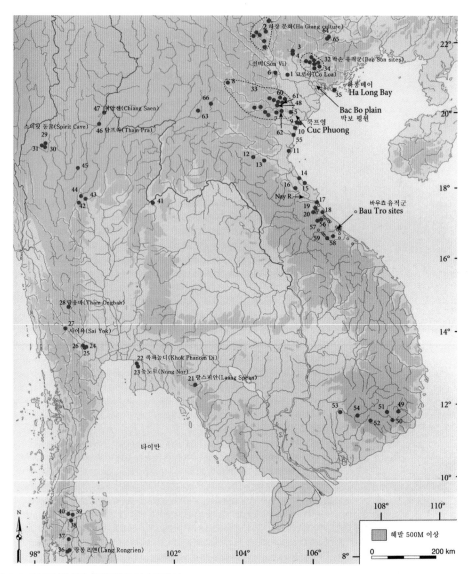

도판 2-1-6 | 동남아시아 대륙부의 구석기 유적 분포도

1. 꼬로아(Co Loa), 2. 하장 문화(Ha Giang culture), 3. 미엥호(Mieng Ho), 4. 응음(Nguom), 5. 콘몽(Con Moong), 6. 썬비(Son Vi), 7. 랑본(Lang Bon), 8. 항퐁(Hang Pong), 9. 다붓(Da But), 고쯩(Go Trung), 10. 호아록(Hoa Loc), 11. 꾸인반(Quynh Van), 12. 탐호이(Tham Hoi), 13. 항추아(Hang Chua=Yên Thủy), 14. 퍼이퍼이(Phoi Phoi), 15. 파이남(Phai Nam), 16. 누이다우(Nui Dau), 17. 바우쵸(Bau Tro), 18. 동호이(Dong Hoi), 19. 옌락(Yen Lac), 솜탐(Xhom Tham), 솜톤(Xom Thon), 항쩐(Hang Tran), 항도이(Hang Doi), 20. 킴방(Kim Bang), 21. 라앙스피안(Laang Spean), 22. 콕파놈디(Khok Phanom Di), 23. 농노르(Nong Nor), 24. 카오타루(Khao Talu), 25. 맨트 동굴(Ment Cave), 26. 힙 동굴(Heap Cave), 27. 사이욕(Sai Yok), 28. 탐옹바(Tham Ongbah), 29. 스피릿 동굴(Spirit Cave), 30. 반얀 계곡 동굴(Banyan Valley Cave), 31. 가파른 절벽 동굴(Steep Cliff Cave), 32. 박썬 유적군(Bac Son sites), 33. 호아빈히안 유적지, 34. 하롱(Ha Long), 35 까이베오(Cai Beo), 36. 랑롱리엔(Lang Rongrien), 모키에우(Moh Khiew), 37. 카오타오하(Khao Thao Ha), 38. 부앙밥(Buang Baeb), 39. 카오키찬(Khao Khi Chan), 40. 팍옴(Pak Om), 41. 치앙칸(Chiang Khan), 42. 카오파남(Khao Pah Nam), 43. 반돈문(Ban Don Mun), 44. 반매타(Ban Mae Tha), 45. 파창(Pha Chang), 46. 탐프라(Tham Pra), 47. 치앙센(Chiang Saen), 48. 디외 동굴(Dieu Cave), 49. 락쑤언(Lac Xuan), 50. 타힌(Ta Hin), 51. 타리엥(Ta Lieng), 52. 도이장(Doi Giang), 53. 도안반(Doan Van), 54. 누트리엥크락(Nout Lieng Krak), 55. 도이탄(Doi Than), 콘루옴(Con Ruom), 56. 죽티(Duc Thi), 57. 케퉁(Khe Toong), 58. 항도이(Hang Doi), 59. 반락(Ban Rac), 60. 승삼(Sung Sam), 61. 솜짜이(Xom Trai), 항보이(Hang Boi), 62. 밧못(Bat Mot), 63. 탐항(Tam Hang), 64. 탐하이(Tham Hai), 65. 탐파링(Tham Pa Ling)

2-1-2. 동남아시아의 구석기 시대

태국 고고학자들은 태국 북부와 서부에서 발견된 화석과 석기의 연대를 100만년 전으로 추정하고 있다. 태국 북부 람팡의 고고학 유적지에서 100만~500,000년 전의 호모 에렉투스 화석인 '람팡 맨(Lampang Man)'이 발견되었다. 구석기 시대의 석기는 칸차나부리(Kanchanaburi), 우본랏차타니(Ubon Ratchathani), 나콘씨탐마랏(Nakhon Si Thammarat), 롭부리(Lopburi) 등에서 발견되었다. 이들 지역에서는 또한 10,000년 전의 선사 시대 동굴 벽화가 발견되었다. 태국 북부 람팡 반메타(Ban Mae Tha) 유적과 반돈문(Ban Don Mun) 유적에서 700,000년 전으로 추정되는 화산 분출물 층 아래에서 뗀석기가 발견되었다. 이 석기는 현재 태국에서 가장 초기의 인류가 거주했다는 증거이다. 연대적으로는 전기 구석기 시대이며, 원인이 사용한 석기 문화와 생활상은 구체적으로 알려지지 않았다.

동남아시아 대륙부의 전기 구석기 시대 석기 문화는 미얀마 에야와디강 유역의 안야티안(Anyathian) 석기, 태국 서부 쾌노이강 유역에서 발견한 핀노이안(Fingnoian) 석기, 말레이반도 서쪽의 페락(Perak)강 유역에서 발견한 부킷자와 유적(Bukit Jawa)과 코타탐판(Kota Tampan=Tampanian) 석기, 베트남 북부 타인호아성 누이도(Nui Do=도산) 석기, 인도네시아 동부 자바의 파치탄(Pacitan) 석기 등이 비교적 널리 알려져 있다.[3] 수천 년 전으로 추정되는 500개 이상

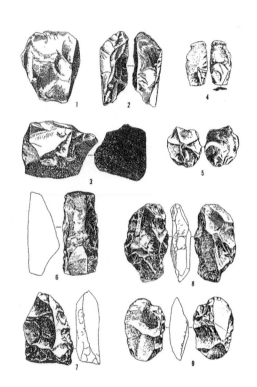

도판 2-1-7 | 도산 유적의 석기(Tieu Yen, 전기 구석기시대, CO SO KHAO CO HOC, 2008)

기 시대 전기(Hoa Binh 유적, Soi Nhu 유적, Bac Son 유적), 신석기 시대 중기(Da But 유적, Quynh Van 유적, Cai Beo 유적, Bau Du 유적), 신석기 시대 후기(Ha Long 유적, Bau Tro 유적, Mai Pha 유적, Bien Ho 유적)로 분류하고 있다. 이 책에서는 편의상 동남아시아 대륙부의 넓은 지역을 포괄하는 개념으로 닛타 에이지 등의 시대 구분을 따른다.

3   배기동, 「동남아시아의 구석기문화현황」, 1990. (https://www.koreascience.or.kr/article/JAKO199071663776310.pdf)

도판 2-1-8 | 렝공 계곡의 페락강(Sungai Perak, Lenggong Valley, Malaysia)

도판 2-1-9 | 부킷자와 유적 출토 찍개(10,000~20,000년 전, Bukit Jawa, Lenggong Valley, Misium Negara, Malaysia)

의 동굴 벽화가 말레이시아 페락(Perak)주의 숭가이 시풋(Sungai Siput)과 고펭(Gopeng)의 40개 지역에서 발견되었다.

베트남의 전기 석기 시대의 유적은 두 개로 나뉜다. 타인호아성의 도산(Nui Do, Nui=山) 유적군과 동나이성의 자탄·쑤언록(Gia Tan-Xuan Loc) 유적군이다. 도산 유적은 도산, 꽌옌 1(Quan Yen), 누옹산(Nui Nuong)의 3지점에서 확인되어, 모두 타인호아성 티유이옌(Thieu Yen)현(현재의 Quan Lao 지역)에 있다. 도산은 츄(Chu)강과 마(Ma)강이 합류하는 츄강 오른쪽 강변에 위치하고 있다. 도산 유적은 산의 동쪽 기슭(높이 20~80m)에서 총 3,499점의 석기를 채집했다. 석기 중에는 주먹도끼, 원시형 주먹도끼, 가로날도끼, 찍개, 석핵, 격지석기 등이 포함되어 있다. 꽌옌 1 유적(높이 258m)은 도산에서 3㎞ 떨어져 있고, 1980년에 베트남 역사박물관과 하노이 국립합대학이 700㎡를 발굴하여 총 70여 점의 석기를 채집했다. 누옹산 유적(높이 258m)은 도산에서 3.5㎞, 꽌옌에서 1.5㎞ 떨어져 있고, 195점의 석기가 채집되었다(전기 구석기 시대).

도산의 석기 기술은 베트남의 응옴(Nguom), 썬비(Son Vi), 호아빈(Hoa Binh)의 석기 제작 기술과는 다르며, 그보다 오래된 것은 분명하다. 동나이성 동남부 지구의 유적군은 항곤(Hang Gon) Ⅳ, 자우자이(Dau Giay), 사우레(Sau Le), 쓰오이다(Suoi Da), 깜티엔(Cam Tien)산, 카우삿(Cau Sat), 자탄(Gia Tan), 동나이 프꾸이(Phu Quy), 그리고 송베의 안록(An Loc) 유적 등이 있다. 도산 유적과는 달리 동나이성의 자탄 쑤언록 유적에서는 유물이 그다지 출토되지 않았다. 전기 구석기 시대에는 대륙부와 도서부도 자갈돌도끼가 중심을 이루고, 아울러 격지석기를 사용한 것이 후기가 되면 이들 두 지역에서 자갈돌도끼와 격지석기의 석기 제작의 차이가 생긴다. 그러나 베트남 구석기 자료는 대부분 2차 퇴적에서 채집된 것으로 발굴 조사에서 확실한 유물을 거의 발견하지 못했다.

렝공(Lenggong) 유적은 말레이시아 말레이반도 북부에 있는 고고학 유적군이다. 183만년 전부터 1,700년 전까지의 석기 가공 유적지와 구석기 시대 동굴 유적군이 있다. 2012년 6월 30일 유네스코 세계 문화유산으로 등재된 '렝공 계곡의 고고학 유산'은 약 200만년 전 구석기 시대의 것으로 아프리카 대륙을 제외하면 인류의 흔적 중 세계에서 가장 오래된 것으로 추정되고 있다. 말레이시아 자연과학대학교(University Sains Malaysia=USM)의 M. 사이딘(Moktar Saidin) 교수의 고고학 연구소 발굴 조사로 구석기 시대부터 철기 시대에 걸쳐 렝공 계곡에서 4개의 유적군이 확인되었다. 렝공 계곡의 페락강 왼쪽(서쪽) 강변에는 구석기 제작 유적인 부캇부누(Bukit Bunuh)가 있다.

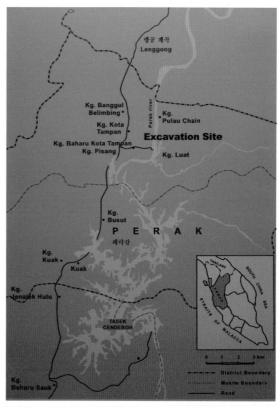

도판 2-1-10 | 렝공 계곡의 구석기 시대 유적 분포도(Lenggong Valley, Perak, Malysia)

말레이시아 페락의 렝공 계곡에서는 구석기, 신석기, 청동기 시대 등의 여러 유적과 유물이 발견되었다. 렝공 계곡 유적에서 출토된 페락 맨(Perak Man)이라는 화석 인골은 동남아시아에서 발견된 가장 완전한 전신 골격이다. 세계 문화유산으로 등재된 렝공 계곡의 부캇 카팔라 가자(Bukit Kepala Gajah) 유적군의 고아 카장(Gua Kajang, 11,000~5,000년 전 유적)에서 2004년 M. 사이딘 교수가 2개 인골(GK1 1,0820±60BP, GK1에서 남동쪽으로 1미터 떨어진 곳에서 20㎝ 깊이의 차이에서 GK2 7,890±80BP)과 석기를 발굴했다.[4] 이 유적은 1917년 영국의 고고학자 아서 에반스(Arthur Evans, 1851~1941년)가 말레이시아에서 최초로 발굴한 구석기 시대 동굴 유적이다.

50,000년 전 동남아시아에서 해부학적으로 현생 인류의 수렵 채집인의 이주가 라오스 북동부의 파항산(Pa Hang, 해발 1,170m)에 있는 탐파링(Tam Pa Ling) 동굴의 화석 인골에서 확인되었다. 2009년 탐파링 동굴에서 발견한 3구의 화석 인골의 연대는 약 70,000년 전에서 46,000년 전 사이로 현생 인류가 60,000년 전에 동남아시아 대륙부로 이주했던 것이 밝혀졌

---

4   Moktar Saidin (2011). From Stone Age to Early Civilisation in Malaysia: Empowering Identity of Race (Penerbit USM)

도판 2-1-11 | 구석기 제작 유적지 부킷부누(Bukit Bunuh, Lenggong Valley, Perak, Malaysia)

도판 2-1-12 | 호아빈히안 석기(Bukit Bunuh, Lenggong Valley, Perak)

도판 2-1-13 | 고아 카장 유적(11,000~5,000년 전, Gua Kajang, Lenggong Valley, Perak, Malaysia)

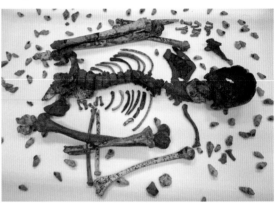

도판 2-1-14 | 고아 카장 출토의 인골(GK2 7,890±80BP, Gua Kajang, Lenggong Valley, USM 고고학 연구소)

도판 2-1-15 | 고아 카장 GK1 유적 측면도(GK1 10,820±60BP, Gua Kajang, Lenggong Valley, USM 고고학 연구소)

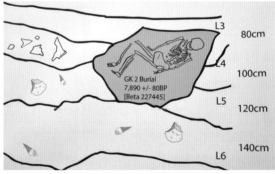

도판 2-1-16 | 고아 카장 GK2 유적 측면도(GK2 7,890±80BP, Gua Kajang, Lenggong Valley, USM 고고학 연구소)

다.[5] 이들 화석 인골은 현대 인간의 형태학적 특징을 지닌, 이 지역에서 발견된 가장 오래된 것이다. 이 동굴 유적의 연구 결과는 초기 인류의 이동 경로가 해안선을 따라 서쪽에서 동쪽으로 이동하는 경로와 더불어 강과 계곡을 거슬러 올라가 내륙과 북쪽으로 이동했다는 것으로, 유적에서 발견된 화석 인골들은 고고학적 증거로서 연구 결과를 더 정확하게 뒷받침하고 있다.

캄보디아에서는 바탐방(Battambang) 지방의 라앙 스피안(Laang Spean) 동굴 유적을 인간이 살았던 최초의 흔적이라 여겼으며, 기원전 70,000년 경부터 신석기 시대까지의 유적이 발견되었다. 메콩강 동쪽 기슭의 하안 단구와 크라체의 프놈로앙(Phnom Loang), 라오스 씨엥쿠앙의 자르(Jar) 평원, 베트남 중부의 고다 유적(Gò Đá, phường An Bình, thị xã An Khê), 남부의 쑤언록(Xuan Loc) 근교의 난지아 등에서 각종 석기와 동물 뼈가 채집되었다. 태국 북부 치앙마이 주변에서도 석기와 동물 뼈가 출토된 구석기 유적의 존재가 밝혀졌다. 그 밖에 라오스 동굴 유적에서도 호아빈히안(Hoabinhian, 약 10,000년 전) 초기의 석기가 발견되어, 베트남의 호아빈(Hòa Bình) 문화가 확산한 것이 밝혀졌다.

말레이시아 페락의 렝공 계곡의 고아 하리마우(Gua Harimau) 유적은 1987년, 1988년, 1999년의 발굴 조사에서 2,000~5,000년 전의 매장 유적이 발견되었다. 토기, 석기, 청동 도끼, 장신구, 음식물 쓰레기 등과 함께 총 11구의 인골을 출토됐다. 하리마우 동굴은 약 4,000년 전 가장 초기의 청동 주형과 석제 도끼가 출토되어, 신석기 시대 유적에서 금속 유물이 출토하는 증거를 밝히는 중요한 유적이다. 렝공 지역의 청동기 생산을 보여주는 금형이 발견됐고 당시 청동 기 제조 영역이 태국 북부 및 중부 지역에만 국한되지 않았다는 것을 증명했다.

수십만 년 이상의 전기 구석기 시대에서 후기 구석기 시대에 대해서는 전혀 밝혀지지 않았다. 호모 에렉투스의 다음 진화 단계인 네안데르탈인(구인)의 유골이 발견되지 않았다. 인류의 직접 조상인 호모 사피엔스(신인)의 유골은 동남아시아 각지에서 발견되었다. 40,000년 전 무렵부터 이후의 후기 구석기 시대의 유적과 석기는 베트남, 말레이시아, 인도네시아를 비롯해 동남아시아 각지에서 발견되었고, 호모 사피엔스 유골 출토를 통해 인류가 동남아시아 각지로 확산했던 것을 알 수 있다. 기원전 40,000년 경부터 점차 해수면이 내려가기 시작하여, 기원전 18,000년 경에는 현재보다 해수면이 150m나 더 낮아져 동남아시아에서부터 뉴기니, 오스트레일리아에 걸친 광대한 육지(Sundaland, Sahul-land)가 나타났다.

5　Marwick, Ben; Bouasisengpaseuth, Bounheung (2017). "The History and Practice of Archaeology in Laos". Handbook of East and Southeast Asian Archaeology. Springer New York: 89-95.

도판 2-1-17 | 고아 하리마우 유적의 발굴 조사(Gua Harimau, Lenggong Valley, Perak, 1999년)

동남아시아 대륙부에는 후기 구석기 시대 문화의 전체를 밝힐 수 있는 고고학 자료가 부족하다. 대륙부의 후기 구석기 시대는 베트남 북부 푸토성(Phú Thọ Province, 베트남의 하노이 서남쪽 약 60㎞에 있는 호아빈의 동굴 유적)을 중심으로 응옴(Nguom, 剝片石器), 썬비(Son Vi) 문화가 확산한다.

응옴(Nguom) 석기는 미엥호(Mieng Ho) 동굴과 응옴 바위 그늘 유적(하층), 탄사(Than Sa) 계곡에서 확인된 격지석기(剝片石器)를 특징으로 하는 제작 기술이다. 미엥호 동굴은 1972년, 응옴 바위 그늘 유적은 19812년에 발굴 조사되었다. 베트남 고고학계는 현재까지 응옴 동굴 출토 석기의 제작 기법, 연대, 기원, 발전 단계를 연구해 왔다. 응옴 바위 그늘 유적 3개의 문화층에서는 격지석기가 출토됐다. 하층의 초보적인 격지석기는 미엥호 석기와 유사하다. 응곰 석기는 썬비 문화와 호아빈 문화의 석기 기술과는 다르고, 썬비 문화의 석기 기술보다 오래된 후기 구석기 시대에 속하는 것으로 추정되고 있다.

썬비 문화 유적은 약 140곳 이상이 확인되었고, 인골과 동물 뼈가 나온 동굴 유적도 약간 있지만, 대다수는 동물 뼈 등을 수반하지 않는 야외 유적이다. 썬비 문화 유적의 분포 범위는 북쪽의 하장성 도이통(Doi Thong) 유적, 서쪽의 라이차우성 도이까오(Doi Cao) 유적, 동쪽의 박장성 안까우(An Cau) 유적, 남쪽의 꽝찌성 쿠아(Cua) 유적이다. 썬비 문화 유적은 푸트성의 고원지대에 밀집되어 있고, 90% 가까이가 하천 유역의 개지 유적이다. 화분분석으로 볼 때 재배 식물의 흔적은 없다.

묘지 유적은 타인호아성의 콘뭉(Con Moong) 동굴, 디유(Dieu)와 눅(Nuoc) 바위 그늘에서 발견되었다. 동굴 안에 신전장이나 굴장으로 만든 무덤에는 석기와 바다 조개를 부장하기도 했다. 썬비 문화의 주요 분포 지역은 하천을 따라서 고원 지대에 위치하고 있다. 조잡한 자갈돌석기를 사용하여 동남아시아에서 알려진 자갈돌석기 기술과는 다른 양상을 보인다. 썬비 문화 사람들은 갱신세 말기의 기후 환경에서 사냥과 채집 생활을 하고 있었고, 선사 시대 베트남과 동남아시아에 광범위하게 분포하고 있는 호아빈히안(신석기 시대 전기)의 조상이다.

썬비(Son Vi) 문화(기원전 20,000~기원전 12,000년)의 석기는 양면에 원래의 돌의 면을 남기고, 세로와 가로로 긴 모양의 칼날을 만든 자갈돌도끼(礫器)를 특징으로 한다. 뒤에 이어지는 신석기 문화인

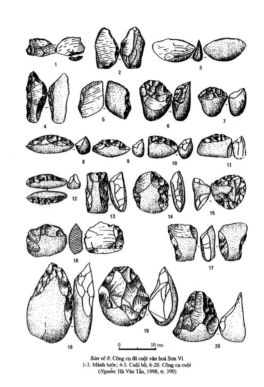

Bản vẽ 8: Công cụ đá cuội văn hoá Son Vi
1-3. Mảnh tước; 4-5. Cuội bổ; 6-20. Công cụ cuội
(*Nguồn:* Hà Văn Tấn, 1998, tr. 390)

도판 2-1-18 | 썬비 문화의 석기(후기 구석기 시대)

호아빈히안 석기와 유사하지만, 호아빈히안(호아빈 문화, 토기는 없고 뗀석기만 출토됐다)의 특징인 수마트라리스(Sumatralith)와 짧은 도끼(short axe)가 출토되지 않은 더욱더 원초적인 유물이다.

구석기 사람들은 동굴을 집으로 삼아 살았다. 하썬빈성(Ha Son Binh)의 곤몬 동굴(Hang Gonmon)에서는 하층부터 썬비 문화, 호아빈히안, 박썬니안 순으로 퇴적된 3개의 층위가 확인되었다. 이를 통해 구석기 시대부터 호아빈히안으로 이행하는 과정이 밝혀졌다. C-14 측정 연대에 따르면 약 18,000년 전~10,000년 전 무렵까지 이어진다. 동남아시아 대륙부에는 전기 구석기 시대 이후 베트남에서 볼 수 있듯이 자갈돌도끼를 전통으로 하는 석기 문화가 끝날 때까지 계속한다.

해안선 인근의 동굴 패총 유적은 태국 남부, 말레이 반도의 서쪽에 있는 팡가만(Phang Nga)의 석회암 동굴에서 호아빈히안 문화기 이후의 거주지가 발견되었다. 또한 이 해안선 남쪽의 랑롱리엔(Lang Rongrien) 바위 그늘 유적, 모키에우(Moh Khieu) 바위 그늘 유적도 호아빈히안기(약 10,000년 전) 이후에서 신석기 시대까지 거주가 이어진 패총 유적이다.

1983~1985년 D. 앤더슨(Douglas D. Anderson)이 발굴한 태국의 말레이반도 서안 끄라비현

랑롱리엔(Lang Rongrien) 바위 그늘 유적은 상층부에서 신석기 시대의 매장 유적, 중층부에서는 호아빈히안의 석기, 하층부는 격지석기를 중심으로 하는 후기 구석기 유물이 출토됐다.[6] 이 구석기 문화층은 3개 포함층으로 형성되어, 기원전 30,000년~기원전 25,000년경의 유적으로 추정되고 있다. 이 석기들은 아직 정형화하지 않았지만 비교적 잘 가공되어, 석기 가공 기술이 매우 진보한 것을 알 수 있다.

2-2. 호아빈히안·박썬니안

2-2-1. 토기를 가지지 않은 수렵 채집인

기원전 18,000년경부터 지구가 따뜻해지기 시작하여 대륙의 빙하는 녹아 바다로 흘렀고, 이에 따라 해수면이 상승했다. 기원전 14,000년경부터 해수면이 급격하게 상승하여 기원전 10,000년경부터는 간빙기가 시작되었다. 기원전 4,000년 동남아시아 해안선에 큰 변화가 생겼다. 순다랜드와 사홀랜드 등의 저지대(Sundaland, Sahul-land)는 해수면 아래로 가라앉아 대륙과 도서지역으로 분리되었다. 기온이 상승하자 계절풍 또한 변화했다. 위도 중간 지역에서는 식물과 동물에 큰 변화가 생겼다. 인류는 환경 변화에 적응하여 간석기, 토기, 농경을 발명했으며 새로운 먹잇감을 얻기 위해 도구를 개량하고 수렵 활동을 했다. 간석기, 토기, 농경을 발명했다. 제4기 홀로세(沖積世, Holocene)에 나타난 신석기 시대 문화를 호아빈히안·박썬니안(Hoabinhian-Bacsonian) 문화라고 부른다.

1927년에 프랑스 고고학자 M. 꼴라니(Madeleine Colani, 1866~1943년)는 베트남 북부 호아빈성에 있는 9개의 바위 그늘 유적을 발굴하였는데, 이때 호아빈히안 문화의 존재가 확인되었다. 호아빈히안 유적은 석회암 지대의 산지 동굴이나 바위 그늘에서 발견되었다. 근처에 시냇물이 흐르는 등 연중 일정하게 물이 있는 곳이 대부분이었다. 호아빈히안 유적은 동남아시아 대륙부인 베트남 북부, 말레이시아, 태국, 라오스, 캄보디아, 미얀마 등에 분포하고 있다.

동남아시아 대륙부의 신석기 시대는 환경 변동의 영향을 받았다. 신석기 혁명은 삼림이나 해안 평야부 등의 다른 환경 조건에서 발생했다. 신석기 시대인은 석기 제작 기술(연마, 긁

---

6   Douglas D. Anderson. (1990). Lang Rongrien Rockshelter. A Pleistocene, Early Holocene Archaeological Site from Krabi, Southwestern Thailand. University of Pennsylvania Press.

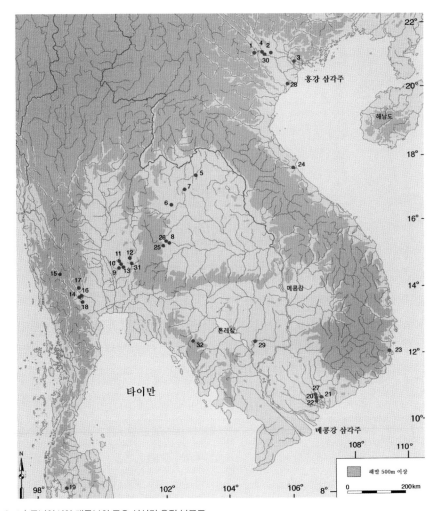

도판 2-2-1 | 동남아시아 대륙부의 주요 신석기 유적 분포도

1. 풍응우옌(Phung Nguyen), 2. 꼬로아(Co Loa), 3. 짱켄(Trang Kenh), 4. 룽호아(Lung Hoa), 5. 반치앙(Ban Chiang), 6. 논녹타(Non Nok Tha), 7. 반팍탑(Ban Phak Top), 8. 반룸카오(Ban Lum Khao), 9. 타캐(Tha Kae), 10. 논파와이(Non Pa Wai), 11. 반푸노이(Ban Phu Noi), 12. 콕차론(Khok Charoen), 13. 화이야이(Huai Yai), 14. 반카오(Ban Kao), 15. 사이욕 (Sai Yok), 16. 농채사오(Nong Chae Sao), 17. 한송크람(Han Songchram), 18. 라이아르논(Rai Arnon), 19. 랑롱그리엔(Lang Rongrien), 20. 꾸라오루아(Cu Lao Rua), 21. 까우샷(Cau Sat), 22. 벤도(Ben Do), 23. 솜콘(Xom Con), 24. 콘넨(Con Nen), 25. 반사누안(Ban Sanuan), 26. 반논왓(Ban Non Wat), 27. 안썬(An Son), 28. 만박(Man Bac), 29. 삼롱센(Samrong Sen), 30. 솜렌(Xom Ren), 31. 사브 참파(Sab Champa), 32. 라앙스피안(Laang Spean)

게, 구멍, 무늬 등)을 창조하거나, 혹은 개선을 했다. 그런 다음 환경에 적응하거나 극복하면서

많은 수공업(석기 제작, 토기 제작, 직물, 목제 공구 등)을 발전시켰고, 채집 활동을 다양화(사냥, 채집,

어로, 농업, 사육)했다. 베트남의 신석기 시대 전기에 속하는 문화는 호아빈히안(Hoa Binh 문화),

소이누 유적(Soi Nhu 문화), 박썬니안(Bac Son 문화)이다.

호아빈 문화의 영역은 꽤 넓고, 호아빈성(72개 유적) 외에 타인호아(Thanh Hoa, 32개 유적),

응게안(Nghe An), 꽌빈(Quan Binh), 꽝찌(Quang Tri), 라이차우(Lai Chau), 썬라(Son La), 하장(Ha

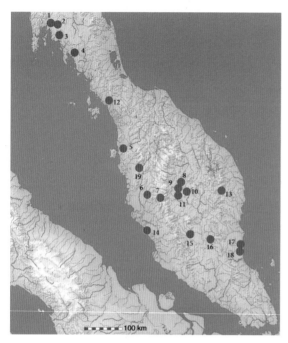

도판 2-2-2 | 태국 남부와 말레이시아의 호아빈히안(Hoabinhian) 유적지
1. 카오타오(Khao Tao), 2. 탐수아(Tham Sua), 3. 랑롱그리엔(Lang Rongrien), 4. 사카이(Sakai), 5. 고아 케파(Gua Kepah), 6. 고아 케르바우(Gua Kerbau), 7. 고아 발크(Gua Balk), 8. 고아 페랄링(Gua Peraling), 9. 고아 차(Gua Cha), 10. 고와 차와스(Gua Chawas), 11. 고아 마두(Gua Madu), 12. 고아 빈통(Gua Bintong), 13. 고아 부킷타트(Gua Bukit Taat), 14. 부킷페랑(Bukit Perang), 15. 고아 커칠(Gua Kecil), 16. 코타통캇(Kota Tongkat), 17. 고아 사고(Gua Sagu), 18. 고아 텡게크(Gua Tenggek), 19. 고아 구눙(Gua Gunung)

Giang), 닌빈(Ninh Binh) 등에 분포하고 있다. 호아빈히안의 거주지는 물 확보와 도구 만들기 석재, 식량을 획득하기 쉬운 크고 작은 계곡이 있다. 동굴과 바위 그늘은 골짜기보다 10~20m 정도 높은 위치에 있고, 입구는 동북의 풍우를 피하고자 동남, 혹은 햇빛을 피하기 위해 서북을 향하고 있다. 각 동굴의 면적은 약 50~150㎡이다. 유적은 동굴이나 바위 그늘이 대다수를 차지하고 있으며, 개지 유적으로는 유일하게 성라성의 삿비엣(Sap Viet) 유적이 알려져 있다.

동남아시아 대륙부의 패총 유적은 베트남 북부의 홍강 삼각주 남쪽에 있는 호아빈 산악 지대(호아빈 동굴), 태국 북부의 스피릿 동굴, 태국 서부의 석회암 산악 지대(사이욕 바위 그늘 유적, 반카오 동굴 유적)에서 발견되었다. 도서부의 패총 유적은 필리핀의 루손섬 북동부와 파나이섬, 보르네오섬 북동부(마다이 동굴)와 서부(니아 동굴), 술라웨시섬 남부(마로스 동굴)에서 발견되었다. 대륙부의 동굴 패총은 대부분이 호아빈히안 문화기의 유적으로, 토기가 출토되지 않고 석기만 출토되었다. 태국 서부의 동굴 유적은 호아빈히안 시대에서 기원전 2,000년까지 이어졌다. 이들은 동굴 근처의 하천에서 담수산 조개를 채집하여 식량으로 삼았다.

말라카 해협의 양쪽 해안, 수마트라섬 북동 해안과 그 반대쪽 해안의 말레이반도 케다 남서안의 무다(Muda) 강변에 위치한 패총 유적은 깊이가 5m 이상에 달한다. 이들 패총 유적은 모두 현재의 해안선에서 10㎞ 정도 떨어진 해발 수 m의 강변에 있고, 규모가 지름 15~30m, 깊이가 4~7m에 달한다. 패총 유적 연대는 수마트라섬에서는 호아빈히안기에 한정되지만, 말레이반도에서는 호아빈히안기부터 신석기 시대까지 이른다.

말레이시아 페낭(Penang)주와 케다(Kedah)주를 사이에 두고 무다강이 흐른다. 말레이시아 국도 1호 간선 도로의 페낭주 강기슭에 구아르 케파(Guar Kepah) 패총 유적이 있다. 말레이시아 자연과학대학교 M. 사이딘 교수가 2017년 발굴 조사하여 기원전 3,000년 무렵의 신석기 시대 인골을 발견했다.

호아빈히안의 수마트라리스(영어: Sumatralith=인도네시아어: Kepak Gengam Sumatra, 수마트라섬에서 많이 출토된 홈돌을 부분 가공한 석기)라고 하는 편면 가공의 자갈돌석기(礫石器)의 명칭은 수마트라섬 패총 유적에서 유래한다(기원전 6,000년). 이 패총 유적에서는 호아빈히안 석기, 토기, 인골이 출토되고 있다. 도서부에서는 수마트라섬 동북부의 해안선에서 강을 따라서 내륙부로 들어간 곳에 대규모의 패총 유적이 남아 있다. 수마트라섬 빈자이·타미안(Bindjai·Tamiang, 기원전 4,000년) 패총 유적에서 박리면에 굴이나 해초가 부착된 석기가 출토된 것으로 보아 패총 형성 이후에 일단 수몰되었던 것으로 추정되고 있다. 수마트라섬 산간부의 동굴이나 바위 그늘 유적에는 당시 사람들이 먹다 남긴 동물 뼈와 조개껍데기가 퇴적한 패총이 남아 있다.

1
2
3
4
5
6
7
8
9
10
11
0 10cm
Bản vẽ 9: Công cụ đá cuội văn hoá Hoà Bình (di tích hang Xóm Trại)
(Nguồn: Hoàng Xuân Chinh, 1989, tr. 251-254)

도판 2-2-3 | 호아빈히안 석기(신석기 시대 전기, Hang Xom Trai 출토, Vietnam)

홍강
Red River
호아빈히안 유적
구석기 시대 유적

도판 2-2-4 | 홍강 하구의 구석기 시대 유적과 호아빈히안 유적(Vietnam)

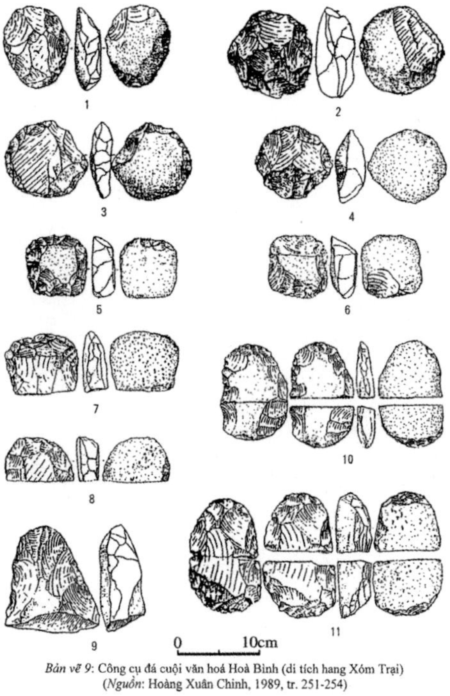

페락 맨(Perak Man)은 말레이시아의 후루 페락(Hulu Perak) 렝공 계곡에서 약 11,000년 전에 살았던 것으로 추정되는 인골이 출토된 유적 지명에서 유래된 이름이다. 말레이반도에서 지금까지 발견된 가장 오래된 인골이다. 이 유골은 1991년 해발 105m의 고아 구눙 룬투(Gua Gunung Runtuh)라는 동굴 유적에서 발견되었다.

호아빈히안 유적은 1931년 태국 북부 치앙라이 근처의 프라 동굴(Tham Pra)에서 처음 확인되었다. 토기와 간석기가 출토되지 않았지만, 신석기 문화로 분류되고 있다. 태국에서 호아빈히안 유적은 서부 칸차나부리 쾌노이강 유역 및 쾌야이강 유역(Khwae Yai River, 기원전 10,000~기원전 8,000년), 북부 매홍손현 옹바

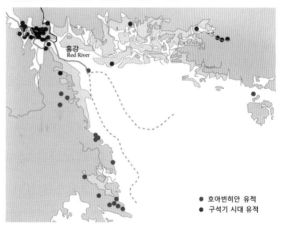

도판 2-2-5 | 구아르 케파 패총 유적(Guar Kepah, Penang, Malysia)

도판 2-2-6 | 구아르 케파 패총 유적 출토 인골(기원전 3,000년, Guar Kepah, Penang)

동굴(Tham Ongbah, 기원전 9,200~기원전 7,400년), 반양 동굴(Tham Ban Yang), 파찬 동굴(Tham Pa Chan)에서 확인되었다.[7] 미얀마와 국경을 접하는 태국 북부 매홍손의 스피릿 동굴 유적(Spirit Cave=Tham Phii Man, 기원전 10,000~기원전 5,000년) 등은 농경에 적합하지 않은 가파른 석회암 산 중턱에 있는 호아빈히안 유적이다.

호아빈히안 석기는 대부분 구석기 시대 이후의 외날도끼, 쌍날도끼, 두꺼운 달걀 모양의 자갈돌도끼 등이지만, 전형적인 석기로 수마트라리스가 출토되었다. 수마트라리스는 한쪽 면만 떼어내서 가공하고, 또 다른 한쪽 면은 원래의 뗀석기 상태의 면을 남긴 석기다. 아몬드형, 원반형, 삼각형 석기 외에 짧은 도끼 등의 석기가 있다. 또한, 소수이지만 간돌도끼도 많은 유적에서 출토됐다. 격지석기가 출토되는 일은 드물지만, 베트남 호아빈성 함분 유적에서 다수의 격지석기가 출토됐다. 구멍이 있는 발화 용구, 혹은 주먹 도끼로 추정되는 자갈돌도끼가 있다.

베트남의 한단 동굴 등 호아빈히안 후기의 유적에서 석기와 함께 조잡한 토기가 출토되었지만 호아빈 유적에서는 토기가 발견된 확실한 사례가 없다. 호아빈히인 석기가 출토된 동굴에서 토기 편이 출토된 적이 있지만, 이들 토기 편이 호아빈히안 층에서는 출토되지 않았다고 볼 수 있다. 태국 북부 스피릿 동굴의 표층에서도 토기 편이 출토됐지만, 종잇장같이 얇은 퇴적층 안에서 훼손된 곳과 그렇지 않은 곳과의 구별이 어렵다. 스피릿 동굴 출토 토기도 닛타 에이지가 주장했듯이 후세의 교란에 기인하는, 훼손된 유적으로 보는 것이 적절하다(新田榮治; 1998). 또 베트남에서 최근 발견된 호아

---

7   Gorman C. (1971). The Hoabinhian and After: Subsistence Patterns in Southeast Asia during the Late Pleistocene and Early Recent Periods. World Archaeology 2: 300-320.

빈히안 유적에서도 토기가 발견되지 않았다. 이러한 사례로 보아 호아빈히안 시대에는 아직 토기가 출현하지 않았을 가능성이 크다.

베트남의 소이누 동굴(Hang Soi Nhu) 유적은 J. 앤더슨(J. G. Andersson)이 처음 발견하고 연구했다. 소이누 유적군은 꽌닌성에서 하이퐁시까지 약 30개 유적이 알려져 있다. 주요 분포 영역은 하롱베이, 베이투롱(Bai Tu Long)의 석회암의 동굴 유적이다. 그 밖에 깜파(Cam Pha)현, 하롱시, 호아인보(Hoanh Bo), 웡비 (Uong Bi), 옌흥(Yen Hung)과 하이퐁시의 깟바(Cat Ba) 해안의 석회암 동굴이다. 자갈돌석기, 격지석기, 토기는 소이누 유적에서는 그다지 볼 수 없다. 유적에서 출토한 자갈돌석기는 부정형이다.

도판 2-2-7 | 옹바 동굴 출토 신석기 시대 토기 (기원전 2,000년, Tham Ongbah, Khwae Yai, Si Sawat, Kanchanaburi, Bangkok National Museum)

소이누 문화의 사람들은 해안 근처에 거주하며, 호아빈 문화나 박썬 문화 사람들보다 바다와 밀접한 관계가 있다. 주요 생업은 담수 연체동물의 채집이며, 근재 농경과 야채, 과실, 해안 근처의 삼림 동물의 사냥이다. 소이누에서 박썬형 돌도끼가 발견되었기 때문에 그들은 박썬인과도 교류를 가졌다고 추정된다. 석기와 제작 기술의 비교, C-14 연대 측정에 근거해 소이누 문화는 호아빈 문화나 박썬 문화와 평행하여 형성되었고, 그 연대는 BP 18,000~7,000년이다.

박썬니안(Bắc Sơn culture=Bacsonian, 기원전 10,000~기원전 8,000년)은 하노이 북부 박썬성의 박썬산 계곡에 있는 유적에서 유래한 이름이다. 박썬 문화는 베트남의 초기 신석기 시대를 가리키는 말로, 종종 호아빈히안 문화의 변형으로 간주되고 있다. 박썬니안 유적(기원전 8,000~기원전 4,000년)도 동굴이나 바위 그

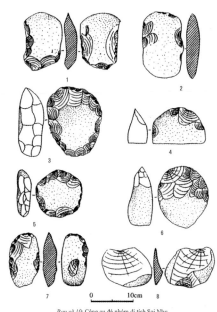

Bản vẽ 10: Công cụ đá nhóm di tích Soi Nhụ
1-2. Soi Nhụ; 3-6. Hà Giắt; 7-8. Eo Bùa
(Nguồn: Hà Văn Tấn, 1998, tr. 396)

도판 2-2-8 | 소이누 유적의 석기(전기 신석기 시대, Hang Soi Nhu 출토, Vietnam)

늘에 많이 위치해 있고, 호아빈히안과 깊은 관련이 있다. 박썬 문화의 영역은 랑썬성의 박썬현, 빈자(Binh Gia)현, 후우룽(Huu Lung)현, 치랑(Chi Lang)현, 반꽌(Van Quan)현, 따이응웬(Thai

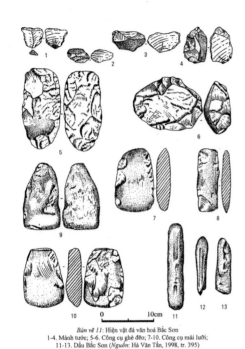

Bản vẽ 11: Hiện vật đá văn hoá Bắc Sơn
1-4. Mảnh tước; 5-6. Công cụ ghè đẽo; 7-10. Công cụ mài lưỡi;
11-13. Dấu Bắc Sơn (*Nguồn*: Hà Văn Tấn, 1998, tr. 395)

도판 2-2-9 | 박썬니안 석기(전기 신석기 시대, Bắc Sơn 출토, Vietnam)

Nguyen)성의 보나이(Vo Nhai)현이다.[8]

박썬 산맥에는 많은 동굴(54개의 동굴 유적 발견)이 있고, 박썬니안인은 그 남쪽에 거주했다. 이 지역에 많은 강이 있어 석재와 수자원이 풍부했기 때문이다. 유적의 입지는 호아빈히안 유적보다 낮고, 골짜기에서 3~7m의 높이에 있다. 박썬 유적의 문화층은 석회암 조각을 포함한 점토이며, 조개, 동물 뼈, 탄화물, 묘지, 석기 및 골제품을 포함하고 있다. 박썬 문화의 석기는 호아빈히안 석기와 유사하지만, 가공 상태가 더 깔끔하다. 특히, 칼날 부분만 연마하여 만든 돌도끼(날부분간돌도끼)가 많아진다. 가느다란 작은 강돌에 홈을 판 홈돌(Rillenstein), 나무와 대나무 봉, 혹은 뼈나 뿔을 연마하는 데 쓴 숫돌 같은 석기도 있다.

호아빈히안과 박썬니안의 관계는 어떠했을까? 베트남 선사 시대 고고학의 개척자인 프랑스의 앙리 망쉬이(Henri Mansuy)가 설정한 박썬니안의 3단계 중 가장 오래된 단계인 랑썬성(Tỉnh Lạng Sơn) 보남 유적의 석기는 한쪽 면 가공의 타원형 자갈돌도끼에서 날부분간돌도끼로의 변화가 매우 적다는 특징이 있다. 호아빈히안에 시대적으로 가까운 유적, 날면 간돌도끼와 전형적인 호아빈히안의 석기가 종종 공존하는 유적, 날면 간돌도끼의 출현 빈도가 박썬니안의 각 단계의 유적에 따라서 다르다. 게다가 호아빈히안 형의 석기가 많은 유적에서 동반하는 것과 곤몬 동굴에서 하층부터 순서대로 썬비 문화-호아빈히안-박썬니안이라는 층위 관계가 확인된 것으로 보아, 박썬니안은 호아빈히안에 후속하는 것이 밝혀졌다.[9]

호아빈히안의 출자는 베트남 후기 구석기 문화의 썬비 문화(Sơn Vi culture)에 있다. 썬라성(Tỉnh Sơn La)의 본 동굴에서는 쏜비 문화의 초퍼, 긁개와 함께 호아빈히안의 전형적인 타원형 자갈돌도끼와 짧은 도끼가 함께 출토됐고, 곤몬 동굴에서 쏜비 문화의 박썬니안까지 이르는 층위 관계가 확인되는 것에서 이를 뒷받침하고 있다.

---

8 ハ・ヴァン・タン (著), 菊池誠一 (翻訳), 『ベトナムの考古文化(人類史叢書)』 六興出版, 1991.

9 Taylor, Keith Weller. (2013). A history of the Vietnamese. University of California Press.

실제 연대는 어떠할까? 현재 베트남에서 120개 이상의 호아빈히안 유적이 발견되었다. 그중 가장 오래된 연대는 호아빈성 승삼 동굴의 기원전 9,415±80년이고, 가장 최근의 연대는 항썬동(Hang Sơn Đoòng)의 기원전 5,715±65년이 거의 정설처럼 여겨졌다(新田榮治, 1998). 그러나 호아빈히안에 대한 연구는 아직 충분한 자료가 축적되지 못한 상태였다. 이러한 상황에서 이선복 교수 조사단이 베트남 호아빈성 항쪼(Hang Cho) 유적을 발굴 조사한 결과 호아빈히안의 개시연대가 20,000년 전까지 소급될 가능성이 생겼다.[10]

박썬니안의 연대는 기원전 8,050±200년, 기원전 8,345±200년으로 추정한다. 베트남 북부 타인호아성 마강 삼각주의 다붓 패총(Da But, 깊이 5m, 범위 1,400㎡의 거대 패총)에서 박썬니안 석기와 비슷한 뗀석기와 다수의 일부간돌도끼가 토기를 동반하여 출토됐다. 다붓 패총은 박썬니안에 후속하는 시기의 기원전 4,145±60년 유적이다. 이 패총의 북쪽 산지에 입지하는 호아빈히안 동굴 조개 패총 유적에서 다붓 패총이 있는 개간한 땅(開地)으로 진출한 것으로 볼 때 신석기 시대에 새로운 생업으로 농경이 행해졌음을 추정된다. 다붓 패총 유적은 현재 해안선에서 약 20㎞ 정도 떨어져 있다. 패총에서 토기와 함께 일부간돌도끼, 물소, 소 등의 동물 뼈 또한 출토되었는데, 이는 이 지역이 호아빈니안에서 신석기 시대로 이행하고 있음을 나타내는 중요한 유적이다.

베트남에서의 호아빈히안, 박썬니안의 연대는 대략 지금부터 10,000년에서 4,000년 전으로 추정되고 있다. 당시 사람들은 주로 식물, 달팽이, 조개 등 채집에 의존했다. 호아빈히안 유적에서는 우렁이 등 조개류가 껍데기의 단면이 잘린 채 대량 출토됐다. 베트남 보남 동굴의 경우 우렁이 껍데기 퇴적층의 두께가 2m일 정도였다. 그 밖에 담수 조가비와 물고기 뼈 등도 다수 발견되었다. 인근 개울가에서 조개, 물고기, 새우, 게 등을 수렵해 주식으로 삼았음을 알 수 있다. 베트남 북부의 승삼 동굴이나 곤몬 동굴의 화분(꽃가루)을 분석한 결과 당시 다양한 식용 가능 식물이 주변에 무성했던 것도 알 수 있다.

이러한 자연환경으로 인해 당시 사람들은 식물성 음식에 의존했다. 말레이시아 클란탄 주 넹기리 강변의 고아 차(Gua Cha)는 호아빈히안 거주 유적이다. 이 바위 그늘 유적에서 음식물 잔해로 보이는 퇴적층이 발견되었다. 음식물 잔해의 90%가 멧돼지로 개, 야생 소, 사슴 등 다른 동물보다 압도적으로 많았다. 이 유적 거주민들이 멧돼지의 습성을 잘 이용하여 사냥했던 것을 알 수 있다. 그러나 인도네시아 구석기 시대의 동굴 벽화를 분석해 보면 멧돼지

---

10   이선복,『항쪼 유적 베트남 호아빈 문화 조사 보고서』, 서울대학교 역사연구소, 2008년

보다는 들소류(Banteng)나 물소류(Anoa) 그림이 많다. 일본 야요이 시대(弥生時代, 기원전 5~기원후 3세기)의 동탁(銅鐸)에도 멧돼지보다는 사슴 문양이 압도적으로 많다.

출토 유물에서 주로 나타나는 돼지 뼈와 선사 미술(바위그림)에 등장하는 들소나 물소, 사슴과의 모순은 왜 생긴 것일까? 멧돼지와 사슴의 관계는 국립중앙박물관의 박진일 학예관이 쓴 '사슴 장식 구멍단지'(큐레이터 추천 소장품)에 대한 글에서 알기 쉽게 설명하고 있다. "사슴의 뼈는 다루기 쉬운 편이라 뿔로 칼자루나 괭이를 만들고, 다리뼈는 갈아 화살촉이나 작살 같은 사냥 도구를 만들었고", "선사시대와 역사시대를 통틀어 사슴은 우리나라 사람들이 가장 좋아하고, 가장 중요하게 여기는 동물로 인식되어 왔다"는 견해는 출토 유물의 돼지 뼈와 선사 미술에 등장하는 사슴 문양과의 관계를 잘 알 수 있다.

박썬니안의 홈자갈은 사냥용 나무나 뼈로 만든 창끝과 낫 등을 연마하기 위한 숫돌이다. 호아빈히안·박썬니안 시대에는 수렵을 많이 하고 있었다는 것을 알 수 있다. 다만 수렵·채집 생활을 뒷받침하는 증거는 많지만, 호아빈히안 시대에 농경을 시작했음을 증명할 적극적인 증거는 발견되지 않았다.

도판 2-2-10 | 고아 차 유적 앞을 흐르는 넹기리강(Sungai Nenggiri, Gua Cha, Kelantan, Malaysia)

1954년 영국의 고고학자 게일 시비킹(Gale Sieveking)은 고아 차 유적에서 기원전 3,000년에 매장된 여성 인골을 발굴했다. 이 여성 인골은 손목에 흙으로 만든 팔찌를 차고 있었으며, 주변에는 5개의 사발형 토기(mangkuk)가 부장되어 있었다. 이후 1979년과 1985년에 말레이시아 고고국의 아디 하지 타하(Adi Haji Taha)가 고아 차 유적을 추가로 발굴했다.[11] 1991년에 고아 차에서 발굴된 호아빈히안 두개골을 분석 조사한 결과 호아빈히안은 구석기 시대(약 10,000년 전)부터 철기 시대까지의 유적이며, 현재의 동남아시아 대륙부 사람들은 최소 4개 집단의 유전자가 섞여 있다는 사실이 밝혀졌다.[12] 약 60,000년 전에서 45,000년 전 동남아시아에 인구 집단의 유입이 이루어졌고, 이들은 수렵채집인이었다. 그 다음은 4,500년 전 중국에서 대규모의 인구

---

11   Adi Haji Taha. (1991). Gua Cha and the archaeology of the Orang Asli, BIPPA 11: 363-72.

12   Peter S. Bellwood. (1979). Man's Conquest of the Pacific: The Prehistory of Southeast Asia and Oceania. Oxford University Press.

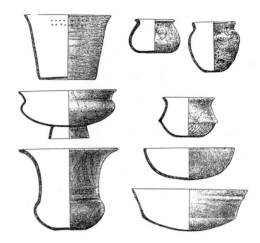

도판 2-2-11 | 1979년의 발굴 조사지(Gua Cha, Kelantan)　　　도판 2-2-12 | 1954년 고아 차 출토 토기 측면도(Gua Cha, Kelantan)

집단이 이주하여 현지에 살고 있었던 수렵 채집인 집단과 혼혈됐다. 세 번째 인구 집단의 이주는 중국에서 3,000년 전까지 미얀마, 2,000년 전까지 베트남, 1,000년 전에 태국으로 인구 유입이 있었던 것으로 추정되고 있다.

클란탄주 페리아스 강변의 고아 페를링(Gua Peraling)의 바위 그늘 유적은 말레이시아 박물국(Muzium Malaysia)에 있는 아디 하지 타하가 발굴했다. 시굴 조사지의 연대 측정은 1979년 발굴 조사한 트렌치 1의 경우 약 9,759년 전이다. 1985년 조사한 트렌치 2는 11,930년 전으로 확인되었다. 아디 하지 타하와 D. 불벡은 호아빈히안 유골 2구와 신석기 시대 유골 1구, 토기와 석기 등을 발견했다고 1997년에 발표한 보고서에 기술했다.[13]

태국 북서부 매홍손 팡마파의 스피릿 동굴 발굴 조사 결과 호아빈히안 시기에 농경을 시작한 것이 밝혀졌다. 스피릿 동굴의 입구는 석회암 지대의 독립한 암벽에 있다. 입구는 현재 지표면에서 수 미터 높이에 있다. 동굴은 급경사진 암벽에 있어 접근하기가 어렵다. 스피릿 동굴 유적에는 총 5개의 문화층이 있다. 최하층인 제4층에서 제2층까지 각층에서 각종 식물 종자가 출토됐다. 이들 가운데 특히 콩류의 재배종이 출토된 제4층 연대는 기원전 7,230±360년으로, 기원전 10,000년에 초기 농경이 시작됐고 호아빈히안 시기의 원경(園耕) 증거로 여겼다.

그러나 같이 출토된 식물 중에는 열대성 식물과 한랭성 식물이 섞여 있으며 식물 분류에 잘못이 있어 출토물의 자료적 신뢰성이 떨어진다. 또한, 극히 소량의 출토물로 유적 연대를

13　Bulbeck, D. (1997) "Description and preliminary analysis of the human remains from Gua Peraling, Kelantan, Malaysia", report to the Department of Museums, Cambridge University Press c2013

도판 2-2-13 | 고아 페를링 바위 그늘 유적(호아빈히안 유적지, Gua Peraling, Kelantan)

단정하는 것은 위험하다. 스피릿 동굴 주변에는 평지가 있지만 유적 자체는 절벽 위에 있어 농경 혹은 농경민이 거주하기에 적합하지 않다. 따라서 스피릿 동굴의 출토 유물을 통해 농경의 존재를 주장하는 것은 현재 인정되지 않고 있다.

태국 서부의 칸차나부리 반카오에 있는 동굴 유적에서 종자와 동물 뼈가 출토됐다. 반카오 지역의 카오타루(Khao Talu) 동굴, 멘트(Ment) 동굴, 히프(Heap) 동굴을 발굴 조사하자 열대 몬순 숲의 유용 식물을 광범위하게 식용했던 것이 밝혀졌다. 호아빈히안 석기와 함께 사슴, 멧돼지 등 동물 뼈, 민물고기 뼈, 조개, 게, 식용이나 기름 채취용 식물, 약용 식물을 비롯하여 여러 종류의 씨앗 등이 출토됐다. 이 동굴에 살았던 사람들은 자신들의 주변에 있는 식물에 대한 풍부한 지식을 가지고 활용하면서 주변의 자연환경에 적응했다. 반카오 유적에서 발굴된 삼각 다리 토기는 말레이반도의 넓은 지역에서 발견되었다.

호아빈히안기(期)에 타로(Taro, 토란), 얌(Yam, 참마) 등 덩이줄기 식물을 재배했던 것으로 추정된다. 근재농경문화(根栽農耕文化; 뿌리류 식물 재배 농경 문화)에 대해 최근 새로운 가설이 멜라네시아 고고학 연구에서 제기되었다. 남태평양의 미크로네시아, 멜라네시아, 폴리네시아에서는 서양인과 접촉하기 이전인 16세기까지 토란이 주식이었다. 전형적인 근재농경문화로 주 작물은 타로, 얌, 빵나무, 사고(sago)야자, 바나나 등이다. 근재농경에서 농구로 간도끼(목재 가공)와 굴봉(掘棒)만을 사용했고, 토기를 사용하지 않고 '돌 찜질 방법'(불에 돌을 달군 후, 바나나

잎으로 싼 음식물을 달군 돌과 함께 땅에 묻어 익히는 방법)으로 음식물을 익혀 먹었다. 이러한 근재농경 문화는 동남아시아 대륙부에서 오세아니아 방면으로 전파한 것으로 보인다.

홍적세 시대(기원전 30,000~28,000년) 비스마르크 제도와 뉴기니에서 솔로몬 제도로 사람들이 처음으로 이주했던 것이 부카섬(Buka Island) 키루 동굴(Kilu Cave) 유적 발굴 조사를 통해 밝혀졌다. 부카섬 키루 동굴에서 출토된 석기에 토란(Colocasia esculenta) 녹말의 미세 입자가 붙어 있었고 이 동굴의 연대가 기원전 7,000년인 것으로 밝혀졌다.

고고학적 증거에 따르면 인류는 약 60,000년 전에 뉴기니에 살기 시작했다. 이들은 빙하기에 동남아시아에서 당시에 육지였고, 지금은 바다인 곳을 걸어서 이주했다. 최근의 고고학 연구에 따르면 50,000년 전에 사람들은 따뜻한 해안 지역에서부터 최대 2,000m의 고지대까지 넓게 거주했던 것이 밝혀졌다. 파푸아 뉴기니 고지의 와기 계곡(Wahgi Valley) 상류부의 쿡 늪지(Kuk Swamp)에서 기원전 7,000년에 타로(토란)을 재배했던 밭과 수로 유구가 발견되었다. 타로는 멜라네시아에는 자생하지 않는 식물로, 최소한 기원전 7,000년 이전에 외부 지역에서 뉴기니 고지에 유입된 것이다. 동남아시아에서 뉴기니에 근재 농경을 전파했을 가능성이 매우 높다. 이를 토대로 동남아시아에서 기원전 7,000년 이전에 타로를 재배했던 것(근재농경)은 거의 확실하다고 볼 수 있다.

동남아시아의 호아빈히안 유적에서 수렵·채집 생활을 뒷받침하는 증거는 많이 발견되는 반면, 농경의 시작을 증명할 수 있는 증거는 없다. 다만 호아빈히안이 거주 공간인 동굴에서 주변의 식물 등을 채집해 섭취하는 생활을 했음을 호아빈히안 유적에서 출토된 음식 찌꺼기나 꽃가루에서 미루어 짐작할 수 있다. 그들의 식생활은 식물과 조개류의 채집에 기반을 두었고 그와 더불어 수렵을 했지만, 농경 생활의 흔적은 발견되지 않았다. 그들은 정주하는 수렵 채집민이었다.

호아빈히안 매장법은 기본적으로 양손과 양발을 쭈그린 자세로 매장하는 굴장이다. 일부 유적에서 손발을 뻗은 자세의 신전장, 백골이 된 유해의 뼈를 모아 다시 매장하는 2차장도 출토되었다. 베트남 북부 항츄아 동굴에서 굴장 인골이 발견되었고, 발밑 부분에서 부장품으로 보이는 석기가 출토됐다. 닌빈성의 한단 동굴에서는 3구, 모쿠론 바위 그늘 유적에서는 5구의 유골이 겹쳐서 출토됐다. 이들 유골 위에는 붉은색 염료를 뿌리고 석기를 부장하였고, 시신 주위에는 돌을 쌓아 놓았다.

칸차나부리의 반카오 유적에서는 25㎡의 범위에 200개의 두개골이 발견되었고, 팔다리뼈 또한 밀집한 상태로 매장되어 있었다. 두개골에는 바닥에 돌을 깔아 놓고, 그 위에 두개골을 안치한 2차장도 있었다. 이에 반해 허리뼈와 갈비뼈는 소수가 퇴적층 안에서 흩어진 상태로 발견되었다. 이는 말레이반도의 매장 유적에서도 마찬가지다. 고아 차에서는 굴장과 신전장, 페락주의 고아 바이트(Gua bait) 바위 그늘 유적에는 굴장, 2차장, 신전장이 확인되었고, 두개골의 위치를 나타내기 위한 돌이 놓여 있었다.

고아 케르바우(Gua Kerbau) 유적에는 굴장 인골이 매장된 중앙부에 큰 돌이 놓여 있고, 적색 염료가 뿌려져 있었다. 두개골과 사지 뼈를 모아 2차 매장한 것이다. 석기를 부장하고 시신을 붉게 채색한 2차장의 풍습이 존재했던 것을 알 수 있다. 당시 이 지역 사람들이 두개골과 사지 뼈의 특정 부위에 대한 특별한 감정을 가지고 있었음을 추측할 수 있다. 박썬니안의 매장도 기본적으로는 마찬가지이다. 두개골과 사지 뼈를 중시하는 2차장의 전통은 훨씬 후대인 역사 시대 초기까지 계속된다.

2-3. 동남아시아 대륙부의 바위그림 유적

동남아시아 각지에서 홍적세 전기, 중기, 후기의 인골이 연속으로 발견되면서 인류 진화의 과정이 차츰 드러났다. 이들 원시인은 동굴 입구나 바위 그늘에서 살면서 간단한 언어를 사용했다. 홍적세 중기 이후에는 구석기를 사용했고, 동굴이나 바위 그늘에 바위그림(Rock Art)을 남겼다. 구석기 문화 유물은 동남아시아 대륙부와 도서부에 걸쳐서 폭넓게 발견되었다.[14]

이 책에서 말하는 바위그림이란 동굴 혹은 바위 그늘에 있는 벽화, 암각화, 부조를 총칭한다. 바미얀 혹은 아잔타 등 불교, 힌두교 벽화, 고분 벽화는 포함하지 않은 개념이다. 2014년의 '세계 최고의 동굴 벽화(?) 인도네시아'라는 제목으로 39,900년 전 인도네시아 동굴 벽화에 관한 뉴스가 전 세계로 발신되었다. 그 후 2021년 인도네시아 술라웨시에서 새로 발견된 동굴 벽화(Leang Tedongye)의 연대가 45,500년 전으로 유럽의 동굴 벽화보다 오래되었다는 연구 결과가 발표되어 세계 고고학계를 뜨겁게 달구기도 했다.[15]

바위그림과 유사한 의미로 우리나라에서 사용되는 암각화는 엄밀하게는 바위그림의 일

---

14   Noel Hidalgo Tan, (2014), Rock Art Research in Southeast Asia: A Synthesis, Arts 2014, 3, 73-104; doi:10.3390/arts3010073.

15   National Geographic News, 2014.10.09. BBC News, 14 January 2021, Indonesia: Archaeologists find world's oldest animal cave painting.

부를 의미한다. 이러한 바위그림을 그려진 위치에 따라 둘로 나누면 '동굴미술'(cave art)과 '바위 그늘 미술'(rock shelter art)이 있다. 바위그림을 제작 방식으로 분류하면 '채화'(painting), '각화'(刻畵, engraving), '부조'(浮彫, relief)로 나눌 수 있다. 이 중에서 각화와 부조를 총칭하여 '암각화'(petroglyph)라고 부른다. 몽골, 한국, 일본은 암각화 문화권이고, 동남아시아, 인도, 오스트레일리아는 '채화'(painting) 문화권이다. 암각화는 동남아시아에서 매우 예외적이며, 시대적으로도 석기 시대까지 거슬러 올라가는 유적은 발견되지 않았다.

바위그림은 세계 각지에 분포하며 제작 연대는 후기 구석기 시대부터 최근까지 폭넓다. 주제나 양식 또한 천차만별이지만, 일반적으로 초기에는 사람들이 먹이로 삼는, 주로 포획하고 싶은 동물들의 그림이 주가 된다. 시대가 지나면서 점차 사람, 의례, 동물 사냥, 목축, 전투 장면 등이 묘사되기 시작한다. 새로운 바위그림들이 현재까지도 계속 발견되고 있으며, 특히 최근 동남아시아에서 많이 발견되고 있다.

동남아시아 대륙부의 바위그림을 선사 시대 동굴 벽화(prehistoric cave painting)라고 부르는 연구자도 있지만, 동남아시아의 바위그림은 선사 시대 바위 그늘 그림(rock shelter painting)이라고 부르는 편이 정확하다. 인도네시아어의 '고아(goa)', 말레이시아어의 '고아(gua)'는 동굴을 의미한다(말레이 토착어 Leang). 그러나 동남아시아 바위그림은 유럽의 프랑스와 스페인과는 달리 동굴 입구 혹은 햇빛이 드는 곳에 있고, 또한, 유적 자체도 동굴이라기보다 바위 그늘이 대부분이다.

라오스에서도 파로이(Pa Roy) 동굴에서 중국 호북성(湖北省) 장양인과 비슷한 구석기 시대의 사람 치아가 출토됐다. 장양인은 19.5~15만년 전에 출현한 구인류로 1957년 호북성 장양현(長陽縣) 조가언산동(趙家堰山洞)에서 위턱뼈(上顎骨)와 어금니 화석 등이 출토되어 명명되었다. 라오스 북부의 탐항(Tam Hang) 바위 그늘 유적은 1934년 프랑스 지질학자 자크 프로마제(Jacques Fromaget)가 발굴 조사해 13개의 두개골과 다수의 석기를 발견했다. 이후 2007년에 프랑스 조사단이 바위 그늘 유적 남쪽과 중앙부에서 9,000개 이상의 석기를 발견했다. 방사성탄소연대측정법을 통하여 호아빈히안기 석기 제작지의 존재가 밝혀졌다.[16]

구석기 시대 후기 인류는 동굴의 벽면이나 바위 그늘에 주술적인 의미를 담아 동물과 사

---

16   Elise Patole-Edoumba, Philippe Duringer, Pascale Richardin, Laura Shackelford, Anne Marie Bacon, Thongsa Sayavongkhamdy, Jean Luc Ponche, Fabrice Demeter. (2015). Evolution of the Hoabinhian Techno-Complex of Tam Hang Rock Shelter in Northeastern Laos. Archaeological Discovery, 2015, 3, 140-157

도판 2-3-1 | 메콩강변의 탐팅 동굴 유적(Tam Ting, Luang Prabang, Laos)

도판 2-3-2 | 탐팅 동굴 유적의 동굴 벽화(Tam Ting, Luang Prabang)

람을 그려 놓았다. 이러한 동굴 벽화나 바위그림은 사람들이 접근하기 어려운 동굴 속이나 산의 높은 암벽 위 성스러운 장소에 그려져 있다. 라오스의 수도 비엔티안에서 약 60km의 탐방상(Tham Vang Sang)과 라오스 북부의 루앙남타(Luang Namtha)에서 바위그림이 발견되었다. 라오스의 루앙 프라방에서 북쪽으로 25km 떨어진 메콩강변 절벽 아래에 팍오우(Pak Ou) 동굴이 있다. 메콩강이 내려다보이는 곳에 라오 사람의 정령 신앙(Phi)의 성지인 2개의 동굴이 있다. 상단 동굴을 탐틍(Tham Theung), 하단을 탐팅(Tham Ting)이라 부른다. 탐팅 동굴 안에는 많은 불상이 안치되어 있고, 내부에 동굴 벽화 일부가 남아 있다. 동굴 벽화의 대부분은 훼손되었지만, 검은색(목탄)을 사용한 인물과 동물 그림이 있다. 물구나무를 서고 있는 인물 그림에는 남근이 강조되어 있다. 현재 남아 있는 동굴 벽화를 보면 말레이시아의 선사 시대 동굴 벽화와 유사하다.

베트남의 하장성 꽌바(Qaun Ba)현 동반(Dong Van)의 동노이(Dong Noi) 동굴에서 호아빈히안(신석기 시대 전기)으로 추정되는 벽화가 발견되었고, 하장성 꽌바(Quan Ba)의 코미 동굴(Kho My Cave)
에서 4,000년 전 동굴 벽화가 발견되었다. 베트남 북서쪽 사파(Lao Cai 지방의 Sa Pa)의 암각화는
2009년 하노이 국립대학(Hanoi University of Art) 조사단이 상세하게 보고했다.[17] 사파의 암각화
에는 화살과 함께 청동 단검이 새겨져 있다. 단검의 형태는 동썬 청동기 시대(기원전 3~기원전 1
세기)의 청동 단검과 형태가 아주 유사하다.

캄보디아 지역의 선사 시대 바위그림에 대해서는 거의 알려지지 않았다. 20세기 초 프랑
스의 극동학원(EFFO)에서 발굴 조사를 시작하여 이후에는 경쟁적으로 전 세계의 연구팀이
발굴과 복원 작업을 하고 있지만 대부분의 연구 초점은 앙코르 왕조 시대의 사원에 집중되
어 있다. 프랑스 극동학원 소속이던 G. 세데스가 1963년에 발간한 『인도차이나의 사람들,
역사·문명』[18]에서 인도차이나 신석기 유적의 하나로 캄보디아의 삼롱센(Samrong Sen) 유적
을 소개하고 있다. 이 유적의 청동기 유물을 살펴보면 금속을 다루는 기술이 고도로 발달했
음을 알 수 있으며, 출토 두개골은 크메르족과 유사하다.[19]

2015년에 캄보디아 바탐방의 라앙 스피안(Laaang Spean) 바위 그늘 유적을 발굴 조사한 결
과 기원전 7,000년부터 철기 시대에 이르는 유물이 출토되었다. 캄보디아의 바위에 그려진
코끼리를 타고 있는 인물, 물소 사슴 그림은 2005년에 태국과 인접한 캄보디아의 서쪽 카
남 마을(Kanam Village) 카다멈산(Phnom Cardamom, the Central Cardamom National Park in Pursat

도판 2-3-3 | 프놈쿨렌의 바위 그늘 유적(Phnom Phundo-knu, Phnom Kulen, Cambodia)

도판 2-3-4 | 페렝 트발 바위 그늘 유적(Perng Tbal, Phnom Kulen, Cambodia)

17 Sapa ancient carved rock field to be introduced in Sweden. Vietnam Net. 2009.
18 세데스는 삼롱센 유적을 신석기 시대로 추정했지만, 그 후 발굴 조사로 기원전 1,500~기원전 500
    년 유적으로 밝혀졌다(Georges Coedès. 1963. Les peuples de la péninsule indochinoise. Histoire,
    civilisations).
19 Ivan Glover; Peter S. Bellwood (2004). Southeast Asia: from prehistory to history. Routledge Curzon.

province)에서 처음 발견되었다. 2011년에는 압사라 기구가 프놈쿨렌의 바위그림을 조사하여 보고했다. 총 10개의 바위 그늘 유적에서 붉은색으로 그린 선사시대의 암채화가 발견되었다.[20] 2011~2012년에는 프놈쿨렌(Phnom Kulen)의 바위 그늘 유적에서 다양한 부조가 발견되었다. 이들 바위 그늘 유적 벽면에는 힌두교 신상을 새겨 놓았다. 선사 시대의 산악 신앙, 암석 신앙, 용천수(성수) 신앙이 후대의 힌두교와 어우러져 지금까지 이어지고 있다. 선사 시대의 토착 신앙과 힌두교가 융합한 대표적인 유적이다.

미얀마 야완간 지역(Shan State Taunggyi District Ywangan)의 파다린(Padah-Lin) 바위 그늘 유적에서 붉은 안료를 사용하여 손 그림, 물고기, 소, 물소, 사슴 등을 그린 암채화가 발견되었다. 1969년부터 1972년까지 진행된 발굴 조사에서 13,000년 전의 인골과 다양한 석기 등이 출토됐다. 2016년 벤 마르윅(Ben Marwick) 등이 진행한 발굴 조사에서는 65,000년 전의 퇴적물과 25,000년 전의 뗀석기가 발견되었다.[21]

채색 토기와 청동기를 대표로 하는 메콩강 유역 문화의 또 하나의 특징은 산 위의 바위 그늘에 그려 놓은 벽화이다. 이러한 벽화는 주로 메콩강을 중심으로 태국 전역(약 50여 개의 유적)에서 발견되었다. 벽화의 제작 시기는 구석기 시대 후기에서 기원후 500년경으로 추정된다.

태국 북동부 람팡(Lampang)의 프라투파(Tham Pratu Pha) 바위 그늘 유적에 동굴 벽화가 그려져 있다. 차오프라야강의 지류인 왕강(Maenam Wang)과 욤강(Maenam Yom)의 합류 지점에 위치한 기원전 2,000년~기원전 500년 유적이다. 바위에는 산양, 소, 새(공작새?) 등의 동물 그림을 중심으로 놓고 그 주변에 손바닥을 벽면에 놓고 물감을 입으로 뿜어 그린 손그림이 그려져 있다. 동물 그림은 다수의 손 그림에 둘러싸여 있어, 당시의 귀중한 먹잇감이던 동물을 포획하고 싶다는 주술적인 소망이 담겨진 벽화로 추정된다. 소와 인물상(사냥 혹은 제의 장면), 춤추는 인물상, 장례식 장면, 여자 무당(주술사)과 사냥 장면 등이 그려져 있다. 1998년 태국 예술국이 이 바위 그늘 유적을 발굴 조사한 결과 기원전 2,000년으로 추정되는 인골을 발굴했다.

우타이타니에서 서쪽으로 약 50㎞ 떨어진 차이카오(Chai Khao)에는 선사 시대의 동굴 유적

---

20   압사라 기구(APSARA, The Authority for the protection of the site and the Management of the Region of Angkor), Taçon, P.S.C. Kulen Mountain rock art: An initial assessment and report to APSARA, Siem Reap, Cambodia. In PERAHU, School of Humanities: Gold Coast, Australia, 2011.

21   Schaarschmidt, Maria; Fu, Xiao; Li, Bo; Marwick, Ben; Khaing, Kyaw; Douka, Katerina; Roberts, Richard G. (2018). "pIRIR and IR-RF dating of archaeological deposits at Badahlin and Gu Myaung Caves - First luminescence ages for Myanmar". Quaternary Geochronology. 49: 262-270.

과 카오 플라라(Khao Plara) 동굴 벽화 유적이 있다. 차이카오 동굴 유적 안에는 현재 불상이 안치되어 있다. 카오 플라라 유적에는 해발 597m인 가장 높은 봉우리가 있고, 봉우리 북쪽에 바위 그늘 유적이 있다. 봉우리 남쪽 부분 절벽 해발 480m에는 동굴 벽화가 있다. 이 유적은 태국 예술국의 아마라 스리수찻이 발굴 조사하여 1990년에 보고했다.[22] 바위그림 아래에서는 기원전 3,000~기원전 1,000년으로 추정되는 토기, 석기 등이 발견되었다.

도판 2-3-5 | 탐파댕 바위그림 복원도(Tham Pha Daeng, Tak)

카오 플라라 바위 그늘 유적의 동굴 벽화(pictograph) 대부분은 인물상과 동물상이다. 개, 닭, 거북이, 여우, 사슴, 소, 들소 등 총 40여 개가 선명하고 사실적으로 그려져 있다. 동굴 벽화는 북동쪽 벽을 따라 20m, 바닥에서 4~7m 높이에

도판 2-3-6 | 카오찬응암의 바위 그늘 복원도(Khao Chan Ngam, Ubon Ratchathani)

있다. 바위그림은 안료(산화철)로 구분된다. 검은색 물감으로 그린 인물상과 붉은색 물감으로 인물상, 동물상을 그렸다. 각각의 구체적인 연대는 아직 밝혀지지 않았다. 태국의 고고학자들은 카오 플라라의 바위그림을 4개 그룹으로 분류하고 있다. 그룹 1은 개와 인물 벽화이다. 그룹 2는 소와 인물 그림이다. 그룹 3은 의례 장면 그림이다. 반인반수로 분장한 주술사로 추정된다. 그룹 4는 동물 그림이다.

카오 플라라 유적의 바위그림에는 몇 개의 중요한 그림이 있다. 첫 번째는 암벽 왼쪽 아래에 붉은색 안료로 그린 춤추는 인물상이다. 왼쪽의 중심인물은 왼손에 무기를 들고 다리 아래에 두 마리 개가 그려져 있다. 개와 같이 사냥하는 장면은 동썬 청동기에서도 볼 수 있는 주제이다. 중심인물의 왼쪽<도판 2-3-8>에는 새의 깃털로 장식한 춤추는 인물상이 그려져 있고, 태국 예술국의 아마라 스리수찻은 이 인물을 임신부로 추정하고 있다. 이러한 임신부 그림을 통하여 아이의 출산을 기원한 것으로 추정된다. 새의 깃털로 장식하고 춤을 추는 인물상은 태국 북부 치앙마이의 탐파댕 바위그림과 헤가 I 식 동고에도 새겨져 있다. 주술사

22   Amara Srisuchat, Amara. (1990). "Rock Art at Khao Plara", Uthai Thani. Bangkok: The Fine Arts Department, Thailand.

도판 2-3-7 | 태국의 선사 시대 바위그림 분포도
1. 탐와이킹(Tham Wai King, Krabi), 2. 카오키우(Khao Khiew, Chon Buri), 3. 탐피화토(Tham Pee Hua To, Krabi), 4. 카오 나마프라우(Khao Na Ma Phraaw, Chaiya), 5. 탐트라(Tham Traa, Trang), 6. 탐실프(Tham Silp, Suratthani), 7. 탐룹카오키 에우(Tham Rup Khao Khiew, Kanchanaburi), 8. 탐타두앙(Tham Ta Duang, Kanchanaburi), 9. 탐파댕(Tham Pha Daeng, Tak), 10. 카오 플라라(Khao Plara, Uthai Thani), 11. 카오찬응암(Khao Chan Ngam, Ubon Ratchathani), 12. 파탐(Pha Taem, Ubon Ratchathani), 13. 탐라이탱(Tham Lai Thaeng, Khon Kaen), 14. 푸 프라밧(Phu Phrabat, Udon Thani), 15. 반 라이(Ban Rai, Uthai Thani)

혹은 수장으로 보이는 인물이 새로 가장한 임신부와 함께 춤을 추며 제사를 올리는 장면으로 추정된다.

바위그림 중앙 위쪽에는 붉은색 물감으로 그린 산양, 개, 춤추는 인물, 큰 소와 고삐를 끌고 춤을 추는 인물 그림이 있다. 산양을 제외하면 개, 춤추는 사람, 신관으로 보이는 인물이 큰 소를 끌고 산을 내려가는 장면이다. 당시의 사람들이 가장 원하는 소망을 담은 그림 혹은 강화 주술과 관련한 의례 장면으로 추정된다. 그 밖에도 소와 고삐를 잡은 인물, 소뿔을 잡은 인물 그림이 있다. 그냥 눈앞에 있는 소를 표현한 것이 아니라, 당시의 사람들이 가장 갈망했던 '사로잡은 소'(손에 넣은 식량)를 주술적으로 표현한 것이다. 동남아 각지에서 볼 수 있는

도판 2-3-8 | 새로 분장한 임신부와 춤추는 인물상(기원전 3,000~기원전 1,000년, Khao Plara, Uthai Thani)

도판 2-3-9 | 의례 장면(기원전 3,000년~기원전 1,000년, Khao Plara, Uthai Thani)

도판 2-3-10 | 소와 고삐를 잡은 인물상(기원전 3,000년~기원전 1,000 년, Khao Plara, Uthai Thani)

도판 2-3-11 | 소몰을 잡은 인물상(기원전 3,000년~기원전 1,000년, Khao Plara, Uthai Thani)

손 그림의 의미는 이러한 주술적 의미(모방주술, 강화주술)로 해석할 수 있다. 유사한 장면은 프랑스의 동굴 벽화에도 그려져 있다.

또 하나 주목되는 바위그림은 검은색 혹은 붉은색으로 윤곽만을 그린 인물상이다. 이 인물상은 사람과 동물의 반인반수(半人半獸) 합체상일 가능성이 크다. 프랑스의 후기 구석기 시대의 동굴 유적인 아리에주(Ariège)의 레 트루아 프레르(Les Trois-Frères)에 많은 수의 들소, 말, 순록, 곰 등이 그려져 있다. 또한, 동굴 벽화에는 드물게 그려져 있는 인물 그림 중에는 머리에 큰 사슴뿔로 장식한 탈을 쓰고, 긴 꼬리를 가진 동물로 가장한 반인반수의 주술사(Sorcerer, shaman or magician)를 표현한 것도 있다. 이 반인반수의 주술사라고 부르는 벽화는 레 트루아 프레르 동굴 속에 위치한 성역에서 발견되었다. 이는 기원전 13,000년경에 제작된 수수께끼의 동굴 벽화이다.

도판 2-3-12 | 주술사(기원전 13,000년, Les Trois-Frères, France)

머리는 사슴, 엉덩이에는 말꼬리가 있고 하반신과 손발은 사람 모습을 한 주술사(반인반수) 그림이 지면에서 4m 정도 높이에 있다. 그림을 자세히 살펴보면 올빼미의 눈, 사슴의 뿔, 늑대의 귀, 양의 턱, 하반신에 곧게 서 있는 남근이 표현되어 있다. 이 반인반수의 주술사 그림은 상체를 앞으로 내밀고, 한쪽 다리를 땅에 대고 춤을 추고 있다. 동굴 내에서 유일하게 착색한 그림으로, 다른 동물보다 정성스럽게 그려 놓았다. 또한 이 동물은 동굴 안 모든 동물을 내려볼 수 있는 높은 곳에 그려져 있다. 이 반인반수의 주술사 그림은 주술 의례를 동반하는 '신들린 상태'(황홀상태)의 춤을 충실히 표현하고 있다.

카오 플라라 유적의 바위그림과 프랑스의 레 트루아 프레르 동굴의 반인반수의 인물상은 시대와 공간을 초월하고 있지만 모두 주술사를 그린 것으로 추정된다. 중앙의 큰 인물상은 사람을 표현하고 있지만, 머리에 가면을 쓰고 있는 그림이 있고, 엉덩이에 꼬리가 그려져 있다. 왼쪽 위에는 동물을 가장한 인물 세 명이 춤추고 있다. 레 트루아 프레르의 동굴 벽화에서 주술 의례를 동반하는 '신들린 상태'의 춤을 연상시키는 그림이다.[23] 그 밖에도 새로 분장하여 춤추는 인물과 새 등의 벽화가 있다.

반치앙 유적 북서쪽의 탐싱(Tamsing)의 산 정상 가까이 있는 바위 그늘 유적에도 동굴 벽

도판 2-3-13 | 중앙의 큰 인물상(기원전 3,000~기원전 1,000년, Khao Plara, Uthai Thani)

도판 2-3-14 | 동물로 가장한 인물상(기원전 3,000~기원전 1,000년, Khao Plara, Uthai Thani)

도판 2-3-15 | 춤추는 인물상과 동물상(기원전 3,000~기원전 1,000년, Khao Plara, Uthai Thani)

---

23 일본 야요이 시대 토기에 새로 분장하고 춤을 추는 주술사의 선각화(奈良県立橿原考古学研究所附属博物館)가 있고, 아프리카 등 세계 곳곳에서 비슷한 주제의 반인반수가 그려져 있는 벽화들이 있지만, 지금까지의 연구로는 시대와 공간을 상상할 수 없을 정도를 벗어난 반인반수의 주술사 그림의 비밀을 구체적으로 밝혀내지 못하고 있다.

도판 2-3-16 | 탐싱 바위 그늘 유적의 동굴 벽화(Tamsing, Udon Thani)

도판 2-3-17 | 탐우아 바위 그늘 유적(Tham Wua, Phu Phrabat, Udon Thani)

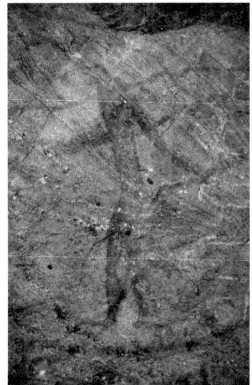

도판 2-3-18 | 탐콘 바위 그늘 유적의 인물 동물 벽화(3,000~2,000 년전, Tham Khon, Phu Phrabat, Udon Thani)

도판 2-3-19 | 탐콘 바위 그늘 유적(Tham Khon, Phu Phrabat, Udon Thani)

도판 2-3-20 | 탐콘 바위 그늘 유적의 인물 동물 벽화(6,000년 전, Tham Khon, Phu Phrabat, Udon Thani)

화가 있다. 소와 목동이 그려져 있는데, 소뿔과 통통한 몸통은 반치앙 토기 문양과 유사하다. 동북 태국의 메콩강 유역 인근 동굴 벽화는 넓은 의미로 반치앙 문화에 속한다고 볼 수 있다. 태국의 우본랏차타니주와 메콩강을 사이에 두고 있는 참파삭도 같은 문화권이었던 것을 동굴 벽화와 출토 유물을 통해 알 수 있다.

우동타니 북쪽 반푸에(Baanphue)에서 동쪽 11㎞ 떨어진 산에 푸 프라밧(Phu Phrabat) 역사 공원이 있다. 산속에는 9개의 바위 그늘 유적이 있는데, 그중 동물상(물소 혹은 소)과 인물상 동 굴 벽화가 있다. 그중에 양팔을 벌리고 늘어선 인물 가운데 남성의 성기를 크게 과장하여 표 현한 그림이 있다. 이들 바위그림은 바위 그늘 암벽에서 잘 볼 수 있는 곳에 그려져 있다. 물 소가 그려진 탐우아(Tham Wua) 바위 그늘 유적, 인물상이 그려진 탐콘(Tham Khon) 바위 그늘 유적은 지금부터 2,000~6,000년 전의 거주 혹은 제사 유적으로 추정된다.

후낭우사(Hoh Nang U Sa) 유적은 거대한 바위를 밑에서부터 파고 올라가 상부에 석실을 만 들고, 주위의 사방에 성속(聖俗)의 공간을 나누는 결계석(結界石)인 바이 세마(Bai Sema, 9~11세 기)를 세워 놓았다. 석실은 수행자 혹은 승려가 수도하는 공간으로 사용했을 가능성이 크다. 동굴 벽화와 더불어 지석묘 상석과 같은 큰 덮개돌의 하부를 파내서 불교 혹은 힌두교 수도 자가 수행하는 장소로 사용한 거석 유구(일종의 고인돌)가 남아 있다. 일반적으로 지석묘라고 하면 거석 무덤을 연상시키지만, 푸 프라밧 유적은 거석 신앙과 관련하는 거석 유구이다. 일 부 고인돌의 지석에 해당하는 부분에 불상과 힌두교 신상을 새겨 놓은 것도 있다.

불교 유적은 초기 드바라바티 시대 것으로, 불상은 대개 11~12세기에 만든 것이다. 일부 힌두교 신상은 앙코르 왕조 시대에 제작된 것이다. 푸 프라밧 역사 공원의 바위 그늘 유적은 신석기 시대의 동굴 벽화, 6~11세기 드바라바티 시대의 불교, 12~14세기까지 힌두교(앙코르 왕조), 17~18세기의 란쌍 왕조(Lan Xang Hom Khao, 1353~1707년)까지 사용했던 유적이다.

태국 북동부 우본랏차타니의 메콩강변에 파탐(Pha Taem) 국립 공원이 있다. 메콩강을 사이 에 두고 라오스(Phou Xieng Thong 보호구)의 참파삭주와 인접한 곳으로, 강을 따라서 단애 절벽 위에 동굴 벽화가 있다. 많은 손 그림(Hand stencils), 동물과 인물상이 그려져 있다. 특히 주목

도판 2-3-21 | 바이 세마와 콕마타오 바로스 돌멘(3,000~2,000년 전, Khok Ma Tao Baros, Phu Phrabat, Udon Thani)

도판 2-3-22 | 불상이 새겨진 돌멘(드바라바티 시대, Tham Phra, Wat Porta, Phu Phrabat, Udon Thani)

도판 2-3-27 | 바위 그늘에 그려진 코끼리 동굴 벽화(란쌍 왕조 시대, Tham Chang, Phu Phrabat, Udon Thani)

도판 2-3-28 | 콩지암 바위 그늘 동굴 벽화 복원도(Khong Jiam, Pha Taem, Ubon Ratchathani)

도판 2-3-23 | 파탐 유적의 동굴 벽화(Pha Taem, Ubon Ratchathani)

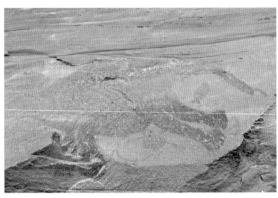

도판 2-3-24 | 파탐 유적의 코끼리(Pha Taem, Ubon Ratchathani)

도판 2-3-25 | 파탐 유적의 벽화(Pha Taem, Ubon Ratchathani)

도판 2-3-26 | 파탐 유적의 동굴 벽화 복원도(Pha Taem, Ubon Ratchathani)

되는 그림은 쓰러진 큰 코끼리(포획된 상태를 묘사하고 있다), 메콩강의 자이언트 메기, 새로 분장한 주술사(샤먼)로 추정되는 인물, 성교하는 장면, 많은 손 그림만이 그려진 바위그림이다. 콩지암(Khong Jiam) 바위 그늘 동굴 벽화는 소, 사슴의 사냥 장면을 보여준다. 구석기 시대 이후 인류가 추구해 온 '안정적인 식량 확보와 자손을 남기고자 하는 기원'을 주술적으로 표현하고 있다. 태국의 고고학자들은 이들 동굴 벽화를 기원전 1,000년기로 추정하고 있다. 그러나 이러한 연대 추정은 동굴 벽화를 직접 측정한 수치는 아니다.

파탐 바위 그늘 유적의 손 그림은 크게 두 종

류로 분류할 수 있다. 첫째, 적철광으로 만든 염료를 입에 넣고, 손을 암벽에 대고 그 위에 염료를 뿜어서 만든 손 그림이다. 둘째, 손으로 도장을 찍은 것과 같이 염료를 손바닥으로 찍어서 만든 그림이 있다. 그러나 이 두 종류의 손 그림은 같은 시기의 것이 아니다.

프랑스 마르세유 부근 지중해 해저에서 발견된 코스커 동굴(Grotte Cosquer)에는 손 그림이 그려진 구석기 시대 동굴 벽화가 있다. 이 동굴 유적의 손 그림의 연대를 측정하자 27,000년 전이라는 결과가 나왔다. 이 외에도 필자가 조사한 프랑스, 스페인, 인도네시아의 구석기 시대 손 그림은 모두 산화철 혹은 망간 등을 섞어서 만든 액체 안료를 손바닥을 벽면에 대고 그 위에 입으로 뿜어서 만든 음형(陰型)의 손 그림이다. 따라서 액체 안료를 손바닥으로 찍어서 만든 손 그림은 후대에 만들었을 가능성이 크다.

2014년 호주 퀸즐랜드 그리피스 대학(Griffith University)의 고고학자 맥심 오베르(Maxime Aubert) 교수가 인도네시아 술라웨시섬의 팀숭(Leang Timsung) 동굴 벽화의 손 그림 연대를 측정했다. 측정 결과 최소 39,900년 이전일 것이라는 결과가 나왔을 때 세계의 고고학계는 큰 충격을 받았다.[24] 이는 손 그림을 덮고 있는 방해석(方解石)의 결정에 미량으로 포함된 우라늄 양을 측정하는 방법을 통해 나온 연대 측정치이다. 손 그림 바로 위 방해석 층에서 해당 연대 값이 나왔으므로 그 아래에 있는 그림은 최소 39,900년 전에 그린 것이다. 높이 4~5m 정도의 동

도판 2-3-29 | 파탐 바위 그늘 유적의 메콩강 자이언트 메기 음형 손 그림(Pha Taem, Ubon Ratchathani)

도판 2-3-30 | 팀숭 동굴의 손 그림(39,900년 전, Leang Timsung, Moras, Sulawesi, Indonesia)

---

24 Aubert, M., Brumm, A., Ramli, M. et al. (2014). Pleistocene cave art from Sulawesi, Indonesia. Nature 514, 223-227.

굴 천장에 검은색 안료를 사용해 그린 '바비루사'(멧돼지+사슴)와 손 그림이 있다. 바비루사는 35,400년 전에 그린 것이다.

　지금까지 현생 인류에 의한 동굴 벽화 중 세계에서 가장 오래 된 것은 프랑스 쇼베의 동굴 벽화(Grotte Chauvet, 30,000년~32,000년 전)라고 추정되었다. 이 외에도 프랑스의 라스코, 스페인의 알타미라 등이 동굴 벽화의 시원으로 추정되었다. 이러한 이유로 술라웨시섬(Selawesi Sulatan) 마로스의 벽화(Leang Tedonge) 연대가 BP 45,500년으로 측정되었을 때 유럽의 신문 기사에서 '예술 탄생의 땅은 유럽이 아니었다'라는 표제가 붙기도 했다. 이들이 충격을 받았던 것은 인류의 역사의 기본축을 유럽에 두는 유럽 중심 사관(유럽중심주의)이 무너졌기 때문이었다.

　그 후 스페인의 엘 카스티요 동굴(El Castillo Cave) 벽화에서 더 오래된 연대 측정치가 나와 술라웨시섬 마로스 동굴 벽화가 세계에서 가장 오래된 것은 아니라고 판명되었다. 그러나 이들 구석기 시대 손 그림은 모두 산화철, 망간, 적철광으로 만든 액체 안료를 입에 넣은 뒤 손바닥을 암벽에 대고 그 위에 안료를 입으로 뿜어서 그린 것이다. 따라서 파탐 동굴 벽화 중에는 연대가 구석기 시대까지 거슬러 갈 가능성이 있다.

　선사 시대 바위그림은 세계 각지에서 발견되었으나 말레이시아의 동굴 벽화는 그다지 알려지지 않았다. 붉은색 안료(적철광), 목탄과 수액의 혼합물을 사용하여 그린 바위그림은 말레이시아 전역에 널리 분포하고 있다. 지금까지 말레이반도에서 보고된 바위그림은 아래의 표와 같다.

도판 2-3-31 | 동굴 벽화에 사용한 안료 적철광(말레이시아 국립박물관, Muzium Negara Kuala Lumpur)

도판 2-3-32 | 동굴 벽화에 사용한 안료 목탄(말레이시아 국립박물관, Muzium Negara Kuala Lumpur)

표 2-3-1 | 말레이반도 바위그림

위치	바위그림
페락(Perak)주	고아 바닥(Gua Badak, Lenggong) 고아 다약(Gua Dayak, Lenngong) 고아 게록(Gua Gelok, Lenggong) 고아 바투페투(Gua Batu Puteh, Lenggong) 고아 바투투캉(Gua Batu Tukang, Lenggong) 고아 끄라와르(Gua Kelawar, Sg Siput, Perak) 고아 탐분(Gua Tambun, Ipoh) 고아 맛수랏(Gua Mat Surat, Lembah Kinta)
케다(Kedah)주	고아 바투푸티(Gua Batu Putih, Kodiang) 고아 체리타(Gua Cerita, Langkawi) 고아 클라와르(Gua Kelawar di Kilim, pulau Langkawi)
파항(Pahang)주	고아 커칠(Gua Kecil, Raub) 고아 바투루아스(Gua Batu Luas, Kuala Keniam)
클란탄(Kelantan)주	고아 바투친친(Gua Batu Cincin, Ulu Kelantan) 고아 캄빙(Gua Kambing, Ulu Kelantan) 고아 와스(Gua Chawas, Ulu Kelantan) 고아 타굿(Gua Tagut, Ulu Kelantan) 고아 렘빙(Gua Lembing, Ulu Kelantan)
보르네오섬	고아 니하 고아 카인히탐(Gua Kain Hitam)

말레이시아 페락주 이포(Ipoh) 외곽에 있는 판장산(Gunung Panjang)의 고아탐분 바위 그늘 벽화는 일련의 신석기 시대 그림(12,000~2,000년 전)이다. 이 바위그림은 이포와 킨타(Kinta) 계곡이 내려다보이는 거의 2㎞ 길이의 거대한 석회암벽의 서쪽 면에 그려져 있다. 고아 탐분 동굴 벽화는 동남아시아에서 가장 규모가 큰 신석기 시대의 바위그림 유적지이다.

그러나 지금까지 보고된 모든 바위그림이 선사 시대에 그린 것은 아니다. 예를 들어 페락 주의 고아 바닥(Gua Badak)에 있는 바위그림은 20세기 초 영국 식민지 시대의 원주민 사냥꾼 들이 그린 것으로, 영국인 장교가 말을 타고 있는 모습과 자동차를 그려 놓은 것도 있다. 이

도판 2-3-33 | 고아 끄라와르의 암채화(신석기시대, Gua Kelawar, Sg Siput, Perak)

도판 2-3-34 | 고아 캄빙 바위 그늘 유적(Gua Kambing, Ulu Kelantan)

도판 2-3-35 | 고아 캄빙의 바위그림(Gua Kambing, Ulu Kelantan)

도판 2-3-36 | 고아 탐분 동굴 벽화(신석기 시대, Gua Tambun, Ipoh, Perak)

도판 2-3-37 | 바위그림(신석기 시대, Gua Batu Cincin, Ulu Kelantan)

외에도 말레이시아의 원주민(Orang Asli), 보르네오섬 사바와 사라왁의 토착 부족들은 부족민의 소망, 의례, 삶의 경험 등을 전달하는 수단으로 동굴 벽화를 남겼다고 추정한다. 그러나 일부 예외적인 바위그림 유적을 제외하고, 대부분의 말레이시아 바위그림은 석기 시대에서 청동기 시대의 것이다.

말레이시아 최초의 동굴 벽화는 페락의 고아 탐분과 사라왁의 고아 카인히탐에서 발견되었다. 고아 탐분의 바위그림에는 사슴과 듀공(dugong; 인도양, 남서 태평양에서 사는 포유동물), 기하학적 문양, 손 그림이 있다. 이 유적은 2008년 말레이시아과학대학 고고학연구소가 발굴 조사했다. 고아 카인히탐의 바위그림에는 카누가 그려져 있다. 이는 영혼의 세계를 항해하는 상징적 그림(ships of the dead)으로, 동굴 바닥에는 사자를 안치한 카누가 놓여 있다. 통나무배를 사용한 목관장(葬)은 동남아시아 각지에서 발견되었다.

고아 바투친친(Gua Batu Cincin)은 우루클란탄(Ulu Kelantan)에 있는 바위 그늘 유적이다. 고아 바투친친은 2,000~3,000년 전의 신석기 시대 토기 및 조리 도구가 출토된 거주 유적이다. 이 바위 그늘에는 춤추는 사람들과 동물이 동굴 벽에 그려져 있다. 팔다리를 벌리고 춤추는 사람들은 태국의 우타이타이주의 동굴 벽화 유적과도 유사하다. 유적 인근에 사는 원주민인 테미아르족(Orang Temiar)은 지금도 의례 때 벽화와 유사한 춤을 추고 있다. 테미아르족은 클란탄주, 페락주, 파항주에 사는 말레이계 원주민이다. 그들은 춤과 노래를 통해 정령을 숭배한다.

중국과 국경을 접하고 있는 베트남 북부의 라오카이(Lao cai)성 사파(Thị xã Sa Pa)는 해발

1,600m에 있는 고원지대로 몬족과 자오족 등 소수 민족이 살고 있으며, 주변에 다랑논이 있어 경관이 아름답다. 사파의 무옹 호아 계곡(Muong Hoa Valley)에서 암각화 200여 개 가 발견되었다. 바위 표면(2~3m)에는 동썬 동고의 문양과 유사한 고상 가옥, 배, 성기를 강조한 남성상, 성교 장면 등이 새겨져 있다. 일부 암각화는 동썬 동고 문화기의 것으로 추정된다. 사파 동북쪽에 위치한 하장(Ha Giang)성 신만(Xin Man)에서도 암각화가 발견되었는데, 2009년 베트남 사회과학아카데미 고고학연구소의 찐낭충(Trinh Nang Chung) 교수가 조사 보고했다.[25] 그러나 이러한 경우는 매우 드물다.

　동남아시아 대륙부의 바위 그늘 그림 주제는 사람과 손 그림, 소, 코끼리, 물고기, 사슴 등이다. 말레이반도, 보르네오섬, 술라웨시섬에서는 주로 배가 등장하고, 뉴기니섬과 호주의 바위그림의 주요 주제는 고래, 거북, 물고기 등이다. 동남아시아, 뉴기니섬, 오스트레일리아의 바위그림은 대부분이 바위 그늘 벽화 유적이고, 역사적으로나 문화적으로 서로 깊은 관

도판 2-3-38 | 신만의 암각화(Xin Man, Ha Giang, Viet Nam)

25　Trinh Nang Chung. (2009). Study of ancient carved figures on rock At Xin Man, Ha Giang. Institute of Archaeology Viet Nam Academy of Social Sciences.

도판 2-3-39 | 술라웨시섬의 구석기 시대 야생 소와 손 그림(40,000년 전, Leang Uhallie, Sulawesi, Indonesia)

련성이 있는 것으로 추정된다.

오스트레일리아 대륙의 원주민인 애버리진(Aborigine)은 어두운 피부색을 가졌고 약 40,000~50,000년 전에 동남아시아에서 이주했다. 그들은 약 40,000년 전부터 지금까지 동굴 벽화를 계속 그려왔다. 이는 약 6,000년 전에 멸종된 태즈메이니아(Tasmania) 호랑이가 벽화에 그려져 있음을 통해 입증된다. 오스트레일리아 퀸즐랜드주의 카나본 국립 공원(Carnarvon National Park)에서도 애버리진이 손 그림을 중심으로 그린 다양한 동굴 벽화가 남아 있다.

인도 중부의 상업도시 보팔 남쪽 46㎞에 위치한 빔바이트카(Bhimbaithka)의 바위 그늘 유적은 라타파니(Ratapani) 야생 보호구에 남아 있는 동굴 벽화 유적이다(기원전 8,000년~기원후 1,000년). 이 지역에서 바위 그늘 유적은 반경 10㎞에 걸쳐서 약 750개가 발견되었다. 이 지역은 일년 내내 맑은 물이 흐르며 천연의 쉼터인 바위 그늘이 있고 동식물이 풍부하여 사람이 살기 좋은 환경이다.

빔바이트카의 바위그림은 주제가 다양하고 변화가 풍부하다. 사냥꾼과 동물이 여러 상황에서 대치하는 모습들이 보인다. 먹잇감을 쫓는 사냥꾼 무리, 몰이꾼의 사냥 장면, 대검과 방패를 가진 전사들의 전투 장면, 화려하게 장식한 말이나 코끼리를 타고 있는 전사들, 둥글게 둘러서서 북을 치며 춤을 추는 장면 등이 있다. 이 그림들을 흰색, 노랑, 빨강, 검정, 갈

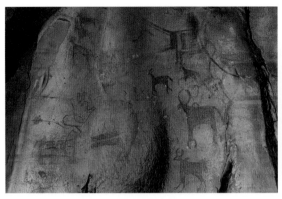

도판 2-3-40 | 손 그림과 사슴 그림(금석 병용기 시대, Bhimbaithka, Raisen, Madhya Pradesh, India)

도판 2-3-41 | 손 그림과 기마 인물상(초기 역사 시대, Bhimbaithka, Raisen, Madhya Pradesh, India)

색의 안료(망간, 적철광, 목탄 등)를 사용해 단색, 두 가지 색 또는 여러 가지 색으로 그리고 있다. 또한 이들 바위그림에는 시기를 달리하는 많은 그림이 서로 겹쳐져 있다. 바위그림 중 가장 오래된 것은 30,000년 전으로 거슬러 올라가는 그림들도 있고, 역사 시대 이후에서 중세에는 주로 기하학 문양이 그려져 있다.

　빔바이트카의 구석기 시대 바위그림은 동남아시아(미얀마, 태국, 말레이시아, 인도네시아), 오스트레일리아 카카두 국립 공원(Kakadu National Park), 아프리카 칼라하리 사막(Kalahari Desert)의 바위 그늘 그림, 프랑스 라스코 동굴(Lascaux Caves)의 후기 구석기 시대 동굴 벽화 등과 뚜렷한 유사성이 보인다. 이들 지역의 모든 바위그림의 역사적 상호 영향 관계를 논하는 것은 아직도 많은 과제가 산적해 있지만, 벽화 그림의 주제(먹잇감이 되는 동물의 포획을 기원하는 주술적 표현), 그림 양식(음형의 손 그림, 동물의 과장된 육체적 표현, 반인반수의 주술사 그림 등), 북유럽과 동북아시아의 암각화와는 달리 모두 암채화(채색 그림)라는 공통점이 인정된다.

제3장 | 동남아시아의 금속기 시대

3-1. 동남아시아 대륙부의 토기 제작과 농경의 시작

3-1-1. 토기의 제작-토기를 가진 수렵 채집민

베트남 고고학계에서는 신석기 시대를 전기, 중기, 후기로 나눈다. 그 중에서 신석기 시대 중기에 속하는 문화가 북부의 다붓(Đa Bút) 문화, 꾸잉반(Quynh Van) 문화, 까이베오(Cai Beo) 유적, 그리고 중부의 바우즈우(Bai Du) 유적이다. 동남아시아에서는 기원전 4,000년경부터 토기가 만들어졌다. 사람들은 토기를 만들고, 동굴과 바위 그늘 등의 고지대에서 물이 가까이 있는 저지대로 거주지를 이전했다. 이 대표적인 사례가 베트남 북부 해안에 있는 다붓 패총으로 호아빈히안·박썬니안에서 새로운 문화적 발전을 찾아볼 수 있다.

베트남 지역 신석기 시대 중기의 대표적인 문화는 다붓 문화(기원전 5,000~기원전 1,000년)이다. 유적으로는 타인호아성의 다붓 패총, 반투이(Ban Thuy), 랑꽁(Lang Cong), 고쭝(Go Trung), 꼰꼬응우아(Con Co Ngua), 그리고 닌빈성의 동봉(Dong Vuon), 항꼬(Hang Co), 항싸오(Hang Sao) 유적이 알려져 있다. 다붓 문화기의 사람들은 산지와 구릉지에서 해안 지대까지 내려와 생활했다. 다붓 문화는 석기와 토기에서 특징이 가장 두드러진다. 이들은 이전 시대 문화의 전통을 계승하면서도 석기 제작 기술을 새롭게 혁신했다. 다붓 토기는 거칠고 단순한 형태로 두껍고 단단하다.

다붓 패총은 타인호아성 다붓 마을, 마강(Sông Mã) 좌안의 논에 둘러싸인 사구 위에 있다. 이 패총은 깊이가 5m, 면적 1,400㎡나 되는 거대한 조개무지 유적이다. 1926~1927년에 발굴 조사한 조개무지(패총)에서는 매장된 인골 12구가 출토됐다. 또 조약돌도끼와 호아빈히안 특징을 가진 석기, 도끼 등 다수의 뗀석기, 날부분간자갈석기(刃部磨製礫器)와 토기(기원전 4,400년 추정)가 출토됐다. 이후 진행된 1971년 베트남 국립역사박물관의 발굴 조사에서 다수의 간돌도끼, 양면날부분간돌도끼(兩面刃部磨製石斧)와 토기 편 등이 출토됐다.[1] 석기는 박썬니안이라고 해도 좋을 정도의 형태로 박썬니안의 석기 전통을 이어받고 있다. 이 유적에서 특히 주목되는 것은 토기를 동반한다는 점이다.

토기는 인골 가까이에서 발견되어 부장품이었던 것을 알 수 있다. 다붓 패총의 토기는 둥근 바닥으로, 구경은 15~30㎝이며 모두 토기 안쪽에서 동그란 자갈(혹은 도제 Anvil)로 눌러서 형태를 만들고, 새끼줄을 감은 판자(Padlle)로 밖을 두드려서 성형한 이른바 '박타법'(拍打法)이

---

1   ハ·ヴァン·タン 他(菊池誠一訳),『ベトナムの考古文化』, 六興出版, 1991年

라는 제작 기법으로 만들었다.[2] 두드리는 판자에는 새끼줄을 감았을 뿐만 아니라 표면에 기하학적 무늬를 조각한 것도 있다. 박타법은 이후 동남아시아에서 전통적인 토기 제작 기법으로 자리잡았으며 지금까지도 사용하고 있다.

다붓 패총의 매장 유적도 기본적으로는 호아빈히안·박썬니안의 매장 유적과 같은 점이 있다. 다붓 패총의 매장 형태는 굴장과 2차장이며 적색 염료를 살포한 인골, 부장품인 간돌도끼, 물소와 소의 뼈가 발견됐다. 또 조개 제품의 목걸이, 간돌도끼, 토기 편을 부장한 사례도 있다. 두개골을 다른 영아의 뼈를 담는 그릇으로 사용하기도 했다.

매장과 관련하는 이러한 유물의 특징은 호아빈히안·박썬니안과 관련이 깊을 것으로 추정된다. 다붓 패총의 석기나 매장에서 보이는 호아빈히안·박썬니안적인 성격과 토기의 공존은 다붓 문화가 수렵·채집을 기본으로 하는 호아빈히안·박썬니안과 공통의 생활 기반을 가지고, 그와 더불어 토기를 제작했던 것을 시사하고 있다. 패총의 지표 밑 70㎝에서 채취한 조개껍데기의 연대는 기원전 4,400년경으로, 다붓 패총은 박썬니안보다 후대의 유적이다.

호아빈히안·박썬니안에서 후기 신석기 문화로 발전하는 과정에는 복잡한 현상이 보인다. 그 예로 베트남 북부 꾸잉반 패총이 있다. 해안선 가까이 있는 작은 언덕 위에서 조개무지 약 20개가 발견됐다(기원전 3,000~기원전 2,000년). 현재 21곳에서 유적이 확인됐다. 유적은 응게안(Nghe An)과 하틴(Ha Tinh)의 해안에 분포하며, 주요 유적은 꾸잉반만(灣)에 있다.

꾸잉반 패총에서는 상부에서 신전장과

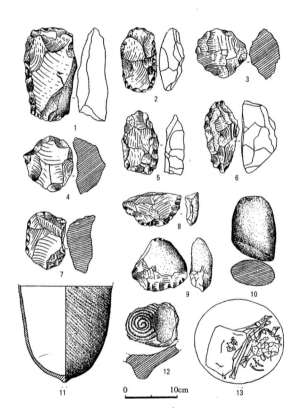

Bản vẽ 13: Mộ táng, hiện vật đá và gốm văn hoá Quỳnh Văn
1-10. Hiện vật đá; 11-12. Gốm đáy nhọn; 13. Mộ táng
(*Nguồn*: Hà Văn Tấn, 1998, tr. 395)

도판 3-1-3 | 꾸잉반 문화의 묘장(13), 토기(11), 석기(CO SO KHAO CO HOC, 1978)

2　新田榮治,「バン=マイ村の土器作りと東南アジアの叩き技法-タイ・スリン縣・ムアン郡・バン=マイでの例から-」(『南海研紀要』, 6-1, 93-10110)

도판 3-1-4 | 롭부리에서 출토된 물소형 토기(기원전 2,300년, Lopburi, Bangkok National Museum)

도판 3-1-5 | 롭부리에서 출토된 토기(기원전 2,300년, Lopburi, Somdet Phra Narai National Museum)

굴장 인골 31구가 발견됐다. 매장 형태는 다붓 패총과 매우 흡사하다. 석기는 간석기가 전혀 없고 각종 뗀석기가 출토됐다. 또한 꾸잉반 패총에서 저온으로 구운 조잡한 토기가 출토됐다. 이 토기는 바닥이 둥글며 대다수는 표면이 평편하지만, 박타법에 의한 새끼줄무늬가 있는 것도 있다. 이들 면이 평편한 토기도 박타법으로 만든 후, 표면의 새끼줄무늬를 지워서 민무늬로 만들었다. 지표 아래 50㎝에서 채취된 조개껍데기의 연대는 대략 기원전 2,800년경이다.[3]

내외면을 깎아서 만든 첨저 토기(尖底土器)는 꾸잉반 문화의 가장 대표적인 토기이다. 주요 토기는 매일 식량인 연체동물을 요리하는 조리용 토기이다. 묘지는 31기가 발견되었으며, 죽은 자는 토광묘(30~70㎝)에 신전장 혹은 굴장으로 매장되어 있다. 31기 중 25기에서 석기와 토기가 출토됐다. 꾸잉반 사람들은 조개류를 채취하여 생활했고 물고기, 게, 거북이, 코뿔소, 물소, 사슴, 코끼리 등을 식량으로 삼았다. 베트남 고고학에서는 꾸잉반 문화의 시기를 BP 6,000~3,500년으로 추정하고 있다.

베트남에서는 다붓 문화나 꾸잉반 문화 외에도 박썬니안에서 후기 신석기 시대의 문화적 과도기 유적이 각지에서 발견됐다. 이 단계에서 박타법으로 토기를 제작하기 시작했다. 이들 유적 연대는 모두 기원전 4,000년경 이후이다. 중국 토기의 출현 시기와 비교하면 꽤 늦은 연대이다. 중국에서는 강서성(江西省) 여산풍경구(廬山風景區) 선인동(仙人洞) 동굴 유적(BP 10,500~8,740년)과 광서성장족자치구 계림시(桂林市) 증피암(甑皮岩) 동굴 유적(BP 12,000~7,000년)에서 출토된 박타법의 토기가 가장 오래됐다.[4] 이들 토기의 제작 연대는 기원전 9,000~기

3 Goscha, Christopher. (2016). Vietnam: A New History. New York: Basic Books.

4 新田榮治·西村正雄·坂井隆, 『東南アジアの考古學』, 同成社, 1998年

원전 5,000년경이다. 박타법은 동남아시아뿐만 아니라 중국의 선사 토기에서도 널리 사용했으며, 동아시아에서 동남아시아로 광범위하게 존재하는 제작 기법이다. 토기 제작 기법과 연대적 차이로 미루어 보아 동남아시아 토기 제작은 중국에서 전파했다는 설도 있다.

베트남에서는 기원전 4,000년경에 토기를 제작하기 시작했으나, 토기 제작과 공존하는 석기 제작이라는 하나의 계열적인 발전은 아니었다. 박썬니안 전통을 계승하는 지역에서는 간석기, 연안 지역에서는 뗀석기를 사용하는 차이가 나타났다. 이러한 점에서 토기 초현기의 혼돈했던 상황을 엿볼 수 있다.

꼰꼬응우아(Con Co Ngua) 유적의 하층에서 출토된 돌도끼는 다붓 유적에서 출토된 것보다 진보한 돌도끼다. 특히, 꼰꼬응우아 유적의 전체 간석기 중에서 간돌도끼는 60%를 차지하고 전면을 연마한 간석기들이다. 고쭝(Go Trung) 유적에서는 석기 제작 기술이 상당히 발전해 종류도 풍부해졌다. 간돌도끼, 석제 끌, 석재, 톱, 석제 접시, 석제와 토제의 어망추가 출토됐다. 베트남에서 어업에 어망을 이용하였음을 증명하는 최초의 발견이었다. 다붓 사람들은 죽은 자를 거주지에 매장했다. 꼰꼬응우아 유적에서 1기의 무덤에 수십 개의 인골을 매장한 묘지가 발굴됐고, 굴장이 대표적인 장법이다. 다

도판 3-1-6 | 반치앙 유적 출토 흑색 곡선문 토기 (기원전 1,000년, Ban Chiang, Bangkok National Museum, 오세윤 촬영)

도판 3-1-7 | 타케 유적 출토 인골과 대리석 팔찌 (기원전 1,500~기원후 300년, Tha Kae, Somdet Phra Narai National Museum)

붓 사람들은 개, 물소, 돼지를 사육했고, 꽃가루를 분석한 결과 식용 식물을 재배했다고 추정되고 있다. 다붓 사람들은 다양한 생업에 종사하며, 주로 바다를 의지하며 살았음을 출토 유물로 알 수 있다.

바우즈우(Bau Du) 유적은 꽝남(Quang Nam)성 탐키(Tam Ky)시의 탐쑤언(Tam Xuan)사에 있으며, 주변의 논보다 약 2m 정도 높은 언덕에 입지하고 있다. 1981년, 1985년 발굴 조사의 결과 많은 유구와 유물이 검출됐다. 바우즈우 유적은 단일 문화층을 가진 조개무지 유적이다 (두께 평균 1.30~2.10m). 출토 유물의 대부분은 베트남 고고학에서 분류하는 신석기 시대 중기로, 지표면의 토기 편 200점은 청동기 시대의 바우짬(Bau Tram) 유적의 토기와 매우 비슷하다. 바우즈우 유적에서 출토된 석기 중 접시형 석기, 살구형 석기, 짧은 도끼, 조제 석기, 간

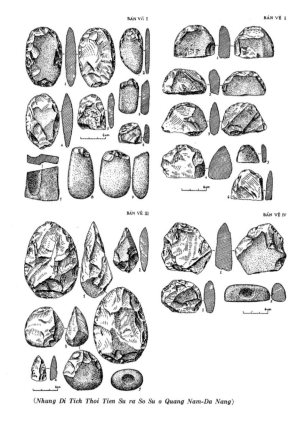

(Nhung Di Tich Thoi Tien Su ra So Su o Quang Nam-Da Nang)

도판 3-1-8 | 바우즈우 유적의 석기(CO SO KHAO CO HOC, 1978)

돌도끼, 홈자갈은 호아빈히안 석기와 유사하다.

1985년 베트남 국립역사박물관의 발굴 조사로 바우즈우 조개무지에서 5기의 묘지가 검출됐다. 인골은 조개층에 구멍을 파거나 대형 조개층에 굴장(屈葬) 형태로 매장됐다. 코뿔소, 물소, 소, 사슴, 염소, 원숭이, 물고기, 조개류, 바다 게 등이 출토됐다. 이처럼 석기는 호아빈히안 문화의 전통을 가지며, 매장 방법은 꾸잉반 문화나 다붓 문화와 유사하다. 유적의 방사선 연대 측정치는 BP 5,000~3,500년이다. 바우즈우 유적은 베트남 중부에서 토기 출현 이전의 신석기 시대 유적이다. 바우즈우 사람들의 주요 생업은 채집과 사냥이며, 그중에서 조개 채집은 중요한 역할을 차지하고 있었다. 다붓 문화와 꾸잉반 문화와 함께 베트남 중부의 꽝남 지역에 출현한 바우즈우 문화는 해양 지향으로 생업을 확대한 것을 증명하는 유적이다.

베트남 이외의 지역에서 토기의 출현은 어떠했을까? 말레이시아 파항주의 커칠(Kechil) 동굴 하층부에서 토기 편과 호아빈히안형의 뗀석기가 출토됐다. 또한, 케파(Kepah) 패총에서는 두께 7m의 패총에 다수의 2차장 인골이 발견됐고, 호아빈히안형 자갈돌도끼(礫斧), 간석기와 함께 토기가 발굴됐다. 이 석기들은 다붓 패총에서 출토한 서기와 공통점이 많아, 다붓 문화와 비슷한 시기로 추정되고 있다.

캄보디아 바탐방 라앙스피안(Laang Spean) 동굴의 중층부에서 토기가 출토됐다. 토기에는 새끼줄무늬 외에 새김무늬나 조개무늬 장식을 한 것이 있어, 동굴을 장기간에 걸쳐서 사용했음을 알 수 있다. 토기와 함께 호아빈히안형의 뗀석기가 출토됐다.[5] 가장 오래된 토기 연대는

---

5   David Chandler. (2008). A History of Cambodia (Westview Publishers: Boulder Colorado)

기원전 4,300년경이다. 토기 출현기의 연대가 베트남과 비슷하다. 장기간에 걸쳐서 호아빈히안 석기를 사용하던 곳에 박타법에 의한 새끼줄무늬 토기라는 새로운 토기 문화가 전래한 것이다. 2007~2008년 말레이시아 과학대학(USM, Universiti Sains Malaysia)의 조사단이 보르네오섬 사라왁주에 있는 신석기 시대 유적인 고아 카인히탐(Gua Kain Hitam)을 발굴했다.[6]

지역에 따라서 석기의 제작 방식에 차이는 있지만, 토기는 모두 기원전 5,000년~기원전 4,000년경에 출현했다. 석기는 전대의 박썬니안 석기와 유사하고 생업은 큰 차이가 없지만, 토기가 만들어지면서 '삶기', '익히기'라는 새로운 조리법이 생기고, 음식의 범위가 확장됐다. 새로운 토기 문화의 출현은 음식 조리 방법의 혁신으로 식물성 음식 재료(근재 작물)의 이용을 비약적으로 확대해서 정주화를 초래했다. 근재 작물은 동남아시아 각지에서 널리 재배되어, 오늘날에도 곡물과 함께 사람들의 식생활에서 중요한 위치를 차지하고 있다.

3-1-2. 도작문화의 시작-후기 신석기 문화

베트남에서는 다붓 문화와 꾸잉반 문화에 이어서, 기원전 5,000~기원전 400년경에 간석기가 큰 진척을 보이고 생업도 이전의 수렵·채집에서 농경으로 한 걸음 내디딘 새로운 문화가 시작됐다. 후기 신석기 문화에서는 박타법에 의한 새끼줄무늬 토기 외에 토기 표면을 닦아 제작할 때 새긴 새끼줄무늬를 지우고 끝이 뾰족한 시문구(施文具)로 문양을 만든 새김무늬 토기나 채색한 토기들이 나타난다. 이렇듯이 동남아시아에서의 토기 출현은 동아시아에 비하면 상당히 느린 시기이다.

동남아 대륙부의 열대 몬순 지대에서는 기원전 13,000년부터 토란류와 얌(참마) 등을 재배했고, 말레이시아에서 오세아니아

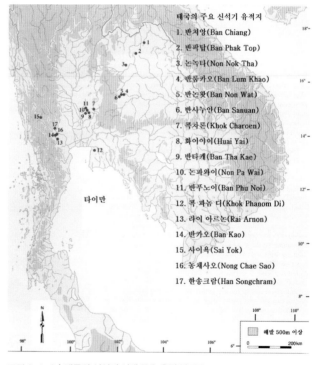

도판 3-1-9 | 태국의 신석기 시대 주요 유적 분포도

태국의 주요 신석기 유적지
1. 반치앙(Ban Chiang)
2. 반팍탑(Ban Phak Top)
3. 논녹타(Non Nok Tha)
4. 반룸카오(Ban Lum Khao)
5. 반논왓(Ban Non Wat)
6. 반사누안(Ban Sanuan)
7. 콕차르언(Khok Charoen)
8. 화이야이(Huai Yai)
9. 반타캐(Ban Tha Kae)
10. 논파와이(Non Pa Wai)
11. 반푸노이(Ban Phu Noi)
12. 콕 파놈 디(Khok Phanom Di)
13. 라이 아르논(Rai Arnon)
14. 반카오(Ban Kao)
15. 사이욕(Sai Yok)
16. 농재사오(Nong Chae Sao)
17. 한송크람(Han Songchram)

타이만

해발 500m 이상

0   200km

6   Penyelidik USM Temui Lapan Rangka Manusia Prasejarah Di Gua Kain Hitam, Sarawak. Diarkibkan daripada yang asal pada 2016-03-04. Dicapai pada 2008-09-18.

에 이르는 열대 삼림 지대에서는 바나나, 빵나무, 코코야자, 사고야자, 사탕수수 등을 재배했다. 이들 작물은 모두 종자와 관계없이 뿌리 나누기, 삽목 혹은 삽아(揷芽) 등에 의해서 번식하기 때문에 근재 작물(根栽作物)이라고 부르고, 이것들을 주 작물로 재배하는 농경 문화를 '근재 농경 문화'(根栽農耕文化)라고 부른다. 가장 오래된 농업 형태이며 화전에 뿌리와 줄기를 흙에 묻어 재배하기 때문에 생산력이나 인구지지력이 낮다. 근재 농경 문화는 동남아시아에서 시작되어 미크로네시아나 폴리네시아 등에 전해졌다. 이러한 시기에 토기가 등장하여 근재 작물을 조리하는 방법에 비약적으로 혁신이 이루어져 사람들이 환경 적용 범위를 확대해 갔다.

동남아시아 대륙부에서 가장 오래된 토기는 베트남 북부에서 확인된 기원전 5,000~기원전 4,000년 무렵의 것이다. 베트남에서는 전기 신석기 문화인 호아빈히안, 박썬니안의 문화에서 새로운 문화적 발전이 일어났다. 토기와 간돌도끼가 만들어지며 거주지는 산간부의 동굴에서 저지대로 내려왔다. 생활 양식이 변화하면서 토기 문화가 시작한 것이다. 동남아시아에서 토기를 다른 지역에서 기술을 이전하여 만들었는지 독자적으로 만들었는지는 큰 문제이다. 적어도 박타법에 의한 토기 제작은 외부 세계에서 완성한 기술 체계로서 도입한 것으로, 기원지는 중국일 가능성이 크다.

석기는 날 뿐만 아니라 석기의 넓은 부분을 연마한 날 간석기 또는 전면을 연마한 간석기, 손잡이가 있는 곰배괭이 등이 출토된다. 이러한 출토 유물은 그 이전의 근재 농경 문화에서는 볼 수 없었던 것으로, 이 시기에 새로운 농경 문화가 시작했음을 시사하고 있다. 즉 간석기와 손잡이가 있는 곰배괭이는 벼농사의 시작을 알려주는 유물들이다. 이 시기는 수렵·채집 경제 단계에서 모종의 농경이나 벼농사로 이행해가는 시기로, 그 후 석기에서 금속기로 발전하는 동남아시아 역사 발전 과정의 중요한 시기에 해당한다.

꾸잉반(Quynh Van) 유적에서는 주로 새끼줄무늬 토기(繩目文土器)가 출토됐고, 조개무지에서 33체의 인골이 발견됐다. 그러나 간석기는 없었고 뗀석

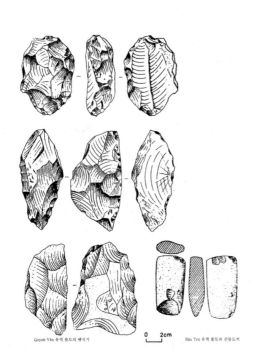

Quỳnh Văn 유적 출토의 뗀석기 | 0 2cm | Bau Tro 유적 출토의 간돌도끼

도판 3-1-10 | 꾸잉반 유적 출토의 뗀석기와 바우쵸 유적의 간돌도끼(CO SO KHAO CO HOC, 2008)

기뿐이다. 토기에는 표면을 부드럽게 두드려서 만든 흔적이 있다. 토기와 간석기를 동반하는 다붓 패총과는 다른 양상을 보인다. 베트남 고고학에서는 꾸잉반 문화의 연대를 기원전 8,000~6,000년이라고 설정하고 있지만, 지표 아래 50㎝에서 채집한 조개껍질의 연대는 탄소 연대 측정법에 따르면 기원전 2,800년 무렵이다. 따라서 꾸잉반 유적은 새로운 연대 설정이 필요하다.

바우쵸(Bàu Tró, Quang Binh) 패총은 베트남 중부 해안에 있는 대표적인 꾸잉반 문화 이후 유적이다. 바우쵸는 꽝빈성 동호이시(Dong Hoi)에 있는 호수로 프랑스와 베트남 고고학자들이 이 호수 지표 아래 70㎝에서 4,000~5,000년 전의 유물을 발굴했다. 바우쵸에서 출토된 유물은 중부 지역의 베트남의 선사 시대를 연구하는 데 중요하다. 1923년 프랑스 극동학원의 고고학자인 드피루이(Max và Depiruy)가 처음으로 유적을 발견했고, 그해 에티엔 패트(Étienne Patte, 극동학원의 지질학자이자 고고학자)가 발굴 조사하여 보고서를 출판했다. 1980년에는 후에(Hue) 대학의 발굴 조사단이 호수 가장자리에서 40m 떨어진 곳을 발굴하여 많은 신석기 시대 유물을 발견했다. 그 이후 응에안(Nghe An), 하틴(Ha Tinh), 꽝빈(Quang Binh), 꽝찌(Quang Tri), 투아티엔(Thua Thien) 등 해안 지역에 분포하는 신석기 시대 문화를 '바우쵸 문화'(Bàu Tró Culture)로 명명했다.[7] 베트남 고고학에서는 바우쵸 문화를 하롱 문화와 병행하는 시기로 자리매김하고 있다.

바우쵸 패총은 동호이시 인근에 있는 탐스토아 마을의 바우쵸 호수 옆 마강 좌안의 주위를 논으로 둘러싼 모래 언덕 위에 있다. 원래의 환경은 바닷물이 들어오는 강 입구 또는 소금물 호수였던 것으로 추정된다. 조개무지에서 12체의 굴장 및 2차장 인골이 발견됐다. 날 부분간석기(刃部磨製石器), 석재 방수차, 석제 어망추, 돌절구(石臼) 외에 줄목문 토기 파편이 다수 출토되고 있다. 매장된 뼈에는 토기, 조개 장신구, 돌도끼가 부장되어 있었다. 3개 포함층과 정상 부근에 2개의 문화층이 있는데, 어느 층에서 출토되었든 같은 시기의 유물이다. 날 부분간석기, 격지석기 등 뗀석기 이외에 호아빈히안·박썬니안적 강돌(溝石)이나 구멍이 있는 돌이 있고, 바우쵸 패총에서 많은 간돌도끼가 발견됐다. 특히 곰배괭이(有肩石斧)가 있는 것이 주목된다. 곰배괭이는 전면을 연마하지 않고 뗀 그대로의 부분이 많이 남아 있는 초기적인 형태를 하고 있다. 토기는 박타법으로 제작되어 새끼줄무늬, 새김무늬, 붉은색 염료로 띠무늬를 그린 것 등이 있다.

---

7 Taylor, K. W. (2013), *A History of the Vietnamese*, Cambridge University Press.

최근의 발굴 조사로 꾸잉반 문화에서 바우쵸 문화에 이르는 발전 과정을 알리는 유적이 발견됐다. 베트남 북부의 박보(Bắc Bộ)만에 접한 응에안성(Tỉnh Nghệ An) 기수안군 퍼이퍼이 (Huyện Gisuan, Phoi Phoi) 유적이다. 퍼이퍼이 유적은 사구 위에 있다. 하층부 유물은 뗀석기가 다수를 차지하고, 갈아서 만든 곰배괭이가 매우 드물게 출토됐다. 토기는 점토 끈을 감아 올려 만들었으며 바닥이 뾰족하고 표면에 빗살 같은 시문구로 문양이 새겨져 있다. 유적의 상층부에서는 첨저(尖底) 즐치문(櫛齒文) 토기의 수가 줄고, 둥근 바닥 또는 원뿔대 모양의 다리가 붙은 새끼줄무늬 토기와 각문 토기가 많아진다. 또한 뗀석기의 수가 줄어들고 갈아서 만든 곰배괭이가 늘어나며 대형 곰배괭이도 있다. 퍼이퍼이 유적은 꾸잉반 문화에서 바우쵸 문화로 발전하기 직전 상태를 나타낸다.

이러한 발굴 조사 성과로 바우쵸 문화에 이르는 3단계의 문화기를 설정할 수 있다. 퍼이퍼이 유적 하층의 대표 유물인 뗀석기를 비롯하여 즐치문으로 된 첨저토기(尖底土器)의 등장을 제1단계로 분류할 수 있다. 제2단계는 퍼이퍼이 유적지 상층에서 뗀석기가 감소하고 갈아서 만든 곰배괭이나 간돌도끼가 증가하고, 박타법으로 만든 둥근 바닥의 새끼줄무늬 토기가 나타난다. 바우쵸 패총으로 대표하는 다수의 각문 토기, 그중에서도 적색 염료로 채색한 토기가 출현하는 제3단계로 발전하는 과정이다.

타인호아성(Tỉnh Thanh Hóa, 베트남 북중부에 위치하고 서쪽은 라오스, 동쪽은 통킹만과 접하고 있다)의 연안부에서도 다붓 패총(BP 6,095±60)보다 후속 단계에 있는 유적이 밝혀졌다. 베트남 국립역사박물관이 1977년에 발굴한 고쭝 유적(Go Trung, BP 4,790±50)이다. 토기는 다붓 패총의 토기와 비슷하게 바닥이 둥근 새끼줄무늬 토기이다. 각문 토기는 발견되지 않았다. 석기는 다붓 패총의 석기보다 앞섰으며 잘 연마한 간돌도끼가 많지만, 곰배괭이는 찾아볼 수 없다. 그 밖에도 음식물을 가는 마반(숫돌)과 마봉, 그물추 등이 다수 발견됐다. 그물추는 둥근 편암으로, 그물과 연결하기 위한 구멍이 뚫려 있다. 이 구멍(溝)은 돌의 표면을 직선 모양으로 앞뒤로 문질러

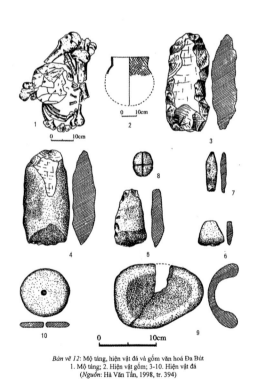

Bản vẽ 12: Mộ táng, hiện vật đá và gốm văn hoá Đa Bút
1. Mộ táng; 2. Hiện vật gốm; 3-10. Hiện vật đá
(Nguồn: Hà Văn Tấn, 1998, tr. 394)

도판 3-1-11 | 다붓 문화의 묘장(1), 토기(2), 석기(3)(CO SO KHAO CO HOC, 2008)

서 구멍을 파는 찰절기법(擦切技法)으로 만들었다. 고쭝 유적의 돌도끼에도 찰절기법으로 제작한 것이 보인다. 이러한 유물들을 통해 그 당시 생활이 어로에 상당히 의존하였음을 짐작할 수 있다. 또한, 마반과 마봉은 주로 식물성 음식 조리에 사용한 것으로, 식용 식물 채집도 중요한 생업이었던 것 같다. 일종의 농경이 있었을 가능성도 있다.

하이펑(Hai Phong)시 근처에서 북부 해안 지방에도 다붓 문화보다 새로운 문화 단계의 유적이 있다. 통킹만의 하롱(Hạ Long)과 깟바섬(Đảo Cát Bà)의 까이베오(Cái Béo) 유적 등이다. 까이베오 유적은 3개의 문화층으로 구성되어 있다(1973년 베트남 고고학원 조사, 1981년 베트남 국립역사박물관 조사).

최하층(소이누 문화, 기원전 16,000~기원전 5,000년)에서 호아빈히안의 자갈돌도끼와 비슷한 양면을 가공한 자갈돌도끼, 다붓 패총의 토기와 비슷하며 저온으로 구운 조잡한 토기가 출토됐다. 토기 표면에 바구니 흔적이 남아서 바구니 안에 점토를 붙여 두드려서 만든 것을 알 수 있다. 소이누 문화(Soi Nhu culture)에 속하는 유적은 까이베오뿐 아니라 통킹만(Hạ Long 및 Bai Tu Long)의 미꿍(Mẹ Cũng) 및 티엔롱(Thiên Long) 유적이 있다. 이 단계는 호아빈히안·박썬니안의 전통을 잇는 다붓 문화에 병행하는 단계이다.

제2층의 까이베오 문화기(기원전 5,000~기원전 3,000년)에서는 곰배괭이가 있다는 점이 주목할 만하다. 양면을 함께 연마했지만, 연마하기 이전의 타격 자국이 있으므로 완전히 간 곰배괭이보다 앞선 것이다. 토기는 바닥이 평평한 토기와 낮은 다리가 달린 토기가 있으며, 새끼줄무늬 토기가 다수를 차지한다. 이 시기는 소이누 문화기와 하롱 문화기 사이의 연결 고리이다.

가장 상위인 제3층은 후기 신석기에서 초기 청동기 단계인 하롱 문화(기원전 2,500~기원전 1,500년)로, 평면형·단면형과 더불어 방형 모양을 한 전면 간돌도끼와 곰배괭이, 머리 부분에 자루를 연결하기 위한 단을 만든 곰배괭이 등이 있다. 베트남 북부 해안 지방에서도 기원전 4,000년 이후에 토기가 만들어지고, 뗀석기에서 간석기가 점차 통킹만의 넓은 범위로 확산하는 발전 과정을 알 수 있다. 즉, 까이베오 유적의 층위 관계를 보면 호아빈히안·박썬니안 문화에서 간석기와 토기가 출현하는 것을 알 수 있다.

이처럼 베트남 북부 지역에서는 내륙과 해안 지방을 불문하고 호아빈히안·박썬니안의 후기 단계에서 점차 토기가 출현하는 점이 눈에 띈다. 박타법으로 만든 새끼줄무늬 토기에서 무늬를 새기고 채색을 한 토기가 나타나게 된다. 또한, 석기는 곰배괭이가 나타나고 돌도끼 일부를 연마하는 일부간돌도끼 시기를 거쳐서, 전면을 연마하는 간석기로 발전한다.

동남아시아에서 재배 벼 농경이 시작한 연대에 대하여 여러 가설이 제기되었지만, 기원전 3천년기 후반이 유력하다. 장강 하류 지역에서 기원전 3천년기 기후 악화로 벼농사가 어려워지자, 중국 남부 벼농사 농경민이 남하하기 시작한 것으로 추정되고 있다. 그중 일부가 베트남 북부 신석기 시대에 들어와 동남아시아에서 벼농사가 시작되었을 가능성이 크다. 이러한 견해는 호아빈히안적 특징을 가진 유물과 중국 남부적 특징을 가진 유물이 공존하는 매장 유적인 만박(Mán Bạc)을 근거로 하고 있다.

만박 유적은 홍강 삼각주 빈딘(Ninh Bình)성 엔모(Yên Mô)에 있는 신석기 시대 고고학 유적(기원전 1,850~기원전 1,650년)으로, 95기의 무덤이 발견됐다. 이 유적은 출토된 유물의 수와 질적으로 룽호아(Lung Hoa) 유적을 능가하는 풍응우엔 문화기의 최대 유적으로 초기 도작 농경과 밀접한 관계가 있다. F. 옥센햄(Oxenham)은 만박 유적을 "Pre-Neolithic Pottery using Cultures"(PNPC, 신석기 이전 시대 토기를 사용한 문화)로 이 지역의 문화를 설명하고 있다.[8] 풍응우엔(Phùng Nguyên)과는 달리 청동기 유물이 발견되지 않았지만, 않았지만 탄화미, 돼지 뼈, 개 뼈다귀 등이 출토되어 만박 사람들은 벼를 재배하고 돼지와 개를 사육했다고 추정되고 있다. 만박에서 출토된 토기는 메콩강 유역 혹은 태국 북동부보다는 중국 남서부(廣西壯族自治區와 廣東省)와 유사하고, 토기 중에는 중국 은나라 후기의 청동 북과 강한 유사성을 보인다는 점에서 중국의 청동기 문화와 문화적 접촉이 있었음을 시사한다.

베트남 북부에서는 이 전면 간석기와 각종 토기를 수반하는 신석기 문화가 각지에서 꽃을 피운다. 베트남 북부에는 토기와 간석기를 동반한 벼농사 농경민 유적이 다수 분포한다. 우선 북쪽 하이펑 및 하롱만 주변부에 하롱 문화, 홍강 하류 지역에서는 풍응우엔 문화, 타인호아성 마강 하류의 해안 지방에서는 호아록 문화(Hoa Loc, 조개무지), 베트남 중부 해안 지방에서는 앞서 서술한 바우쵸 문화가 각 지역에서 전개했다.

하롱 문화는 1930년대에 하롱만(Vinh Hạ Long, 통킹만의 북서부)의 섬들과 화이시롱섬에서 처음으로 유적이 조사됐다(J.G. Anderson, Madeleine Colani). 현재는 꽝남성 해안 지방과 도서부의 특징이 있는 후기 신석기 문화를 하롱 문화로 일괄하고 있다. 석기로는 곰배괭이가 대표적이며, 그 외에 사각돌도끼, 석착(石鑿, 석제 끌) 등이 있다. 이 석기들은 모두 잘 연마한 것이다. 또 돌이나 뼈로 만든 팔찌와 석제 관옥, 목걸이 등 장식품과 어망추, 골각기 등 다양한 유물이 출토됐다. 냄비, 단지, 항아리, 주구가 있는 토기(注口付土器) 등도 있으며, 토기의 표면에

---

8   Marc F. Oxenham, Hirofumi Matsumura, Nguyen Kim Dung. (2010). Man Bac: The Excavation of a Neolithic Site in Northern Vietnam. Series: Terra Australis Volume: 33, ANU Press.

는 새끼줄무늬나 각문이 있다. 하롱 문화는 까이베오 유적의 층위 관계에서 이 지역에서 하나의 계열로 발전한 후기 신석기 문화인 것으로 확인됐다.[9] 출토된 유물로 보아 어로가 성행한 것으로 추측되지만, 얇은 석부(돌도끼)의 대부분은 농구로, 당시 주민들은 어로와 함께 농경에 생활의 기초를 두고 있었다.

한편 타인호아성 하우록 지구(huyện Hậu Lộc)의 호아록(Hóa Lộc) 마을, 후록(Phú Lộc) 마을, 리엔록(Liên Lok) 마을 해안부에서 공통하는 특징을 가진 유적이 발견됐다. 베트남 국립역사박물관에 의해서 호아록 마을의 꼰싸우쪼 유적(Con Sau Cho, 발굴 조사 면적 400㎡, 1974년)과 후록 마을의 꼰응에 유적(Con Nghe, 발굴 조사 면적 920㎡, 1975년)이 발굴됐다. 이들 유적으로 대표하는 후기 신석기 문화를 호아록 문화라고 한다. 동남아시아 대륙부의 농경과 가축 사육의 시작을 알리는 유적이 호아록 문화이다.

호아록 문화 유적의 토기는 빗살무늬 토기 외에 즐치문, 각문, 파상문, 나선문, 삼차문 등으로 장식했다. 호아록 마을의 꼰싸우쪼 유적과 후록 마을의 꼰응에 유적은 높이 약 3m의 사구 위에 있고, 출토 유물은 석기, 골각기, 토기 등 서로 비슷하다. 석기에는 전면 간돌도끼, 곰배괭이 이외에 대형의 전면을 깨서 만든 곰배괭이와 사각돌도끼가 있다. 또한, 날이 좌우 대칭이 아닌 얇은 뗀돌도끼, 날 끝이 뾰족한 얇은 돌도끼도 있다. 망치 같은 석기(hammerstone)나 요철이 있는 둥근 돌, 골각기, 숫돌로 생각되는 석기, 버선형 간돌도끼(靴形石斧) 등도 있다. 그 외에 석창 촉, 석촉, 톱날 석기 등이 있다. 장신구로는 원반 모양으로 갈아서 만든 돌 팔찌와 멧돼지의 어금니에 구멍을 낸 목걸이가 있다.

흙으로 된 유물로는 하부가 굵고 위쪽은 가늘어지는 귀걸이와 비즈가 있고, 천 혹은 나무 껍질 옷감에 각종 무늬를 프린트하는 데 사용되는 흙도장(토제 押形, matrices)이 대량으로 출토됐다. 이와 유사한 흙으로 만든 도장은 라오스의 타켁(Thakhek, 라오스 중남부의 메콩강 강변) 인근의 바위 그늘 유적에서 발견한 사례가 있다. 이러한 도장 외에 회전시켜서 무늬를 사용하는 원통형 도장도 출토되고 있다. 토기는 대량으로 출토되고, 다른 유적에서 출토한 것과는 다르게 기형·문양 등이 매우 변화무쌍하다. 새끼줄무늬 토기 외에 다수의 각문 토기가 있다.

타인호아 해안 사구의 호아록 문화(돌삽이 대량으로 출토되어 곰배괭이 문화라고도 부른다) 유적에서 출토된 얇고 큰 곰배괭이나 사각돌도끼는 전면을 돌로 갈아서 만든 곰배괭이나 사각돌도끼와는 용도가 전혀 다르다. 후자는 공구의 기능이 강하지만, 전자는 농기구, 특히 흙을 파는

---

9   Charles Higham. (2002). Early Cultures of Mainland Southeast Asia. River Books, Bangkok.

도구(돌삽, 石鍫)이다. 따라서 호아록 문화에서 농경이 행해졌을 가능성이 크다. 또한, 호아록 문화 유적의 식물 잔재에서는 개, 돼지, 소 등 가축의 뼈가 같이 출토되어, 농경과 함께 가축을 사육했던 것을 나타내고 있다. 다만, 가축은 출토된 동물 뼈의 28%에 불과하며 야생 동물의 뼈가 72%에 달한다. 호아록 문화 사람들은 괭이를 사용하여 농사를 지으며 가축을 사육했지만, 그것만으로는 충분히 생활하기가 어려워 사냥, 채집과 어로를 병행했다.

홍강 삼각주 지대의 후기 신석기 시대의 풍응우엔 유적(기원전 2,000~기원전 1,500년)이 있다. 이 시기에 재배 벼가 중국 남부에서 홍강 유역으로 도입됐다. 풍응우엔 유적은 홍강과 다강의 합류 지점인 푸토성 람타오 비엣찌(Lâm Thao, tỉnh Phú Thọ, Việt Tri)의 남동 약 18㎞에 있는 개지(開地, 척박한 땅을 일구어 만든 논밭) 유적이다. 풍응우엔 유적은 1959년, 1960년, 1968년 3차에 걸쳐 발굴 조사가 이루어졌으며, 조사 결과 베트남 후기 신석기 문화의 발전과 청동기 문화의 성립에 관한 중요한 사실이 밝혀졌다.

풍응우엔 유적 지층(지표 아래 약 60㎝)은 표토층 밑에 회색 토양층, 회색 토양층의 아래에는 검은색 토양층이 있다. 회색 토양층과 검은색 토양층에서 다수의 기둥 구멍(柱穴)과 수혈(竪穴) 유구가 발견되었으며 많은 유물이 출토됐다. 이러한 기둥 구멍은 굴립주 건물(고상식 가옥과 창고)의 존재를 나타내고 있다. 다양한 유물이 출토되었으며 간석기와 토기가 중심을 이룬다. 간돌도끼는 모두 1,138점이 출토됐고 그중 사각돌도끼가 777점으로 가장 많았으며, 곰배괭이는 4점, 모서리 돌도끼는 1점뿐이었다. 풍응우엔 유적 돌도끼의 중심은 사각돌도끼이다. 이는 북쪽의 하롱 문화와 남쪽의 호아록 문화에서 돌도끼가 출토된 상황과는 확연히 다르다. 또한, 호아록 유적에서 출토한 크고 편평한 뗀돌도끼(석재 가래)가 풍응우엔 유적에서는 8점밖에 출토되지 않았다. 풍응우엔 유적에서는 각종 숫돌이 189점 출토됐다. 이들 숫돌은 호아빈히안·박썬니안의 숫돌과 비슷하며 도구 연마에 사용한 부분은 오목하게 파여 있다.

출토 유물에는 18점의 바크 클로스 비터(bark cloth beater, 나무껍질 옷을 두드려서 만드는 도구)가 있다. 수피의(樹皮衣)는 주로 뽕나무나 참피나무 껍질을 물에 담가서 섬유를 두드려 펴서 천 혹은 옷을 만드는 데 사용하는 돌망치다. 실을 만드는 데 사용하는 방추차(紡錘車, 가락바퀴)가 16점 출토되어, 직물을 만들었던 것을 알 수 있다. 직물로 짠 천과 나무껍질을 이용한 옷을 같이 사용한 것 같다. 장식품으로는 돌팔찌가 540점, 귀걸이 8점, 관옥 34점, 그 외에 목걸이가 있다. 풍응우엔 유적의 돌팔찌는 단면이 대부분 직사각형이며 호아록 문화처럼 'T'자형이나 삼각형은 없다. 대량의 토기가 출토했지만, 완전한 형태로 남아 있는 것은 거의 없었다. 토기 종류에는 원추형 대가 달린 토기가 있고, 항아리, 단지, 고배, 토기를 불 위에 얹어 놓기 위한 다리 등이 있다. 토기 문양은 박타법으로 만든 새끼줄무늬, 즐치문, 각문, 파도무늬, 나선무늬, 삼차무늬 등이 있다.

풍응우엔 유적을 비롯하여 빈푹성, 하박성(Tỉnh Hà Bắc), 하썬빈성(Tỉnh Hà Sơn Bìn), 하노이시, 동쪽으로는 하이퐁(Haiphong)시의 창켄(Tràng Kênh) 유적에 이르는 홍강 삼각주 하류의 넓은 지역에 걸쳐서 비슷한 양식의 유물들이 분포하고 있다. 이렇게 공통된 특징을 지닌 문화를 풍응우엔 문화라고 부른다. 풍응우엔 문화에서 석기 제작이 완성 단계에 도달했다고 할 수 있다. 석기는 완전히 연마한 간석기로 평면형, 단면형, 사각돌도끼를 주로 사용했다. 곰배괭이는 드물다. 또한, 연옥(Nephrite)같이 부드럽고 아름다운 돌을 소재로 하여 팔찌와 귀걸이를 만들었다. 또 방추차로 실을 만들어 천을 짜거나 나무껍질 천으로 옷을 만들었다. 수피의를 만드는 도구는 풍응우엔 유적 외에도 빈푹성 고본 유적과 누이사이 유적, 고츄아 유적, 그 밖에도 태국, 말레이시아, 인도네시아 각지에서 발견됐다. 토기도 형태와 문양이 다양하고 미적 감각이 뛰어나다.

풍응우엔 문화 사람들은 동남아시아 최초의 도작 농경민이었다. 베트남 고고학에서는 기원전 2,000~기원전 500년경으로 추정되는 '선(先) 동썬 문화기'를 '풍응우엔 문화'(Phung Nguyen culture, Kinh Ke commune, Lam Thao, Phu Tho), '동더우 문화'(Đồng Đậu culture, Yen Lac, Vinh Phuc), '고문 문화'(Go Mun culture, Tu Xa, Phong Chau, Phu Tho)로 분류한다. 이 문화들의 시기는 기원전 2,000~기

도판 3-1-14 | 수피의와 바크 클로스 비터(bark cloth beater, Muzium Negara, Kuala Lumpur, Malaysia)

도판 3-1-13 | 복원된 수피의(樹皮衣, Tapa, Muzium Negara, Kuala Lumpur, Malaysia)

도판 3-1-15 | 동더우 유적 출토 토기(기원전 1,500~기원전 1,000년, Đồng Đậu, Huyện Đông Anh, Vietnam National Museum of History)

원전 500년경으로 추정되고 있다.

빈푹성 동더우 유적의 풍응우엔 문화층에서 발견한 화덕 안에서 다량의 탄화미가 출토됐다. 동더우 문화기(기원전 1,500~기원전 1,000년)는 베트남 청동기 시대의 중기 문화로 풍응우엔 문화기와 토기가 구별된다.[10] 타인호아성 마강 유역에 있는 동티엔(Dong Tien) 유적에서도 탄화미가 발견됐다. 게다가 창켄 유적에서 재배 벼의 꽃가루가 발견됐다. 동더우 유적과 동티엔 유적에서 출토한 탄화미는 모두 자포니카형의 쌀과 단립형 쌀이었다.

풍응우엔 문화 유적은 자연 제방 위에 자리 잡고 배후의 습지를 수전으로 만들어 사용한 대규모 마을 유적이다. 이러한 큰 마을을 형성하여 정착하기 위해서는 벼농사를 지어 식량 자원을 확보할 수 있어야 했다. 또한 그들은 처음으로 금속기를 제작하여 사용했다. 풍응우엔 문화 유적에서 청동기 파편이 발견됐고 빈푹성 도안투온 유적에서 청동기 파편이 출토됐다. 이들 유적은 풍응우엔 문화 후기의 유적으로 풍응우엔 문화 말기에 석기에서 청동기로 발전한 것을 나타내고 있다. 이처럼 풍응우엔 문화는 벼농사와 금속기라는 동남아시아 문화를 규정하는 2가지 중요한 요소인 벼농사와 금속기를 가진 베트남 선사 시대의 획기적인 문화였다.

풍응우엔 문화, 하롱 문화, 호아록 문화는 베트남 북부에서 후기 신석기 문화에서 청동기 문화로 발전하는 거의 같은 시기에 다른 지역에서 존재했다. 이들 세 문화는 서로 어떤 관계가 있었을까? 홍강 유역의 풍응우엔 문화의 여러 유적에서 토기와 사각돌도끼가 주로 출토됐고, 곰배괭이는 거의 보이지 않는다. 이러한 출토 유물을 근거로 사각돌도끼가 출토하는 지역을 '사각돌도끼(方角石斧) 문화권'이라고 부른다. 풍응우엔, 다우즈엉(Dau Duong), 루잉호아(Luang Hoa), 고본(Go Bon) 등 여러 유적이 그 대표적인 사례이다.

한편 베트남 북동부 랑썬성(Tỉnh Lang Son, 중국의 광서성, 운남성과 국경을 접하고 있다)의 신석기 시대 후기의 파샤 동굴 유적(7,000년 ~ 9,000년 전의 박썬 문화 초기)에서 토기와 사각돌도끼와 함께 곰배괭이가 출토됐다. 이 점에서 곰배괭이가 북부 연안 지대의 하롱 문화 영역에서 타인

---

10   Charles Higham. (1996). The Bronze Age of Southeast Asia (Cambridge World Archaeology)

호아성 연안부의 호아록 문화의 영역에 이르는 해안 지대와 북부 산악지대까지 확산했다는 것을 알 수 있다. 베트남 북부 후기 신석기 시대엔 사각돌도끼가 거의 전 지역에 분포하였고, 곰배괭이는 일부 지역에는 분포하지 않았다. 호아록 문화에서는 농기구인 돌로 만든 괭이(石鍬)가 많이 발견됐고, 벼농사를 짓던 풍응우엔 문화의 유적에서는 발견되지 않았다. 풍응우엔 문화는 목제 농기구를 사용했던 것으로 추정된다. 목제 쟁기는 지금도 동남아시아 각지에서 사용하고 있다.

토기 문양에는 명백한 지역 차가 있다. 그러나 풍응우엔 문화와 동더우 문화의 토기 문양에는 유사성이 있다. 예를 들어 풍응우엔 문화에 후속하는 동더우 문화에서는 침선에 의한 직선과 곡선의 문양이 보인다. 이러한 문양은 풍응우엔 문화 후기 단계에서 이미 존재했다. 또한 유사한 문양이 호아록 문화의 토기에 보편적으로 존재한다. 이러한 토기 문양의 유사점은 양자가 연대하여 교류했음을 나타낸다. 동더우 유적 하층의 풍응우엔 문화층은 기원전 1,380±100년, 도이지암(Doi Giam) 유적은 기원전 950±60년, 창켄(Trang Kenh) 유적과 바이투(Bai Tu) 유적은 기원전 1,455±100년이라는 연대가 나왔다.

중국 광동성(廣東省) 동부 연안 지방에서는 조양현(潮陽縣)의 좌선공산(左宣恭山) 유적, 적우산(赤牛山) 유적 등 여러 신석기 시대 유적이 발굴됐다. 광동성 남부 유적의 석기는 돌을 갈아서 만든 곰배괭이(有肩石斧)가 주로 출토됐고, 일부 유적에서 사각돌도끼도 출토됐다. 또 칼날의 기부에 구멍을 뚫은 석과(石戈)와 턱자귀가 있다. 그 외 단면이 삼각형과 T자형을 한 팔찌, 방수차도 보인다. 중국 광주(廣州增城區石灘鎭金蘭寺村)의 금란사(金蘭寺) 패총 유적(신석기시대 후기~전국시대)의 발굴 조사(廣州市文物考古研究院, 1958~1962년)에 따르면 최하층에서 협사조도(挾砂粗陶), 상층 아래에서 문양을 조각한 인문연도(印紋軟陶), 상층 상부는 인문경도(印紋硬陶)를 포함하는 3개의 문화층이 발견됐다.[11] 그중 인문연도 층에서 턱자귀와 곰배괭이, 방추차가 처음으로 출토됐다. 출토 유물이 풍응우엔 문화의 양상과 유사하다. 이 시기는 중국 중원 지역의 은주대(殷周代)에 해당한다. 그렇다면 풍응우엔 문화의 상한 연대는 은대(殷代) 초기까지 거슬러 올라간다.

---

11 挾砂粗陶는 통풍이 좋은 산화염 소성의 가마로 구워 낸 것으로, 밝은 적갈색을 나타내고, 갈색 토기에 비해 경질이다. 태토를 수반한 정제품을 세니홍도(細泥紅陶)라고 하며, 태토에 모래알 등의 혼화제를 포함하는 것을 협사조홍도(夾砂粗紅陶)라고 한다. 전자는 주로 식기류에 사용되고, 후자는 주로 냄비 그릇에 사용됐다. 印紋軟陶(Stamped Soft Pottery)와 印紋硬陶(Stamped Hard Pottery)는 도장으로 문양을 만든 도자기 같은 단단한 토기로 주로 중국 강남 지역의 은주대에서 춘추전국 시대 유적에서 발견됐다. 新田榮治編著,『東南アジア考古學最前線』(2001 第15回「大學と科學」公開シンポジウム).

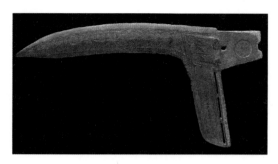

도판 3-1-16 | 롱자오 유적의 꺾창(기원전 1~기원후 1세기, Vietnam National Museum of History)

풍응우옌 문화의 연대를 추정하는 또 하나의 단서는 풍응우옌 문화 유적에서 출토되는 석과(石戈)이다. 빈뚜엉의 룽호아(Lũng Hòa, Vĩnh Tường, Tỉnh Vĩnh Phúc) 유적, 바이투(Bai Tu) 유적, 창켄(Trang Kenh) 유적 출토 석과는 광동성 해안의 여러 유적에서 출토되는 석과와 유사하다. 중국 황하 남쪽 유역에서 은대 중기에 처음으로 금속제 창인 꺾창(銅戈)이 출현한다. 룽호아 유적 출토 석과의 형태는 중국 하남성 안양시(河南省安陽市)에 있는 은대 후기 왕묘인 무관촌대묘(武官村大墓, 亞자형의 목곽묘)에서 1950년 출토된 꺾창의 형태와 유사하다. 그러므로 룽호아, 바이투, 창켄에서 출토된 석과의 상한 연대는 은대 후기로 추정할 수 있다. 풍응우옌 문화의 석기와 토기 및 광동성에서 출토한 후기 신석기 시대의 석기와 토기와 비교해도 모순되지 않는다.

최근에 풍응우옌 문화 후기의 연대를 추정할 수 있는 새로운 자료가 추가됐다. 바로 아장(牙璋)이라는 중국 기원의 옥기(玉器)이다. 아장은 일종의 제기로 황하 중류 및 하류를 기원으로 하여 중원뿐만 아니라, 베트남 북부 지역에 널리 분포한다. 풍응우옌 유적, 썸렌(Xom Ren) 유적, 바이투(Bai Tu) 유적, 창켄(Trang Kenh) 유적 등 풍응우옌 문화 후기 단계의 토층에서 아장이 출토됐다(됐다?). 푸트성 람타오(Lam Thao)현 빈라이(Vinh Lai)사의 쿠즈엉(Khu Duong) 유적, 빈푹성 빈투온(VinhTuong)현 응이아랍(Nghia Lap)사의 응이아랍(Nghia Lap) 유적 등의 매장 유적에서 간돌도끼, 송곳, 팔찌, 비즈, 풍응우옌 문화 토기와 더불어 아장이 출토됐다.

아장의 연대는 기원전 1,100년경으로 추정되고 있다. 그렇다면 풍응우옌 문화 후기의 연대는 기원전 1,100~기원전 2,000년대 말이 된다. 이처럼 베트남 북부에서는 기원전 2,000년대 말, 벼농사를 기반으로 청동기를 만들기 시작하는 새로운 시대가 막을 열었다.

도판 3-1-1 | 베트남의 재배 벼(Oryza Sativa) 유존체 출토 사례

유적명	분류	내용
동더우(Dong Dau) 유적	소재지	Vinh Phu성 Yen Lac현 Minh Tan사 Dong Hai
	유적층	①제4층, ②제3층, ③제2층, ④제1층
	연대	①풍응우옌(Phung Nguyen) 문화기 후기~청동기 시대 전기(BP 3,050년)
		②동더우 문화기 전기~청동기 시대 전기(기원전 1천년기 중반)
		③동더우 문화기 후기~청동기 시대 중기(기원전 1천년기 후반)

유적명	분류	내용
동더우(Dong Dau) 유적	연대	④고문(Go Mun) 문화기~청동기 시대 후기(기원전 4~기원전 3세기)
	출토상태	①주거 유적, 탄화미 다수 출토
		②③④ 탄화미 출토
동티엔(Dong Tien) 유적	소재지	Thanh Hoa성 Thieu Yen현
	유적층	①하층, ②상층
	연대	① 동썬(Pre Dong Son) 문화기~청동기 시대(기원전 1,000대 전반~기원전후)
		②동썬 문화기~철기 시대(BP 2,000년)
	출토상태	①②왕겨 소량 출토
고문(Go Mun) 유적 하층	소재지	Vinh Phu성 Phong Chau현 Tu Xa사
	연대	고문 문화기~청동기 시대 후기(기원전 4~기원전 3세기)
랑카(Lang Ca) 유적	소재지	Vinh Phu성 Viet Tri시
	연대	동썬 문화기~철기 시대(기원전 2~기원후 1세기)
	출토상태	매장 유적, 왕겨 소량 출토
랑박(Lang Vac) 유적	소재지	Nghe Tinh성 Nghia Dan현
	연대	동썬 문화기(기원전 3~기원후 1세기)
	출토 상태	탄화미 출토
옥에오(Oc Eo) 유적	소재지	An Giang성 Toison현 Vong The사, Vong Dong사
	연대	부남기(기원후 5~기원후 7세기)
	출토 상태	탄화미 다수 출토

　　태국에서도 벼농사를 기반으로 전면(全面) 간석기와 토기를 가진 후기 신석기 문화가 퍼졌다. 태국의 후기 신석기 시대 유적은 서부 및 북동부에서 주로 발견됐고, 칸차나부리 쾌노이(Khwae Noi) 강변의 언덕 위에 있는 반카오 유적(기원전 2,000년대 도작 농경 마을의 매장 유적)이 대표적이다. 이 유적은 덴마크 고고학자 쇠렌센이 1961~1962년에 초기 신석기 시대, 후기 신석기 시대, 철기 시대로 구분되는 3개의 문화 층을 발굴했다(Per Sorensen; 1976, 기원전 1,800~기원전 200년). 묘역에서 매장 인골 45구가 발굴되었으며, 그중 41구가 신석기 시대의 유골(대부분 30대 미만, 2명만 40대), 2구가 철기 시대의 유골이었다.[12] 신석기 시대의 매장은 신전장이었고, 매장된 방향은 일정하지 않았다.

　　신석기 시대의 매장은 전·후 두 시기로 나뉜다. 전기에는 머리와 다리에 토기를, 머리 아

12　Charles Higham and RachanieThosarat. (1998). "Early Thailand", River Books.

래에 돌도끼를 부장하고 있다. 부장품은 토기와 간돌도끼뿐으로, 토기는 삼각 다리가 달린 얕은 접시, 다리가 없는 얕은 사발, 고배, 다리가 달린 항아리, 넓은 입의 항아리 등이 있다. 석기는 사각돌도끼로, 곰배괭이와 턱자귀는 출토되지 않았다. 후기에도 토기와 간돌도끼를 부장하고 조개 비즈, 돌팔찌, 골각기 등이 출토되었으며, 유골을 돼지가죽으로 덮은 것도 있었다. 토기에는 사발, 발 달린 단지, 둥근 몸통의 불룩한 항아리 등 여러 종류가 있다. 토기는 전·후기 모두 새끼줄무늬 토기이다. 출토된 토기 중 형태 22호로 분류된 항아리가 전·후기의 무덤에서 모두 출토됐다. 반카오 유적의 매장은 이 토기를 중개로 하는 두 시기의 매장 유적이다.

반카오 유적 무덤의 연대는 전기가 기원전 1,800년경, 후기가 기원전 1,500년경에 시작했다. 반카오 유적 연대에 따르면 기원전 1,300년경까지 태국 서부에서 후기 신석기 문화가 지속됐다. 당시 반가오 유적 사람들은 어떠한 주거방식으로 살았을까? 열대 다우림의 기후를 고려하면 수혈 주거보다는 굴립주의 고상식 가옥이 일반적이었던 것으로 추정되나, 신석기 시대 건축 재료의 한계 때문에 고고학만으로는 이러한 의문에 충분히 답할 근거가 없다. 언어학에서 신석기 시대 후기에 고상식 건축물이 동남아시아 대륙부와 도서부 양쪽 모두로 발달했음을 증명했다. 언어학자들은 프로토(Proto, 先) 오스트로네시아어 가장 초기의 '가옥/가족 주거', '목재 마룻대', '서까래', '지붕 재료', '기둥', '선반', '사다리', '배의 노' 등을 의미하는 말을 연구했다. 이러한 연구 결과 동남아시아 신석기 시대 주거는 고상식이며 마루는 사다리를 사용해 올라가고, 마룻대로 쓰이는 목재가 있던 것으로 보아 지붕은 뱃집지붕형이며,

도판 3-1-17 | 반카오 유적 출토 삼각 다리 토기(기원전 1,800~기원전 1,500년, Ban Kao Museum, Kanchanaburi)

도판 3-1-18 | 반카오 유적 출토 토기(기원전 1800~기원전 200년, Ban Kao Museum, Kanchanaburi)

역아치(逆arch)형의 야자나무나 대나무를 사용하여 바람과 비를 막고 야자나무 잎으로 지붕을 만들었던 것으로 추정되고 있다.

신석기 시대에 지상보다 마루를 높게 한 굴립주 고상 가옥이 발달한 것은 태국의 고고학적 자료에 의해서도 뒷받침되고 있다. 태국 서부에서 반카오 문화와 같은 시기의 로이엣 농채사오(Nong Chae Sao) 유적에서 1966년 발굴 조사로 길이가 총 9.5m인 굴립주(掘立柱) 기둥 구멍이 발견됐다. 마루 밑에서 2개의 무덤 흔적을 발견하였으며 토기 4개를 출토했다. 고상 가옥 밑에 가족을 매장하는 풍습은 지금도 동인도네시아 제도에 남아 있다. 이 유적이 동남아시아에서 발굴된 가장 오래된 선사 시대의 주거 터이다. 발굴 조사 성과를 종합하여 추론하면, 이 주거 유적은 굴립주의 길이가 긴 고상식 가옥으로, 보르네오섬의 다약족(Dayak people) '롱 하우스'(Dayak Longhouses)의 원초적인 형태라고 할 수 있다. 이러한 고상 가옥은 현재 동남아시아 산악지대에서 사는 소수 민족의 주거 형태와 매우 유사하다. 동남아시아 대륙부의 신석기 시대 고상식 가옥은 그 후 청동기 시대로 이어져 동남아시아 목조의 전통 가옥이 완성된다.

한편 반카오 유적에서 주목되는 것은 삼각 다리가 달린 토기이다. 쇠렌센은 삼각 다리가 달린 토기의 표면이 흙색으로 광택이 있는 점을 주목했다(Per Sørensen; 1979). 그리고 중국 후기 신석기 시대 말기의 용산문화 역시 삼각 다리 달린 토기가 있는 흑도(黑陶)[13]로 불리는 토기가 있어, 반카오 유적의 문화가 '원용산문화'(原龍山文化)의 영향으로 생겼다는 견해가 있지만, 양자의 영향 관계는 인정되지 않는다.

반카오 유적의 삼각 다리가 달린 토기는 전파된 양식에 따르지 않고 독자적으로 만든 것이다. 베트남의 호아록 문화의 삼각 다리가 달린 토기는 제작 기법이나 형태가 반카오의 토기와는 다르다. 또한 풍응우엔 문화의 토기에서는 다리를 사용하지 않았다. 이렇게 각지에서 각각 특징이 있는 다리가 달린 토기를 만든 것으로 보인다. 따라서 반카오 유적의 삼각 다리가 달린 토기는 굳이 중국 용산문화의 영향을 상정할 필요가 없으며, 동남아시아의 독자적인 토기 제작 기술로 만든 것이다.

---

13   흑도(黑陶)는 중국 신석기 시대 말기의 용산 문화기에 성행한 흑색토기이다. 중국 신석기 시대 토기는 앙소(仰韶) 문화 말기에서 용산 문화기에 걸쳐서 산화염 소성의 홍색계 토기(홍도)에서 환원염 소성(還元炎燒成)의 회색 토기가 만들어졌다. 흑도는 회색계 토기에 속하며, 토기 소성의 최종 단계에서 토기를 강한 환원 상태에 두고 탄소 입자를 토기 표면에 침착시켜서 흑색으로 만든 것이다. 전형적인 흑도는 황하, 양자강 하류 지방에서 탄생하여 발달한 것으로, 이 지방의 용산계 문화를 특징짓고 있다. 물레와 치밀한 점토를 사용하여 만들었다.

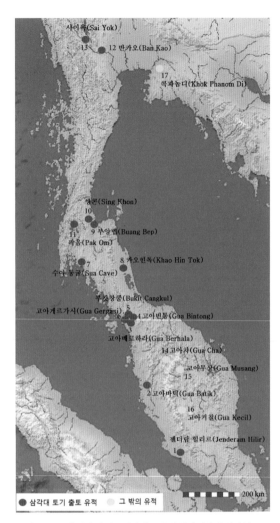

도판 3-1-19 | 삼각 다리 토기가 출토된 신석기 시대 유적지 분포도 1. 젠더람 힐리르(Jenderam Hilir), 2. 고아 바틱(Gua Batik), 3. 고아 베르하라(Gua Berhala), 4. 고아 빈통(Gua Bintong), 5. 부킷창쿨(Bukit Cangkul), 6. 고아 게르가시(Gua Gergasi), 7. 수아 동굴(Sua Cave), 8. 카오힌톡(Khao Hin Tok), 9. 부앙벱(Buang Bep), 10. 씽콘(Sing Khon), 11. 팍옴(Pak Om), 12. 반카오(Ban Kao), 13. 사이욕(Sai Yok), 14. 고아 차(Gua Cha), 15. 고아 무상(Gua Musang), 16. 고아 커칠(Gua Kecil), 17. 콕파놈디(Khok Phanom Di)

쾌노이강 상류에는 호아빈히안 동굴 유적지로 유명한 사이욕(Sai Yok) 유적이 있다. 이 유적 상층에서 후기 신석기 시대의 매장 유골이 발견됐다. 토기는 반카오 유적과 같고, 개중에는 삼각 다리가 달린 토기도 출토됐으며, 간돌도끼를 부장했다.

반카오 유적과 사이욕 동굴 유적의 삼각 다리가 달린 토기와 같은 양식의 토기가 최근 태국 남부에서도 다수 발견됐다. 예를 들어, 말레이반도의 끄라비현의 페운힌나친(Peunhin Nachin) 유적과 랑롱그리엔(Lang Ronggrien) 유적에서 반카오 유적의 토기와 아주 유사한 토기가 발견됐고, 말레이반도의 트랑, 송클라, 수랏타니 등에 있는 동굴 유적과 말레이시아의 말레이반도(Gua Berhala)에서 발견됐다. 이러한 새끼줄무늬와 삼각 다리는 태국 서부 및 말레이반도 토기의 특징이다.

반카오 유적과 거의 같은 시기, 태국 중부에서도 같은 매장 방식의 유적이 발견됐다. 롭부리 차이바단(Chai Badan)의 북쪽에 있는 콕차로엔 유적(Khok Charoen, 기원전 2,000~기원전 1,000년)이다.[14] 1966년 제1차 조사에서 5기, 1967년 제2차 조사에서 42기의 무덤이 발견됐다. 대부분이 신전장으로, 부장한 토기가 다리 부근 또는 골반과 가슴 위, 머리 양쪽에 놓여 있었다. 또한 간돌도끼가 부장됐다. 매장 방식은 반카오 유적과 같다. 유골 중에는 왼손에 돌을 갈아서 만든 팔찌를 13개, 오른손에 바다 조개 팔찌를 12개, 손목에 보패로 만든 팔찌 1개를 차고 있는 유구가 발견됐다.

롭부리시 북쪽 6㎞에 있는 타케 유적(Tha Kae, 기원전 3,500~기원전 300년)은 태국 문화부 예술

14 Helmut Loofs-Wissowa, (2017), Hill of Prosperity: Excavations at Khok Charoen, Thailand. A Burial Site at the Stone-Metal Junction. BAR Publishing.

도판 3-1-20 | 콕차로엔 유적 출토 인골과 돌팔찌(3,500년 전~3,000년 전, Khok Charoen, Somdet Phra Narai National Museum)

도판 3-1-21 | 콕차로엔 유적 출토 팔찌(3,500년 전~3,000년 전, Khok Charoen, Somdet Phra Narai National Museum)

도판 3-1-22 | 1993년 타케 유적의 발굴 사진(Tha Kae, Lopburi, 태국 문화부 예술국 제공)

도판 3-1-23 | 타케 유적에서 출토된 굴장 인골과 토기(기원전 3,500~기원전 1,000년, Tha Kae, Somdet Phra Narai National Museum)

도판 3-1-24 | 타케 유적의 목걸이 (기원전 1,500~기원전 1,000년, Tha Kae, Somdet Phra Narai National Museum)

도판 3-1-25 | 타케 유적의 물소형 토기(기원전 1,500~기원전 1,000년, Tha Kae, Somdet Phra Narai National Museum)

도판 3-1-26 | 타케 유적의 인골과 청동 팔찌 (기원전 700~기원전 300년, Tha Kae, Somdet Phra Narai National Museum)

도판 3-1-27 | 타케 유적의 청동 장식품
(기원전 700~기원전 300년, Tha Kae,
Somdet Phra Narai National Museum)

도판 3-1-28 | 타케 유적의 토기(기원전 700~기원전 300년, Tha Kae, Somdet
Phra Narai National Museum)

국과 이탈리아 공동 조사단이 1988~1993년까지 발굴 조사한 대규모의 매장 유적이다. 갈아서 만든 돌팔찌, 조개 팔찌, 목걸이, 비즈 등 각종 장식품과 토기와 함께 신전장과 굴장한 인골이 있었고, 개 뼈가 같이 발견되기도 했다(기원전 3,500~기원전 1,000년). 청동기 시대의 매장 유적에서는 청동 팔찌와 청동 장식품(기원전 700~기원전 300년) 등 각종 장식품과 토기가 인골과 함께 출토됐다. 특정 무덤에 많은 부장품을 매장한 사례와 그렇지 않은 무덤이 있어, 부장품의 차이로 당시 사회적 계층이 있었음을 나타내고 있다. 기원전 2,000년대 말, 태국 중부에서도 후기 신석기 문화의 단계에 있었다.

태국에서는 기원전 2,500년 무렵부터 사냥·채집사회에서 벼농사 농경 사회로 한 걸음 내디뎠다. 타이만 동쪽 촌부리현 파낫니콤(Phanat Nikhom)의 방파콩(Bang Pakong)강 하류에 있는 농노르 유적(Nong Nor)과 콕파놈디 유적(Khok Phanom Di)이 대표적인 거주지 유적이다. 기원전 2,450~기원전 700년 무렵으로 추정되는 농노르 유적은 타이만 동쪽 해안의 맹그로브 지대에 있다. 사냥·채집인의 정착지 유적(400㎡)에서 재가 퇴적한 것으로 보아 토기를 구운 가마터로 추정되는 장소가 발견됐고, 굴장한 여성의 시신(기원전 1,100~기원전 700년)에는 토기가 부장되어 있었다.[15] 또한 인골 주변에서 토기의 표면을 성형할 때 사용된 조약돌, 도제 모루가 발견됐다. 청동기 시대 문화층에서 상어와 돌고래뿐만 아니라 큰 포유동물(물소, 사슴, 들소)의 뼈가 갑각류 층 아래에서 발견됐다. 뼈는 낚싯바늘이나 송곳과 같은 간단한 도구로 만

---

15   Charles Higham and Rachanie Thosarat: Prehistoric Thailand: from early settlement to Sukhothai . Bangkok: River Books 1998.

들었고, 많은 토기 편이 출토됐다.

농노르 유적에서 약 14km 북쪽에 콕파놈디 유적이 있다. 이 유적은 방파콩 강의 범람원에 있는 비고 12m, 지름 200m의 독립 언덕에 있는 유적이다. 기원전 2,000~기원전 1,500년까지 약 500년 동안 사냥 채집민들이 고도로 발달한 계층화 사회를 형성하여 거주했던 마을 유적이다. 타이만 동쪽 파낫니콤의 콕파놈디 유적은 1984~1985년 뉴질랜드 오타고 대학의 C. 히검과 태국 예술국의 R. 토사랏(Charles Higham and Rachanie Thosarat; 1998년)이 100㎡ 면적에서 7m 깊이에서 7개월간 발굴한 패총이다(신석기 시대의 매장 유적, 기원전 2,000~기원전 1,500년). 맹그로브 숲속 작은 언덕 위에 있는 콕파놈디 유적에서는 꽃가루 분석에 의하여 강 입구에 있었던 넓은 맹그로브 숲을 불살라 토사를 퇴적시켜서 논으로 개간했음이 밝혀졌다. 콕파놈디 유적의 토기는 모양과 장식이 농노르 유적과 유사하고, 혼화재(混和材)로 쌀겨(稻籾)를 사용하고 있어, 태국에서 기원전 2,000년대에 벼농사를 지었던 것은 명백하다.[16]

이 유적에서는 10×10m 사방의 트렌치 조사에서 총수 154구의 매장 인골이 출토됐다. 토광묘에 매장한 시신은 앙와(仰臥) 신전장(하늘을 보며 펼쳐 묻는 장법)으로 매장하였으며, 묘 안에는 토기, 조개·석제의 장신구 등을 부장하고 있다. 토기는 발밑 부분에 부장했고, 여성 인골 부근에는 토기를 만드는 모루를 부장했다. 당시 논농사는 남성, 토기를 만드는 작업은 여성이 했고, 성별의 차이에 따라서 분업이 있었던 것을 알 수 있다.

발굴 조사로 모두 11개 층이 발견되었는데, 제11층~제6층에서 거주 흔적이 발견됐다. 최

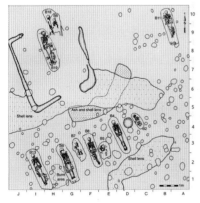

도판 3-1-29 | 콕파놈디 유적의 구획된 묘역(제 6~7 묘역, C. Higham; 2014, Khok Phanom Di, Nikhom, Chonburi)

도판 3-1-30 | 콕파놈디 유적의 유골과 부장품(기원전 2,000~기원전 1,500년, Khok Phanom Di, Nikhom, Chonburi)

16   콜린 렌프류, 폴 반 지음, 이희준 옮김, 『현대 고고학의 이해』(Archaeology: Theories, Methods and Practice, 사회평론, 2006년).

도판 3-1-31 | 콕파놈디 유적의 목걸이(뼈와 대리석, 기원전 2,000~기원전 1,500년, Khok Phanom Di, Pranchinburi National Museum)

도판 3-1-32 | 콕파놈디 유적의 귀걸이와 팔찌(기원전 2,000~기원전 1,500년, Khok Phanom Di, Pranchinburi National Museum)

도판 3-1-33 | 부장품의 다과를 보이는 신석기 시대 무덤과 청동기 시대 무덤(Khok Phanom Di, 타이 예술국 제공)

초의 거주 시기인 제11층에서 대량의 재, 어구, 토기를 만드는 모루가 출토했다. 제2기는 성인과 유아 무덤이 23기 검출됐다. 모두 머리를 동쪽으로 향하고 있고, 성인은 앙와 신전장, 유아는 앙와 신전장 또는 옹관(토기관)에 매장했다. 묘지 바닥에는 목제 받침대를 놓고 그 위에 시신을 안치한 후, 석면으로 만든 천을 씌운 상태로 출토됐다. 부장된 토기는 표면을 연마한 광택이 있는 토기이며 복잡한 각문으로 장식되어 있다. 기원전 2,000년 무렵으로 추정되는 제3기 무덤에서는 남녀의 부장품에 차이가 확연히 나타나고, 남성에서는 거북이 껍질 장신구, 여성에서는 도제 모루와 목재 패들이 부장됐다.

토기를 만들 때 고열로 인하여 깨지는 것을 막기 위하여 혼화재로 쌀겨를 넣어서 반죽한 것으로 보아, 당시 벼농사가 행해졌음을 알 수 있다. 후장(厚葬)한 유골(청동기 시대)과 전혀 부장품이 없는 유골(신석기 시대)로 나뉘는 현상이 확연해진다. 이러한 계층 차이는 이미 태어나서 얼마 되지 않은 유아 유골에서도 존재하며 특정 무덤을 진흙 벽으로 사각형으로 둘러싸고 특별하게 매장된 인물이 나타난다. 또한 121,787개의 조개 비즈 장신구가 부장된 인물이 있는가 하면, 아무런 부장품이 없는 인물도 있었다. 콕파놈디 유적은 당시 계층 사회였던 것을 알 수 있다.

발굴한 유적에서 보면 태국에서도 벼농사를 기반으로 하는 사회가 후기 신석기 시대에 시작했고, 매장 유적은 토기와 간돌도끼 이외에 여러 가지 징식품 등을 동반하며, 신전장의 무덤이 만들어졌다. 그리고 사람마다 부장품의 수나 종류에서 차이가 보이며, 이미 일정한 계급 사회가 시작됐다.

도판 3-1-2 | 태국의 재배 벼(Oryza Sativa) 유존체 출토 사례

유적명	분류	내용
반치앙(Ban Chiang) 유적	소재지	Udon Udongthani현 Nong Han군 Ban Chiang
	유적층	① 제1문화층, ② 제2문화층, ③ 제3문화층, ④ 제4문화층, ⑤ 제5문화층, ⑥ 제6문화층(Middle Period)
	연대	① 반치앙 문화 전기~청동기 시대(기원전 1천년기 전반)
		② 반치앙 문화 전기~청동기 시대(기원전 1천년기 전반)
		③ 반치앙 문화 전기~청동기 시대(기원전 1천년기 중반)
		④ 반치앙 문화 전기~청동기 시대(기원전 1천년기 중반)
		⑤ 반치앙 문화 전기~청동기 시대(기원전 1천년기 중반)
		⑥ 반치앙 문화 중기~철기 시대(기원전 300년?)
	출토상태	①② 토기의 태토의 왕겨
		③ 무덤에 부장된 토기 태토의 왕겨
		④⑤⑥ 부장된 토기의 태토의 왕겨
반나디(Ban NaDi) 유적	소재지	Udongthani현 Nong Han군 Ban Na Di
	유적층	① 제8층, ② 제6층, ③ 제5층, ④ 제4층
	연대	① 청동기 시대~초기 농경(기원전 1천년기 중반)
		② 철기 시대(기원전 300년)
		③ 철기 시대(기원전 200년)
		④ 철기 시대(0~200년)
	출토상태	①②③ 목탄, 쌀 소량
		④ 쌀 소량, 소아용 목관(철제 수확기, 철제 낫 출토)
논녹타(Nong Nok Tha) 유적	소재지	Khon Khaen현 Phu Wiang
	유적층	① 전기 문화층, ② 중기 문화층, 후기 문화층
	연대	① 청동기 시대(기원전 1천년기 전반~중반)
		② 철기 시대(기원전 30~기원후 200년)
		③ 역사 시대 절대 연대(9~12세기)
	출토상태	①②③토기 태토 및 유구 내의 벼 껍질
논텐셍 (Non Taeng Saeng) 유적	소재지	Udon Thami현 Kumphawapi군 Ban Ko Noi
	유적층	① 제7층, ② 제5층
	연대	①청동기 시대(기원전 1천년기)
		②철기 시대(기원 1천년기 전반)
	출토상태	①② 토기 태토의 왕겨

유적명	분류	내용
논양(Non Yang) 유적	소재지	Surin현 Chum Phon Buri군 Khu Na Nong Phai
	유적층	제3문화층
	연대	철기 시대 (2,000년 BP)
	출토상태	탄화미 다수
콕파놈디 (Khok Phanom Di) 유적	소재지	Chon Buri현 Phanat Nikhom군 Tha Kham구 Ban Khok Phanom Di
	유적층	제3문화층
	연대	후기 신석기 시대 (기원전 2,000년기)
	출토상태	토기 태토의 왕겨
반돈타펫 (Ban Don Ta Phet) 유적 324호 무덤	소재지	Kanchana Buri현 Phanom Thuan군 Ban Don Ta Phet
	연대	철기 시대 (기원전 2~기원후 2세기)
	출토상태	청동 용기 내의 벼 껍질

　　말레이반도에서 발견한 대표적인 유적은 클란탄주 능기리강의 고아 차(Gua Cha=차 동굴) 유적이다. 차 동굴은 1954년에 영국 고고학자 게일 시에베킹(Gale Sieveking)이 발굴한 유적으로, 하층부에서 호아빈히안 인골이 출토됐으며 상층부에서 후기 신석기 시대에 속하는 33구의 신전장 인골이 출토됐다. 식사 때 사용한, 조개 껍데기로 만든 숟가락이 유체의 다리 근처에 부장한 토기 안에 있거나, 유골의 손에 쥐어져 있었다. 또한 간돌도끼를 부장했다. 석제 수피의 제작 도구를 부장한 사례도 있다. 또한, 베트남 후기 신석기 시대 문화에서 볼 수 있는 단면이 'T'자형과 'D'자형을 한 원반 모양의 돌팔찌를 팔에 차고 있는 유골이 있다. 토기는 새끼줄무늬 토기가 대부분으로 접시, 평저(平底) 토기, 고배, 다리 달린 토기 등 다양한 형태가 있다. 그 밖에도 구연부가 크고 바깥쪽으로 완곡한 큰 튤립형 항아리로, 사선이나 소용돌이 등 여러 문양을 새긴 토기가 주목된다. 이러한 토기의 형태와 문양은 베트남 풍응우엔 문화의 토기와 호아록 문화의 토기, 태국의 콕파놈디 유적 토기, 캄보디아 삼롱센 유직 도기 등과 공통하는 요소로, 동남아시아 대륙부의 초기 도작 문화 사회에 널리 분포하고 있다.

　　차 동굴 유적의 토기와 유사한 토기는 말레이반도 북부에서도 다수 발견됐다. 페를리스(Kuala Perlis)주 부킷텡구렘부(Bukit Tengulembu) 바위 그늘 유적, 크다의 고아 베르하라(Gua Belhara) 유적, 클란탄주의 고아 무상(Gua Musang) 유적과 고아 페랄링(Gua Peraling) 유적 등이 대표적이다. 부킷텡구렘부 바위 그늘의 토기에도 튤립형 토기, 고배(高杯), 기태(器胎) 등이 있으며, 고아 베르하라 유적에서는 반카오 유적의 토기와 비슷한 삼각 다리가 달린 토기가 30개 정도 출토됐다. 석기는 말레이반도 특유의 형태로, 새 부리와 흡사하여 'Beaked edge'라고 부른다. 이러한 토기들을 조사하여 당시 말레이반도에서 도작 농경이 정착한 양상을 알 수 있다.

말레이시아 페락 렝공 계곡의 고아 하리마오 (Gua Harimau) 유적은 목타르 사이딘(Moktar Saidin) 교수가 1987년, 1988년 및 1999년에 발굴 조사한 매장 유적이다. 5,000~2,000년 전 유적으로 토기, 신석기 시대의 가장 오래된 형태의 석기(4,000년 전), 청동기, 조개 목걸이, 음식물 쓰레기와 함께 총 11구의 인골이 출토됐다. 고아 하리마오 유적은 특히 청동기를 제작하는 석제 도끼 거푸집이 발견된 중요한 고고학 유적지이다. 렝공 계곡의 청동기 제작이 태국 북부와 중부 지역에 한정하지 않는다는 것을 증명하고 있다. 말레이시아 페낭주와 케다주를 사이에 두고 무다강이 흐른다. 국도 1호 간선 도로의 페낭주 강기슭에 고아르 케파(Guar Kepah) 패총 유적이 있다. 목타르 사이

도판 3-1-34 | 고아 차 유적의 1985년 발굴 조사지(Gua Cha, Kelantan, Sungai Nenggiri, Malaysia)

도판 3-1-35 | 고아르 케파 패총 유적(기원전 3000년, Guar Kepah, Penang)

딘 교수가 2017년에 발굴 조사하여, 기원전 3,000년 무렵의 신석기 시대 인골을 발견했다.

캄보디아의 후기 신석기 문화에 대해서는 거의 알려지지 않았다. 유일하게 조사한 유적이 바탐방(Battambang)의 삼롱센(Samrong Sen) 패총이다. 삼롱센 패총은 톤레삽 호수 기슭에 있는 대규모의 유적으로, 기원전 2,000년경의 토기 태토(胎土)에서 벼 껍질과 탄화미가 발견됐다. 석기는 돌을 갈아서 만든 곰배괭이와 사각돌도끼, 둥근날 따비형 돌도끼(丸墾形石斧) 등이 있고, 토기에는 새끼줄무늬 토기와 민무늬 토기 등 저온으로 구운 조잡한 토기와 자돌문(刺突文)의 주위를 심선(밧줄이나 쇠줄로 꼬아 만든 줄의 중심부에 들어 있는 가느다란 줄)으로 구획하여 무늬를 그린 정제 토기(精製土器)가 있다. 이 토기 문양은 베트남, 태국, 말레이반도의 후기 신석기 시대 토기와 유사하고 연대적으로 병행한다. 또한 갈아서 만든 돌팔찌와 방수차 등이 있으며, 보패를 가공하여 장신구로 사용했다. 삼롱센 패총에서 출토된 유물은 캄보디아도 태국, 말레이반도 지역과 같은 후기 신석기 문화권이었던 것을 나타내고 있다.

미얀마의 초기 벼농사 농경민의 토기는 발굴 조사가 거의 이뤄지지 않았지만, 석기는 전면을 갈아서 만든 사각돌도끼(方角石斧), 곰배괭이(有肩石斧) 등이 알려져 있다. 1970년대에 만달레이 냐웅우(Nyaung-U)의 북쪽 21㎞, 친드윈강(Chindwin Myit)과 에야와디강의 합류 지점에 있는 레판치바우 유적(Letpanchibaw)에서 구석기 시대부터 신석기 시대에 이르는 문화 층이 발견됐다. 사각돌도끼, 곰배괭이, 석제 끌, 석환(石環) 등 석기 30점이 출토됐다. 또 표면에 침선문, 자돌문이 있는 흑색 토기 파편이 출토됐다. 베트남의 풍응우엔과 태국 반카오 유적의 토기와 유사한 특징이 있으며 기원전 2,300~기원전 1,500년 무렵으로 추정된다.

라오스의 후기 신석기 문화는 식민지 시대의 프랑스 극동학원이 루앙프라방 근교에서 간단하게 시굴 조사하였고 1980년대~1990년대에 닛타 에이지가 몇 차례 발굴 조사했다.[17] 닛타 에이지는 전면을 연마한 사각돌도끼와 곰배괭이를 발견했다. 또한, 루앙프라방에서 메콩강 상류 7㎞의 반동티오에서 발견한 토기는 특색 있는 소용돌이무늬나 파상문이 그려져 있다. 이는 태국 동북, 베트남 북부의 후기 신석기 문화에서 청동기 문화기의 토기와 공통하는 특징이다. 라오스에서도 인접하는 태국이나 베트남과 유사한 후기 신석기 문화가 전개됐던 것으로 추정되고 있다.

베트남, 태국, 말레이반도, 캄보디아, 라오스에서도 동남아시아 대륙부의 거의 전역에서 기원전 2천년기 후반에 이르기까지 사람들은 박타법 토기를 기본으로 하고 회전대를 사용하여 파상문이나 소용돌이무늬 등 문양 토기를 만들었다. 그들의 주된 생활 기반은 수렵, 어로 채집이었으나 벼농사도 이미 생활 기반 중 하나였다. 당시의 묘제는 토광묘에 신전장으로 토기나 다른 부장품을 매장했다. 이미 사회적 계층이 생겼고, 성에 따라서 분업하기 시작했다. 이렇게 해서 새로운 금속 도구를 사용하는 시대를 맞이하게 된다.

3-2. 동남아시아 대륙부의 도작문화와 금속기 출현

3-2-1. 도작문화 사회

지금도 동남아시아의 평야는 물론이고 산지에서도 벼농사가 널리 행해지고 있다. 동남아시아는 벼농사를 기반으로 하는 사회이다. 이러한 벼농사 사회는 언제쯤 성립했을까? 또한,

---

17   新田榮治,「メコン河をめぐる古代文化」,(『東南アジア考古學最前線』, 第15回「大學と科學」航海シンポジウム組織委員會, 2002年)

벼농사와 함께 언제부터 금속기를 제작하고 사용하기 시작했을까? 동남아시아의 농경은 벼농사가 가장 중요했다. 태국에서 도작문화는 언제부터 시작했을까?

원광대학교 안승모 교수는 솔하임(Solheim, 1969, 1972, 1973), 고만(Gorman, 1999), 페니(Penny, 1986), 히검(Higham, 1989), 쇠렌센(Sorenson, 1985) 등의 발굴 조사를 분석 검토하여, '태국에서는 5,000년전 경부터 Non Nok Tha와 Ban Chiang 유적에서 야생벼와 재배벼의 과도기적 형태로 감정되는 벼유물이 최초로 출현한다. 베트남의 경우 기원전 3천년기로 추정되는 풍응우엔(Phung Nguyen) 문화에서 벼농사가 이루어졌을 것으로 생각되나 실제 벼 유물은 기원전 2천년기 전반기에 해당되는 후기 풍응우엔 유적에서 초출된다'고 논했다.[18] 1999년 안승모 교수는 저서 『아시아 재배벼의 기원과 분화』에서 '중국 양자강 유역에서 기원한 벼농사가 강(내륙)과 해안을 따라 남쪽으로 전파되면서 서기전 4,000년기 후반에는 대만에, 서기전 3천년기 후반에는 베트남, 태국 등의 동남아 대륙으로, 서기전 2,000년기부터는 대만에서 필리핀과 인도네시아를 거쳐 동남아 도서지역으로 확산된다'고 추정하고 있다.[19]

콕파놈디 유적에서 재배종의 쌀이 발견되어, 기원전 2천년 전반에 이미 벼농사를 짓고 있었던 것은 명확하다. 벨우드(P. Bellwood; 2005)는 동남아시아 벼농사의 전파에 대해서 다음과 같은 가설을 제기하고 있다. 말레이반도에 살며 오스트로아시아어를 사용하는 수렵 채집민 '세만족'과 오스트로네시아어를 사용하는 농경민 '세노이족'은 모두 호아빈히안의 후손으로, 중국 남부의 농경민인 몽골로이드가 동남아시아로 이동하여 벼농사를 전파했으며 세노이족은 이들의 피가 섞인 부족이라는 가설을 제기하고 있다.[20]

금속기 기술은 그 자체가 매우 고도의 특수 기술이고, 석기 제작과는 현격한 기술상의 차이가 있다. 그래서 석기 제작처럼 일상생활의 일부를 투자하여 석기 제작에 임하는 임시직 노동으로는 제작할 수 없다. 금속기 제작을 전문으로 하는 전업 기술자가 제작하지 않으면 안 되는 단계이다. 따라서 금속기 제작자가 먹고 살 식량을 보장하는 사회적 배경이 존재해야 한다. 그게 바로 벼농사이다. 하지만 금속기 기술의 시작은 벼농사뿐 아니라 많은 사회적 배경이 필요하다. 최초의 금속기는 구리와 주석의 합금인 청동이지만, 원료가 되는 구리 또는 주석의 산출지는 극히 한정되어 있다. 그래서 원료를 입수하기 위해서는 원료의 산출지와 청동기 제작지가 교역 관계여야 한다. 금속기를 제작하려면 지역 간의 교역이 필수 조건

18 안승모, 「동남아시아의 초기 도작」, 『한국고고학보』 27, 96-155쪽, 1991년
19 안승모, 『아시아 재배벼의 기원과 분화』, (학연문화사, 1999년)
20 Peter Bellwood. (2005), First Farmers: The Origins of Agricultural Societies, John Wiley & Sons.

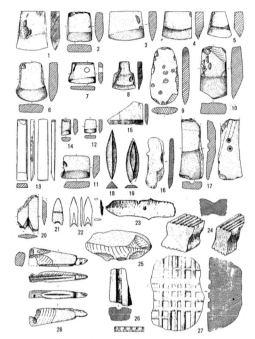

Bàn vẽ 22: Hiện vật đá văn hoá Phùng Nguyên
1-12. Rìu bôn; 13-14. Dục; 15. Dao cưa; 16-17. Cuốc;
18-23. Vũ khí (22. xương); 24. Bàn đập vải vỏ cây; 25. Công cụ dạng Sơn Vi; 26-27. Bàn
mài; 28. Tượng rùa (*Nguồn*: Bộ môn Khảo cổ học)

도판 3-2-1 | 풍응우엔 문화의 석기(기원전 2,000~기원전 1,500년, CO SO KHAO CO HOC, 2008)

이다.

벼농사의 발전과 함께 사회 계층의 격차가 생기는 것도 이 시대부터이다. 후기 신석기 문화의 단계에서 이미 부장품의 다과가 나타나는 것처럼 사회적 순위가 생기고 더욱더 가시화했다. 수장과 같은 유력자가 나타나고, 궁극적으로는 왕권이 탄생하면서 국가가 성립했다. 베트남에서 벼농사와 금속기 기술은 기원전 2천년기 후반기의 풍응우엔 문화를 기원으로 하여 시작됐다.

베트남의 청동기 시대는 중국의 운남과 광서, 다른 동남아시아의 청동기 시대와 긴밀하고 유기적으로 관련되어 있다. 하지만 베트남을 지역 기반으로 해도 지역마다 기원과 발전 단계가 다양하므로 각 문화나 유적의 문화 내용도 다르다. 베트남 금속기 시대의 중심은 북부에서는 선 동썬 문화(Pre-Dong Son)인 풍응우엔 문화~동썬 문화, 중부에서는 선 사후인(Pre-Sa Huynh) 문화~사후인 문화, 남부에서는 동나이(Dong Nai) 문화이다. 세 지역의 청동기 유적은 광범위하게 연구되었으며, 시간적 근거가 되는 지층 관계도 명확하다. 당시 거주민의 물질적, 정신적 활동에 금속기 생산과 수도 농경은 중요한 역할을 했고, 각 지역에서 청동기 시대부터 초기 철기 시대로 연속적으로 발전한 것이 밝혀졌다.

베트남에서는 기원전 2천년기 말 풍응우엔 문화 후기에 청동기가 처음 나타났다. 풍응우엔 유적에서 돌도끼 형태의 청동 도끼, 청동 파편이 출토됐다. 풍응우엔 유적은 푸토성 람타오(Lam Thao)현 킨케(Kinh Ke)사에 있으며, 1959년에 발굴 조사됐다. 풍응우엔 유적에는 거주지, 공방 터, 묘지 등이 확인됐다. 반디엔(Van Dien) 유적과 풍응우엔 유적은 규모가 각각 20,000~30,000㎡이며 주거 터, 기둥(굴립주) 구멍, 토기, 석기, 화덕 등이 발견됐다. 풍응우엔 문화 유적은 큰 하천이 합류하는 지역에 집중하여 분포한다는 특징이 있다. 즉, 홍(Hong)강, 다(Da)강, 로(Lo)강, 다이(Day)강 유역, 즉 푸토성과 빈푹(Vinh Phuc)성 남부 지역, 하타이(Ha Tay)성 동북 지역, 하노이(Ha Noi)시, 박닌(Bac Ninh)성 남부 지역이다. 대부분은 산과 구릉 밑,

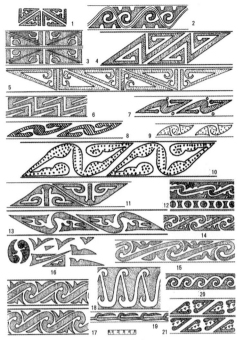

Bản vẽ 25: Hiện vật gốm văn hoá Phùng Nguyên
1-6. Bát; 7-10. Thố; 11. Cốc; 12-13. Bình; 14. Chân chạc; 15-16. Dọi, chì lưới và bi gốm;
17-20. Nồi; 21-22. Vòng; 23. Âm (*Nguồn*: Bộ môn Khảo cổ học)

Bản vẽ 26: Một số loại hoa văn trên đồ gốm văn hoá Phùng Nguyên
(*Nguồn*: Bộ môn Khảo cổ học)

도판 3-2-2 | 풍응우엔 문화의 토기(기원전 2,000~기원전 1,500년, CO SO KHAO CO HOC, 2008)

도판 3-2-3 | 풍응우엔 문화의 토기 문양(기원전 2,000~기원전 1,500년, CO SO KHAO CO HOC, 2008)

하천 계곡에 분포하고 있지만 해안이나 삼각주에도 유적이 분포하고 있다.

풍응우엔 유적의 석기와 장식품은 대부분 잘 가공되어 있다. 석재는 다양하고, 석기와 석제 장식품으로 간돌도끼, 사각돌도끼(평균 크기 길이 6~7㎝, 폭 4~5㎝, 두께 1.5~2㎝), 석제 칼, 석제 송곳 등도 있으며 완성도가 높다. 풍응우엔 유적에서는 600가지의 석제 장식품이 총 4,000점 이상 출토됐고, 석기 제작 공정은 연마와 선반 기술이 있어, 완성된 수준에 달하고 있다. 풍응우엔 문화 유적에서는 아직 전형적인 청동기가 출토되지 않았지만, 작은 구리 덩어리와 녹청, 구리가 발견됐다는 점에서 풍응우엔 사람들은 청동 정련 기술을 알고 있었다는 점을 짐작할 수 있다. 풍응우엔 유적에서 출토한 토기는 그 형태나 재질, 문양의 관점에서 볼 때 제작 기술이 정교하다. 무덤은 토광묘에 신전장을 하고, 간날돌도끼, 아장, 팔찌, 비즈, 토기를 같이 묻었다.

풍응우엔 문화의 토기에는 아름다운 문양이 그려져 있고, 그중에 줄목문이나 침선문이 많다. 그 밖에도 회전문, 띠형의 문 등이 복잡한 장식문과 조합되어 있는 것이 특징이며, 장식적으로 완성도가 높다. 초기 문양은 띠 모양으로 문양이 그려지고 침선문과 점문, 즐치문

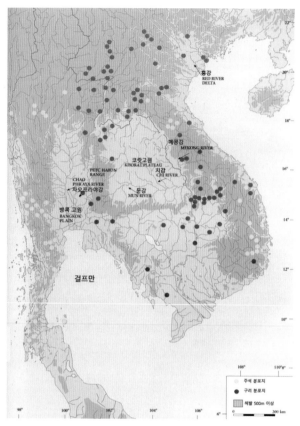

의 조합, 혹은 작은 격자형의 요철이 있는 회전봉을 사용하여 만든 것이다. 이 문양대는 상당히 복잡하며 반복되는 곡선문의 공백 부분에 문양이 그려져 있다. S자문은 풍응우엔 문화 토기에 20종류 이상 있다. 점문과 결합한 침선문은 풍응우엔 문화에서만 보인다. 전형적인 것은 썸렌(Xom Ren) 유적과 안다오(An Dao) 유적, 응이아랍(Nghia Lap) 유적에서 볼 수 있으며, 가로대에 S자문이 연결된 것과 S자문과 유사한 문양이 있다. S자문 안에 원문이나 삼각문이 새겨져 있는 것고, 더 많은 것은 삼각문이 있다. 연속의 삼각문은 다양한 곡선문과 조합되어 있는 것이 풍응우엔 문화 토기의 특징이다.

도판 3-2-4 | 동남아시아 대륙부의 주석 및 구리 분포도

풍응우엔 사람들은 정주 생활하는 농업인이었다. 출토 유물로 보면 채집, 사냥, 어획하며, 각종 장식품을 만들었다. 골각기의 출토는 많지는 않지만, 사냥이나 어획 활동에 쓰이는 도구나 무기가 출토되고 있다. 풍응우엔 문화에 속하는 동더우 유적의 가장 오래된 문화층에서 벼농사를 지었다는 명확한 증거인 탄화미와 왕겨가 발견됐다.

1960년대 말부터 동남아시아 역사에 큰 영향을 미친 동북 태국의 반치앙 유적과 논녹타 유적을 간략하게 소개한다. 이들 유적은 동남아시아 고고학을 연구하는 데 중요하다.

① 반치앙 유적

동남아시아 대륙부의 유적 중에서 세계적으로 가장 많이 주목받았던 유적이 반치앙이다. 반치앙 유적은 우돈타니 농한(Nong Han)군 치앙 마을(태국어로 Chiang은 성, Ban은 마을을 의미한다. 보통 반치앙이라는 표기가 알기 쉽다)에 있으며, 주위가 논으로 둘러싸인 언덕 위의 큰 마을 유적이다. 유적의 규모는 폭 500m, 길이 1,340m, 높이 2m이다. 반치앙 유적은 1960년 태국 예술국 연구원이 처음 발견하였으며 1966년 8월 미국 하버드 대학 스티브 영(S. Young)이 조사하여

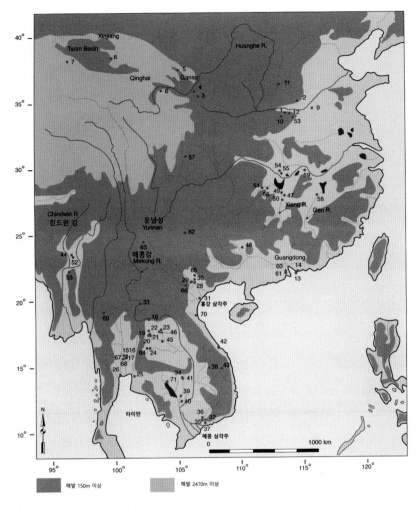

도판 3-2-5 | 동남아시아 대륙부와 중국의 청동기 시대 유적 분포도

1. Zhengzhou(중국), 2. Anyang(중국), 3. Qinweijia(중국), 4. Dahezhuang,(중국) 5. Huangniangniangtai(중국), 6. Gamatai(중국), 7. Gumugou(중국), 8. Huoshaogou(중국), 9. Pingliangtai(중국), 10. Wanchenggang(중국), 11. Taosi(중국), 12. Meishan(중국), 13. Kwo Lo Wan,(중국) Shek Pik(중국), 14. Tung Wan Tsai(중국), 15. 논파와이(Non Pa Wai, 태국), 16. 논막라(Non Mak La, 태국), 17. 닐캄행(Nil Kham Haeng, 태국), 18. 푸론(Phu Lon, 태국), 19. 논파클루이(Non Pa Kluay), 20. 논농칙(Non Nong Chik, 태국), 21 논파클루이(Non Pa Kluay, 태국), 22. 논프라(Non Praw, 태국), 23. 반나디(Ban Na Di, 태국), 24. 반룸카오(Ban Lum Khao, 태국), 25. 농노르(Nong Nor, 태국), 26. 콕플랍(Khok Phlap, 태국), 27. 옵루앙(Ob Luang, 태국), 28. 동더우(Đồng Đậu, 태국), 29.타인덴(Thanh Den, 베트남), 동덴(Dong Den, 베트남), 30. 고문(Go Mun, 베트남), 31. 호아록(Hoa Loc, 베트남), 32. 항곤(Hang Gon, 베트남), 깔반(Cal Van, 베트남), 깔랑(Cal Lang, 베트남), 라흐라(Rach La, 베트남), 33. 루앙프라방(Luang Prabang, 라오스), 34. 믈루프레이(Mlu Prei, 캄보디아), 35. 쿠라오루아(Cu Lao Rua, 베트남), 안썬(An Son, 베트남), 36. 독츄아(Doc Chua, 베트남), 37. 붕박(Bung Bac, 베트남), 38. 프레이쿠(Pleiku, 베트남), 39. 삼롱센(Samrong Sen, 캄보디아), 40. 롱프라우(Long Prau, 캄보디아), 41. 오약(O Yak, 캄보디아), 오나리(O Nari, 캄보디아), 오파에켄(O Pie Can, 캄보디아), 42. 빈차우(Binh Chau, 베트남), 43. 룽렝(Lung Leng, 베트남), 44. 냥간(Nyaunggan, 미얀마), 45. 반치앙히안(Ban Chiang Hian, 태국), 46. 반무앙프룩(Ban Muang Phruk, 태국), 47. Changsha(중국), 48. Yinshanling(중국), 49. Ylyang(중국), 50. Shaoshan(중국), 51. Baihewan(중국), 52. 몬투(Monhtoo, 미얀마), 53. 인드(In-de, 미얀마), 53. Erlitou(중국), 54. Dengjiahan(중국), 55. Panlongcheng(중국), 56. Zaoshi(중국), 57. Sanxingdui(중국), 58. Xingan(중국), 59. Tonglushan(중국), 60. Tangxiahuan(중국), 61. Sha Po Tsuen(중국), Kwo Lo Wan(중국), 62. Wayou(중국), 63. Haimenkou(중국 운남성), 64. 반논왓(Ban Non Wat, 태국), 65. 썬동(Son Dong), 66. 얀꾸(Yan Cu), 67. 반말차이몽콜(Ban Mal Chaimongkol, 태국), 68. 타캐(Tha Kae, 태국), 69. 옵루앙(Ob Luang, 태국), 70. 루짠(Ru Tran, 베트남), 71. 코타메아스(Koh Ta Meas, 캄보디아).

도판 3-2-6 | 반치앙 유적(Ban Chiang archaeological site, Nong Han, Udon Thani)

세계적으로 주목받게 됐다.

1967년에는 태국 예술국의 비디아(Vidhya Intakosai) 등이 제1차 발굴 조사했다. 1972년 펜실베이니아 대학에서 측정한 반치앙 유적의 채문 토기 편 3개의 열형광법 연대 측정치가 발표됐다. 연대 값은 지표 아래 70~80㎝에서 기원전 3,570±480년, 지표 아래 130㎝에서 기원전 3,590±275년이었다. 이러한 연대치는 논녹타 유적과 마찬가지로 태국 청동기와 채문 토기가 세계에서 가장 오래된 것임을 나타내는 것으로 세계적으로 큰 반향을 불러일으켰다. 그와 함께 아름다운 채문 토기(홍도)와 청동기는 세계의 수집가를 열광시켰다. 도굴이 대대적으로 이루어졌으며, 대량의 도굴품을 미국, 유럽, 일본 등 국외로 불법 반출하는 사건이 횡행하기도 했다.

제2차 조사는 1974~1975년 태국 예술국 연구원 피싯(Pisit Charoenwongsa)과 펜실베이니아 대학교 고민(Dr. Gorman)과 화이트(Dr. Joyce White)를 중심으로 이루어졌다.[21] 동북 태국 유적은 통상적으로 마운드 중앙부의 평지에 거주 지역, 주변부 경사지에 묘역이 형성되어 있다. 다행스럽게도 발굴한 장소가 마운드의 주변부였기 때문에 총 123기의 무덤을 발견할 수 있었다.

최하층의 제1, 2기에 앙와 신전장(하늘을 보며 펼쳐 묻는 장법)과 굴장이 있다. 토기는 새끼줄

---

21 Gorman, C. F.; Charoenwongsa, P. (1976). "Ban Chiang: A Mosaic of Impressions from the First Two Years". Expedition. 8 (4): 14-26.

도판 3-2-7 | 반치앙 유적의 신석기 시대 무덤과 청동기 시대 무덤 (Ban Chiang archaeological site, Nong Han, Udon Thani)

도판 3-2-8 | 청동기 시대 무덤과 채문 토기(Ban Chiang archaeological site, Nong Han, Udon Thani)

무늬 토기, 각문이 있는 흑색 연마 토기가 있다. 흑색 연마 토기에는 다량의 쌀 껍질이 혼화재로 사용되었으며 이는 당시 벼농사가 행해졌음을 나타낸다. 굴장 무덤과 더불어 주석의 함유량이 적은 청동 소켓이 달린 창끝 1점, 신전장에 동반하는 청동 팔찌와 발찌가 출토되어 반치앙 유적은 처음부터 청동기가 존재했다는 사실이 밝혀졌다. 이 시기의 가장 오래된 토기 연대는 기원전 3,600년, 다른 토기 3점은 기원전 4,000년기 중반부터 기원전 3,000년기 초에 이른다. 이렇게 발견 당시에는 반치앙 유적에서 청동기가 나타난 시기가 매우 오래된 연대로 상정됐다. 제3기는 신전장이 많고 유아의 옹관도 발견되었으며 각문 곡선 무늬가 있는 토기가 출토됐다.

도판 3-2-9 | 반치앙 유적의 흑색 조형 토기 (기원전 1,000년기, Ban Chiang, Nong Han, Bangkok National Museum)

제3기가 되면서 철기가 처음 나타난다. 칼날을 철로 만들고 청동으로 주조한 소켓을 단 동병철검(銅柄鐵劍: 청동 손잡이를 가진 철검), 창끝 3점이 각문 토기와 함께 출토됐고 청동 팔찌의 외주에 철제 고리를 붙여 만든 작은 철제 팔찌도 있다. 이처럼 철은 중요한 칼날 부분이나 장식품 일부에 사용하는 데에 그친다. 이는 철이 매우 귀중했고 철을 주조하여 칼집(鞘)을 만드는 기술이 없었음을 나타내지만, 청동기는 이 단계가 되면서 다수 나타난다. 이보다 상층이 되면 농기구에도 철을 사용하기 시작한다.

도판 3-2-10 | 흑색 각문 토기(기원전 2,500~기원전 2,000년, Ban Chiang, Nong Han, Bangkok National Museum)

제4기는 기원전 1,600~기원전 1,200년이다. 토기는 새끼줄무늬 토기이지만, 일부를 연마하여 각문으로 곡선문을 새겨 놓고 일부를 적색으로 채색한 이른바 옴케오(Om Keo)식 토기와 유사한 특징이 나타난다. 옴케오식 토기는 반치앙 유적 남쪽 근처에 있는 옴케오 유적에서 대량으로 출토됐다.

제5기에는 크림색 바탕 위에 빨강으로 화려한 소용돌이 무늬를 그린 채문 토기가 출토되었으며, 반치앙 유적은 이 채문 토기로 유명해졌다. 처음 조사했을 당시엔 매우 오래된 것으로 추정되었으나 제2차 조사로 이 토기가 철기를 수반하는 것이 확인됐고, 애초 생각보다 훨씬 후대의 것으로 밝혀졌다. 마지막 선사 시대 계층인 제5기에서는 대형 빨간색 바탕의 채문 토기, 기하학적 무늬를 음각한 토제의 롤러(흙도장), 돼지·소·코뿔소 등의 토제 동물상, 유리 비즈, 청동 팔찌, 발찌, 귀걸이 등이 함께 출토됐다.

도판 3-2-11 | 곡선 각문 토기(기원전 1,000년기, Ban Chiang, Nong Han, Ban Chiang National Museum)

반치앙 유적을 발굴 조사한 결과 논녹타 유적으로 알려진 태국 금속기의 시원을 세계에서 가장 오래된 기원전 4천년기로 규정하고 철기가 처음 등장한 시기를 기원전 2,000년기 중반으로 하는 등 태국의 금속기 문화가 세계에서 가장 오래됐다는 주장이 등장한다. 솔하임(W. G. Solheim; 1966)은 각 지역들이 영향을 주고받으며 역사적으로 중요한 발명을 했다고 생각할 필요가 없고 각자 독립하여 발명했을 가능성이 있다는 가설을 기반으로 하여, 동남아시아가 세계에서 가장 먼저 청동기를 발명하였으

도판 3-2-12 | 유곡 채문 토기(기원전 3~기원전 2세기, Ban Chiang, Nong Han, Bangkok National Museum)

도판 3-2-13 | 반치앙 유적의 청동기 시대 옹관(Ban Chiang archaeological site, Nong Han, Udon Thani)

며 벼농사도 가장 오래전에 시작했고, 이러한 문화를 주변 지역으로 전파했다고 주장했다.[22] 이러한 주장은 많은 문제가 있었지만, 동남아시아가 중국과 인도의 문화적 영향을 받은 문화적 후진 지역이라는 지금까지의 사고방식과는 정반대인 새로운 주장이었다.

반치앙 유적은 신석기 시대부터 철기 시대까지 사람들이 계속 거주하던 개지(開地) 유적이다. 이 유적의 조개 층은 담수(淡水)에서 나는 조개로 구성되어 있고, 발굴할 때 토기가 출토되는 최하층에 집중하며 출토했다. 유적은 강을 향한 작은 언덕 위에 입지하고, 사람들은 부근의 강에서 조개·물고기·민물 새우·개구리·자라 등을 잡아먹고 살았던 것 같다. 동북 태국에서 발굴 조사된 반치앙, 논녹타(Non Nok Tha), 반나디(Ban Na Di) 유적 등은 태국에서 신석기 시대가 시작하고 청동기·철기 시대로 이어지는 발전 과정을 알려 주는 중요한 유적이다. 반치앙 유적에서는 최하층인 기원전 2000년경에는 조개를 비롯한 담수산 어류와 함께 고양이나 쥐 등의 작은 동물과 사슴·멧돼지·물소·소 등의 육상 동물 뼈도 출토됐다. 그러나 반치앙 유적의 후반기에 해당하는 철기 시대가 되면 하천에 서식하는 어류와 작은 동물 뼈는 상대적으로 덜 출토되고, 육상 대형 동물 뼈의 출토 비율이 높아진다. 이러한 출토 유물은 생업의 주체가 사냥·채집·어로에서 화전·벼농사로 변화하는 과정을 잘 보여준다.

도판 3-2-14 | 반치앙 유적의 청동 종(청동기 시대, Ban Chiang, Nong Han, Ban Chiang National Museum)

도판 3-2-15 | 반치앙 유적의 목걸이 장식(청동기 시대, Ban Chiang, Nong Han, Ban Chiang National Museum)

② 논녹타 유적

논녹타(Non Nok Tha) 유적은 동북 태국 콘켄(Khon Kaen)에 있는 매장 유적이다. 메콩강 지류인 문(Mun)강과 치(Chi)강 유역의 완만한 구릉지 저지대에 논이 펼쳐져 있다. 유적은 논에서 0.8~1.5m 정도 높이의 작은 언덕 위에 있다. 이 작은 구릉지는 남북

22   Solheim II, Wilhelm G.; Gorman, Chester F. (1966). "Archaeological Salvage Program; Northeastern Thailand-First Season" (PDF). Journal of the Siam Society. 54 (2): 111-210.; Victor Paz. (2004). Southeast Asian archaeology : Wilhelm G. Solheim II festschrifted. University of the Philippines Press.

100m, 동서 150m로, 북쪽에는 우기에만 흐르는 작은 개울이 있다. 유적은 몬순의 홍수에도 마을이 수몰하지 않은 장소인 저지대의 분지 위를 선정하여 지어졌으며, 이러한 주거 입지 조건은 태국의 다른 지역에서도 일반적이다. 자연의 작은 언덕에 흙을 더 쌓아 대지를 높게 만드는 방식은 마치 서아시아에 있는 '텔'(tell, 아라비아어로 인공 언덕을 의미)과 유사하다. 논녹타 유적은 1964년에 하와이 대학의 고먼(C. Gorman)이 발견하였고, 1965년 그린(E. Green)이 시굴한 후 1965년 12월부터 1966년 4월 파커(H. Parker), 솔하임(W. G. Solheim), 베이야드(D. Bayard) 등이 제1차 조사를 진행했고, 1968년 2월부터 5월까지 베이야드가 제2차 조사했다.[23]

베이야드는 제1차 조사에서 유적을 1~22층(최하층)으로 분류했다. 제13층에서 제20층에는 방형의 묘광(무덤구덩이) 안에서 다수의 신전장 무덤을 발견했다. 이들 층에서는 작은 돌도끼 이외에 청동기 파편과 청동을 녹이는 데에 사용한 토기가 출토됐다. 많은 청동 팔찌를 손목에 차고 있는 유해도 있다. 각문 토기와 채문 토기는 제20층, 제21층에서 발견됐다. 제19층과 제20층 사이에서 칼날이 부채꼴 모양(扇形)이며 소켓을 가진 청동 도끼 1점이 무덤에서 출토됐다. 또 도끼 거푸집 4점이 출토됐다. 제21층에는 금속기가 출토되지 않았다. 제19층의 연대는 기원전 2,325±200년이다. 이를 근거로 베이야드는 태국이 중국과 인도보다 오래된 기원전 2,500년경에 금속기를 발명했었다고 주장하여 세계적으로 큰 반향을 불러일으켰다.

베이야드는 제2차 발굴 조사에서 총 115기의 신전장 무덤과 다수의 부장품을 발견하여 제1차 조사 시의 층위 구분을 수정하여 12층위로 세분했다. 제9층 무덤은 새끼줄무늬 토기와 간돌도끼를 부장하고 있었다. 신전장 토광묘(土壙墓) 17기(성인 남성 2기, 성인 여성 2기, 1~6세의 유아 11기)가 발견됐고, 하층부의 무덤에서 흑색 각문 토기가 출토됐다. 이들 토기에 혼화재로 벼 껍질을 사용한 것으로 보아 이미 벼농사가 행해지고 있었음을 알 수 있다. AMS 연대 측정법으로 토기의 왕겨를 측정한 결과, 논녹타 유적의 신석기 문화층은 기원전 2,307~기원전 1,858년 및 기원전 1,770~기원전 1,310년이라는 2개의 측정치가 나왔다. 또한 아이의 무덤에 제물로 바친 개, 멧돼지, 사슴 등의 뼈가 출토됐다.

제8층은 새끼줄무늬 토기가 주가 되어 다리가 달린 토기가 출토됐다. 토광묘 신전장의 인골에 관절을 절단한 단지장(斷肢葬)이 많이 보인다. 이 시기에서 가장 중요한 것은 금속기가 처음으로 출현한다는 점이다. 평면이 직사각형으로 소켓이 있는 청동 도끼가 제90호 묘 인

23   Charles Higham and Rachanie Thosarat. (1976). Prehistoric Thailand : from early settlement to Sukhothai. Bangkok: River Books.; Donn T. Bayard. (1976). Excavation at Non Nok Tha, Northeastern Thailand, AN INTERIM REPORT. University of Hawaii Press.

골의 가슴 위에 놓여 있었다. 그 밖에도 금속 파편이 2점 발견됐다. 이 도끼는 구리를 주성분으로 하여 알루미늄, 철, 규소, 인(燐, phosphorus), 규소, 수은을 미량 포함하는 금속이었다. 토기는 조잡한 새끼줄무늬 토기가 많고, 2~3개의 파상선을 새긴 것도 있다. 다리가 달린 토기의 양은 급감한다.

제7층은 신전장이 주류이고, 2차장 6기를 포함 18기의 무덤이 발견됐다. 청동 도끼 외에 사암제 도끼의 거푸집 두 쌍이 출토되어 이곳에서 청동기를 주조했던 것이 밝혀졌다. 토기는 대형 둥근 바닥 새끼줄무늬 토기가 많고, 다리가 달린 토기가 처음 나타난다.

제6층은 청동 도끼가 1점, 청동 녹을 부착한 토제 냄비 2점이 출토됐고, 19기의 신전장 무덤이 검출됐다. 토기에는 붉은색 슬립이 걸린 평평한 바닥의 항아리가 많고, 붉은색 슬립이 걸린 토기를 짊어진 코끼리나 개구리의 동물 모양의 토기가 있다. 청동기는 청동도끼 외에 팔찌가 출토됐다.

제2차 조사 결과 베이야드는 제8층에서 출토한 청동도끼의 연대 측정치를 3,590±320년이라고 발표했고, 게다가 그것이 청동이 아니라 홍동(紅銅)[24]이라는 것을 근거로 제8층에서 출토한 청동도끼를 태국 청동기 제작의 기원이라고 주장했다. 그러나 동남아시아가 세계 최고(最古)의 금속기 문화와 벼농사 농경을 발명했다는 베이야드(D. Bayard)의 주장은 과연 사실일까? 그 후의 발굴 조사와 연구의 진전은 베이야드의 가설을 완전히 부정하고, 현재 베이야드의 연대 측정치는 고고학에서 인정되지 않고 있다. 베이야드가 가장 오래됐다고 주장한 26호묘에서 채집한 탄화물을 측정한 연대(기원전 3,590±320년)가 그 후의 조사에서 기원전 2,420±200년에서 기원후 30±140년으로 밝혀졌다. 또한 붉은 청동 도끼를 부장한 제90호 무덤의 인골의 연대 측정치는 기원전 720년 이후로 밝혀졌다. 논녹타 유적은 후대의 훼손으로 인하여 하층 연대보다 상층 연대 쪽이 더 오래된 연대치가 나와 베이야드의 연대 측정치가 그다지 근거가 없음을 알 수 있다.

솔하임(W.G. Soilhiam), 베이야드(D. Bayard), 피싯(Pisit Charoenwongsa)은 반치앙 유적의 유

---

24 홍동(紅銅)은 초기의 청동기로 단조품(鍛造品)과 주조품(鑄造品)이 있고, 청동이 아니라 동(銅)이 99%이다.

물 33점의 C-14 연대측정치를 공표했다. 이들 측정치는 상당한 격차 및 신구 관계의 명백한 오류가 있었다. 그 후의 조사에서 또한, 30점의 열형광법 측정치가 공표되어, 자료의 토기 종류가 명시된 측정치는 11점 있고, 흑색 토기는 기원전 1,600~기원전 500년, 채문 토기는 기원전 125년경이라는 측정치가 나왔다. 논녹타, 반치앙, 반사오라오(Ban Sao Lao), 반나디 (Ban Nadi) 유적 연대 문제의 중심이 된 솔하임, 베이야드, 피싯 등의 주장은 인정되지 않고, 논녹타·반치앙 유적의 연대가 기원전 4천년대라는 애초의 주장은 명백한 오류이다.

동북 태국 남부 문강 상류에 있는 반논왓 유적(Ban Non Wat)은 후기 신석기 시대부터 철기 시대까지 장기간 유지된 마을·묘지 유적이다. 후기 신석기 시대 층은 기원전 1,500~기원전 1,000년 무렵으로 추정된다. 앙와 신전장(仰臥伸展葬, 하늘을 보며 펼쳐 묻는 장법) 무덤과 토기관장 (土器棺葬=옹관장) 무덤이 발견됐고, 간돌도끼와 방수차가 다수 출토됐다. 토기는 박타법으로 만든 바닥이 둥근 채색 항아리가 대부분으로, 반치앙 유적을 비롯한 동북 태국의 후기 신석 기 시대 토기의 특징과 같다. 반논왓 유적 제1기(기원전 1,500년)에서는 31기의 무덤이 발견됐 다. 그중 17기가 성인(2기는 뚜껑이 있는 토기관장, 15기는 하늘을 보며 펼쳐 묻는 장법인 앙와 신전장의 토광 묘), 14기가 유아와 어린이의 토기관장이다. 기원전 13세기가 되면서 매장에 변화가 생긴다. 성인묘는 앙와 신전장의 토광묘가 되고, 부장되는 토기는 적색 채문 토기로 바뀐다. 이 적색 채문 토기의 특징은 금속기 시대에 부장된 토기의 문양으로 이어진다.

동남아시아 대륙부 초기 벼농사 농경민이 만든 토기의 특징은 다음과 같다. 이 시점에서 토기 만들기 전통은 거의 완성된다. ①새끼줄로 감은 목제 패들(Padlle)과 도제 모루(Anvil)을 사용한 두드리기 기법으로 만든 토기가 주류, ②혼화재(混和材)로 벼 껍질 재를 사용, ③기종 의 다양화, ④각문, 침선문, 적색 채문 등으로 장식, ⑤지지(支持) 장치의 출현, ⑥정제(精製) 토 기와 조제(粗製) 토기를 구별, ⑦옹관(유아 매장용), ⑧성별 분업(성형 공정은 여성) 등이다. 태국에 서 후기 신석기 시대 토기는 박타법으로 성형한 후, 각문으로 문양을 그린 것이다. 이와 같 은 특징을 가진 토기는 베트남의 풍응우옌 문화, 캄보디아의 벼농사 농경 문화 유적인 삼롱 센 조개무지나 라앙스피안 유적 토기에도 볼 수 있다. 게다가 말레이반도나 미얀마에서도 같은 특징을 가진 토기가 분포한다. 동남아시아의 넓은 지역에 공통된 특징을 가진 토기가 벼농사와 함께 확산한 것을 나타내고 있다.

3-2-2. 금속기의 출현

태국에서 금속기 제작은 언제부터 시작했을까? 최근 동북 태국에서 반치앙 유적과 논녹타 유적과 유사한 유물을 가진 많은 유적의 발굴 조사 결과가 태국에서 언제부터 금속기가 시작했는지를 시사하고 있다. 1980년 11월부터 1981년 4월까지 H. 히검과 암판 키진감(Amphan Kijingam)이 반치앙 유적의 남서 22㎞에 있는 매장 유적 반나디(Ban Nadi) 유적을 발굴했다.[25] 이 유적에서 최하층의 제8층에서 청동기와 청동기 주조에 사용한 토기가 출토됐고, 제7층 상층에서 철기가 출토됐다. 이들 층은 반치앙 유적 제

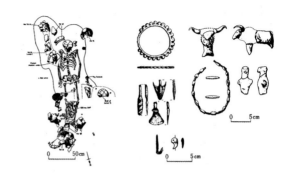

도판 3-2-17 | 반나디 매장 유적과 출토 유물(청동 팔찌, 청동 촉, 낚싯바늘, 목걸이, 토제 물소상, Ban Nadi)

4기와 대비되며, 연대는 제8층이 기원전 1,200±180~기원전 890±80년이고, 제7층은 기원전 650~420년 범위이다.

또한, 1981년에 암판(Amphan)이 발굴 조사한 치강(Maenam Chi) 중류에 있는 반치앙히안 (Ban Chiang Hian) 유적에서도 모든 층에서 청동기가 출토됐지만 처음 등장한 시기는 기원전 2천년기 말이고, 철기는 기원전 600~기원후 30년이다. 반치앙 유적에서 서쪽으로 10㎞ 떨어진 반 코노이(Ban Kho Noi) 유적에서도 마찬가지였다. 피싯(Pisit)과 C. 히검이 발굴 조사한 콘켄 북쪽 4㎞의 논차이(Non Chai) 유적에서는 최초의 거주에서 철기가 출토됐고, 철기 층 측정치는 기원전 300~기원후 200년이었다. 논녹타와 반치앙 이후 조사한 이들 유적에서는 모두 기원전 2천년기 말경에 만든 두 쌍의 토제 거푸집이 출토되어, 청동기 주조가 이뤄졌음을 나타내는 동시에 철기의 연대에 대하여 새로운 자료를 제시하고 있다.

태국 중부의 후기 신석기 시대의 유적인 콕차로엔 유적(Khok Charoen, Lopburi)은 기원전 1,200~기원전 1,000년, 반카오 유적은 기원전 1,300년경이라는 연대치가 나왔다[26]. 콕차로엔 유적은 태국과 영국 발굴 조사단이 1960년대와 1970년대에 발굴한 태국 롭부리의 신석기 시대 매장 유적이다. 이 유적은 시기가 기원전 2,000년대 후반과 기원전 1,000년 초로 거슬러 올라가며, 총 65기의 무덤이 있는 3개의 묘지로 구성되어 있다. 신석기 시대에서 금속기 시대로 이어지는 이 유적은 금속기 출현 이전의 후기 신석기 시대임에도 불구하고 금속

---

25   Charles Higham and Amphan Kijingam. (1984). Prehistoric investigations in Northeastern Thailand. BAR International Series 231. 3 vols

26   Helmut Loofs-Wissowa. (2017). Hill of Prosperity: Excavations at Khok Charoen, Thailand. A Burial Site at the Stone-Metal Junction.

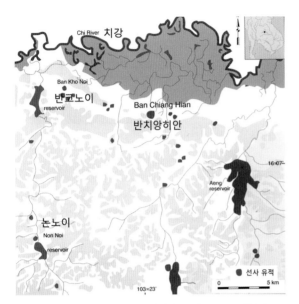

도판 3-2-18 | 치강 중류의 선사 유적 분포도(Maenam Chi, Isan, Thailand)

기 출현을 기원전 2천년기 말로 결정하는 근거가 되고 있다. 이는 풍응우엔 문화 후기에서 베트남 북부의 청동기가 처음 등장한 연대, 중국 운남성, 광동성 지역에서 금속기 출현 직전의 후기 신석기 문화 유적(재배 벼 자료 출토)인 대돈자 유적(大敦子遺蹟, 雲南省元謀縣, 기원전 1,470±155년) 유적, 석협 유적(石峽遺蹟, 廣東省曲江縣, 기원전 2,480±150년)의 연대와 거의 일치한다.

콕차로엔 유적에서 태국의 초기 청동기로 여겨지는 유물은 모두 소켓을 가진 도끼이고, 이미 상당히 발전한 주형 한 쌍으로 주조된 청동기이다. 이것은 청동기가 등장하기 시작한 인근 베트남 풍응우엔 문화와 중국 감숙성(甘肅省)의 제가

문화(齊家文化, 중국 감숙성 황하 상류 지역을 중심으로 기원전 2,400년부터 기원전 1,900년에 걸쳐 존재한 신석기 시대 말기~청동기 시대 초기 문화)의 소형 청동기 제작 방식과는 크게 다르다. 그래서 지금까지 발굴한 태국 동북 지역의 여러 유적 청동기 문화는 다른 지역과 상호 교섭을 통해서 완성됐다. 그중에 가장 가능성이 큰 지역은 운남, 그리고 베트남 북부 지역이다.

베트남의 풍응우엔 문화 유적에서는 아직 전형적인 청동기가 출토되지 않았지만, 풍응우엔 문화 사람들은 구리 정련 기술을 알고 있었다. 풍응우엔 문화 유적에서 작은 구리 덩어리 파편, 녹청, 구리가 검출됐다. 예를 들어 푸트성 탐논(Tam Nong)현 투옹농(Thuong Nong)사에 있는 고봉(Go Bong) 유적은 1965년과 1967년에 발굴 조사되어, 깊이가 다른 지층에서 작은 구리 덩어리, 녹청이 출토됐다. 1.30m의 깊이에서 검출된 구리덩어리를 분석한 결과 구리와 주석, 은을 포함한 청동이었다. 녹청은 고동싸우(Go Dong Sau) 유적과 룽호아(Lung Hoa) 유적에서도 검출됐다. 하타이성의 고봉, 도이동더우(Doi Dong Dau) 유적에서도 풍응우엔 문화층에서 구리 주조와 관련된 구리 덩어리, 작은 구리 조각, 구리가 발견됐다.

풍응우엔 문화기 최초의 금속기는 홍동(紅銅)이 아니라 구리와 주석의 합금 유물이다. 베트남의 고고학에서는 베트남 금속기 기원을 중국과의 문화 교류, 특히 기술 교류의 결과로 추정하고 있다. 주조 방법이나 최초의 구리 원료는 외부의 다른 문화의 영향을 받은 후, 서서히 풍응우엔 문화 사람들이 청동 주조 기술을 파악했을 것이다. 구리와 녹청의 검출은 이

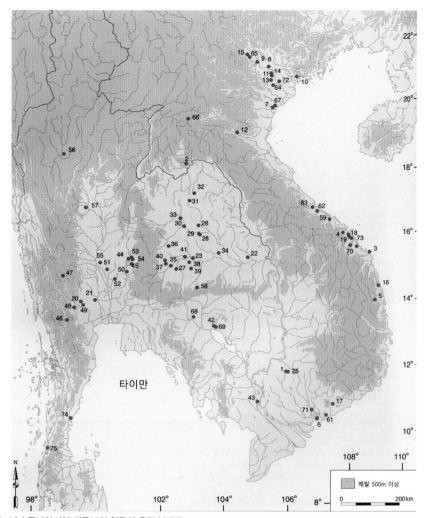

도판 3-2-19 | 동남아시아 대륙부의 청동기 유적 분포도

1. 반티 메아스(Banteay Meas, , 캄보디아). 2. 람파카오(Lam Pakao). 3. 썸옥(Xom Oc, 베트남). 4. 고문(Go Mun, 사후인 문화). 5. 꼰강(Con River). 6. 지옹까보(Giong Ca Vo), 지옹펫(Giong Phet). 7. Đông Sơn(동썬). 8. 꼬로아(Co Loa). 9. 랑 까(Lang Ca). 10. 비엣케(Viet Khe). 11. 차우깐(Chau Can), 쑤언라(Xuan La). 12. 랑박(Lang Vac). 13. 민즉(Minh Duc). 14. 푸루옹(Phu Luong). 15. 홉민(Hop Minh). 16. 사후인(Sa Huynh), 롱타인(Long Thanh). 17. 푸호아(Phu Hoa). 18. 탐 미(Tam My). 19. 파쑤아(Pa Xua, 베트남). 20. 반돈타펫(Ban Don Ta Phet, 태국). 21. 우통(U-Thong, 태국). 22. 반칸루앙 (Ban Kan Luang). 23. 반사완(Ban Sawan). 24. 폰사반(Phon Savanh=Ban Ang). 25. 크렉(Krek). 26. 무앙파다엣(Muang Fa Daet). 27. 타멘차이(Thamen Chai). 28. 무앙펫(Muang Phet). 29. 반치앙히안(Ban Chiang Hian). 30. 논차이(Non Chai). 31. 반무앙프룩(Ban Muang Phruk). 32. 반치앙(Ban Chiang). 33. 돈클랑(Don Khlang). 34. 논두아(Non Dua). 35. 피마이 (Phimai), 반수아이(Ban Suai). 36. 논텅파이폰(Non Tung Pie Pone). 37. 논무앙카오(Non Muang Kao). 38. 반동프롱(Ban Don Phlong). 39. 반탁홍(Ban Takhong). 40. 노엔우로크(Noen U-Loke). 41. 반끄라부앙녹(Ban Krabuang Nok, 태국). 42. 로베아(Lovea, 캄보디아). 43. 앙코르보레이(Angkor Borei, 캄보디아). 44. 반차이바단(Ban Chaibadan, 태국). 45. 반 푸크리 (Ban Pukree). 46. 카오자묵(Khao Jamook). 47. 탐옹바(Tham Ongbah). 48. 반카오(Ban Kao). 49. 덤방낭부아트(Dermbang Nang Buat). 50. 삽참파(Sab Champa). 51. 찬센(Chansen). 52. 반타깨(Ban Tha Kae). 53. 시텝(Si Thep). 54. 반농댕(Ban Nong Daeng). 55. 우타파오(U-Taphao). 56. 반왕하이(Ban Wang Hi). 57. 반왕핫(Ban Wang Hat). 58. 반붕노이(Ban Bung Noi, 태국). 59. 꼰랑(Con Rang, 베트남). 60. 고마보이(Go Ma Voi). 61. 지옹까보(Giong Ca Vo). 62. 짜록(Tra Loc). 63. 지 오쎈(Gio Son). 64. 응옥루(Ngoc Lu), 옌박(Yen Bac). 65. 다오타인(Dao Thinh). 66. 폰사반(Phon Savanh). 67. 꾸이츄(Quy Chu, 베트남). 68. 품 스네이(Phum Snay, 캄보디아). 69. 박세이참크롱(Baksei Chamkrong, 캄보디아). 70. 빈옌(Binh Yen). 71. 푸찬(Phu Chanh, 베트남). 72. 동사(Dong Xa). 73. 라이응이(Lai Nghi, 베트남). 74. 카오샘깨오(Khao Sam Kaeo, 태국). 75. 푸카 오통(Phu Khao Tong), 반클루아이녹(Ban Kluay Nok), 방클룩(Bang Kluk, 태국)

들 유적에서 청동기를 주조한 것을 증명하고 있다. 청동기는 거주민의 삶에 종교적·정치적으로 중요한 역할을 했고, 생산 체계에 중요한 변화를 가져왔다.

태국의 금속기 문화를 보면 청동기 시대에 속하는 청동기에는 소켓이 달린 도끼와 창끝 외에 팔찌와 발찌 등의 장식품이 있다. 이들 장식품은 섬세하게 꼰 노끈 모양의 문양이 있다. 이에 반해 철기 시대의 토기인 채문 토기에 수반하는 청동기로는 모두 실랍법(失蠟法)으로 표면을 아주 섬세하게 세공하거나 입체적으로 상을 표현하는 것이 많고, 각종 장식품과 방울 외에도 칼자루에 인물 혹은 작은 동물상을 새겨 놓은 것, 혹은 베트남에 나타나는 칼자루를 고정하기 위한 날개처럼 돌기가 있는 꺾창(銅戈, 長胡有翼戈) 등이 있다. 이는 반치앙, 논녹타를 대표하는 다양한 청동기 대부분이 철기 시대에 제작되었음을 의미한다. 그와 더불어 실랍법으로 만든 다양한 청동기는 베트남 북부와 중국 운남 지역에서 성행하여, 이들 지역이 기술적 교류가 있었음을 나타낸다.

태국의 철기도 청동기에 이어 중국 운남과 베트남 북부의 철기와 공통하는 특징이 보인다. 중국 중원 지역(黃河中下流域)처럼 농기구를 주철(鑄鐵)에서 철기로 만들고, 이어서 무기와 공구 같은 이기(利器)를 단철(鍛鐵)로 만든 것과는 반대로, 태국에서는 처음에 농기구가 아닌 이기를 철기로 제작했다. 이러한 철기는 날 부분만 단철로 만들었고, 손잡이 부분과 소켓은 청동으로 만든 이른바 동병철검(銅柄鐵劍: 청동 손잡이 철검은 1957년 甘肅省靈台縣景家莊에서 2,600년 전의 춘추전국 시대 銅柄鐵劍이 출토됐다)이다. 이렇게 칼날부분에만 철을 사용한 이유는 철이 아직 귀중했었기 때문이며, 또한 편평한 칼날 부분을 만드는 기술은 있었으나 안에 공간을 가진 소켓을 두드려서 만들 수 있는 단조 기술이 없었던 것으로 추정되고 있다. 장식적인 소켓을 만들기 위해서는 청동으로 주조하는 편이 더 쉬웠던 점도 큰 요인이었을 것이다. 운남에서 중국 황하 중하 유역에서 유래하는 아장, 꺾창 등의 철기와 함께 이러한 동병철검은 운남성의 석채산(石寨山, 雲南省晋寧県上蒜郷) 유적과 이가산(李家山, 雲南省江川県李家村) 유적 등 전한(前漢) 중기(기원전 3~기원전 2세기) 이후의 유물이다. 베트남에서도 동썬 문화에서 중국제 철기와 함께 청동 손잡이를 가진 철제 창끝이 출토됐다.

태국의 초기 금속기 시대는 구리·철의 원료를 제련·정련하던 유적을 발굴하면서, 연대뿐만 아니라 금속 생산의 기술·유통 문제 등 여러 문제가 주목되기 시작했다. 동에 관해서는 1984년부터 펜실베이니아 대학 박물관의 피곳(V. Piggot)와 실파콘 대학(Silpakorn University)의 수라폴(Surapol Natapintu)이 만든 태국 고고 금속학 조사단이 구리 광산 유적인 푸론 유적(Phu Lon) 및 롭부리 주변의 구리 제련 유적을, 1984~1992년에 닛타 에이지가 태국 동북 지역 선

사 시대의 제철과 제염 유적을 발굴 조사했다.[27]

1984~1985년에 닛타 에이지가 발굴한 푸론 유적은 동북 태국 북서부 농카이(Nong Khai)의 상콤(Sangkhom)에 있다. 광산 자원의 보고인 로이(Loei) 산맥의 북쪽 밑으로, 메콩강 구릉 사면에 있다. 동서로 녹청색을 띤 2개의 거암이 우뚝 솟았고, 그 사이의 평지에 유적이 있다. 바위에는 광석을 채굴한 끌 흔적이 아직도 선명하게 남아 있다. 발굴은 여섯 지점에서 시행하였으며 채굴 광산과 구리 광석의 분쇄 가공장, 거주 유적 등이 발견됐다. 이 유적에서는 바위산에 터널을 뚫고 갱도 안에서 구리 광석을 채굴했다는 점을 알 수 있다. 또 채굴에 사용했다고 생각되는 석형(石馨) 파편이 다수 출토됐고, 쌀 껍질을 혼화재로 사용한 토기 파편 다수, 주형(鑄型) 파편 2점, 대량의 목탄, 철 찌꺼기가 출토됐다. 청동 파편 2점도 있었다. 채집한 목탄의 C-14 연대 값은 구리 광석 분쇄 가공지에서 기원전 1,750~기원전 1,425년, 기원전 1,000~기원전 420년, 기원전 790~기원전 275년, 채굴 유적에서 기원전 390~기원후 5년 및 기원후 630~1045년, 주거 유적은 기원전 1,100~기원전 615년이었다. 동북 태국에서 기원전부터 구리 광산을 개발하여 광석 채굴, 가공, 제련, 청동기를 주조했던 유적임을 알 수 있다.

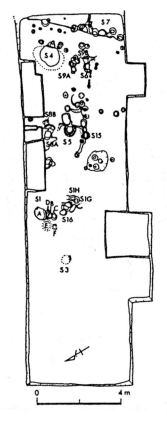

도판 3-2-20 | 반동프롱 유적도(Ban Dong Phlong, Khaen Dong, Buriram, Eiji Nitta, 1991)

태국 중부 롭부리의 카오웡 프라찬(Khao Wong Prachan)에서도 구리 광산과 구리 제련 유적, 청동기 주조 유적의 발굴 조사가 이루어졌다. 이 유적에서는 구리 광산에서 채취한 광석을 분쇄하여 제련한 지름 3~5㎝의 작은 도제(陶製, 흙으로 만든 틀) 거푸집이 출토됐다. 이 거푸집을 사용하여 원추형 모양의 청동 주물을 만들어 청동기를 주조했다. 주물 주조용 도제 거푸집뿐 아니라 청동 도끼 주조용 도제 거푸집 등이 다수 출토됐다. 카오웡 프라찬 유적은 청동 제련 및 청동기 주조의 중심 유적으로 그 연대는 기원전 1,000년기로 추정된다.

닛타 에이지가 1990년 동북 태국의 부리람 칸동(Khaen Dong) 북쪽의 반동프롱(Ban Dong Phlong) 유적에서 제철 유적을 발굴했다.[28] 동서 1,200m, 남북 850m 규모의 3중 해자와 토루

27 新田榮治,『タイの製鐵·製塩に関する民俗考古學的研究』平成6·7年度科學研究費補助金(國際學術研究)研究成果報告書, 鹿児島大學敎養部考古學研究室1996. 3.

28 E. Nitta, "Archaeological study on the ancient iron-smelting and salt-making industries in the northeast

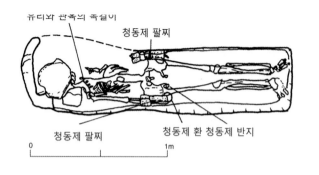

도판 3-2-21 | 반동프롱 유적의 6호 목관묘(Ban Dong Phlong, Khaen Dong, Buriram, Eiji Nitta, 1991)

유디와 한족의 목길이
청동제 팔찌
청동제 팔찌
청동제 환 청동제 반지
0   1m

로 둘러싸인 거주 유적에서 철 찌꺼기(鐵滓)가 수 m 두께로 쌓여 있었다. 철 찌꺼기 퇴적층 아래에서 용광로 17기, 제철 작업장을 폐기한 후에 정지하고 청소한 것으로 추정되는 쓰레기 처리장 1기, 공인들의 휴식처로 추정되는 가옥 유구를 발견했다. 또한, 공인들이 먹었던 음식의 잔재로 생각되는 사슴뿔 등도 출토됐다. 로(爐)에는 배재광(排滓壙)이 있는 것과 없는 것이 있는데, 모두 지름 20~30㎝의 작은 원통 수형로(竪型爐)이다.

토제 송풍구(tuyere)를 삽입한 상태로 발견된 용광로도 있다. 이 용광로는 45°가 넘는 급경사로 송풍구가 용해로에 삽입되어 있었다. 쓰레기 구덩이 안에는 불에 탄 점토와 소토, 다수의 풀무(bellows) 파편 등이 가득 차 있었다.

반동프롱 유적의 용광로 내의 잔류 찌꺼기를 금속학적으로 분석한 결과, 이것들은 모두 철의 정련 과정에서 나온 찌꺼기였다. 또한, 매우 중요한 것은 용광로 내에 아직 환원 상태로 남아 있던 작은 입상의 산화철 노듈(Nodule) 성형물을 C. T. 스캐너로 내부 구조를 살펴본 결과 중심부에 입상의 점토가 있었고, 그 밖에 산화철의 피막을 형성한 것이 확인됐다는 점이다. 진흙 알갱이를 중심으로 철 이온이 점토 입자 주위에 응집하여 만든 입상체이다.

이들 입상(粒狀) 산화철은 동북 태국의 토양에 많이 보이는 라테라이트에서 나온 찌꺼기였을 가능성이 크다. 즉, 라테라이트에 함유된 철이 물의 이온으로 점토 입자 주위에 모여서 산화철 피막을 만든 것이다. 철광석 산지는 태국 동북의 철광산 루이산, 롭부리 주변 및 캄보디아 영내에 있지만, 모두 직선거리로 200㎞ 정도로 떨어져 있기 때문에 반동프롱 제철 유적의 원료(철광석) 공급지로는 생각할 수 없다.

그러나 점토 중심부를 핵으로 하여 주변에 산화철이 응집한 철 찌꺼기는 동북 태국 일대에 다수 존재한다. 반동프롱 제철 유적의 연대는 기원전 3~기원후 2세기로, 당시 산화철을 원료로 하고 목탄을 연료·환원재로 사용하여 제철이 이루어졌다. 지금까지 태국에서 발굴

of Thailand. Preliminary report on the excavations of Non Yang and Ban Don Phlong". Journal of Southeast Asian Archaeology, Bd. 11 (1991), S. 1-46.; 1997. Iron-Smelting and Salt Making Industries in Northeast Thailand. Bulletin of the Indo-Pacific Prehistory Association. (PDF)

된 제철 유적은 태국 중부 롭부리 근처의 기원후 6세기 및 아유타야 왕조 시대의 반디른 유적과 반동프롱 유적밖에 없고, 기원전으로 거슬러 올라가는 것은 반동프롱 유적뿐이다.

태국에서는 기원전 3세기에 동북부에서 제련에 의한 제철을 시작하여 철기 문화를 시작한 것으로 추정된다. 반동프롱 유적에서 제철 관련 유물과 함께 팔찌, 반지, 방울 등 청동 장식품이 출토됐다. 이것은 이들 유적이 철과 청동을 함께 주조했음을 나타내고 있다. 이러한 철 찌꺼기가 작은 언덕처럼 퇴적한 유적은 태국 동북부 각지에 다수 분포하고 있다.

반동프롱 유적의 제철 유적층 아래에서 기원전 3세기의 무덤이 발견됐다. 발굴 범위 내에서 성인 인골 5구, 유아 인골 1구, 영아 인골 1구가 발견됐다. 성인 유골 3구는 모두 매장 후에 두개골이 사라진 것으로 보아, 2차장을 위한 1차장 매장 유적으로 추정된다. 또한, 성인 인골 1구는 다른 인골이 모두 머리를 남향하는 것과는 반대로 머리를 북향하여 양팔에 각각 3개의 큰 청동 팔찌를 차고 있었고, 유리 소옥, 줄무늬 마노, 관옥 등으로 구성된 아름다운 목걸이를 하고 있었다. 유골과 부장품은 기원전 3세기경 이 지방 최고위층인 인물(수장)이 출현한 것을 나타내고, 당시 사회 계층이 이미 형성되어 신전장에서 두개골을 중시하는 2차장으로 전환한 것을 알 수 있다. 매장 하층에서 처음 거주를 시작했을 때의 토층이 발견되어, 저습지의 작은 언덕 위에 인공으로 성토하여 거주했던 것도 밝혀졌다.

철·청동 등의 금속 제조와 함께 동북 태국의 중요한 생산업이 제염이다. 동북 태국의 지하에는 곳곳에 많은 양의 암염층이 있고, 대개 지표 2~3m 아래에서 자갈을 포함하고 있다. 지하의 소금물은 모세관 현상과 토양 중의 수분 이동에 따라서 지표면으로 상승한다. 염분은 농경에 큰 피해를 주었지만, 이러한 현상을 이용하여 제염업이 발생했다. 지금도 건기 때 동북 태국에서 제염업이 널리 성행하고 있다.

1991~1992년 닛타 에이지가 차이야품 푸키아오(Phu Khiao)의 논텅파이폰(Non Tung Pie Pone) 제염 유적을 발굴 조사했다. 남북 125m, 동서 70m, 높이 6m의 언덕은 소금을 만든 후 배토를 쌓아서 만든 인공 언덕이었다. 건기에 지표면에 떠오르는 소금기를 머금은 흙탕물을 모아 직사각형의 점토로 만든 여과조(濾過槽)에 넣고 물을 부어서 염분을 거른 후, 이렇게 얻어진 소금물을 제염 토기에 넣어 끓여서 소금을 만들었다. 염분을 거른 뒤의 흙은 여과조에서 꺼내 주위에 버린다. 이렇게 하여 쌓인 배토가 거대한 언덕을 만들었다.

논텅파이폰 유적에서 제염 작업 공정에 따른 시설과 제염 토기가 다수 출토됐다. 게다가, 처음 제염이 시작한 이후 이곳을 폐기할 때까지 약 10년 동안 시설 구조에는 전혀 변화가 없었다. 이처럼 약 10년이라는 단기간에 이렇게 큰 배토 언덕을 형성한 것은 소규모의 제염 시

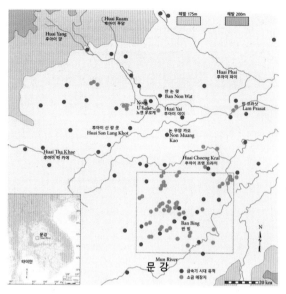

도판 3-2-22 | 문강 유역의 금속기 시대 유적과 소금 매장지(Maenam Mun, Sisaket)

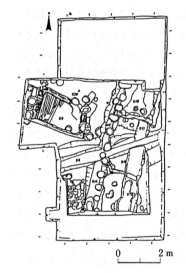

도판 3-2-23 | 논양 유적의 유구도(Non Yang, Chumphon Buri, Surin)

설이 한 곳에서 다수 가동했던 것을 나타내고 있다. 유적에서 출토된 토기의 형식 및 목탄의 C-14 연대 측정으로 기원후 2세기경에 소금을 생산했던 것이 밝혀졌다.

제철과 제염 유적은 동북 태국의 문강과 치강 유역에 많이 분포하고 있다. 적어도 기원전 3세기경에 제철, 기원전 1,000년기 후반에 제염이 행해지고 있었던 것을 발굴 조사로 밝혔다. 연료의 원천은 동북 태국의 자연환경인 건조한 쌍떡잎식물 숲이라는 삼림 자원이었다. 동북 태국에서는 특유의 지질과 자연환경을 이용한 제철과 제염이 성행했고, 생산한 철과 소금을 주변 지역으로 수출하여 경제적으로 번영하게 된다.

수린 춤폰부리(Chumphon Buri)의 논양(Non Yang) 유적은 동북 태국의 초기 금속기 시대를 연구하는 데 매우 중요한 성읍 마을 유적이다. 논양 유적은 문강 중류에 있고, 지름 250m, 높이 8m의 인공 언덕 위에 목책을 세워 놓은 유구가 출토됐다. 목책을 가공하고 구축하는 데에는 철기를 사용했고, 철제 도끼와 토굴구(土堀具, 삽) 3점이 출토됐다. 기원전 2세기에는 이미 안정적인 벼농사로 규모가 큰 마을을 형성하였으며, 철기가 일반화하면서 무기가 발달하여 마을 간의 싸움이 잦아지자 해자와 목책과 같은 방위 시설이 필요한 사회가 됐다. 그 후 기원후까지 계속하여 마을과 묘지를 확장하여, 대규모의 단면 V지형 환호(폭 4m, 깊이 5m)로 둘리싸인 성읍 마을이 탄생했다. 이처럼 논양 유적은 기원전 4세기부터 기원후 1세기에 이르는 마을 구조의 변천과 수장국의 출현을 파악할 수 있다.

태국의 초기 금속기 시대는 다음과 같이 정리할 수 있다. 반치앙 유적과 논녹타 유적으로 대표하는 태국의 초기 금속기 문화는 기원전 2,000년기 말을 상한으로 한다. 이 단계에서는 이미 벼농사를 짓고 있었으며, 쌀 껍질을 혼화재로 하여 만든 토기를 사용했다. 벼농사는 기원전 2,000년기 중반부터 코랏(Khorat)고원에서 빗물에 의존하는 극히 초기적인 천수답을 중

심으로 하여 시작했다. 태국 북동부에 있는 코랏
고원은 서쪽에 동파야옌(Dong Phayayen)산맥, 남
쪽에 당렉산맥, 북쪽에서 동쪽은 메콩강으로 둘
러싸여 있다. 대부분이 메콩강 지류인 문강과 치
강 유역이고, 우기와 건기로 수량 차가 크다. 태
국의 초기 금속기 시대의 주요 도시는 나콘랏차
시마, 우돈타니, 우본랏차타니 등이 있고, 지금
도 태국의 대표적인 곡창 지대이다.

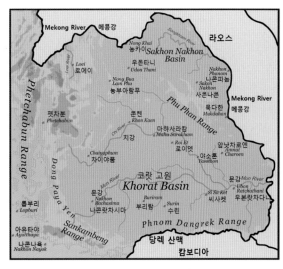

도판 3-2-24 | 동북 태국 이산의 주요 도시(Northeast Thailand =Isan)

당시 사람들은 몬순의 홍수를 피하려고 분지
언덕 위에 마을과 묘지를 만들었다. 그리고 주위
의 저지대를 경작지로 만들었다. 기원전 1천년
기 후반부터 자연환경을 잘 이용한 생산업이 이
루어지기 시작했다. 제철과 제염이다. 청동 제련과 청동기 주조와 더불어 제철과 제염은 늦
어도 기원전 3세기까지 동북 태국의 이산 지역, 특히 문강과 치강 유역을 중심으로 하여 많
은 지역에서 이루어지고 있었다. 이렇게 생산한 청동, 철, 소금 등은 주변의 다른 지역에 수
출하여 동북 태국에 많은 경제적 이익을 가져왔다. 현재 동북 태국에 분포하는 다수의 유적
은 이러한 역사적 배경을 상정해야만 이해할 수 있다.

태국의 철기 출토 유물을 중국 운남, 베트남 북부와 비교하면 토굴구(土堀具) 등 농기구나
도끼 등의 공구가 대부분이고, 반대로 무기류는 거의 출토되지 않았다. 이러한 철기 무기류
의 출토 정황을 보면 집단 간의 전투가 자주 발생하지 않았던 것을 알 수 있다. 또한, 마을 인
근의 집단 묘지 안에서 일반 묘역에서 격리한 특별한 매장 시설이 없고, 부장품의 다과는 있
지만 무덤의 규모나 구조적 차이가 없다. 이러한 현상은 이 시기의 태국에 사회적 계층이 있
었더라도 중국 운남과 베트남 북부의 후장(厚葬), 즉 강력한 왕권이 발생하는 단계에 이르는
사회적 계층의 뚜렷한 차이는 아직 발생하지 않았던 것을 나타내고 있다.

반치앙 유적, 논녹타 유적, 반나디 유적에서 출토한 인골의 연구에 따르면 유아와 30살 때
가장 사망률이 높으며 생존 조건은 결코 양호하다고 할 수 없다. 이러한 태국 동북 지방의
초기 금속기 시대 유적을 보면, 벼농사와 금속기를 가진 수장제의 소집단(Ban=마을)이 문강
과 치강 유역을 중심으로 코랏고원 각지에 거주했던 사회 상황을 엿볼 수 있다. 후기에는 집
단이 대규모로 확장하면서 환호를 파고 토벽으로 울타리를 쌓아서 만든 '무앙'(Muang=성읍 국

도판 3-2-25 | 베트남의 고인돌(Tam Đảo, Vinh Phuc, Vietnam)

도판 3-2-26 | 빈푹성 탐다오 탁자식 고인돌(Tam Đảo, Vinh Phuc, Vietnam)

가)이 출현하게 됐다. 동북 태국도 정치적으로 통합사회(首長制)로 행보를 시작했다.

베트남에서는 후기 신석기 시대 말기에 청동기를 독자적으로 제작하여 점차 발전하는 시기이다. 홍강 유역에서 풍응우엔 문화를 시작으로 하여 동더우 문화, 고문 문화, 그리고 가장 풍부하고 화려한 청동기 문화인 동썬 문화로 이어지는 과정이다.

베트남 청동기 시대에는 제2기의 동더우 문화가 나타난다. 동더우 문화는 홍강 삼각주 빈푹성 옌락(Vinh Phuc, Yen Lac)에 있는 동더우 유적을 표식 유적으로 한다. 동더우 문화(Đồng Đậu culture, 기원전 1,500~기원전 1,000년)의 분포 지역은 빈푹성, 하손빈성, 하노이시, 박칸성 등 넓은 지역에 걸쳐져 있다. 동더우 문화의 유적은 모두 넓은 면적을 차지하고, 당시 사람들은 벼농사를 기반으로 집단 마을을 형성하여 살았다. 빈푹성 탐다오(Tam Đảo)에서 탁자식 고인돌 3기가 발견됐다.

2007년 베트남 고고학 연구소와 하노이 국립대학교의 발굴 조사단(Trinh, N.C. 교수)이 빈푹성(Tao Dao 지역)에서 2,000년 전의 탁자식 고인돌을 발견했다.[29] 길이 3m, 너비 1m, 두께가 거의 0.5m에 달하는 상석은 배의 형태를 하고 있고, 그 아래의 땅 속에서 4개의 입석형 지석이 확인됐다. 그 밖에도 탁자식 고인돌은 하장(Ha Giang), 까오빙(Cao Bang), 뜨엔꽝(Tuyen Quang), 박장(Bac Giang), 티엔즈(Tien Du), 하노이 및 빈푹성 등 베트남 북부 지방에서 발견됐다.[30]

동더우 문화가 되면서 화살촉, 낚싯바늘, 도끼, 창끝, 종, 용도 불명의 브러시형 청동기(자

---

29   Trinh, N.C. Nhung Hinh Khac Co Tren Da O Xin Man, Ha Giang. Khao Go 2007, 149, 76-84.

30   Nguyen, T.T.; Dinh, N.T. Discovery and Research of Megalith Sites in Soc Son (Ha Noi-Vietnam). Presented at the Training/Workshop on the Introduction to Rock Art Studies in Southeast Asia, Bangkok, Thailand, 2-13 May 2011.

루가 청동기) 등 다양한 청동기가 출토된다. 청동 도끼는 날이 부채꼴로 된 것, 칼날 좌우가 비대칭형인 것이 나타난다. 또한, 사암, 점토로 만든 한 쌍의 청동기 주조용 거푸집이 출토됐다. 동더우 유적에서 출토한 청동기의 성분 분석 결과 주석을 11~20% 포함한 완전한 청동기이다. 동더우 문화의 단계에서 청동기 문화는 완전히 뿌리를 내렸다. 토기는 냄비(nồi), 항아리, 사발, 손잡이가 달린 바구니와 비슷한 용기, 음식을 조리할 때 토기를 지탱하는 토제 다리 등이 출토됐다. 토기의 종류나 문양은 풍응우엔 문화의 전통을 잘 계승하고 있다.

도판 3-2-28 | 청동 종(기원전 3~기원전 2세기, Đông Sơn, North Vietnam, Barbier-Mueller Museum, Geneva)

동더우 문화에 이어서 빈푹성 람타오군에 있는 고문(Go Mun) 유적을 대표로 하는 고문 문화가 발전한다. 고문 문화의 분포 지역은 풍응우엔, 동더우 문화와 마찬가지로 빈푹성, 하썬빈(Ha Son Binh)성, 박칸(Bắc Kạn)성, 하노이시 등이다. 특히 빈푹성, 하썬빈성의 북부, 홍강(Sông Hồng), 까우강(Sông Cầu), 다이강(Sông Đáy) 유역에 밀집하여 분포하고 있다. 이 단계가 되면 청동기가 출토되는 빈도가 석기를 추월하게 된다. 예를 들어서 빈푹성 빈쿠앙 유적에서는 출토되는 도구의 62%가 청동기이다. 또한 청동기의 종류가 다양해지고, 낚싯바늘과 칼날이 비대칭인 도끼를 포함하여 창끝, 낫, 강판형 청동기, 소켓을 가진 낫 등 도구류와 팔찌 등의 장식품이 증가한다. 이처럼 고문 문화가 되면서 무기류와 더불어 청동으로 만든 농기구와 장신구가 많이 발굴됐다. 토기는 구연부가 벌어진 엷고 바닥의 둥근 모양의 토기가 많아지고, 무늬는 각문과 즐치문, 연속하는 곡선문, 삼각문, 소용돌이문이 있다. 이들 문양은 고문 문화 이후의 청동기, 특히 청동기 문양이 고문 문화의 다음 단계인 동썬 문화로 발전해 가는 것을 나타내고 있다.

도판 3-2-27 | 청동 창끝(기원전 3~기원전 2세기, Đông Sơn, North Vietnam, Barbier-Mueller Museum, Geneva)

베트남 북부의 동썬 유적은 1924년 프랑스인 식민지 관료인 파조(L. Pajot)가 발견하여, 1924~1930년까지 발굴 조사를 했다. 당시 졸속한 발굴 조사로 지금도 '보물찾기를 했다'는 비난을 받고 있다. 1935~1939년 얀세(O. Janse)가 발굴 조사하여, 동썬 문화 연구를 본격적으로 시작한다. 그 후, 베트남 국립역사박물관이 홍강, 마강, 까강 유역에서 제1차 발굴 조사 (1961~1962년, 1,000㎡ 발굴 조사), 제2차 발굴 조사(1969~1970년, 500㎡ 발굴 조사), 제3차 발굴 조사(1976년, 250㎡ 발굴 조사)를 하여 50곳 이상의 유적이 확인됐다. 유적은 산기슭, 하천 유역, 평야부 언덕 위에 분포하고, 일반적으로 1만㎡ 이내에서 마을을 형성하고 살았다. 무덤은 마을 가까이에 있고, 총 200기가 넘는 무덤이 발견되어, 고문 문화 병행기, 동썬 문화기, 마지막으로 중국제 유물 및 기하인문토기(幾何印文土器)[31] 등 후한대(後漢代, 기원후 1세기) 무렵의 문화기의 유물이 출토됐다. 그러나 베트남 북부의 동썬 문화는 동남아시아 각지로 확산하여, 최근까지 이어지고 있는 지역도 있다.

3-3. 동남아시아 대륙부의 청동기 문화

3-3-1. 청동기 문화의 기원·연대·계보

동남아시아의 청동기 문화는 기원전 11세기, 중국 은나라 청동기 제작 기술의 영향에서 시작했다고 보는 것이 일반적인 견해이다. 1980년대까지 학계에서는 동남아시아 청동기가 기원전 3,600년에 처음 나타났다고 추정했다. 그러나 이 불명확한 연대를 중국과 동남아시아의 고고학 연구 성과를 기반으로 하여, 기원전 2,000~기원전 1,000년기 초라는 새로운 가설을 제기한 사람이 일본의 닛타 에이지다. 닛타 에이지는 1990년대 이후에 동북 태국에서 여러 차례 발굴 조사하여 그가 제시한 연대 설정이 정확했음을 증명하는 성과를 거두었다.

화이트(J. C. White: 2009)는 반치앙 유적에 부장된 토기의 태토가 포함하는 탄소에서 얻은 신구 2개의 연대치 중에서 가장 오래된 연대를 채용하여, 반치앙 유적에서 청동기 시대가 시작된 시기를 기원전 2,000~기원전 1,000년으로 추정했다. 한편 히검(C. Higham: 2011)은 반치앙 유적과 반농왓(Ban Nong Wat) 유적을 근거로 하여, 태국의 청동기 시대 시작을 기원전 11세기로 추정했다.[32] 대국의 빈룸카오 유적(Ban Rum Khao, Nakhon Ratchasima), 반나니 유적

---

31 중국에서는 인문도(印文陶, yìn wén táo)라고도 부른다. 각종 (기하) 문양을 조각한 두드리기 판으로 토기의 외면을 두드려 성형한 토기의 총칭으로, 일반적인 줄무늬 문 토기(繩蓆文土器)와 구별하여 기하인문 토기라고 부른다. 1914년에 광동성에서 발견되어 인문토기문화라고 부르고, 각지의 출토 자료를 포괄하여 호숙문화(湖熟文化, 江蘇), 마교문화(馬橋文化, 上海), 오성문화(呉城文化, 江西) 등 지방마다 분류하여 구분하고 있다.

32 Higham, C.F.W. & Kijngam, A., (2011). "The Origins of the Civilization of Angkor, Volume IV. The Excavation Ban Non Wat: the Neolithic Occupation." Bangkok, The Fine Arts Department of Thailand.

(Ban Na Di, Khon Kaen), 반치앙 히안 유적(Ban Chiang Hian, Maha Sarakham)에서는 기원전 2,000년 말의 토제 거푸집이 출토됐다.

태국의 청동 도끼는 모두 소켓을 가지고 있고, 한 쌍의 거푸집으로 주조한 상당히 발전한 단계의 청동기라고 할 수 있다. 지금까지 발굴한 동북 태국의 반치앙 등 여러 유적은 운남과 베트남 북부지역과 상호 교류하여 청동기 문화를 성립했을 가능성이 크다. 동북 태국은 지리적으로 운남과 베트남 북부와 가깝다. 따라서 태국의 청동기 문화는 운남 및 베트남 북부의 영향을 받았을 가능성이 크다. 그러나 중국처럼 청동기와 철기 제작의 중심지인 인도의 영향도 받았는지는 현재 고고학적 자료가 많지 않다. 인도에서 만든 청동기는 기원 이후 태국을 중심으로 동남아시아 각지에서 발견되었지만, 램프(등잔)과 그릇 등 극히 일부를 제외하고 동남아시아 청동기 제작에는 그다지 큰 영향을 끼치고 있지 않다.

베트남의 청동기 문화는 풍응우옌, 동더우, 고문, 동썬(기원전 400~기원전 100년)의 4기로 나누고 있지만, 동썬 문화는 기형과 문양의 영향이 훨씬 후대까지 계속하여 이어졌다. 풍응우옌 문화는 1958년에 꼬누에(Co Nhue) 유적에서 최초로 발굴됐다. 일반적으로 풍응우옌 문화의 유적지는 주변 지형보다 높고 강이나 개울 근처에 있다. 호아빈 문화의 말기에 이어서 등장한 풍응우옌 문화는 단구(段丘) 위의 유적에서 청동기를 수반한 유물들이 출토됐다. 베트남 고고학에서는 이 문화를 신화 상의 웅왕(雄王) 시대로 추정하고 있다. 베트남의 풍응우옌 문화(기원전 2,000~기원전 1,500년)는 비엣찌(Việt Tri)에서 동쪽으로 18㎞ 떨어진 곳에서 발견된 풍응우옌의 고고학 유적지에서 유래한다. 이 시기에 벼 재배가 중국 남부에서 홍강 유역으로 유입했다고 추정되고 있다.

풍응우옌 유적(Việt Tri, Phú Thọ) 및 썸렌(Xom Ren, Gia Thành, Phú Ninh, Phú Thọ) 등 풍응우옌 문화층에서 연옥(軟玉, nephrite jade)으로 만든 중국의 옥기인 아장(牙璋)과 유령환(有領環)이 출토됐다. 썸렌 유적에서 출토된 아장(牙璋)과 유령환(有領環)은 형태와 재질 측면에서 모두 중국 사천성(四川省德陽市広漢市) 삼성퇴(三星堆) 유적에서 출토한 것과 매우 유사하다. 썸렌 유적에서 출토

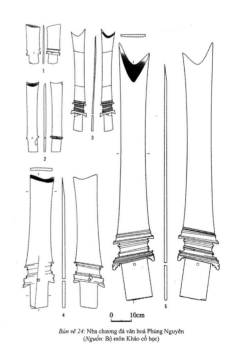

Bản vẽ 24: Nha chương đá văn hoá Phùng Nguyên
(Nguồn: Bộ môn Khảo cổ học)

도판 3-3-1 | 풍응우옌 문화의 아장 (CO SO KHAO CO HOC, 2008)

도판 3-3-2 | 청동 발찌(기원전 500년, Đông Sơn, Vietnam National Museum of History)

도판 3-3-3 | 청동 단검(기원전 500~기원전 100년, Đông Sơn, Vietnam National Museum of History)

된 세 점의 아장과 네 점의 유령환은 모두 사천성 삼성퇴(三星堆)에서 전래했을 가능성이 크다. 베트남에서 출토(썸렌, 풍응우옌, 쿠즈엉, 창켄)된 아장은 은(殷)대 말기에 제작한 유물이다. 베트남 청동기 시대 초기의 동더우 문화층에서는 석과(石戈)가 출토됐는데, 동일한 석과는 광동성 연안 지역의 석협 문화(石峽文化, 廣東省曲江區瑪垌鎭)에서 많이 볼 수 있다.[33] 석협 문화의 연대는 은나라 병행기이며, 석과의 연대도 은나라 말기이다. 은나라 말기에 베트남 북부와 화남 지방과 교류가 있었던 것이 확실하다. 기원전 2,000년 말경인 은대(殷代) 말기부터 주대(周代) 초기 중국에서 기술 이전이 이루어져 베트남의 금속기 문화에 영향을 끼쳤다고 추정할 수 있다. 이처럼 태국 청동기 문화와 베트남 청동기 문화는 중국의 영향을 받아 거의 같은 시기에 시작한 것으로 볼 수 있다.

동남아시아의 청동기 문화는 연대적으로 청동기 시대의 청동기와 철기 시대 이후의 청동기로 나눌 수 있다. 또한, 계통적으로 ①동남아시아 고유의 청동기, ②수입산 청동기, ③기원은 외부(중국)이지만 동남아시아에서 변용한 청동기 등 3종류로 분류할 수 있다.

청동기 시대의 청동기는 주로 실용적인 용도로 쓰였으며, 도끼·봉촉·수적구·끌 등 농기구, 낚싯바늘·추 등 어구. 단검·창 촉·화살촉 등 무기, 그 밖에 방울·팔찌·발찌 등 장신구로 나뉜다. 청동기를 주조한, 석제와 토제의 한 쌍으로 된 거푸집이 출토되는 사례가 많다. 철기 시대가 되면서 청동기가 사라지지만, 철제 칼에 청동제 칼자루를 붙인 유물이 나타난다. 동썬 문화와 반치앙 문화의 칠제

---

33   石峽文化는 주강 상류(廣東省曲江區瑪垌鎭, 珠江上流) 지역 신석기 시대 중반의 대표적인 묘장(墓葬) 유적이다. 묘장은 토광묘(土壙墓)로, 일부 1차장장이 있지만, 대부분은 2차장장의 단독묘이다. 묘갱에는 미리 불로 벽을 구운 것이 있고, 또한 인골 위에 적색 안료를 뿌린 것도 있다. 출토품은 토기가 대부분이고, 석기(돌도끼), 석과, 옥기 등이 부장됐다. 종(琮), 벽(璧), 월(鉞) 등의 옥기는 장강 하류 지역의 양지 문화(良渚文化)의 특징적인 것으로, 영남 지역 정양호 평원(鄱陽湖平原)을 통해 장강 하류 지역과 관계가 있다. 석협 문화의 묘지에서 벼, 왕겨, 볏짚이 출토됐다. 이것들은 탄화된 상태로 소토(燒土) 덩어리에서 검출됐다. 조사 결과 인디카를 중심으로 자포니카를 포함한 것으로 모두 재배종이었다. 따라서 석협문화는 벼농사가 중심이었다.

칼과 청동제 칼자루의 단검(銅柄鐵劍)이 대표적인 사례이다. 이 시기의 청동기는 위신재와 장신구 등 비실용적인 용도로 제작하며, 실납법으로 주조한 화려한 입체상 등이 있다.

동남아시아 고유의 청동기에는 칼날이 좌우 비대칭인 '버선 모양' 도끼(靴形銅斧)가 있다. 동썬 문화기의 유적에서 많은 청동 도끼가 출토됐는데, 비대칭 버선 모양 청동 도끼는 베트남 북부, 중국 서남부, 태국 북동부 지역에 한정해서 발견됐다. 호아록 유적(Con Sau Cho, Con Nghe)에서는 버선형 돌도끼(靴形石斧)이 출토했다. 이러한 버선형 청동 도끼 중에는 날 측면에 단순하게 표현한 인간과 동물을 묘사(부조)한 것이 있고, 손잡이 아랫부분에 사람들이 손을 들고 서 있는 모습을 새긴 도끼가 있다.

도판 3-3-4 | 버선 모양 도끼(靴形銅斧, 5세기, Binh Quang, Vietnam National Museum of History)

1966년 베트남의 빈꽝(Binh Quang) 유적에서 출토한 청동 도끼는 기원전 5~기원후 1세기의 동썬 문화에 속하는 유물이다. 이 도끼의 문양을 자세히 보면 인물상은 반복적으로 나타나는 기하학적 형태의 굵은 선 양쪽을 연결하는 곡선 위에 서 있다. 그리고 거대한 뿔을 가진 세 마리의 사슴이 도형 안에 있다. 발 모양 도끼에 묘사된 배·사람들·사슴 등의 모습이 형식화한 것

도판 3-3-5 | 오수전(1~3세기, Vietnam National Museum of History)

으로 보아 기원 이후에 제작한 것으로 추정된다. 이러한 청동 도끼는 다양한 형태로 제작되어 제기로 사용했다.

수입산 청동기로는 전국(戰國)~한대(漢代)의 중국에서 베트남으로 수입한 도씨검(桃氏劍), 꺾창, 전한 및 후한의 동경(銅鏡), 오수전(五銖錢) 등 동전, 인도 뱅골산으로 태국 서부에서 수입한 청동 그릇, 청동 램프(로마, 인도) 등이 있다. 기원은 다른 지역이지만 동남아시아에서 변용한 청동기로는 중원이나 파촉(巴蜀) 기원의 꺾창, 운남에서 기원한 동고, 한대의 연회 용구인 각종 청동기 그릇 등이 있다. 한(漢) 왕조를 모방한 남월(南越)에서 중국제 청동기와 변용품이 많이 출토됐다.

동남아시아 청동기는 소유자의 권위를 상징하는 위신재로 기능하는 사례가 많다. 대표적인 것은 동고, 꺾창, 청동 용기, 대형 도끼 등이 있다. 그중에서도 동고는 300점 이상 출토됐다. 동고는 기원전 5세기에 운남에서 기원하여, 중국 남서부와 동남아시아의 소수 민족이

Heger 분류	I式					II式		III式		IV式	
吉開 분류			I式前期	I式中期	I式後期	II式	II式				
今村 분류	先I式	I式 석채산계	I式 동선계 1a-2a期	I式 동선계 2b-3a期	I式 동선계 3b期	II式		III式		IV式	
中國 분류	만가단형	석채산형	석채산형	석채산형	석채산형	북류형 영산형		서맹형	준의형	마강형	
Vietnam 분류	I式D型	I式 A-IV B-III型	A-I II III B-I II C-I II型	I式C- I II IV	I式D型	II式	II式	III式	I-IV式	IV式	라이동식
연대 폭	BC5-BC4世紀	BC3-2世紀	BC3/2-AD1世紀	AD2世紀	3世紀以降	3/4-9世紀	11-15/16世紀	9/10-20世紀	10-13世紀	14-17世紀	19世紀

도판 3-3-6 | 동고의 연대 분류(일본, 중국, 베트남)

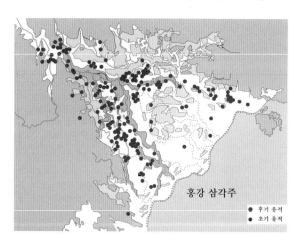

홍강 삼각주

● 후기 유적
● 초기 유적

도판 3-3-7 | 동선 유적 분포도(홍강 삼각주)

지금까지 다양한 제기로 사용하고 있다. 따라서 동고에는 여러 형태가 있다. 헤가(Heger)가 처음으로 I식~IV식으로 분류했고, 이마무라 케이지(今村啓爾)가 이를 체계화하여 5식으로 분류했다.[34] 중국에서는 선(先) I식을 만가단형(万家壩型), I식 전기를 석채산형(石寨山型), I식 후기를 냉수충형(冷水沖型), 냉수충형~마강형(麻江型)의 과도기를 준의형(遵義型), II식을 북류형(北流型)과 영산형(靈山型), III식을 서맹형(西盟型), IV식을 마강형(麻江型)으로 분류하고 있다(李偉卿: 1979)

(蔣廷瑜: 1982).[35] 영남대학교의 다와라 간지(俵寬司) 교수가 선 I식 및 I식에 관해 상세히 연구[36]하였으며 부산외국어대학교 김인규 교수도 동고의 분류에 대해 연구했다.[37]

베트남 홍강 삼각주의 마(Ma)강, 까(Ca)강 계곡은 대부분이 저지대로, 박보만(Bac Bo灣)을 가로질러 불어오는 습한 바람 때문에 1년에 2번 벼농사를 지을 수 있는 곳이다. 또한, 홍강

---

34 今村啓爾, 「HegerI式銅鼓における2つの系統」, (『東京大學文學部考古學研究室紀要』11, 1992)

35 李偉卿, 「中國南方銅鼓的分類与斷代」, 『考古』1979-1.; 蔣廷瑜, 『銅鼓史話』, 文物出版社, 1982年.

36 俵 寬司, 「古式銅鼓の再編-Heger I 式後半期銅鼓に関する形式額學的研究-」, (『新田榮治先生退職記念, 東南アジア考古學論集』, 新田榮治先生退職記念東南アジア考古學論集, 2014)

37 김인규, 동남아시아 청동북의 기원과 전개, (『동북아 문화연구』제27집, 2011)

은 범람이 잦아 퇴적물로 삼각주 자체를 비옥한 토지로 만들었고, 이 일대의 고분에서 다양한 청동기가 출토됐다. 풍응우엔 유적, 동더우 유적, 고문 유적, 동썬 유적 등이 대표적이다. 마강의 남쪽 기슭에 있는 삼각주 주변은 동썬이라고 일컫는 유물이 출토된 유적지다. 이 동썬 문화, 특히 동썬 동고는 동남아시아를 대표하는 청동기로, 당시 발달한 벼농사 기술과 함께 동남아시아 각지로 확산했다.

기원전 5세기경에 운남 서부에서 탄생한 동고는 기원전 4세기 운남에서 성행했다. 이 동고가 '선(先) 헤가 I 식 동고'이다. 운남에서 후한의 건안 4년(建安, 199년) 명문이 있는 헤가 I 식 동고가 있었으며, 동고는 기원후 2세기까지 계속하여 만들어졌다. 운남 동부(滇國)와 베트남 북부(동썬) 두 지역이 청동기 제작의 중심지였고, 각각 특징을 가진 동고를 제작했다. 운남에서 제작한 동고(李家山 遺蹟에서 출토한 동고를 포함)를 '석채산(石寨山)계', 베트남 북부에서 제작한 동고를 '동썬계'로 구분한다.

동고의 주조 기술은 『천공개물』(天工開物, 宋応星 저, 1637년 간, 명나라 말의 산업 기술서)에 그림과 기록이 남아 있다. 헤가 I 식 동고는 필리핀을 제외한 동남아시아의 거의 전역에 분포한다. 무덤의 부장품으로 출토되는 사례가 대부분이다. 이러한 동고의 대부분은 초기에 만든 동썬 동고이다. 헤가 I 식 동고는 지역에 따라서 고면과 울림통의 문양에 다양한 변화가 있지만, 베트남 북부에서 제작한 동썬계 동고는 이러한 규칙성을 충실히 따르고 있다. 헤가 I 식 동고의 엄밀한 문양의 규칙성은 다음과 같다.

도판 3-3-8 | 헤가 I 식 동고(기원전 500~기원전 100년, Ban Angh, 하노이 베트남 국립대학교 고고학 연구실 제공)

① 고면(鼓面) 중앙에 태양문을 배치하고, 그 주위를 동심원의 문양대(紋樣帶)가 둘러싸고 있다. 문양대에는 기하학 문양(톱니문, 사다리형문, 연속 접선 원문 등)과 구상문양(具象紋樣)이 새겨져 있다.

② 구상문에는 네 마리 이상의 비조문(飛鳥紋), 혹은 비조문과 우인문(羽人紋)이 있다. 일부 동고 고면 위에는 우인(羽人)의 의례 장면과 고상 가옥이 새겨져 있다.

③ 문양으로 새긴 비조는 등을 중심으로 향하고, 우인은 머리를 중심으로 향하여, 모두 왼쪽으로 배치하고 있다.

④ 고면 외주의 무문대(無紋帶)에 개구리 입상 4개를 배치한 것도 있다. 개구리는 항상 왼

쪽으로 배치하고 있다.

⑤ 고면 측면의 울림통에도 다양한 문양이 새겨져 있다. 새의 깃털로 장식한 우인문, 각
　종 동물(사슴, 비조, 소, 물고기) 등의 문양이 있고, 우인(羽人)이 타고 있는 배인 선문(船紋)
　을 장식한 것도 있다. 배는 항상 뱃머리를 오른쪽으로 향하고 있다.

⑥ 동부(胴部)는 기하학 문양의 구획문(區劃紋)으로 장식하고 있다. 종횡으로 구획하여, 구
　획 안에 무늬가 없거나 인물, 동물 등 구상문으로 장식하고 있다.

⑦ 다리 부분은 무늬가 없다.

그러나 태국, 말레이시아, 인도네시아, 미얀마에는 이러한 무앙(Muang)의 규칙을 이탈하
는 동고가 출토된다. 동고가 베트남 북부에서 제작되어 넓은 지역으로 확산했기 때문이기
도 하지만, 각 지역의 수장층에게 동고가 절실하여 수요를 이루고 동고가 만들어지면서, 지
역과 시대에 따라 동고의 크기와 형태와 문양에 다양한 변화가 생기게 되는 것은 어쩌면 당

도판 3-3-9 | 고면 외주에 개구리 입
상 4개를 배치한 동고(헤가 I 식 동고,
Đông Sơn, Việt Nam)

도판 3-3-10 | 고면에 태양문, 사슴문,
비조문을 배치한 동고(헤가 I 식 동고,
Đông Sơn, Việt Nam)

도판 3-3-11 | 고면에 태양문, 우인문,
비조문을 배치한 동고(헤가 I 식 동고,
Đông Sơn, Việt Nam)

도판 3-3-12 | 고면에 태양문, 비조문
을 배치한 동고(헤가 I 식 동고, Đông
Sơn, Việt Nam)

도판 3-3-13 | 고면 측면에 물소, 우인(羽人)이 타
고 있는 선문(船紋)을 장식한 동고(헤가 I 식 동고,
Đông Sơn, Việt Nam)

연하다. 닛타 에이지는 베트남 북부를 제외하고 동남 아시아의 다른 지역에서 만든 동고를 '주연형 동고(周 緣型銅鼓)'라고 부른다.[38]

태국에서 출토지가 확실한 헤가 I 식 동고는 총 38 개가 있다. 그 밖에도 구체적인 출토지는 알 수 없지만 태국에서 출토된 것이 확실한 동고를 포함하면 50개 가 발견됐다. 이 중에 주연형 동고는 9개가 있다. 태국 북부 우따라딧의 타사오(Tha Sao) 동고 고면에는 일반 적인 개구리상이 아니라 우렁이 형 고둥 4개를 배치했

도판 3-3-14 | 무앙에서 출토된 동고(기원전 3~기원전 1세기, Muang, Uttaradit, Bankok National Museum, 오세윤 촬영)

다. 방콕의 국립박물관에는 우따라딧에서 출토한 3개의 동고가 전시되어 있다. 방콕 국립박 물관은 2,400~2,700년 전이라고 설명하고 있지만, 모두 헤가 I 식 동고에 속하는 것으로 기 원전 3~기원전 1세기에 만든 것으로 보는 것이 타당하다. 그러나 동고의 상세한 문양은 베 트남 북부의 동썬 동고와는 다른 부분이 있어, 현지에서 만들었을 가능성이 크다. 특히 타사 오 동고는 카셈짓타람 사원(Wat Kasemjittaram)에 전해진 것으로, 고면(상판) 문양이 다른 동고 와 전혀 다르다.

그 밖에도 반나봇(Ban Na Bot) 동고 및 나충 동고(Na Chung, Sukhothai)는 고면에 비조가 아 닌 두 다리로 걷고 있는 새를 배치했다. 반보루앙(Ban Bo Luang) 동고는 고면에 왼쪽을 향하 고 있어야 할 개구리상이 오른쪽으로 향했다. 동부 태국 난현(Nan province)의 반샘감 동고 (Ban Sam Ngam)는 비조가 아니라 오른쪽을 향하는 물고기 세 마리를 배치했다. 동북 태국 묵 다한의 캄차이(Kamcha-I) 동고에는 변형 우인문(羽人紋)이나 배 밑바닥이 거꾸로 된 변형 선 문(船紋)을 동부 측면에 배치하고, 각부(脚部)에 변형 배 문양을 새겨 놓았다. 이 동고는 실납 법(失蠟法)으로 주조한 것으로, 납판(蠟板)을 각부납형(脚部蠟型)에 붙였다.

태국 남부 수랏타니의 차이야 국립박물관에는 2개의 동고가 전시되어 있다. 비조문은 보통 왼쪽을 향하나, 차이야에서 출토된 대형 동고 고면 위에 있는 비조 네 마리는 오른쪽 을 향한다. 수랏타니의 코사무이에서 발굴된 중형 동고 문양도 비조문과 우인문 등 일반적 인 동고 문양과 확연히 다르다. 이들 동고는 모두 현지에서 주조했을 가능성이 크다. 나콘 시탐마랏의 사께오(Sa Kaeo) 동고에는 일반적인 비조를 생략하고 변형 비조문 세 마리를 배

38　닛타 에이지, 「동남아시아의 주연형 동고-그 존재와 제작, 유통에 대한 사회적 의의」, 『계간 한국의 고고 학』19호, 주류성출판사, 2012)

도판 3-3-15 | 타사오 동고(기원전 3~
기원전 1세기, Wat Kasemjittaram,
Muang, Uttaradit, Bankok National
Museum)

도판 3-3-16 | 타사오 동고 고면 부
조도(기원전 3~기원전 1세기, Wat
Kasemjittaram, Muang, Uttaradit,
Bankok National Museum)

치했다. 또한 출토지가 명확하지 않지만 고면 외주에 개구리가 아니라 타사오 동고와 같이 고둥상 4개를 배치한 푸켓의 타랑 동고(Thalang National Museum)가 있다. 타사오 동고와 같은 특징으로 보아 타랑 동고는 아마 태국 북부의 우따라딧 부근에서 제작했을 가능성이 크다.

말레이반도의 나콘시탐마랏에서는 3개의 동썬 동고가 발견됐다. 하나는 고면에 개구리 장식이 있고, 나머지 2개의 고면에는 개구리 장식이 없다. 문양은 베트남 북부의 동썬 문양과 미묘하게 다른 점이 있어, 말레이반도 혹은 태국 중부 지역에서 제작했을 가능성이 크다. 동남아시아 사람들은 수천 년 전에 야생으로 자라던 벼를 채집하여 먹고, 기원전 3,000년경에 중국 남부와 태국 북부, 라오스, 베트남에서 식량으로 벼를 재배했다고 추정되고 있다. 동남아시아에서 벼를 언제부터 재배했느냐도 중요한 문제이지만, 동남아시아의 고고학자들은 동썬 동고와 함께 고도의 '동썬 농법'(베트남 북부의 貉田農耕)이 전래하여, 이전 시대보다 쌀의 수확량이 비약적으로 증가했다고 추정하고 있다.

라오스에서 Ⅰ식 동고는 남부의 참파삭과 중부의 사완나켓에서 집중적으로 발견됐다. 그중에 주연형 동고는 사완나켓의 반혹라오(Ban Hoc Lao) 동고이다. 이 동고는 일반적인 Ⅰ식 동고에 없는 동체 하부에 소, 사슴 등 동물이 새겨져 있고, 또 각부에 개구리 입상 하나가 머리를 위로 향한 상태로 배치되어 있다. 이 동고는 고면이 결손 상태이며 머리 부분도 거의 남아 있지 않지

도판 3-3-17 | 차이야 출토 동고 고면 부조(기원전 3~기원전
1세기, Chaiya, Surat Thani, Chaiya National Museum)

도판 3-3-18 | 코사무이 출토 동고 고면 부조(기원전 3~기원전
1세기, Kosamui, Surat Thani, Chaiya National Museum)

도판 3-3-19 | 나콘시탐마랏 출토 헤가 I 식 동고(기원전 3~기원전 1세기, Nakon Si Thamarat National Museum)

도판 3-3-20 | 나콘시탐마랏 출토 헤가 II 식 동고(기원전 1~기원후 2세기, Nakon Si Thamarat National Museum)

만, 각부가 지름 120㎝를 넘는 라오스 최대의 동고이다.

말레이시아의 말레이반도 동해안에서 3개, 서해안에서 4개, 총 7개의 헤가 I 식 동고가 발견됐다. 말레이시아의 동고는 주로 한 쌍으로 해서 매장 유적에서 출토됐다. 청동 동고는 쿠알라 테렝가누(Kuala Terengganu), 우루 템베링(Ulu Tembeling), 케랑(Kelang), 란팅(Ranting) 등에서 발견됐고, 형태와 문양이 베트남 북부에서 발견된 헤가 I 식 동고와 유사하여 베트남 북부에서 가져온 것으로 추정되고 있다. 세렝고르

도판 3-3-21 | 깜뽕 승가이랑 출토 동고(기원전 3~기원전 1세기, Kampung Sungai Lang, Misium Negara, Kuala Lumpur)

(Selangor)의 란팅에 있는 깜뽕 승가이랑(Kampung Sungai Lang) 유적에서 동고 한 쌍이 출토됐다. 이 무덤은 당시 높은 사회적 지위를 가졌던 기원전 2~기원전 1세기에 존재한 수장의 무덤으로 추정되고 있다. 발굴 조사 결과 약 2m 길이의 오래된 카누 안에 동썬 I 식 동고와 10여 점의 토기, 비즈를 매장한 것이 밝혀졌다.

말레이시아 사바주 북쪽의 작은 팀반다얀(Timban Dayan)섬에서 I 식 동고가 출토됐다. 이 팀반다얀 동고는 고면이 원형이 아니라 아몬드형(타원형)을 하고 있다. 연속 접선 원문(連續接線圓紋)의 시문이 없는 것도 전형적인 I 식 동고와 다르다. 이러한 특징은 팀반다얀 동고가 후대에 만들어졌다는 것을 나타내고 있다. 말레이반도 최남부에 있는 조호르의 무아르(Kampung Pancu, Muar, Johor)에서는 대형의 청동 종이 발견됐다. 이 청동 종은 부남의 확장과 더불어

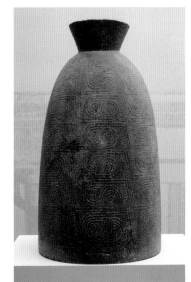

도판 3-3-22 | 무아르 출토 대형 청동 종(기원전 3~기원전 1세기, Kampung Pancu, Muar, Johor, Misium Negara, Kuala Lumpur)

도판 3-3-23 | 물고기 문양의 동고(태국 동부 출토)

도판 3-3-24 | 꺾창(기원전 3~기원전 1세기, 李家山墓, 雲南李家山青銅器博物館)

전래했다고 추정되고 있지만, 문양 등을 보면 베트남 북부의 동썬 문화와 관련이 있을 가능성이 크다.

동고는 대부분 목관 내외에서 출토되지만, 동고 자체를 관으로 사용하는 사례가 있다. 태국 남부 반농우아담 유적에서는 옆으로 놓인 동고 안에 청동 장신구로 치장한 유골이 출토됐다. 인도네시아 동부 자바의 플라왕간(Plawangan) 유적에서는 옆으로 놓인 Ⅰ식 동고 안에 유아의 유골이 들어 있었다. 베트남 남부 후체인 유적에서는 목관 위에 동고를 뚜껑으로 놓았다. 이처럼 Ⅰ식 동고는 의례용 제기, 수장의 위신재 등 다양하게 사용되었지만, 마지막으로 소유자의 죽음과 함께 부장품으로 역할을 끝냈다. 송나라 이후 중국 남서부의 많은 민족지를 기록한 사서가 남아 있는데, 그 안에 동고에 관한 기록이 많다. '동고 1개가 소 1,000마리에 해당한다'는 등 동고가 고가의 기물이었던 것을 알 수 있다. Ⅰ식 동고는 다양하게 사용했지만, 마지막으로 소유자와 함께 무덤에 부장했다.

꺾창(銅戈)은 중국 고유의 무기이다. 기원전 5세기경 베트남에서 황하 중하 유역의 꺾창과 파촉(巴蜀)의 꺾창을 수입했다. 동남아시아의 꺾창은 중국 사천성의 파촉 청동기(四川省의 三星堆遺跡, 晏爾龍遺跡)를 수입한 후, 장호유익(長胡有翼)의 청동 무기를 독자적으로 만들었다. 베트남 남부 롱자오 유적에서 10점의 장호유익 꺾창이 출토됐다. 동나이성 롱자오 유적 근린의 항곤 유적(Hàng Gòn, Xuan Tan commune, Long Khanh)에서는 화강암을 조합하여 만든 대형 상자식 석실묘(Stone Cists)에서 꺾창이 출토됐다. 유력 수장 무덤에 청동 무기를 부장한 것이다. 이러한 식으로 꺾창은 차츰 장식화, 대형화하여 의례용으로 변화했다. 꺾창은 베트남 중남부, 리오스 남부 참파삭, 동북 대국 북부에도 분포하며 깅을 따라서 내륙으로 확산해 갔다.

동남아시아에서 계층 사회가 출현하면서 청동기 문화가 형성됐다. 청동기는 실용적인 목적으로 제작 및 사용되기도 했지만, 철기 시대가 되면서 위신재 및 의례용으로 용도가 바뀌었다. 대표적인 사례가 동고와 꺾창이다. 캄보디아·태국·인도네시아에 분포하는 청동기 용기, 캄보디아·말레이반도에 분포하는 대형 청동 종은 의례용이다. 청동기 문화의 배경에는 동남아시아 계층 사회의 출현이 있었고, 청동기는 수장의 위신재 및 의례용으로 존재했다.

3-3-2. 운남의 청동기와 저패기

중국 운남(云南) 지역은 역사적으로 동남아시아 대륙과 불가분의 관계가 있었다. 유사 이래 운남의 소수 민족은 강을 따라서 남하하여, 동남아시아 내륙으로 확산했다. 그들은 도작문화와 청동기 문화를 수반하여, 혈관과 같은 강을 따라서 서로 교류하며 살았다. 운남은 현재 중국 영토이지만, 선사 시대와 고대에는 비한족(非漢族) 문화권이었다. 운남 보호구의 삼평행강(三江并流)은 티베트고원에서 발원하는 3개의 강이 평행하여 흐르고 있다. 이 3개의 강이 흐르는 유역이 바로 동남아시아 대륙 사람들의 원향(遠鄕)이다.

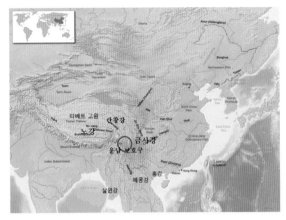

도판 3-3-25 | 운남 보호구의 3평행 강 지도(云南三江并流, Three Parallel Rivers of Yunnan)

중국 서남부 지도를 보면 녹색으로 칠해진 사천 분지를 둘러싸듯이 운귀고원(사천성 서부, 운남성, 귀주성)이 펼쳐져 있고, 히말라야산맥에서 발원하는 많은 하천이 흐른다. 장강(양자강) 원류의 금사강(金沙江), 광동을 흐르는 서강 원류의 남반강, 인도차이나의 대하 메콩강 원류의 란창강(瀾滄江), 베트남의 홍강 원류인 원강(元江), 미얀마의 살윈강 원류 노강(怒江) 등 남중국과 동남아시아의 주요 하천 대부분이 이 지역에서 시작한다. 이러한 지리적 조건 덕분에 이 지역은 하천을 따라서 사람과 문화가 이동하는 문화의 십자로였다. 운남을 흐르는 강을 따라서 사람들은 하류의 여러 지역과 왕래했고, 평야에 사는 한족(漢族)과는 다른 운남고원의 독자적인 문화를 가지고 있었다. 고대(전국시대 말기~후한)의 사천, 운남, 귀주, 광서장족자치구의 비한족이 남긴 선사 시대의 대표적인 유물이 청동기와 저패기(貯貝器)이다.

사천성 동쪽의 사천 분지와 서쪽 고원의 고분에서 출토된 유물은 차이가 명확하다. 이러한 차이는 한족(巴蜀) 문화와 비한족 문화의 명확한 대비로 나타난다. 고원을 따라 남하하여, 운남은 전체적으로 고원에 형성한 평야가 흩어져 있다. 대표적인 곳이 곤명(昆明) 분지이다. 운남의 고대 왕국 전서(滇西)는 석관묘 문화 요소가 강하고, 사천 분지에는 한족 문화 요소가 강하게 나타난다. 2020년 사천성 성도시(成都市) 남부에서 전국시대부터 명왕조 시대에 걸친 무덤 6,000여 기가 발견되어 수만점의 유물이 출토됐다(成都文物考古研究院). 무덤의 종류는 주로 절벽에 구멍을 파낸 '애묘(崖墓)', 암벽의 경사면에 구멍을 파낸 '암굴묘(岩窟墓)', '전실묘(塼室墓)' 등으로 토기와 도자기 외에 구리, 철, 유리, 돌 등의 소재로 만들어진 유물이 출토했다. '낙'의 글자가 새겨진 전국 말기 동계, 외국 글자가 새겨진 전한시대의 용문연병(龍文鉛餅), 왕망(王莽)의 신왕조 시대에 주조된 금상감화폐(金象嵌貨幣, 一刀平五千), 후한 시대의 화상석(畫像石), 진대의 유리 옥(인도산 비즈) 등의 유물이 출토됐다. 이러한 고고학 성과는 실크로드의 동서 문화 교류와 고대 사회의 변천 등 규명하는 중요한 사료이며, 운남의 전왕국(滇王國) 무덤과 출토 유물과는 전혀 다르다. 귀주의 문화는 운남 동부와 가깝고, 광서와 광동은 베트남 북부와 가까운 문화가 출현한다. 서남 중국의 비한족 지역 문화의 핵심을 이루는 것이 곤명의 석채산 문화(滇文化)이다.

- 석채산(石寨山) 유적

운남성의 성도 곤명은 넓은 평야를 품은 분지 안에 있다. 이 분지의 중앙에는 전지(滇池, 면적 298㎢ 남북 39㎞)라는 호수가 있으며 호수 동쪽 호안에 석채산이라고 불리는 작은 언덕이 있다. 운남성 박물관이 1956년부터 실시한 발굴 조사로 석채산 남동 사면에서 약 50기의 고묘가 발견됐다. 고분에서 출토한 부장품은 청동기·철기·금기·옥기·토기 등이며, 특히 수천 점에 달하는 청동기는 기존 중국 청동기의 개념을 깨는 독특한 조형을 보여주고 있다. 이 발굴 조사는 중국 서남 지역 비한족의 역사와 문화 연구에 중요한 자료이다.

서남 중국 비한족 문화의 핵심을 이루는 것이 석채산 문화(石寨山文化)이다. 석채산 고분군과 이가산(李家山) 고분군이 대표적인 유적이고, 이들 고분에서 당시의 화폐이자 재화인 자안패(cowrie shells)를 보관하기 위한 청동기(저패기=저금통)가 다수 출토됐다.[39] 고대의 전족(滇族)은 조개를 화폐로 사용했고, 저패기는 화폐로 쓰는 조개를 넣기 위한 용기였다. 동고를 개조하여 저패기로 사용하거나 동고의 고면에 뚜껑을 새로 만들어 붙인 것도 있다. 뚜껑 위에는 입체적

도판 3-3-26 | 동검(기원전 3~기원전 1세기, 운남성 石寨山 유적 출토)

도판 3-3-27 | 청동 단검의 인물상 (기원전 3~기원전 1세기, 운남성 출토, Musee Barbier Mueller, Geneva)

---

39   新田榮治,「周緣型銅鼓の製作とその流通」,『地域の多樣性と考古學』, 雄山閣出版, 2007)

인 미니어처 동고·인물·동물·가옥·기물을 입체적으로 주조해 놓았다. 운남의 저패기에 보관했던 자안패는 운남에서 가장 가까운 베트남의 통킹만에서 홍강을 통하여 가져왔다. 운남에서 홍강을 내려가면 곧바로 통킹만이 나온다. 운남·베트남·광서는 같은 문화권이라고 할 수 있다. 동고와 저패기는 사천성의 석관묘에서도 출토되며 서남이족(西南夷族)과 베트남 북부의 연결 고리를 실증하는 유물이다.

도판 3-3-28 | 고면에 십이지상을 새겨 놓은 동고(탁본, 사천성 출토, 四川大學 歷史博物館)

- 전족(滇族) 사회와 문화

서남이(西南夷)에 관한 당시의 중국 사서(『史記』 西南夷列傳)는 대부분 소수 민족 이름의 나열로 끝나고 있지만, 청동기는 이러한 문헌 사료의 부족한 부분을 보완하는 자료이다. 동고와 저패기에는 벼농사를 중심으로 한 농경(석채산 12호묘에서 출토한 청동기), 파종이나 수확제의 농경의례에서 여성을 제정(祭政)일치 시대의 사제자로 묘사하고 있다. 동고는 의례에 매우 중요한 역할을 했고, 다수의 동고를 늘어놓거나 쌓아 올린 입체상이 있다. 소·양·돼지·닭 등 가축을 사육하는 장면, 귀족은 말을 타고 지배자 계급의 여성은 가마를 타고, 종자가 우산을 가지고 따라다니는 광경을 청동상으로 장식하고 있다. 또 이민족과의 사이에서 활발하게 전쟁이 있었고, 승리한 전(滇王國)에 대해서 주위의 이민족은 공물을 가지고 조공했던 것을 동고와 저패기 장식으로 알 수 있다.

전족(滇族) 사회는 수전 농경을 바탕으로 하는 계층 사회이며 전쟁이 빈발했고 충돌을 통해 정치적으로 통합했으며, 주술적 의례가 이루어졌다는 점은 우리나라 고대의 농경의례에

도판 3-3-29 | 곡창에 쌀을 가득 채우는 장면(탁본, 기원전 3~기원 1세기, 석채산 12호묘 출토, 雲南省博物館)

도판 3-3-32 | 초기 동고(기원전 5세기~기원전 3세기, 雲南省楚雄市 万家壩23号出土)

시사하는 바가 크다. 중국을 시원으로 하는 청동기를 제기로 사용하는 점, 무엇보다도 벼농사라는 공통점이 있다. 한족이라는 문화권을 사이에 둔 전족과 우리나라 고대 사회의 유사점은 부정할 수 없는 사실이다. 한족을 사이에 둔 동서 지역에서 비슷한 발전 단계의 사회가 존재한 것을 알 수 있다.

운남 서부의 초웅시 만가단(楚雄市万家壩) 유적은 석채산 유적보다 연대가 앞선다. 이 유적의 23호 무덤에서는 4개의 동고가 바닥을 위로 하여 놓여 있었고, 그 위에 깔린 나무판 위에 목관이 놓여 있었다. 여성의 무덤으로 보이는 1호 무덤에서는 50점 이상의 청동제 쟁기가 출토됐다. 운남의 청동기 문화는 풍부한 광산 자원과 철기의 보급 지연 때문에 청동 농기구가 많이 만들어졌다는 특징이 있으며, 청동으로 만든 농기구는 권력을 상징했다. 전(滇) 왕조는 전한 시대의 기원전 3세기 무렵부터 운남성 동부 전지(滇池) 주변에서 성립하였으며, 기원전 109년 전한의 7대 황제인 무제의 공격으로 속국이 되어 익주군(益州郡)의 지배를 받게 됐다.

귀주는 사기(史記)에 서남이(西南夷) 중에 가장 크다는 야랑(夜郎)이 있었던 지역이지만, 고고학적으로는 그다지 눈에 띄는 유적은 발견되지 않았다. 광서성 귀항시(貴港市) 나박만(羅泊灣)

도판 3-3-30 | 항아리형 청동 용기(기원전 2세기, 廣東省廣州市象崗南越王墓出土, 西漢南越王墓博物館)

도판 3-3-31 | 청동 용기 측면의 우인문과 선문 부조(기원전 2세기, 廣東省廣州市象崗南越王墓出土, 西漢南越王墓博物館)

발견의 대형한묘(漢墓1號墓)는 목곽묘(木槨墓)이다. 이 한족의 고분 부장품에는 한나라의 유물뿐 아니라 동고와 항아리형 용기 등 운남과 베트남의 청동기가 출토됐다. 이미 한족의 중원에서 사라진 순장을 수반하는 점을 보면 한나라 매장 문화의 지방적 양상을 나타내고 있다. 연대는 한나라 초에 남월국이 이 지역을 지배했던 시기로, 그 위치와 고분 규모, 구조, 부장품 등을 고려하면 계림군(桂林郡)의 최고위 관리의 무덤으로 추정된다.

또, 광서장족자치구의 선사 미술로는 좌강(左江) 강변의 79곳에 그려진 동굴 벽화(花山岩畵)가 알려져 있다. 이 동굴 벽화 중에는 동고를 사용하는 의례 장면이 그려져 있어, 제작 연대는 동고와 비슷한 기원전 3세기에서 기원전 1세기로 추정된다. 광동성 광주(廣州) 상람(象嵐)에서는 남월왕묘(南越王墓)가 발견됐다. 베트남 동썬 문화의 특징인 새 깃털로 장식한 사람이 배를 타고 있는 부조를 새긴 청동 항아리가 다수 출토됐다. 베트남 북부에서 제작한 청동기를 광동으로 가져온 것이다.

- 의례 장면의 저패기

석채산 12호묘에서 출토(晋寧縣石寨山12号墓出土)된 저패기(높이 53㎝, 지름 32㎝)에 나타난 당시(기원전 3세기~기원전 1세기) 사람들의 의례 장면은 문헌 자료에서 결여된 부분을 보충하는 중요한 사료이다. 이 저패기에는 허리 부분이 조여지는 원통형의 울림통 양쪽에 두 마리의 호랑이 모양으로 된 손잡이가 있고, 밑면에 호랑이 발 모양의 다리 3개가 있다. 뚜껑 위에는 고상식 건물에서 행해지는 의례를 중심으로 하는 정경을 입체적으로 표현했다. 지름 32㎝인 뚜껑 위에 127명의 인물상을 포함하는 건물, 기물, 동물을 합쳐 151개의 동상을 배치했다. 뚜껑 중앙을 차지하는 고상식 건물은 기둥 4개가 바닥을 지지하고, 굵은 기둥 2개는 안장 모양의 지붕을 지지한다. 지붕은 양쪽에 처마가 있고, 서까래는 용마루(棟)와 교차한다. 마루에 난간은 없고, 경사지면서 올라가는 2개의 사다리가 설치되어 있다. 이와 유사한 고상 가옥이 술라웨시섬 토라자(Toraja)에 남아 있다.

저패기 위의 청동상은 의례 장면을 상세하고 정밀하게 묘사하고 있다. 중앙의 고상 가옥은 보통의 주거가 아니라 의례용 사당으로 추정된다. 고상 가옥의 마루 주위에는 미니어처 동고 16개

도판 3-3-33 | 토라자의 고상 가옥(Toraja, Rantepao, Sulawesi, Indonesia)

도판 3-3-34 | 의례 장면 저패기(기원전 3~기원전 1세기, 雲南省晋寧縣石寨山12号墓出土, 中國歷史博物館)

가 있고, 그 안쪽에서 9명의 인물이 의례를 거행하고 있다. 중앙 전면에서 혼자 마루 위에 앉아 있는 인물이 의례를 주관하고 있는데, 이 인물상은 특히 크게 만들었다. 이 저패기를 부장한 묘주의 생전 모습으로 추정된다. 이 중심인물은 상투를 틀고 귀걸이와 큰 팔찌를 찼으며, 배 앞에 원형 띠 장식이 있어 높은 신분을 과시하고 있다.

지상에는 건물 뒤쪽 양쪽에 사람 키보다 높은 거대한 동고가 2개 놓여 있고, 한쪽은 비조문, 다른 한쪽은 열을 진 사슴무늬를 북면에 장식하고 있다. 두 동고의 사이에는 기둥에 알몸으로 묶인 남자와 족쇄가 채워져 있는 남자들이 있다. 남자가 묶여 있는 기둥과 대칭하는 곳에 원형 기둥이 있고, 몇 마리의 뱀이 서로 얽혀 있으며 밑에는 큰 뱀이 사람을 삼키고 있다. 원형 기둥 위에는 호랑이(결손)가 있다. 그 뒤에는 바구니를 갖고 있거나 물고기를 매매하는 여자들, 말을 타고 있는 인물상이 열을 지었다. 인물상들의 모습이 조금씩 다른 점으로 미루어 보아 여러 소수민족을 표현한 것으로 생각된다. 고상 건물의 왼쪽에는 동고와 함께 악기를 두드리는 남자와 그 주위에 악공들을 배치했다. 악대 앞에는 말과 마부, 돼지와 먹이를 주는 여자가 있고, 악대의 왼쪽에는 표범과 호랑이, 뱀과 여성, 공작새와 여성 등이 줄지어 있다. 고상 가옥 오른쪽에는 소가 누워 있고, 그 옆에 큰 칼을 찬 남자가 서 있다. 남자 뒤에서는 두 남자가 돼지를 해체하고 있다. 건물 좌우 전면에는 큰 솥이 놓여 있다. 주위의 여자들은 요리사들이다. 이처럼 제례를 위해 모인 이민족을 포함한 다양한 사람을 청동상으로 만들었다.

중국 연구자들은 저패기를 장식한 청동상을 부족장들이 모여 맹세하는 혈맹 의례, 혹은 중국의 사서에 보이는 족장의 장례 장면이라고 해석하고 있다. 이러한 가설은 석채산에서 출토된 저패기 위의 정경을 한족 장례나 조상 공양 의례라고 한족 중심적으로 해석하는 문제가 있다. 석채산 고분 자체가 중국 한족의 무덤이 아니고, 저패기도 중국의 청동기와 전혀 관련이 없다. 중국 연구자는 석채산 문화와 한족 문화의 관계를 중시하는 반면, 중국 이외의 연구자는 석채산 문화의 독자성이나 비중국적 문화와의 관계를 상정하는 경향이 강하다.

- 사냥 장면 저패기

1996년 운남성 진녕현 석채산 71호묘에서 발굴된 이 저패기(높이 64㎝, 지름 45.7㎝, 전한 시대)

는 2개의 헤가 I 식 동고를 상하로 합해 놓았다. 상면 동고의 밑바닥과 하면 동고의 상판을 잘라내서 2개의 동고를 접합해 놓았다. 출토 당시에 저패기 안에 자안패가 가득 들어 있었다. 저패기의 형태는 다양하며 이처럼 헤가 I 식 동고를 개조하거나 뚜껑에 다양한 인물상과 동물상을 배치한 것도 있다. 이 저패기의 뚜껑에는 인물 2명이 말을 타고 있는 장면, 1명이 두 마리의 사냥개를 데리고 사냥하는 장면을 입체적으로 표현하고 있다. 사냥하는 사람은 무기를 들고 사슴을 쓰러뜨리려 하고 있다. 2명의 기마 인물상 가운데 1명은 금으로 도금 처리를 한 것으로 보아, 특히 신분이 높은 인물(묘주)을 주조한 것으로 추정된다.

- 파종 장면 저패기

1992년 운남성 강천현 이가산 69호묘에서 파종 장면 저패기(높이 40cm, 지름 28.8cm)와 방직 장면 저패기(높이 47.5cm, 지름 24.0cm)가 같이 출토됐다. 파종 장면 저패기는 헤가 I 식 동썬 동고를 개조한 저패기로, 동고 측면 위에는 삼각형 톱니문·동심원문·선문(船文)이, 중단 부분에는 우인(羽人, 새로 분장한 사람)과 동심원

도판 3-3-35 | 사냥 장면 저패기(기원전 3~기원전 1세기, 雲南省晋寧縣石寨山71号墓出土, 中國歷史博物館)

도판 3-3-36 | 파종 장면 저패기(기원전 3~기원전 1세기, 李家山69号墓, 雲南李家山青銅器博物館)

도판 3-3-37 | 상면의 파종 의례 장면(기원전 3~기원전 1세기, 李家山69号墓, 雲南李家山青銅器博物館)

문이 새겨져 있다. 저패기 뚜껑(상판) 중앙에는 높고 큰 기둥이 세워져 있으며 마을의 제장을 나타낸다. 『삼국지(三國志)』 위서(魏書) 동이전(東夷傳)에 '또 여러 나라에 각각 별읍(別邑)이 있어, 이것을 소도(蘇塗)라고 부른다. 큰 나무를 세워 방울(鈴)이나 북(鼓)을 걸어놓았다'라고 삼한의 제례 공간을 기록한 내용과 유사한 것이 흥미롭다.

기둥 주위에는 35개의 청동 인물상이 있다. 그중에서도 특히 눈에 띄는 인물상은 가마를 타고 있는 여성이다. 전체를 도금하였으며 종자가 우산을 받치고 따라가고 있어 신분의 높음을 나타내고 있다. 그 앞을 두 명의 말을 탄 기사가 선도하고, 가마 뒤로는 농기구를 가진 남성, 바구니를 어깨에 건 여성이 따라가고 있다. 이 저패기는 고대의 제장(祭場) 및 무녀(제정일치 시대의 수장)의 농경의례를 표현하고 있다. 그 밖에 기둥 주위에서는 대나무로 만든 바구니나 토기를 들고 있는 사람, 머리에 장작을 이고 가는 사람, 직물을 파는 사람 등 다양한 사람들이 있다. 제사 공간에서 시장이 열린 장면과 무녀가 파종을 위해서 제장을 출발하는 장면으로 추정되고 있다.

- 방직 장면 저패기

방직 장면 저패기(紡織場面貯貝器, 높이 47.5㎝, 지름 24.0㎝)는 원통형으로 하부에 3개의 짧은 다리가 있다. 몸통과 뚜껑 측면에는 각각 서로 마주 보고 있는 2개의 호랑이 모양 손잡이가 있다. 몸통 측면에는 연속 와문(渦文), 뇌문(雷文), 톱니문이 새겨져 있고, 뚜껑(상판) 위에는 10명의 여성 입체상을 배치했다. 중앙에 있는 여성이 주인공으로, 긴 머리카락을 묶었으며 양손을 무릎 위에 놓고 등을 편 상태로 혜가 I 식 동고 위에 무릎을 꿇고 앉아 있다. 이 여성상만 도금이 됐고, 뒤에는 한 명의 노예가 긴 모양의 우산을 받치고 있어 신분이 높은 것을 나타내고 있다.

왼쪽 앞의 인물은 직물을 헌상하며, 오른쪽 전방에는 무릎을 꿇고 앉아 있는 인물이 있다. 중앙의 여주인공 주위에는 원을 이루어 직물을 찌는 여성 6명이 있다. 2명은 시로 마주 보며 실을 감고, 다른 4명은 각각 수직기를 한 대씩 사용하여 직물을 짠다. 직물을 짜는 여성들의 머리 형태가 다른 것으로 보아 여러 소수 민족을 나타내는 것으로 추정된다. 이 저패기 뚜껑의 인물상은 직물과 관련하는 의례 장면을 나타냈으며 이를 통해 당시 직물을 짜는 일의 중요성을 알 수 있다. 저패기에서 보이는 형태의 수직기(手織機)는 오늘날에도 운남의 와(佤)족이나 경파(景頗)족이 사용하고 있다.

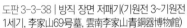

도판 3-3-38 | 방직 장면 저패기(기원전 3~기원전 1세기, 李家山69号墓, 雲南李家山青銅器博物館)

도판 3-3-39 | 염직을 짜는 여인상 측면도(기원전 3~기원전 1세기, 李家山69号墓, 雲南李家山青銅器博物館)

- 동고와 무릎을 꿇고 앉아 있는 청동 인물상

운남성 강천현(江川縣) 이가산 51호묘에서 동고 위에 무릎을 꿇고 앉아 있는 청동 인물상(높이 66㎝)이 출토됐다. 원래 양손에 우산을 가지고 있었지만, 출토했을 때 이미 우산이 유실된 상태였다. 머리는 상투를 틀었고 큰 귀걸이와 목걸이를 하고 있으며, 반소매의 장의를 입고 뱀의 문양이 있는 화려한 망토를 걸쳤다. 망토는 끈을 가슴 옆에서 묶고, 허리에 단검을 찼다. 전족 귀족이 정장하고 피장자의 묘를 지키는 호위 장군을 묘사한 것으로 추정된다. 동고는 저패기로 사용한 것이 아니라, 인물상의 받침대로 사용한 것이다.

- 삼기사상 동고(三騎士像 銅鼓)

운남성 강천현(江川縣) 이가산 51호묘(李家山51号墓)에서 1992년에 출토된 동고(높이 45.5㎝, 지름 40㎝)의 북면에는 12개의 빗살을 가진 태양문과 바깥쪽의 톱니문으로 구성된 2개의 문양대가 있

도판 3-3-40 | 동고와 무릎을 꿇고 앉아 있는 청동 인물상(기원전 3~기원전 1세기, 李家山51号墓, 雲南李家山青銅器博物館)

다. 측면 상단 부분에도 톱니문이 있고, 중간 단 부분에는 하단에 가까운 곳에 톱니문으로 구성된 문양 띠, 또 그 위에는 톱니문과 사선문으로 구성된 8개의 수직 띠 문양이 있다. 울림

도판 3-3-41 | 삼기사상 동고(기원전 3~기원전 1세기, 李家山51号墓出土, 雲南李家山青銅器博物館)

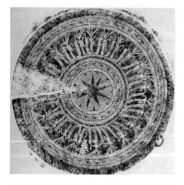

도판 3-3-42 | 우인문 용기 뚜껑(기원전 3~기원전 1세기, 雲南省晋寧縣石寨山12号墓出土, 雲南省博物館, 탁본)

통 상단과 중단 부분의 경계에는 4개의 편평한 귀가 있다. 고면 상면에는 청동으로 된 3명의 기사와 한 마리의 소가 있다. 3명의 기사는 같은 의상을 입고 머리에 투구를 썼으며, 귀에는 큰 귀걸이를 하고 코트와 같은 긴 옷을 입고 있다. 왼쪽 허리에는 장검을 차고, 양손은 말고삐를 잡았다. 말은 발굽을 들고 질주하는 것 같은 자세이며 말의 머리와 목에는 장식이 보이고 꼬리는 매우 길다.

- 우인문 용기 뚜껑(羽人文器蓋)

석채산 12호묘에서 출토된 동고형 저패기의 상부 뚜껑(지름 52.5cm)이다. 안쪽과 바깥쪽을 톱니문과 연속 소용돌이문으로 구획한 띠 부분에 23명의 인물이 새겨져 있다. 인물 중 한 명만 긴 옷(관통의)을 입고 허리에 큰 장검을 찼다. 다른 인물은 모두 새로 분장하고 춤추고 있다. 깃털로 장식하고 춤추는 인물 부조는 베트남의 동썬 동고에서 가장 보편적으로 볼 수 있는 문양이다. 빙의한 상태로 춤추며 제례를 올리는 장면이다. 머리 위와 등 뒤에도 큰 날개 장식이 있다. 상반신은 알몸이고, 하반신 허리띠 옷도 새 날개를 본뜬 것이다. 깃털 장식은 기원전 3세기에 출현할 당시에는 사실적으로 묘사되며, 시간이 지나면서 형식화하여 의미를 알 수 없는 도안으로 변화하나 동고 문양으로 계속 사용된다. 이 깃털 장식의 변화 과정은 동고 편년을 정하는 단서가 된다.

- 우인문 동고(羽人文 銅鼓)

광서장족자치구 귀항시(貴港市) 나박만1호한묘(羅泊灣1号漢墓)에서 출토된 동고 출토, 높이 36.8cm, 지름 56.4cm)는 제1형식이다. 광서장족자치구는 서쪽은 운남성, 북쪽은 귀주성과 호남성, 동쪽은 광동성과 접하며, 남쪽은 통킹만에 접한다. 베트남에서 출토한 동썬계 동고는 태국과 말레이반도, 인도네시아에서도 발견됐다. 고면에는 중앙의 별 모양을 둘러싸는 동심원 안에 기하학적 무늬나 비조문이 장식되어 있고, 울림통 상부 측면에는 날개로 장식한

도판 3-3-43 | 나박1호 묘 출토(기원전 3~기원전 1세기, 廣西民族博物館)

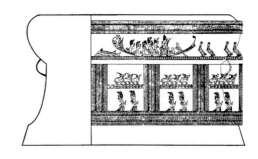

도판 3-3-44 | 귀항시 출토 우인문 동고 측면도(기원전 3~기원전 1세기, 廣西民族博物館)

인물들이 배를 타고 있는 부조가 새겨져 있다. 아래의 울림통 구획 안에는 독수리같이 큰 깃털로 장식한 인물이 춤추는 장면이 있다. 석채산계 동고는 동썬계 동고에 비하면 짧은 기간(기원전 3~기원전 1세기)에 만들어 사용한 것으로 기형과 문양이 많이 변하지는 않았다.

- 항아리형 용기(桶形容器)

광서장족자치구 귀항시 나박만1호한묘에서 항아리형 용기(2세기, 높이 36㎝, 지름 35.5㎝, 광서민족박물관)가 출토됐다. 귀현(현 貴港市)은 진(秦)이 설치한 계림군(桂林郡) 포산현(布山縣)의 소재지로 여겨지고 있다. 조타(趙佗)가 현재 광주를 중심으로 남월국을 건국하고 한(漢) 왕조로부터 독립하면서 이 지역은 남월국에 속하게 됐다. 기원전 111년 한 무제가 남월을 멸망시킬 때까지 귀현은 남월의 중요한 거점이었고, 그 후 한나라의 식민지가 됐다. 이러한 역사적 배경을 가진 나박만 1호 무덤의 연대는 전한 전기(2세기)로, 조타가 남월왕이 되어 권세를 휘두르던 시기이다. 묘주의 이름은 분명하지 않지만, 무덤의 규모를 보면 계림군에서 제일 높은 관료의 무덤이다. 무덤은 지상에 지름 60m, 높이 7m로 흙을 쌓았고, 목곽묘의 규모는 12.5×9.9m, 폭 3.2m이다. 부장품은 도기·청동기·철기·목기·칠기가 있고, 중원(中原=漢民族)계·광동계·광서계의 유물이 혼재

도판 3-3-45 | 항아리형 용기(2세기, 羅泊灣1号漢墓, 廣西民族博物館)

하고 있다. 무덤 구조는 중국 한족과 유사하지만, 당시 한족들 사이에서 이미 사라진 순장을 하고 있다. 광동, 광서 토착의 청동기를 대표하는 것이 항아리형 용기와 동고이다. 항아리형 용기는 베트남과 광서를 중심으로 분포하며, 광동의 남월왕묘에서도 출토됐다.

- 개구리와 기사상 장식 동고(騎士像 銅鼓)

도판 3-3-46 | 개구리와 기사상 장식(기원후 2~3세기, 廣西 藤縣冷水冲出土, 廣西民族博物館)

광서장족자치구와 미얀마, 라오스에서는 지금도 동고를 주조하여 의례(주로 장례식)에 사용하고 있다. 광서장족자치구 냉수충(冷水冲)에서 출토한 동고(높이 66.2㎝, 지름 87.7㎝)는 기원후 2~3세기에 만들었다. 동고 고면에는 말을 타고 있는 인물상, 개구리상, 물새상 등을 부착하고 있다. 냉수충형(冷水冲型)은 광서장족자치구 등현의 냉수 앞바다에서 출토했기 때문에 그 이름이 붙여졌다. 1~12세기에 활발하게 만든 이들 동고는 크고 다채로운 문양이 있고, 상판에 부착한 개구리상이 가장 큰 특징이다. 장족(河池市)은 마괴절(螞拐節)이라는 개구리를 숭배하는 의례가 있다. 장족 자치구 하지시에서는 지금도 신성한 동고의 소리로 개구리를 숭배하고 있다. 이러한 냉수충형 동고는 석채산계 동고의 흐름을 그대로 계승한 것이 아니라, 석채산계 동고가 사라진 후에 베트남 동썬계 동고의 영향으로 광서성에서 새롭게 도입하여 정착했다. 모든 문화가 중국에서 동남아시아로 전래했다는 인식과 다르게 베트남에서 광서성으로 전래한 동고이다.

3-3-3. 베트남의 동썬 청동기

동남아시아를 대표하는 청동기 문화가 동썬 문화이다. 동썬 문화는 독특한 청동기로 잘 알려져 있다. 헤가 I 식 동고가 중국 남부와 동남아시아 전역에서 발견됐다. 헤가 I 식 안에서 새로운 형태의 동썬 동고가 동남아시아 대륙부와 도서부, 뉴기니섬 첸드라와시 (Tjenderawasih) 반도에 이르기까지 널리 분포하고 있다. 이것은 동썬 문화의 영향이 동남아시아 상당히 넓은 지역까지 확산했던 것을 나타내고 있다.

헤가 I 식 동고는 고면의 중앙에 태양문(별문양이라고도 한다)이 있고, 그 주위에 비조문이나 머리에 새털 장식을 한 인물상(鳥人 혹은 羽人), 우인이 타고 있는 곤돌라 모양의 카누를 묘사

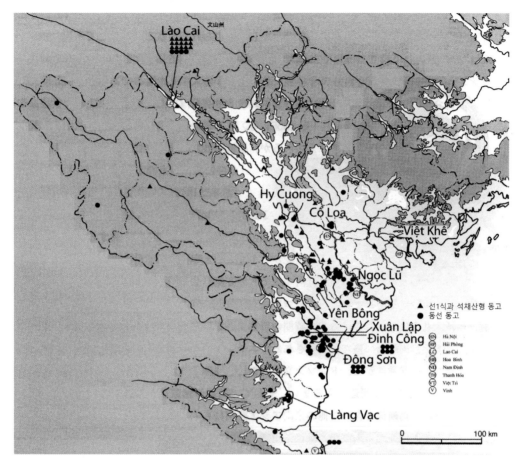

도판 3-3-47 | 베트남 북부의 기원전 3~기원후 1세기의 동고 분포도

하고, 기하학문과 연속 소용돌이문 등이 새겨져 있다. 또 고면 측면에도 조인이 타고 있는 배, 새, 동물 등이 새겨져 있다. 이러한 헤가 I 식 동고보다 더 오래된 형태의 동고가 운남에서 발견됐다. 조기(早期) 동고, 혹은 선(先) 헤가 I 식 동고로, 문양이 전혀 없거나 매우 간단한 문양만 있는 원초적인 형태를 하고 있다. 조기 동고에서 헤가 I 식 동고로 이행하는 과정은 매우 유연하다.

조기(早期) 동고는 운남 서쪽 대리 지방(大理地方)의 초웅(楚雄), 상운(祥雲), 미도(弥渡), 창녕(昌寧), 등충(騰沖), 영승(永勝)의 각현(各縣)에 분포하고 있다. 이 지역은 운남 북서부 쪽에서 남하하는 석관묘 분포 지역의 남쪽 한계점이고, 동남아시아를 남향하여 흘러가는 홍강, 메콩강, 살윈강의 상류에 해당한다. 조기 동고는 이 지역에서 탄생했다. 운남에서 조기 동고를 부장한 대파나동관묘(大波那銅棺墓)와 만가단묘(萬家墻墓)는 기원전 5세기를 상한으로 한다. 따라서 동고(銅鼓)가 처음 출현하는 시기는 기원전 5세기이다.

도판 3-3-48 | 헤가 I 식 동고(기원전 3세기, 운남성 석채산 고분 출토)

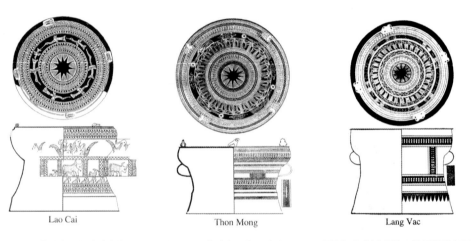

Lao Cai

Thon Mong

Lang Vac

도판 3-3-49 | 헤가 I 식 석채산계 동고
도(전기)

도판 3-3-50 | 헤가 I 식 동썬계 동고도
(중기)

도판 3-3-51 | 헤가 I 식 동썬계 동고도
(후기)

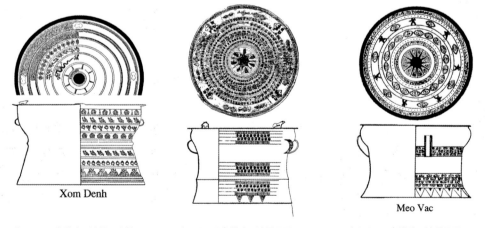

Xom Denh

Meo Vac

도판 3-3-52 | 헤가 II 식 동고 A형도

도판 3-3-53 | 헤가 III 식 동고도

도판 3-3-54 | 헤가 IV 식 동고도

조기 동고는 동북 태국, 베트남 북부에서 발견됐다. 베트남 하썬빈성(Tỉnh Hà Sơn Bìn)의 퉁람(Tùng Lâm) 유적에서 출토한 동썬 동고는 조기 동고 중에서도 가장 새로운 형태이다. 베트남 빈호성(Tỉnh Bình Hồ)의 투언논(Thuôn Non) 유적에서 발견한 조기 동고, 태국에서 발견한 조기 동고는 운남성 대파나목곽동관묘(大波那木槨銅棺墓, 雲南祥雲縣劉廠鎮大波那村出土, 전국시대)나 등충(騰沖, 雲南省西部県級市) 및 만가단

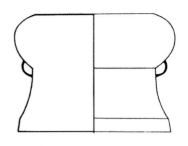

고묘(万家壩古墓)에서 출토한 조기 동고와 공통하는 특징을 갖고, 가장 오래된 형태의 조기 동고이다. 태국과 베트남은 기원전 5세기 이후에 메콩강과 홍강을 통해서 운남과 교류를 통하여, 동썬 동고를 수용한 것이다.

1893년 베트남 하남성 응옥루(Ngoc Lu) 마을에서 발견한 동고는 제 I 식을 대표하는 대형 동고이다. 응옥루 동고는 기원전 3~기원전 2세기경 베트남 홍강 삼각주에서 번성한 청동기시대 동썬 문화의 가장 중요한 유물 중 하나이다. 이 동고는 1893년 하노이 남동쪽 하남성에서 제방 공사를 하던 노동자들이 우연히 발견했다. 응옥루 동고는 특히 고면 문양이 다양한 것이 특징이고, 중앙의 태양문을 둘러싸고 기하학문의 원형 띠 외에 3개의 도안 띠 안에 각종 문양이 있다. 안쪽부터 2채의 큰 가옥 앞에서 새 깃털을 몸에 장식한 사람들이 춤추는 장면, 사슴 행렬과 비조문이 연속하여 새겨져 있다. 동고 고면을 반분하여 같은 장면을 2번 묘사하고 있다.

첫 번째 제례 장면에서 주목되는 것은 고상 가옥 두 채이다. 왼쪽에서 둥근 지붕을 하고 비교적 작은 고상 가옥은 지금도 동인도네시아에서 사용하는 곡식 창고(고상 가옥)와 아주 유사하다. 마루 위에 한 사람이 서서 벽에 걸린 징(銅鑼)을 치고, 건물 오른쪽 광장에는 춤추며 악기를 연주하는 사람이 있다. 오른쪽의 용마루가 하늘로 휘어 올라간 큰 고상 가옥은 술라웨시섬 토라자족과 수마트라섬 바탁족의 '조상의 집'과 아주 유사하다. 이 두 고상 가옥 사이의 광장에서 두 사람이 서로 마주 보며 깃발로 장식한 절굿공이를 들고 방아를 찧고 있다. 곡식 창고 앞에서 새로 분장한 사람들이 모여서 춤추며, 쌀을 찧는 광경이다. 조상에게 수확을 감사하는 의례 장면이고, 그들이 가장 원하는 주술적 소망(다산과 풍작)을 가시적으로 표현한 것이다. 집 밖에서 긴 새 깃털로 장식한 남자들과는 달리 집 안에 있는 사람들은 머리 형태로 보아 여성인 것 같다.

오른쪽에 의례 장면의 중심이 되는 큰 지붕 양쪽 끝을 기둥(토자라어로 tulak somba)이 받치

도판 3-3-56 | 응옥루 동고의 고상 가옥과 의례 장면(기원전 3~기원전 2세기, Ngoc Lu, Ly Nham, Ha Nam, Vietnam)

고 있는 고상 가옥이 있다. 운남의 석채산 유적에서 출토한 저패기의 고상 가옥과도 유사하다. 가옥 오른쪽에는 높은 마루 위에서 모두 봉을 가지고 한 사람은 서서, 나머지 세 사람은 앉아서 무엇인가를 하고 있다. 애매한 표현 때문에 이제까지는 막연하게 네 사람이 타악기를 연주하는 장면 혹은 절굿공이로 쌀 찧는 광경으로 추정해왔다. 필자는 2015년 네덜란드의 레익스 박물관에서 식민지 시대의 인도네시아 자료를 조사하다가 우연히 '쌀 탈곡, 수마트라(Battakfrauen, Reis stampfend, Stafhell & Kleingrothe, 1890~1895년)'라는 제목이 쓰인 사진을 볼 수 있었다. 수마트라섬 바탁족 여성들이 높은 마루 위에서 절구를 들고 젊은 여성들이 제례용 쌀을 찧는 풍경 사진이다. 이 사진은 응옥루 동고의 네 사람이 절굿공이를 들고 쌀을 찧고 있다고 확신할 수 있는 명확한 민족지 자료이다. 동고에서 쌀을 찧는 인물상은 머리 형태로 보아 모두 여성들이다.

쌀을 찧는 마루 아래에는 헤가 I 식 동고 4기가 안치되어 있다. 마루 앞 오른쪽 바닥에는 한 사람이 엎드려 있다. 제사장으로 추정되는 인물이 엎드려 제를 지내고 있는 광경이다. 그 오른쪽에 새로 치장한 사람들이 춤추고 있다. 고면의 원형 띠 안에 같은 의례 장면을 2번 반복하여 극명하게 새겨 놓고 있다. 동고 측면 위에는 새 깃털로 장식한 전사가 탄 카누가 새겨져 있다. 헤가 I 식 동고의 가장 오래된 형식이다. 최근 코로아 동고를 정밀 조사한 결과

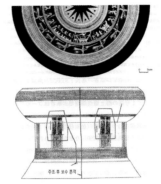

각부의 한자 명문

도판 3-3-57 | 카로 바탁족의 의례용 쌀 탈곡 장면(1890년, Karo Batak, Sumatra, Ricjks Museum)

도판 3-3-58 | 응옥루 동고의 주조 후 보수 흔적과 한자 명문 (Ngoc Lu, Ly Nham, Ha Nam)

고면 각부에서 한자로 음각한 비문과 주조 후에 문양을 보수한 흔적이 밝혀졌다.

동썬 청동기 중에는 주물로 만든 다양한 형태의 손잡이 장식이 있는 청동 국자가 있다. 비엣케(Viet Khe) 유적에서는 기원전 500~기원전 300년의 청동기 유물이 대량으로 출토됐다. 그중 베트남 국립역사박물관이 소장한 피리를 부는 인물상 국자(길이 17.5cm, 베트남 국립역사박물관 소장)는 1961년에 비엣케 유적의 목관에서 출토됐다. 국

도판 3-3-59 | 청동 국자. 피리를 부는 인물상(기원전 500~기원전 300년, Viet Khe, Đông Sơn, Vietnam National Museum of History)

자의 손잡이에는 허리띠를 두르고 피리를 부는 인물 좌상이 장식되어 있다. 켄(Khen)이라는 피리는 말린 조롱박으로 만든 공명기와 그 속에 끼워 넣은 대나무 통으로 구성된 관악기로, 이와 유사한 악기가 다른 헤가 I 식 동고에도 새겨져 있다.[40] 켄은 지금도 흐몽(H'mon)족 등 동남아시아 고지에 사는 소수 민족이 사용하고 있다.

베트남 북부 홍강 삼각주를 흐르는 까강(Sông Cà)의 랑박(Lang Vac) 유적에서 청동 단검이 약 50점 발견됐다. 까강은 라오스 로이(Loi)산맥에서 발원하여 씨엥쿠앙, 베트남 응에안(Nghê An), 하틴(Hà Tĩnh)을 지나 베트남 중북부 해안에 있는 통킹만으로 흐른다. 랑박 유적은 통킹만과 가까운 카강 계곡에 있는 고고학 유적지이다. 1983~1990년까지 베트남과 일본 조사단이 발굴한 결과 다양한 동썬 청동기 유물을 부장한 100개 이상의 무덤을 발견했다. 방

---

40 부산 박물관, 2010, 『베트남, 홍강에서 메콩강까지 : 2010 부산 박물관 국제교류전』

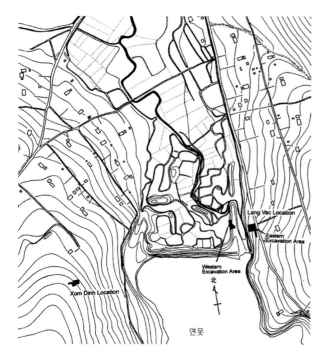

도판 3-3-60 | 랑박 유적도(기원전 87~기원후 225년, Lang Vac, Nghệ An)

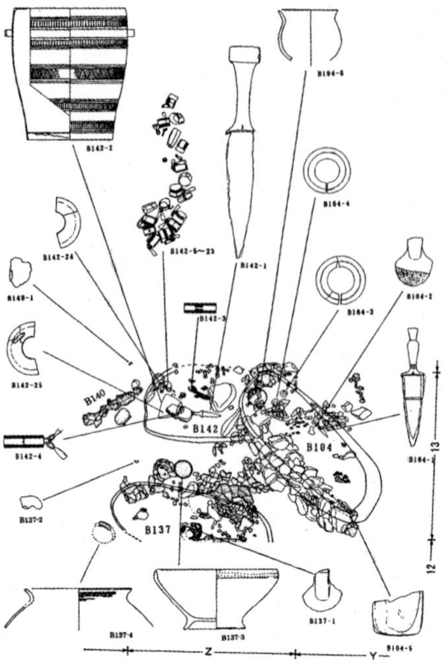

도판 3-3-61 | 랑박 유적의 묘제와 출토 유물(기원전 87~기원후 225년, 104, 137, 142호묘, Lang Vac, Nghệ An)

도판 3-3-62 | 청동 단검의 인물상(기원전 87~기원후 225년, Circa, Đông Sơn, Vietnam National Museum of History)

사성 탄소 연대 측정 결과 이 유적은 기원전 87~기원후 225년까지 조성된 것으로 밝혀졌다. 이 유적에서 다양한 청동기·무기·거푸집· 낚싯바늘·팽이·끌이 발굴됐으며, 다른 동썬 유적지보다 청동 단검이 상대적으로 많이 출토됐다. 랑박 유적에서 출토한 청동 단검의 손잡이에 인물상을 장식한 것이 출토됐다.

랑박 유적에서 출토한 동검의 청동상은 운남의 전왕조(滇王朝) 무덤에서 출토한 청동 단검을 장식한 인물상(기원전 3~기원전 2세기, 27.5×8×1㎝)과 호남성 장사의 한나라 무덤에서 출토한 청동 단검을 장식한 인물상과 유사하다. 베트남 국립역사박물관이 소장한 청동 단검(잔존 길이 13.5㎝)에도 손잡이 부분에 인물상이 만들어져 있다. 매우 정교하게 만든 수호신 형상이며 의례용의 제기로 사용했다. 손잡이 부분에 표현한 입체 인물상은 하반신에 허리띠를 두르고 머리는 뒤로 땋아 내렸으며, 양쪽 귀에는 둥근 귀걸이를 했다. 오른손은 결손이 있지만, 왼쪽 손에는 팔찌를 차고 있다. 신분이 높은 인물을 나타내고 있다.

3-3-4. 라오스 참파삭 출토 동썬 동고

라오스에서는 오스트랄로-멜라네시아어족(Australo-Melanesians)의 뒤를 이어 오스트로아시아(Austro-Asiatic)어족이 정착했다. 이 초기 사회는 북부 라오스의 카무(Khamu)족, 남부의 브라오(Brao)족과 카탕(Katang)족 등 라오텡(Lao Theung)으로 알려진 고지대 라오스 민족의 조상이다. 이후의 신석기 시대 이주민의 물결은 역동적이고 매우 복잡한 것으로 여겨진다. 벼농사와 청동기 문화는 기원전 약 2,000년부터 중국에서 강을 따라 전해졌다. 그러나 내륙에서는 식량을 공급하기 위한 사냥과 채집이 매우 중요했다. 이 시기의 라오스 중북부는 태국 북동부의 반치앙 문화와 베트남 북부의 풍응우옌 문화와 같은 문화권이었다.

현재 프놈펜의 캄보디아 국립박물관이 소장하는 헤가 I 식 동고(기원전 3~기원전 2세기, 높이 58㎝, 고면 지름 86.5㎝)는 1924년에 프랑스 극동학원의 조사단이 라오스 남부 참파삭에서 발견했다. 동고의 두부는 비교적 크고 높이가 낮다. 이러한 형태의 동고는 전형적인 운남 지역의 '석채산계 동고'이다. 중국 운남의 조기 동고 이후에 만든 오래된 형태로, 동썬 동고와는 형태와 문양이 다소 다르다.

조기 동고에서 주조 기술이 크게 발전하면서 헤가 I 식 동고로 바뀌었다. 우선 헤가 I 식 동고의 문양은 돌선(突線)으로 주조하여, 단순한 기하학 문양이 주가 된다. 또한, 이 동고의 도안은 고면과 측면 모두 음각 형태로 정교하게 기하학 문양을 새기고, 인물상과 동물상의 표현도 사실적이다. 조기 동고에서 헤가 I 식 동고로 이행하는 과정에서 제조 기술이 비약적으로 발전한 데엔 중국 청동기 주조 기술의 영향이 있었음을 부정할 수 없다.

참파삭에서 출토된 동고는 고면 중앙의 태양문과 큰 연속 소용돌이 문양을 중심으로 하여, 각종 기하학적 문양을 중앙에 배치하고 있다. 이 중앙의 도안을 둘러싸고 도마뱀 무늬와 비조문의 띠가 둘러싸고 있다. 베트남의 응옥루(Ngoc Lu) 동고에 보이는 의례 장면은 새겨져 있지 않다. 동고 측면은 배와 방패를 가진 우인(羽人) 전사, 사슴 등 이후의 대형 동고에서 보이는 보편적인 문양이 새겨져 있다. 이 동고는 문양을 사실적으로 표현하였으며, 주조의 우수성에서 라오스에서 출토된 대표적인 동고로 평가되고 있다.

매장 유적에서 출토하는 동고와 별도로, 동남아시아 각지의 왕궁과 사원에서 다양한 형태의 동고가 발견됐다. 라오스 란쌍 왕조가 소유했던 64개의 동고를 루앙프라방의 왕실 박물관이 소장하고 있다. 참파삭 왕실, 캄보디아 왕실, 롭부리 왕실, 태국 왕실(19세기 방콕 양식 동고)에서도 최근까지 동고를 중요한 제기로 사용했다. 동고는 동남아시아 왕권의 상징이라 할 수 있다.

도판 3-3-63 | 루앙프라방 왕실 박물관의 헤가 4식 동고 측면 (14~17세기, Royal Palace in Luang Prabang, Laos)

도판 3-3-64 | 루앙프라방 왕실 박물관의 헤가 4식 동고 상판 (14~17세기, Royal Palace in Luang Prabang, Laos)

동남아시아 헤가 I 식 동고는 베트남, 라오스, 태국, 캄보디아, 말레이반도, 미얀마, 도서부의 보르네오, 수마트라, 자바, 소순다 열도, 말루쿠의 카이 제도(Kai Islands), 뉴기니섬 서쪽의 첸드라와시 반도에 이르는 광대한 지역에 분포한다. 기원전 5세기에 조기 동고를 만들기 시작했을 무렵에는 동고 문양에 엄밀한 규칙성이 없었다. 그러나 조기 동고의 마지막 단계에 이르면 문양이 점차 규칙성을 갖게 된다. 헤가 I 식 동고가 완성되는 단계에서는 정해진 일정한 문양이 엄밀한 규칙을 가지게 된다.

동썬 동고의 고고학적인 출토 상황과 문헌 기록 등을 고려하면, 동고는 계층화·사회화한 중국 남서부 및 동남아시아에서 왕권의 상징이며, 각지의 수장은 동고 소유에 강한 집착이 있었던 것 같다. 이게 바로 긴 시간 넓은 지역에 동고가 분포하는 이유라고 할 수 있다. 헤가 (F. Heger)는 원형의 상판(鼓面)과 깔때기형의 울림통(胴部)에 입체적 장식이 없는 형태를 제 I 식으로 분류했다. 울림통의 측면에는 손잡이가 네 쌍이 달려 있다. 상판의 중앙에는 태양문을 중심으로 주위에 섬세하게 연결된 S자형의 나선 띠와 두루미, 해오라기, 왜가리 등 새 문양이 새겨져 있다.

울림통에는 새의 긴 깃털을 머리에 장식한 기묘한 인물(우인)이 곤돌라형의 긴 배를 타고 있는 특이한 그림이 새겨져 있다. 배, 고상 가옥, 인물의 부조는 많은 헤가 I 식 동고에 공통으로 나타난다. 새로 가장한 인물은 제사장(무당)이며, 배는 망자의 영혼을 싣고 저승으로 가는 장면으로 해석되고 있다. 일부 동고에는 긴 절구통에서 방아를 찧는 장면과 물소 등 동남아시아 도작문화를 알리는 중요한 장식이 새겨져 있다.

명문을 새긴 동고에는 광서장족자치구 귀현(貴縣) 라박만한묘(羅泊灣漢墓)와 베트남 하노이 교외의 꼬로아(Cô Loa) 성지(城址)에서 출토한 헤가 I 식 동고가 있다. 한(漢)나라 고분에서 출토된 동고에는 '百二十斤'(백이십근), '粵卅八鼓, 重兩千百八十一斤'(월책팔고, 중량간백팔십일근)이라는 명문이 새겨져 있다. 코로아 동고는 헤가 I 식 동고이며, 베트남 북부에서 주조된 '동썬계 동고'이다. 코로아 동고의 명문은 '粵卅八鼓'(월 씨의 제8번째 동고)라는 의미로 '粵'(월)은 '越'(월)이며, 베트남계 씨족을 의미한다.

태국의 묵다한과 베트남의 후에(Hue) 사이에 라오스 사완나켓주의 세폰(Xepon, Vilabouly) 마을이 있다. 마을은 3개의 강(동쪽의 Banghiang강, 동남의 Sepon강, 북쪽의 Kok강)이 교차하는 곳에 있다. 원래의 마을은 1971년 베트남 전쟁 당시 호치민의 보급로를 차단하기 위하여 남베트남(월남)군과 미국군이 연합한 람손 719작전의 표적이 되어 완전히 파괴됐다. 마을 주변에 최대 20m 깊이의 갱도가 있으며 연대가 2,300년 전으로 거슬러 올라가는 대규모의 구리 광산과 그 근처의 매장 유적이 발견됐다. 그 후 세폰 마을은 동남아시아에서 중요한 구리 매장 유적이자 동북 태국과 베트남을 잇는 중요한 교통의 요지로 밝혀졌다.

비엔티안의 라오국립박물관은 세본 마을에서 출토한 헤가 I 식 동고를 소장하고 있다. 동고는 2008년 1월 콕강(Nam Kok) 인근 광산에서 미군이 투하한 불발탄을 제거하는 작업 중에 발견됐다. 베트남과 운남에서 출토된 다른 동고와 마찬가지로 거꾸로 된 상태로 발견되었으며, 지금까지 라오스에서 가장 크고 완전한 형태로 남아 있는 동고이다(높이 800mm, 지름 1,100mm). 라오국립박물관은 약 2,000~1,500년 전에 만들어진 동고라고 설명하지만, 형식이나 문양을 보면 라오스의 동고 중에 가장 초기인 기원전 3~기원전 2세기 동고로 추정된다. 동고의

도판 3-3-65 | 세폰 출토 헤가 I 식 동고(기원전 3~기원전 2세기, Xepon, Vilabouly, Savannakhet, Lao National Museum)

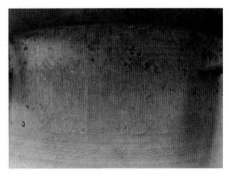

도판 3-3-66 | 세폰 출토 헤가 I 식 동고 측면 부조(기원전 3~기원전 2세기, Xepon, Vilabouly, Savannakhet, Lao National Museum)

도판 3-3-67 | 세폰 출토 헤가 I 식 동고 측면 배와 인물 부조(기원전 3~기원전 2세기, Xepon, Vilabouly, Savannakhet, Lao National Museum)

도판 3-3-68 | 라오국립박물관의 헤가 3식 동고(9~20세기, Lao National Museum)

도판 3-3-69 | 라오국립박물관의 헤가 4식 동고(14~17세기, Lao National Museum)

표면에는 새의 깃털로 분장하고 배를 타고 있는 인물들, 큰 새, 물고기 및 기타 동물을 묘사하고 있다. 동고가 출토된 주변에서 관련 유물이 추가로 발견되지 않아서, 예기치 못한 위급한 상황이 발생하여 동고를 묻어 놓은 것으로 추정된다. 그 밖에도 라오국립박물관에 4개의 동고가 전시되어 있다.

라오스 남부의 참파삭에서 발견된 헤가 I 식 대형 동고는 1924년 프랑스 극동학원이 소장하다가, 현재 캄보디아 프놈펜의 국립박물관이 소장하고 있다. 동고 형태는 고면(머리)이 크기에 비해서 몸통의 높이가 작다. 이 동고는 중국 운남의 '석채산(石寨山)계 동고'의 특징적인 형태를 하고 있다. 운남에서 만든 동고가 메콩강을 남하하여 전래한 것이다. 그리고 참파삭에서 출토된 동고는 선 헤가 I 식 동고의 조형(祖型)이 헤가 I 식 동고로 이행해 가는 초기 청동기 형태를 하고 있다. 선 헤가 I 식과 제 헤가 I 식 초기의 과도기에 속하는 이 동고가 만들어진 사이에는 주조 기술의 비약적 발전이 있었던 것을 알 수 있다. 선 헤가 I 식의 문양은 돌출된 선으로 주조하여 단순한 기하학 문양으로 만들었는데, 이 동고의 도안은 고면과 측면은 음각으로 기하학 문양을 더 정교하게 처리하고, 인물

과 새, 도마뱀은 사실적이면서도 선명하게 표현하고 있다. 지금도 육안으로 쉽게 판별할 수 없을 정도로 작은 수 ㎜의 도안을 고도의 청동기 제작 기술로 만든 것이다. 동고는 동남아시아에서 독자적인 발달과 변화를 이룬 기물이지만, 이 단계에서 동고 제조 기술이 도약한 데에는 중국 청동기 주조 기술의 영향을 배제할 수 없다.[41]

고면에는 중앙의 별 모양과 큰 연속 소용돌이 문양을 중심으로 각종 기하학 문양으로 둘러싸여 있고, 도마뱀과 비조가 새겨져 있다. 베트남의 고쿠르 동고에서 볼 수 있는 고상 가

---

41   今村啓爾, 「古式銅鼓の変遷と起源」, 『考古學雑誌』59(3), 1973-12)

옥과 제례 장면은 새겨져 있지 않다. 동고 몸통 측면은 새의 깃털로 장식한 전사가 타고 있는 배, 방패를 가지고 있는 새로 분장한 전사, 사슴 등, 이후의 대형 동고에 등장하는 보편적인 문양이 새겨져 있다. 이 동고는 문양이 사실적이고 주조 기술도 뛰어나다. 기원전 4~기원전 5세기부터 20세기까지 2,500년간 이어진 동썬 동고 중에서도 잘 만든 걸작이다. 참파삭에 이 동고와 유사한, 라오스에 거주한 넬슨(Nelson)이 소유했기 때문에 '넬슨 동고'라고 불리는 동고가 있었지만, 현재 소재지는 알려져 있지 않다.

라오스 팍세의 참파삭 주립 역사박물관에 3개의 동고가 전시되어 있다. 가장 오래된 동고는 헤가 I 식 동고로 참파삭 왕실에 전해졌다. 참파삭 왕국은 18세기에 세워졌으나 동고는 약 2,500년 전부터 권력의 상징으로 전해진 것이다. 이 동고는 원형의 상판(鼓面)과 깔때기형의 울림통(胴部)으로 이루어진 헤가 I 식 동고로 울림통의 측면에 4쌍의 손잡이가 달려 있다. 상판 중앙의 태양문을 중심으로 그 주위에 섬세하게 연결한 S자형의 나선 띠와 비조문이 새겨져 있다. 울림통에는 새의 긴 깃털을 머리에 장식한 기묘한 사람들이 곤돌라형 배(카누)를 타고 있고, 그 밑에도 새의 긴 깃털을 머리에 장식한 기묘한 인물군이 새겨져 있다. 배, 고상가옥, 인물의 부조는 많은 헤가 I 식 동고에서 공통적으로 나타나는 문양이다.

두 번째 동고(약 1,000년 전에 만들어진 것으로 추정)는 참파삭주 청사에서 전해진 것이다. 그러나 이 동고는 헤가Ⅲ식 동고와 유사한 형태로, 울림통 측면에 인물상과 코끼리상이 부착되어 있다. 같은 형태의 동고는 라오스 루앙프라방의 왕실 박물관과 방콕의 국립박물관이 소장하고 있으며 비교적 최근까지 왕실 의례에 사용됐다. 참파삭주 청사 회의실에서 발견했

도판 3-3-70 | 참파삭 출토 헤가 I 식 동고(기원전 3~기원전 2세기, Champassak, Laos, National Museum of Cambodia)

도판 3-3-71 | 참파삭 왕실에 전래된 헤가 I 식 동고(기원전 3~기원전 2세기, Royal Palace in Champassak, Champasak Provincial Museum)

도판 3-3-72 | 참파삭 왕실에서 전래된 헤가III식 동고(Royal Palace in Champassak, Champasak Provincial Museum)

다고 하지만, 원래 참파삭 왕국에 전해진 것이다.

세 번째 동고는 소형으로 기원후 1세기 송콘 마을에서 발견됐다. 송콘 마을은 왓푸 사원 가까이 있는 마을로, 동고는 원래 진랍의 초기 수도로 여겨지는 왓푸 고대 도시에서 전해진 것으로 추정된다. 동고의 상판 위에 개구리가 배치되어 있고, 울림통 허리 부분이 늘씬한 형태로 보아 헤가II식 동고이다. 울림통 측면에 손잡이가 4개 달렸고, 밑 부분의 일부가 부서져 있다. 이 동고는 현재 남은 형태로 보아 오랫동안 사용한 것으로 보인다.

이렇듯 참파삭 주립 역사박물관은 헤가I식, 헤가II식, 헤가III식의 동썬 동고를 소장하고 있다. 동고가 전해진 곳은 참파삭 왕실이 2개, 왓푸 사원 앞의 고대 도시가 1개이다. 원래 이들 동고는 왕권을 상징하는 것으로, 참파삭 고대 도시의 통치자(진랍 왕)가 소유했던 것이 후대의 참파삭 왕국으로 전해졌을 가능성이 크다. 현재 라오스 국내에서 발견된 동썬 동고는 총 100여 개가 전해지고 있다.

메콩강 하구에서 강을 따라 거슬러 올라가면 캄보디아의 앙코르 보레이, 캄퐁참, 크라체, 스텅트렝을 거쳐 라오스의 국경에 이른다. 라오스 시판돈과 캄보디아 스텅트렝까지의 메콩강 구간은 낙차가 그리 높지 않지만, 폭이 매우 넓은 큰 폭포 두 개가 있다. 이 구간은 큰 폭포 때문에 메콩강의 하천 교통이 중단되는 지점이다. 이 구간에서는 일단 배에서 내려서 폭포의 하류 혹은 상류로 이동해서 다시 배로 갈아타고 왕래하지 않으면 안 된다. 이러한 메콩강의 해상 교통의 치명적인 결점 때문에 참파삭과 스텅트렝의 삼보르가 항구와 같은 메콩강 교통의 거점 도시로 발전하게 됐다.

시판돈의 콩(Khong)섬 상류에 있는 산(San)섬의 동썬 마을에서 대형 동고가 출토됐다. 산섬은 메콩강 상류에서 배로 하류로 갈 수 있는 마지막 섬으로, 이러한 하천 교통의 차단 지점이 주변의 거점이 된다. 또한, 콩섬의 오래된 지명은 무앙 콩(Muang Khong)으로 무앙은 '수장국' 혹은 '도시', 콩 혹은 동썬이라는 지명은 '동고'에서 유래한다.

산섬에서 발견한 헤가I식 동고는 현재 비엔티안의 라오 국립역사박물관이 소장하고 있다. 라오스 국립박물관이 소장한 동고는 상판이 손상됐지만 울림통 상부에 배 문양이 새겨져 있고, 울림통 중간부에는 큰 새 깃털로 장식한 인물군이 연속으로 부조되어 있다. 이 청

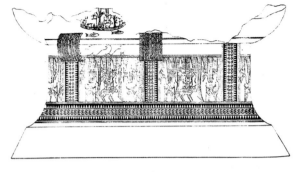

도판 3-3-73 | 산섬에서 출토된 헤가 I 식 동고 측면(기원전 3~기원전 2세기, San Island, Lao National Museum)

도판 3-3-74 | 산섬에서 출토된 동고 측면 부조(기원전 3~기원전 2세기, San Island, Lao National Museum)

동기는 크기와 도안이 참파삭 주립 역사박물관이 소장한 동고와 같다. 라오스 국립역사박물관의 동고와 참파삭 주립 역사박물관의 동고는 같은 장소에서 같은 거푸집으로 만들었을 가능성이 크다. 이들 동고는 베트남 북부의 '동썬계 동고'가 아니라 운남의 '석채산계 동고'와 유사하며, 참파삭의 수장이 콩섬과 산섬의 수장에게 하사한 것으로 추정된다.[42]

3-3-5. 헤가 I 식 동고와 수장의 출현

수장국 왕권의 상징인 헤가 I 식 동고는 메콩강과 그 지류 유역에 있는 교통과 운수의 중요 거점에서 출토되고 있다. 앞에서 서술한 대로 라오스 메콩강 인근의 참파삭과 산섬에서 대형 헤가 I 식 동고가 발견됐다. 또한 태국 묵다한의 메콩강 안에 있는 탄(Tan)섬의 고분에서 대소 2개의 헤가 I 식 동고가 발견됐다. 묵다한(Mukdahan) 유적의 메콩강 건너편에 있는 라오스의 사완나켓, 묵다한의 캄차이 거주 유적에서도 헤가 I 식 동고가 출토됐다.

문강과 메콩강이 합류하는 콩치암의 반나포 유적(Ban Napho, Khong Chiam, 1,800~1,500년 전)에서 소형 동고가 출토됐으며, 우본랏차타니의 서쪽에 있는 치강과 문강이 합류하는 쿠앙 나이의 반치투안 유적에서 대형의 헤가 I 식 동고가 출토됐다. 우본랏차타니 국립박물관은 이 동고가 만들어진 시기를 2,500~2,100년 전으로 설명하고 있다. 태국의 고고학자들은 동고의 연대를 상향시키는 경향이 있으므로 동고의 제작 연대는 기원전 3~기원전 1세기로 보는 것이 타당하다. 이러한 동고들은 모두 하천 교통이나 육상 교통의 요지에서 출토됐다. 진랍이 참파삭의 왓푸에서 성장하게 된 가장 큰 이유는 수전이 가능한 참파삭 평야, 동서남북을 잇는

---

42 가종수, 동남아시아 대륙부의 선사 시대 문화-라오스 참파삭을 중심으로-, 『계간 한국의 고고학』제32호, 주류성 출판사, 2016)

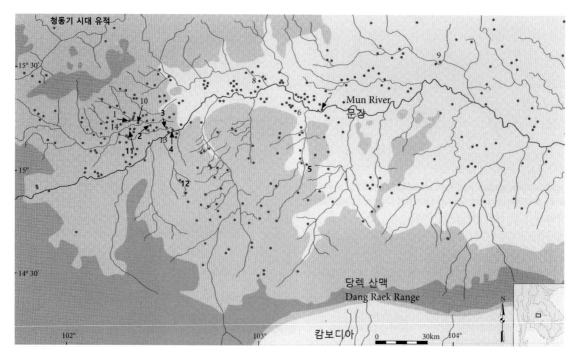

도판 3-3-75 | 동북 태국 문강 유역의 청동기 시대 주요 유적 분포도
1. 노엔우로케(Noen U-Loke), 2. 반프라삿(Ban Prasat), 3. 반탐애(Ban Tamyae), 4. 피마이/반수아이(Phimai/Ban Suai), 5. 반탁홍(Ban Takhong), 6. 반동프롱(Ban Don Phlong), 7. 논양(Non Yang), 8. 논끄라부앙(Non Krabuang), 9. 논두아(Non Dua), 10. 반룸카오(Ban Lum Khao), 11. 논무앙카오(Non Muang Kao), 12. 무앙펫(Muang Phet), 13. 반수아이(Ban Suai), 14. 반논왓(Ban Non Wat)

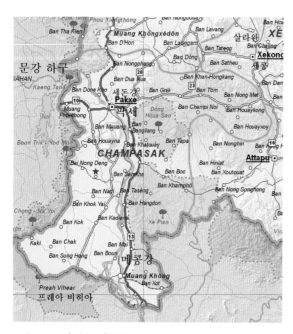

도판 3-3-76 | 라오스 참파삭 지도

큰강이 있는 교통의 요지라는 점 때문이다.

이렇듯 참파삭은 메콩강 상하류, 문강과 치강, 세콩강 등을 통하여 외부 세계와 긴밀하게 연결되어 있었다. 또한, 육로로는 참파삭(팍세, 혹은 왓푸)에서 동쪽의 안남 산맥의 볼라웬 고원(Bolaven Plateau, 해발 1,000~1,350m)을 넘어가면 베트남 꽝남성의 후이힝, 다닝힝과 연결됐다. 이렇게 참파삭의 청동기 문화는 메콩강의 상류 운남, 태국 동북부, 라오스 중북부, 베트남 중북부, 메콩강 하류 지역, 베트남의 돈나이 지방과 강과 육로로 연결됐다.

태국의 묵다한과 라오스의 참파삭은 메콩강 중류의 하천 교통의 요지였다. 특히 묵다한은 베트남 북부 해안의 일남군(日南郡, 베트남어 Nhật Nam, 기원전 111~758년)에서 내륙으로 가는 연안과 내륙을 잇는 중요한 간선 도로이다. 또한, 안남 산맥을 넘어 베트남 중부인 참파의 다낭, 호이안으로 통한다. 한편 묵다한은 메콩강 건너 라오스 사완나켓과 연결되어 라오스의 수운은 물론 베트남 북쪽 해안의 호아빈(Tỉnh Hoà Bình, 일남군)과 연결된다.

도판 3-3-77 | 문강 지류(Mun River, Pakse, Champasak, 오세윤 촬영)

팍세(Pakse)는 라오스 남부 참파삭주의 중심 도시로, 세돈강(Xe Don River)과 메콩강이 합류하는 지점에 있다. 팍세는 참파삭 왕국의 수도였으며 서쪽은 태국의 우본랏차타니, 남쪽은 캄보디아의 프레아 비히어주, 동쪽은 앗타푸주, 북쪽은 살라완주와 접하고 있다. 팍세의 메콩강에서 북쪽 약 30㎞ 거슬러 올라가면 왼쪽에 문강 하구가 있다. 문강 하구 혹은 지류를 거슬러 올라가면 동북 태국 코랏과 연결된다. 팍세에서 메콩강과 합류하는 세돈강을 동북으로 약 110㎞ 올라가면 살라완(Salavan)과 세콩(Xe Kong)이 있고, 이곳에서 안남산맥을 넘으면 바로 베트남 중부의 후에로 이른다. 팍세에서 남쪽으로 약 50㎞ 메콩강변에 왓푸와 고대 도시 유적이 있다. 팍세의 세돈강은 베트남 중부로 가는 입구에 해당하고, 메콩강과 합류하는 문강 하구 및 지류는 태국 코랏의 입구에 해당하는 지역이다.

이러한 교역로를 따라서 헤가 I 식 동고가 출토되어, 운남→루앙프라방→비엔티안→참파삭, 일남군(현재의 후에)→안남산맥→라오스 살라반→라오스(팍세, 혹은 사완나켓)→메콩강→동북 태국 코랏(문강, 치강)으로 왕래하는 교역로가 있었던 것을 알 수 있다. 동북 태국 메콩강과 합류하는 문강 유역에도 헤가 I 식 동고가 출토됐다. 묵다한은 캄차이를 거쳐서 코랏과 통

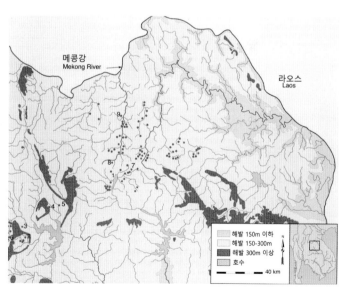
도판 3-3-78 | 코랏 분지의 주요 청동기 유적 분포도(Khorat, Thailand)
1. 쿰파와피(Kumphawapi) 호수. 2. 논농칙(Non Nong Chik), 3. 논녹타(Non Nok Tha), 4. 돈클랑(Don Klang), 5. 논프로우(Non Praw), 6. 논클루아이(Non Kluay), 7. 반나디(Ban Na Di), 8. 반팍탑(Ban Phak Top), 9. 반치앙(Ban Chiang)

도판 3-3-79 | 살윈강과 모라먀인(Salween River, Myanmar)

하고, 나아가 이 간선 도로는 수코타이에서 벵골만의 중요 항만으로 이어진다.

베트남 중부 해안 지대에서는 ①참파삭→문강(우본 랏차타니)→코랏 분지→수코타이→타크→벵골만, ②사완나켓→묵다한→코랏 분지→수코타이→타크→벵골만을 잇는 동서의 2개 간선 교역로와 메콩강 남북의 간선이 교차하는 중요한 교역로에서 헤가 I 식 동고가 발견됐다.[43] 말레이반도에서도 차이야, 수랏타니 주변 지역은 말레이반도 서해안의 타쿠아파를 잇는 곡창 지대이다. 이 지역은 벵골만에서 남중국해를 잇는 말레이반도 횡단로의 중요 거점이며, 말레이반도 동서 연안부의 중요 항만에서 헤가 I 식 동고가 출토되고 있다. 말레이반도의 고대 항구 도시에서 발견된 동고는 타이만을 건너 해로로 운반되거나 현지에서 만든 것들이다. 따라서 라오스 남부와 동북 태국의 헤가 I 식 동고는 운남에서 메콩강을 따라서 남하한 '석채산계 동고'와 베트남 북부에서 라오스, 동북

태국으로 전래한 이른바 '동썬계 동고'이다.

헤가 I 식 동고를 조사한 결과, 기원전 3~기원후 1세기의 라오스 참파삭에서 수전 농업을 기반으로 하였으며, 메콩강과 지류를 이용하여 내륙과 연안을 연결하는 교역으로 지역이 발달하여 왕권이 출현하기 시작했음을 알 수 있다. 미얀마 벵골만의 모라먀인(Salween River 하구, 티베트를 원류로 중국 운남성, 미얀마 북동부 카야주, 카렌주를 남하하여 안다만으로 흐르는 국제하천이다)으로 통하는 중요한 육상 교통로의 거점인 수코타이에서 2개의 동고가 출토됐나. 이들 중요 거점은 드바라바티 왕국(느가라 = 항시 국가, 무앙 = 성읍 국가)이 발생했던 장소이다.

동북 태국에서도 언덕 위를 거주 지역으로 하는 소집단이 각지에서 출현했다. 이와 같은 소집단의 수장들에게 동썬 동고는 수장의 위신재로 주목받게 됐다. 동고는 이후 전국 시대 후기인 기원전 4세기~기원전 3세기부터 문양이 복잡해지면서 운남 동부의 전지(滇池) 주

---

43   新田榮治,「銅鼓の起源と拡散」,(『海の道と考古學』, 高志書院, 2010)

변에서 곧바로 베트남 북부에 확산하여 헤가 I 식 동고로 발전했다. 배(카누)에 탄 조인(鳥人)과 동물 등, 동썬 동고와 공통하는 무늬가 날에 그려진 버선형 청동 도끼도 동썬 문화의 특징이 드러나는 청동기이다. 새 깃털로 장식한 전사를 문양으로 새긴 '버선형 청동도 끼(화형동부, 靴型銅斧)'는 무기의 일종이며 의장적 특성이 있다. 동남아시아의 청동 도끼는 운남의 의장용 청동 도끼의 계통을 잇는 것으로, 동썬 문화의 영역뿐만 아니라 중국 남부에도 분포하고 있다. 따라서 태국과 캄보디아의 청동기 문화는 운남과 베트남 북부의 빈번하고 복잡한 교류 양상을 보여 주고 있다.

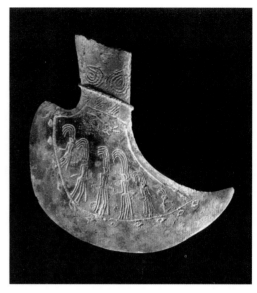

도판 3-3-80 | 버선형 청동도끼(기원전 4~기원전 2세기, Đông Sơn, Barbier-Mueller Museum)

특히 베트남에서 멀리 떨어진 절강성 정현(鄭縣) 갑촌(甲村)에서 동썬 동고와 같은 형태의 배를 젓는 4명의 조인을 새긴 청동 도끼가 출토되어 동썬 문화의 영향을 잘 나타내고 있다. 마찬가지로 동썬 문화에서 보이는 청동 도끼도 운남과 사천의 꺾창(銅戈)의 특징을 계승한다.[44] 전국시대 중국 중원의 꺾창과는 달리 동썬 문화에 보이는 동과는 장호유익과(長胡有翼戈)라고 하여, 모두 기부에 손잡이를 잡기 위한 날개 모양의 돌기를 가지고 있고 칼날 아래쪽이 길게 늘어진 특징이 있다.[45] 이는 태국에서 출토된 동과에서도 나타나는 특징이다. 청동 쟁기와 괭이도 운남의 청동기 시대 여러 유적에서 출토하는 것과 같은 형태이다.

이처럼 베트남과 태국도 운남 방면의 문물을 받아들여 토착 문화의 전통 안에서 소화하여 독특한 '운남계 청동기'를 만들었다. 반면에 베트남 북부의 청동기 문화는 독자적으로 발전했다. 운남 청동기의 저패기는 베트남 북부에서는 거의 찾아볼 수 없다. 동시에 동썬 청동기 문화는 태국 동북 지방에서 출토하는 청동기와도 공통하고 있다. 이렇듯 동남아시아 대륙부의 청동기 문화는 '운남계 청동기'와 '동썬계 청동기'가 서로 영향을 주고받으며 각각 독자적인 동고를 주조하기에 이른다.

이렇게 청동기의 공통점과 상이점을 비교했다. 청동기의 국제성과는 다르게 동남아시아

---

44   橫倉雅幸, 「ヴェトナム金属器文化の起源」, 『考古學雜誌』 72-3, 1987年.

45   松井千鶴子, 「ベトナム出土の青銅戈」, 『東南アジア- 歷史と文化 - 』 11, 1982年.

토기의 특징은 분명히 다른 양상을 나타내고 있다. 태국에서는 채색 각문 토기와 채문 토기가 주류(반치앙 유적)이고, 라오스에서도 반치앙 계통의 채문 토기가 일부 지역에서 출토됐다. 그러나 동썬 문화에서는 각문 토기가 출토되는 사례가 거의 없고, 무덤에서 출토되는 토기는 주로 붉은색 새끼줄무늬 토기이다. 운남 지역의 토기는 표면이 매끄러우며 채색하지 않았다. 교욕품(권력의 상징, 威信財)인 청동기와는 달리 자신들이 사용하기 위해서 만든 토기는 동북 태국, 운남, 베트남 북부의 세 지역이 각자 특징이 있는 독자적인 성격이 강하다. 이러한 청동기의 국제성과 토기의 지역성은 어디에서 유래했을까? 이는 청동기(동썬 동고)가 중요한 교역품(왕권의 상징)으로 빈번하게 이동하며 확산했기 때문이다.

운남, 베트남 북부, 태국 동북 지방에 각각 독자적으로 토기 문화가 발전했고, 이를 기반으로 하여 세 지역의 청동기 문화가 서로 영향을 주고받았으며 초기 금속기 문화를 전개한 것이라고 할 수 있다.[46] 특히 운남 전왕국의 문화적 영향력은 일시적이었지만 청동기 제작에 많은 영향을 끼쳤다. 하지만 동남아시아는 운남 지역의 영향을 수용하면서 베트남 북부, 태국 동북부의 독자적인 전통문화 안에서 소화하여 독자적인 청동기 문화를 만들어 냈다. 여기에 동남아시아 대륙의 청동기 문화의 역사적 의의가 있다. 이들 청동기의 3개 핵심 지역을 'Bronze Triangle'이라고 부른다.

동썬 문화의 매장 방식에는 토광묘와 목관묘, 그 밖에 홍강 중류의 다오팅(Dao Tingh) 유적처럼 항아리형 청동 용기(銅棺)에 화장한 2차장 인골을 매장한 사례가 있다. 다른 항아리형 용기보다 크기가 크고 뚜껑이 남아 있으며, 뚜껑 사방에 성교하는 남녀 인물상을 배치하고 있다. 이들 네 개의 성교상은 죽은 자의 재생을 기원하는 장식으로 추정된다. 동관 몸통의 측면에는 새의 깃털로 장식한 인물들이 4척의 배를 타고 있는 부조가 있다. 당시 홍강을 왕래했던 배를 묘사한 것으로 추정하는 견해도 있지만, 죽은 자의 저승 여행길을 묘사했을 가능성이 크다. 이 동고의 문양은 당시 사람들의 일상을 묘사한 것이 아니라, 주술적 혹은 종교적 세계관을 묘사한 것으로 생각된다.

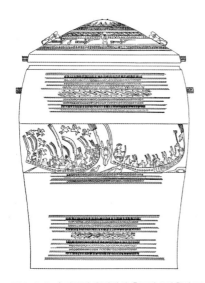

도판 3-3-81 | 다오팅 유적에서 출토된 2차용의 동관 측면도(기원전 3~기원전 1세기, Dao Tingh, Tỉnh Yên Bái, Vietnam National Museum of History)

---

46 新田榮治,「メコン河流域の文明化前史」,(『國立歷史民俗博物館研究報告集』119, 247-262, 2004)

또한, 동썬 유적에서 특히 주목되는 것은 통나
무를 파내서 대나무를 둘로 쪼개 놓은 것과 같은
활죽형(割竹形) 목관 혹은 카누 모양의 주형(舟形)
목관이다. 고고학에서는 카누 혹은 카누형 목관
을 일괄하여 주형 목관이라고 부른다. 비엣케
(Việt Khê) 유적은 베트남 북부의 홍강 삼각주 강
변에 있는 유적지로, 베트남 북부의 하이펑시의
투이응우엔(Thủy Nguyên)의 한강(Sông Hàn)이 내
려다보이는 언덕의 남쪽 기슭에 있다. 비엣케 유
적에서 5기의 무덤이 발견되었는데, 청동기 시

도판 3-3-82 | 비엣케 유적 목관에서 출토한 다양한 청동기 유물(기원
전 5~기원전 3세기, Việt Khê, Thủy Nguyên, Haiphongi, Vietnam
National Museum of History)

대 동썬 문화의 유물이 담긴 주형 목관이 출토됐다. 통나무를 파낸 배 모양의 목관 안에서
헤가 I 식 동고, 청동 항아리, 청동 그릇을 포함한 다수의 청동기가 출토됐다. 5기의 목관묘
(카누) 중에 1기에만 많은 부장품이 출토됐고, 나머지 4기는 거의 부장품이 없었다. 부장품의
수에서 분명한 계층 차이를 보인다.

　1961년의 발굴 조사에서 5개의 목관(4개의 주형 목관)이 각각 동서 방향으로 정렬한 상태로
출토됐다. 매장 M2 토층에서 길이 4.76m에 달하는 주형 목관(카누)로, 그 안에서 인골이 발견
되지 않았지만 지름 1m의 배 안에 청동 화병·항아리·향로·동고·동부·동종·그릇·동검·창 촉·
끌 등 107개의 부장품이 출토됐다. 또한 약 20㎝ 길이의 장식 청동 국자(muôi)가 출토됐다.
하나는 나는 새와 기하학적 문양이 장식됐고, 또 하나는 곡을 연주하는 남자상 장식을 국자
손잡이에 부착한 것이다. 3개의 방사성 탄소 연대 측정 수치가 비엣케 출토 목관에서 확인
되어, 기원전 500~기원전 300년의 동썬 초기 유적으로 밝혀졌다. 동썬 청동기 유물이 출토
유물의 90%를 차지하고 있었다. 출토된 유물의 90%는 동썬 청동기 유물이지만, 장식용 동
부, 4개의 고리 손잡이가 있는 청동 검 등은 중국(광동)에서 전래했다.

　차우깐(Chau Can) 유적에서도 주형 목관과 더불어 많은 부장품이 출토됐다(기원전 500~기원
전 200년). 차우깐 유적은 베트남 북부의 홍강 삼각주에 있는 고고학 유적지로, 통나무로 만
든 주형 목관 8개가 출토됐다. 차우깐 유적에서 10㎞ 떨어진 쑤언라(Xuan La) 유적의 주형 목
관에서는 중국의 동전(기원후 9~23년)이 출토됐다. 헤가 I 식 동고를 부장한 비엣케 유적은 주
형 목관 안에서 청동기 등 각종 부장품이 출토됐다. 이러한 묘제는 동썬 문화의 최성기인 기
원전 3세기에서 기원전 1세기까지 베트남 북부에서 성행했다. 기원전 2세기 유적 다이척 유

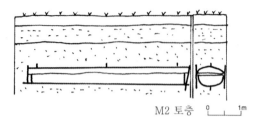

M2 토층 0 1m

도판 3-3-83 | 매장 M2 토층 출토 주형 목관(기원전 5~기원전 3세기, Viet Khe, Hành Phố)

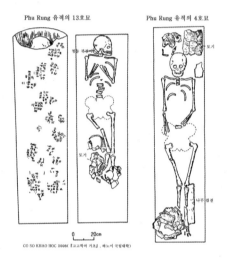

도판 3-3-85 | 매장 M2 토층 출토 주형 목관(기원전 5~기원전 3세기, Viet Khe, Hành Phố)

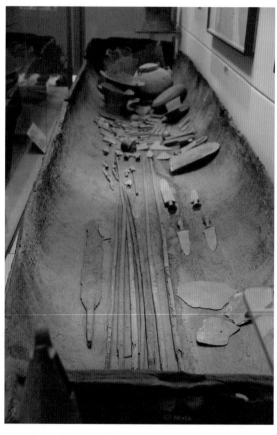

도판 3-3-84 | 프룽 유적 출토 주형 목관과 출토 유물 도(기원전 5~기원전 3세기, Hành Phố Hải Phòng)

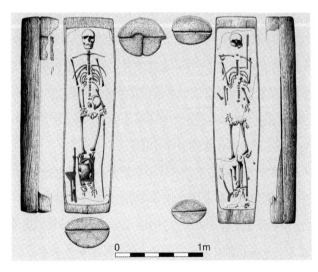

도판 3-3-86 | 차우깐 유적의 주형 목관(기원전 500~기원전 200년, Chau Can, Hà Tây province)

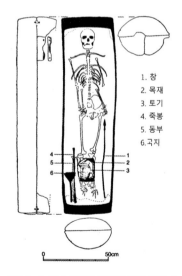

1. 창
2. 목재
3. 토기
4. 죽봉
5. 동부
6. 국지

도판 3-3-87 | 차우깐 유적의 주형 목관 출토 유물(기원전 500~기원전 200년, Chau Can, Hà Tây province)

적 F8호 무덤에서 부장품의 배치 상황이 확인됐다. 동사(Dong Xa)와 엔박(Yen Bac) 유적 등에서는 통나무 배를 재사용하여 목관으로 매장한 사례가 확인됐다.

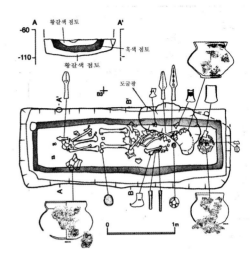

도판 3-3-88 | 다이척 유적의 주형 목관 출토 유물(기원전 500~기원전 200년, Dai Cheok, Hà Tây province)

이러한 주형 목관 층에서 칠기, 목제품, 섬유 등 풍부한 유기질 유물이 출토됐다. 2005년에 발굴 조사한 동사(Dong Xa, Kim Dong) 유적 목관 안에서 피장자의 옷으로 보이는 나무껍질 천이 발견됐다. 또한, 타인호아(Thanh Hoa)성 및 응에안(Nghệ an)성에서 기원전 2세기를 중심으로 무덤 상부에 자연석 또는 대형 토기를, 하부 구조에 널무덤을 포함한 매장 주체부를 배치하는 매장 유적이 발견됐다. 이와 유사한 배석묘는 타인호아성 동썬 유적과 누이 넙(Nui Nap) 유적에서도 확인되었으며, 지역적 특징을 나타내고 있다. 또한, 상부 구조에 토기 등 유물이 많이 확인되는 유적은 베트남 남부 금속기 시대의 독추아(Doc Chua)와 신석기 시대의 다카이(Da Kai) 등의 매장 유적에서 확인됐다.

베트남 북부 홍강 유역의 차우깐 유적에서 출토된 8기의 주형 목관과 같은 유형은 동남아시아 전역과 중국 남서부까지 널리 분포하고 있다. 말레이반도의 깜뿡 숭아이랑 유적에서 높이 1m 정도의 성토 바닥에 2점의 헤가 I 식 동고를 얹어 놓은 주형 목관묘가 발견됐다. 태국 서부의 옹바 동굴(Tham Ongbah)에서 발견한 주형 목관에는 새 장식이 있고, 헤가 I 식 동고를 부장하고 있었다. 옹바 동굴은 칸차나부리(Kanchanaburi)의 쾌노이강(Mae Nam Khwae Yai) 상류에 있는 고고학 유적지이다. 98m 길이의 동굴에서 주형 목관 90개가 출토됐다.[47] 목관은 견목(堅木)으로 만들었고, 목관의 양쪽 끝을 새머리 모양으로 조각했다. 카누의 양쪽을 새로 조각 장식한 목관은 보르네오섬에서도 발견됐다. 새는 곡령 신앙의 대상이면서 사자의 저승길을 안내하는 역할을 했다. 배와 새는 구석기 시대 벽화(보르네오섬 니아 동굴)에서부터 동썬 동고에 다양한 형태로 묘사되어 있다. 주형 목관의 방사성 탄소 연대 측정은 기원전 403~기원전 25년으로 밝혀졌다. 1960~1962년과 1965~1966년에 태국과 덴마크의 발굴단이

47　Per Sørensen. (1979). The Ongbah cave and its fifth drum. R. B. Smith, W. Watson (Hrsgg.): Early South East Asia. Oxford. 443-456.; Charles Higham, Rachanie Thosarat. (1998). Prehistoric Thailand: From early settlements to Sukhothai. River Books, Bangkok.

4개의 동썬 동고를 발견했다.

동썬 문화는 벼농사를 기반으로 했다. 선(先) 동썬 문화 단계에서 이미 청동제 삽과 괭이 외에 청동제 수적구(穗摘具)와 낫이 존재했다. 청동제 농기구를 실제 일상적 농사에서 얼마나 사용했는지 여러 의문이 제기됐다. 예를 들어 청동제 수적구는 의례용이었을 가능성이 크다. 동썬 동고와 함께 파급한 것으로 추정되는 것이 반월형 돌칼이다. 반월형 돌칼은 벼 이삭을 따는 용도의 석기로, 도작 문화의 대표적인 농경 도구이다. 말레이반도의 본격적인 벼농사는 동썬 청동기 문화와 같이 도입(동썬 농법, 貉田農耕)했다고 추정되고 있다. 말레이반도의 나콘시탐마랏과 송클라 지역은 태국의 다른 지역과는 달리 반월형 돌칼을 대신하여 내부에 철제 칼을 넣고 나무로 외부를 둘러싼 독특한 수확구를 사용했다. 이러한 수확구를 송클라에서는 카에(Kae), 나콘시탐마랏에서는 돌칼을 크라에(Krae)라고 부르며 최근까지 사용했다. 이러한 민족지 자료와 고고학 자료를 종합하여 고려하면 수확구는 청동기보다 반월형 돌칼이 일반적이었고, 철기가 일반화하면서 철제 수확구가 보급한 것으로 추정된다. 동남아시아의 반월형 돌칼, 청동제 농기구는 중국 남부, 특히 운남과 화남 방면의 농기구와 유사한 것으로, 농기구의 형태와 농사 방법을 보아 이들 지역이 서로 영향 관계가 있었을 가능성이 크다.

청동 쟁기와 괭이도 실용품이 아니라 의례용 도구였을 가능성이 크다. 하노이시 근교에 있는 꼬로아 성지(城址)에서 헤가 I 식 동고와 더불어 다수의 청동제 괭이가 출토됐다. 이들의 청동제 괭이는 날이 얇고, 주형 단계에서 구리가 잘 녹지 않아 기포가 많아서 실제로 농기구로 사용했던 것은 아니다. 이것은 청동제 농구가 실용품이 아니라 의례용·제기였던 것을 나타내고 있다. 그러나 화남과 운남의 벼농사 농법과 여러 농구가 베트남 북부의 동썬 문화권(동남아시아)에 적지 않은 영향을 끼쳤을 가능성이 크다.

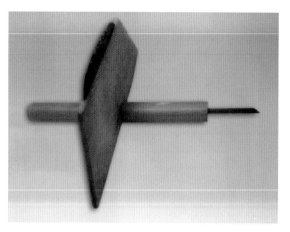

도판 3-3-89 | 수확구 카에(Kae, Songkhla, Songkhla National Museum)

도판 3-3-90 | 카에를 사용하여 벼 이삭을 수확하는 장면(Kae, Songkhla)

캄보디아 남부의 칸달에서 청동 용기(높이 35㎝, 캄보디아 국립박물관 소장)가 발견됐다. 측면에 손잡이가 있으므로 단순한 용기는 아니다. 형태와 문양이 유사한 것이 인도네시아의 마두라섬(Pulau Madura)과 칼리만탄(Musee Barbier Mueller, 스위스 제네바)에서도 발견됐다. 그 밖에도 이와 비슷한 형태와 문양을 가진 것이 인도네시아 수마트라섬의 크린치(Kerinci)와 람풍, 그리고 태국 동북부의 차야품 북쪽의 푸케오 동굴 유적에서 발견됐다. 이들 청동 용기의 공통된 특징은 입구가 넓고 좌우보다 측면이 홀쭉하고 날씬한 몸매를 하고 있고, 표면에 'J'자형 혹은 'S'자형 문양과 사슴이 새겨져 있다.

칸달에서 출토된 청동 용기의 경부에는 3단의 문양 띠가 있고, 위에서부터 삼각형 틀 안에 목이 긴 새가 열을 지어 있으며, 그 아래 문양 띠에는 마주 보는 'J'자 소용돌이 문양이 있다. 그 아래 삼각형 틀 안에 긴 뿔을 가진 사슴이 열을 지어 있고, 몸통부에는 6쌍의 마주 보는 'J'자 소용돌이 문양을 배치하고 있다. 'J'자 소용돌이의 빈 공간에는 코끼리, 사람이 손으로 젓는 배(수조선)와 작은 동물이 새겨져 있지만, 육안으로 식별하기가 어렵다. 이 청동 용기는 형태상 지면 위에 세워 놓고 사용할 수 있는 구조가 아니다. 끈을 사용하여 제장에 걸어 놓고 사용한 것이다(용도 불명의 제기).

동물문, 기하학 문양, 배 문양 등은 동썬 문화 청동기와 공통적인 요소이다. 청동 용기는 동썬 동고와 형태가 전혀 다르지만, 헤가 I 식 동고와 같은 문양이 새겨져 있다. 이러한 청동 용기는 기원, 용도, 연대 등 수수께끼가 많은 유물이지만, 동남아시아에서 독자적으로 발달한 청동기라는 점은 분명하다. 지금까지

도판 3-3-91 | 돌칼 크라에를 사용하여 벼 이삭을 수확하는 장면(Nakon Si Thamarat)

도판 3-3-92 | 칸달 출토 청동 용기(기원전 3~기원전 1세기, Kandal, National Museum of Cambodia)

는 발견된 청동 용기를 단순히 일상생활에서 쓰는 용기로만 추정했으나, 인도네시아 발리섬의 청동 항아리(발리어 Tempayan)는 최근까지 의례용 성수 용기로 사용해왔기 때문에 다른 청동기의 용도를 추정할 수 있다. 또한, 이들 청동 용기는 성수 신앙이 힌두교 전래 이전의 동썬 문화에서 유래하는 것을 시사하고 있다.

동썬 문화는 베트남에서 자생한 금속기 문화와 벼농사를 기반으로 하여, 운남과 동북 태국과 교섭을 통해서 성립한 문화였다. 이 시기에 초기 금속기 시대 마지막 단계인 철기 시대가 개막했다. 베트남의 초기 금속기 문화는 다른 지역에서도 발전 과정을 살펴볼 수 있다. 응에안성은 베트남 북중부 해안, 동쪽에는 통킹만, 서쪽은 라오스, 남쪽에 하띤성, 북쪽에 타인호아성이 있다. 베트남의 응에안성에 있으며 고문 문화의 병행기인 루짠(Lu Tarn) 유적, 동썬 문화 병행기의 랑박 유적에서 청동 호미와 청동 조각, 청동 냄비 등이 출토됐다. 특히 랑박 유적은 100기 이상의 주형 목관이 출토된 동썬 문화기의 대표적인 매장 유적이다. 청동 도끼, 청동 단검의 칼자루에 여성상이나 동물상을 새긴 것, 방울 달린 각종 장식품 등 다양한 청동기와 더불어 헤가 I 식 동고가 출토됐다.

랑박 유적이 다른 동썬 유적지와 구별되는 가장 중요한 요소는 청동 단검이 50개나 출토됐다는 점이다. 그 밖에도 랑박 유적의 발굴 조사에서 신전장으로 추정되는 직사각형의 토

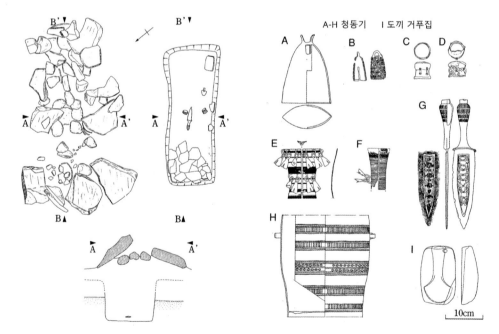

도판 3-3-93 | 랑박 유적의 토광묘(기원전 1세기, Lang Vac, Nghệ An)

도판 3-3-94 | 랑박 유적의 출토 유물(기원전 1세기, Lang Vac, Nghệ An)

광묘에서 다양한 청동기 부장품이 출토됐다. 인골은 풍화하여 대부분 남아 있지 않았지만, 북방 유라시아의 청동기 문화의 전통을 계승하는 동물 투쟁 문양의 단검과 찍개가 출토됐다. 또한 베트남 북부, 중국의 운남, 광서, 광동에도 분포하는 항아리형(桶型) 동기가 출토되어, 동썬 문화의 다채로운 문화적 전통을 제시하고 있다.

베트남 남부에서도 후기 신석기 시대에서 청동기 시대에 이르는 4단계 과정을 나타내는 유적이 발견됐다. 돈나이 문화를 대표로 하는 남부 청동기 시대의 유적으로는 호치민시에서 동북쪽으로 36㎞ 떨어진 빈즈엉성(Binh Dương) 독추아(Doc Chua) 유적이 있다 이 유적에서 석기와 토기 외에 각종의 청동기와 거푸집이 출토됐다. 부채꼴 칼날 청동 도끼는 태국 논녹타 유적과 라오스 루앙프라방에서 출토한 청동 도끼와 형태가 아주 유사하고, 메콩강 수계와 관련하는 금속기 문화로 주목된다. 베트남에서는 홍강 유역뿐만 아니라, 그 밖의 많은 중소 하천 유역에서 초기 금속기 문화가 진행되던 것을 출토 유물로 알 수 있다. 이는 하천 유역별로 지역적 통합을 시작한 것을 의미한다.

3-4. 동남아시아 대륙부의 철기 문화

3-4-1. 베트남과 태국의 철기 문화

철은 동남아시아 대륙부 사회를 근간부터 변화시키는 원인이 됐다. 동남아시아에서 철광석은 구리나 주석 광산보다 훨씬 더 많고 널리 퍼져있으며, 철은 무기와 도구의 대변혁을 초래했다. 지금까지의 발굴 조사와 연대 측정 증거 자료는 철기 문화가 기원전 500~기원전 400년 사이에 동남아시아에서 시작했음을 시사한다. 지역에 따라서는 다소 시간적 차이는 있지만, 베트남 북부에서는 동썬 문화와 중부·남부 해안지역의 사후인 문화, 태국에서는 반치앙 문화의 중기~만기, 반프라삿(Ban Prasat) 토기 문화, 롭부리의 반타케(Ban Tha Kae) 유적의 제11층 문화 등을 철기 시대로 볼 수 있다

동남아시아 철기 문화는 독자적이며 자체적으로 개발했을 가능성이 있지만, 중국과 인도의 영향을 배제할 수 없다. 특히 중국의 남서부 지역의 철기 유입이 동남아시아 대륙의 철기 문화에 영향을 끼쳤을 가능성이 크다. 그러나 동남아시아에서 철제 농기구가 보급되는 시기는 기원전 2세기 이후이다.

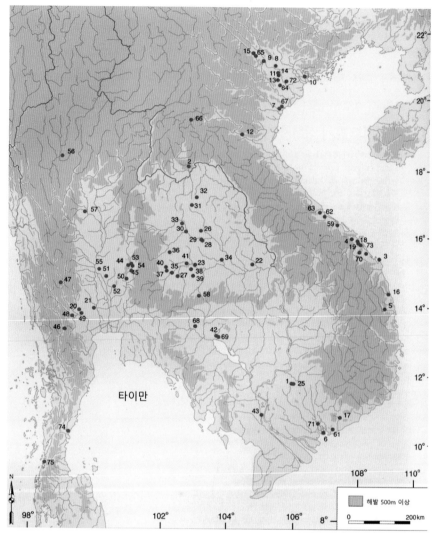

도판 3-4-1 | 동남아시아 대륙부의 철기 시대 유적 분포도

1. 반테이메스(Banteay Meas) 2. 람파카오(Lam Pakao) 3. 쏨옥(Xom Oc) 4. 고문, 사후인 문화(Go Mun, Sa Huynh culture) 5. 꼰강(Con River) 6. 종까보, 종펫(Giong Ca Vo, Giong Phet) 7. 동썬(Đông Son) 8. 꼬로아(Co Loa) 9. 랑까(Lang Ca) 10. 비엣케(Viet Khe) 11. 차우켄, 쑤언라(Chau Can, Xuan La) 12. 랑박(Lang Vac) 13. 민득(Minh Duc) 14. 푸루옹(Phu Luong) 15. 홉민(Hop Minh) 16. 사후인, 롱타인(Sa Huynh, Long Thanh) 17. 푸호아(Phu Hoa) 18. 탐미(Tam My) 19. 파수아(Pa Xua) 20. 반돈타펫(Ban Don Ta Phet) 21. 우동(U-Thong) 22. 반칸루앙(Ban Kan Luang) 23. 반사완(Ban Sawan) 24. 폰 사반, 반앙(Phon Savanh, Ban Ang) 25. 크렉(Krek) 26. 무앙파닷(Muang Fa Daet) 27. 타멘차이(Thamen Chai) 28. 무앙펫(Muang Phet) 29. 반치앙 히안(Ban Chiang Hian) 30. 논차이(Non Chai) 31. 반무앙 프룩(Non Muang Phruk) 32. 반치앙(Ban Chiang) 33. 돈클랑(Don Khlang) 34. 논두아(Non Dua) 35. 피마이, 반수아이(Phimai, Ban Suai) 36. 비텅파이폰(Non Tung Pie Pon) 37. 논무앙카오(Non Muang Kao) 38. 반동프롱(Ban Don Phlong) 39. 반탁홍(Ban Takhong) 40. 노엔우로케(Noen U-Loke) 41. 반끄라부앙녹(Ban Krabuang Nok) 42. 러브아(Lovea) 43. 앙코르 보레이(Angkor Borei) 44. 반차이바단(Ban Chaibadan) 45. 반푸크리(Ban Pukree) 46. 카오자묵(Khao Jamook) 47. 탐옹바(Tham Ongbah) 48. 반카오(Ban Kao) 49. 덤방낭부앗(Dermbang Nang Buat) 50. 사브참파(Sab Champa) 51. 찬센(Chansen) 52. 반타깨(Ban Tha Kae) 53. 씨텝(Si Thep) 54. 반농댕(Ban Nong Daeng) 55. 우타파오(U-Taphao) 56. 반왕하이(Ban Wang Hi) 57. 반왕핫(Ban Wang Hat) 58. 반붕노이(Ban Bung Noi) 59. 꼰랑(Con Rang) 60. 고마보이(Go Ma Voi) 61. 종까보(Giong Ca Vo) 62. 쩌록(Tra Loc) 63. 지오 썬(Gio Son) 64. 응옥루(Ngoc Lu), 옌박(Yen Bac) 65. 다오틴(Dao Thinh) 66. 폰사바나(Phon Savanh) 67. 꾸이추(Quy Chu) 68. 품스네이(Phum Snay) 69. 박세이 참크롱(Baksei Chamkrong) 70. 빈옌(Binh Yen) 71. 프찬(Phu Chanh) 72. 동사(Dong Xa) 73. 라이응이(Lai Nghi)

하썬빈의 기원전 400년 고찌엥바이(Go Chieng Vai) 유적에서 중국의 전국 시대부터 후한 시대에 널리 사용했던 'U'자형의 주철 괭이가 출토됐다. 전국 시대에 대량 생산된 주조의 철제 농기구가 후한(後漢) 병행기 이후에 베트남 북부에 전해진 것을 알 수 있다. 주철 농기구는 이미 전국 시대부터 널리 보급됐고, 베트남 북부에서 발견된 철제 농기구 중에서는 중국에서 수입한 것이 적지 않다. 베트남 북부에서 재배하는 쌀은 단립미 자포니카였고, 시루가 출토된 점으로 미루어 멥쌀을 쪄서 먹었던 것 같다.

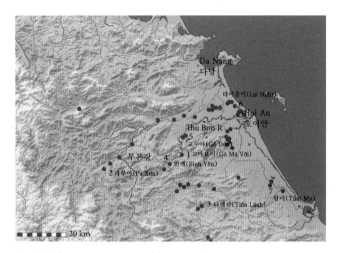

도판 3-4-2 | 투본강 유역의 사후인 유적 분포도
1. 고마보이(Gò Má Vỏi), 2. 파쑤아(Pa Xưa), 3. 티엔란(Tiên Lãnh), 4. 빈엔(Bình Yên), 5. 고즈아(Gỗ Dừa), 6. 라이응이(Lại Nghỉ), 7. 탐미(Tâm My)

베트남 북부의 동썬 문화와 같은 시기에 베트남 중부에서는 또 다른 철기 문화가 존재했다. 그것이 바로 사후인 문화(Văn hóa Sa Huỳnh, 沙黃文化)이다. 지금의 메콩강과 꽝남성, 투아티엔후에성(Tỉnh Thừa Thiên-Huế), 북쪽의 꽝빈성에서 남쪽은 호치민시 남쪽(Giong Ca Vo 유적)까지

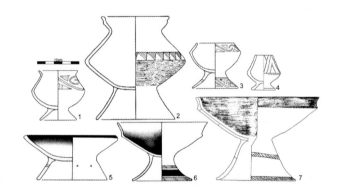

도판 3-4-3 | 투본강 유역 출토 사후인 토기

를 사후인 문화에 포함하고 있다. 사후인 문화는 베트남 중부의 해안과 강가에 형성된 모래 언덕에 있는 옹관묘 군을 최대의 특징으로 하며, 출토 유물은 토기, 철기, 귀석(마노, 수정, 카넬리안, 네프라이트(Nephrite, 軟玉)) 장신구나 유리제 장신구, 청동기 등이다.[48] 베트남 고고학에서는 사후인 문화를 '옹관을 지표로 하는 해양성이 높은 문화'로 나중에 '참파 왕국이 되는 초기 국가의 기반을 담당한 문화'로 여긴다.

사후인 문화의 대표적인 유적은 투본강(Sông Thu Bồn) 유역에 분포하는 매장 유적이다. 사

48   Tỉnh Thừa Thiên-Huế의 Cồn Dài 유적, Cồn Ràng 유적, Quảng Nam의 Yen Bình Yên 유적, Gò Dừa 유적, Go Ma Voi 유적, Tabhing/Pa Xua 유적, Thạch Bích 유적, Tam Mỹ 유적, Tiên Lãnh 유적, Tỉnh Bình Định의 Dộng Cười 유적에서 총 327개의 옹관묘가 출토됐다.

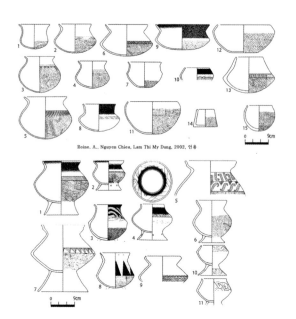

Reine, A., Nguyen Chieu, Lam Thi My Dung, 2002, 인용

도판 3-4-4 | 고마보이 출토 사후인 토기(Gò Má Vói, 기원전 3~기원후 1세기)

도판 3-4-5 | 사후인 출토 곡선문 장경 토기(조기 사후인 문화, 기원전 1000년기, Sa Huynh, Duc Pho, Quang Nai, Vietnam National Museum of History)

후인 문화기 유적은 대부분 해안 모래 언덕 위에 있는 매장 유적으로, 높이 1m가 넘는 대형 옹관을 직립해서 매장한 상태로 발견됐다. 비교적 소형 토기, 창 촉·칼·낫 등 철기와 청동기, 석기, 유리, 조개 장식품 등을 부장했다. 사후인 유적과 다낭시의 탐미 유적에서 출토한 돌기가 달린 귀걸이(玦形 귀걸이), 머리가 2개인 동물형 귀걸이(雙文獸頭 귀걸이, 유리, 비취)는 베트남 중부 및 남부 외에 태국 서부 연안 지역의 반돈타펫 유적과 우통, 필리핀 팔라완 타본 동굴(Tabon Caves) 유적, 보르네오섬 니하 동굴 유적, 대만의 난서도(蘭嶼島)에서도 출토됐다. 이러한 장신구는 남중국해를 포함한 동남아시아의 넓은 지역에서 서로 교류가 있었던 것을 나타내고 있다.

1993년, 1995년에 중부 베트남의 호이안시 안방(An Bang) 유적, 하우사(Hau Xa) 유적의 발굴 조사에서 다수의 옹관묘가 발견됐다. 옹관 바깥에 침선문으로 붉게 채색한 아름다운 고배(高杯)를 부장했고, 내부에서 철제 칼과 아름다운 비즈 장신구가 출토됐다. 1998~2000년의 3차에 걸친 발굴 조사로 호치민시 남쪽 해안(Cần Giò)의 종펫 유적(Giong Phet, 기원전 3~기원후 1세기)과 종까보 유적(Giong Ca Vo, 기원전 3~기원후 1세기) 유적의 옹관묘에서 석제와 유리제의 귀걸이와 함께 인도산의 귀석(貴石)과 비즈가 대량으로 출토됐다. 사후인 시대의 옹관묘에서 출토된 유물의 종류와 형태로 미루어 보아 당시에 인도와 교역하였음을 알 수 있으며, 농경에 적합하지 않은 사후인 유적에 당시부터 인도와 교역을 하던 항시(느가라) 세력의 존재를 상정하게 한다.

태국 철기 시대의 유적은 칸차나부리에 있는 반돈타펫

도판 3-4-6 | 탐미 유적 출토 돌기 달린 귀걸이(기원전 1~ 기원후 5세기, Tam My, Quang Nam, Vietnam National Museum of History)

도판 3-4-7 | 사후인 출토 2개의 머리가 달린 동물 귀걸이(기원전 1~기원후 5 세기, Sa Huynh, Vietnam National Museum of History)

도판 3-4-8 | 반돈타펫 유적 출토 유물(기원전 4~기원후 1세기, Ban Don Ta Phet, Phanom Thuan, Kanchanaburi)

도판 3-4-9 | 반돈타펫 유적 출토 목걸 이(기원전 4~기원후 1세기, Ban Don Ta Phet, Phanom Thuan, Kanchanaburi)

유적(Ban Don Ta Phet, 기원전 4~기원후 1세기)이 대표적이다.[49] 인골은 거의 남아 있지 않았으나 철기를 비롯하여 토기, 청동 장신구, 사발, 바구니에 들어 있는 닭의 청동 소상 등 다양한 유물이 출토됐다. 청동 용기에는 여성상을 새긴 것도 있다. 철제 도끼 등 공구, 토굴구(삽) 등 농구, 창 촉과 철촉 등 무기가 철기화했다. 또 유리와 홍옥수 등 장신구를 부장했다.

베트남의 사후인 유적에서 출토된 두 마리의 동물 머리 모양의 귀걸이, 로마제 청동 램프,

49   Ian C. Glover and Bérénice Bellina. (2011). Early Interactions between South and Southeast Asia Reflections on Cross-Cultural Exchange. ISEAS-Yusof Ishak Institute.

도판 3-4-10 | 두 마리의 동물 머리 모양의 귀걸이와 마노 목걸이(기원전 4~기원후 1세기, Ban Don Ta Phet, Phanom Thuan, Kanchanaburi)

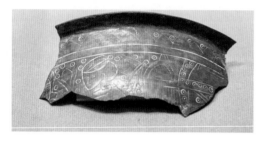
도판 3-4-11 | 톱니문과 동심원 문양의 인도산 청동 그릇 편 (Ban Don Ta Phet, Phanom Thuan, Kanchanaburi)

도판 3-4-12 | 인도산 청동 그릇 문양(Ban Don Ta Phet, Phanom Thuan, Kanchanaburi)

인도제 청동 그릇과 그 밖에 홍옥수, 마노, 비즈 등의 장신구는 인도와 중동에서 전래한 것이다. 동남아시아의 공동체는 선사 시대와 원시 시대에 해외 국가들과 교역을 했고, 특히 홍옥수 사자상의 연대는 인도에서 불교가 처음으로 전래했을 때까지 거슬러 올라간다. 반돈타펫 유적지는 2,500년 전부터 선사 시대 사람이 거주했던 곳이다. 출토된 유물을 보아 이 시기에 도구와 무기 등 철기가 상당히 보급되었으며, 주민들은 청동 도구와 함께 철제 무기를 사용했음을 알 수 있다.

청동 닭상, 홍옥수, 관옥 및 홍옥수 사자상 등은 인도에서 수입한 것이다. 특히 청동 사발은 인도의 인더스강 하류 지방과 뱅골 지방 특유의 청동 그릇이다. 이러한 유물은 기원후 1세기에 태국 서부, 미얀마 남부, 인도 동부와 깊은 교류가 있었던 것을 알려준다. 인도와 교류가 있었던 것은 베트남과 태국뿐만이 아니다. 인도네시아의 자바와 발리 북부 해안에서 인도의 토기인 회전 무늬 토기(기원후 1세기)가 다수 출토되어, 동남아시아 각지의 연안부에서 인도와 교역했음을 나타내고 있다. 인도와의 교류는 그 후 동남아시아 역사 전개에 매우 중요하게 작용한다.

동남아시아에서는 오랜 전통이었던 신전장의 1차장이 기원 전후기 되면서 점차 옹관의 2차장으로 바뀐다. 또한 대형 1차장 옹관묘에서 2차장의 소형 옹관묘로 이행하는 새로운 매장 풍습이 유행한다. 베트남의 사후인 문화에서는 기원전 3세기경부터 2차장 옹관묘가 주요 매장 형식이었다. 태국에서도 유아 매장용 옹관이 기원전 3세기경 이후에 성인 매장용으로 변화했다. 우리나라에서는 시체를 항아리에 넣어 매장하는 것을 독무덤 혹은 옹관묘라고 하지만, 일본의 동남아시아 고고학자들은 토기관(土器棺) 혹은

토기관장(土器棺葬)이라고 부른다. 본서에서는 편의상 옹관묘로 표기한다.[50]

옹관묘는 후기 신석기 시대부터 초기 철기 시대(지역에 따라서는 지금도 이어지고 있다)의 동남아시아에서 널리 확인할 수 있는 묘제이다. 일반적으로 동남아시아 고고학자들은 이 토기관장(옹관장)을 남중국해로 확산한 오스트로네시아어족의 매장 문화로 추정하고 있다. 동남아시아 대륙부, 특히 베트남에서 옹관묘(토기관묘)가 많이 발견되

도판 3-4-13 | 홍옥수 구슬과 인도제 청동 그릇(기원전 4~기원후 1세기, Ban Don Ta Phet, Phanom Thuan, Kanchanaburi)

고 있다. 그러나 베트남 고고학계에서는 옹관묘의 발상지가 베트남 중부에 있다고 주장하고 있다. 베트남 중부의 초기 철기 시대 문화인 사후인 문화는 옹관장을 지표로 하고 있다. 그러나 이러한 베트남 학자들의 주장은 아직 인정되지 않은 가설에 지나지 않는다. 앞으로의 연구 성과를 기다려야 할 필요가 있다.

태국 북동부 마하사라캄주의 치강(Mae Nam Chi) 중류 지역에서 대규모의 선사 유적이 발

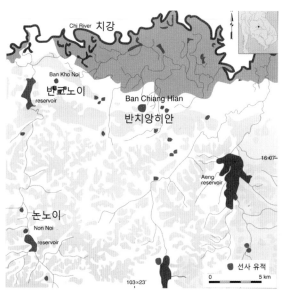

도판 3-4-14 | 치강 중류 유역의 선사 유적 분포도(Chi River, Maha Sarakham)

도판 3-3-95 | 반치앙 출토 옹관(기원전 500~기원전 300년, Ban Chiang, Udon Thani, Ban Chiang Museum)

50　鈴木朋美, ベトナム中部出土土器棺の型式学的研究, (『早稲田大学大学院文学研究科紀要』第4分冊 57, 97-115, 2011)

견됐다. 그 대표적인 유적이 반치앙히안(Ban Chian Hian, 기원전 2,000~기원전 500년)으로, 치강을 따라서 38헥타르 규모로 청동기 시대 관개수로와 수전, 거주 유적 등이 발견됐다(1981년 Charles Higham과 A. Kijngam이 발굴 조사했다). 지하 6m에서 기원전 2,000년의 인골과 부장품을 발견했다. 기원전 500년의 토층에서 토기, 조개껍데기 목걸이, 철기 등이 출토됐다. 토기 중에는 붉은색으로 물소가 그려져 있어, 당시에 물소를 키웠다는 증거가 됐다. 물소 그림은 반치앙 토기에서도 발견됐다. 또한 다량의 1차장용과 2차장용 옹관이 출토됐다.

태국 북동부의 로이엣에 있는 치(Chi)강, 씨아오(Siao)강 유역의 평야에서 기원전 500~기원후 200년 전으로 거슬러 올라가는 주거 유적과 수전 유적(Kaset Wisai, Suwannaphum, Pathumrat 및 Phnomphai 지역)이 발견됐다. 이러한 고고학 유적지에서 다양한 도구와 장식품, 대형 1차장용 옹관과 소형 2차장용 옹관이 다량으로 출토됐다(로이엣 국립박물관 소장). 이러한 출토 유물은 새로운 묘제의 출현을 나타내고 있다.

지금까지 태국에서 발견된 가장 초기의 옹관묘는 2002년에 발굴 조사된 동북 타이의 나콘랏차시마 문강 유역의 반논왓(Ban Non Wat) 유적으로, 지름 80㎝의 대형 옹관 뚜껑을 열자 앉아 있는 성인 유골이 출토됐다. 후기 신석기 시대인 기원전 2,100~기원전 1,600년의 옹관묘이다. 또한 문강 중류의 수린의 논양(Non Yang) 유적과 반동프롱(Ban Dong Phlong) 유적, 나콘랏차시마의 반프라삿 유적, 노엔우로케 유적(Noen U Loke, 1차장과 2차장 옹관 출토), 반쿠(Ban Ku) 유적 등에서 기원전 5~기원전 3세기 단지에 유골을 넣은 2차장용 토기와 부장품을 발견했다. 피마이의 반프라삿 유적은 1991년 태국 문화부 예술국이 발굴 조사하여, 기원전

도판 3-4-15 | 반치앙 출토 채문 토기(높이 53.8 ㎝, 기원전 1~기원후 1세기, Ban Chiang, Bangkok Museum)

도판 3-4-16 | 1차장용의 대형 옹관과 2차장용의 소형 옹관(1800~2500년 전, Roi Et National Museum)

도판 3-4-17 | 1991년 반프라삿 유적의 발굴 조사
(기원전 1,000~기원전 500년, Ban Prasat, Nakhon
Ratchasima)

도판 3-4-18 | 반프라삿 유적 출토 토기(기원전 1,000~기원전 500년, Ban Prasat,
Surin Natinal Museum, 오세윤 촬영)

1,000~기원전 500년의 다량의 인골과 부장품을 발견했다. 동북 타이의 옹관묘는 닛타 에이지, 야마가타 마리코(山形眞理子)가 지적하듯이 기원전 3세기경 1차장의 신전장에서 두개골을 중시하는 2차장의 옹관장(甕棺葬)으로 변화한 것이 명확하다.[51]

2차장 옹관은 동북 타이 각지에서 발견됐다. 우본랏차타니 북쪽 5㎞의 문강 하류에 있는 반칸루앙(Ban Kan Luang) 유적에서는 큰 언덕 위에서 수백 개의 대형 옹관이 출토됐다. 반칸루앙 유적은 기원전 500년경에 형성되었으며 부장 유물은 토기, 청동기, 철기, 비즈 등이다. 항아리에 인골을 넣고, 토기를 뚜껑으로 사용하고 있다. 단지 표면에는 점토를 붙인 기호 같은 것이 있고, 인골을 담은 2차장용 소형의 단지를 큰 항아리에 넣은 매우 특이한 옹관도 있다. 청동 장신구, 철제 무기 및 공구, 유리 비즈 등을 부장했다.

동북 태국의 옹관은 문강 유역 남부에서는 기원전 3세기부터 나타나지만, 반치앙 등 다른 동북 태국 및 태국 북부에서는 그것보다 늦은 기원 전후에 나타난다. 서부 태국의 반돈타펫 유적에서는 아직 신전장 1차장을 계속하고 있었다. 2차장 옹관묘는 동북 태국 남부에서 북쪽과 서쪽으로 전해진 것이다. 라오스 비엔티안의 남늠(Nam Ngum) 강변의 라오파코(Lao

---

51   山形眞理子, ベトナムの甕棺葬-その起源に関する予察-, (『早稲田大学大学院文学研究科紀要』 52. 97-115. 2007.)

도판 3-4-19 | 반프라삿 유적 출토 대리석 팔찌(기원전 600~ 기원전 200년, Ban Prasat, Phimai Natinal Museum)

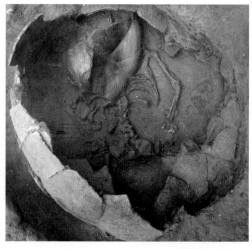

도판 3-4-20 | 노엔우로케 유적 출토 1차장 옹관(기원전 500 년, Noen U Loke, Non Sung, Nakhon Ratchasima, Phimai Natinal Museum)

도판 3-4-21 | 노엔우로케 유적 옹관묘 출토 청 동 유물(기원전 500년, Noen U Loke, Non Sung, Nakhon Ratchasima, Phimai Natinal Museum)

도판 3-4-22 | 라오파코 유적 출토 1차장용 대형 옹관(철기 시대, Lao Pako, Nam Ngum, Lao National Museum)

Pako) 유적에서 1차장용의 대형 토기와 2차장용의 소형 토기가 출토되었는데, 사후인 문화의 영향일 가능성이 크다. 이러한 옹관장과 라오스 씨엥쿠앙 자르 평원의 돌 항아리를 관련시키는 가설이 제기됐다. 이는 라오스 자르 평원(Plain of Jars, 항아리 평원 의미)으로 불리는 라오스 북동부 고원 지대, 베트남 남부 호치민시 북부 쑤언록(Xuan Loc) 주변에 분포한다.

3-4-2. 라오스 씨엥쿠앙주 자르 평원의 돌 항아리

기원전 8세기부터 서기 2세기까지 내륙의 주요 철광석 산지이며, 태국 동북부와 베트남 북부를 연결하는 교통로의 요지가 씨엥쿠앙 고원(Xieng Khouang Plateau)의 항아리 평원이다.

1992년 유네스코 세계 문화유산 잠정 목록에 등재된 돌 항아리 유적군은 초기 철기 시대까지(기원전 500~기원후 800년)로 거슬러 올라가는 250개 이상의 석관(옹관묘의 변형)이 남아 있다.

라오스 동쪽의 산악지대 후아판(Houaphan)주의 루앙 남타(Luang Namtha)와 힌탕(Hintang) 유적에서 수십 기의 입석과 지석묘가 발견됐다. 지석묘는 도굴범들에 의해 상석이 이동된 상태로 아직 발굴 조사가 이루어지지 않았지만, 라오스 고고학자들은 기원전 5세기경의 매장 유적으로 추정하고 있다.[52] 유사한 형태의 입석과 지석묘가 동쪽 국경을 넘어 베트남 북부, 미얀마 중서부, 말레이반도 남부, 보르네오섬에서도 발견됐다.

라오스 중부 씨엥쿠앙주 안남산맥의 북단에 있는 씨엥쿠앙 평원에서 많은 돌 항아리가 발견됐다. 돌 항아리는 씨엥쿠앙 평원의 사이트 1(Ban Na-O), 사이트 2(Na Kho), 사이트 3(Ban Xieng Di)을 중심으로 약 400곳에서 3,500개 이상이 확인됐

도판 3-4-23 | 힌탕 유적의 입석과 지석묘(철기 시대, Hintang, Houaphan, Laos)

도판 3-4-24 | 말레이반도의 입석(철기 시대, Cherana Puteh Melaka Muzium Negara Kuala Lumpur)

다. 프랑스 극동학원의 고고학자 마들렌 꼴라니(Madeleine Colani)는 이 돌 항아리들을 신석기 시대의 유물로 추정했다. 최근에 라오스와 호주 합동 조사단의 발굴 조사로 기원전 500~기원후 500년에 만든 것으로 밝혀졌다.

사이트 1(Ban Na-O)은 폰사반(Phonsavan)에서 남쪽으로 8㎞ 떨어진 언덕에 약 300기의 돌 항아리(높이 1~3.25m, 지름 1~3m)가 3개의 그룹으로 군집하여 분포하고 있다. 사이트 1의 제 I 군은 독립한 언덕 위에 64기가 있는데 비교적 대형 돌 항아리가 집중하여 분포하고, 제 II 군, 제 III 군 보다는 유력자(수장)의 것으로 짐작할 수 있다. 제 I 군에는 자르 평야 최대의 돌 항아리(높이 3.25m, 지름 3m, 무게 3톤)가 있다. 사이트 1의 제 II 군과 제 III 군은 언덕의 서쪽 경사면의 능선을 따라서 약 200기의 돌 항아리가 군집해 있다.

52　가종수, 라오스의 거석문화, (『계간 한국의 고고학』제29호, 주류성출판사, 2015년)

도판 3-4-25 | 사이트 1의 돌 항아리군(기원전 5~기원후 5세기, Ban Na-O, Phonsavanh, Xieng Khuang)

도판 3-4-26 | 자르 평야의 최대 돌 항아리(제Ⅰ군, 기원전 5~기원후 5세기, Ban Na-O, Phonsavanh, Xieng Khuang)

도판 3-4-27 | 반나오 마을의 돌 항아리(제Ⅰ군, 기원전 5~기원후 5세기, Ban Na-O, Phonsavanh, Xieng Khuang)

도판 3-4-28 | 반나오 마을의 돌 항아리(제Ⅱ군, 기원전 5~기원후 5세기, Ban Na-O, Phonsavanh, Xieng Khuang)

제Ⅱ군의 217호 돌 항아리의 측면에 양팔을 벌리고 서 있는 인물상의 부조가 있다. 사지를 벌리고 선 동굴 벽화 인물상은 라오스 북서 루앙남타주(Luang Namtha Province)의 바위 그늘 유적(기원전 1,500~기원전 500년)과 메콩강 유역의 바위 그늘 유적에서도 발견되어, 개구리 사람(Frog Man)이라 불리고 있다. 인도네시아 술라웨시섬의 바다(Bada) 유적 돌 항아리(Kalamba)에서도 유사한 부조가 새겨져 있다. 매장한 사람을 추모하여 새겨 놓은 종교적인 의미가 있는 것으로 추정된다. 1994년 10월 닛타 에이지가 이 돌 항아리의 주변을 시굴 조사하여 인골과 치아, 토기, 철제 칼, 뼈단지, 토광묘 흔적 등을 발견했다. 제2군 항아리와 인접하여 동굴 유적이 있다.

자르 평야의 중심인 폰사반(Phonsavan)에서 남쪽으로 약 20㎞ 떨어진 곳에 사이트 2(Ban Nakho)가 있다. 반나코 유적은 산 중턱의 분지를 내려다볼 수 있는 전망 좋은 2곳(제Ⅰ군, 제Ⅱ군)에 약 93기의 돌 항아리가 군집하고 있다. 크기는 안 마을의 돌 항아리와 비슷하며 사암을 가공하여 만들었다. 사이트 1의 돌 항아리군과 비교하면 비교적 홀쭉한 형태이다. 잘 가공된 표

도판 3-4-29 | 손을 벌리고 있는 인물 부조(제Ⅱ군 217호, 기원전 5~기원후 5세기, Ban Na-O, Phonsavanh, Xieng Khuang)

도판 3-4-30 | 반나코 유적 돌 항아리 제Ⅰ군(기원전 5~기원후 5세기, Ban Nakho, Phonsavanh, Xieng Khuang)

면을 보면 적어도 석기 시대의 산물이 아니라 금속기로 가공한 것을 알 수 있다. 동심원 조각 안에 사지를 펴고 있는 인물상 부조를 새긴 뚜껑돌이 남아 있다.

사이트 2의 남쪽 5㎞의 씨엥디 마을의 언덕 위에 사이트 3 유적이 있다. 돌 항아리는 동쪽 과 서쪽으로 군집하여 나누어져 있어, 동쪽 군 이 약 40기, 서쪽 군이 약 30기, 총 70여 기가 남 아 있다. 동쪽 군은 언덕 정상부에 밀집하는데,

도판 3-4-31 | 반나코 유적 돌 항아리 제Ⅱ군(기원전 5~기원후 5세기, Ban Nakho, Phonsavanh, Xieng Khuang)

대형 돌 항아리(높이 60~200㎝)가 많다. 일부 항아리 밑에는 원형의 뚜껑이 남아 있다.

씨엥쿠앙 평야에 유존(遺存)하는 약 400곳 3,500여 개의 돌 항아리가 모두 같은 시기에 만 들어졌다고는 생각할 수 없다. 단면의 유형은 원통형, 상자형, 타원형이 있으며, 구연부 태 를 한 것도 있고, 위에서 본 평면의 모습도 원형, 능형(菱形), 직사각형 등 몇 개의 형태로 분 류할 수 있다. 모양이 다른 돌 항아리는 각각 제작 연대가 다를 가능성이 크다.

씨엥쿠앙 평야의 돌 항아리의 용도에 대해 지금까지 술 항아리, 곡물의 저장시설, 무덤(석 관)이라는 가설이 제시됐다. 프랑스의 고고학자 꼴라니와 일본의 닛타 에이지 교수가 조사 했을 때 돌 항아리 안에서 인골이 출토한 것으로 보아 이들 돌 항아리는 옹관묘에서 유래하 는 2차장용 석관묘의 일종이라고 할 수 있다. 인물의 조각을 새긴 돌 항아리 옆에서 인골과 철제 칼, 토기와 귀걸이가 출토됐다. 안 마을의 제Ⅰ군과 제Ⅱ와 제Ⅲ군의 돌 항아리의 크기 차이는 경제적, 권력적인 차이를 나타낸다고 생각할 수 있다. 즉 제1군은 수장층의 무덤일

도판 3-4-32 | 사이트 3의 돌 항아리(기원전 5~기원후 5세기, Ban Xieng Di, Phonsavanh, Xieng Khuang)

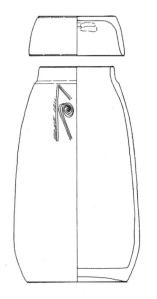

도판 3-4-33 | 반나오 출토의 옹관 측면도(기원전 5~기원후 5세기, Ban Na-O, Phonsavanh, Xieng Khuang)

가능성이 크다.

닛타 에이지는 1994년 11월에 씨엥쿠앙 평야의 돌 항아리를 발굴 조사하여 반나오의 돌 항아리는 대규모의 공동묘지로, 2차장의 인골을 개석으로 덮은 토광묘를 돌 항아리의 하부에 배치했음을 밝혔다.[53] 또한, 토광묘에서 뚜껑이 달린 지름 20㎝, 높이 60㎝ 정도의 원통형 옹관과 뚜껑이 출토됐고, 역시 내부에 2차장의 두개골을 비롯한 인골, 치아, 철제 칼이 발견됐다. 이 토기는 표면에 옻과 같은 수지를 바르고 침선으로 문양이 새겨져 있다. 옹관의 연대는 극동학원의 고고학자들이 추정했던 자르 평원 유적 연대설인 신석기 시대에서 기원 전후보다는 훨씬 후대의 특징을 보인다. 닛타 에이지는 자르 평원의 토광묘는 상당히 시대가 내려가는 철기 시대(5세기) 이후 2차장의 집단 묘지로 추정했다.

인도네시아 중부 술라웨시(Sulawesi)의 베소아(Besoa) 분지와 바다(Bada) 분지에서는 카람바(영혼을 나르는 배)라고 부르는 석관(Stone Vat)이 있는데, 원형 컵과 같은 형태로 가공되어 있다. 베소아의 석관은 뚜껑을 가진 도자기 컵의 형태를 하고 있고 인도네시아 제도에서 많이 보이는 주형 석관은 바다나 베소아에서는 확인되지 않았다. 나푸 분지에는 상자식 석관과 주형 석관이 혼재하여 바투 루무(Batu Rumu, 석관)라고 불린다. 종래 카람바를 화장터나 왕의 욕조라고 하는 지적이 있었지

---

53   新田榮治, 『福岡からアジアへ』5, 西日本新聞社, 1997年.

만, 로레(Lore)족은 네덜란드의 식민지 시대까지 2차장이 일반적이었다. 따라서 카람바는 사자의 유골만 넣은 2차장용의 석관이다. 타도라코(Tadolako)의 카람바 안에서 성인과 어린이의 10체 이상의 유골과 치아가 발견된 점으로 보아 카람바는 가족용의 매장 시설일 가능성이 크다.[54] 카람바 내부의 구연부 가까운 곳에 있는 선반에 피장자와 관련하여 부장품(혹은 芳香材)을 안치했음을 알 수 있다. 인도네시아의 돌 항아리는 숨바와섬의 비마(Bima)에서도 발견됐고, 돌 항아리

도판 3-4-34 | 카람바(돌 항아리, 금속기 시대, Besoa, Central Sulawesi, Indonesia)

유적이 있는 라오스의 영향을 받아 만들었을 가능성이 크다.

동남아시아의 돌 항아리 유구는 옹관장에서 파생했을 가능성이 크다. 옹관(土器棺葬=항아리 매장)은 보르네오섬 말레이시아령 사바(Sabah), 사라왁(Sarawak), 데렝가누(Terengganu) 지역에 발견됐다. 특히 사라왁의 니아 동굴에서 출토한 옹관에서 2차장 인골과 부장품이 발견되었으며, 방사성탄소 측정 결과 기원전 2세기 후반으로 밝혀졌다. 화장한 후 뼛가루 형태의 유골을 항아리에 매납(埋納)한 것으로 여겨진다. 그 밖에도 사바와 사라왁의 부족들 사이에서는 2차장의 인골을 복수로 매장하는 곳도 있다. 1차장으로 땅에 매장하거나 대상장(臺床葬, 목관을 만들어 지상의 마루 위에 안치한 장제)을 하여 임시로 매장하고, 후에 세골(洗骨: 시체를 보존하다가

도판 3-4-35 | 사라왁 출토 옹관(Sarawak, Misium Negara, Kuala Lumpur)

도판 3-4-36 | 대상장(Sarawak, Misium Negara, Kuala Lumpur)

---

54 가종수, 기무라 시게노부 편저, 『한국 석상의 원류를 찾아서』, 북코리아, 2011.

도판 3-4-37 | 훈공제연(勳功祭宴)의 가축 공희, Anakarang, Sumba, Indonesia, 2004년)

도판 3-4-38 | 친족의 지석묘(Khone Im, Mindat, Chin State, Myanmar)

살이 사라지고 뼈만 남으면 뼈를 씻어서 묻는 방식)하여 항아리에 매납한 후 동굴 혹은 지석묘에 안치하는 것으로 알려져 있다. 지금도 사라왁의 케라빗(Kelabit, Sarawak/North Kalimant) 사람들은 정글 깊숙한 탁자식 지석묘에 2차장으로 항아리 매장을 하고 있다.

미얀마의 친(Chin)족도 2차장의 옹관을 탁자식 지석묘에 안치하고 있다. 미얀마 북서부에 사는 친족은 인근의 카친(Kachin), 샨족(Shan), 바마르족(Bamar), 나가족(Naga)과 친연 관계가 있고, 언어는 티베트-버마어족에 속한다. 부계 출자 집단을 기초로 하는 여러 씨족 집단이 지역사회를 구성한다. 씨족 간의 정치적 관계는 모계교차혼(母系交差婚)에 근거한 혼인 연맹에 의해서 결정된다. 조, 옥수수, 육도(陸稻: 벼의 한 종류. 볍씨를 밭에 심어 기른다.)를 3~4년 주기로 경작지를 옮기며 화전 경작하며, 소(미톤 소), 돼지, 염소 등 가축을 기른다. 지금도 부와 권위의 상징으로 지석묘를 축조하고, 그 후 훈공제연(勳功祭宴, potlatch)을 통하여 소와 돼지를 제물로 바친다.[55] 원래는 산, 숲, 바위 등 정령을 숭배 대상으로 하고, 과거 머리 사냥 풍습(head-hunting)이 있었다. 친족과 나가족은 지금도 살아 있는 거석문화를 가지고 있고, 부와 명예의 상징으로 입석과 지석묘를 축조하고 있다. 탁자식 지석묘 석실 안에는 2차장의 유골 단지를 안치한다.

---

55 勳功祭宴은 동남아시아에서 거석묘(기석 기념물)를 축조한 후 동물 공희를 수반하는 거대한 축연 가리키며 영어의 potlatch와 유사한 개념이다. 특히 수장은 통과의례와 관련하여 집에 많은 손님을 초대(모든 방문자를 포함)하여 춤과 노래, 술과 고기로 성대하게 대접한다.

제4장 동남아시아 대륙부의 고대 왕국

4-1. 도시 국가의 탄생―느가라와 무앙

4-1-1. 교역과 국가

기원전 1천년기가 끝나면서 동남아시아 세계는 큰 변동의 시대를 맞이했다. 벼농사가 발전하였으며 청동기와 철기 등 금속기와 소금 등을 생산하는 활동이 비약적으로 발전하여 동남아시아 내부에서 사회 변동이 생겼다. 동시에 중국과 인도를 중심으로 아시아의 통상 외교 관계를 성립한 것이 외부 요인으로 큰 영향을 끼쳤다. 국제 교역이 발전하면서 동남아시아가 민족적으로 각성하고 국가를 형성하는 계기가 되었다.

중국은 기원전 770년 이후 춘추 전국 시대에 접어들면서 분열되었으나, 기원전 221년에 진시황이 중국을 통일하여 진나라를 세웠다. 또한 기원전 202년에 성립한 한나라는 기원후 220년까지 약 400년간 장기간에 걸쳐서 동아시아의 초강대국으로 존재했다. 한나라가 패권을 떨쳤던 비슷한 시기에 유라시아의 서쪽에서도 로마라는 초강대국이 있었다. 또한, 유럽과 중국을 잇는 인도에도 기원전 317년에 성립한 마우리아 왕조 이후 강력한 왕권이 성립했다. 로마, 인도, 중국은 장기간 안정된 초강대국이 되어 동남아시아에 큰 영향을 미쳤다. 각각의 제국을 중심으로 활발한 상업 활동이 이루어지고, 그에 따라서 사람과 문물이 활발하게 이동하며, 지역 간의 광역 통상로가 개발되면서 동남아시아에서도 교역과 통상을 중심으로 하는 항구(후의 항시 국가)와 배후지의 곡창 지대 및 교통의 요지에 환호취락(후의 성읍 국가)이 탄생했다.

한서(漢書)의 전한(前漢)시대 무제(武帝)가 파견하여 서역의 실크 로드를 개척한 장건(張騫)의 기록[1]에 보이듯이 오래전부터 사천과 운남은 중국 중원과 인도를 잇는 중요한 교역로였다. 베트남 북부는 해상 교역 노선의 종착점이었다. 운남은 육로로 통하는 인도 교역의 요지였

---

1   장건(張騫)은 기원전 139년, 기원전 119년 서역에 파견되어, 서역 국가들의 정보와 포도, 석류, 복숭아 등 서역 물산을 중국에 가져왔다. 기원전 139년; '西漢建元二年(前139)張騫由匈奴人甘父作嚮導, 率領一百多人, 浩浩蕩蕩從隴西(今甘肅)往媯水(今烏茲別克斯坦阿姆河一帶)流域出發, 中途在祁連山遭匈奴俘虜, 當時匈奴的首領單于沒有殺掉他們, 而是把張騫囚禁起來, 還讓他娶了匈奴女人為妻, 甚至生了一個兒子。但張騫並沒有忘記自己的使節身份, 始終保留著使節的象徵――「漢節」, 等待完成漢武帝交付他們的使命', 기원전 119년; '前119年, 漢武帝命張騫為中郎將, 再度出使西域, 執行聯合烏孫以「斷匈奴右臂」的外交政策, 隨行人員約300, 牛羊以萬計, 絲綢, 漆器, 玉器和銅器等貴重物品成千上萬。張騫平安抵達伊犁盆地的烏孫國, 烏孫王崑莫歡迎張騫的來訪, 並收下了豊厚的禮物, 但當時烏孫國已經分裂, 而且烏孫人對漢朝還不了解, 所以張騫並沒有得到滿意的答复。此後, 張騫派遣副使, 對烏孫周邊地區大宛, 康居, 大月氏, 安息, 身毒, 于闐, 扜罙(今新疆於田里雅河東)等進行外交活動'.

을 뿐만 아니라, 운남의 강은 동남아시아 대륙부와 중원을 향하여 흐르고 있고 바다의 실크 로드를 개발하기 전까지 동서를 잇는 중요한 교역로였다. 게다가 사천에서 남하하는 교통로도 운남을 통과한다. 이처럼 운남을 중심으로 중원과 사천의 특산품인 비단 직물과 전국 시대에 대규모로 개발한 사천의 소금이 운반되었고, 인도의 교역품과 베트남 북부의 향료와 보패, 별갑의 원료인 대모(바다거북) 등을 중국으로 교역하는 광역 상권을 형성했다.

운남 지역에서 석채산(石寨山) 유적과 이가산(李家山) 유적의 무덤 주인으로 보이는 수장, 즉 육로의 교역로를 지배하는 수장국(滇王國)이 등장한다. 전왕국은 강을 따라 주변의 소수 민족을 장악하여 세력을 넓혀가지만, 운남을 통하여 중국과 인도를 잇는 고대의 육로는 길이 험하여 한 번에 많은 물자를 운반할 수 없는 단점이 있어, 그다지 합리적인 교역로가 아니었다. 따라서 그리 오랜 시간이 걸리지 않아, 강 하구에 있었던 항구 세력이 중국의 광주와 동남아시아의 연안부를 연결하여 바닷길에 의한 동서 교역로를 개발했다. 이렇게 동남아시아 연안부와 큰 강의 하구를 무대로 하는 '바다의 실크 로드'가 탄생했다.

늦어도 기원전 2세기부터 동남아시아를 둘러싸고 활발했던 광역 통상은 어떠했을까? 중국은 한나라가 성립하여 사회가 안정되면서, 귀족과 부유층이 증가하여 사치품에 대한 수

도판 4-1-1 | 쿠알라 세린싱 유적 출토 유골과 부장품(기원전 3세기, Kuala Selinsing, Kuala Gula, Bagan Serai, Perak, Muzeum Negara, Kuala Lumpur, Malaysia)

도판 4-1-2 | 쿠알라 세린싱 유적 출토 인도산 유리그릇(기원전 3세기, Kuala Selinsing, Kuala Gula, Bagan Serai, Perak, Muzeum Negara)

도판 4-1-3 | 쿠알라 세린싱 유적 출토 인도산 비즈(기원전 3세기, Kuala Selinsing, Kuala Gula, Bagan Serai, Perak, Muzeum Negara)

요가 높아졌다. 『한서』 지리지에는 동남아시아와 인도, 서아시아 특산품을 구매하기 위하여 동남아시아에서 바다를 건너 인도로 가는 중국 상인의 활동을 상세하게 기록하고 있다. 닉 하산 슈하이미는 1987~1989년 말레이시아 페락에 있는 세린싱강의 푸라우 케룸팡(Pulau Kelumpang) 유적을 발굴 조사했다.[2] 이 유적은 기원전 2세기에서 10세기까지 말레이시아 서해안의 중요한 교역 거점(초기의 항시 국가)이었다. 쿠알라 세린싱 유적에서 각종 토기와 함께, 팔찌와 목걸이를 착용한 기원전 3세기의 유골이 출토됐다.

한편 서역과 교역이 활발해지면서, 로마에서 인도를 잇는 교역로는 주로 몬순을 이용하여 인도양을 횡단하는 바닷길이 큰 역할을 했다. 『에리트라해의 페리플루스』(Periplus of the Erythraean Sea, 고대 인도양의 해양 무역에 대하여 그리스어로 기록한 항해 안내서)에 보이듯이 파르티아의 방해를 피하려고 홍해에서 아라비아반도 끝에 이르러서 '히팔루스의 바람'(Wind Hippalus)이라는 몬순을 이용하여 단숨에 인도 서해안에 이르는 바닷길이다.[3] 인도 남동쪽의 푸두체리(Puducherry, 현재의 퐁디셰리Pondicherry)에서 4㎞ 떨어진 해안 가까이에 있는 아리카메두(Arikamedu) 유적은 '에리트라해의 안내기'에 나오는 인도 동해안의 그리스인 항구 도시 포두케(Podouke)이다.

아리카메두는 영국 고고학자 휠러(Mortimer Wheeler, 1945년)와 프랑스 고고학자 카잘(Jean Marie Casal, 1947~1950년), 베글리(Vimala Begley, 1989~1992년)가 발굴 조사하여 암포라에

2   NIK HASSAN SHUHAIMI. (1979). THE BUKIT SEGUNTANG BUDDHA: A RECONSIDERATION OF ITS DATE. Journal of the Malaysian Branch of the Royal Asiatic Society Vol. 52, No. 2 (236).
3   大林太良編, 『民族の世界史 6 東南アジアの民族と歴史』, 山川出版社, 1984年.

(Amphorae) 도자기, 아레틴 도자기(Arretine ware), 로마 시대 램프, 각종 유리 제품, 유리 및 석제 구슬, 보석 등을 발견했다. 그리스 상인은 중국산 견직물, 동남아시아의 향료, 상아, 인도산의 무명 옷감 등 무역 상품을 사들였다. 이러한 발굴 조사 결과 아리카메두는 기원전 2세기에서 기원후 8세기까지 로마와 교역했으며 무역 상품을 보관한 항구(창고) 유적으로 밝혀졌으며, 이 시기에 인도 상인이 동남아시아와 교역하면서 동남아시아 연안부 각지에 거주했을 가능성이 크다. 자바섬과 발리섬에서 기원후 1세기에 인도에서 제작한 회전문 토기가 다수 출토되어, 이곳이 인도 상인의 기항지였던 것을 나타낸다. 이처럼 동쪽에서는 중국 상인, 서쪽에서는 인도 상인이 동남아시아 특산품을 찾아서 내항했고, 그리스 상인이 인도를 중계지로 하여 동서를 묶는 교역망을 형성했다.

동남아시아의 금속기 시대 후기는 동서가 교역한 시대이며, 초기 국가(연안부의 항시 국가 =Negara, 내륙의 성읍 국가=Muang, Mueang)가 등장하는 시대이다.[4] 당시의 이러한 시대적 상황은 고고학 유물뿐 아니라 문헌 사료에서도 찾아볼 수 있다. 베트남 북부 지역에서는 기원전 천년기 중반 홍강 유역에 웅왕(雄王)이 통치하는 문랑국(文郞國)이 있었다. 기원전 257년에는 촉(蜀)나라 사람인 안양왕(安陽王)이 통치한 구맥국(甌貉國)이 문랑국을 병합하고 고라성을 쌓았다. 하노이 교외에 지금도 남아 있는 꼬로아 성지(Cổ Loa城址)가 옛 고라성(古螺城) 유적으로 추정된다. 기원전 3세기에 번우(番禺, 현재의 廣州)를 도읍으로 하는 남월국이 구맥국을 멸망시켰다.

남월국은 진(秦)나라 지방 관료였던 지방 호족의 조타(趙佗)가 기원전 203년 진나라 말기의 혼란기에 세운 국가이다. 남월국은 광동, 광서, 베트남 북부를 지배했고, 기원전 111년 전한의 무제(武帝)에게 멸망할 때까지 5대가 이어졌다. 남월 이전의 광주(廣州)는 미개척지였으나 기원전 3세기 이후 남해 무역의 집산지가 된 이후 급격하게 발전했다. 남월 자체가 하천 운수와 해상 무역을 기반으로 하여 성립한 국가였다.

1983년 광주 상강산(象崗山)에서 발굴한 남월 제2대 왕 조매(趙眜)의 묘는 남해 무역의 집산지로 번성했던 남월의 모습을 짐작하게 한다. 조매의 무덤은 하북성(河北省滿城縣) 전한 무제(前漢武帝) 서형(庶兄)의 무덤인 만성한묘(滿城漢墓)와 형태가 같고, 한나라 왕후의 무덤을 그대

---

4 만다라형 국가론(O. W. Wolters, (1982). History, Culture and Region in Southeast Asian Perspectives. Southeast Asia Program Publications). 타이어와 라오스어의 Muang, Mueang, 베트남의 Mường, 미얀마어의 Mong, 중국어의 猛 혹은 勐은 모두 같은 의미로, 일반적으로 반독립적인 도시 국가로 해석되고 있지만, 이 책에서는 '벼농사를 기반으로 하는 내륙의 성읍(환호) 국가'라는 의미로 사용한다.

로 흉내냈다. 또한 지방 호족의 전통을 보여주는 토광묘가 있다. 남월의 지배층 무덤은 광주에 다수 남아 있지만 광서와 베트남 북부에서도 많이 발견됐다. 이들 광동의 통치자 무덤은 지방의 전통인 동고 외에 청동 용기와 맹(盃), 국자 등 연회를 위한 중국 그릇을 부장했다. 한나라의 궁정 의례가 남월의 귀족층에 퍼졌음을 알 수 있다. 선진국의 풍속을 따라서 연 궁정 연회는 무역으로 인한 경제적 번영 덕분이었다.

해상 무역의 이권을 빼앗기 위하여 한나라가 이 지역을 식민지로 지배한 이후 938년 오권(吳權)이 독립하기까지 약 1,000년 동안 베트남 북부는 중국 역대 왕조의 지배를 받았다. 후한 시대의 무덤 양식인 지하식 전실묘(地下式塼室墓)가 베트남 북부에 많이 남아 있고, 이들 무덤에서 중국제 유물이 출토됐다는 점에서 후한의 중국 문화가 베트남에 강한 영향을 끼친 것을 알 수 있다.

베트남 북부 이외에도 기원후 1세기 말 캄보디아 남부에서 베트남 남부에 이르는 지역에서는 부남이, 기원후 2세기 말에는 베트남 중부에서 임읍(참파)이 건국됐다. 기원후 1세기 이후에는 미얀마 에야와디강의 중부 유역에 퓨(Pyu, 중국 사서의 驃), 미얀마의 말레이반도 에 '수완나품(Suvarṇabhūmi, 황금의 땅)' 혹은 '라마냐 데사(Ramañadesa)'라는 몬족의 항시 국가가 성립했다. 수완나품의 정확한 위치는 알려져 있지 않지만, 동남아시아 대륙부에서 인도양을 가로지르는 교역로에 있었던 중요한 항시 국가로, 바스라(Basra), 우불라(Ubullah), 씨라후(Siraf) 등의 항구에서 인도와 동남아시아를 왕래하는 교역선들이 출발했다. 동남아시아 연안부를 잇는 바다의 실크 로드가 개발되면서 미얀마의 에야와디강 삼각주, 태국의 차오프라야강 삼각주, 메콩강 삼각주와 홍강 삼각주가 역사 시대의 중심 무대가 되었다. 이들 삼각주는 강과 바다를 잇는 천혜의 항구가 있었으며, 배후에는 수전 경작이 가능한 광대한 경작지가 있었다.

특히 베트남 남부 안잔성 토아이손 옥에오(Oc Eo) 유적은 1942년 2월 프랑스 극동학원의 고고학자들이 항공 사진을 사용하여 발견한 후, 일본군 점령 아래서 1944년 프랑스 극동학원의 루이 말루레(Louis Mallerot)가 발굴한 부남의 항구 도시 유적이다.[5] 5중의 환호(環濠)에 둘러싸인 옥에오 유적(450ha, 기원전 2세기~기원후 12세기) 내부에는 사원 유적을 비롯하여 벽돌 구조물이 다수 발견됐다. 주위에는 운하가 그물처럼 만들어져 있고 북동쪽으로 68㎞ 떨어진 수도의 앙코르 보레이까지 일직선으로 운하가 뚫려 있어, 옥에오가 앙코르 보레이의 외항으로 기능했던 것을 알 수 있다. 부남의 수도로 추정되는 앙코르 보레이 주변에도 사통팔달로 운하가

5   옥에오(Oc Eo) 유적은 안장(An Giang)성 토아이썬(Thoai Son)현 봉테(Vong The)사·봉동(Vong Dong)사에 있다.

만들어져 있었고, 캄보디아 남부의 거점 도시 타케오와도 운하로 연결되어 있다. 부남 시대에 만든 일부 운하는 지금도 사용하고 있다.

옥에오 유적에서 후한 시대의 동경(後漢鏡), 불상, 인도의 브라흐미 문자로 새긴 부적과 인감 겸용 반지, 힌두교의 시바상, 시바의 상징인 링가, 비슈누상 등 중국과 인도의 유물이 출토됐다.

출토 유물 중에 특히 주목되는 것이 청동 석가 여래상(높이 29.4㎝)과 석제 비슈누상(높이 23㎝)이다. 시무외여원인과 여원인을 하고 있는 소형 청동 석가여래상으로 상호(얼굴)와 양어깨에 걸쳐 입은 가사의 주름은 5세기 중국 북위 불상의 특징을 잘 보여 주고 있다. 이와 같은 소형 청동 불상은 당시 중국에서 동남아시아를 거쳐 인도로 순례했던 승려들이 휴대했던 것으로 추정되고 있다. 석제 비슈누상은 늘씬한 체구에 5세기경의 전형적인 부남 양식(옥에오 양식)이다. 위쪽 왼손에는 소라를 들었으나 오른손에는 현재 든 것이 없는데 당초에는 법륜을 들었을 것으로 추정되며 아래쪽 왼손에는 철퇴, 오른손에는 창을 들고 있다. 중국 전래의 청동 불상과는 달리 비슈누상은 옥에오에서 제작되었을 가능성이 크다. 중국 불상은 부남의 불상 제작에 그다지 영향을 끼치지 못했지만 비슈누상은 6세기의 앙코르 보레이 양식 신상 제작의 모델이 되었다.

옥에오 유적에서는 여러 공방 유적이 발견되어 단지 동서를 오가며 중계 무역만 한 것이 아니라 여러 가지 교역품을 직접 제작했던 것이 밝혀졌다. 옥에오 유적에서 출토한 석제 거푸집은 한 쌍으로 구성되어 청동, 납, 주석 등을 원료로 사용한 금속 주물 제조(장식품)에 사용된 것이다. 돌로 만든 이 주형의 표면에는 C자모양의 귀걸이, 얕게 파낸 코끼

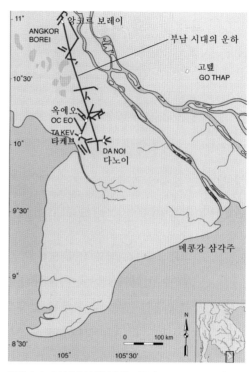

도판 4-1-4 | 부남 시대의 운하도(옥에오-앙코르 보레이)

도판 4-1-5 | 옥에오 유적 출토 청동 석가 여래상(5세기, Oc Eo, Thoại Sơn, An Giang)

도판 4-1-6 | 옥에오 유적 출토 석제 거푸집(3~5세기, Oc Eo, Thoại Sơn, An Giang)

도판 4-1-7 | 옥에오 유적 출토 항아리(1~7세기, Oc Eo, Thoại Sơn, An Giang)

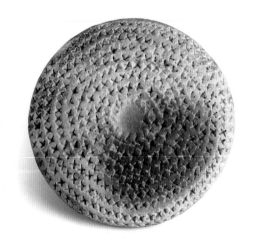

도판 4-1-8 | 옥에오 유적 출토 받침 모루(1~7세기, Oc Eo, Thoại Sơn, An Giang)

리무늬 메달리온, 원형 반지, 팔찌 등이 음각되어 있다. 이 거푸집으로 만든 것으로 추정되는 코끼리 문양의 금속 메달리온 장식품들이 고탑 유적(Go Thap, Thap Muoi District, Dong Thap Province)에서 발견됐다. 옥에오 유적에서 각종 토기와 토기를 만들 때 사용했던 모루(Anvil)이 출토되었다.

그 밖에도 페르시아 인물상이 그려진 카보숑(Cabochon, 둥글게 연마한 보석), 기원후 2세기 로마의 안토니누스 피우스 황제(재위 서력 138~161년)와 마르쿠스 아우렐리우스 안토

니우스 황제(재위 서력 161~180년)의 금화를 개조한 메달 등, 당시 서아시아와 로마를 잇는 무역의 실상을 보여주는 유물이 출토됐다.[6] 또한 미얀마 퓨의 동전(은화)도 발견되어 동남아시아와 인도의 교역 중심지였음을 나타내고 있다. 안장(An Giang)성, 띠엔장(Tien Giang)성 등 베트남 남부의 각지에서 옥에오와 유사한 시기의 유적이 발견되었고, 베트남에서는 이들 유적을 '옥

---

6 新田榮治, 「オケオ出土のローマ金貨を考える」, 『考古學ジャーナル』454, 1, 2000)

에오 문화'라고 부른다. 이 시기의 또 하나의 중요 유적은 띠엔장강(Tien Giang River) 북쪽의 탑무오이(Tháp Mười)에도 있으며 6세기 산스크리트어 비문이 발견됐다.

부남과 함께 동남아시아의 초기 국가였던 임읍은 2세기 후반에 한나라의 직할령 일남군에 있던 지방의 호족 구련(區連)이 독립하여 세웠다. 동남아시아 대륙부에서 출토된 7세기 이후의 비문 자료에서는 참파로 등장한다. 임읍 초기의 수도는 실체가 분명하지 않다. 토성에서 직사각형으로 둘러싸인 성곽 도시 짜끼우(Tra Kieu)가 왕도였을 가능성이 크다. 임읍은 시바의 상징인 마하파르바

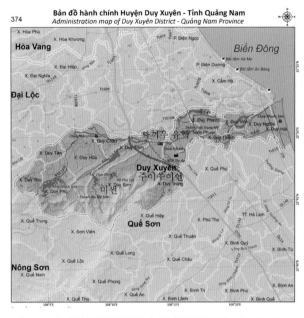

도판 4-1-9 | 꽝남성 주이쑤이엔의 짜끼우 유적도(Trà Kiệu, Duy Xuyên)

타산이 바라보이는 미썬을 성지로 하고 투본강 하구의 호이안을 항구로 하여, 산과 바다를 연결한 해상 무역으로 번영한 국가이다. 짜끼우 발굴 조사에서 인문도(印紋陶)나 인면 귀와(鬼瓦)와 같은 중국식 기와가 출토되었으며, 기와지붕이 있는 목조 건물 등 중국과의 관계가 추

도판 4-1-10 | 짜끼우 출토 인면 귀와(4~8세기, Trà Kiệu, Duy Xuyên, Museum of Sa Huynh)

도판 4-1-11 | 짜끼우 출토 동물문 한경(2세기, Trà Kiệu, Duy Xuyên, Museum of Sa Huynh)

도판 4-1-12 | 풍툭 유적 출토 로마 시대 청동 램프
(Roman Lamp, Phong Tuk, Kanchanaburi)

도판 4-1-13 | 비잔티움의 청동 램프를 복제한 토기 등잔(5세기~6세기, Phayuha Khiri, Nakhon Sawan, Bangkok National Muzeum, 오세윤 촬영)

정된다.[7] 임읍은 사후인 문화를 기반으로 하여 해상 무역을 통해 성립한 참파족 국가였다.

태국 서부의 풍툭(Phong Tuk) 유적에서는 로마 제국의 알렉산드리아에서 제작한 그리스인 얼굴을 새긴 청동 램프가 출토되어 동서 무역이 활발했음을 알 수 있다. 태국 서부의 칸차나부리(Kanchana Buri) 타마카(Tha Makaa) 유적에서는 비잔티움(Byzantium, 이스탄불)에서 수입한 청동 램프가 출토됐다. 이 청동 램프를 본떠서 만든 토기 등잔이 태국 중부 지역의 나콘사완 파유하키리(Phayuha Khiri) 유적에서 출토됐다. 말레이반도 서안의 끄라비, 타쿠아파 등 국제 항구 도시에서 후한경(後漢鏡), 인도산 비즈가 다수 출토되어 바다의 실크 로드인 해로가 큰 역할을 했던 것을 나타내고 있다.

타이만 연안 지방에서는 기원후 1~2세기에 불교를 신봉하는 도시 국가(佛統=Nakhon Pathom, 烏通=U-Thong, 和枯磨=Khu Bua)가 탄생했다. 롭부리 북쪽 50㎞에 있는 해자로 둘러싸인 찬샌 도시 유적(Chansen)은 기원전 1,500년의 청동기 시대에서 기원후 11세기의 드바라바티 시대를 아우르는 유물들이 출토되어 유적 안의 찬샌 박물관에 전시되어 있다(Chan Sen Museum, Takhli, Nakhon Sawan). 청동기 시대의 유물은 북동부 반치앙 문화와 관련이 있으며 당시 베트남 북부와 중국 남서부와도 접촉했음을 보여준다. 드바라바티 시대의 해자로 둘러싸인 도시 유적 안에서는 2세기에서 11세기의 유물이 출토됐다. 찬샌 유적은 타이만 연안 지방 도시 국가의 드바라바티 문화가 차오프라강을 기슬리 올라가 태국 중부 지역에 확산하면서 생긴 초기 중심지였다. 찬샌 유적의 출토 유물은 부남의 옥에오, 타시라(Taxila, 파키스탄)와 연관성을 보이며 심지어는 로마 주화까지 출토됐다. 이러한 출토 유물은 찬샌 유적이 드바라바티 시대(6세기~11세기) 이전인 기원후 200~600년 사이에도 몬족의 중요한 무역 기지였던 것을 나타내고 있다.

7   山形眞理子, 「林邑建國期の考古學的樣相-チャキウ遺跡の中國系遺物の問題を中心に」, 『東南アジア考古學』17, 1997年.

찬센 환호 도시 유적 안에서 불교와 관련하는 스투코로 만든 불상과 인물상, 양산, 연꽃을 심은 단지 등 다수의 유물이 발견됐다. 또한 왓찬센(Wat Chansen)에서 '라자망갈라의 빗(Rajamangala comb, 왕의 상서로운 빗)'이 발견됐다.[8] 상아로 만든 빗(1세기~2세기) 양면에는 중요한 부조가 새겨져 있다. 한 면에는 하늘과 왕의 상징인 함사(hamsa, 브라흐마신이 타고 다니는 새)가 부조되어 있다. 이러한 부조로 보아서 이 빗은 당시의 왕이 사용했던 것으로 추정된다. 다른 면의 위에는 불교를 상징하는 꽃병, 왕실의 다양한 기물, 소라 껍데기, 벌집과 같은 풍요의 상징이 있고, 하단에는 아슈바메다(Ashvamedha) 의례와 관련하는 두 마리의 말이 새겨져 있다.

도판 4-1-14 | 라자망갈라 빗의 함사 부조(1~2세기, Wat Chansen, Takhli, Nakhon Sawan, Bangkok National Museum)

도판 4-1-15 | 라자망갈라의 빗 부조(1~2세기, Wat Chansen, Takhli, Nakhon Sawan, Bangkok National Museum)

브라만교에서 거행했던 아슈바메다 의례는 살아 있는 말을 제물로 바치는 의례로, 주로 국왕의 권력을 과시하기 위하여 거행했다. 인도의 2대 서사시인 라마야나 이야기와 마하바라타 이야기에 아슈바메다에 대한 상세한 기록이 있고, 인도 굽타 왕조의 금화에도 다양한 도상으로 등장하고 있다. 기원후 4세기~5세기의 금화에는 말과 함께 아슈바메다 의례를 기념하여 '말(Vajimedha) 희생을 수행한 왕은 땅을 보호하고 하늘을 얻는다', '아슈바메다 제물을 바칠 만큼 왕국은 강력하다'라는 내용이 새겨져 있다.

고대 인도의 왕들은 왕권의 정통성을 증명하기 위하여 아슈바메다 의례를 거행했다. 왕은 말과 전사들을 골라 1년 동안 말을 자유롭게 돌아다니게 풀어 놓는다. 1년 동안 말이 지나가는 영역에서 어떤 세력이든 말과 함께하는 전사들에게 도전하여 왕의 권위에 이의를 제기할 수 있었다. 1년 후, 왕을 반대하는 세력이 말을 죽이거나 포획하지 못하면, 말은 수도로 돌아와 왕이 제물로 바쳐 왕권의 정통성을 선언했다. 왓 찬센에서 출토된 상아 빗은 인도에서 만들었지만, 동남아시아 대륙부에서 아슈바메다 의례를 거행했던 명확한 사료(프라삿 피

8　Piriya Krairiksh. (2012). "Root of Thai Art". River Books.

도판 4-1-16 | 프라삿 피마이 출토, 아슈바메다 의례를 부조한 상인방(12세기, Prasat Phimai, Nakhon Ratchasima, Phimai National Museum)

마이의 상인방)가 남아 있다는 점에서 아슈바메다 의례가 인도만의 문화가 아니었으며 인도와 동남아시아의 도시 국가가 교류했음을 알 수 있다.

타이만 동쪽 해안 프라친부리의 동씨마하포(Dong Si Maha Pho) 유적은 라테라이트로 만든 환호 도시 유적이다. 동씨마하포 유적에는 불족, 석제 법륜 등이 출토되어 불교를 믿었던 것을 알 수 있다. 이러한 환호 도시가 점차 말레이반도 연안에서 차오프라야강 유역, 동북 태국의 치강과 문강 유역으로 확대됐다.

동북 태국에서 벼농사, 제철, 청동기 생산, 제염 등 산업이 기원전 천년기 후반부터 왕성하게 이루어졌고, 문강과 치강 등 하천을 중심으로 집단 기주가 진행되었다. 기원 전후부터 이들 마을 주위에 해자를 만들었다. 해자의 기능은 우기의 배수와 건기의 저수, 마을 방어 등을 추정할 수 있다.

태국 동북부 카라신의 치강 유역에 있는 무앙 화뎃송양 유적은 면적 171헥타르의 환호 마을이다. 마을 배후의 습지를 수전으로 만든 대규모의 유적으로, 형성 시기는 기원전 천년기 말까지 소급된다. 마을은 거주 인구의 증가에 따라서 몇 차례 해자와 외성을 확장했다. 문강 유역에는 나콘랏차시마의 무앙 세마 유적이 있다. 이들 환호 유적의 대부분은 드바라바티 시대(6세기~11세기)에 현재의 모습으로 건설했다. 그러나 반동풍 유적 등 환호 유적의 시원은 기원전부터이다. 동북 태국도 베트남 북부의 맥전(貉田) 사회처럼 계층화하는 시기였다. 동남아시아 연안부에서는 활발한 해상 무역의 진전을 기폭제로 연안 지방에서 초기 국가를 형성했다. 한편 내륙에서는 교통로를 중심으로 하여 환호 마을에서 성읍 국가로 지배 영역을 확대했다.

도판 4-1-17 | 무앙 세마의 환호 유적(6~11세기, Muang Sema, Nakhon Ratchasima)

4-1-2. 광역 교역의 성립

장신구의 재료, 예를 들어 팔찌 재료로 수요가 높았던 대합(Tridacnagigas)이 내륙에서 출토되는 것으로 보아 이미 신석기 시대부터 해안 지역과 내륙을 연결하는 멀리 떨어진 지역 간의 교역을 시작했다는 것을 알 수 있다. 그러나 좀 더 광역권에서 교역이 활발해지기 시작하는 시기는 기원 전후 무렵의 철기 시대이다. 철기 시대의 유적으로는 태국 서부 칸차나부리에 있으며 기원후 1세기로 추정되는 반돈타펫 유적(Ban Don Tha Phet)이 있다. 이 유적에서 청동 장신구, 그릇, 바구니에 들어 있는 청동 닭 소상, 다수의 철기와 도끼 등 공구, 토굴구 등 농기구가 발굴되었으며 특히 창, 화살촉 등 철제 무기가 출토됐다. 또한 유리와 홍옥수 구슬 등 장신구가 발견됐다. 여성을 선각한 청동 그릇도 있다. 이 시기에는 철기가 풍부해져 상당한 양의 철기가 보급되었다. 또한, 철제 낫은 인도의 영향이 보인다. 닭 청동상, 홍옥수로 만든 목걸이와 사자상 등은 인도에서 수입한 것이다.

보석으로 만든 사자상은 말레이반도 끄라비의 쿠안룩파드(Kuan Luk Pad, Krabi) 유적과 춤폰의 카오삼케오(Khao Sam

도판 4-1-18 | 반돈타펫 유적 출토 보석 목걸이(기원전 5세기, Ban Don Ta Phet, Bangkok National Museum)

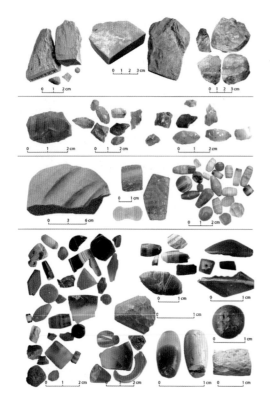

도판 4-1-19 | 카오삼케오 출토 비즈(기원전 400~기원후 100년, Khao Sam Kaeo, Chumphon)

도판 4-1-20 | 카오삼케오 출토 유리(기원전 400~기원후 100년, Khao Sam Kaeo, Chumphon)

Kaeo, Chumphon) 유적에서 발견됐다.[9] 끄라 지협에서 말레이 반도의 동쪽 해안에 있는 무앙 춤폰(Mueang Chumphon)의 카오삼케오 유적(기원전 400~기원후 100년)은 남중국해 지역과 벵골만 사이에 있는 중요한 국제 항구였다. 타타파오(Tha Tapao) 강 하구의 서쪽 4개의 언덕 위에 토벽으로 둘러쌓인 항구 유적이 발견됐다. 제3 언덕 위에서 제철 유적, 옥(Nephrite, 대만산) 가공 유적, 매장 유적(화장한 유골 단지), 그리고 제2와 제4 언덕에서 유리와 비즈 공방 유적이 발견됐다. 이러한 발굴 조사로 카오삼케오 유적이 단순한 국제 무역항이 아니라, 오랜 기간 철, 청동, 금, 옥, 유리, 비즈 등의 교역품을 가공하는 중요한 공방 유적이었음이 밝혀졌다. 출토 유물은 인도산뿐만 아니라 지중해산 비즈와 청색 유리, 로마의 신을 새긴 보석(Roman intaglios, yellow carnelian) 등이 출토됐다. 이곳에서 만든 유리 제품인 구슬과 팔찌가 베트남의 종까보(Giong Ca Vo) 유적과 필리핀 팔라완섬의 타본 동굴(Tabon Caves) 유적에서 출토됐다.

또한 중부 베트남 철기 시대의 사후인 유적의 쌍수두형(雙獸頭形) 귀걸이는 인도와 교류가 있었던 것을 시사하는 유물이다. 사후인 유적에서 출토된 주석 함량이 높은 청동 사발은 인도에서 직수입한 것이다. 기원후 1세기에 베트남 중부, 태국 서부, 인도 사이에 밀접한 교류가 있었던 것을 알 수 있다. 반돈타펫 유적은 태국 서부와 미얀마를 잇는 육로의 요지에 출토된 유물로 미루어 보아, 배로 바다를 건너온 인도 상품을 미얀마 남부의 고대 항구인 모라먀인(Mawlamyine)에서 일단 하역한 후, 육로로 미얀마와 태국의 국경에 있는 삼불탑 언덕(Three

---

9   Bérénice Bellina. (2017). Khao Sam Kaeo : An Early Port-City between the Indian Ocean and the South China Sea. Mémoires Archéologiques no. 28.

Pagodas Pass)을 거쳐서 반돈타펫(Ban Don Ta Phet) 유적(물류 센터)에서 다시 인도 상품을 차오프라야강 유역과 태국 내륙으로 운반했을 가능성이 크다.

동남아시아 대륙부의 유적을 발굴할 때 처음에 중세 시대 유물이나 유구가 발견되면, 그 하층에 신석기 시대 후기, 금속기 시대까지 계속하여 유물이나 유구가 발굴되는 사례가 많다. 예를 들어, 반치앙 유적은 신석기 시대 후기부터 금속기 시대에 이르는 유적이지만, 지표면에서 6세기 이후 바이 세마(결계석)가 세워져 있어 드바라바티 시대의 불교 사원이 있었다는 것을 알 수 있다. 반치앙 유적뿐만 아니라, 동북 태국의 선사 시대 유적 대부분에서 바이 세마, 안장형 맷돌, 후세의 토기가 발견된다. 차오프라야강 유역의 찬센 유적은 금속기 시대 이후부터 고대까지 계속해서 사람이 거주했던 곳이다. 찬센 유적에서 출토된 유물로 차오프라야강 유역에 기원후 1세기 인도의 영향이 전해지기 시작한 것을 추정할 수 있다.

동남아시아 각지에서 기원후 1세기부터 인도와 활발한 교류가 있었던 것을 대표적인 유적과 유물을 통해서 간략하게 소개했다. 당시 동남아시아는 인도, 중국과 교역하여 서로 막대한 이익을 얻었다. 더불어 동남아시아의 특산품도 인도와 중국에서 상품 가치와 수요가 증가하여 중계 무역을 하는 세력이 부를 축적할 수 있었다. 기원전 3세기에 완성한 인도의 아르타샤스트라(Arthaśāstra)는 '인도에서 동남아시아로 간 사람들은 좀처럼 돌아오지 않았고, 돌아올 때는 막대한 재화를 가져왔다.'고 기록하고 있다.[10] 당시 동남아시아 상품을 찾아 인도 상인이 활발하게 내항했던 것을 전하고 있다.

4-1-3. 무앙

무앙은 동남아시아 대륙부의 성읍(城邑) 국가를 뜻하며, 동남아시아 도서부(인도네시아), 연안부(말레이반도)의 '느가라'(Negara)에 해당한다. 무앙은 라오스, 캄보디아, 태국을 중심으로 하여 미얀마, 인도의 아삼주, 운남성 남부, 광서 장족 자치구에 분포하며 현재 라오스와 태국의 성벽을 가진 일정 규모의 지역 연합체를 가리킨다. 동남아시아 내륙의 분지 안에서 수전 경작을 영위하는 라오스나 타이 사람들은 작은 '반'(Ban, 마을)을 만들어 생활한다. 반과 반은 하천 유역을 제외하고는 서로 교류하기가 그리 쉽지 않다. 또한 산악 지대에는 여러 소수 민족이 있는데, 이들은 화전을 하며 살고 있다.

이러한 의미에서 무앙의 고립성은 느가라와 유사하다. 그러나 조엽수림의 분지는 농경에

---

10   Thosarat and Charles Higham, (2012). Early Thailand : From Prehistory to Sukhothai by Rachanee, River Books.

적합하여 식량을 자급자족할 수 있는 능력이 높아 인구가 증가했다. 분지 안의 반이 점차 연합하여 무앙(성읍 국가)이 되었다.

무앙은 하천의 상류 근처의 분지 내에 물을 끌어들여 관개와 수리 기술이 점차 발달했다. '반'(Ban=마을)이 무앙이 되기 위해서는 '차오'(Chao)라고 불리는 수장이 필요하다. 무앙 국가에서는 수장 차오가 거주하는 성을 '치앙'(Chiang, 성)이라 부른다.

차오 아래에는 세습하는 관료가 있고, 때로는 작은 무앙의 차오가 관료의 일도 겸한다. 무앙의 관료에게는 직무에 따라서 경작지가 지급된다. 일반 사람들은 이러한 경작지에서 부역해야 할 의무가 있고, 수렵과 어로에서 얻은 식량 일부를 세금으로 내야 했다. 무앙의 차오가 지니는 권력의 원천은 최초로 마을을 개척한 선조, 더 큰 외부 세계의 세력(차오 무앙)의 승인이다. 예를 들어 라오스 루앙프라방의 차오는 더 큰 왕국으로부터 왕권을 인정받아서 권력을 유지했다.

항시 국가 느가라는 교역을 중심으로 하여 강 하류와 바다가 만나는 연안부에서 시작했다. 하지만, 원래 느가라는 금속기 시대 이후의 작은 무앙으로 시작하여 점차 세력을 확대하여 연안부의 항구를 통합하여 형성한 국가이다. 그러나 태국에서는 말레이시아와 인도네시아와는 달리 느가라를 일괄하여 무앙이라고 부르고 있다. 말레이반도의 무앙은 벼농사보다는 교역을 기반으로 했던 세력으로 느가라라고 부르는 것이 타당하다.

동남아시아 대륙부의 거의 전 지역에 '무앙'이라는 지명이 남아 있다. 무앙은 홍강 유역을 제외하고 에야와디강 유역, 차오프라야강 유역, 메콩강 유역에 밀집하여 분포한다. 무앙이라는 지명이 남아 있는 지역은 동썬 동고 출토지와 일치한다. 금속기 시대 이후 무앙(성시)에 살았던 사람들은 벼농사뿐만 아니라 배를 타고 강을 이동하는 데 뛰어난 능력을 갖추고 있었다. 헤가 I 식 동고의 배 문양은 그들이 주로 배를 타고 이동했음을 보여준다. 예를 들어 부남과 임읍은 처음에 농업을 중심으로 하는 무앙에서 출발하여 그 후에 교역이 증가하면서 느가라가 되었다고 볼 수 있다. 초기 무앙에서 느가리로 변화하는 과정에는 헤가 I 식 동고를 사용했던 오스트로네시아인이 큰 역할을 했다. 동썬 동고(인도네시아 상게안섬에서 출토된 동썬 동고)에 새겨져 있는 기원전 3세기경의 배에 가로대를 만든 아우트리거 카누를 시작하여, 8세기 말~9세기 초의 보로부두르 유적 대형 범선 부조를 보면 오스트로네시아인이 배를 만드는 기술과 항해에 능했던 것을 잘 알 수 있다.

부남과 임읍의 사례처럼 '무앙=성시 국가', '느가라=항시 국가'라는 개념은 반드시 절대적인 것은 아니라, 통치 권력이 경제적 기반을 교역(항구)에 두고 있었나, 혹은 농업(성읍)에 두고

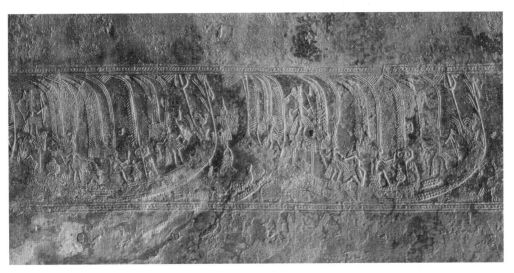

도판 4-1-21 | 카누 부조(기원전 2세기, 청동 용기 측면 부조, 広州市象崗南越王墓出土)

있었나 하는 점을 편의적으로 구분한 것에 지나지 않는다. 예를 들어 하나의 수장국이 경제적 이유 혹은 내부의 여러 사정으로 집권 권력이 무앙에서 느가라로, 혹은 느가라에서 무앙으로 바뀌는 구조로 이해해야 한다. 또한 역사적으로 내륙의 수전 농업을 기반으로 하는 무앙 세력이 교역을 중심으로 하는 해양 세력에 밀려났던 사례도 있었고, 반대로 느가라 세력이 무앙 세력에게 권력을 빼앗기는 일도 있었다. 이러한 권력간의 세력 교체는 부남(느가라 세력)과 진랍(진랍), 육진랍(무앙 세력)과 수진랍(느가라 세력)의 대립, 앙코르(전제적인 왕권의 무라) 왕조로 변해가는 역사에서도 알 수 있다.

도판 4-1-22 | 보로부두르 유적의 대형 범선 부조(8세기 말~9세기 초, Borobudur, Indonesia)

이후 차오프라야강 유역과 메콩강 유역에서 수장 사회는 외부 세계와 교역이 중요하게 되었다. 동남아시아의 임읍, 부남, 진랍, 드바라바티 왕국으로 이어지는 출발점이 바로 이 시기에 해당한다.

동남아시아의 북부 산지에는 곤명, 대리, 영창의 광대한 분지가 펼쳐져 있다. 이 분지를 관철하는 양자강, 홍강, 메콩강, 살윈강 등 아시아 4대강의 원류가 방사형으로 흐른다. 이들 강은 유사 이래 교통의 대동맥이었다. 중국과 인도는 기원전 2세기부터 운남과 미얀마를 거쳐서 활발하게 교역했다. 기원후 1세기에는 인도 동해안, 미얀마 남부(하 버마), 에야와디강, 미얀마 북부(상 버마), 운남, 사천을 거쳐서 중원으로 통하는 교역로를 통해 교류했다. 이러한 교역로를 따라서 무앙 국가군이 형성되었다. 동서가 교역하는 과정에서 탄생한 소규모 성읍 국가군이 동서 교역의 중심이 되었다.

4-1-4. 느가라

느가라는 동남아시아 연안부와 인도네시아 도서부에서 특징적으로 발전한 정치 세력이며, 현재 인도네시아와 말레이시아에 한정하여 사용하는 개념이다. 느가라가 형성된 지역들은 열대 강우림 지대여서 밀림으로 덮여 있었기 때문에 주로 수로를 통해서 교류했다. 동남아시아 대륙의 강 상류 지역은 후추, 주석, 각종 향료 등 각종 자원의 보고였다. 동서 교역이 활발해지면서 하천 상류의 산물을 집약하여 외국 상인에게 공급하는 마을이 큰 강의 하구에 형성되었다. 하구 마을은 점차 교역을 중심으로 하는 항구 도시로 발전했다. 이러한 항구 도시의 수장은 더욱더 활발하게 교역하기 위해서 정치권력이 필요했다. 정치권력은 상류 물자를 안정적으로 조달하기 위하여 강을 따라 좀 더 넓은 해역으로 영역을 확대했다. 이 때문에 라자(Raja)나 술탄(Sultan)은 외부 세계의 정치적 권위의 승인이 필요하게 되었다. 이렇게 하여 '항시 국가 느가라'가 탄생했다.

느가라는 내륙부와 바다 건너의 세계를 연결하는 수장국을 가리킨다. 왕은 주로 관세, 입항세, 혹은 상류 산물의 선매 특권을 가지고 있었다. 느가라는 국적 개념이 없고, 신분 차이도 그다지 크지 않았던 사회였다. 따라서 느가라 왕의 정통성은 그가 바다를 통하여 새로운 문화(인도의 힌두교와 불교)와 문물을 도입하는 것으로 유지되었다. 느가라는 동서 해상 교역이 활발해지는 1~2세기에 동남아시아 각지에서 성립되었다.

기원후 1세기 이후 동남아시아 각지에 초

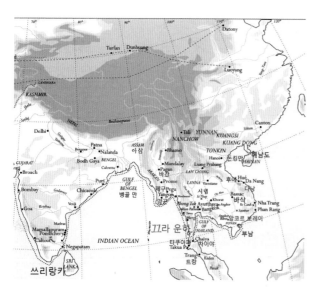

도판 4-1-23 | 1~6세기의 동서 교역로(중국과 인도)

기 국가(항시 국가와 성읍 국가)가 세워졌다. 그 후 초기 국가는 농업과 교역의 성쇠에 호응하면서 발전하거나 다른 지역을 지배하여 세력을 확장했다. 또한 교역망이 크게 발전하여 물류와 정보, 사람이 이동하는 거점에 다양한 도시가 생겼다. 이들 도시의 연합체가 동남아시아의 초기 국가이다. 미얀마의 퓨, 태국의 드바라바티, 베트남의 임읍, 캄보디아의 부남과 진랍이 동남아시아의 해상과 육상의 교통로를 장악하여, 동남아시아 대륙부 고대 문명의 중심 무대가 되었다.

4-2. 에야와디강 유역의 고대 왕국

에야와디강 유역은 생태적으로 크게 두 개로 나뉜다. 바간과 에바를 중심으로 하는 건조 지대와 이를 둘러싼 비가 많이 내리는 습윤 지대이다. 건조 지대는 중앙 평원 지대라고도 하며, 연간 강우량이 3,000㎜를 초과하지 않는다. 한편, 습윤 지대는 서부·북부·동부 산지와 '하 버마'라고 불리는 남부의 에야와디강 삼각주로 연간 강우량이 2,000~4,000㎜이다. 따라서 중앙 평원은 밭농사가 중심이며, 남부 저지대는 벼농사에 적합하다. 중앙 평원 지대에서 많은 물을 요구하는 벼농사를 지으려면 치수와 관개가 필수이며, 남부 미얀마에서는 참깨와 목면 등 건조 지대 작물의 재배가 쉽지 않다. 에야와디강 유역에서 성립하는 왕권은 중앙 평원 지대와 하 버마 지역을 유기적으로 결합해서 안정적이고 강력한 체제를 구축할 필요가 있었다.

『화양국지』(華陽國志)는 중국 동진(東晉, 355년) 상함(常璩)이 편찬한 지리서(華陽이란 巴, 蜀, 漢中을 의미한다)이다.『화양국지』에 처음으로 등장하는 퓨(驃越)는 기원전 2세기경 마궤(Magwe, 미얀마 중부) 동쪽에 벽돌로 넓이가 약 3㎢인 큰 성벽을 쌓고, 사원과 불탑을 건립한 성곽 도시 베이타노(Beikthano)를 건설했다. 또한 에야와디강 유역에서 헤가 I 식 동썬 동고가 발견되면서 기원전 2세기~기원후 1세기에 에야와디강 유역에 베트남, 태국과 유사한 수장국이 이미 존재했던 것이 밝혀졌다.

중국의 사서『후한서』는 기원후 1~2세기에 걸쳐서 에야와디강 하류에 탄(撣, Shan)이라는 나라의 존재를 소개하고 있다.『후한서』는 '영원(永元) 9년(97년)에 조공하여, 후한의 화제(和帝, 後漢의 第4代皇帝, 在位 88~105년)가 금인(金印)을 하사했다(徼外蠻及撣國王雍由調遣重譯奉國珍寶 和帝賜金印紫綬). 기원후 120년 영령원(永寧元)에 탄국왕(撣國王)의 옹유조(雍由調)가 대진(大秦=로마) 사

도판 4-2-1 | 퓨의 주요 도시 유적도(미얀마)

람의 요술사를 헌상했다.'고 기록하고 있다(『後漢書』). 당시 탄국(撣國, 禪國)은 로마와 아라비아반도 지역과 교역하고 있었다. 또한, 131년(後漢의 永建六年, 順帝)의 조공은 일남군(日南郡)을 경유했다. 즉 탄국은 육로 및 해로로 동쪽은 중국, 서쪽은 로마까지 외부 세계와 연결되어 있었다.

탄국 이후 중국 사서에 등장하는 에야와디강 유역의 왕국이 퓨(Pyu)이다. 3세기 전반의 『서남이방지(西南異方志)』나 3세기 후반의 『남중팔군지(南中八郡志)』는 표(驃)로 기록하고 있다(魏晉時代의 驃国史料). 운남에 있던 영창군(永昌郡)에서 서남쪽으로 삼천리 떨어져 있고, 사회는 '군신, 부자, 장유에 유서(有序)가 있다'라고 기록하고 있다. 미얀마에서는 기원후 2세기에 에야와디강 유역의 짜욱세(Kyaukse, 미얀마 중북부)에 퓨(Pyu, 剽, 僄, 縹, 漂)족 국가가 성립했다. 연간 강우량이 750~1,000㎜인 건조 지대로, 저수지와 같은 관개 설비와 수로를 정비하여 수도 경작이 가능한 대 농경 지대로 개척했다. 짜욱세 유적에서 인디카 쌀 껍질을 혼화재로 사용한 벽돌이 출토됐다. 당시 건조 지대에 적응하여 더 많은 수확량, 즉 인구 부양 능력이 뛰어난 인디카 쌀을 재배하는 인도형 농사가 도입된 것을 나타내고 있다. 당시 짜욱세는 운남 지역에서 벵골만으로

도판 4-2-2 | 쓰리 크세트라 성문(Sri Ksetra, Bago, Myanmar)

이어지는 교통의 요지이기도 했다.

또한 미얀마 중부 바고 지역의 에야와디강변 항구 도시 유적 삐(Pyay)가 있고, 그 동쪽 7㎞에 퓨족의 왕도로 추정되는 쓰리 크세트라(Sri Ksetra, 축복의 땅 혹은 영광의 땅)가 있다. 대규모의 벽돌 성으로 둘러싸인 쓰리 크세트라가 얼마나 번창했는지 『구당서』와 『신당서』 등 중국 사서가 상세히 기록하고 있다. 쓰리 크세트라의 고대 도시는 미얀마 문화성의 고고국과 국립박물관의 발굴 조사로 총면적이 약 301㎢로 직경 14.6㎞의 원형 도시 유적 둘레는 해자와 벽돌 성벽으로 둘러싸여 있는 것이 밝혀졌다. 신당서에는 12개의 성문이 있다고 쓰여 있지만, 현재 9개의 성문만 남아 있다. 고대 도시 안에서 승원, 전탑, 왕궁터, 베이타노 여왕의 무덤

등이 있으며, 왕은 9개의 연못을 만들었다고 한다. 현재 성안에는 23개의 마을이 있고, 성밖에는 논, 밭, 과수원이 있다. 때때로 에야와다강의 범람으로 홍수 피해를 당한 퓨 도시와는 달리 쓰리 크세트라는 홍수가 일어나지 않는 비교적 높은 언덕에 있고, 해자와 관개수리가 지금 잘 작동하고 있다. 쓰리 크세트라는 교역로의 길목에 있는 지정학적 위치와 더불어 풍부한 물, 벼농사에 적합한 기후 때문에 약 600년간 융성했다가 중국 남서부에서 발흥한 남조(南詔)의 침략에 의해서 832년 멸망한다.

현재 미얀마의 중남부 지역은 일찍부터 인도 상인들과 교역으로 번창했고, 인도 문화와 더불어 불교와 힌두교가 전래했다. 퓨족의 유적은 에야와디강을 따라서 북부에는 할림, 중부에는 베이타노와 쓰리 크세트라(2014년에 미얀마 최초의 유네스코 세계 문화 유산 등제)등이 있고, 2013년까지의 발굴 조사로 3세기에서 10세기에 걸쳐서 대규모의 성벽, 왕궁, 사원 유적 등이 밝혀졌다.[11] 쓰리 크세트라 왕성에서 5~6세기의 남인도 문자로 새긴 금판경(金版經)과 사리 용기가 출토됐다. 쓰리 크세트라에서는 3세대에 걸친 왕의 이름을 새긴 유골함이 출토됐다. '……우이끄라마'라는 이름을 가진 왕이 지배했다고 새겨져 있다.

퓨의 은화는 베이타노와 쓰리 크세트라에서 발견됐다. 이들 은화는 퓨의 도시 유적뿐만 아니라 베트남의 옥에오, 타이만 연안의 드바라바티 도시 유적, 내륙 수코타이의 사완카록(Sawankhalok)에서도 발견됐

도판 4-2-3 | 쓰리 크세트라의 보보지 불탑(5세기, Bawba-wgyi Stupa, Sri Ksetra)

도판 4-2-4 | 은도금 사리 용기(6세기~7세기, Thayekhittaya, Bago, Myanmar National Museum)

---

11   新田榮治, 「黃金の地·ミャンマ-の古代史をたどる」(『福岡からアジアへ』5, 西日本新聞社, 1997年)

도판 4-2-5 | 옥에오 유적 출토 퓨 은화(3~5 세기, National Museum of Vietnamese History)

다.[12] 이들 지역 간의 교역 활동의 확대가 미얀마에 머무르지 않고, 타이만 연안에서 차오프라야강 유역의 깊숙한 내륙에 이르는 동남아시아의 넓은 지역으로 확산했다.

벵골만 동쪽의 살윈강, 시탕(Sittaung)강의 양대 강 하구 지역에 타톤, 바고 등 몬족 도시 국가가 벵골만에서 이루어진 교역으로 번성했다. 이러한 번영은 몬족 도시 국가가 운남, 타이만, 벵골만을 잇는 교역로를 장악했기 때문이었다. 운남은 예로부터 중국과 인도를 연결하는 서남 실크로드가 지나가는 중요한 교통로였고, 중국 역대 중국 왕조는 운남을 지배하려고 노력했다. 당시 운남의 박해(洱海, 현재의 大理)에는 육조(육조(六詔=即蒙嶲詔, 越析詔, 浪穹詔, 邆睒詔, 施浪詔, 及蒙舍詔))로 불리는 여섯 개의 무앙(성읍국가)이 있었다. '詔'는 왕을 의미하는 태국어 'Chao'와 관련이 있고, 육조(六詔, 후의 남조)는 티베트 버마어족이었다. 운남의 대리(大理)에 거점을 두었던 남조 왕국(南詔王國)이 교역로를 장악하려 했던 것도 어쩌면 당연한 일이었다.

6세기 후반부터 7세기 초반의 상황을 전하는 수서(隋書)에 따르면 퓨(驃人)는 이 무렵 주강(朱江)[13]이라고 하며, 에야와디강 하류 또는 테나세림 지역(Tenasserim, 현재의 떠닝따이도)에는 타원(陀洹=무앙)이라는 나라가 있고, 타원은 태국 차오프라야강 유역까지 세력을 뻗어 동쪽의 진랍과 싸우고 있었다고 한다.[14]

한편, 북쪽의 주강(朱江)과 진랍은 우호 관계였다. 에야와디강 유역 일대의 주강과 타원은 대립 관계였다. 그 후 차오프라야강 유역에 드바라바티가 세력을 확장하여 타원을 멸망시켰다. 남조 왕국은 833년에 퓨의 왕도를 함락하여 퓨 왕조를 멸망시켰다. 에야와디강의 중류 유역에는 10세기 후반부터 버마족 세력이 등장하여, 바간 왕국을 건국했다. 바간 왕국 이전의 에야와디강 하류는 느가라가 지배를 했고, 중류는 무앙이 지배하고 있었다.

---

12 伊東利勝,「綿布と旭日銀貨：ビュー, ドヴァ-ラヴァティ-, 扶南」(山本達郎編,『岩波講座東南アジア史』第1巻, 岩波書店, 2001)

13 수서에는 주강은 진랍과 교류가 있다고 전하고, 그밖에도 대당서역기, 신당서에도 기록이 있다(《大唐西域記》也對驃人城邦室利差呾羅王國有所記載,《新唐書》中還有朱波 突羅朱 徒裡掘等異稱).

14 타원(陀洹 혹은 陀桓,『通典』卷188 : "陀洹国在堕和罗西北", "哥罗舍分在南海南, 其国地接堕和罗")은 에야와디강 삼각주에 있었던 6~7세기의 항시 국가로 6세기까지는 태국의 에야와디강 삼각주의 드바라바티를 지배했지만, 7세기 이후 드바라바티의 속국이 되었다. 《太平寰宇記》卷177, 陀洹之地在今緬甸東南 一說指土瓦 一說指仰光 也有的認為指卑謬(중략) 真臘多次與林邑及陀洹戰爭(중략) 一般認為真陀洹 耨陀洹 乾陀洹等均即陀洹 陀桓的異名.

도판 4-2-6 | 바고의 쉐모도 파야(10세기, Shwemawdaw Pagoda, Bago)

도판 4-2-7 | 바고 쉐탈랴옹의 와불상(10세기, Shwetha-lyaung Buddha, Bago)

도판 4-2-8 | 바고 차이푼의 사방불(7~15세기, Kyaikpun Buddha, Bago)

도판 4-2-9 | 양곤의 쉐다곤 파야(Shwedagon paya, Yangon)

도판 4-2-10 | 에야와디강 중류의 바간 유적(미얀마)

4-3. 드바라바티 왕국과 말레이반도의 고대 왕국

4-3-1. 드바라바티 왕국

인도와 중국의 동서 교역이 성행하면서 동남아시아 해안에 교역 거점인 항시 국가가 탄생했다. 기원후 1세기 말에는 메콩강 하류에 부남이, 기원후 2세기 말에는 베트남 중부에도 임읍(林邑)이 출현했다. 태국에서도 기원후 1세기에 인도와 교역을 알려주는 유물이 발견됐다. 당시에는 인도, 중국과 중계 무역으로 교역했다. 미얀마(Pyu)와 태국을 통해 차오프라야강 유역의 몬족 도시들을 통과하여 부남과 임읍으로 물품을 운반하는 방식으로, 교역로의 거리가 길었다.[15] 몬족의 수장국은 인도 상품을 부남에 매도하여 막대한 이익을 챙겼다. 미얀마 측의 주요 항구를 기점으로 인도에서 옮겨 온 교역품을 부남과 임읍으로 운반하는 드바라바티 교역로는 5개가 있었다.

① 마루타반(Martaban, 미얀마) → 탁(Tak, 미얀마) → 나콘사완(Nakhon Sawan, 태국) → 앙통
(Ang Thong, 태국) → 나콘파톰(Nakhon Pathom, 태국) → 시텝(Si Thep, 태국) → 사완나켓
(Savannakhet, 라오스) → 짜끼우(Tra Kieu, 베트남)

② 마루타반 → 삼불탑(Three Pagodas Pass, 미얀마와 태국의 국경) → 칸차나부리
(Kanchanaburi, 태국) → 나콘파톰 → 시텝 → 참파삭(Pakse, Wat Phu, 라오스) → 짜끼우

③ 타보이(Tavoy, 미얀마) → 랏차부리(Ratchaburi, 태국) → 펫차부리(Phetchaburi, 태국)

④ 메르기(Mergui, 미얀마) → 프라차압키리칸(Prachuap Khiri Khan, 태국) → 펫차부리

⑤ 타쿠아파(Takuapa, 태국) → 반돈만(Ban Don Bay, Chaiya, 태국) → 타이만 횡단 → 옥에오
(부남) → 짜끼우

이상의 교역로는 모두 궁극적으로는 미얀마에서 태국, 부남, 임읍을 거쳐 중국으로 가는 길이었다. 부남의 옥에오 유적에서 출토된 유물은 인도를 통하여 아랍과 페르시아에서 가져온 것이 적지 않다. 이와 반대로 중국과 동남아시아의 특산품이 인도, 페르시아, 로마로 운반됐다.

그러나 인도와 중국의 교역에 지정학적으로 가장 중요한 지역은 말레이반도였다. 당시

---

15 新田榮治,「東南アジアの都市の形成とその前提, ドヴァ-ラヴァティを中心として」,『鹿児島大學法文學部紀要人文學科論集』78, 2013)

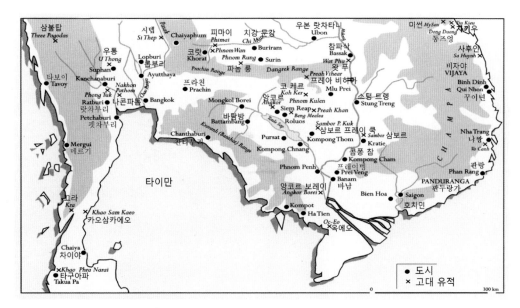

도판 4-3-1 | 동남아시아 대륙부의 주요 유적도

말레이반도에는 동서를 관통하는 3개의 교역로가 있었다.

① 인도, 벵골만에서 말레이반도 서해안 타쿠아파 항구에 도착한 후, 말레이반도를 육로
　로 횡단하여 차이야 등 동해안의 항구에서 남중국해로 이어지는 이른바 끄라 지협을
　통과하는 길.
② 트랑 혹은 케다(말레이시아)-송클라 혹은 팟타니 간의 말레이반도를 횡단하는 길.
③ 말레이반도를 돌아서 말라카 해협을 통과하는 길.

　이러한 교역 기지(항구 도시)를 성벽과 해자로 주위를 둘러싸고, 그 안에 불교 사원과 불탑
을 건립한 항시 국가가 탄생했다. 6세기부터 이와 같은 고대 도시가 해안과 내륙을 잇는 하
천과 육로 등 교역로를 따라 타이만 서해안에서 타이만 동해안까지 출현했다. 태국 중부 타
친(Tachin)강과 차오프라야강 유역을 따라서 각지를 연결하는 교통로에 도시가 건설되었다.
지금도 태국 정부가 말레이반도 운하 후보지를 정하여 건설을 추진하는 중이다.

　중국의 『진서』(陳書)에 지덕원년(至德元年, 583년) 두화국(頭和國)이 조공을 보냈다는 기록이
있다. 이 두화국이 드바라바티(Dvaravati) 왕국으로, 이후 『구당서』와 『신당서』를 비롯한 『대동
서역기』, 『통전』 등의 사서에 투화(投和), 투화라(墮和羅), 투라발저(墮羅鉢底), 두화라발저(杜和羅

도판 4-3-2 | 태국의 지역 구분도

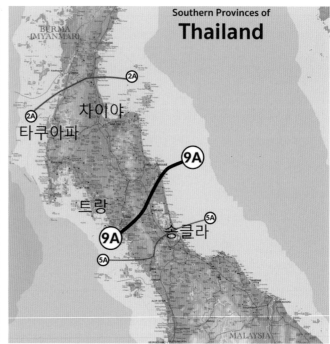

도판 4-3-3 | 끄라 운하 후보지(Kra Isthmus, Thailand)

鉢底) 등으로 등장한다. 『신당서』에 드바라바티에 대한 매우 자세한 기록이 있다.[16]

'투화(投和)는 진랍(眞臘)의 남쪽에 있다. 광주(廣州)에서 서남 방향 해로로 백일을 가면 투화(投和)에 이른다. 왕의 성은 투화라(投和羅)이고, 이름은 포사흘요(脯邪迄遥)이다. 관리는 조청장군(朝請將軍), 공조(功曹), 주부(主簿), 찬리(贊理)가 있다. 각각 분담해서 국사에 임한다. 주, 군, 현의 3등급으로 나뉜다. 주에는 참군(參軍)이 있고, 군에는 금위장군(金威將軍), 현에는 성(城)과 국장(局長)이 있다. 관리를 선발하여 백성을 돕는다. 이들 관리는 지위가 높고 서로 장식한 건물에 있다. 왕궁은 100명의 병력이 지키고 있다. 왕은 조하(朝霞)라는 옷을 입고, 금은의 귀걸이를 하고, 목에 보석을 장식하고, 가죽 신발을 신고 있다. 도둑질을 자주 하는 자는 사형에 처한다. 그다음의 형벌은 귀와 뺨에 구멍을 뚫고, 머리카락을 자른다. 위조 금을 만드

16　玄奘『大唐西域記』卷十：'從此東北大海濱山谷中有室利差呾羅國. ……次東南大海隅有迦摩浪迦國(即郎迦戍國). 次東有墮羅鉢底國', 義淨『南海寄歸內法傳』卷1作杜和鉢底,『通典』卷188作投和,『舊唐書·南蠻列傳』作墮和羅,『新唐書』: '投和在眞臘南 自廣州西南海行百日乃至 王姓投和羅 名脯邪迄遥 官有朝請將軍 功曹 主簿 贊理 贊府 分領國事 分州로縣三等 州有參軍 郡有金威將軍 縣有城 有局長 官得選僚屬自助民 居率樓閣圖壁 王宿衛百人 衣朝霞 耳金銀金綖 被頸寶飾 革履 頻盜者死 次穿耳及頰 而劓其髮 盜鑄者截手 無賦稅 民以地多少自輸 王以農商自業 銀作錢 類楡筴 民乘象及馬 無鞍 靮繩穿頰 御之 親喪斷髮爲孝 焚屍 斂灰干甖 沈之水 貞觀中 遣使 以黃金函內表弁獻方物'

는 자는 손을 절단하는 형에 처하고, 세금은 없다. 백성은 다소 농지 수확물을 장사한다. 왕은 농업과 상업을 업으로 한다. 동전은 은전으로 유협(중국)과 비슷하다. 백성은 코끼리와 말을 타고, 안장이 없고, 고삐는 뺨에 구멍을 뚫어 제어한다. 부모상(喪)을 당하면 두발을 자르는 것이 효자이다. 시신은 화장하고, 재는 항아리에 모아 수중에 매장한다. 정관 연중(唐)에 사신을 파견하고, 황금 상자 안에 표를 넣어 헌상했다.'

중국 사서의 '투화국'은 오랫동안 고고학에서 그 존재를 증명하지 못했다. 1943년에 방콕 서쪽 30㎞ 나콘파톰의 왓 프라플라톤 불탑 유적에서 은화 2개가 출토됐다. 은화의 한 면에는 남인도의 팔라바 문자로 '쓰리 드바라바티 스바르나 푼야(sri dvaravati svarna punya)'라고 새겨져 있고, 뒷면에는 소·송아지·꽃 등이 새겨져 있다. 'sri dvaravati svarna punya'는 '드바라바티 왕의 공덕'이라는 뜻이며, 이는 중국 사서에 나오는 투화국(Dvaravati)의 존재를 확인해주는 유물이다.[17]

그 후 같은 은화가 태국 서부의 우통(U-Thong), 중부의 반쿠무앙(Ban Koo Muang), 동콩(Dong Khon) 등에서도 발견됐다. 이러한 은화의 주요 분포 지역은 태국 서부의 타친(The Thin) 강 유역으로, 이 지역이 드바라바티의 중심지로 추정된다. 드바라바티는 산스크리트어로 '항구(港口)의 문'을 의미하며, 이름의 뜻처럼 해상 교역으로 번영한 항시 국가를 가리킨다. 'punya'라는 말은 '공덕'이라는 불교 용어에서 유래하여, 드바라바티가 불교와 깊은 관계가 있었음을 시사한다.

드바라바티는 6~9세기에 타이만 연안을 중심으로 성립한 불교(부파 불교를 중심으로 하는 대승 불교)를 믿었던 도시 국가 연합체로 성장했다. 그 후 드바라바티는 중부 태국의 무앙 씨마호 숫과 동북 태국의 무앙 시텝에서 불교와 힌두교를 기반으로 하는 성읍 국가를 중심으로 하여, 주변 환호 마을을 흡수 통합하며 세력을 확장했다. 태국 북부에서 성립한 몬족의 왕국 '하리분자야(Haribhuñjaya, 현재의 Hariphunchai)'도 드바라바티 왕국에 속했다. 이들 지역에는 공통하는 고고학적 유물이 남아 있다. 동쪽을 향하는 직사각형의 벽돌 불탑, 부처를 상징하는 석제 법륜(Dharma-cakra), 부처의 발바닥을 조각한 불족(Buddhapada), 눈이 돌출하고 입술이 두꺼운 독특한 풍모의 불상, 사원의 성속(聖俗) 경계에 세운 바이 세마(Bai Sema), 약이나 카레를 만드는 데 사용한 안장형 맷돌과 석제 마봉(磨棒), 귀걸이와 반지 등 거푸집, 등장, 침선 무

---

17   Dupont, P. (1959). Archeologie Monede Dvdravata. PEFEO, Paris.

도판 4-3-4 | 안장형 맷돌과 석제 마봉(드바라바티 시대, 6~11세기, Nakhon Si Thammarat National Museum, 오세윤 촬영)

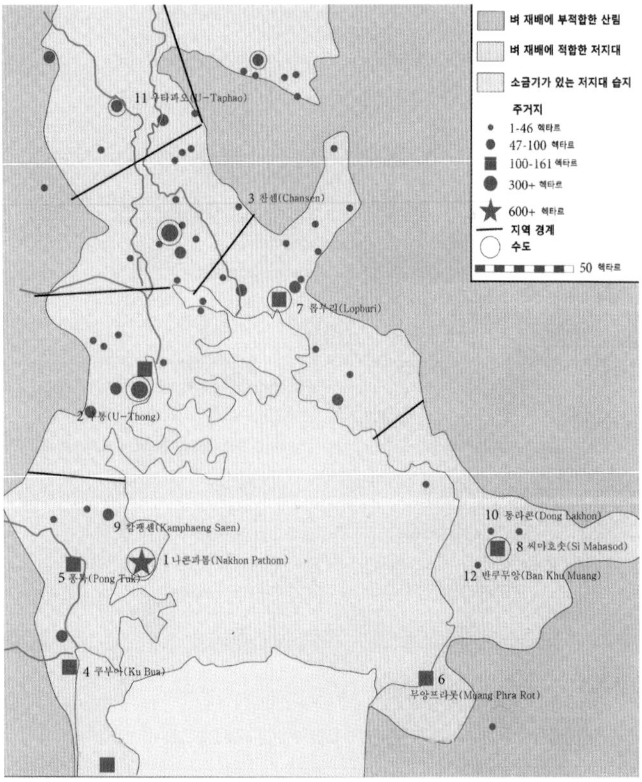

늬의 토기 등이다.[18] 안장형 맷돌과 석제 마봉은 말레이반도, 부남의 영역에서도 발견됐다.

드바라바티 시대를 가장 특징적으로 대표하는 유물은 석제 법륜(Dahrmacakra)이다. 7세기 나콘파톰의 왓사네하에서 석제 법륜이 출토되었다. 출토된 법륜은 석제를 통째로 조각한 유품으로, 양면에는 굽타 양식을 계승하는 화려한 연꽃과 마름모꼴의 연속 문양, 차축 주위에는 연변 문양과 식물 문양을 조각하고 있고, 미술적으로도 매우 뛰어난 유물이다. 석제 법륜과 함께 사슴 석상이 출토되었는데, 이는 석가가 사르나트에서 다섯 수행자에게 처음으로 팔전도와 사성제를 설법하는 초전법륜(初轉法輪)을 나타낸다. 사슴도 목을 기울여 석가의 설법을 듣고 있는 것 같다. 또, 15개의 차축 주위에 팔리어로 "전법륜경"(轉法輪經)을 팔라바 문자로 기록하고 있어, 법륜 자체만으로도 초전법륜을 나타낸다. 왓사네하에서 출토된 법륜은 석제를 통째로 조각한 유품으로, 양면에는 굽타 양식을 계승하는 화려한 연꽃과 마름모꼴의 연속 문양, 차축 주위에는 연변 문양과 식물 문양을 조각하고 있고, 미술적으로도 매우 뛰어난 유물이다. 이밖에도 드바라바티 시대(7세기~11세기)의 많은 석제 법륜을 나콘파톰 국립박물관과 방콕 국립박물관이 소장하

도판 4-3-5 | 차오프라야강 유역의 드바라바티 유적도(태국)
1. 나콘파톰(Nakhon Pathom), 2. 우통(U-Thong), 3. 찬센(Chansen), 4. 쿠부아(Ku Bua), 5. 퐁툭(Pong Tuk), 6. 무앙프라롯(Muang Phra Rot), 7. 롭부리(Lopburi), 8. 씨마호솟(Si Mahasod), 9. 캄팽센(Kamphaeng Saen), 10. 동라콘(Dong Lakhon), 11. 우타파오(U-Taphao), 12. 반쿠무앙(Ban Khu Muang)

18　新田榮治,「ドヴァ-ラヴァティ-の都市と國家」(『東南アジア考古學會研究報告』3, 2005)

도판 4-3-6 | 사슴상과 석제 법륜(7세기, Wat Saneha Phra Aram Luang, Nakhon Pathom, Bangkok National Museum)

도판 4-3-7 | 나콘파톰 출토 석제 법륜(7~8세기, Nakhon Pathom, Bangkok National Museum)

도판 4-3-8 | 드바라바티 양식의 석가여래좌상(10세기, Buriram, Bangkok National Museum)

도판 4-3-9 | 불교 설화를 새긴 바이 세마(9~11세기, Mueang Fa Daet Songyang, Kalasin, Bangkok National Museum)

고 있다.

또한, 7세기 중반 드바라바티 도시 국가의 하나인 'Lavapura'(현재의 롭부리)를 기록한 팔리어 비문이 람푼에서 발견됐다. 드바라바티의 성읍 도시는 성벽과 해자로 둘러싸여 있고 안팎에는 불탑과 사원이 세워졌다. 건물 내외는 석고를 바르고, 벽은 스투코 조각으로 장식했다. 종교 건축물은 라테라이트(Laterite, 紅土) 기단 위에 벽돌 건물을 지었다. 표면을 회반죽으로 화장하여 채색한 화려한 건물이었다.

드바라바티는 크게 5개 지역으로 나뉜다. 타이만 서쪽 해안, 타이만 동해안의 차오프라야강 유역, 동북 태국, 태국 북부 지역이다. 그 대표적인 도시 유적은 타이만 서해안의 무앙 우통(Muang U-Thong), 무앙 쿠부아(Muang Khu Bua), 무앙 나콘파톰(Muang Nakhon Pathom), 타이만 동해안의 무앙 씨마호솟(Muang Si Mahosot), 차오프라야강 유역의 라보(Lavo=Lopburi)와 무앙 시텝(Muang Si Thep), 동북 태국의 무앙 세마(Muang Sema Dharmacakra)와 무앙 화뎃송양(Muang Fa Daet Songyang), 태국 북부에서 무앙 하리분자야(Muang Haribhuñjaya)가 있다.

현재 태국 왕조의 시작은 1238년 중북부에서 융성한 수코타이 왕조이다. 그 이전에는 중부와 동북부 일대의 몬족 국가인 드바라바티(6세기~11세기), 크메르족 국가인 앙코르(11세기~13세기 중반) 세력의 지배 아래에 있었다. 이 시대의 건축과 미술을 각각 '드바라바티 양식', '앙코르 양식=크메르 양식' 혹은 '롭부리 양식'이라고 부른다. 드바라바티 시대의 사원은 벽돌 건축이 주가 되고, 6~8세기는 힌두교 신상, 8세기 이후는 불상이 성행했다. 태국의 롭부

도판 4-3-10 | 드바라바티 양식의 힌두교 신상(6~7세기, Bangkok National Museum)

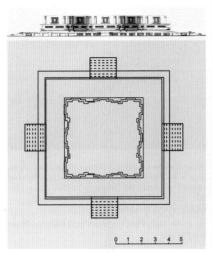

도판 4-3-11 | 드바라바티 양식 불탑의 측면 및 평면도(8세기 초, Chula Pathon Stupa, Muang Nakhon Pathom)

도판 4-3-12 | 드바라바티 양식의 석가여래 좌상(7~8세기, Muang Si Mahosot, Pranchinburi National Museum)

도판 4-3-13 | 드바라바티 양식의 석가여래 입상(8~9세기, Banfai, Lam Plai Mat, Buriram, Bangkok National Museum)

도판 4-3-14 | 앙코르 양식의 나가와 불상 (12세기, Wat Na Phramen, Ayutthaya, Bangkok National Museum)

도판 4-3-15 | 롭부리 양식의 청동 희금강 상(12세기, Hevajra, Lopburi Art=Angkor Style, Bangkok National Museum)

도판 4-3-16 | 롭부리 양식의 석가여래 좌상(12 세기, Wat Phra Si Rattana Mahathat, Lupburi, Bangkok National Museum)

리 양식은 일부 불상에서 독자성이 인정되지만, 대부분은 앙코르 양식이라고 하는 것이 타당하다. 또한, 남부의 말레이반도에는 7세기~14세기의 건축과 미술을 '스리위자야 양식'이라고 부른다. 특히 불상은 시대에 따른 각 양식의 미묘한 변화를 확인할 수 있다.

태국의 불교 사원(Wat)과 힌두교 사원(Prasat)의 가람은 다양한 기능과 형태를 하고 있다.

도판 4-3-17 | 스리위자야 양식의 사원(14세기, Chedi Wat Long, Surat Thani)

도판 4-3-18 | 인도네시아 스리위자야 양식의 사원(7~14세기, Muara Takus, Riau, Sumatra)

체디(Chedi)와 탓(That)은 인도의 스투파(산치 유적)에서 유래하며 내부 공간이 없는 불탑이지만, 내부에 불상을 안치하는 사당 형식도 있다. 프라삿, 프랑(Prang), 쿠(Ku)는 앙코르 양식의 고탑 옥개가 있는 사당이다. 프랑은 아유타야 왕조 시대에 높은 기단 위에 세운 탑 모양 사당이고, 쿠는 태국 북부에서 내부 혹은 외벽에 불상을 안치한 탑이다. 위한(Wihan)은 재가 신자가 의례를 거행하는 불당을 가리킨다. 우보솟(Ubosoth), 봇(Bot)은 승려가 의례를 거행하는 사당이다. 우보솟, 보트, 심(Sim) 등은 불당인 위한과 유사하고, 성역을 설정하기 위해 건물의 사방 혹은 각 모서리를 합한 총 여덟 방향에 배치한 바이 세마(Bai Sema)와 차이가 있다. 몬돕(Mondop, 산스크리트어 Mandapa)은 방형 또는 십자형 평면의 건물로, 사당과 경장으로 기능했으며 앙코르 양식의 탑 모양 사당 전면에 부설한 전실을 가리킨다. 그 밖에도 호투라

도판 4-3-19 | 차이야 출토 스리위자야 양식의 연화수 보살상(7세기, Bodhisattva Padmapani, Chiya, Surat Thani, Bangkok National Museum)

도판 4-3-20 | 차이야 출토 스리위자야 양식의 관음보살 입상(7~8세기, Wat Sala Thung, Chaiya, Bangkok National Museum)

이(Ho Trai, 경장), 호라칸(Ho Rakhang, 종루), 칸파리안(Kan Parian, 說法堂), 사라(Sala, 휴게소), 쿠티(Kuti, 승방) 등이 있다.

차오프라야강 하류 지역인 나콘파톰과 퐁툭에서 4~5세기 남인도 양식을 전하는 소형 청동 불상이 출토되어, 예로부터 불교가 전래하였음을 알 수 있다. 7세기 이후 중국 사서에 드바라바티의 불교 관련 기록이 자주 등장하고, 왕국의 중심으로 보이는 나콘파톰, 퐁툭, 아유타야, 우통, 롭부리 등 각 도시 유적에 사원과 불상이 남아 있는 것으로 보아 드바라바티는 불교를 중심으로 형성한 소연합 국가군이었을 것으로 추정된다. 드바라바티는 부남이 쇠퇴함에 따라서 세력을 확장하여 8~9세기까지 융성했다. 특히 몬족 국가 라보(羅斛)와 하리푼차이가 성세했지만, 11세기 이후에는 앙코르 왕조가 지배한다.

나콘파톰의 프라 파톰 체디(Phra Pathom Chedi, 대탑)는 1939~1940년의 발굴 조사에서 7~9세기 사이에 이미 3차례 개조했음이 밝혀졌다. 사원에서는 석조 법륜과 사슴, 태양신 수리야를 하부에 부조한 석제 법륜이 출토됐다. 또한 불탑 기단 벽면 감실에 배치한 석조 불상과 감실 하부의 기단 둘레를 장식한 스투코(석고)로 만든 불전도, 전생담(前生譚=Jataka), 아바다나(譬喩說話, Avadana, 불제자와 재속 신자의 과거, 현세의 선행 이야기) 등 각 시대에 상응하는 불교 조각이

도판 4-3-21 | 프라 파톰 체디 출토 태양신 수리야를 부조한 석제 법륜
(7~8세기, Phra Pathom Chedi, Bangkok National Museum)

도판 4-3-22 | 법륜을 띠받치는 석주의 장식 부조(7~8세기, Phra Pathom Chedi, Bangkok National Museum, 오세윤 촬영)

출토됐다. 이 유물들은 현재 나콘파톰의 프라 파톰 체디 국립박물관에 전시되어 있다.

프라 파톰 체디에서 출토된 석주는 법륜을 높이 떠받치며, 발굽형 창안에 사람의 얼굴을 부조한 장식이 있다(Kudu). 쿠두 문양은 카오노이(Khao Noi) 도시 유적(7세기)과 진랍 시대의 삼보르 프레이 쿡 유적의 석조 사원(7세기) 등 진랍과 참파의 7~8세기 사원에도 새겨져 있다. 같은 형태의 문양은 인도 첸나이의 남쪽으로 60km 떨어진 항구 도시 마하바리푸람(Mahabalipuram) 유적에서도 볼 수 있다. 이러한 말굽형 인물 부조를 보면 인도 남부의 항구 도시 마하바리푸람과 동남아시아 대륙의 고대 왕국이 교류했음을 알 수 있다. 마하바리푸람 유적은 힌두교의 성지의 하나로, 팔라바 왕조 시대(275~897년)에 건립한 석조 사당(Pancha Rathas) 5개가 남아 있다. 해안 사원, 가네샤 등 초기 힌두교 건축의 대표적인 유구로, 사당의 지붕 처마에 말굽 모양의 창안에 사람 얼굴(Kudu 문양)을 부조하고 있다. 쿠두 문양은 진랍과 참파의 7~8세기 사원에도 새겨져 있다.

나콘파톰의 왓 싸이(Wat Sai, Nakhon Chai Si) 유적에서 각 면에 설법하는 석가의상, 불제자와 5명의 브라만, 그리고 석가의 좌·우에 불자를 든 범천(브라흐마), 제석천(인드라) 등을 부조한 석조 유물이 발견됐다. 등받이가 있는 옥좌에 앉아 있는 석가는 전륜성왕으로 당시의 왕을 표상한다. 보도가야(Buddhagayā, 佛陀伽耶)에서 성도한 석가가 범천의 권청을 받아서 사르나트에서 처음으로 설법(初轉法輪)하는 장면을 드바라바티에서 제작한 것이다. 이 석조 부조는 원래 4면(지금은 3면이 남아 있다)의 상자 형태이며 법륜을 떠받치는 석주의 장식(臺石)이었다. 굽타 형식의 화려한 당초 문양과 7세기 후반~8세기 초 드바라바티 예술의 높은 수준을 잘 나타내고

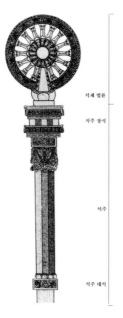

도판 4-3-23 | 석제 법륜과 석주 복원도(8
세기 초, 우통 11번 유적 출토, U-Thong,
Suphan Buri)

도판 4-3-24 | 왓 싸이 출토 석주 대석(7~8세기, 석주 장식, Wat Sai, Nakhon Chai Si, Phra
Pathom Chedi National Museum)

도판 4-3-25 | 사위성의 신변(7~8세기, Wat Chin,
Ayutthaya, Bangkok National Museum)

도판 4-3-26 | 왓 로 출토 석가 입상(7~8
세기, Wat Ro, Ayutthaya, Bangkok
National Museum)

있다. 법륜을 떠받치는 석주는 인도 산치 유적 동문에도 부조로 새겨져 있다.

아유타야에서 많은 드바라바티 시대 유물이 발견됐다. 왓 친(Wat Chin)에서 출토된 불전도

도판 4-3-27 | 왓 프라두 송탐 출토 나가와 석가 좌상(8세기, Wat Pradu Songtham, Ayutthaya, Bangkok National Museum)

도판 4-3-28 | 무앙 나콘파톰 출토 불상 두부(7세기, Muang Nakhon Pathom, Phra Pathom Chedi National Museum)

도판 4-3-29 | 왓 나프라멘 출토 석가 입상(7~8세기, Wat Na Phra Men, Ayutthaya, Bangkok National Museum)

(佛傳圖) 부조는 의상(倚像) 석가 설법상을 중심으로, 아래쪽에는 이형의 인물상을 포함한 다수의 청중, 위쪽에는 석가와 관련된 다양한 기적을 새겨 놓았다. 이른바 사위성(舍衛城, Sravasti)의 신변을 주제로 한 것으로, 왓 싸이에서 출토된 불상과 더불어 드바라바티 전성기에 제작한 것으로 추정된다. 아유타야의 왓 로(Wat Ro, Ayutthaya)에서 발견된 석가 입상도 인도의 굽타 양식의 영향을 받은 드바라바티 시대(7~8세기)의 불상이다.

왓 낭 쿠이(Wat Nang Kui)에서 발견한 석가 좌상과 왓 프라두 송탐(Wat Pradu Songtham)에서 발견한 나가와 석가 좌상도 7~8세기의 대표적인 드바라바티 불상이다. 특히 왓 프라두 송탐에서 발굴된 좌우로 불탑을 들고 있는 인물상, 선정하는 석가를 수호하는 7마리의 나가는 앙코르 왕조를 비롯한 동남아시아에서 특히 좋아하는 도상으로, 성수 신앙과 긴밀한 관계가 있다.

무앙 나콘파톰(Muang Nakhon Pathom)에서 출토된 석가 입상과 아유타야의 왓 나프라멘(Wat Na Phra Men)에서 출토된 석가 입상은 비교적 큰 나발, 끝이 뾰족하고 작은 육계(肉髻), 좌우의 눈썹이 연속하는 눈썹, 눈꺼풀 끝이 약간 올라간 눈, 작은 코, 두꺼운 입술, 가슴 맺음과 주름을 생략하고 신체의 윤곽을 강조하는 얇은 옷을 처리한 통견(通絹)의 대의에 특색이 있다. 비교적 큰 이중의 연화 대좌 위에 서 있는 불상은 좌우 대칭으로 직립한 모습이다. 인도 사르나트 양식의 영향이라는 견해도 있지만, 7세기 초 드바라바티 양식의 불상이다. 이러한 양식은 8세기~9세기

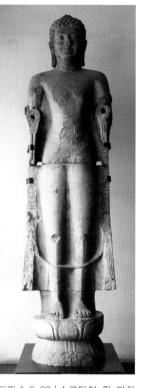

도판 4-3-30 | 왓 나프라멘의 석가의상(7~8세기, Wat Na Phra Men, Ayutthaya)

도판 4-3-31 | 드바라바티 양식의 석가삼존상(8세기, Khok Samorong, Lopburi, Bangkok National Museum)

도판 4-3-32 | 수코타이 왓 마하 탓 출토 석조 아미타여래상(8세기 초, Wat Mahathat, Sukhothai, Bangkok National Museum, 오세 윤 촬영)

의 드바라바티 불상으로 계승되었다. 같은 사원에서 출토된 석가의상도 같은 시기에 제작된 전형적인 드바라바티 시대의 불상이다. 8세기에는 대승 불교 여래의 하나인 아미타불이 제작되었다. 수코타이의 왓 마하탓 에서 출토된 석조 아미타여래상(8세기 초, 높이 330㎝)과 논타부리 왓 초엥타 에서 출토된 청동 아미타여래상(8세기 중반, 높이 47㎝)이 대표적이다. 의자에 앉아 있는 불상은 전륜성왕 사상과 결합하여 드바라바티 시대(6~11세기)에 제작되었다. 아유타야의 왓 마하탓 에서 출토된 석조 석가의상(7~8세기)과 씽부리의 부리 고대 도시 유적(Muang Buri)에서 출토된 청동 석가의상(9~10세기) 등이 대표적인 불상이다.

 아유타야의 왓 나프라멘에는 총 높이가 약 5m에 이르는 큰 석가의상(倚像)이 남아 있다. 이 불상은 보수한 흔적이 뚜렷하고 제작 연대도 석가 입상보다 약간 후대이며, 등받이와 받 침대의 장식에는 처음에 제작한 부분이 남아 있다. 아유타야 근처의 씬부리(Sinburi)주에서 발견한 7세기 후반의 금동불상(倚像)과 프라 파톰 체디에서 출토된 석조 불상(倚像)과 유사하 다. 이 석상은 중국의 용문 석굴의 인도풍의 우전왕상(優塡王像)을 비롯해 당대 7세기 후반 유 사 불상과의 관련성이 주목된다.[19] 우통에서는 다수의 불탑 유적이 발굴되어 많은 석조 법

---

19 浅井和春, 「プレ·タイ期の彫刻」, (『世界美術大全集東洋編第12卷東南アジア』, 小學館, 2001)

도판 4-3-33 | 프라 파톰 체디에서 출토된 청동 압출 삼존상(8세기, Phra Pathom Chedi, Bangkok National Museum, 오세윤 촬영)

도판 4-3-34 | 쿠부아 유적 출토 스투코 관음보살상(7세기, Khubua, Ratchaburi, Bangkok National Museum)

륜과 동전, 테라코타 부조 봉헌판, 불상 등이 출토됐다. 얇은 금판을 두드려서 정교하게 환조를 제작하여, 당시의 조각 및 공예 기술의 뛰어남을 잘 보여주고 있다. 같은 금동제 타출(打出, 모형 위에 금속판을 대고 두드려 모형의 모양이 판의 겉면에 드러나게 만듦) 기술은 프라 파톰 체디에서 출토된 청동 압출 삼존상의 중존에서도 드러난다.

랏차부리의 쿠부아 유적은 사원과 불탑의 벽면 등을 장식한 다수의 스투코 불상, 보살상, 여성 악사상 등이 있다. 특히 랏차부리의 무앙 쿠부아(Muang Khubua, 고대 도시 유적)에서 발견한 관음보살입상은 7세기에 제작되었으며, 오른손에 물병을 들고 고개를 약간 갸웃하여 허리를 살짝 비트는 경쾌한 자태를 보인다. 이러한 스투코 기술은 랏차부리 촘폰(Chomphon) 동굴과 루시(Phra Putthachai Tham Rusi Khao Ngu) 동굴 및 수랏타니주의 쿠하(Khuha) 동굴(8~9세기의 불상)의 부조에도 사용되고 있어, 이 시기의 일반적인 표현 수법이었음을 알 수 있다. 또한, 쿠하 동굴의 경우는 드바라바티 문화의 영향이 스리위자야 지역에까지 미치고 있었던 것을 알 수 있다.

드바라바티 문화의 중심을 이루는 각지에 남아 있는 주요 조상을 소개했다. 드바라바티 문화는 차오프라야강 하류에 그치지 않고, 크메르 문화와의 국경 지역인 타이 동북부의 양식에도 큰 영향을 끼쳤다. 나콘랏차시마의 왓 탐막착세마람(Wat Thammachak Sema Ram)의 거대한 석가 열반상과 2개의 석제 법륜(주로 차오프라야강 하구 유역에서 발견됐다), 카라신주 무앙 화뎃송양의 불전도를 부조한 바이 세마 등도 넓은 의미로 드바라바티 시대 고대 도시(성읍과 해자)의 불교문화 소산이라고 할 수 있다.

한편, 드바라바티가 시작하는 몬족 문화는 10세기 이후 롭부리 근처의 라보와 북부 람푼에 수도를 둔 하리푼차이가 계승한다. 람푼에 있는 왓 쿠쿳(Wat Kukut)의 체디 리암(Chedi Liam)과 체디 팻리암(Chedi Paet Liam)은 몬 사원 건축의 마지막

도판 4-3-36 | 석가 열반상(7세기, Wat Thammachak Sema Ram, Sung Nong, Rakhon Ratchasima)

도판 4-3-35 | 불전도를 부조한 바이 세마(9~11세기, 석가와 라홀라, Muang Fa Daet Song Yang, Kamasalai, Kalasin, Khon Kaen National Museum)

유산인 10세기의 불탑으로, 불탑 벽면에 장식한 스투코 불상은 드바라바티 양식을 계승하는 하리푼차이 양식의 대표적인 유품이다.[20]

환호 마을과 대규모의 도시 유적 내부에는 불상을 안치한 벽돌 사원이나 라테라이트 불탑을 세웠고, 불상과 건물의 벽면에 불교 설화를 부조하여 장식하였으며, 상좌부 불교를 믿었다. 드바라바티 시대의 건물에는 가로 16~19㎝, 세로 30㎝, 두께 6~9㎝의 벽돌과 가로 22~24㎝, 세로 45~47㎝, 두께 10㎝ 미만인 두 종류의 벽돌이 사용되었다. 미얀마의 퓨 문화 건물의 벽돌과 규격이 매우 유사하다. 수코타이 왕조와 아유타야 왕

도판 4-3-37 | 쿠타바카 자타카를 부조한 바이 세마(9~11세기, Kutavaka Jataka, Muang Fa Daet Song Yang, Kamasalai, Kalasin, Khon Kaen National Museum)

조 시대 건물의 벽돌에 비하면 크기가 커서 쉽게 구별할 수 있다. 불상 양식도 인도 굽타 왕조 시대 사르나트 양식의 영향을 짙게 반영하여 가사가 얇고 주름이 없는 것이 특징이다. 또한, 차오프라야강 유역의 유적에서는 결계석은 보이지 않지만 석제 법륜이 보이고, 6~10세

---

20   Glover, I. (2011). The Dvaravati Gap-Linking Prehistory and History in Early Thailand. Bulletin of the Indo-Pacific Prehistory Association, 30, 79-86.

도판 4-3-38 | 체디 팻리암(10~12세기, Chedi Paet Liam, Wat Kukut, Lamphun)

도판 4-3-39 | 체디 팻리암의 스투코 불상(10~12세기, Chedi Paet Liam, Wat Kukut, Lamphun)

도판 4-3-40 | 체디 리암(10~12세기, Chedi Liam, Wat Kukut, Lamphun)

기의 산스크리트어, 팔리어, 몬어로 명문을 새긴 것도 있다.

동북 태국의 치강과 문강 유역 대부분의 환호 유적에서는 제염과 제철의 흔적이 발견되었고, 드바라바티 시대의 바이 세마나 안장형 맷돌과 마봉(磨棒)을 볼 수 있다. 드바라바티 시대의 가장 특징적인 유물은 사원의 석제 법륜과 결계석인 바이 세마로, 석제 법륜(法輪)은 주로 차오프라야강 하류에서 발견되었고, 바이 세마는 동북 태국에서 주로 발견됐다. 다른 지방의 세마는 간단한 연꽃잎 모양이거나 표면에 불상을 조각했을 뿐인데, 동북 태국의 바이 세마에는 불전(佛傳), 자타카(本生談), 인물상 등을 조각하거나 산스크리트어, 팔리어, 몬어의 명문을 새긴 것이 특징이고, 예술적으로 아름다운 것이 많다. 이들 명문은 8~11세기에 새긴 것으로 추정된다. 현지 조사를 중심으로 대표적인 드바라바티의 도시 유적을 소개한다.

드바라바티 왕국의 중심은 몬족 비문이 출토되는 차오프라이깅 하구에 있는 나콘파톰과 우통이다.[21] 스판부리의 우통 유적은 동서 1,690m, 남북 840m의 부정형 달걀 모양인 환호 도시이다. 7세기에 이미 중요한 도시로 발전했고, 11세기에 무앙 나콘파톰(나콘차이쓰리)의 융성에 밀려 쇠퇴했다. 성벽 바깥의 북쪽·서쪽·남쪽에 사각형과 팔각형의 불탑이 있었고, 그 벽면을 장식한 스투코상이 다수 출토됐다. 석제 법륜과 불상이 출토됐는데, 인도 굽타 양식

21   Wales, H. G. Q. (1969) Dvaravati-The Earliest Kingdom of Siam-. Bernard Quaritch, London.

또는 후기 굽타 양식의 특징을 하고 있다.

드바라바티 왕국은 길상문(Srivatsa), 법라(Sankha), 성수 단지(Kalatha), 황소와 일출문을 새긴 은화를 만들었다. 통치자(왕)는 은화 주조를 통제했고, 은화를 위조하면 팔을 자르는 형벌을 내릴 정도로 은화 위조를 엄격히 금지하였다. 우통 근교의 구릉 위에 있는 힌두교와 불교의 종교 시설 콕창딘(Khok Chang Din) 유적의 건물 기단 아래에서 다양한 은화가 출토되었다. 진단구(鎭壇具)로 단지에 담긴 수많은 일출문 은화 외에도 갈리아 제국의 제3대 황제 마르쿠스 피아보니우스 빅토리우스(Marcus Piavonius Victorinus, 재위 268~271년) 동전 1개, 9세기 아랍 은화 등이 다수 출토됐다. 인도와 교류하여 들어온 것이다. 그러나 3세기의 빅토리우스 은화는 당시 드바라바티와 로마가 직접 교류한 증거는 아니라는 점을 주의해야 한다. 이들 도시 유적은 우기에 강물을 성안으로 끌어들여서 저수지에 저장했고, 생활용수 관리도 철저히 했던 것으로 보아 상당한 인구가 우통 도시 유적에서 살았던 것으로 추정할 수 있다.

랏차부리에서 남동쪽으로 12㎞ 떨어진 곳에 있는 무앙 쿠부아는 6~11세기의 도시 유적이다. 벽돌로 쌓은 성벽과 해자에 둘러싸인 도시 유적은 남북 2,000m, 동서 800m의 타원형이며, 토성 내에서 44개의 드바라바티 시대 유적이 발견됐다. 성내를 흐르는 하천은 메쿠론강(Maenam Mae Klong)으로 이어져 타이만으로 흐른다. 성내 중앙에 방형 기단의 벽돌 불탑인 왓 크롱 유적이 남아 있다. 탑 기단에는 감실이 있고, 감실 안에서 헌납품인 순금제 용기를 담은 상자가 출토됐

도판 4-3-41 | 왓 크롱 출토 악기를 연주하는 여성상(650~700년, Wat Khlong, Ratchaburi, Bangkok National Museum, 오세윤 촬영)

다. 또한 기단 벽면을 장식했던 스투코와 테라코타로 만든 불상이 다수 출토됐다. 불탑 벽면을 장식했던 스투코로 만든 귀족 여인상과 악기를 연주하는 여성상은 방콕 국립박물관이 전시하고 있다.

드바라바티의 가장 중요한 도시 유적이 무앙 나콘파톰이다. 드바라바티 시대 도성 유적(6~11세기)은 동서 3,700m, 남북 2,000m의 부정형 사각형으로, 내부에 강이 흐르고 있다. 도성 남쪽이 당시의 해안선 근처이다. 해상 교역의 거점이었음을 알 수 있다. 도시의 중심에 대형의 전탑을 건설하였으며 주변에 규모가 큰 불탑인 프라 파톰 체디(높이 127m)를 배치했다. 프라 프라톤 체디 유적에서는 드바라바티 은화, 일출문 은화 외에도 왕권을 상징하는 다

도판 4-3-42 | 락슈미에게 두 마리의 코끼리가 성수를 뿌리는 장면(7세기, Phra Prathon Chedi, Bangkok National Museum)

양한 유물이 출토됐다. 특히 석제 법륜에는 두 마리의 코끼리를 좌우 배치한 아름다움의 신 가자 락슈미(길상천)가 새겨져 있다. 석가가 처음으로 설법한 초전법륜에 비슈누의 부인 락슈미에게 두 마리의 코끼리가 성수를 뿌리는 장면이 새겨져 있다. 락슈미에게 두 마리의 코끼리가 성수를 뿌리는 장면은 테라코타 판으로도 만들었으며 성수 신앙의 대상으로 숭배했다.

그 밖에도 양산, 불자(拂子), 소라, 거북이, 번개, 코끼리 등 왕권을 상징하는 다양한 부조를 조각한 테라코타 판이 발견됐다. 이들 장식 판의 주제는 불교와 힌두교의 우주관이며, 왕이 우주의 중심에서 합법적인 힘을 가졌음을 상징적으로 나타낸다. 무앙 나콘파톰의 성벽 내에는 대형의 불탑 프라 파톰 체디와 불교 사원 왓 프라 메루(Wat Phra Meru=Wat Phra Men)가 남아 있다. 왓 프라 메루에서 드바라바티 시대의 의자에 앉아 있는 대형 석제 여래상(7~8세기)이 발견됐다.

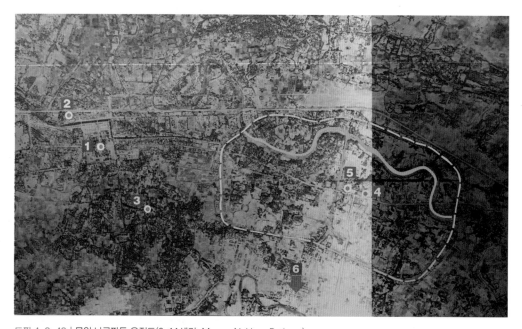

도판 4-3-43 | 무앙 나콘파톰 유적도(6~11세기, Muang Nakhon Pathom)
1. 프라 파톰 체디(Phra Pathom Chedi), 2. 왓 프라응암(Wat Phra Ngam), 3. 왓 프라 메루(Wat Phra Meru), 4. 출라 프라톤(Chula Prathon), 5. 프라 프라톤 체디(Phra Prathon Chedi), 6. 노엔프라(Noen Phra)

도판 4-3-44 | 프라 파톰 체디(6~8세기, Phra Pathom Chedi, Nakhon Pathom)

도판 4-3-45 | 왓 프라 메루 출토 석가의상(7~8세기, Wat Phra Meru, Nakhon Pathom, Bangkok National Museum)

타이만 동해안의 성읍 도시로는 프라친부리의 무앙 씨마호솟(Muang Si Mahosot) 유적이 있다. 해자와 토성으로 둘러싸인 성읍 도시는 남북 700m, 동서 1,500m의 타원형이다. 환호 유적 안에서 5~11세기의 드바라바티 시대 유적, 11~13세기의 앙코르 왕조 시대 유적이 100여 곳 이상 발견됐다. 건물 유구, 힌두교와 불교 사원 유구, 채석장, 성지(저수지)에서 7세기 초의 비슈누 입상과 석가 좌상 등 많은 유물이 출토되었으며, 현재 프라친부리 국립박물관이 소장하고 있다. 이들 석상은 조각적으로 뛰어나고 배면(背面)까지 정성스럽게 처리한 실물 크

도판 4-3-46 | 프라 프라톤 체디(6~11세기, Phra Prathon Chedi, Nakhon Pathom)

도판 4-3-47 | 출라 프라톤(6~8세기, Chula Prathon, Nakhon Pathom)

도판 4-3-48 | 남동 기단 출토 카차파 자타카 (7~11세기, Kachapa Jataka, Chula Prathon, Phra Pathom Chedi National Museum)

도판 4-3-49 | 남동 기단 출토 스투코상(7~11세기, Suparaga or Samutravanich Jataka, Chula Prathon, Phra Pathom Chedi National Museum)

도판 4-3-50 | 남서 기단 출토 하스팀 자타카 (7~11세기, Hastim Jataka, Chula Prathon, Phra Pathom Chedi National Museum)

도판 4-3-51 | 북동 기단 출토 잘라담마파라 자타카(7~11세기, Jaladhammapala Jataka, Chula Prathon, Phra Pathom Chedi National Museum)

도판 4-3-52 | 북동 기단 출토 킨나라상(7~11세기, Kinnara, Chula Prathon, Phra Pathom Chedi National Museum)

도판 4-3-53 | 남쪽 기단 출토 전사상(7~11세기, Chula Prathon, Phra Pathom Chedi National Museum)

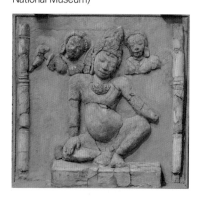

도판 4-3-54 | 남쪽 기단 출토 쿠베라상(7~11세기, Kubera, Chula Prathon, Phra Pathom Chedi National Museum)

기의 대형 조각으로, 7세기 초의 비슈누 입상은 부남 혹은 진랍의 영향을 추정하는 견해도 있다.[22]

성벽 밖에는 라테라이트(Laterite, 紅土)의 암반을 뚫고 만든 저수지가 있다. 벽면에 다양한 동물상이 부조되어 있다는 점에서 의례용의 저수지인 것으로 추정된다. 이 무앙 씨마호솟 도시 유적은 드바라바티 세력이 진랍에 대항하기 위하여 지금의 방콕 동쪽에 세운 거점 도시(국경 도시)였다. 11세기 이후가 되면서 앙코르 왕조가 이 성읍 도시를 지배하게 되었다. 무앙 씨마호솟 유적에서 2

---

22   Philip Rewson, (1990). THE ART OF SOUTHEAST Asia. Thames and Hudson Ltd London.

도판 4-3-55 | 무앙 씨마호솟 출토 비슈 누 입상(7세기 초, Muang Si Mahosot, Prachinburi National Museum)

도판 4-3-56 | 무앙 씨마호솟 출토 비슈누 입상 배면(7세기 초, Muang Si Mahosot, Prachinburi National Museum)

도판 4-3-57 | 왓봇 출토 비슈누 입 상(7~8세기, Wat Bot, Prachinburi, National Museum)

㎞ 떨어진 곳에는 사모라콧 유적(Sa Morakot)이 있다. 이 유적 기단의 라테라이트 토층에 새긴 불족은 태국에서 가장 오래된 것으로, 부처 다리의 발바닥에 법륜이 조각되어 있다. 초기 불교 교단이 존재했음을 보여주고 있다. 그 밖에도 프라친부리의 왓봇(Wat Bot) 마을에서 7~8세기의 비슈누 입상이 출토됐다.

드바라바티는 타이만 연안에 있는 많은 성읍 도시를 흡수 통합했고, 교역망은 태국 내륙으로 뻗었다. 대부분의 교역품은 내륙에서 생산하는 임산물이었다. 내륙과 연결하는 중요한 교통로는 하천으로, 차오프라야강 유역에 많은 환호 도시가 출현했다. 대표적인 사례가 라보(Lavo, 羅渦國 혹은 羅斛, 지금의 롭부리) 왕국이다. 7~11세기에 번영한 라보 왕국은 주변에 금속기 시대부터 광산 유적이 있는 중요한 지역이었다. 성벽의 중앙에 방형 구조의 불탑 왓 나콘코사(Wat Nakhon Kosa)가 있고, 그 남쪽에 있는 왓 마하탓에도 불탑이 남아 있다. 교통의 요충지였기 때문에 라보는 시대와 함께 번영하여 인구가 증가했다. 동쪽에 해자와 외성을 확장한 흔적이 남아 있다.

라보에서 동쪽으로 가면 동북 태국의 입구에 해당한다. 이 경로에 있는 것이 펫차분의 무앙 시텝 유적이다. 파삭강에 유입하는 여러 지류가 그 옆을 흐르고 있어 하천 교통의 중요한

도판 4-3-58 | 프랑 시텝(11~12세기, Prang Sri Thep, Muang Si Thep, Phetchabun)

도판 4-3-59 | 카오크랑나이(12세기, Khao klang Nai, Muang Si Thep, Phetchabun)

도판 4-3-60 | 프랑 송피농(6~7세기, Prang Song Phi Nong, Muang Si Thep, Phetchabun)

도판 4-3-61 | 불탑 기단의 테라코타 인물상(6~7세기, Muang Si Thep, Phetchabun)

도판 4-3-62 | 프랑 송피농 출토 석가 입상(8~9세기, Prang Song Phi Nong, Muang Si Thep, Somdet Phra Narai National Museum)

요지였고, 태국 중부에서 동북 태국으로 가는 중요한 길목이었다. 처음에 원형의 해자와 토벽으로 둘러싸인 성읍 도시로 시작하여, 인구가 증가하면서 라보와 같이 동쪽에 해자와 외성을 확장한 부분이 있다. 무앙 시텝은 면적이 4.7㎢이며 이중의 해자로 둘러싸여 있는 도시 유적이다. 외성인 무앙녹(Muang Nok), 내성인 무앙나이(Muang Nai, 2.08㎢)는 원형으로 만든 계획도시 유적이다. 도시 내부에는 사원 유적인 프랑 시텝(Prang Sri Thep, 앙코르 왕조 시대 벽돌 사원, 11~12세기), 프랑 송피농(Prang Song Phi Nong, 드바라바티 시대 불탑, 6~7세기). 카오크랑나이(Khao klang Nai, 앙코르 왕조 시대 벽돌 사원, 12세기)가 남아 있다. 그 밖에도 주변에 약 45개의 작은 고대 유적(7~13세기) 약 45개와 저수지 유적 70개가 있다.

성내 중앙에 벽돌 불탑(사리탑, Prang Song Phi Nong)과 석제 법륜이 남아 있고, 석조 비슈누상과 크리슈나상, 사원 기단 벽면을 장식한 테라

도판 4-3-63 | 크리슈나상(6~7세기, Muang Si Thep, Phetchabun, Bangkok National Museum, 오세윤 촬영)

도판 4-3-64 | 비슈누상(6~7세기, Muang Si Thep, Phetchabun, Bangkok National Museum)

도판 4-3-65 | 수리야상(6~7세기, Muang Si Thep, Phetchabun, Bangkok National Museum)

코타 인물상 등이 출토됐다. 석조 신상은 눈을 크게 뜨고 온화한 미소를 짓는 드바라바티 양식의 독특한 중후함이 있다. 무앙 시텝은 동북 태국의 가장 중요한 도시 국가였고, 라오스의 참파삭과는 약 600㎞ 떨어져 있지만 문강과 메콩강으로 연결되어 있다. 서쪽으로 드바라바티 시대의 무앙 롭부리, 반쿠무앙, 퐁툭, 그리고 미얀마 연안부의 항구로 연결하는 육로가 있었다. 이들 드바라바티 성읍 도시는 동서 교역에서 징검다리 역할을 했던 중요한 요지이다. 이들 중 무앙 시텝을 초기 진랍 시대의 수도로 보는 견해가 있다.[23]

무앙 시텝을 발굴 조사하면서 제1기 철기 시대 주거 유적(약 2,000년 전), 제2기 드바라바티 시대(6~11세기), 제3기 앙코르 왕조 시대(11~13세기) 등의 유물이 출토됐다. 제2기 드바라바티 시대 유물로 주로 6~7세기의 힌두교 신상, 8~9세기의 불상이 출토됐다. 드바라바티 시대 초기에는 힌두교가 우세하다가 8세기 이후에 불교가 성행했다는 점을 알 수 있다. 무앙 시텝에서 출토된 힌두교 신상은 큰 키에 늘씬한 체구에 허리를 유연하게 비튼 자세를 취하는 점

23 鈴木 峻, 『扶南·眞臘·チャンパの歴史』, めこん, 2016.

도판 4-3-68 | 카오크랑녹 유적(7~8세기, Khao Klang Nok, Si Thep, Phetchabun)

이 스리위자야의 힌두교 신상과 양식적으로 다르다. 특히 고바르다나산을 들어 세상을 구하는 젊은 영웅 크리슈나상에서 이상적인 왕의 이미지가 연상된다. 건물의 기단에 큰 귀걸이를 하는 인물상은 드바라바티 문화의 프라 파톰 체디 기단에 남아 있고, 카오크랑나이 체디 유적에도 밝은 표정의 테라코타 인물 부조가 있다.

시텝의 북서쪽 교외에는 최근 전체를 발굴하여 복원 정비한 거대한 불탑 유적 카오크랑녹(Khao Klang Nok)이 있다. 이 탑은 한 변이 64m이며 라테라이트로 만든 3단 사각형 기단 위에 보로부두르와 유사하게 거대한 종 모양으로 만든 불탑이다. 이러한 거대한 종교 시설을 건설할 수 있을 만큼 무앙 시텝은 경제력이 있었다. 무앙 시텝의 경제적 기반은 수전 농업과 동서 무역이었다. 또한, 시텝 도시 유적 근처의 카오 타모랏 동굴(Khao Tamorrat cave)에서 발견된 석조 미륵보살 두상과 금동 불상도 표정이 온화한 드바라바티 양식을 하고 있다.

차오프라야강 하구의 나콘파톰에서 동북 태국으로 가는 길은 시텝을 통하는 경로와 동북 태국 남서부의 무앙 세마(Muang Sema=Muang Sema Dharmacakra)로 통하는 길이 있었다. 동북 태국 남서부의 입구였던 무앙 세마 유적은 문강 최상류 유역에 해당하고, 차오프라야강에서 메콩강으로 통하는 중요한 교통로이다. 이곳은 철기 시대의 주거 유적이 발견되었고, 예로부터 지속해서 사람이 거주했다. 큰 해자와 토루로 주위를 둘러싼 타원형의 1차 도시는 북쪽에 해자를 파서 확장한 대유적(면적 3×4㎞)이다. 내부에는 벽돌 사원의 기단과 석제 요

도판 4-3-66 | 무앙 세마의 해자와 토성 성벽(7~8세기, Muang Sema, Nakhon Ratchasima)

도판 4-3-67 | 무앙 세마 제1번 유적(9세기, Muang Sema, Nakhon Ratchasima)

도판 4-3-69 | 무앙 세마의 보이카 비문 출토지(9세기, Muang Sema, Nakhon Ratchasima)

도판 4-3-70 | 무앙 세마 출토 보이카 비문(868년, Muang Sema, Nakhon Ratchasima, Phimai National Museum)

니가 남아 있고, 환호 밖 남서쪽에 타이 최대의 드바라바티 시대 석조 열반상이 있는 사원이 있다. 사암으로 만든 높이 2m, 길이 11.7m의 와불상(드바라바티 양식, 7~8세기)과 다수의 바이 세마, 시바가 타고 다니는 난딘의 뿔과 비슈누가 타고 다니는 가루다의 날개를 가진 괴수 파 나사 부조를 하부에 새긴 법륜이 있어, 불교 신앙이 성행했던 것을 보여주고 있다. 제1차 환 호의 중앙에 앙코르 사원의 석제 기단이 남아 있고, 근처에 작은 탑이 산재하고 있다.

무앙 세마를 2004년에 발굴 조사한 결과, 초기의 유적은 7~8세기 것이다. 현재 피마이 국 립박물관에 전시된 7세기 비문에 차사나 푸라(Casana Phura), 스리 차나사(Sri Canasa)라는 왕 국의 영토를 언급했으며, 왕이 불교 교단에 물소 20마리, 소 50마리, 남녀 하인 10명을 보시 한 것을 산스크리트어로 기록하고 있다. 쓰리 차나사 왕국은 무앙 세마 유적설과 시텝 유적 설이 있으며 비문과 유적, 유물을 보면 무앙 세마에서 불교와 힌두교 신앙이 번성했던 것을 알 수 있다.[24] 무앙 세마 제1번 유적 안의 보이카(Bo I-Ka) 사원에서 9세기 비문(868년)과 앙코 르 왕조 자야바르만 5세(재위 968~1001년)의 이름을 언급한 또 다른 비문이 발견됐다. 무앙 세 마 유적은 기원 전후의 청동기 시대, 7~8세기의 드바라바티 시대, 9~11세기 앙코르 왕조 시 대에 걸친 성읍 도시임을 알 수 있다.

또한, 부리람의 푸라나콘차이(Phra Nakhon Chai)에서 7~9세기의 청동 불상이 300여 개가 출토됐다. 동북 태국 남서부의 코랏, 부리람 주변이 청동 불상 주조의 중심지였고, 후대의 앙코르 왕조 시대(11~13세기)에도 이 지역이 정치 경제적으로 중요한 역할을 했던 배경에 이

---

24   Charles Higham, (2004). *Encyclopedia of Ancient Asian Civilizations*. New York: Facts on File.

러한 다양한 기술력의 축적이 있었던 것 같다.

　드바라바티 왕국은 동북 태국 내륙까지 진출했다. 카라신의 무앙 화뎃송양 유적은 남북 2 km, 동서 1.35km, 총면적 171ha의 해자로 둘러싸인 드바라바티 왕국의 광대한 성읍 도시이다. 기원전 3세기부터 처음으로 사람이 거주하기 시작하여, 그 후 두 번 확장한 거점 도시 유적(7~11세기)이다. 몬족이 세운 도시를 11세기 앙코르 왕조가 지방의 거점 도시로 사용했다. 북서쪽에 있는 철기 시대의 거주지 위에 팔라바 문자를 새긴 바이 세마가 세워져 있다. 도시 내부의 북동쪽에도 벽돌 탑과 자카타를 새긴 바이 세마가 세워져 있어, 불교가 융성했던 것을 보여주고 있다.

　유적 안에는 벽돌로 만든 8각형 불탑 프라 탓야쿠(Phra That Yaku)가 남아 있고, 그 주위를 둘러싸고 있었던 11개의 바이 세마(7~11세기)가 발견되어, 현재 콘캔 국립박물관과 방콕 국립박물관이 소장하고 있다. 일부 서적에는 앙코르 사원이라고 소개하고 있지만, 드바라바티 시대의 불탑을 후대의 아유타야 왕조 시대에 개보수한 것이다. 그 밖에도 이 불탑 주변에 많은 벽돌 건물 기단과 바이 세마가 발견됐다. 불탑 입구 반대편에 앙코르 왕조 시대의 유적(Wat Pho Chai Semaram)이 남아 있다. 몬족이 세운 도시를 11세기 앙코르 왕조가 지방의 거점 도시로 사용했다.

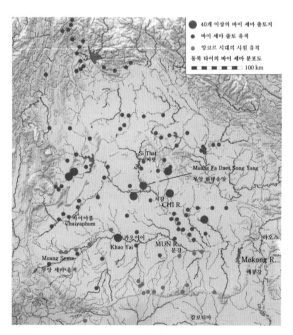

도판 4-3-71 | 동북 태국의 바이 세마 분포도

　콘켄 서쪽 논무앙 유적(Non Muang)도 해자로 둘러싸인 성읍 도시이다. 도시 내외에 다수의 바이 세마가 곳곳에 세워져 있는 드바라바티 유적이다. 유적 안에서 철기 시대의 무덤이 발굴되어, 적어도 철기 시대부터 사람이 계속 거주했던 유적임을 알 수 있다.

　바이 세마는 치강 유역이 가장 많고, 문강 상류 유역의 카오야이(Khau Yai), 치강 상류의 차이야품(Chaiyaphum), 사콘나콘의 와릿차품(Waritchaphum), 우돈타니의 씨탓(Si That)과 쿰파와피(Kumphawapi), 농카이의 타보(Tha Bo)에 밀집하고 있다. 이러한 바이 세마의 집중 분포 지역은 문강과 치강 유역의 소금과 철 생산 유적과 겹친다. 동북 태국에는 불교 사원 주위에 있는

도판 4-3-72 | 무앙 화뎃송양 유적의 해자(7~11세기, Muang Fa Daet Song Yang, Kamalasai, Kalasin)

도판 4-3-73 | 프라 탓야쿠(7~13세기, Phra That Yaku, Muang Fa Daet Song Yang, Kamalasai, Kalasin)

도판 4-3-74 | 불전도를 새긴 바이 세마(7~11세기, 카필라바스투성의 석가와 야쇼다라, Muang Fa Daet Song Yang, Kamalasai, Khon Kaen National Museum)

도판 4-3-75 | 자타카 부조를 새긴 바이 세마(7~11세기, Muang Fa Daet Song Yang, Kamalasai, Khon Kaen National Museum)

바이 세마와는 별도로, 입석 혹은 열석이 불당을 둘러싸고 있는 곳도 있다. 이들 입석은 선사 시대의 거석문화와 입석 신앙의 흔적이고, 바이 세마는 입석에서 유래하는 것으로 추정된다.

　라오스의 바이 세마는 비엔티안 교외와 라오스 중부 사완나켓에 남아 있어, 드바라바티

도판 4-3-76 | 바이 세마와 돌멘(선사시대~드바라바티 시대, Phu Phrabat, Udon Thani)

도판 4-3-77 | 왓 프라 탓 하리푼차이(897년, Wat Phra That Haripunchai, Lamphun)

문화가 메콩강 건너까지 침투했음을 알 수 있다. 비엔티안 북쪽의 반난야(Ban Nanya)산 정상에 있는 왓 타푸타푸라밧단순(Wat Taphutaphulabat dansun)의 석굴 안에 큰 불상을 안치하고, 석굴 주위에 바이 세마를 세워 놓았다. 사완나켓 북쪽 사이부리(Cibulie)의 논푸아톤(Non Phua Thon)에서 새롭게 환호 유적이 발견됐다. 메콩강 지류인 무앙 파이강(Mueang Phay)에 인접하여 큰 해자로 둘러싼 유적이 있고, 그 안에 불상을 새긴 바이 세마, 머리에 연꽃무늬를 새긴 육각형 돌기둥, 면모와 복장이 드바라바티 사람인 인물(三尊佛?) 3명을 새긴 은제 상자가 출토됐다. 그 밖에도 사완나켓 주변에서 바이 세마가 출토됐다. 바이 세마의 대부분은 표면에 꽃병과 불탑을 부조했고, 밑 부분에 연꽃무늬가 새겨져 있다. 이처럼 드바라바티의 불교문화는 동북 태국에서 메콩강을 넘어 라오스까지 영향을 끼쳤다. 몬족의 바이 세마는 후의 앙코르 왕조에도 영향을 끼쳐서, 앙코르 사원의 경계에도 바이 세마가 세워져 있다.

태국 북부 드바라바티 도시 국가는 치앙마이 남쪽 30㎞에 있는 무앙 하리푼차이이다. 15세기에 성립한 연대기(Camadevivamsa Jinakalamalia)에 따르면 8세기 라보에서 차마테위(Chamathewi) 여왕이 다수의 승려, 학자, 장인과 함께 이주하여 하리푼차이를 건국했다고 한다. 람푼 시청과 왓 프라 탓 하리푼차이(Wat Phra That Haripunchai)의 발굴 조사로 7세기 드바라바티 토기가 출토됐다. 왓 프라 탓 하리푼차이에서는 바이 세마와 비문이 다수 출토됐고, 불감에 불상을 배치한 아름다운 탑(몬 양식의 Suwannna Chedi, 1150년)이 남아 있다.

이상으로 태국의 대표적인 드바라바티 도시 유적을 소개했다. 동북 태국과 중부의 환호 도시는 강과 해안의 자연 지형을 이용하여 해자를 만들었기 때문에 원형이나 타원형인 경우가 많다. 타이만 연안의 일부 환호 도시는 처음부터 계획적으로 사각형으로 만들어졌다. 인도와 접촉이 빨랐던 타이만 연안의 드바라바티 환호 도시는 인도의 도시 계획을 도입한 결과이다. 타이만 연안보다 늦게 드바라바티 문화의 영향을 받은 동북 태국에서는 새롭게 해자를 파지 않고 종래의 환호 마을에서 그대로 거주하다가, 인구가 증가하면 지형을 따라서 해자와 외성을 확장했다. 시텝, 무앙 화뎃송양의 도시 유적은 원래 부정형의 원형이었는데, 6~7세기에 급격한 인구 증가로 사각형의 해자와 외성을 새로 만들었다. 이러한 도시 계획도 드바라바티 문화와 함께 연안에서 점차 내륙으로 침투한 것을 알 수 있다.

드바라바티 도시는 도시 계획과 교역을 고려할 때 3개의 유형으로 나눌 수 있다. 철기 시대 이전의 3세기부터 동북 태국에서는 환호 마을이 출현했다. 동북 태국의 수출품은 임산물과 농산물이 중심이었다. 한편 타이만 연안에는 인도, 중국, 남중국 해역과 교역하는 항구 도시가 출현했다. 이러한 이유로 도시마다 성향이 달랐다. 해안 도시는 수출입의 창구이며, 동북 태국 내륙 마을은 수출품의 공급지였다. 두 도시를 잇는 곳에 중계 무역 도시가 태어났다. 이렇게 세 가지 기능으로 분화한 도시와 마을이 결합하여 드바라바티 교역 활동을 원활하게 할 수 있었다. 『신당서』에 나오는 '드바라바티는 농업과 상업을 생업으로 했다'라는 기록과 일치한다.

드바라바티의 경제는 어떠했을까? 동남아시아의 동전은 1~4세기, 현재의 미얀마 마루타반(Martavan)만 및 쓰리 크세트라(Sri Ksetra) 등 인도의 영향을 받은 도시 국가에서 처음 만들었다. 미얀마에서는 지금까지 70여 가지 유형의 동전이 발견됐다. 5세기가 되면서 미얀마 하린(Halin)에서 표면에 일출(Rising Sun)문, 뒷면에 인도 기원의 왕권과 풍요를 상징하는 쓰리 밧사(Srivatsa)문을 새긴 은화를 만들었고, 이러한 유형의 은화는 태국에서 베트남까지 확산했다. 무게는 은화 중 가장 큰 단위가 약 10g이며 4분의 1(2.5g 전후), 20분의 1(0.5g 전후), 100분의 1(0.14 ℃.2g 정도)은화 등 4종류가 있다. [25]

드바라바티 도시에서는 은화, 금화(호박금, electrum)가 출토된다. 고대의 금 제련 기술로는 금과 은을 분리할 수 없었기 때문에 호박금을 사용하여 금화를 만들었다. 또한, 은화는 매우 높은 은을 함유하는 고품질의 은화이다. 출토 상황이 명백한 경우, 많은 종교 건축물의 지진(地鎭)을 막기 위하여 헌상했다. 화폐는 보통 경제활동을 위해 사용하므로 속물적이며 세속적인 특성이 있으나, 신앙의 헌상품으로도 쓰여 종교적인 의미도 지닌다는 점에서 초기의 화폐는 양의성이 있다.

드바라바티의 은화는 법라문과 쓰리밧사문을 새긴 것이 많다. 이 유형의 은화는 4세기 후

---

25   Ronachai Krisadaolarn, (2016). The Evolution of Thai Money from its Origins in Ancient Kingdoms. River Books.

도판 4-3-78 | 프롬틴 고대 도시 유적 출토 일출문과 쓰리밧사문을 새긴 은화(5~6세기, Phromm Thin, Khok Samrong, Lopburi, Somdet Phra Narai National Museum)

반에 몬족의 거주 지역인 미얀마(Pyu)의 바고에서 처음 만들었고, 그 후 드바라바티에서 유통되었다. 드바라바티 유적에서 출토된 법라문 은화는 소라의 상부에 동심 원형으로 감은 부조가 있는 것으로 보아 9세기에 만든 은화이다. 통상적으로 1단위로 하는 지름 30㎜ 전후, 무게 10g 전후의 같은 크기와 무게를 가진 은화이다. 보통 은화의 2배 무게인 22g 은화와 더 가벼운 무게의 은화도 있고, 액면가는 3종류가 있다. 또한, 소액 거래를 위하여 2등분, 4등분, 8등분한 것도 있다. 이러한 은화는 동북 태국에서 출토되지 않기 때문에 동남아시아 해안 지역의 교역에서만 유통했던 화폐로 추정된다.

도판 4-3-79 | 옥에오 유적 출토 동전(Oc-Eo Coin, 5~6세기, National Museum of Vietnamese History)

퓨 동전(Pyu Coin), 옥에오 동전(Oc-Eo Coin), 일출문 은화는 일정한 무게의 얇은 은색 원반을 두드리고 새겨서 만든 것으로, 은화 주조 기술은 중국이 아니라 인도가 기원이다. 태국에서 출토된 은화 주조 석제 주형 중에서는 주형 면에 1개의 은화 면밖에 조각하지 않은 것, 1개의 은화의 뒷면에 귀걸이를 조각한 것이 있다. 화폐 경제 사회에서 동전은 엄청난 양이 필요하므로, 중국 한 왕조의 오수전(五銖錢) 주조 틀처럼 한꺼번에 대량의 동전을 주조할 수 있는 적합한 금형을 사용하는 것이 일반적이다. 그러나 드바라바티에서 출토된 은화 주조 틀은 동전을 대량으로 주조하기에 적합하지 않다. 따라서 드바라바티 사회는 본격적인 화폐 경제 체제가 아니라 물물 교환 경제 수준이었던 것으로 추정된다. 신당서에는 '은으로 동전을 만들고, 유협(楡筴)과 유사하다'라고 기록하고 있고, 중국 원체방공전(圓體方孔錢)과 비슷하다고 하여 사적으로 동전을 만들면 팔을 절단하는 형벌에 처했다는 점에서 왕 또는 국가가 조폐를 관리했다는 것을 알 수 있다. 이러한 은화는 무역 결제용으로 특화한 화폐였다고 추정된다. 반대로 말하면, 교역 촉진을 위하여 화폐로 결제했을 정도로 교역이 중요했다고 할 수 있다. 이렇게 인도와 교역이 활발해지면서 다양한 인도 문화가 태국에 침투했다.

9세기 이후 해상 교역의 중심이 말라카 해협으로 이동하면서, 말레이반도 해안의 항시 국가는 해상 교역로의 중심에서 벗어나 세력을 잃었다. 또한, 내륙의 동북 태국은 수전 농업을 기반으로 하는 앙코르 왕조의 지배 아래 놓여 힌두교 문화가 침투했다.

4-3-2. 말레이반도의 고대 왕국

말레이반도는 현재 미얀마, 태국, 말레이시아로 영토가 나누어져 있지만, 이러한 영토 구분은 16세기 이후 유럽의 식민지 시대에서 유래한다. 말레이반도에 사람이 살기 시작한 시기는 구석기 시대부터이고, 그 후 동썬 청동기 시대(기원전 3~기원전 1세기)에 수전 농업을 기반으로 인구가 급격하게 증가했다. 그러나 말레이반도가 역사의 중심 무대로 등장하는 시기는 동서 교역이 시작되면서이다. 말레이반도의 고고학은 태국과 말레이시아 고고학자들의 발굴 조사와 연구로 대략적인 개요는 파악할 수 있지만, 조사 연구가 초기 단계라서 알 수 없는 부분이 많다. 그러므로 현지답사와 중

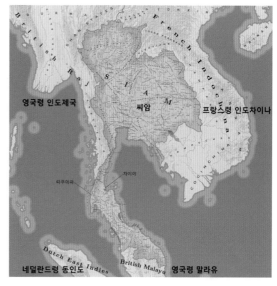

도판 4-3-80 | 18세기 초의 동남아시아 대륙부 지도

국 사서를 중심으로 소개한다. 지금까지 말레이반도에서 발견된 유적 대부분은 4세기 이후의 것이며, 불교와 힌두교의 비문이 나타나는 시기는 5세기 이후이다.

말레이반도의 동서 교역은 서쪽의 로마 제국에서 중국의 전한 시대에 육지의 실크로드와 바다의 실크로드라는 교역로가 성립하면서 시작되었다. 기원전부터 이미 페르시아, 이집트, 인도 사이에서 해상으로 교역했으며, 로마 제국에서는 이집트와 페르시아를 거쳐 인도로부터 향신료, 진주 등 보석이나 면직물, 중국산의 실크 직물을 수입했다. 로마는 자국의 특산품인 포도주, 도자기, 비즈, 유리 외에 지중해산 산호와 키프로스산 청동기(청동 램프) 등을 수출했고, 무역 적자로 생긴 부족분은 금화(Aureus, Solidus) 혹은 세스테르티우스 코인(황동, 은)으로 지불했다. 당시 매년 5,000만 세스테르티우스(Sestertius, 시대에 따라서 은의 비율이 떨어지거나 물가 상승으로 인하여 그 가치가 일정하지 않았지만, 기원후 1세기의 로마 군단 병사의 평균 연봉이 900세스테르티우스였다)의 동전이 인도로 유출되어 로마의 국가 재정을 압박했다고 한다.

또한 로마 금화는 인도를 거쳐서 동남아시아에서 유통되어, 말레이반도와 메콩강 삼각주에 본거지를 둔 고대 무역 국가 부남의 주요 항구인 옥에오 유적에서 로마 황제 안토니누스 피우스(재위 138~161년)와 마르쿠스 아우렐리우스(재위 161~180년)의 얼굴을 각인한 금화가 발견됐다. 로마 금화가 인도에서 대량으로 유통되었기 때문에 인도는 통화를 은본위제에서 금본위제로 바꾸었고, 인도의 금화는 로마 금화와 같은 중량으로 설정되었다. 즉, 서기 2세기에

도판 4-3-81 | 태국 출토 로마산 청동 램프(기원후 1~2세기. Bangkok National Museum)

도판 4-3-82 | 나콘시탐마랏 출토 비즈 목걸이(기원전 1세기, Nakhon Si Thammarat National Museum)

로마 제국과 인도는 사실상 같은 금 통화권에 속했다.

인도와 로마는 육로와 해로를 사용하여 왕래했지만, 해로 쪽이 압도적으로 교역량이 많았다. 범선이 인도양을 횡단해서 아라비아반도(홍해), 페르시아만, 인도를 왕래하며 무역했다. 로마 제국은 지중해와 그 주변을 지배했고, 유럽 내륙으로 지배 영역을 확대하여 세력을 쌓았다. 한편 인도 상인은 금과 로마에 수출하는 향신료를 찾아서 동남아시아 각지로 진출했다.

인도 상인은 동남아시아의 금, 향신료, 식료를 수입하는 대가로 인도의 면직물과 비즈 목걸이를 대량 수출했다. 기원전 1세기부터 동남아시아에서 유리와 보석으로 만든 비즈에 대한 수요가 높아지면서, 당시 비즈 생산지였던 인도에서 비즈 수입이 급증했다. 동남아시아에서도 인도에서 기술을 이전하여 비즈 제작을 시작했다. 말레이반도 서해안 끄라비의 쿠안룩파드 유적(Khuan Luk Pad)은 비즈와 보석을 제작한 공방 유적이다. 유적에서는 유리, 홍옥수, 석영, 주석과 금, 비즈, 인장, 로마 동전, 등잔 등이 출토됐다. 반지와 귀걸이 주물용 석제 금형(鑄型)도 출토된 이 유적은 동남아시아가 수출하는 장신구의 생산 기지였다. 끄라비의 왓 크롱톰(Wat Khlong Thom) 박물관에는 아름다운 색채와 디자인의 비즈 장신구가 적지 않다. 그 후, 비즈의 생산지는 타쿠아파, 차이야, 케다, 사팅프라 등 주요 무역항으로 확산했다. 이러한 장신구는 부와 권력의 상징이었다.

인도와 교역이 활발해지면서 말레이반도 연안은 교역 거점인 항구 도시가 발달했다. 중국 사서에는 돈손(頓遜), 반반(盤盤), 적토(赤土), 낭아수(狼牙脩) 등 말레이반도에 있었던 고대 왕국 이름을 기록하고 있다. 그중 돈손(頓遜)이라는 국명은 중국 사서에서 3세기 전반에 등장한다. 돈손에는 몬족 왕이 다섯 명 있으며 동쪽은 교주(베트남 북부), 서쪽은 인도와 페르시아에 통한다고 한다. 또한 동서 교역을 활발하게 했고 인도에서 온 사람과 바라문(婆羅門)이 많이 살았다고 한다. 국명인 돈손(頓遜 = 典遜)은 티베트어로 현재 미얀마의 떠닝다이(Tanintharyi)에 있는 '5개의 도시'를 의미하며, 5개의 항구 도시로 구성한 연합체로 추정된다. 돈손(頓遜, 典遜)

의 옛 이름은 테나세림(Tenasserim, 丹那沙林)이고, 그 후 수코타이 왕국과 아유타야 왕국에 종속되기도 했으며 18세기 초 버마 왕국에 합병되었다.

6세기 이후 중국 사서에 아랍 상인은 대식(大食, 『旧唐書』), 페르시아 상인은 파사(波斯, 『梁書』, 『南海寄歸內法傳』)로 기록하고 있다. 아랍 상인과 페르시아 상인은 주로 인도와 교역하며 막대한 이익을 얻었다. 일부 아랍 상인과 페르시아 상인은 중국까지 가서 직접 교역하기도 했지만, 오랫동안 인도는 페르시아와 동남아시아, 중국과 중개 무역으로 거액의 이익을 챙겼다. 그 후 동서 교역은 중국 왕조에 대한 조공 무역이 남송의 초기 단계에서 실질적으로 끝나고, 그 이후에는 민간 교역이 중심이 된다.

부남과 임읍은 해로로 타이만을 횡단한 후 반돈만의 차이야에서 말레이반도를 육로로 횡단하여 타쿠아파로 간 다음, 다시 바다를 건너 벵골로 가는 통상로를 개발했다. 이 교역로의 가장 중요한 항구가 중국 사서에 나오는 반반이다. 반반(盤盤)이 어디에 있었는지 중국 사서에서 명확하게 기술하고 있지 않지만, 『통전』(通典, 杜祐撰, 801年)의 반반조에 '나라에 성이 없고, (왕궁은) 견목(竪木) 울타리로 둘러싸여 있었다(國無城, 皆竪木爲柵).(중략) 불교 사원이 10곳

도판 4-3-83 | 차이야의 왓 프라 보롬마탓(9~10세기, Wat Phra Borommathat, Chaiya, Surat Thani)

도판 4-3-84 | 태국의 주요 도시

이상 있어(有僧尼寺＋所 僧尼讀佛経)' 당시 인도에서 바라문(僧尼)이 많이 와서 살고 있었음을 알 수 있다. 구당서에는 '낭아수(狼牙脩)의 이웃국이며, 국민은 모두 바라몬 문자(산스크리트어)를 배우고, 불법을 숭배하고 있었다'라고 한다.[26] 반반은 역사적으로 부남과 밀접한 관계가 있었고, 옥에오 양식의 석불 좌상이 차이야와 송클라에서 발견됐다. 반반은 반돈만(Bandon Bay)에 있는 지금의 차이야일 가능성이 크다.

말레이반도 동해안에 있는 차이야(Chaiya)에 대응하는 항구 도시가 말레이반도 서해안의 타쿠아파(Takua Pa)이다. 차이야가 대승 불교의 일대 거점이 된 것은 역사적으로 북인도(갠지스강 유역)와 관련이 깊다. 당시 차이야는 말레이반도 동쪽 해안의 가장 큰 항구였고, 불교를 후원할 수 있는 충분한 경제력이 있었다. 8세기에 갠지스강 유역에 성립된 팔라 왕조의 양식을 띤 불상은 차이야에서만 발견됐다. 중국의 정사에 자주 등장하는 반반국은 424~453년 남송시대부터 중국에 조공을 시작해서 당의 정관 22년(貞観, 648년)까지 조공했던 기록이 남아 있다. 차이야는 부남의 주요 항구 옥에오와는 타이만 건너편의 근거리에 있다.

타쿠아파 항구(코카오섬)에서 당나라 시대의 중국 도자기 파편이 다수 발견된 것은 당시 도자기가 차이야에서 타쿠아파로 운반되었음을 의미한다. 그러나 당나라 시대의 중국 도자기는 말레이반도 남쪽의 케다(말레이시아)에서는 그다지 발견되지 않았다. 따라서 타쿠아파 항구는 케다보다 오래전부터 사용된 항구였음을 알 수 있다. 이는 북인도(갠지스강 유역)가 남인도에 비해 말레이반도와 통상하는 시기가 빨랐기 때문이다. 말레이빈도에서 출토된 유물을 보면 동서 교역의 초기에는 벵골만, 타쿠아파, 차이야, 부남을 교역로로 사용했던 것을 알 수 있다.

또한, 인도 상선뿐만 아니라 페르시아 상선도 타쿠아파의 항구를 사용하고 있었다. 1988~1989년 태국 예술국(Fine Arts Department)과 시카고 자연사 박물관의 공동 조사로 타쿠아파의 코카오섬(Ko Khao Koh)과 차이야의 라엠포(Laem Pho) 항구 인근의 포(Pho) 사구에서 당나라

26　『舊唐書』 '盤盤國 在林邑西南海曲中 北與林邑隔小海 自交州船行四十日乃至 其國與狼牙修國為鄰 人皆學婆羅門書 甚敬仏法 貞観九年 遣使来朝 貢方物'.

시대 장사요(長沙窯)를 중심으로 하는 대량의 중국 도자기(Ko Khao Koh 26,956편, Pho 13,066편)가 발견됐다.[27] 이들 유적은 태국 남부 끄라 지협의 양쪽에 120㎞의 거리를 두고 있다. 말레이반도 서쪽 벵골 만쪽의 코카오섬은 강을 사이에 두고 타쿠아파와 접하는 섬으로 말레이 반도 서해안에 있는 최상의 항구로 전해지고 있다. 말레이반도 동쪽의 태국만을 향한 라엠포는 바다에 튀어나온 사구로, 태국 남부에서 가장 인구가 많았던 초기 마을 유적이다.

인도와 미얀마에서 온 상선은 카오코섬을 기항지로 하고 있었다. 섬내의 퉁툭(Thung Tuk) 유적이 발견되어, 부남이 코코섬에서 매매한 서방의 물산(면직물, 유리기, 향료, 비즈 등)을 육로 반둥만까지, 반대로 중국 물산을 차이야에서 카오코섬으로 옮긴 것이 밝혀졌다. 또한 풍툭 유적에서 발견된 인도 기원의 기와가 참파 기와(尖狀平瓦, 9~10세기, 꽝남성과 빈딘성 출토)의 조형(祖形)인 것이 밝혀져 참파도 타쿠아파와 차이야 간의 끄라 지협 교역로를 이용했던 것을 알 수 있다.

말레이반도 서해안의 타쿠아파강과 합류 지점에 있는 코카오섬(Ko Kho Khao)에서 페르시아 도자기와 장사요 도자기가 출토됐다. 페르시아 도자기는 교역품이라기보다는 페르시아 상선에서 일상으로 사용하던 식기이다. 페르시아의 유리 제품은 비즈 구슬의 원료가 되었다. 1902년에 발견된 타밀어 비문에 인도 상인이 타쿠아파에서 저수지를 건설한 기록이 있는데, 최근에 이 저수지(800×200m)의 유적이 발굴되어, 이곳이 인도 상인의 기항지였던 것이 알려졌다.[28] 타쿠아파와 더불어 차이야와 나콘시탐마랏에서도 5~6세기 불상과 6~7세기 비슈누상이 다소 출토되었다.

말레이반도 횡단 통상로

고대 말레이반도 동쪽 해안의 주요 항구에 여러 항시 국가가 성립했다. 그중 하나가 낭아수(狼牙脩, 현재의 팟타니)이다. 낭아수는 서해안의 트랑, 크라비, 케다와 연결되었던 것으로 생각된다. 인도 상인이 말레이반도의 서쪽 항구에서 화물을 하역하여 육로로 동해안(타이만)까지 운반하고, 그 후 다시 다른 배로 부남, 참파를 거쳐서 중국까지 바닷길을 통해서 수송했다. 말레이반도의 타쿠아파에서 차이야까지 육로를 횡단하는 데 걸리는 시간은 1주일~1개월 정

---

27   Ho Chuimei 何翠媚. 1991 : Ceramic Found ad Excavations at Ko Kho Khao and Laem Pho, Southern Thailand(タイ南部・コーカオ島とポー岬出土の陶磁器), 『貿易陶磁研究』11, 日本貿易陶磁研究会.

28   Arokiaswamy, Celine W.M. (2000). Tamil Influences in Malaysia, Indonesia, and the Philippines. Manila.

도로 추정된다.[29] 해로를 이용할 땐 계절풍을 이용하여 화물을 운반했을 가능성이 크다. 말레이반도에는 남북 3개의 주요 통상로가 있었다.

첫 번째가 타쿠아파와 그 주변(남쪽의 푸켓섬)에서 동쪽 반돈만의 차이야 간의 고대 길이다. 이 통상로는 끄라 지협에 가까워 동쪽 해안의 차이야까지 거리가 100㎞ 정도로 짧다. 도중에 고갯길이 있지만 하천을 병용하면 쉽고 빨리 화물을 운송할 수 있었다. 부남은 차이야를 거쳐 인도에서 신속하게 대량으로 교역품을 입수하여 번영했다.

두 번째는 서해안의 말레이시아 케다 부근의 메르복(Merbok)강과 무다(Muda)강 하구의 항구로 하역하여, 동해안의 팟타니와 송클라(태국령) 혹은 클란탄(Kelantan, 말레이시아령)으로 운반하는 고대 길이다. 케다는 배후에 넓은 수전 경작지와 물이 풍부한 강이 있었으며 인구가 많다는 이점이 있었다. 타쿠아파와 차이야 구간보다 거리가 멀지만 비교적 평탄한 도로가 있었고, 송클라, 팟타니, 클란탄 등과 쉽게 연결할 수 있었다.

세 번째는 동해안의 나콘시탐마랏 혹은 팟타니, 서해안의 끄라비 혹은 트랑 근처까지의 나콘시탐마랏을 중심으로 하는 교역 경제권이었다. 서해안 푸켓 가까이에 있는 끄라비(Krabi) 항구 동남쪽 크롱톰(Klong Thom) 유적에서 대량의 비즈와 유리 파편이 발견됐다. 인도에서 수입한 재료로 비즈를 가공했던 공방 유적이다. 트랑에서 완만한 구릉 지대를 넘어 동쪽으로 60㎞ 정도 타이만으로 가면 밧타룽(Phattalung)이 나오고, 루앙(Luang) 호수를 건너면 타이만과 남중국해로 연결된다. 북쪽으로 100㎞ 떨어진 곳에는 나콘시탐마랏(Nakon Si Thammarat), 남쪽으로 120㎞ 떨어진 곳에 핫야이(Hat Yai)가 있다. 북인도, 벵골만에서 오는 배는 타쿠아파가 가까웠고, 남인도에서 오는 배는 케다 쪽이 편리했다.

벵골만을 횡단해서 온 인도·페르시아·아라비아의 원양 상선은 중국까지 가려면 말레이반도, 예를 들어 케다 항구에서 계절풍(동기의 북동풍)을 기다려야만 했고, 말라카 해협을 남하하여 싱가포르에 가까운 말라유에서 다시 남서풍이 부는 봄까지 기다려야만 남중국해를 북상할 수 있었다(최성기는 7세기~8세기까지). 그동안 4~6개월 정도의 시간적 손실이 있었다. 이러한 이유로 인도 상선의 대부분은 말레이반도를 횡단하는 고대 길을 주로 사용했다.

적토국(赤土國)은 『수서』에 기록된(부남의 별종) 동남아시아 왕국이다.[30] 위치는 태국, 수마트라, 말레이반도의 중부(Songkhla), 남부 등 여러 가설이 있으며 말레이반도 남부의 동해안 클

---

29   鈴木 峻, 『シュリヴィジャヤの歴史―朝貢体制下における東南アジアの古代通商史』, めこん, 2010.

30   『隋書』卷八十二; 赤土國, 扶南之別種也. 在南海中, 水行百余日而達所都. 土色多赤, 因以為號. 東波羅剌國, 西婆羅娑國, 南訶羅旦國, 北拒大海, 地方數千里.

란탄강(Sungai Kelantan) 유역이 유력하다. 669년 당나라에 사신을 파견했다는 기록을 마지막
으로 사료에서 모습을 감춘다. 낭아수(狼牙脩)는 말레이반도 동해안의 팟타니 야랑 유적으로
추정된다. 말레이시아 서해안의 케다와 한 쌍을 이루는 항구 도시이다. 팟타니의 야랑 유적
은 말레이반도에서 가장 많이 조사된 유적으로, 팟타니강 유역의 바다와 평원을 지배하는
장소에 있으며, 대규모의 벽돌 탑을 중심으로 벽돌 기단이 발견됐다. 크다의 환호 유적 발굴
은 초기의 소규모 환호 마을에서 점차 규모가 확장하여 해자로 둘러싸인 벽돌 성벽과 종교
건축물을 8~10세기에 건설하기 시작한 것이 밝혀졌다.

　　말라카 해협이 교역의 중심이 되는 시기는 중국에 송나라가 건국된 후 중국 상선이 본격
적으로 해외에 진출하는 11세기이다. 아랍과 인도 상인이 말라카 해협을 남하하여, 수마트
라 남부의 잠비나 말라유 제도에 가서 중국과 베트남에서 온 상품(주로 도자기)을 사들여 인도
를 거쳐 돌아가는 경로였다. 이 시기 교역의 특징은 중국 정크(중국식 대형 범선)에 도자기 등을
싣고 동남아시아로 오는 것이다. 남송 시대의 시박사(市舶司) 제도가 중국 상선이 말라카 해
협을 건너는 데에 큰 영향을 끼쳤다. 말라카 해협이 교역의 중심이 되는 또 하나의 이유는

도판 4-3-85 | 중국의 영향을 받은 용 문
양 부조(Songkhla National Museum,
Thailand)

도판 4-3-86 | 말라카 해협을 통하여 수입한
베트남 도자기(15세기, National Museum of
Indonesia)

도판 4-3-87 | 나콘시탐마랏 출토 춤추는 시
바상(9~11세기, 인도 촐라 왕조, Nakon Si
Thamarat National Museum)

도판 4-3-88 | 나콘시탐마랏 출토 수코타이 청자(14~16세기, Nakon Si Thamarat National Museum)

남인도에서 바다를 건너 케다에 직항할 수 있는 인도·페르시아 상선의 대형화를 들 수 있다. 이 시대의 스리위자야(三佛齊)는 말라카 해협을 지배하는 황금시대를 맞이한다.

그러나 송의 도자기가 반돈만의 차이야에서 대량으로 출토된 것을 보면, 차이야는 13세기 수코타이 왕조에서 근세에 이르기까지 동서 무역의 중요한 거점이었다. 나콘시탐마랏, 송클라, 팟타니도 마찬가지였다. 송클라에는 중국인 거주지가 있었고, 송클라 국립박물관에 송시대 이후의 도자기와 중국 문화의 영향을 받은 유물이 전시되어 있다. 그 후 대형 도자기를 수출하는 원과 명 시대부터 중국의 대형 상선은 말라카 해협으로 직항하여 인도, 아라비아와 교역하게 되었다.

그러나 말레이반도 횡단 통상로는 13세기에 말라카 왕국이 동서 무역의 중심이 된 후에도 계속 사용되었다. 11세기에 인도의 촐라 왕국이 동남아시아의 침략하여 점령한 곳은 말라카 해협의 잠비가 아니라 말레이반도의 케다항이었다. 남인도 촐라 왕조가 케다에서 말레이반도 횡단 통상로를 사용하기 위해서였다. 스리위자야(三佛齊) 시대(10~12세기 말)가 되면서 나콘시탐마랏 항구가 점차 융성했다. 나콘시탐마랏은 서해안의 케다와 연결하여 규모가 확대되어 발전했다. 13세기 말 이후에도 태국의 수코타이 왕조 이후 아유타야 왕조는 말레이반도의 항구 도시를 지배하기 위하여 큰 노력을 계속했다. 아유타야 왕조는 차오프라야강의 항구뿐만 아니라, 나콘시탐마랏을 말레이반도의 거점으로 하여 주변 제국과 교역했다.

도판 4-3-89 | 차이야의 고대 유적도

말레이반도의 유적과 유물

태국의 영역은 현재 동남아시아 대륙부의 중앙부와 남쪽의 말레이반도 중반부까지이며, 역사적으로 주위의 여러 나라와 민족의 영향을 받아 왔다. 특히 13세기에 태국 전역을 지배한 타이족이 세운 수코타이 왕조가 성립할 때까지 유적과 유물은 하나의 나라로 포괄하여 설명할 수 없다. 태국의 거의 전 지역에서 몬-크메르족 국가 드바라바티 유적인 도시 유적과 사원 유적이 발견됐다. 그러나 고대 드바라바티는 전제 왕조가 아니라 여러 수장이 연합한 세력이었다. 같은 몬족이 세운 드바라바티 국가라도 대륙부에서 수전 농업을 기반으로 하는 무앙과 말레이반도에서 국제 교역을 기반으로 하는 느가라는 여러 면에서 차이가 있었다. 고대 말레이반도의 뚜렷한 특징을 한마디로 요약하면 '국제성'이라고 할 수 있다. 고대 말레이반도의 유적과 유물은 드바라바티 양식과 스리위자야 양식이 복잡하게 혼재하고 있다.[31]

드바라바티의 유적은 고고학적 조사가 아직 충분히 이루어지지 않았다. 드바라바티에서는 주로 상좌부 불교를 믿었고, 사원의 대부분은 체디(Chedi, 불탑)로, 기단만 남아 있는 사례가 많다. 체디의 평면 구조는 크게 정방형, 팔각형, 원형으로 구별된다. 건축재는 주로 벽돌과 라테라이트이며, 특히 벽돌은 다른 시대 양식의 건축에서 사용한 벽돌보다 크기가 큰 것이 특징이다.

중국 사서에서 확인된 스리위자야 왕국은 수마트라섬과 말레이반도가 세력 범위였으며

도판 4-3-91 | 왓 깨오의 불탑(9~10세기, Wat Kaeo, Chaiya, Surat Thani)

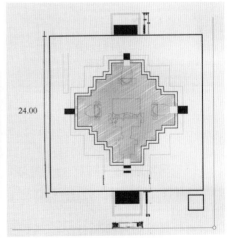

도판 4-3-90 | 왓 깨오 불탑의 평면도(9~10세기, Wat Kaeo, Chaiya, Surat Thani)

---

31 淺湫毅, 「タイ族の美術」(『世界美術大全集東洋編12巻東南アジア』 小學館, 2001)

도판 4-3-92 | 왓 롱의 불탑(14세기, Wat Long, Chaiya, Surat Thani)

도판 4-3-93 | 야랑 고대 도시 유적 평면도(Yarang Ancient City, Pattani)

수도는 수마트라섬의 팔렘방에 있었다는 것이 통설이다. 그러나 팔렘방 주변에서는 이렇다 할 유구가 거의 발견되지 않고, 현재의 태국 영내 말레이반도의 차이야(수랏타니)에 남아 있는 사원 유구가 스리위자야 양식의 대표적인 사례로 여겨진다. 왓 프라 보롬마탓(Wat Phra Borommathat), 왓 깨오(Wat Kaeo), 왓 롱(Wat Long) 등 실내 공간을 가진 벽돌 구조로 외부를 스투코로 마무리한 불탑 건축이다.

스리위자야에서는 대승 불교를 믿었기 때문에 관음보살상을 비롯한 많은 대승 불교계 유물이 발견됐다. 최근 들어 차이야 이외에서도 체디나 힌두교 사당 유구가 다수 발견되었지만, 아직 충분한 조사가 이루어지지 않았다. 주요 사적으로서는 야랑(팟타니), 위앙사(수랏타니), 탐본 씨촌, 탐본 타우라, 무앙 나콘시탐마랏, 사팅프라(송클라), 부장 계곡(말레이시아) 등을 들 수 있다.

야랑 유적은 말레이반도의 팟타니강 하구에 있는 대규모의 고대 도시 유적으로, 중국, 아라비아, 인도, 자바에서 언급한 'Lang Yahsiu', 'Langkasuka', '狼牙脩'로 추정된다. 랑카수카는 기원 1세기경부터 8세기경까지, 말레이반도 중부의 팟타니 부근에 있었다고 추정되는 항시

국가로, 그 영토는 태국의 팟타니(Pattani), 송클라(Songkhla), 말레이시아 퍼리스(Perlis), 클란탄(Kelantan), 케다(Kedah) 등의 항구 도시가 정치 경제의 중심지였다. 말레이 반도의 팟타니는 인도와 중국 사이의 해상 교통로의 중요한 중계 지점이었다. 515년에 처음으로 중국에 조공하여 낭아수(梁朝, 立國以来四百余年及), 7세기 이후는 적토국(赤土國)으로 기록되어 있다. 8세기 이후 스리위자야 왕국의 영토가 되었다(775년 리고르 비문).

야랑 고대 도시는 팟타니강 하류의 퇴적물로 형성된 해발 7m의 저지대에 있다. 동쪽에

얕은 수로가 있고, 도시 유적 안에서 5~14세기의 44개 벽돌 기단 유구와 다수의 유물이 출토됐다.[32] 반 왓 유적군은 고대 도시 안의 남쪽에 있고, 해자와 토성으로 둘러싸여 있었다. 토성 내부에는 톱니 모양의 타일로 포장한 큰 광장과 불탑 유적(No.3)이 있고, 남서쪽에 13개의 기단 유구가 분포하고 있다. 북서쪽에 2개 유적 중에 반왓 15호는 매장 유적이며, 동쪽에서도 5개의 기단 유구가 발견됐다. 반왓 고대 유적은 6~7세기로 거슬러 올라가는 고대 도시에서 가장 오래된 정착지이다.

도판 4-3-94 | 반왓의 불탑 유적(6~7세기, Ban Wat No.3, Yarang Ancient City, Pattani)

　탐본 씨촌의 카오카 유적에서는 7~9세기 건립된 것으로 추정되는, 시바 링가와 요니를 모시는 힌두교 사당이 발견됐다. 벽돌 기단에 기둥 초석이 배치되어 있고, 목조 상부 구조였음을 알 수 있다. 현재 말레이시아 영내의 케다 주변에서 발견되고 있는 유구와 같은 특징을 지녔다는 점에서 차이야의 사원과는 분명히 계통이 다른 양식이라고 할 수 있다. 또한 타사라의 왓 모카랑 유구도 기단 밖에 남아 있지 않지만 체디와 힌두교 사당으로 가람이 구성되어 있고, 7~9세기에 건립한 힌두교 사원을 후에 불교 사원으로 사용했다.

　말레이반도의 힌두교 조상은 4~5세기까지 거슬러 올라간다. 차이야의 왓 사라퉁(Wat Sala Thung), 나콘씨탐마랏에서 출토된 비슈누 입상은 모두 소박한 작풍에 인도의 고풍스러운 굽타 양식의 영향을 보이면서도, 말레이반도 특유의 유연한 모습을 잘 보여준다. 특히 나콘씨탐마랏에서 출토된 비슈누 입상은 허리를 앞으로 내밀고 상반신을 일으켜 세운 근육질의 체구로, 후대인 부남 시대의 조상에서 볼 수 있는 모습이다. 6세기에도 나콘씨탐마랏, 사라부리, 차이야 등에서 다양한 힌두교 신상이 발견됐다. 차이야의 농와이(Nong Wai) 유적에서 6세기의 비슈누 입상과 시바의 얼굴을 새긴 링가(Ekamukha Linga)가 출토됐다.

　부남 시대 혹은 스리위자야의 대표적인 힌두교 신상은 반돈만의 수랏

도판 4-3-95 | 나콘시탐마랏 출토 시바 링가(5세기, Nakhon Si Thammarat National Museum)

32　Arokiaswamy, Celine W.M. (2000). Tamil Influences in Malaysia, Indonesia, and the Philippines. Manila.

도판 4-3-96 | 왓 사라퉁 출토 비슈누 입
상(4~5세기, Wat Sala Thung, Chaiya,
Bangkok National Museum, 오세윤 촬영)

도판 4-3-97 | 무앙 나콘씨탐마랏 출토 비슈
누 입상(4~5세기, Muang Nakhon Si Thamm
arat, Bangkok National Museum)

도판 4-3-98 | 왓 프라마하탓 출토 비슈누 입
상(5~6세기, Wat Phra Mahathat Museum,
Nakhon Si Thammarat)

도판 4-3-99 | 씨촌 유적 출토 비슈
누 입상(6~7세기, Si Chon, Nakhon Si
Thammarat National Museum)

도판 4-3-100 | 보디사타바 동굴의 시바상과 비슈누 부조(6세기, Bodhisattva Cave, Saraburi)

도판 4-3-101 | 프라 노에 출토 비슈누 입상(7세기, 높이 202cm, 부남 혹은 스리위자야 양식, Phra Noe, Takuapa, Phang Nga, Bangkok National Museum)

도판 4-3-102 | 농와이 출토 비슈누 입상(6세기, 부남 혹은 스리위자야 양식, Nong Wai, Chaiya, Bangkok National Museum)

도판 4-3-103 | 에카무카 링가(6세기, Ekamukha Linga, Nong Wai, Chaiya, Bangkok National Museum)

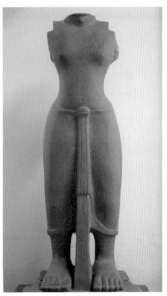

도판 4-3-104 | 씨위차이 출토 비슈누 입상(6~7세기, 높이 170cm, 부남 혹은 스리위자야 양식, Mt. Si Wichai, Phunphin, Surat Thani, Bangkok National Museum, 오세윤 촬영)

도판 4-3-105 | 카오 프라 나라이 출토 비슈누 입상(7세기, 부남 혹은 스리위자야 양식, Khao Phra Narai= Khao Srivijaya, Phunphin, Surat Thani, Chantharakasem National Museum)

도판 4-3-106 | 카오 프라 출토 비슈누 입상(7세기, 부남 혹은 스리위자야 양식, Khao Phra=Khao Srivijaya, Phunphin, Surat Thani, Nakhon Si Thammarat National Museum)

도판 4-3-107 | 팔라바 양식의 비슈누(9세기 중반, 높이 235cm, Rasi Makhandeya, Takua Pa, Phangnga Nga, Phuket National Museum)

타니에서 타피강(Maenam Tapi)을 따라 조금 거슬러 올라간 차이야의 왓 위앙사(Wat Wiang Sa)와 인도양에 면한 말레이반도 서쪽의 타쿠아파의 프라나라이(Phra Narai) 언덕에서 발견된 비슈누 입상이 있다. 모두 근육질의 체구를 자랑하며 6세기를 대표하는 조상이다. 한편, 수랏타니 근교 씨위차이(Si Wichai)산에서 출토된 비슈누 입상은 더 균일하면서 온화한 작풍을 보인다. 이들 석상은 모두 6~7세기 초에 만들어졌으며, 부남과 스리위자야 힌두교 신상의 연대와 양식을 파악하는데 중요한 자료이다.

차이야와 타쿠아파는 당시 인도와 동남아시아의 교역 중계지로서로 밀접한 관계가 있었다. 인도에서 해로로 타쿠아파에 도착한 화물은 육로를 이용하여 차이야로 수송된 후 반돈만에서 다시 해로를 통하여 메콩강 삼각주로 운반되었는데, 불교와 힌두교도 이러한 교역로를 따라서 전파되었다. 7세기에 차이야를 중심으로 하는 수랏타니에서 다양한 힌두교 신상이 제작되어, 부남 혹은 진랍의 조상에 영향을 끼쳤다. 차이야의 탐본퉁(Thambon Thung) 유적에서 출토된 석제 법륜은 8세기 드바라바티의 영향을 받았다. 타쿠아파의 라시 마칸데야 유적에서 남인도 팔라바 양식의 영향을 받은 9세기경의 비슈누 입상이 발견되어, 타쿠아파와 남인도의 교류를 보여주고 있다.

말레이반도에서는 힌두교와 더불어 불교도 일찍부터 전래했다. 수랏타니 위앙사의 왓 위앙사에서 발견된 석가 입상은 인도의 사르나트에서 전래한 5세기 후반의 석상이다. 차이야의 왓 프라 보롬마탓에서 발견된 등신대의 석가 좌상은 선정인(禪定印)을 하고 있으며 작고 낮은 육발과 얇은 옷 처리, 양다리를 상하에 겹치는 반가좌 형식 등이 남인도 혹은 스리랑카 6세기의 불상을 연상시킨다. 이와 유사한 양식의 불상이 송클라의 시팅프리 도시 유적에서 발견되었고, 6세기 후반~7세기 초의 전통적인 양식을 나타내고 있다. 이러한 양식은 남북조 시대의 중국에 전해져서, 남조의 양(梁) 시대 말기나 북조의 북제(北齊), 나아가서는 수(隋) 시대의 조상에 영향을 끼친 것으로 추정된다.[33] 이러한 양식의 불상은 부남의 옥에오 불상과도 유사하여, 중국 불교의 동남아시아 전파 경로를 알 수 있는 중요한 사료이다.

33　浅井和春, ibdi, P.174-180.

도판 4-3-108 | 석가 입상(5세기 후반, 사르나트 양식, 높이 16.3cm, Wat Wiang Sa, Wiang Sa, Surat Thani, Bangkok National Museum)

도판 4-3-109 | 사르나트 양식의 석가 입상 (5세기, 사르나트 양식, Bangkok National Museum)

도판 4-3-110 | 왓 프라 보롬마탓 출토 석가 좌상 (6세기 후반~7세기 초, 스리위자야 혹은 부남 양식, Wat Borommathat, Chaiya, Chaiya National Museum)

도판 4-3-111 | 사팅프라 도시 유적 출토 석가 좌상(6세기 후반~7세기 초, 스리위자야 혹은 부남 양식, Muang Sathingphra, Songkhla National Museum)

도판 4-3-112 | 왓 프라 보람마탓 출토 관음보살 입상(9세기, 스리위자야 양식, Wat Phra Borommathat, Chiya, Surat Thani, Bangkok National Museum)

도판 4-3-113 | 싱하나콘 유적 출토 청동 십일면관음보살상(10세기, 스리위자야 양식, Shinghanakhon, Songkhla National Museum)

보살상에도 7~8세기로 거슬러 올라가는 몇 개의 조상이 남아 있다. 차이야의 왓 프라 보람마탓에서 출토된 관음보살 입상은 높은 육계, 머리 위에는 아미타 화불이 새겨져 있다. 가슴·허리·둔부를 살짝 비틀고 있는 트리방가(Tribhaṅga 또는 Tribunga, 삼굴법)라고 하는 자세로 늘씬한 몸매를 자랑하고 있다. 팔라바 양식의 영향을 받았지만, 지방색이 있는 얼굴이다. 왓 프라 보람마탓에서 출토된 또 하나의 관음보살 입상은 팟타니 야랑 고대 도시 유적에서 출토된 금동 미륵보살 입상과 더불어, 6~7세기의 남인도의 양식을 소화하면서 지역 특유의 독특한 표현을 소화한 7~8세기 초의 불상이다.

8세기가 되면서 차이야에 스리위자야의 영향이 미쳤던 것은 명확하다. 태국에서는 차이야를 스리위자야 왕국의 수도로 추정하는 고고학자가 적지 않다. 차이야의 왓 위앙에서 출토된 8~9세기 초의 관음보살상은 청동 주조로 만들었으며 동남아시아를 대표하는 불상이다. 장식에 금은, 보석을 상감하는 기술의 탁월함은 물론 양식적으로는 같은 시기의 중부 자바 샤일렌드라 왕조 불상과 아주 유사하다. 리고르 비문은 말레이반도 나콘시탐마랏의 리고르에서 발견된 8세기 비문이다. 이 비문은 양면(Ligor A=Viang Sa 비문, Ligor B=775년의 Kawi 문자)에 문자가 새겨져 있고, 리고르 B 비문은 중부 자바 샤일렌드라 왕조의 파낭카란(Panangkaran)왕이 새긴 것이다. 비문에는 왕이 3개의 사원을 건립했다고 기록하고 있다. 이 비문은 나콘시탐마랏의 왓 세마(Wat Sema)에서 출토됐다고 알려졌지만, 원래는 차이야의 왓 후아윙(Wat Hua Wing)에 있었던 것이라는 견해도 있다.[34] 출토지를 둘러싸고 이견이 있지만, 말레이반도에서 출토된 8세기 말의 샤일렌드라 왕조와 관련하는 비문이라는 점은 분명하다. 따라서 차이야의 왓 위앙에서 출토된 관음보살상은 샤일렌드라 왕조와 관련이 있을 가능성이 크다.

아주 이례적인 사례이지만, 말레이반도의 스리위자야 양식 청동 불상(9~10세기)이 동북 태국의 마하사락함의 코숨 피사이(Kosum Phisai) 유적에서 발견됐다. 말레이반도의 차이야는 드바라바티보다 힌두교와 불교가 일찍 전래했고 부남, 진랍, 임읍에 강한 영향을 끼쳤다. 또한, 차이야는 말레이반도의 국제성 때문에 일찍부터 외부 문화를 수용하는 데에 거부감이 없었던 것 같다. 그래서 부남, 진랍, 스리위자야, 샤일렌드라 양식이 반대로 말레이반도에 영향을 끼쳤을 가능성도 배제할 수 없다. 13세기에 들어가면 앙코르 왕조의 영향으로 보이는 불상이 등장한다. 왓 위앙에서 발견된 나가 위의 석가 좌상(높이 156.8cm, 12세기 말~13세기 초)은 대좌,

---

34 TAKASHI SUZUKI, (2019), "THE HISTORY OF SRIVIJAYA, ANGKOR and CHAMPA", Mekong.

광배 등의 형태가 명백히 바이욘 양식이다. 그러
나 온화하고 세련된 모습은 스리위자야 양식(말
레이반도의 독자적인 양식)과 유사점이 있다. 대좌 밑
부분에 고대 크메르어로 명문이 새겨져 있으며,
1291년의 '그리하'라는 국명, 그 땅을 통치하는
왕명이 새겨져 있다. 비문에 등장하는 왕은 스리
위자야의 왕으로, 그리하는 차이야로 해석하는
견해가 있다. 이 불상은 앙코르 제작설과 차이야
제작설이 있지만 말레이반도 양식의 국제성을
반영하고 있다.

도판 4-3-115 | 왓 위앙 출토 관음보살상(8세기 말~9세기 초, Wat Wiang, Chiya, Surat Thani, Bangkok National Museum)

말레이시아 부장 계곡의 유적군

부장 계곡은 케다 메르복 북쪽의 제라이산
(Gunung Jerai, 1,175m), 남쪽의 무다강 사이에 있
는 말레이시아에서 가장 규모가 큰 고고학 유적
지(224㎢)이다. 해안 가까이에 우뚝 서 있는 제라이산은 말라카 해협에서 말레이반도 서안
을 오가며 항해하는 배들의 랜드마크적인 존재였다. 산 남쪽을 흐르는 메르복강을 조금 거
슬러 올라가면 펭칼란 부장(Pengkalan Bujang) 유적이 있다. 말레이어의 'Pengkalan'은 인도네
시아어의 'Pangkalan'과 같은 의미로, 강을 오르내리며 화물을 수송하는 배가 장애물 때문에
배에 실었던 물건을 하역하여 작은 배 혹은 육로로 운반하는 구역 혹은 마을을 가리킨다. 바
다와 메르복강이 만나는 하구 북쪽에 있는 펭칼
란 부장 유적은 항구 도시 유적이다. 유적 밀집
지역인 메르복강의 하구에서는 주로 11~14세기
의 도자기가 출토됐고, 강의 지류를 거슬러 올라
가면서 3~10세기의 유물이 출토됐다.

현재 부장 계곡은 세계적인 휴양지 페낭과 케
다항에서 떨어져 있는 한적한 시골의 유적지
가 되었지만, 3~14세기까지는 동남아시아에서
가장 분주했던 무역항이었다. 당시 이곳을 오

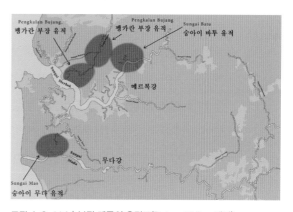

도판 4-3-114 | 부장 계곡의 유적도(Bujang Valley, 케다)

도판 4-3-116 | 메르복강 하구(Sungai Merbok, Pengkalan Bujang, Kedah)

도판 4-3-117 | 펭칼란 유적 출토 인도산 청동기(Pengkalan Bujang, Kedah, Bujang Valley Archaeological Museum)

갔던 페르시아, 인도, 중국 상인은 부장 계곡을 '누산타라'(Nusantara)라고 불렀다. 2세기의 인도 상인들에게는 카라감(Kalagam) 또는 카다람(Kadaram), 4세기의 아랍 상인들은 칼하(Qalha) 또는 카라(Kalah)로 알려져 있었다. 7세기에 의정(義淨, 635~713년))이 인도로 갔던 길은 '광주부(廣州府) → 실리불서(室利佛逝, 스리위자야) → 마라유(末羅瑜) → 케다(羯荼) → 나인국(裸人國) → 탐마입저(耽摩立底)'로 기록되어 있다. 현재 식별할 수 있는 지명은 케다(羯荼, Chieh-Cha) → 나인국(裸人國) → 탐마입저(耽摩立底)이다. 의정이 인도로 가기 위해서 케다의 부장 계곡에서 체재했을 가능성이 크다. 케다는 말라카 왕국 성립 이전에 인도 남부, 스리랑카에서 벵골만을 건너오는 범선의 최대 기항지이고, 말레이반도 횡단 무역의 출발지였다.

1840년대에 2명의 측량 기사가 제라이산 정상 가까이에서 폐허가 된 사원 유적을 발견했고, 그 후 식민지 정부의 영국 고고학자들이 산기슭 주변의 메르복강 유역에서 3~14세기에 번영했던 펭칼란 유적을 조사했다.[35] 펭칼란 부장 유적 안에서 6군 50개 이상의 고대사원 유적이 발굴되었다. 부장 계곡에서 가장 크고 중요한 사원은 찬디 부킷바투파핫(Candi Bukit Batu Pahat)이다. 숭아이 메르복 마을에서 북쪽으로 약 3㎞ 떨어진 바투파핫강 동쪽에 있는 이 사원은 11세기에 건립된 힌두교 사원이며 시바를 모셨다. 그 밖에도 찬디 펜디앗, 찬디 벤당다람, 찬디 펭칼란 부장이 발굴 조사 후 복원되었다. 이곳에 말레이시아 최초의 고고학 빅물관인 부장 계곡 고고학 박물관이 세워졌다. 부장 계곡에는 대승 불교의 사원 유적이 많지만 힌두교 사원도 적지 않다. 힌두교 사원은 벽돌 기단 위에 목조 사당을 세운 구조이다. 부장 계곡 유적에서 5~9세기의 중요한 비문 4개가 발견됐다. 대부분은 남인도의 팔라바 문자를 사용하여 산스크리트어로 내용을 기록하였으며 모두 대승 불교와 관련된 비문이다. 또한 남인도에서 전래한 아마라바티 양식 불상이 출토됐다.

---

35   Michel Jacq-Hergoualc'h. (2010). The Malay Peninsular, Crossroads of the Maritime Silk Road, Brill, Leiden.

도판 4-3-118 | 찬디 부킷바투파핫(11세기, Candi Bukit Batu Pahat, Pengkalan Bujang, Kedah)

도판 4-3-119 | 찬디 펜디앗(9세기, Candi Pendiat, Pengkalan Bujang, Kedah)

도판 4-3-120 | 찬디 벤당다람(12세기, Candi Bendang Dalam, Pengkalan Bujang, Kedah)

도판 4-3-121 | 찬디 펭칼란 부장(11세기, Candi Pengkalan Bujang, Pengkalan Bujang, Kedah)

케다의 메르복강 본류를 조금 거슬러 올라가면 동남아시아 대륙부에서 가장 오래된 항구 도시 숭아이 바투 유적이 있다.[36] 총면적이 약 4㎢인 항구 유적 안에서 동남아시아에서 가장 규모가 크고 오래된 제철 유적이 발견됐다. 숭아이 바투 유적은 말레이반도의 단순한 중계 무역의 기지가 아니라, 철 생산의 중심지였던 것이 밝혀졌다. 발굴 지역 주변에서 많은 양의 철광석, 2,000여 개의 송풍구, 토제 용광로가 출토됐다. 이곳에서 만든 철은 상선을 사용하여 고대 바닷길을 통해서 동남아시아 전역과 인도 등에 수출했을 것으로 추정된다. 말레이시아 과학대학은 강바닥에 묻힌 기원전 500년 무렵에 건조된 것으로 추정되는 길이 12~30m인 고대 선박을 2015년에 발견하여 조사했다.

---

36 Naizatul Akma Mohd Mokhtar, Mokhtar Saidin, The contribution of technical ceramic to iron smelting production at Sungai Batu, Bujang Valley, Kedah, Centre of Global Archaeological Research, Universiti Sains Malaysia, 2 August 2020.

도판 4-3-122 | 발굴 조사 중인 숭아이 바투 유적(Sungai Batu Archaeological Site, Bujang Valley, Kedah)

도판 4-3-123 | 숭아이 바투의 종교 시설 유적(110년경, Sungai Batu Archaeological Site, Bujang Valley, Kedah)

도판 4-3-124 | 숭아이 바투의 벽돌 건물 유적(110년경, ungai Batu Archaeological Site, Bujang Valley, Kedah)

도판 4-3-125 | 숭아이 바투 유적 출토 토제 용광로(Sungai Batu Archaeological Site, Bujang Valley, Kedah)

도판 4-3-126 | 숭아이 바투 유적 출토 철광석(Sungai Batu Archaeological Site, Bujang Valley, Kedah)

부장 계곡 유적군의 서남단을 이루는 무다강 하류에 항구 도시 유적인 숭아이 마스가 있다. 숭아이 마스 유적 안의 부루시웅 환호 유적(200×100m, 흙벽 높이 3m, 해자 깊이 5m)은 12~13세기로 추정된다.

메르복강은 강의 길이가 비교적 짧아서 배로 화물을 운반하기에는 적합하지 않다. 그런데도 말레이반도에 가장 오래전부터 오랫동안 빈번하게 상선이 왕래했던 이유는 부장 계곡에 동남아시아에서 가장 큰 제철 유적이 있었기 때문이다. 양질의 철은 무기, 도구, 농기구 등으로 가공되었고, 이 계곡은 긴 항해를 위하여 배를 수리하기에도 적합한 곳이기도 했다. 부장 계곡

도판 4-3-127 | 스리위자야 양식 도판 4-3-128 | 무아로 잠비의 스리위자야 시대 유적(4~13세기, Muaro Jambi, Sumatra,
의 관음보살상(7~11세기, Perak, Indonesia)
Muzium Negara)

항구는 내륙의 벼농사 지대에서 식량과 식수 공급이 쉬웠고, 말레이반도를 횡단하여 동해
안의 팟타니항과 코타바루항으로 통하는 길의 출발점이기도 했다.

케다는 범선 시대가 끝날 때까지 동서 무역의 대표적인 중계지였다. 인도에서 여름의 편
서풍을 타고 벵골만을 건너 수마트라섬 북쪽의 아체 해안을 통과하여 내항한 인도 상인, 아
랍과 페르시아 상인이 이곳에 기항했다. 부장 계곡 유적은 태국 남부 동해안의 무앙 야랑,
무앙 사팅프라 등의 도시 유적, 그리고 수마트라 북부의 코타 치나 유적과 밀접한 관계가 있
다. 6~11세기 말레이반도와 인도네시아에서 융성한 스리위자야 왕국은 수도의 위치를 둘러
싸고 '차이야 설', '팔렘방 설', '잠비 설' 등이 제기되었지만, 부장 계곡은 지정학적으로 스리위
자야 왕국의 가장 중요한 거점 항구 중 하나였을 가능성이 크다.

4-4. 부남과 진랍

4-4-1. 부남

부남은 기원전 1~기원후 2세기에 베트남 남부의 메콩강 하류에서 탄생했다. 동남아시아
에서 처음으로 중국에 사신을 보낸 국가가 부남이다. 메콩강 삼각주를 본거지로 하는 교역
국가 부남이라는 국명은 삼국시대의 오(吳)의 황무 4년(黃武4年, 225년)에 조공국으로 처음 등

장한다. 부남 건국의 역사는 『양서(梁書)』(有事鬼神字混塡 夢神賜之弓 乘賈人舶入海)와 『태평어람』(黃武4年, 225年, 扶南諸外國來献瑠璃) 등이 자세히 기록하고 있다.[37]

243년 12월 부남왕 범전(范栴)이 오나라에 사절단을 보내 악사와 방물을 헌상했다(赤烏六年 扶南王范栴 遣使 献樂人及方物). 부남의 범심왕(范尋王)은 265년 서진(西晋, 武帝泰始元年)에 조공했다. 그 후에도 범수왕(范壽王)의 서진 조공은 287년(太康8년)까지 총 4회 계속되었다. 357년 동진(東晋, 穆帝升平元年)에 "王竺旃檀奉表獻馴象"이라는 기록이 있다. 동진의 목제(穆帝)가 "코끼리 조공은 사람을 놀라게 하고 사육에 수고가 걸려 다시는 가져오지 말라"고 거절했다는 내용이다(『梁書』). 4세기에 부남의 조공은 389년 한 번뿐이고, 그 후 434년(劉氏南宋, 元嘉11年)까지 조공이 끊겼다. 부남이 조공을 재개한 시기는 교진여(僑陳如, 제2대 Kaundinya)의 사후 왕위에 오른 스린드라바르만(Srindravarman) 이후이다. 5세기에 들어서면 반반국(盤盤國)이 남송(南宋, 424~453년)에 조공을 시작했다. 한편, 숙적인 임읍은 동진(東晋)에 7회 조공했다.

4~5세기 중반에 걸쳐서 부남은 내부의 정쟁이 계속된 것으로 보이며, 조공 횟수도 격감했다. 교진여가 '부남의 왕이 되라고 하는 신의 고지를 받아 반반국에서 부남으로 와서 번영의 기초를 쌓았다'라고 한다.[38] 이 이야기는 부남과 반반이 매우 가까운 관계였던 것을 전한다. 이는 3세기 초에 부남의 대장군 범사만(范師蔓, 후의 扶南大王)이 말레이반도 타쿠아파를 점령하여, 타쿠아파에서 차이야까지 말레이반도 횡단 통상로를 개발한 이후로 추정된다. 부남이 중국과 직접 교역하기 위해서는 숙적인 임읍의 동해안을 통과해야 했기 때문에, 서방의 재화와 물자를 임읍에 전매했을 가능성이 크다. 따라서 부남의 이익은 임읍이 중국과 직접

---

37 『梁書』(전56卷)는 梁(502~557년)의 역사를 기록한 중국 정사의 하나로 629년 姚思廉이 성립시켰다. 양서제이전(梁書諸夷傳, 권54열전, 제48)에는 林邑國(林邑國者, 本漢日南郡象林縣, 古越裳之界也), 扶南國, 盤盤國, 丹丹國, 干陁利國(在南海洲上), 狼牙修國(在南海中), 婆利國(在廣州東南海中洲上), 中天竺國(在大月支東南數千里), 師子國(天竺旁國也)에 대해 기록이 있다. 부남의 위치와 풍속에 대해서는 '扶南國 在日南郡之南海西大灣中 去日南可七千里 在林邑西南三千餘里 城去海五百里 有大江廣十里 西北流 東入於海 其國輪廣三千餘里 土地洿下而平博 氣候風俗大較與林邑同', 건국의 역사에 대해서는 '盤況年九十餘乃死 立中子盤盤 以國事委其大將范蔓 盤盤立三年死 國人共擧蔓爲王 蔓勇健有權略 復以兵威攻伐旁國 咸服属之 自號扶南大王 乃治作大船 窮漲海 攻屈都昆 九稚 典孫等十餘國 開地五六千里 次當伐金隣國 萬遇疾 遣太子金生代行 蔓姊子旃 時爲二千人將 因簒蔓自立 遣人詐金生而殺之 蔓死時 有乳下兒名長 在民間 至年二十 乃結國中壯士襲殺旃 旃大將范尋又殺長而自立'라고 기록하고 있다.

38 3세기 전반에 시작한 부남의 중국 조공 교역은 4세기에 갑자기 횟수가 줄어든다. 동진 시대(317~420년)의 부남 조공 횟수는 총 2번(357년, 389년)뿐이지만, 임읍의 조공은 매우 순조로웠다. 5세기 초까지 7회(340년, 372년, 373년, 375년, 377년, 414년, 417년)를 기록하고 있다. 4세기 부남은 내부에서는 정쟁이 일어났으며 외부에서는 임읍과 경쟁하느라 조공이 부진했다. 그 혼란을 수습하기 위해서 교진여가 왕으로 추대되었다.

교역하여 얻은 이익보다는 적었을 것으로 추정
된다. 부남은 인도, 페르시아, 아랍 등의 물산을
미얀마의 항구에서 사들여 메콩 하류의 항구로
옮겨와서 다시 임읍 혹은 중국에 운반했다. 임읍
은 부남과 달리 초기에는 미얀마의 항구에서 육
로로 운반한 서방의 재화와 보물을 드바라바티
를 거쳐서 문강을 거쳐 메콩강까지 운반하고, 라
오스 사완나켓에서 다시 육로로 베트남 중부의
후에 등 해안부로 운반하는 교역로를 사용했다.

도판 4-4-1 | 부남의 영역(2세기 후반~6세기)

벵골만 항구에서 겨울에 배로 출발하여 말레
이반도의 타쿠아파(코코섬＝裸谷羅) 혹은 케다에
기항하면 계절풍을 기다릴 필요가 없고, 단번에
말라카 해협을 남하하여 마라유국(Melayu)까지
도달할 수 있어, 다음 해의 계절풍(봄바람)으로 광동에 북상할 수 있었다.

부남과 임읍은 장기간에 걸쳐서 경쟁 관계였던 것으로 추정된다. 다만, 부남이 일시적으
로 임읍보다 우위에 서던 시기가 있었다. 430년 임읍은 교주(交州)에 침공하기 위하여 부남에
원군을 청하다가 거절당한 적이 있었다. 또한 부남의 왕(当根純)이 5세기 후반(480~491년)에
임읍의 왕위를 일시적으로 빼앗은 적도 있었다. 당시 부남과 참파의 왕은 대대로 산스크리
트어 왕명을 사용한 것으로 보아, 말레이반도와 밀접한 관계가 있던 것으로 추정된다. 중국
사서에 남조의 송(宋), 제(齊), 양(梁) 시대(5세기 후반~6세기 전반)에 부남이 파견한 조공 사절과 승
려의 기록이 남아 있다.

부남은 해상 교역을 경제적 기반으로 하는 해양 국가였다. 평야 지대에서 수전 경작을 하
며 사는 사람들도 있었지만, 농민들에게 공물과 세금을 거두어 경제적 재정을 의존하는 왕
권이 아니었다. 한편 부남은 교역을 주체로 하는 항시 국가였기 때문에 내륙의 통치에는 그
다지 관심이 없었던 것 같다.

인도 상인이 벵골 지방의 탐리피티 항구를 출발하여 말라카 해협을 거쳐서 메콩강 하류
에 범선으로 도달하기까지는 많은 시간이 걸렸다. 또한, 항해로 인한 위험(태풍과 해적)이 적지
않았다. 그래서 부남이 메콩강 삼각주를 근거지로 하여 교역국가로 성장할 수 있었다. 처음
에는 하 버마의 항구(Thaton, Dawei, Tanintharyi 등)에서 태국의 내륙을 지나서 동북 태국의 치

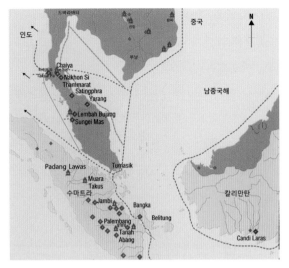

도판 4-4-2 | 말레이반도의 항시 국가 유적도

강과 문강을 이용하여, 육로로 임읍의 항구까지 교역품을 운반했다. 중계점인 나콘사완, 시텝, 참파삭 등 농업을 기반으로 하는 성읍 국가들이 교역의 중계 역할을 했다. 이러한 동북 태국의 몬-크메르 국가군과 라오스의 참파삭을 근거지로 하는 세력이 진랍이었다.

인도와 중국의 교역은 교역품을 상선으로 운반하는 바닷길이 있었고, 특히 말레이반도를 횡단하는 통상로가 개발된 4세기 중반 이후에는 말레이반도 서쪽 해안에서 동쪽 해안까지 육로로 운반하게 되었다. 시간이 지나면서 차이야 항구에서 타이만을 가로질러 메콩강 삼각주의 부남, 중국으로 운반하는 교역로가 주로 사용되었다. 4세기 후반부터 계절풍을 이용하여 인도에서 벵골만을 건너 말레이반도의 서안 항구에 서역에서 온 화물을 직접 운반하는 교역로가 확립되면서, 말레이반도에 횡단로가 개발되었다. 인도 교역선도 벵골에서보다 남인도나 스리랑카에서 대형선이 왕래하게 되었다. 그러나 이것은 부남이 동서 교역을 독점하는 것이 아니라, 말레이반도를 거점으로 하는 독자적인 항시 국가가 출현하는 계기가 되었다.

인도 상인은 해안 가까이에 사는 몬-크메르족과 교역했고, 앞에서도 서술하였듯이 이러한 작은 마을이 항시(항구의 시장), 항구 도시, 항시 국가(Negara)로 발전했다. 느가라는 당연히 현대적 의미의 국가가 아니라, 동남아시아 연안부에서 항구 도시를 거점으로 하여 중국과 인도의 상인과 교역하는 독특한 나라이다. 부남은 건국 초기에 토벽으로 둘러싸인 작은 항구 마을로 시작했다. 당시 부남은 임읍과 말레이반도를 오가며 중간 무역상으로 시작하여, 시간이 지나면서 중국과 인도를 직접 오가며 직교역을 하게 되었다.

부남 조공 사절단이 중국에 가서 '프놈(Phnom/Bnam=산)'이라고 한 말에서 '扶南'이라는 국명을 중국에서 사용하게 되었다. 『남제서』(南齋書)의 부남전에는 카운디니야 자야바르만(憍陳如闍邪跋摩, Kaundinya Jayavarman, 478~514년)이 영명 2년(永明2年, 484년)에 파견한 조공 사절단의 나가세나(那伽仙, Nagasena)가 '其國俗事摩醯首羅天神 神常降於摩耽山 (중략)仙山名摩馱 吉樹敷嘉栄摩首醯羅天 依此降尊霊'이라고 전하고 있다. "부남의 민중은 시바(Mahesvara)를 숭배하며, 마탐산(摩耽山)에 신이 자리 잡아 항상 기후가 좋고 평화롭다"라는 의미이다. 부남의 역대 왕은 국왕이 도읍을 정할 때마다 신성한 산을 찾아서, 그 성산(主山) 아래에 왕성을 쌓고 정착했다. 마탐산(摩耽山)은 부남 사람들이 숭배하는 성산(힌두교 메루산, 불교의 수미산)으로, 앙코르 왕조 시대에는 피라미드 사원 위에 첨탑을 세워 우주의 중심축인 성산으로 숭배했다.

스기모토 나오지로(杉本直治郎, 1968)와 이시자와 요시아키(石沢良昭, 2013)는 부남의 사절이 말했다는 성산을 캄보디아 남부의 프레이벵 '바프놈'(Ba Phnom, Prey Veng)으로, 그 부근을 부남의 수도로 추정하고 있지만, 이를 뒷받침할 고고학적 근거가 없다.[39] 바프놈은 부남 외읍의 옥에오와 메콩강과도 멀리 떨어져 있고, 운하로 연결되어 있지 않다. 부남 시대의 비문과 유물이 출토됐지만 부남의 수도로 볼 수 있는 유력한 근거가 없다. 고고학적 사료와 지리적 조건에서 보면 부남의 수도는 캄보디아 남부의 앙코르 보레이였을 가능성이 크다.[40] 앙코르 보레이를 부남의 수도로 보는 가장 큰 이유는 부남 시대의 유적과 출토 유물이 압도적으로 많기 때문이다. 앙코르 보레이라는 작은 마을에 유럽 연합이 설립한 부남 시대의 고고학 박물관이 있을 정도이다. 이 앙코르 보레이 박물관 주변은 수로로 사통팔달 연결되어 있다. 또한, 앙코르 보레이에서 남쪽으로 약 4㎞ 떨어진 프놈다 유적, 캄보디아 남부의 거점 도시 타케오와는 수로로 연결되어 있다. 거룩한 산(摩耽山)은 'Phnom Da'이었을 가능성이 크다. 부남 초기의 성산 신앙은 처음부터 시바 신앙과 결합하여 크게 성행했다.

이 무렵의 부남은 불교가 그다지 성행하지 않았고, 조상 숭배와 힌두교가 민중에게 널리 퍼져 있었다. 그러나 부남에도 대승 불교가 이 무렵에 전래했다. 부남 사람들이 불교를 믿게 된 원인은 인도 상인의 출입이 잦았던 말레이반도와 빈번한 왕래가 있었기 때문이고, 동시에 조공 대상이었던 중국 불교에 자극받은 측면도 있다. 6세기의 불상은 주로 앙코르 보레이 주변과 캄보디아 남부(캄폿, 캄퐁스무, 프레이벵 등)에서 발견됐다. 현존하는 부남의 6세기 초 불상은 앙코르 보레이를 중심으로 해서 캄보디아 남부로 확산한 것이다.

캄보디아 남부의 앙코르 보레이에서 발견된 부남 시대의 불상은 힌두교 신상과 마찬가지로 인도에서 전래한 양식에 영향을 받았다. 큰 나발, 활 모양의 눈썹, 은행 모양의 눈 등 불상 특유의 특징을 갖고 있다. 다비(多臂)인 힌두교 신상의 조형을 기준으로 하는 '프놈다 양식'과

---

39 杉本直治郎, 『東南アジア史研究』, 厳南堂書店, 1968年, 石沢良昭, 『〈新〉古代カンボジア史研究』, 風響社, 2013年. 이시자와는 Ba Phnom 남쪽 15㎞의 Kdei Ali 유적에서 비문이 출토했다고 소개하고 있지만, 그러나 이 비문은 바프놈이 부남의 수도라는 근거가 되지 않는다.

40 부남의 수도 特牧城에 대해서는 지금까지 밝혀지지 않았다. 6세기에 들어서면, 속국이었던 북쪽의 진랍이 메콩강을 따라 남하를 시작하여 부남은 那弗那城(현재의 Angkor Borei)으로 천도했다고 중국 사료가 전하고 있다.

구별하여, 부남 시대의 불상을 '앙코르 보레이 양식'이라고 분류하고 있다. 프놈펜의 캄보디아 국립박물관이 소장한 부남 시대 불상은 우견편단(右肩偏袒)의 가사를 착용하고 선정인을 하며, 연화좌 위에서 결가부좌하고 있다. 눈썹의 형태에는 약간의 지방색이 보이고, 6세기의 유사한 양식의 불상이 미얀마, 타이, 베트남에서도 발견됐다. 인도에서 전래한 불교가 동남아시아 대륙 각지에 거주하는 몬족, 크메르족, 참파족에게 영향을 주어서 만들어진 불상이다. 아주 드문 사례이지만, 캄보디아 서쪽의 반테이 멘체이(Banteay Meanchey)에서 발견된 6세기 초의 관음보살상은 태국 드바라바티 왕국의 성읍 국가인 무앙 씨마호솟의 영향을 받아서 제작한 것이다.

도판 4-4-3 | 앙코르 보레이와 고대 수로

도판 4-4-4 | 고대 수로에서 본 프놈다 유적

도판 4-4-5 | 앙코르 보레이 양식의 불상(6세기 초, Angkor Borei, National Museum of Cambodia)

도판 4-4-6 | 왓 롬록 출토 불상(6세기 초, Wat Romlok, Angkor Borei, National Museum of Cambodia)

도판 4-4-7 | 왓 캄퐁루옹 출토 불상(6세기 초, Wat Kampong Luong, Angkor Borei, National Museum of Cambodia)

도판 4-4-9 | 품트메이 출토 불상(6세기 초, Phum Thmei, Kampong Sepu, National Museum of Cambodia)

도판 4-4-8 | 사라네앙타속 출토 관음보살상(6세 기, Srah Neang Ta Sok, Banteay Meanchey)

국제 교역의 주인공 부남

부남의 국왕 범사만은 3세기 초에 말레이반도의 유력한 항구를 군사적으로 제압하여 서방의 문물 수입 항구를 차지했다. 덕분에 부남은 말레이반도 동서를 육로로 횡단하는 새로운 교역로를 발견하게 되었다. 부남의 말레이반도 횡단 교역로는 여러 시행착오를 거쳐 최종적으로 타쿠아파에서 차이야까지 길이 정비되었다. 처음에는 끄라 지협에서 춤폰(Chumphon, 동서 폭은 35㎞ 정도)에 이르는 고대 길이 사용되었다. 그러나 이 교역로는 정글, 산적 등 교역하기 어려운 요소가 있었기 때문에 가장 안전하고 수송(수운)이 편리한 타쿠아파-차이야 교역로가 사용되었다.

부남은 인도에서 출발한 배가 해로로 타쿠아파에 도착하여 화물을 내리고, 말레이반도를 횡단하는 교역로를 이용하여 차이야의 반돈만(Bandon Bay)까지 화물을 운반한 다음, 다시 배로 타이만을 건너 옥에오까지 대량의 화물을 운반하면 시간과 돈을 단축할 수 있다는 것을 발견하여 실행에 옮겼다. 3세기 초반 부남은 대형 수조선(手漕船, 좌우의 노를 사람이 젓는 배)을 다수 건조하여 대형 선단을 조직했다. 수조선은 계절풍의 영향을 거의 받지 않기 때문에 범선보다 매우 편리했다. 부남의 융성은 수조선에 기인하고, 부남의 수조선에 관해『태평어람(太

平御覽)』권769에 상세하게 기록되었다.[41]

배의 길이는 약 23m(十二尋), 폭이 약 3m(六尺)이다(도량형 肘尺≒50㎝). 남제서(南齋書)에는 길이 22~23m(8~9丈), 폭 3~3.5m(6~7肘尺=손에서 팔꿈치까지의 길이)라고 기록하고 있다. 배의 몸통에 철판이 사용되었고(鐵鑷露裝), 큰 배에는 100명이 탑승할 수 있다(大者載百人). 노를 젓는 사람은 42~50명이었으며 상하 2단으로 나누어졌다(상단은 서서 노를 젓고, 하단은 앉아서 노를 젓는다). 호령에 맞춰 일제히 노를 저어 나간다. 모선 뒤에는 물과 식량 등을 운반하기 위한 작은 배를 끌고 다녔다. 뱃머리는 물고기 모양으로 장식했다. 이러한 형태의 배는 당시 중국에는 없었던 신형선이었다. 범사만은 스스로 '부남 대왕'이라고 칭했고, 부남은 대형의 수조선을 건조해 동남아시아의 해양 국가로 군림했다.

부남에서 건조한 수조선(手漕船)의 구체적인 실체를 알 수 있는 결정적인 사료는 남아 있지 않다. 그러나 몇 가지 유물들로 어떠한 모습이었을지 대략 추측할 수 있다. 동남아시아의 통나무배는 구석기 시대의 동굴 벽화에도 그려져 있다. 현재 우리가 알 수 있는 동남아시아 수조선의 가장 오래된 가시적인 유물은 동썬 동고 측면에 새긴 부조이다. 특히 인도네시아의 산게안섬(Pulau Sangeang)에서 출토된 헤가 I 식 동고 측면에는 대형 수조선 부조가 새겨져 있다. 이 동고는 인도네시아 술라웨시섬 인근의 작은 섬에서 발견되었지만, 동고 자체는 베트남 북부에서 만든 것으로 추정된다. 동고 상단 측면의 부조에는 10명 전후의 사람들이 앉아서 노를 젓고, 배 뒤에선 인물이 구호를 외치고 있다. 따라서 이 동고에 새긴 수조선은 임읍 배의 원형이라고 할 수 있다. 또한, 앙코르 왕조 시대의 부조(바이욘, 반테이 츠마르 등)를 보면 앙코르 수군과 참파 수군(투구를 쓰고 갑옷을 입고 있다)이 타고 있는 군함은 대부분이 수조선이다. 부남 왕조 세력의 일부가 스리위자야 왕국을 건국했다고 보는 견해가 일반적인데, 스리위자야의 배에 관한 사료는 남아 있지 않지만 샤일렌드라 왕조의 배는 보로부두르 유적에 부조로 새겨져 있다. 보로부두르 부조에 새긴 배는 모두 가로대(아우트리거)를 가진 대형 범선이다. 그러나 제1회랑 주벽 하단에 유일하게 돛대와 더불어, 배 측면에서 사람들이 노를 젓고 있는 부조가 있다. 샤일렌드라 왕조의 상선은 범선과 수조선을 병용한, 당시 가장 첨단 방식으로 건조된 배였음을 나타낸다.

태국과 라오스는 메콩강을 사이에 두고 국경을 마주하고 있다. 2013년 동북 태국 나콘파놈

---

41 『太平御覽』卷769, '扶南國伐木爲船 長者十二尋 廣肘六尺 頭尾似魚 皆以鐵鑷露裝 大者載百人 人有長短 橈及篙各一 從頭至尾 面有各五十人作 或四十二人 隨船大小 立則用長梶 坐則用短橈 水淺乃用篙 皆當上 應聲如一'(吳時外國傳).

도판 4-4-10 | 앙코르 수군과 임읍의 수군(12세기 말~13세기 초, Bayon, Siem Reap, 오세윤 촬영)

도판 4-4-11 | 샤일렌드라 왕조의 대형 범선(8세기 말~9세기 초, Borobudur, Indonesia)

의 메콩강변에서 약 30m의 고대 목선이 발견됐다. 배의 잔해에서 당나라 시대의 도자기 항아리가 출토되었으며, 9세기 이전의 대형 목선으로 추정된다. 17m의 돛대(帆柱)가 남아 있어, 대형 삼각형 돛을 사용했다는 것을 알 수 있다. 출토된 배의 잔해에는 못을 사용한 흔적이 없었고, 끈과 짜맞추기 가구법으로 연결한 봉합선이 있었으며, 배 밑의 판자 틈새는 수지로 채워져 있었다. 배 몸통은 이중 구조로 되어 있었다. 중국 운남 지방과 태국 북부와 동북부, 라오스 참파삭까지 대형 범선을 사용하여 쌀과 소금 등 물자를 운반했던 것을 알 수 있다.

그러나 라오스의 씨판돈에서 캄보디아 국경 스텅트렝의 메콩강 구간은 낙차가 큰 폭포가 이어져 있어(낙차 15~21m, 폭 10~11㎞), 배가 왕래할 수 없다. 따라서 나콘파톰에서 출토된 대형 범선은 메콩강 하류에서 거슬러 온 것이 아니라 메콩강 중상류에서 건조되었으며 고대 도시 유적을 고려하면 참파삭의 왓푸 인근에서 만들었을 가능성이 크다. 배의 잔해가 발견된 장소가 메콩강 상류의 나콘파놈이기 때문에 남쪽의 왓푸를 기점으로 하여 라오스의 비엔티안, 북쪽의 루앙프

도판 4-4-12 | 씨판돈의 콘파펭 폭포(Khone Phapheng, Champasak, Laos)

라방 등 메콩강 중상류를 오갔던 대형 수송선이었음을 알 수 있다. 부남은 이미 3세기에 길이 20m의 수조 외항선을 건조했다는 중국 사서의 기록이 있다. 동남아시아의 선박 출토 자료와 사원 부조 등을 고려하면, 상선은 주로 범선을 사용했고 군함은 수조선을 사용했던 것을 알 수 있다.

중국 사서에 나오는 굴도곤(屈都昆)은 말레이반도 중북부의 임읍 산하의 교역항(Kuala Dungan,

Malaysia)으로 짐작된다. 부남과 임읍이 말레이반도 항만을 공략한 목적은 교역의 독점권이었다. 대부분의 물산은 중국과 교역하는 데에 사용했기 때문에, 상품의 교역로를 장악하면 이후에 판매(조공)하기 유리했다. 이처럼 속국으로 장악한 항구 도시 중에 부남이 가장 중요하게 여긴 항구는 말레이반도의 타쿠아파와 차이야였다. 타쿠아파에서 차이야를 연결하는 길이 가장 중요한 말레이반도 횡단 교역로였기 때문이다. 이 지역에는 몬족의 반반국(盤盤國)이 있었고, 3세기부터 부남이 실질적으로 지배했다. 코카오섬은 타쿠아파 맞은편에 있는 섬이며, 중국 사서가 전하는 가곡라(哥谷羅, Thung Thuk 유적)이다.

부남은 단지 동서 교역의 중개 항구라는 이유만으로 발전했던 것은 아니다. 중국의 사서 (『梁書』의 諸夷[42]와 『太平御覽』 頓遜國)에는 '부남 남쪽으로 3,000리를 가면 돈손(頓遜)이 있고, 돈손은 부남의 속국으로, 여러 나라 상인 10,000명이 살았다'라고 한다. 돈손이란 미얀마의 타닌다아리(Tanintharyi) 지역의 항구 도시를 가리킨다. 부남 대왕 범사만(范師蔓)은 큰 배를 만들어 바다를 건너 10여 개의 항시를 정복한 후, 금인국(金隣國=수완나부미?)을 정벌하려다가 병에 걸렸다고 한다. 부남 대왕은 미얀마 남해안의 항시 국가군을 지배하려고 했음을 알 수 있다. 또한 중국 사서에는 '부남 동쪽 바다 건너에 제박(諸薄, 자바 또는 수마트라)이 있어, 그 동쪽에는 계설향(鷄舌香)과 정자향(丁字香)의 산지 마오주(馬五洲, 말라카 제도)가 있다'라고 기록하고 있다. 그 밖에도 '금 혹은 철의 산지가 있다'라고 기록하고 있어, 부남이 동서 교역망을 장악했을 뿐만 아니라 인도네시아의 도서부를 지배했던 것을 알 수 있다. 부남은 동남아시아 지역 간의 교역은 물론 동서양의 세계를 묶는 국제 교역에 큰 역할을 했다.

부남 왕국은 4~5세기에 인도와 왕래가 빈번해졌다. 남북조 시대의 중국 사서에 의하면 부남은 주위 3,000리에 이르는 대국이었다고 한다. 이 시대의 부남은 벌써 느가라 연합의 테두리를 넘는 해상 국가로 발전했다. 이를 증명하듯 산스크리트어(팔라바계 문자)를 새긴 부남 비문이 동남아시아 대륙의 각지에서 발견됐다. 메콩강 삼각주의 탑 무오(Thap Muoi)에서는 5~6세기의 비문이 발견되었고, 서쪽의 타케오에서는 자아바르만 왕과 왕비 비문이 발견됐다. 라오스의 참파삭과 태국의 시텝에서도 같은 시기의 비문이 출토됐다. 이는 5~6세기 무렵 부남이 동북 태국까지 부남의 세력 아래에 두었음을 의미한다.

부남의 지배권 확대는 중국 불교가 성행하여 동남아시아의 특산품인 향신료와 향목의 수

---

42 『梁書』; '頓遜國 在海崎上 地方千里 城去海十里 有五王 并羈屬扶南 頓遜之東界通交州 其西界接天竺 安息 徼外諸國 往還交市 所以然者 頓遜回入海中千余里 漲海無崖岸 船舶未曾得徑過也 其市 東西交會 日有万余人 (중략)'

요가 급증한 것과 관련한다. 또한 열대 산물의 교역을 독점하여 지배권을 확대한 부남이 새롭게 정복한 항구 세력을 복종시키며 왕권을 강화하기 위하여 힌두교와 불교를 수용했다. 부남 초기의 불교와 힌두교는 앙코르 보레이를 중심으로 하여 캄보디아 남부에서 전역으로 확산했다. 동남아시아의 지도를 보면 고대의 동서 교역의 최대 장해는 남북으로 길게 뻗은 말레이반도였다. 그래서 4~6세기의 부남은 차이야에서 타쿠아파, 벵골만으로 가는 새로운 교역로를 개발했고, 이에 따라 말레이반도 해안부에 많은 느가라가 발생했다.

돈손(頓遜), 반반(盤盤), 낭아수(狼牙脩)는 타이만과 벵골만 연락의 중계지로 발달한 항시 국가이다. 교역망의 지배가 느가라의 생명이었다. 교역망을 지배하려는 세력들은 단순히 지역의 차원을 넘어섰으며 여러 느가라가 이합집산을 반복했고, 시간이 지나면서 해상 왕국과 내륙 왕국으로 발전했다. 남쪽에 있던 낭아수는 산스크리트어의 랑카스카(Langkasuka)의 음역으로 팟타니에서 트랑에 이르는 교역로를 지배했던 것으로 추정된다. 낭아수국은 6세기를 중심으로 중국에 조공했다. 중국 사서는 그 후 부남이 인도(천축)의 수도에 사절단을 파견했고, 인도의 불교와 힌두교를 신봉하고 있었다고 기록했다. 부남은 중국의 여러 왕조에 빈번하게 조공했고, 동남아시아 연안 각지의 해상 무역 중계지를 장악하여 융성했다.[43]

539년 양(梁)에 사절을 보낸 유타발마(留陀跋摩=Rudravarman)는 중국 사서에 이름이 알려진 부남의 마지막 왕이다. 부남은 6세기 후반까지 중국에 사절을 파견했지만, 이미 6세기 초부터 해상 무역의 주도권을 점차 상실하기 시작했다. 부남은 중국 남북조에 조공을 계속했지만, 7세기 초 중국 사서에서 돌연히 이름이 사라졌다. 부남의 쇠퇴는 해상 교역의 중심이 말레이반도의 끄라 지협에서 말라카 해협으로 바뀐 것과 깊은 관련이 있다. 6세기 이후 부남의 쇠락과 더불어 새롭게 동남아시아의 교역로를 장악한 것이 수마트라 팔렘방을 거점으로 하는 스리위자야이다. 616년 2월에는 진랍에서 진랍의 등장을 알리는 사절단이 처음으로 수나라에 조공했다. 588년 6월 부남은 마지막으로 진(陳) 나라에 조공(禎明二年六月 扶南國 遣使獻方物)을 하는데, 이게 바로 부남의 마지막 사절단이다.

---

43 반반국의 조공은 남송 시대의 원가연간(劉氏南宋時代元嘉年間, 425~453년)에 시작하여, 양(梁) 시대 후반부터 급증한다. 527년, 529년, 532년, 533년, 542년, 551년, 진(陳) 시대에 들어가 571년, 584년으로 이어졌다. 부남은 양(梁) 시대에는 503년, 511년, 512년, 514년, 517년, 519년, 520년, 530년, 535년, 539년, 543년에 조공하였으며, 진(陳) 시대에 들어서 559년, 572년, 588년으로 계속 조공했다. 그러나 부남은 중국 사서와 같이 광대한 하나의 제국이라고는 생각하기 어렵다. 5~6세기의 남인도 팔라바 문자를 사용한 산스크리트어 비문이 동남아시아 대륙의 각지에서 발견됐다. 비문의 분포는 각지에 지역 정권이 분열한 상황을 암시하고 있다.

메콩강 삼각주를 거점으로 융성한 부남은 6세기 중반부터 쇠퇴의 길로 들어간다. 수서의 기록에 따르면 부남은 6세기 중반, 부남의 왕족 혹은 인척이 지배하고 있었던 내륙의 진랍(Zhenla; Chênla)에게 압박받아, 결국 메콩강 삼각주에서 세력을 잃었다고 한다. 진랍은 태국 동북부의 시템, 치강과 문강 유역, 라오스의 참파삭을 근거지로 성장한, 교역과 농업을 경제적 기반으로 하는 신흥 국가였다. 진랍은 치강과 문강, 메콩강을 장악한 수군이 있었고, 곡창 지대에 있던 많은 농민을 병력으로 동원하기 쉬웠기 때문에 단기간에 부남을 뛰어넘는 군사력을 가지게 된다.

부남의 외읍과 수도

제2차 세계대전 중 프랑스 극동학원 L. 마루레는 메콩강의 서쪽 지류인 바삭(Bassac)강 서쪽 저지대 습지에 있는 옥에오를 발굴했다. 옥에오는 크메르어로 '옥'은 보석, '에오'는 강이라는 뜻이다. 바위산의 서쪽 습지에서 4중의 성토 성벽과 5중의 요철 해자와 성벽으로 둘러싸인 길이 3㎞, 폭 1.5㎞의 직사각형 도시 유적을 발견했다. 이 항구 도시와 여기서 북쪽으로 80㎞ 떨어진 도시 유적 앙코르 보레이 → 프놈다(앙코르 보레이에서 남쪽으로 약 4㎞) → 타케오(프놈다 유적에서 동쪽으로 약 20㎞)는 고대 운하로 연결되어 있다. 지금도 이들 운하는 대형 목선이 오가고 있다. 부남은 운하를 통하여 메콩강 삼각주의 바다에서 배가 왕도까지 들어왔고, 군선이 다른 항구 도시를 정복하기 위해서 옥에오 혹은 앙코르 보레이에서 출정했다. 옥에오 유적에서 로마의 금화, 중국 한나라 시대의 동경, 간다라 양식의 불상 등 1~2세기 이후 동서 교역을 알리는 많은 유물이 발견됐다. 호치민시의 베트남 역사박물관에는 옥에오 유적에서 출토된 많은 유물을 전시하고 있다. 중국 남북조 시대의 불상, 간다라 양식의 불상은 부남의 국제성과 불교 신앙의 성행을 알려준다. 베트남의 호치민시 미술관에도 옥에오 유적에서 출토된 유물과 불상이 전시되어 있다.

동남아시아 대륙부 고고학의 가장 큰 과제는 부남의 수도를 특정하여 발굴 조사하는 것이다. 현재 부남의 수도는 명확하게 알려지지 않았다. 부남의 수도에 대해서는 양서(梁書)에 메콩강 하구에서 약 200㎞(500里)라고 적혀 있을 뿐 구체적인 도시 이름을 기록하고 있지 않다. 신당서에는

도판 4-4-13 | 지금도 정크선이 오가는 앙코르 보레이의 고대 운하 (Angkor Borei, Takeo, Cambodia, 2012년)

도판 4-4-14 | 옥에오 유적 출토 비슈누상(6세기 초, Oc Eo, An Giang, Bao Tang My Thuat, Vietnam)

도판 4-4-15 | 옥에오 유적 출토 불상(6세기 초, Oc Eo, An Giang, Bao Tang My Thuat, Vietnam)

특목성(特牧城)이라고 기록하고 있고, 그 후 진랍의 압박 때문에 나불나성(那弗那城)으로 천도했다고 한다. 특목성을 비야다푸라(Vyadhapura)라고 하여 현재의 프놈펜 동남쪽 프레이벵의 바프놈(Ba Phnom)으로 추정하는 견해가 있지만, 특목성이 비야다푸라(Vyadhapura)라고 하는 구체적인 사료가 없다.

바프놈은 옥에오와 육로로 138㎞나 떨어졌기 때문에 부남의 수도였다고 볼 수 없다. 부남의 건국은 해상 무역과 비옥한 메콩강 삼각주의 농업 개발으로 경제적 기반으로 한 것과도 모순한다. 또한, 바프놈이 있는 프레이벵 지역에서 6~7세기 부남의 수도로 볼 수 있는 유적과 유물이 발견된 사례가 없다. 바프놈(선조의 산)이 부남의 중요한 거점 도시였을 가능성은 있지만, 수도로 보기에는 문제가 많다. 현재 부남의 수도로 가장 유력시되는 곳은 '앙코르 보레이'이다.

부남이 6세기 중반에 진랍에게 쫓겨 특목성을 버리고 나불나성으로 천도한 후 7세기 전반에 이샤나바르만(Isanavarman I, 611~635년)에 의해서 멸망했다. 그렇다면 나불나성(那弗那城)은 약 100년 정도 부남의 마지막 수도로 존재한 것이 된다. 스기모토 나오지로(杉本直治郎, 1968年)는 나불나성을 나반나가라(Navanagara=앙코르 보레이)라고 추정하지만, 부남의 수도 특

도판 4-4-16 | 톨다이부온 유적 출토 비슈누상(7세기, Tuol Dai Buon, Prei Veng, Cambodia)

도판 4-4-17 | 마두신(7세기, 비슈누신 화신, Vajimukha, Kok Trap, Kandal, National Museum of Cambodia)

목성(特牧城)에 대해서는 구체적인 언급이 없다.[44] 그러나 앙코르 보레이를 부남의 마지막 수도 나불나성이라고 하기에는 진랍의 공격을 방어하기에는 거리가 너무 가까워 지리적으로 적합하지 않다. 진랍이 국제 무역항 옥에오의 길목에 있는 앙코르 보레이를 부남의 수도로 약 100년간 방치했다고 생각할 수 없다. 일부 프랑스 연구자(Paul Eugène Pelliot)는 나불나성을 오늘날의 캄폿에 있는 나바나카르(Navanakar)로 추정하는데, 아직 나불나성의 소재지는 확실하지 않다.[45] 캄폿은 캄보디아 남서부에 있는 해안 지대로 후추의 산지로 유명하고, 6~7세기의 오래된 사원과 석상이 발견됐다. 캄폿은 옥에오와도 비교적 거리가 가깝고, 타이만을 건너서 차이야의 반돈만으로 왕래하기에 편리한 장소이다. 부남 왕조가 캄폿으로 피난하여 나불나성을 마지막 거점으로 했을 가능성이 크다. 캄폿에서 자야바르만 1세가 보시했다는 비문이 발견됐다. 이러한 점에서 나불나성의 후보지로는 캄폿의 나바나카르가 유력하다.

앙코르 보레이와 프놈다

크메르 왕조의 역사는 기원 4세기부터 8세기 말까지를 프레 앙코르기(부남, 진랍), 수도를 앙코르에 천도한 9세기 초(802년)부터 15세기 전반까지를 앙코르기, 앙코르를 버리고 지금의 프놈펜으로 천도한 1431년 이후를 포스트 앙코르기로 시대를 구분한다. 고대의 크메르 왕조(부남, 진랍)는 주로 힌두교와 불교를 신봉했고, 힌두교가 압도적으로 우세했지만 때로는 불교도의 왕이 출현했다. 대승 불교에서 전래한 밀교 불상을 6세기 초부터 만들었고, 14세기에는 상좌부 불교(소승 불교)가 태국에서 전해져 성행하게 된다.

힌두교 신상으로는 링가와 요니가 6세기 초 이전부터 만들어졌다. 초기의 부남, 진랍 시대에는 시바를 사람 모습으로 조각하지 않

44   杉本直治郎, 『東南アジア史研究 I 』厳南堂書店, 1968年.

45   Briggs, Laurence Palmer. (1951). THE ANCIENT KHMER EMPIRE. Philadephia; The American Philosophical Society.

도판 4-4-18 | 앙코르 보레이 출토 불상 (6세기 초, Angkor Borei, Angkor Borei Museum)

도판 4-4-19 | 왓 포멧레이 출토 무카링가 (7세기, Wat Po Metrey , Takeo, National Museum of Cambodia)

도판 4-4-20 | 프놈다 출토 하리하라상(6세기 초, Harihara, Phnom Da, National Museum of Cambodia)

고, 생식을 상징하는 요니에 안치한 링가로 대신하여 숭배했다. 링가의 일부에는 시바의 얼굴을 새긴 무카링가(Mukhalinga)가 제작되었다. 이와 더불어 비슈누, 하리하라(Harihara, 시바와 비슈누의 합체신, 왼쪽이 시바, 오른쪽이 비슈누) 등 다양한 석상이 제작되었다. 또한, 앙코르기에는 왕(라자)은 사후에 신(데바)과 일체화한다는 '데바라자' 신앙이 되었다고 추정된다. 데바라자(Devaraja)는 산스크리트어의 복합어로 '신들의 왕', 즉 인드라를 가리킨다는 해석도 있다.

6~7세기가 되면 메콩강 하류인 현재의 앙코르 보레이(Navanagara)가 부남의 중요한 거점이 된다. 당시 앙코르 보레이는 교통의 중심지로 혈관과 같은 수로가 있어서 부남의 수도 특목성(特牧城)으로 추정된다. 앙코르 보레이를 부남의 수도로 추정하는 또 하나의 이유는 주변에 수전이 가능한 넓은 평야가 있었기 때문이다. 앙코르 보레이 박물관에는 부남 시대의 많은 비문, 석상, 기와 등 유물이 전시되어 있다. 앙코르 보레이 박물관의 유물 중에 특히 주목되

도판 4-4-21 | 톨쵸옥 출토 비슈누상(7세기, Vishnu, Toul Chhouk, Kampong Speu, National Museum of Cambodia)

도판 4-4-22 | 프놈다 유적에서 본 고대 수로와 앙코르 보레이 평야

도판 4-4-23 | 왓 프놈 출토 부남 시대 불상(6세기, Wat Phnom, Oudong, Kampong Sepu, National Museum of Cambodia)

도판 4-4-24 | 부남 시대의 요니(6세기, Phnom Da, National Museum of Cambodia)

는 것은 부남 시대의 부조를 새긴 장식용 벽돌이다. 벽돌에는 여성이 긴 머리카락에서 물을 짜는 부조가 새겨져 있다. 이 여성은 지모신 부미데비(Bhumi Devi)이며 동남아시아 대륙부의 힌두교와 불교 사원 장식으로 자주 등장한다.

앙코르 보레이에서 약 4㎞ 남쪽 프놈다에는 부남 시대의 사원이 남아 있다. 동남아시아에 남아 있는 초기의 힌두교 사원에 중에 현재까지 완전한 형태를 전하는 사원은 거의 없다. 특히 사원 대부분은 옥개가 무너져 내려 원형이 남아 있지 않다. 캄보디아 프놈다의 아쉬람 마하 로세이(Ashram Maha Rosci) 사원도 대표적인 부남 초기의 힌두교 사당이며, 6~7세기의 작은 석조 사당으로 인도에서 유사한 사원이 발견됐다. 석조 사당 안에는 링가와 요니를 통하여 성수를 외부로 흘러나가게 하는 배수관이 설치되어 있다. 석제 접합부의 맞춤은 정밀하게 만들어져 있고, 이러한 석조 기술은 그 후의 사원 건축의 조적조(組積造) 기술로 발전한다. 이 사당 안에서 발견된 하리하라상은 프랑스 파리의 기메 동양박물관이 소장하고 있다.

프놈다는 2개의 봉우리를 가진 작은 산이며, 앙코르 보레이의 고대 운하에서 배를 타고 가면 멀리서도 볼 수 있는 랜드마크적 성산이다. 동쪽 정상에는 라테라이트와 벽돌로 만든

11세기의 힌두교 사당 프라샷 프놈다가 남아 있다. 멀리 배를 타고 운하에서 보면 산 정상에 링가를 세워 놓은 것 같은 형상이다. 이 산기슭에 있는 동굴 안에서 높이 287㎝인 비슈누상을 중존으로 하는 대형 석조 삼존상이 발견됐다.

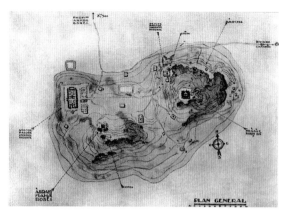

중앙의 팔비상(八臂像)은 비슈누, 향해서 왼쪽이 라마, 오른쪽이 바라라마(Balarama)이다. 좌우의 상은 허리를 약간 비틀고 있는 등신대인 데 반해서 중앙의 비슈누는 똑바로 직립하고 있다. 중존의 비슈누는 무장식의 원통형의 왕관을 쓰고, 편평하게 조각된 얼굴은 엷은 미소를 띠고 있다(아르카익 스마일). 프놈다에서 출토된 비문에는 시바가 숭배되었다고 전하지만, 프놈다에서 발견된 조상은 비슈누가 압도적으로 많다. 왼쪽 라마상(높이 185㎝)의 왼손에 활을 가지고 있다. 긴장된 체구는 억양이 풍부하고, 허벅지는 단단하고 발목이 가늘다. 바라라마상(176㎝)의 왼손의 소지품은 상단 부분(곤봉)만이 남아 있다. 중앙의 비슈누에 비해 좌우의 석상은 몸매의

도판 4-4-26 | 아쉬람 마하 로세이(6~7세기, Asram Maha Rosei, Phnom Da, Angkor Borei)

도판 4-4-28 | 프놈다의 석굴 사원 입구(Phnom Da, Angkor Borei, Cambodia)

도판 4-4-29 | 프라삿 프놈다(11세기, Prasat Phnom Da, Phnom Da, Angkor Borei)

도판 4-4-27 | 프놈다 출토 비슈누 삼존상(6세기 말~7세기 초, Phnom Da, National Museum of Cambodia)

억양이 풍부하고 균형도 좋고 조각적으로 뛰어나다. 라마는 라마야나의 주인공이자 비슈누의 화신이기도 하고, 바라라마는 크리슈나의 형이고, 역시 비슈누의 화신이다.

　3체의 석상은 같은 공방에서 제작한 전형적인 프놈다 양식이다. 이 석조 삼존상은 동남아시아에 남아 있는 석상의 최고 걸작으로 평가받으며 뛰어난 예술성을 자랑하고 있다. 6세기 부남 시대에 만들어진 유사한 형태의 석조상을 이 석상이 발견된 유적 이름을 따라서 '프놈다 양식'이라고 부른다. 동남아시아에 6세기 초 석상은 그다지 많이 남아 있지 않지만, 태국에서는 드바라바티 양식이라고 부르고 있다. 미술사에서 분류하는 6세기의 석상인 프놈다 양식은 고고학에서 보면 '부남 시대 양식' 혹은 '앙코르 보레이 양식'이라고 부르는 것이 타당하다.

도판 4-4-30 | 프놈다 양식 석상(6세기 초, Parashumara, Phnom Da, National Museum of Cambodia)

프놈펜에 있는 캄보디아 국립박물관이 소장한 '고바르다나산을 들어 올리는 크리슈나상'은 프놈다 양식의 가장 초기 석상으로 여겨진다. 비슈누의 화신인 크리슈나가 고바르다나산을 왼손으로 높이 들고 있는 모습이다. 크리슈나가 목동에게 뇌신 인드라를 믿지 말라고 권했기 때문에 인드라가 격노하여 폭우를 내리게 했지만, 크리슈나는 산을 들어 올려 목동들과 소를 보호했다. 7일 밤낮이 지나서 마침내 인드라가 크리슈나에게 굴복했다. 비슈누의 다양한 화신(化神) 신앙은 세계가 파멸의 위기에 처할 때마다 비슈누가 다양한 모습으로 출현하여 세계를 구원한다는 믿음이다. 그중에서도 목동인 크리슈나에 대해서는 많은 무용담이 전해지고 있다.

이 석상은 크리슈나만을 입체 조각에 가까운 부조로 표현하고 있다. 왼팔을 높이 들어 올리고 상반신을 왼쪽으로 부드럽게 기울여 오른손으로 굵은 띠를 잡고 있다. 팔과 다리에 미묘한 굴곡이 있으며 탄력 있는 근육질의 몸매를 잘 표현한 걸작이다. 무릎까지 짧은 옷(허리띠)을 입었으며, 좌우로 튀어나온 옷자락은 생동감 있게 새겨져 있다. 눈꺼풀과 눈동자를 명

도판 4-4-31 | 고바르다나 산을 들어 올리는 크리슈나(11세기, Prasat Srikrob Leak, Robang Romeas, Kampong Tham Museum)

도판 4-4-32 | 고바르다나 산을 들어 올리는 크리슈나상(6세기 초, Phnom Da, National Museum of Kambodia)

료하게 새긴 면모에서 정기를 느낄 수 있다. 이 석상은 앙코르 보레이에 가까운 왓 코(Wat Koh)에서 발견됐다. 프놈다에서 발견된 일련의 석상들과는 옷자락의 형식이 다른 면도 있지만, 전체적인 조각은 프놈다 양식의 가장 초기 석상이다. 고바르다나산을 들어 올리는 크리슈나상은 후대의 앙코르 왕조 시대 상인방에도 새겨지는데, 내용을 알기 쉽게 회화적으로 표현하고 있다.

프놈다 양식은 조형적 특징은 비슈누 입상과 하리하라 입상으로 대표하는 4개 이상의 팔을 가진 남신상이며, 이를 기반으로부남과 진랍 시대는 물론 앙코르 왕조 시대까지 조형의 기초를 이룬다. 프놈다 양식의 기본적인 형태는 긴 원통형의 모자를 쓰고 간단한 요의(腰衣=허리띠)를 착용하고, 가슴을 펴고 똑바로 앞을 보고 서 있는 석상이다. 석상 좌우에는 머리에서 양팔, 그리고 대좌까지 말발굽 모양을 한 곡선 기둥이 조각되어 있다. 이러한 말굽형 기둥은 석상을 조각하는 과정에서 양쪽 위아래로 얇고 긴 팔과 손을 손상

도판 4-4-33 | 프놈다 양식의 비슈누상(6세기, Phnom Da, National Museum of Cambodia)

도판 4-4-34 | 프놈다 양식의 남신상(6세기, Angkor Borei, Takeo Province Museum)

도판 4-4-35 | 프놈다 양식의 비슈누상(7세기, Angkor Borei, Takeo Province Museum)

하지 않기 위한 것이며, 석상을 완성한 후에도 긴
팔과 손을 보호하는 보강재 역할을 했다.

이러한 조각 기술에 있어서 초기 발달 단계의
요소가 인정되는 한편 각 부위의 조각에 놀라울
만큼의 섬세한 조각 기술이 있다. 건장하고 긴장
된 신체의 윤곽선은 물이 흐르듯 부드럽고, 그것
과 자연스럽게 융화한 착의의 표현은 인도 사르
나트 양식의 영향이다. 은행 모양의 눈, 신비롭
게 미소 짓는 표정(Archaic smile)과 어우러져 위
엄을 주고 있다. 7세기 초 프놈다 양식의 석상은
삼보르 프레이 쿡 양식과 태국의 드바라바티 양
식과 유사해졌다. 앙코르 보레이 주변 지역에서
발견된 6세기의 비슈누상과 7세기 초의 비슈누
상은 같은 프놈다 양식이라고 일괄하여 취급하
지만, 양식적으로는 완연히 차이가 난다. 이러
한 변화는 인도에서 전래한 새로운 양식의 영향
으로 추정된다. 타케오 주립박물관에 프놈다 양
식(6~7세기)으로 분류되는 석상이 전시되어 있다
(Phnom Ampil Tom).

캄보디아 남부 캄폿주의 프놈욕(Phnom Nyok)
과 프놈케창(Phnom Khchang) 동굴 사원은 동남아
시아에서 현존하는 사원 중에 가장 오래된 동굴
사원 중의 하나이다. 프놈욕 동굴 사원은 마카라
등 매우 부분적으로 인도적인 요소가 인정될 뿐
으로 동남아시아 기층문화와 관련하는 산악숭
배, 바위 신앙(석굴), 성수 숭배를 알려주는 대표
적인 유적이다. 벽돌로 만든 소형 사당이 자연의
석회암 석굴 안에 세워져 있는데, 인도 건축의
영향은 상인방 조각의 마카라 조각 등 아주 부분

도판 4-4-36 | 프놈욕(6세기, Phnom Nyok, Kampot)

도판 4-4-37 | 프놈욕의 링가(6세기, Phnom Nyok, Kampot)

도판 4-4-38 | 프놈케창(Phnom Khchang, Kampot)

도판 4-4-39 | 삼란 출토 두르가상(7세기, Samlanh, Angkor Chey, National Museum of Cambodia)

적인 요소에 지나지 않는다. 사원은 6세기에 건립한 것으로 내부에 안치한 것은 인도의 힌두교 신상이 아니라 자연이 만든 종유석(링가와 요니)이다. 또한 사원 오른쪽에는 동굴 위에서 물이 흘러내리고 있어, 지금도 이 감로수를 담는 큰 항아리가 놓여 있다. 산 위의 자연 동굴 안에 종유석을 신앙 대상으로 하여, 그 위에 벽돌을 쌓아서 만든 석굴 사원이다. 산과 석굴, 남근 형의 종유석, 물이 어우러진 동남아시아의 토착 신앙과 밀접하게 관련하는 사원이다. 프놈케창 사원은 동굴 내부에 작은 벽돌 사당이 있고, 내부에 벽감이 남아 있다. 이들 사원은 동남아시아의 토착 신앙에서 유래한다. 부남 사람들이 토착의 성지 석굴 안에 인도에서 전래한 힌두교 사원을 건립한 것으로 추정된다.

프놈 바양과 프놈다의 아쉬람 마하 로세이, 프놈욕과 프놈케창의 석굴 사원, 프놈한체이 유적의 쿡 프레아 탓(Kuk Preah Theat) 등은 부남 시대의 사원이다. 앙코르 보레이 주변에서 발견된 6~7세기

도판 4-4-40 | 말레이반도 출토 스리위자야 양식 불상(7세기, Bangkok National Museum, Thailand)

도판 4-4-41 | 동북 태국 출토 락슈미상(7세기, Bangkok National Museum, Thailand)

도판 4-4-42 | 삼보르 프레이 양식의 하리하라상(7세기, Sambor Prei Kuk N9, National Museum of Cambodia)

의 석상을 프놈다 양식(부남 시대)으로 분류하고 있다. 당시의 조상은 현재 앙코르 보레이 박물관, 타케오 주립 박물관, 프놈펜의 캄보디아 국립박물관 등이 소장하고 있다. 프놈다의 동남쪽에 있는 앙코르 체이의 삼란 유적(Samlanh, Angkor Chey, Kampot)에서 출토된 두르가상(7세기)은 삼보르 프레이 쿡 양식의 영향이 아니라, 부남의 프놈다 양식 영향을 강하게 나타내고 있다. 메콩강 하류나 캄보디아 남부, 말레이반도에서 출토하는 부남 시대 조각은 동남아시아에서 가장 빠른 시기의 유품이다. 이들은 대부분 배면(背面)까지 새긴 실물 크기의 대형 조각이다. 부남 석상은 입체적인 조각으로, 이러한 석상은 인도에서 선례를 찾아볼 수 없다.

태국의 차오프라야강 하류에서 발견된 7세기 이후 불상은 얇은 대의가 몸에 밀착하고 있어, 인도의 사르나트 양식과 관련이 있다. 이처럼 동남아시아 조각은 인도 미술의 영향을 부정할 수 없지만, 최근의 연구는 동남아시아 문화의 독자성을 바르게 평가하려는 움직임이 있다. 조각에서도 실물 크기로 새긴 석상이 인도에서 발견된 사례가 없고, 인도 조각과는 다른 독특한 야성미가 있는 면모는 사르나트 양식과는 거리가 있다. 최근에 스리위자야의 수도로 여겨지는 수마트라섬 팔렘방에서 초기 힌두교 신상과 불상이 출토되고 있다. 또한, 스리위자야의 영향 아래의 차이야에서 제작한 조상은 더욱 우아하고 아름답다. 말레이반도에서 스리위자야 혹은 부남 양식이라는 조상은 예술적으로 높이 평가받고 있다.

이러한 조상은 6세기에 동남아시아의 연안에서 돌연히 제작되어, 7~8세기에 고전기를 맞이한다. 7세기 초반 동남아시아의 정치, 경제, 문화의 중심은 진랍의 수도 이샤나푸라였다. 따라서 7세기의 캄보디아 조상은 삼보르 프레이 쿡에서 각 지방으로 확산한 것이다. 태국과 캄보디아 국경 가까이에서 발견된 락슈미상은 몬-크메르족의 드바라바티 양식에 삼보르 프레이 양식을 가미한 조상이다. 이러한 신상을 통하여 동남아시아 대륙에서 드바라바티와 부남 혹은 진랍이 문화적으로 서로 교류했던 것을 알 수 있다.

그러나 부남·진랍 시대의 조각은 비문을 수반하는 사례나 연대를 기록한 유품이 거의 없다. 또한, 원래의 사원 안에 안치된 상태로 현존하는 사례도 드물고, 조상의 출토지가 애매한 것이 많다. 따라서 부남·진랍 시대의 조상 제작지나 연대를 추정하기 어렵다. 프랑스의 J. 보와스리에(Jean Boisselier)는 부남·진랍(프레 앙코르기)의 조각 양식을 다

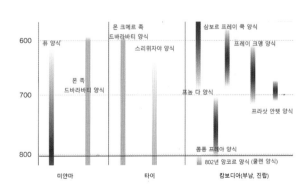

도판 4-4-43 | 동남아시아 대륙부의 고대 미술 양식

도판 4-4-44 | 힌두교 여신상(삼보르 프레이 쿡 양식, 7세기 전반, Sambor Prei Kuk, National Museum of Cambodia)

도판 4-4-45 | 힌두교 여신상(프레이 크멩 양식, 7세기 후반, Prei kmeng, National Museum of Cambodia)

도판 4-4-46 | 힌두교 여신상(프라삿 안텟 양식, 8세기, Prasat Andet, National Museum of Cambodia)

도판 4-4-47 | 락슈미상(캄퐁 프레아 양식, 8세기, Kampong Preah, National Museum of Cambodia)

도판 4-4-48 | 비슈누상(쿨렌 양식, 9세기 초, Phnom Kulen, National Museum of Cambodia)

음과 같이 1. 프놈다 양식(6~7세기, 부남 양식), 2. 삼보르 프레이 쿡 양식(600년 이후~650년, 진랍 양식), 3. 프레이 쿨렌 양식(635~700년), 4. 프라삿 안뎃 양식(7세기 말~8세기 초), 5. 캄퐁 프레아 양식(706~800년 이후)의 다섯 개 양식으로 분류하고 있다.[46] 현존하는 사원은 2. 3. 5. 양식중 하나에 대응하고, 1.과 4.는 조각에만 적용된다. 따라서 지금까지 부남 시대의 사원과 조상이라고 한 것들은 아직 명확한 편년이 정해져 있지 않아서 일부는 진랍 시대에 만들었을 가능성도 있다.

부남의 종말과 진랍의 등장

640년 이샤나바르만이 서거하고 바바바르만 2세가 즉위했다. 바바바르만 2세는 이샤나바르만의 후계자였지만, 차남으로 형의 왕위를 찬탈했다는 의심을 받았기 때문인지 당시의 권문세가인 아디야프라족으로부터 소외되어 앙코르 보레이에 거점을 두었다고 한다. 바바바르만 2세는 열렬한 시바교도로, 시바와 비슈누가 합체한 하리하라(Harihara)를 믿었다. 부남 시대부터 대승 불교가 보급되었으나 진랍 시대가 되고 나서는 시바교가 성행했다. 의정(義淨)은 진랍(跋南國, 扶南國之異稱)을 구부남(旧扶南)이라고 했고, 많은 사람이 힌두교의 신을 믿었다고 기록하고 있다.[47]

바바바르만 2세의 아들인 자야바르만 1세(655~681년?)는 당시 진랍의 최대 권문세가인 아디야푸라 가문의 여성과 결혼하여, 이샤나바르만의 혈통을 이어받은 '마하라자(Maha Raja=위대한 왕)'라는 내용의 비문(K.1059)이 발견됐다. 자야바르만 1세가 천도한 푸란다라푸라(Purandarapura)라는 왕도에 대하여 여러 가설이 제기되었지만, 최근의 발굴 조사로 씨엠립의 보엥 크나르 마을(Boeng Khnar, Puok, Siem Reap)인 것이 밝혀졌다.

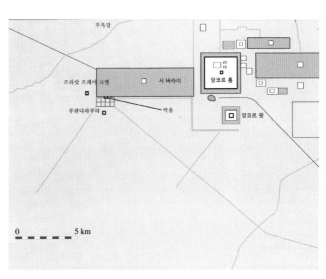

도판 4-4-49 | 자야바르만 1세의 푸란다라푸라 왕도 지도(Siem Reap, Cambodia)

46 Jean Boisselier/石澤 良昭, 中島節子訳,『クメールの彫像』, 連合出版, 1986.

47 『南海寄帰内法傳』, 西南一月 至跋南國 旧扶南 先是裸國 人多事天 後乃佛法盛流 悪王今並除滅 無僧衆 外道雑居.

크나르 마을(서 바라이 남쪽)에 당시의 유적인 악윰(Ak yum)과 프라삿 프레이 크멩(Prasat Prei Khmeng) 등이 남아 있다.

G. 세데스는 자야바르만 1세를 바바바르만 2세의 아들로 추정한다. 자야바르만 1세가 재위 중에 남긴 비문은 13기가 알려져 있다. 그는 현재의 씨엠립에 기반을 두었으며, 톤레삽 동쪽의 바탐방, 씨엠립 동남의 캄퐁탐(Han Cheikara)과 프레이벵(Prey Veng), 남쪽의 타케오(Takeo, PhnomBayang), 동북의 프레아 비히어(Preah Vihear), 라오스의 참파삭(Wat Phu)에서 비문이 출토됐다. 비문에는 자야바르만 1세의 무공과 전승이 적혀 있다. 자야바르만 1세는 메콩강을 거슬러 올라가 라오스 중부와 북부, 운남 남조국(南詔國)에 병사를 보내는 등 대외적으로 크게 활약했다. 그러나 급격한 영토 확장 전쟁 때문에 왕국은 피폐해졌고, 자야바르만 1세는 결국 왕권을 강화하는 데 실패했다.

진랍은 원래 부남의 속국으로, 점차 경제력과 군사력을 확장하여 마침내 메콩강을 남하하여 부남을 압박하여 멸망시켰다(隋書, 南蠻傳眞臘条). 수서에는 '진랍국은 임읍 서남에 있고, 원래 부남의 속국이었다'(眞臘國, 在林邑西南 本扶南属國也)라고 기록하고 있다. 6세기 초, 메콩강을 중심으로 주요 하천을 따라서 수전 경작 지대를 지배하면서 부남의 식민지였던 진랍이 경제력으로나 군사력으로나 부남을 능가하기 시작했다. 그 후 진랍이 종주국 부남을 압도하게 되었다. 양서에는 부남의 마지막 왕 루드라바르만(514~540?년)에 대해 기록되어 있다.[48] 이 기록은 '514년(天監13年)에 카운디니야 자야바르만(憍陳如闍邪跋摩)이 조공 사절을 계속 보냈지만, 그해에 사망했다. 서자인 루드라바르만(留陁跋摩)은 왕위 계승권을 가진 정실의 아들인 동생을 살해하고 스스로 왕위에 올랐다'라고 전하고 있다. 루드라바르만은 시바교를 믿었으며, 539년 조공 사절을 보낸 후 540년에 사망한 것으로 보인다. 루드라바르만은 중국에 조공을 총 6회 보냈고, 9월 조공 때 '살아있는 코뿔소를 헌상했다. 또한, 부남국에는 길이 1장(一丈) 2척(二尺)의 석가 머리카락이 있다고 하여, 양(梁) 무제가 고승 석운보(釋雲寶)를 사절과 같이 가도록 하여 석가의 머리카락을 맞이했다.'고 전하고 있다.[49]

초대 진랍 왕 바바바르만(Bhavavarman I, 550~590년)은 자신을 부남의 왕 루드라바르만의 일족이라고 주장하고, 루드라바르만 사후 550년에 왕위를 계승하여 진랍의 왕이 된다. 바바바르만(拔婆跋摩)은 부남 '월족(月族)'의 후예라고 자칭하며, 진랍의 '일족(日族)'과는 다른 점을

---

48 『梁書』, '(天監)十年 十三年 跋摩累遣使貢獻 其年死 庶子留陁跋摩殺其嫡弟自立'.
49 『梁書』, '復遣使獻生犀 又言其國有佛髮長一丈二尺 詔遣沙門釋雲寶随使往迎之'.

강조하고 있다. 월족은 초대의 카운디니아(混塡)와 소마(柳葉)를 시조로 하는 부남 왕족이다. 바바바르만의 아버지는 비바바르만이고, 그의 할아버지는 사르바바우마(Sarvabhauma)으로, G. 세데스는 사르바바우마를 루드라바르만이라고 추정했다. 또한 카운디니아(混塡)와 소마(柳葉)의 후예가 월족이라고 주장한다.

바바바르만 1세의 동생 치트라세나(Citrasena), 후의 마헨드라바르만(Mahendravarman, 재위 600~616년)은 바바바르만 군대의 총사령관이었다. 태국의 시텝에서 치트라세나와 관련하는 비문이 발견되어서, 그는 시텝 출신으로 추정된다. 시텝은 타이 중북부의 곡창 지대인 파삭 강 유역(Pa Sak Valley)의 중심지였다. 부남 최후의 왕 루드라바르만(Rudravarman, 514~540?년)은 진랍 왕과는 혈연 관계였다고 추정된다. 내륙의 진랍 왕국은 운수와 교역 이외에 광범위한 곡창 지대를 지배하고 있었기 때문에 연안의 통상 국가 부남을 군사력으로 압도하게 되었다.

진랍은 5세기 중반부터 태국 내륙의 시텝과 교역하며, 문강 하구(메콩강 인근)의 우본랏차타니에서 라오스 참파삭을 지배하에 두었다. 시텝은 고대부터 몬-크메르족의 성읍 국가(드바라바티)였으며, 동북 태국의 중요한 교역로에서 세력을 확대했다. 또한 불교와 힌두교가 성행하여 많은 신상이 발견됐다. 시텝에서 바바바르만의 비문도 발견됐다. 그는 후계자가 없었기 때문에 사망 후 남동생 치트라세나(마헨드라바르만)가 왕위에 올랐다. C. 자크는 이들 형제의 아버지가 비바바르만(Vivavarman)이고, 바바바르만과 마헨드라바르만 형제가 라오스의 참파삭(Wat Phu) 출신인 것으로 추정하고 있다.[50]

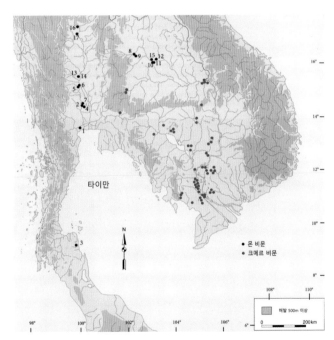

도판 4-4-50 | 동남아시아 대륙부의 몬-크메르 비문 출토지(6~7세기)
1 나콘파톰(Nakhon Pathom), 2 반사오, 롭부리(Ban Sao, Lopburi), 3 나콘시탐마랏(Nakhon Sri Thammarat), 4 암프프라붓다핫, 사라부리(Amphoe Phra Buddhabhat, Saraburi), 5-6 암프스왕아롬, 롭부리(Amphoe Swang Arom, Lopburi), 7 암프무앙, 롭부리(Amphoe Muang, Lopburi), 8-9 암프춤파, 콘켄(Amphoe Chumpae, Khon Kaen), 10-11 암프나둔, 마하사라캄(Amphoe Nadun, Mahasarakham), 12 무앙 화뎃송양(Muang Fa Daet Songyang), 13-14 암프무앙, 나콘사완(Amphoe Muang, Nakhon Sawan), 15. 키마라사이, 카라신(Kamalasai, Kalasin), 16 암프산파통, 치앙마이(Amphoe Sanpatong, Chiang Mai), 17 람푼(Lamphun)

50 Jacques, Claude. (2009). Khmer Cities and Temples. Bangkok : River Book.

도판 4-4-51 | 문강 제방 출토 치트라세나 비문(K.497, 6~7세기, Khongchiam, Ubon Ratchathani National Museum)

바바바르만 1세는 앙코르 보레이에서 부남을 몰아낸 후 수도를 삼보르 프레이 쿡으로 천도했다. 이곳이 바로 이샤나바르만(伊奢那先代, 611~635년)의 수도인 이샤나푸라(Isanapura=시바의 도시 伊奢那補羅)이다. 이샤나푸라는 메콩강 서쪽으로 비교적 멀리 떨어져 있기 때문에 부남의 잔존 세력과 임읍의 공격을 의식하여 수도로 선택했을 가능성이 크다. 치트라세나 왕자(Chitrasena)의 비문은 라오스의 참파삭과 캄보디아의 크라체에서 발견되었지만, 그보다 더 많은 비문이 타이 동북부 코랏의 나콘랏차시마, 우본랏차타니, 피마이, 수린, 타프라야(Ta Phraya) 등에서 발견됐다. 치트라세나(후의 Mahedravarman)는 동북 태국을 거점으로 치강과 문강 유역, 남부 라오스와 캄보디아의 메콩강 유역을 지배했다. 그의 형인 바바바르만의 비문은 동북 태국의 시템, 톤레삽 호수 동쪽의 바탐방, 메콩강의 스텅트렝에서 발견됐다. 비문의 출토지를 보면 바바바르만과 마헨드라바르만 두 형제는 부남의 본거지인 캄보디아 남부를 제외하고 동북 타이(문강 제방 출토 K.508), 라오스 남부, 캄보디아 전역을 지배했던 것을 알 수 있다. 이들 두 형제는 부남 왕족과 혈연 관계가 있었고, 동북 태국의 시템 세력과도 깊은 관계가 있다.

G. 세데스는 진랍 본거지를 참파삭의 왓푸로 추정하고, 진랍의 초기 왕으로 스르타바르만(Srutavarman)과 스레스타바르만(Sresthavarman)을 들었다. 그러나 스즈키 타카시(鈴木峻; 2016)는 두 사람이 자야바르만 7세 시대의 비문에서 처음 이름이 언급된다는 M. 비커리(Vickery)의 연구를 소개하며 세데스의 가설을 비판했다.[51] 스즈키 타카시는 '진랍왕의 선조는 시템 출신이다. 부남 교역품의 중계와 관리를 했다는 것이 첫 번째 근거이다. 문강과 메콩강의 합류점 일대는 임읍도 서방 물산의 구매 장소로 중요시하고 있어, 일시적으로 참파삭을 지배하고 있던 적도 있었다. 둘째로는 농민의 지배이다. 시템의 환호에 바라이(저수지)를 만들어, 주변의 농민에게 농업용수를 공급했다. 세습적으로 시템에 살면서 영주의 지위를 점차 쌓아 갔다'고 지적하고 있다.

치트라세나 왕자와 관련하는 비문과 고고학적 사료를 종합하여 고려하면, 진랍의 선조는

---

51 Vickery, Michael. (1998). Socity, Economics and Politics in Pre-Angkor Cambodia: The 7th-8th Centuries. Tokyo.

시텝 출신으로, 그 후 문강과 치강 유역에서 세력을 키워서 최종적으로는 참파삭의 왓푸를 근거지로 했을 가능성이 크다. 그러나 G. 세데스의 비문 해석에 일부 오류가 있다고 하더라도 스즈키 타카시의 시텝 수도설은 인정할 수 없다. 스즈키 타카시의 가설(鈴木峻; 2016)은 우선 거리상으로 시텝과 부남(시텝, 왓푸, 앙코르 보레이까지의 거리 1,182㎞), 시텝과 임읍(시텝에서 짜끼우까지 약 835㎞)이 거리상으로 너무 멀리 떨어져 있다는 문제가 있다. 또한, 스즈키 타카시의 가설은 '부남국 입읍 서남에 있다(眞臘國, 在林邑西南)'라는 수서의 기록과도 모순된다.

C. 자크는 '바바바르만 1세는 왓푸 왕국(진랍)의 왕자였다. 그는 부왕으로부터 왕국의 후계자로 지명되지 않았기 때문에 캄퐁톰 북쪽으로 30㎞ 떨어진 삼보르 프레이 쿡(Sambor Prei kuk) 근처에 자신의 왕국을 세웠다. 바바바르만은 그 후 세력을 확장하여, 바탐방까지 지배하여 비문을 남겼다. 한편 그의 동생인 치트라세나는 부왕으로부터 왕위를 물려받아 후에 마헨드라바르만왕이 되어, 타이 동북부의 콘켄을 지배한다'고 추정했다(C. Jacques: 2009). G. 세데스와 C. 자크도 진랍의 수도를 왓푸의 고대 도시 유적으로 추정한다. 치트라세나 왕자 비문은 왓푸 인근의 우본랏차타니의 문강 유역에서 3기가 발견되어, 우본랏차타니 국립박물관에 전시되어 있다. 우본랏차타니 국립박물관이 소장한 비문 2기(K.496, K.497)는 라오스의 참파삭에서 발견된 비문과 같은 내용이며, '치트라세나 왕자의 이름은 마헨드라바르만으로, 바바바르만의 동생이고 비바바르만의 아들이다'라는 내용이다. 우본랏차타니 국립박물관의 비문 K.508은 이와 더불어 '사라바우마(Sarabhauma)의 손자'라는 내용이 추가되었다. 이들 두 형제는 열렬한 시바 교도로 링가를 독실하게 믿었다.

초기 진랍은 태국의 여러 드바라바티의 성읍 국가(무앙), 특히 시텝과 임읍, 진랍과 부남과의 교역뿐만 아니라, 강을 끼고 있는 광대한 수전 경작지에서 수확한 쌀이 막대한 부를 축적할 수 있는 중요한 경제 기반이었다. 왓푸의 고대 도시는 메콩강변에 있다. 태국 중부의 시텝은 치강이 흐르고 있고, 치강은 문강과 합류한다. 문강은 우본랏차타니 부근을 흘러서 메콩강과 합류하고, 바로 남쪽에 참파삭의 팍세와 왓푸가 있다. 하 버마에서 태국을 거쳐 입읍까지 동남아시아 대륙부를 가로지르는 육로 교역은 해상 교역보다는 훨씬 비효율적이었다. 예를 들어 시텝에서 참파삭까지 가장 가까운 육로는 사완나켓을 거쳐 베트남 해안의 동하(Dong Ha), 후에 등으로 통하는 고대 길이었다. 그러나 이 통상로는 조금 우회하더라도 강을 이용하는 통상로보다 효율적이었다. 그래서 진랍은 시텝에서 치강과 문강, 메콩강으로 교역품을 운반한 후, 왓푸를 기점으로 해서에서 육로로 임읍까지 메콩강을 내려가 부남과 교역하여 세력을 쌓아갔다. 부남 몰락의 가장 큰 이유는 진랍의 성장이었다.

부남이 쇠퇴한 또 하나의 이유는 새로운 교역로의 개발이었다. 부남 초기에는 메콩강 삼각주에서 타이만을 횡단하여 말레이반도의 차이야, 타쿠아파로 가는 말레이반도 횡단로를 개발하여 막대한 이익을 챙겼다. 부남은 끄라 지협에서 성장한 항시 국가(盤盤國=槃槃國, 哥谷羅國)를 지배 아래 두고, 서방의 문물을 사들여 중국에 직접 조공하여 막대한 이익을 남길 수 있었다. 그러나 이러한 중국 조공에는 임읍의 견제가 있었다. 부남이 메콩강 하류에서 바다로 중국 광주까지 가려면 임읍 영역을 통과하지 않으면 안 되었다. 따라서 부남이 끄라 지협에서 운반한 서방의 재화와 보물을 임읍에 전매 혹은 통과세를 지불하는 방식은 그다지 큰 이윤을 남길 수 없었을 것으로 추정된다. 따라서 부남의 지배자가 진랍의 군사적 압박과 임읍의 경제적 압박에서 벗어나, 새로운 활로를 찾는 것은 어쩌면 당연한 일이었다. 부남의 지배 세력이 발견한 새로운 신천지가 바로 말레이반도와 말라카 해협으로 추정된다. 부남 세력이 훗날 스리위자야 왕국과 샤일렌드라 왕국을 건국했다는 가설은 이러한 역사적 배경을 근거로 하고 있다.

진랍(眞臘)과 참파삭의 고대 도시

라오스는 산악 지대가 대부분인 나라로, 남쪽의 안남산맥(Annamite Range)을 경계로는 베트남과 국경(보라웽 고원)을 접하고, 남쪽의 팍세(Pakse) 주변은 라오스 내에서 가장 큰 평야가 있다. 라오스 남부의 중심도시인 팍세에서 메콩강과 세돈강이 합류하며, 그 지점에서 남하하면 진랍의 본거지였던 참파삭(Champasack) 평야가 있다. 메콩강 유역의 참파삭 평원은 타이와 캄보디아 국경까지 뻗어 있고, 라오스 전체 곡창 지대의 25%를 차지한다. 참파삭이라는 지명은 동남아시아에서 의례 때 신에게 바치는 '참파 꽃나무'에서 유래한다고 하지만, 참파삭이라는 말은 그 이름에서도 알 수 있듯이 '참족이 사는 마을'에서 유래한다. 즉 참족은 현재의 베트남과 캄보디아에 사는 선주민족(先住民族)으로, 주로 산지의 목재나 향료를 강과 바다로 운반하여 교역하며 살았다. 참파삭은 예부터 산과 물과 수진이 어우러져 사람이 살기 좋은 곳이었다.

참파삭 평야에서는 기원전 3~기원전 1세기에 토장(土葬)이나 옹관에 죽은 자를 매장하고, 고상 가옥에 살면서 청동기(동썬 동고)를 주조했을 것으로 추정된다. 청동이나 비즈 장식품을 몸에 걸치고 돼지·개·닭을 길렀으며, 메콩강에서는 물고기를 잡았고 산기슭의 평야에서는 벼농사를 지었던 것을 유물과 유적을 통해서 알 수 있다. 단, 당시의 벼농사는 정확하게는 벼뿐만 아니라 잡곡도 포함하여 재배하는 농경 방식이었다. 당시 라오스의 참파삭 사람들의 생활을 근간에서 지탱한 벼농사 문화와 금속기 문화는 운남에서 메콩강을 따라서 전해졌을 가능성이 크다.

라오스 남부의 참파삭은 5세기에 크메르족이 세운 진랍의 중심지로 추정된다. 크메르족이 참파삭에서 세력을 펼칠 수 있었던 가장 큰 이유는 지리적 입지 때문이다. 라오스와 태국의 국경선을 따라 흐르는 메콩강, 동북 태국을 흘러서 메콩강과 합류하는 문강과 치강, 참파삭 평야 등이 진랍이 성장할 수 있는 가장 큰 경제적 기반

도판 4-4-52 | 참파삭 평야와 수전과 푸카오산(Champasak, Laos)

이었다. 당시 진랍이 참파삭에서 성장할 수 있었던 또 하나의 이유는 진랍이 등장하기 전부터 세력을 떨쳤던 임읍과 부남이 내륙 성읍 국가들과 교역했기 때문이었다. 참파삭의 고대 도시에서 참파의 수도 짜끼우까지는 약 470㎞로, 하루 약 10시간씩 걷는다면 약 10일 이내에 도착할 수 있다. 당시의 고대 길은 왓푸와 토모 사원을 기점으로 하여, 동쪽의 앗타페우(Attapeu), 세콩(Sekong), 안남산맥의 장(Giang)을 넘어가면, 바로 베트남 중부의 꽝남으로 연결되었다. 이들 지역 간에는 안남산맥이 가로막고 있지만, 비교적 거리가 가깝고 왕래하기가 쉬웠다. 동북 태국의 물자를 베트남에 육로 운반하여 교역했을 것으로 추정된다.

한편 진랍과 부남은 경제적인 이유로 비교적 우호 관계였다. 부남은 캄보디아 내륙을 무력 통치하기보다는 교역을 중요시했던 것 같다. 참파삭의 고대 도시에서 메콩강을 따라 약 540㎞ 내려가면 캄퐁참으로, 약 75㎞ 떨어진 곳엔 프놈펜, 다른 방향으로 약 75㎞ 떨어진 곳엔 앙코르 보레이, 약 103㎞ 떨어진 곳엔 옥에오 운하가 연결되어 있었다. 진랍의 성장에는 부남의 수도, 옥에오, 메콩강으로 이어지는 교역로가 있었다. 이 고대 길 선상의 메콩강변에 진랍 시대의 유적이 남아 있다. 그러나 부남이 메콩강을 거슬러 올라가 참파삭까지 가기에는 중간에 큰 문제가 있었다. 현재의 캄보디아 스텅트렝과 라오스 국경지대의 콩섬 사이의 메콩강에는 낙차가 큰 폭포가 있어, 배가 왕래할 수 없다. 따라서 이 구간을 통과하려면 배에서 내려서 육로를 이용해야만 했다. 이렇듯 진랍은 안남산맥과 메콩강 등 천연의 방어막이 있었고, 부남의 침략에는 메콩강의 폭포가 있어서 침략이 어려웠으므로, 참파삭의 고대 도시는 외적의 침략에서 벗어날 수 있었다.

진랍의 크메르족은 참파삭에서 도작문화와 메콩강 유역의 상권을 장악하여 세력을 키웠

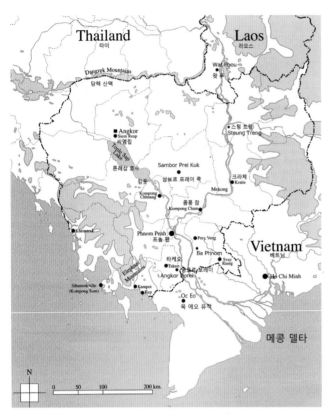

도판 4-4-53 | 삼보르 프레이 쿡과 메콩강의 주요 도시(캄보디아)

다. 진랍은 힘을 길러 6세기 중반 이후에 메콩강을 남하하여 캄보디아의 이샤나푸라에 강력한 통일 왕조를 만들기에 이르렀다. 진랍이 메콩강 서쪽 내륙의 이샤나푸라에 수도를 정한 것은 참파의 침략을 막기 위해서였으며, 또한 참파삭과 부남의 중심지 앙코르 보레이와 중간 거리라는 지리적 이점이 있었기 때문이었다. 또한, 삼보르 프레이 쿡은 메콩강의 중요 교통 요지인 스텅트렝, 삼보르푸라(현재의 삼보르), 크라체, 캄퐁참과 근거리(이 구간은 메콩강이 굽어 흘러서 삼보르 프레이 쿡과는 각각 약 140~150㎞ 떨어져 있다)에 있고, 서쪽의 톤레삽 호수, 수전과 물이 풍부한 씨엠립과 인접했기 때문이다. 참파삭은 5~6세기의 동남아시아 물산의 최대 집산지였고, 이샤나푸라 천도 이후 메콩강과 더불어 현재의 캄보디아 전역을 지배할 수 있는 발판을 마련한 것이다. 따라서 참파삭은 진랍의 요람의 땅이라고 할 수 있다.

성산과 피라미드 신전

부남, 진랍, 앙코르 왕조 시대의 일관된 신앙 대상은 성산이다. 크메르어의 'Phnom', 'Phanom', 'Bhanom', 라오스어의 'Phu', 'Phou'는 모두 '성스러운 산'에서 파생된 말이다. 크메르 왕조는 성산 인근에 도읍을 정했다. 또한, 앙코르 왕조 시대 사원의 대부분이 이러한 산정상에 세우거나, 지상으로 옮겨 놓은 피라미드 신전이라고 할 수 있다. 대표적인 사원이 앙코르 도성의 프놈바켕, 크케르의 프라삿 톰 등이고, 세계 3대 불교 유적인 앙코르 와트도 피라미드 사원으로 분류되고 있다. 성산 위에 요니와 랑가를 안치하여, 힌두교의 메루산과 불교의 수미산 신앙이 융합한 것이 진랍 사원의 시원이다.

G. 세데스는 『수서(隋書)』에 언급된 '능가발파산(陵伽鉢婆山=Lingaparvata)'을 참파삭의 왓푸라

고 추정했지만, 수서의 맥락에서 이 산은 이샤나바르만의 수도인 이샤나푸라에 가까운 산 프놈순독(Phnom Sundok)이 아닌가 하는 것이 M. 비커리의 가설이다.[52] 왕도에서 가까운 산을 성산으로 숭배하여, 거기에 링가를 세우고 우주와 왕국의 중심으로 정하는 것이 당시의 기본적인 신앙관이었다. 그러나 이샤나푸라와 프놈순독은 30km나 떨어져 있고, 프놈순독에서 수서의 기록을 뒷받침할만한 유적과 유물이 없다. 프놈순독 산정에는 앙코르 왕조 시대 이후에 세운 불교 사원이 남아 있다. 양자는 가시적으로 보이지 않아 결코 가까운 거리가 아니고, 이샤나푸라에서 프놈순독을 숭배하거나 참배했다고 생각할 수 있는 사료가 없다. 수서의 능가발파산은 왓푸의 푸카오산으로 보는 것이 일반적인 견해이다.

현재 남아 있는 앙코르 사원의 완성작은 12세기 초에 건설한 앙코르 와트라고 할 수 있다. 앙코르 와트는 왕이 크메르 사람들과 함께 왕도에 세운 사원이다. 광대한 크기의 환호(바라이), 인공섬 위에 세운 사원은 건축과 조상에서 인도적 영향을 제외하면 동남아시아의 독창적인 문화유산이다. 앙코르 와트와 같은 유적은 힌두교와 불교의 발상지인 인도에서 찾아볼 수 없으며, 역사학과 고고학에서 문화의 시원을 찾는 노력을 하는 이유는 동남아시아의 독자성을 밝히기 위해서이다. 앙코르 제국의 사원은 힌두교와 불교의 영향을 받으면서 크메르 고유문화 안에 수용하여 각 시대의 문화를 그대로 반영하고 있고, 기술적으로도 다양한 발전이 있었다.

동남아시아의 종교와 사원은 청동기 시대 이후의 도작문화를 기반으로 하는 기층문화를 토대로 한다. 4세기 말 중국에서 한반도로 불교가 전해졌지만, 우리나라가 불교를 독자적으로 수용하여 발전시킨 것과 같다. 때로는 동남아시아의 연구자들조차 자신들의 문화 선진성을 강조하기 위하여 인도의 영향을 언급하는 경우가 많지만, 동남아시아 사원은 토착 기층문화에서 유래하고, 인도의 힌두교와 불교가 동남아시아 사람을 인도 사람으로 만든 것이 아니며, 또한 사원도 인도 사람이 건립한 것이 아니다. 우리가 그러하듯이 동남아시아 사람들은 인도 문화를 자신들의 틀 안에 취사선택하여 독자적으로 발전시킨 것이다.

지금까지 왓푸를 포함하여, 동남아시아 문화의 독자성을 논문과 저서에서 강조했다.[53] 크메르의 사원은 인도의 우주와 세계를 그대로 옮겨 온 것이 아니라 자신들의 우주와 세계에

52 Vickery Micheal. (2000). Coedes Histories of Cambodia, Silparkon University International Journal. Vol. 1, No. 1, January-June 2000. Bangkok.

53 賈鍾壽, 「クメ-ル寺院の始原を探る-ラオスのワット·プ-とホンナンシダ遺跡を中心に」『環太平洋文化』第31号, 2017.

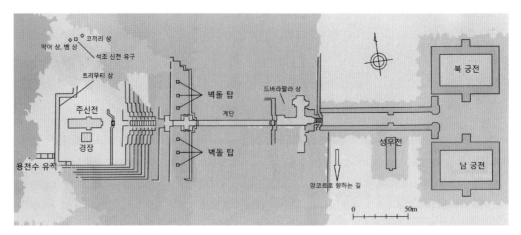

도판 4-4-54 | 왓푸 사원의 배치도(Wat Phu, Champasak, Laos)

인도 문화를 채색한 것이다. 동남아시아 사원의 시원은 조상 숭배, 성수 숭배, 성산 숭배와 불가분의 관계가 있다. 크메르의 역대 왕들이 대규모 사원을 축조하는 것은 왕의 영원한 안식처인 천상의 세계를 지상에 구현하기 위해서였다. 왕은 지배자임과 동시에 사후에 스스로가 신이 되는 신왕이었기 때문에 천상의 세계를 현세인 지상에서 실현할 필요가 있었다.

인도 신화에서 시바는 영봉 카일라사(Kailasa) 산 위에 살고 있다고 여겨졌고, 인도의 불교에서는 수미산, 힌두교에서는 메루산이라는 성산이 있다. 그러나 그동안 많은 고고학적 발굴 조사를 통해, 동남아시아 사원의 시원은 인도에서 힌두교나 불교가 전래하기 이전에도 존재했음이 확인되었다. 동남아시아 사원의 시원을 알 수 있는 계단식 용천수 유적이 인도네시아 동부 자바에서 발견됐다. 특히 인도에서 전래한 초기의 힌두교와 불교는 동남아시아의 통치자가 종교에 귀의하여 종교적인 세계관을 구현하기 위한 것이 아니었다. 동남아시아에서 초기의 힌두교와 불교는 왕이 백성들의 지배 정통성과 충성심을 강화하기 위한 수단에 불과하다는 평가도 가능하다.

부남, 진랍, 앙코르 사원의 구조와 가람 배치

동남아시아의 기층문화에도 조상숭배와 산악숭배가 강하게 나타난다. 그 때문에 동남아시아의 초기의 사원은 산상 혹은 언덕 위에 축조된 경우가 많다. 지금까지의 발굴에서 확인된 동남아시아 초기의 사원은 자연의 언덕 혹은 산 위에 돌담을 두르고 소규모의 목조 건물을 세운 유적(무덤 혹은 신전)들이다. 그러나 시간이 지나면서 차츰 사원의 규모가 커지며 힌두교와 불교적인 요소가 가미되어, 산 위에서 평지로 내려와 대규모 사원으로 변했다. 왓푸 사

도판 4-4-55 | 주 사당에서 본 왓푸 사원(Wat Phu, Champasak, Laos)

원은 푸카오산의 성스러운 바위 그늘의 용천수 유적에서 시작하여, 초기의 벽돌 사원, 석조의 주 사당, 동쪽 계단 아래로 남과 북 궁전(의례용 사원 건물), 바라이, 고대 도시 유적, 메콩강으로 이어진다. 앙코르 사원의 역사적 변화 과정을 잘 보여주고 있다.

역대 크메르 왕은 왕도와 궁전, 사원, 도로와 다리를 건설하고 저수지와 수로를 정비하는 등 대규모의 토목 공사를 했다. 종교적 시설에는 왕의 즉위식을 하는 신전, 부모와 부왕 등의 업적을 기리는 영묘, 불교 사원, 힌두교 사원, 저수지 중앙에 만들어지는 치수의 상징인 메본 사원, 역사, 병원 사원 등 다양한 종교 건축이 있다. 이러한 사원은 초기에 나무나 벽돌로 만든 간단한 사당으로 출발하여, 시간이 지나면서 항구(恒久)한 재료인 석재를 사용하여 규모가 큰 사원과 부속 사원이 복잡한 가람을 구성하고 있다. 앙코르기의 주요 사원들은 가람을 동서로 배치하고 부속 사원이 주요 사원을 둘러싸듯이 세워져 있다.

사원은 입지에 따라 '평지식', 언덕 정상 혹은 산 정상의 '산상식', 경사면에 세워진 '산악 테라스식'이 있다. 따라서 부남, 진랍 사원은 산(성산)과 불가분의 관계가 있다. 왓푸가 가지는 역사적·문화적 가치는 진랍 사원의 시원을 알 수 있는 유적이라는 점이다. 산을 따라서 각각의 부지에 평면적으로 건물을 배치하는 '테라스형' 혹은 '전개식', 각층을 축소하면서 쌓은 '피라미드형'으로 분류할 수 있다. 왓푸 사원은 산악 테라스식이고, 홍낭시다 유적은 평지에 있

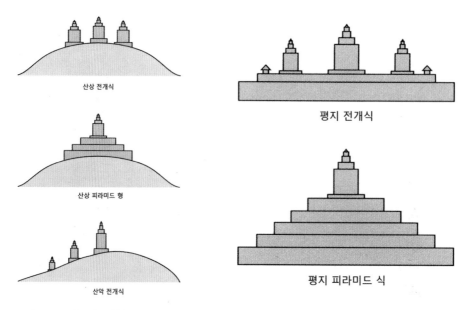

도판 4-4-56 | 크메르 사원의 입지   도판 4-4-57 | 평지 사원(전개식과 피라미드형의 사원)

는 전개식으로 분류할 수 있다. 따라서 왓푸 사원은 동남아시아 기층 문화에서 유래하고, 홍 낭시다 유적은 11~12세기 힌두교의 평지 전개식 영향을 강하게 반영한 사원이다.

회랑을 복잡하게 배치하여 사당과 경장 등 부속 사원이 합쳐지는 시기는 10~11세기 이후로, '1 탑형', 전후좌우에 부 사당을 갖춘 '3 탑형', '5 탑형', '6 탑형' 4종류의 형태가 있다. 사당 외에는 경전이나 보물 등을 보관하는 경장(도서관), 가람 내부로 이어지는 누문(고푸라), 브라만이나 불교 승려를 위한 소형 건물, 각종 창고나 테라스, 회랑, 둘레의 벽을 만들었다. 가람의 입지와 사당 수의 관계를 분류할 수는 있지만 축조 연대와는 직결되지 않는다. 같은 사원 안에는 후세에 개축·증축·신축한 사례가 많고, 앙코르 톰과 앙코르 와트조차도 미완성의 사원이며, 특히 앙코르 왕도에서 멀리 떨어진 변방에는 미완성 사원이 많다.

사원을 구성하는 중심적인 건물은 힌두교의 요니와 링기, 불교의 불상을 모시는 주 사당(주신전)이다. 내부에는 신격화한 왕을 상징하는 신상, 요니와 링가 등이 주실에 안치된다. 왓푸 사원은 기층문화인 성수 신앙이 링가와 요니와 더불어 불사의 영수(靈水)인 암리타(Amrita)와 관련하고 있다. 링가와 요니에 성수를 바쳐 성수화(聖水化)시켜서 그 영수를 다양한 용도로 사용했다. 성수를 만드는 이러한 장치는 사원 안뿐만 아니라 프놈쿨렌의 강바닥에 새긴 링가와 요니, 참파삭 토모 사원 앞의 메콩강의 칸막훅(Khan Mak Houk) 링가 바위 등 강 안에 있는 바위에도 새겨져 있다. 강바닥 바위에 링가와 요니를 만들어 강물을 성수로 바꾸었고, 갈수기인 건기에 물 위로 나타나는 링가와 요니에게 흘러넘치는 감로수를 기원했다.

특정한 산, 바위, 조상을 숭배하는 사상은 세계 각지의 선사 시대에서 찾아볼 수 있지만, 동아시아의 기층문화에는 정령숭배를 중심으로 하는 애니미즘이나 조상숭배가 특히 뚜렷하다. 라오스와 태국 메콩강 유역의 선사 시대 암채화는 대개 산 정상 가까이 있는 거대한 바위 그늘에 그려져 있다. 이러한 암채화 유적을 분석한 결과 산과 바위, 그리고 조상신에게 식량이 되는 대상의 다산과 풍작, 성(혹은 성기)을 통한 자손 번영을 기원했던 것을 알 수 있었다. 그렇다고 당시 사람들이 모든 산과 바위를 숭배했던 것은 아니다. 동남아시아의 성지, 사원을 조사해 보면 거의 예외 없이 산과 바위, 그리고 물(용천수, 화산구의 호수 등)이 더불어 있는 곳이 숭배의 대상이었다. 산 정상 혹은 그 가까이 있는 거암과 물이 있는 곳에 잡석을 쌓아 놓거나 돌담을 만들고 나무로 사당을 세운 것이 동남아시아 사원의 시원(始原)이다. 이러한 성지는 기원후 인도의 힌두교와 불교가 전래하면서 힌두교 사원과 불교 사원으로 변신한다.

왓푸 유적의 주변 지역은 강이 앞에서 흐르고 뒤에 산이 있는 우리나라의 풍수에서 말하는 배산임수로, 예부터 사람들이 살기에 좋은 곳이며 2001년 유네스코 세계 문화유산으로 지정되었다. 유네스코 등재 공식 명칭은 '참파삭 문화 경관 내 왓푸 사원과 고대 주거지'로, 메콩강 동쪽의 고대 도시 유적과 푸카오산의 서쪽 일대를 포함하여 약 390㎢의 면적을 차지하는 고대 유적과 자연 유산이다. 유적은 총 4개의 구역으로 구분되는데, 가장 넓은 구역을 포괄하는 구역은 문화 유적과 경관 보호 구역(면적 390㎢), 환경 보존 구역(면적 92 ㎢), 고고학 연구 지역(면적 21㎢), 기념물 관리 구역(면적 2,850㎡)이다. 주요 유적지는 푸카오산, 왓푸 사원, 홍낭시다 및 고대 길, 따오타오 사원, 사원 및 비문, 고대 도시, 토모 사원, 기타 유적 등이 있다.

왓푸 유적 앞은 원래 '링가 푸라'라고 불리던 고대 도시가 있었다. '링가 푸라'란 '링가 (linga, 남근)의 도시(pura: 도시, 나라, 사원)'라는 뜻으로, 5세기 이후 힌두교의 영향으로 사용

도판 4-4-58 | 참파삭 문화 경관 내 왓푸 사원과 고대 주거지(Champasak, Laos)

한 지명이다. 그 동쪽으로 메콩강 가까이에 '루앙 카오(Luang Kao)'라고 불리는 고대 도시 유적이 있다. 라오스어로 '루앙'은 왕, '카오'는 쌀을 의미하여, 루앙 카오라는 이름은 도작문화와 왕과 관련이 있다. 참파삭 왓푸 세계 유산국은 2000년에 고대 성벽, 벽돌 건물터, 석조 출토 유적, 바라이, 수조 등 왓푸의 고대 도시 유적에 대해 상세한 도면을 작성했다. 고대 도시는 동쪽이 메콩강과 접하여 있고, 동서로 벽돌을 쌓아 조성한 1.8㎞, 남북 2.4㎞, 높이 6m의 성벽으로 둘러싸여 있고, 내외는 해자와 수로(메콩강의 지류인 Khen, Sahoua, Phra Non)로 연결한 것이 밝혀졌다. 한국문화재단은 백경환 연구관을 중심으로 면밀히 도시 유적을 조사하여, 상세한 복원도를 처음으로 보고했다.[54] 현재의 왓 루앙 카오 마을이 고대 도시의 중심 구역이며 토성과 해자로 둘러싸여 있는 것이 판명되었다.

왓푸 유적 북쪽에는 메콩강을 따라서 3개의 큰 봉우리를 가진 큰 산이 남북으로 펼쳐져 있다. 제일 북쪽에 있는 산봉우리는 참파삭의 반 카니암(Ban Khaniam) 마을 약 5㎞ 뒤에 있는 푸파삭(Phou Pasak)산이다. 푸파삭 산 남쪽 봉우리는 해발 1,425m의 푸카오(Phou Kao)산이다.『수서』(권 82)에 진랍과 관련하는 조공 기록, 성스러운 산과 도시에 대한 기록이 있다.[55] 성스러운 산은 '능가발사산(陵伽鉢娑山, 陵伽 = linga, 鉢娑 = parvata)'이라고 기록하고 있는데, 이 산에 해당하는 것이 왓푸 유적 뒷면에 있는 '푸카오'로 추정되고, 진랍의 수도는 왓푸 동쪽의 메콩강 부근에 있는 도시 유적으로 추정된다. 즉 이 일대가 진랍의 첫 왕도이며, 크메르의 역사를 해명하는 데 중요한 유적이다. 이 산 정상 위에 높이 약 10m의 거암이 우뚝 서 있어, 메콩강 주변의 멀리 떨어진 곳에서 볼 수 있는 랜드마크적 존재이다. '푸카오'란 '링가(kao)'의 '산(phu)'을 의미한다. 멀리서 보면 마치 대지 위에 유방이 솟아 있듯이 젖꼭지 모습의 바위가 두드러진 산이다. 이 '젖꼭지 모양의 바위'는 자연 암석으로 이루어진 천연의 링가라고 할 수 있다.

프랑스 학자 G. 세데스는 앞에서 서술하였듯이『수서』권 82에 나오는 성스러운 산을 푸카오산이라고 추정하였으나, 타이와 캄보디아에도 수서에 나오는 성스러운 산과 도시로 추정되는 곳이 있다는 반론이 제기되었다. 수서가 기록한 수나라의 역시는 581~618년이고, 6

---

54 한국문화재단, "앙코르 제국의 고대 성지-잊혀진 신들의 낙원", 2020년.

55 『隋書』의 기록과 관련하여 중국 사서에서 보이는 동남아시아의 조공 기록은 부남이 오나라(吳, 222~280年)에 226~231년 사신을 보낸 것이 처음이다(黄武五~黄龍三年, 扶南等國 遺使來貢, 三國史, 呂岱傳). 그후 임읍이 서진(西晋, 265~316년)에 처음으로 사신을 보냈다(泰始四年, 268年, 扶南國; 遺使來献, 林邑國王; 胡達上疏, 貢金椀及金鉦等物). 부남과 임읍은 6세기 중반까지 서로 경쟁하듯이 중국에 사절단을 보냈다. 진나라(陳, 557~589년)에 진랍이 577년(太建九年二月, 林邑：遺使朝貢王范梵志遺使來朝, 旧唐書, 十月眞臘：遺使貢方物)에 사절을 파견한 후 부남의 기록이 사라지고, 임읍과 진랍의 조공 기록이 계속된다. 6세기 이후의 중국 사서는 동남아시아 대륙부에서 부남의 쇠퇴, 진랍과 임읍 간의 경쟁 관계를 전한다.

세기 중·후반에서 7세기 초 진랍의 수도는 이샤나푸라로, 『수서』의 기록을 이샤나푸라 근처로 추정하는 것은 명백한 오류이다. 당시 참파삭과 중국 수나라와 교류했다는 고고학적 증거는 아직 발견되지 않았다. 그러나 앙코르 보레이와 이샤나푸라에는 당시 성산(능가발사산, Lingaparvata)으로 숭배했던 산이 확인되지 않았다.

'카오(Kao, Khao)'는 라오스어와 타이어로 '쌀'을 의미한다. 푸카오라는 이름은 힌두교 전래 이전부터 사용되었고, 도작문화(쌀)와 깊은 관련이 있다. 왜 알기 쉽게 '푸 링가'라고 부르지 않았는지 이해할 수 없지만, 푸카오라는 고유의 지명을 사용했다는 점이 중요하다. 푸카오라는 이름은 힌두교 전래 이전부터 사용되었고, 도작문화(쌀)와 깊은 관련이 있다. 푸카오산에 있는 자연의 남근석은 링가파르바타(Lingaparvata)라는 이름으로 전해진다. 링가는 남근, 파르바타는 마하바라타에 나오는 산의 이름을 5세기 이후에 명명한 인도식 이름이다. 링가파르바타 부근에서 앙코르 왕조 시대의 잘 가공한 링가(높이 48cm)가 발견된 것으로 보아, 푸카오산 정상의 입석은 오랫동안 신앙의 대상이었던 것을 알 수 있다. 이 남근 모양의 바위(링가파르바타)는 배 위에서 메콩강을 오르내리며 멀리서도 잘 볼 수 있었고, 힌두교 전래 이전부터 성산 숭배의 대상이 되었을 가능성이 크다.

산과 산 정상의 바위를 믿는 사원은 동남아시아 각지에 있다. 푸카오산의 남쪽에 있는 산은 전형적인 여근곡(女根谷) 형태를 하고 있다. 우기(5~10월)가 되면 멀리서 볼 수 있는 폭포가 산 중턱에서 흘러내린다. 우리나라 풍수지리설로 보면 외형상 이 2개의 산은 한 쌍으로 음양을 이루고 있음을 알 수 있다. 음양의 산을 숭배하는 것은 특정 지역이나 특정 시대에 한정하지는 않는다. 인도 문화가 들어오기 전인 5세기 이전에 왓푸 유적 주변에 살았던 사람들이 이들 두 산을 성산으로 숭배했던 것은 어쩌면 당연할지도 모른다. 수전 농업을 시작하면서 이러한 음양의 산에 다산과 풍작을 기원했을 가능성이 크다.

도판 4-4-59 | 메콩강에서 본 링가파르바타산(Champasak, Laos)

도판 4-4-60 | 푸카오산과 여근곡(Phou Kao, Champasak)

하지만 푸카오산의 남쪽 산을 여근곡(요니)이라고 하는 해석을 입증할 수 있는 사료는 없다. 푸카오산과 여근곡의 중심축에 사원이 존재하지 않는다는 점도 문제다. 그러나 이 여근곡의 중턱에는 푸패(Phou Pae) 폭포, 탐렉(Tham Leck) 바위 그늘 유적, 옵모웅(Oub Moung) 사원 등 곳곳에 유적과 민간 신앙, 힌두교 수행자들의 흔적이 남아 있다. 현재 옵모웅 사원에서 발견된 가장 오래된 유물은 참파삭 주립 역사박물관이 소장하는 6세기의 상인방이다. 6세기 후반으로 추정되는 이 상인방은 참파삭에서 현재까지 발견한 상인방 중에 가장 오래된 것이다. 왓푸 유적박물관과 참파삭 주립 역사박물관에는 6~7세기 상인방 몇 개를 소장하고 있는데, 그중에서 옵모웅 사원과 양식적으로 가장 가까운 것이 왓 루앙 카오에서 출토된 상인방이다.

도판 4-4-61 | 옵모웅 사원 출토 상인방(6~7세기, Oup Moung, Champasak Historical Heritage Museum)

도판 4-4-62 | 옵모웅 유적의 상인방(7~8세기, Oup Moung, Champasak Historical Heritage Museum, Pakse)

옵모웅 사원에서 발견된 전체적인 상인방 장식은 좌우 대칭형으로 단순하다. 목에 띠를 두르고 다리가 있는 마카라(Makara, 악어를 닮은 상상의 해상 동물로, 인도는 물론 동남아시아 각지에서 물을 상징하며 건축 장식에 주로 사용되었다.) 두 마리가 서로 마주 보고 있다. 마카라의 입과 입 사이에는 띠(벨트) 장식의 부조가 새겨져 있고, 중앙의 메달리온(Medallion) 안에 사람의 얼굴을 하고 양손에 나가를 들고 있는 가루다 부조가 있다. 메달리온 아래에는 큰 꽃모양 부조가 새겨져 있다. 아치형의 띠 밑에는 꽃다발 부조가 연속으로 새겨져 천국의 입구를 상징하고 있다. 각각의 마카라 머리 위에 서로 마주 보고 앉아 있는 인물이 새겨져 있고, 미카

라 위의 인물상은 방패와 무기를 든 전사의 모습이다. 또한, 옵모웅 유적 인근에서 발견된 6~7세기로 추정되는 상인방도 참파삭 주립 역사박물관에 전시되어 있다. 안쪽을 마주 바라보는 마카라, 그 사이의 띠 장식과 메달리온 등 전형적인 삼보르 프레이 쿡 양식이다. 상인방의 크기로 보아 현재의 옵모웅 사원보다는 규모가 큰 벽돌 사원이 있었을 가능성이 크다. 이 사원 유적에는 7세기의 기와가 발견되었으며, 현재 참파삭에서 기와를 사용한 가장 오래된 사례이다. 옵모웅 사원 유적에는 7세기의 상인방과 11세기(프레 룹 양식)의 벽돌 건물이 남아 있다.

폭포는 일반적으로 여성의 생식기를 상징(요니)하며, 불교와 힌두교 수행자들의 수행처가 되기도 한다. 푸패 폭포의 바위에는 크메르 왕이 비슈누를 신앙하는 수행자(Rishi)에게 보시했다는 내용이 비문에 새겨져 있다. 폭포 아래로 조금 떨어진 산기슭에는 현자들이 수행했던 탐렉(Tham Leck) 바위 그늘 유적이 있으며, 내부 바위에 7~8세기로 추정되는 산스크리트어와 고대 크메르어로 새긴 2개의 비문이 남아 있다. 바위 그늘 유적 근처에도 링가와 현자를 새긴 조각이 산재해 있다. 왓푸 북쪽 바라이에서 약 2㎞ 거리에 있으며 비슈누를 주신으로 하는 옵모앙 사원 유적에는 자야바르만 2세(재위 802~850년)와 관련된 비문이 남아 있다.

도판 4-4-63 | 탐렉 바위 그늘 유적(7~8세기, Tham Leck, Champasak)

왓푸 사원이나 고대 도시 유적도 링가파르바타와 여근곡과는 중심축이 맞지 않는다. 따라서 이 모든 유적이 하나의 종교관에 의해서 계획적으로 배치된 것은 아니다. 왓푸 사원은 여근곡과는 다른 남쪽 산자락 단애 절벽 밑의 주 신전을 시작으로 하여 벽돌 스투파 테라스, 난딘 사당, 남쪽과 북쪽의 궁전(궁전이라고 전해지고 있으나 용도 불명의 사당), 참배길을 만들었다.

그렇다면 왓푸 사원의 바위 신앙과 성수 신앙은 언제부터 시작되었을까? 이와 관련해서 2014년 7월 21일 사진가 오세윤 씨가 카메라의 망원 렌즈를 통하여 중요한 사료를 발견했다. 문화재 전문 사진가 오세윤 씨가 단애 절벽 위에 그려진 암채화를 발견했다. 당시 우기라서 암벽 위의 암벽화를 본격적으로 조사하지 못했지만, 사진으로 본 암채화는 메콩강 유역에서 발견된 선사 시대의 암채화와 유사하고 최근에 낙서한 흔적도 확인할 수 있었다. 왓푸 사원의 암채화는 앞으로 정밀 조사하고 보존할 필요가 있다. 이러한 왓푸 사원의 암각

도판 4-4-64 | 왓푸 사원 주 사당 뒤의 거암과 용천수 유적(Wat Phu, Champasak)

도판 4-4-65 | 성수가 흘러나오는 바위 그늘 유적(Wat Phu, Champasak, 오세윤 촬영)

도판 4-4-66 | 주 사당 뒤의 암채화(Wat Phu, Champasak, 오세윤 촬영)

도판 4-4-67 | 불족과 코끼리 부조(14, Wat Phu, Champasak, 오세윤 촬영)

도판 4-4-68 | 링가 석주가 세워진 참배길(Wat Phu, Champasak, 오세윤 촬영)

도판 4-4-69 | 석가 탄생 부조(14세기, Wat Phu Site Museum, Champasak)

화와 바위 그늘 유적은 왓푸 사원의 시원인 산악 숭배, 바위 신앙, 성수 신앙이 선사 시대의 동남 아시아 기층문화에서 유래하는 것을 입증한다. 이와 유사한 유적이 프놈쿨렌에 많이 남아 있다. 또한, 바위에 석가를 상징하는 불족(佛足)이 새겨진 것을 보아 이러한 신앙은 일시적이지 않았으며 14~16세기 이후까지 계속되었던 것을 알 수 있다.

왓푸는 라오스어로 '사원 = Vat 혹은 Wat(14세기 이후의 타이어의 영향)과 산 = Phou 혹은 Phu(라오스 고유어)'라는 말을 합성한 이름으로 우리말로 직역하면 '산의 사원'이 된다. 이름 그대로 왓푸 유적 전체는 푸카오산 산기슭에 있고, 산기슭에서 산 중턱까지 사원 건물군이 동서로 세워져 있다. 이 크메르 신전은 앙코르 지역의 다른 유적처럼 한 사람의 왕이 완성하지 않았다. 왓푸는 5~6세기에 목조, 벽돌 사원으로 시작하여 7세기에 초기 석조 사당으로 변모했다. 그 후 석조 사원 건물은 11~12세기에 건립한 것으로, 그 이전과 그 이후에도 계속하여 증축, 개축되었다. 왓푸에 현존하는 건물은 7~12세기에 걸쳐 건조한 힌두교 사원에 14세기에 불교가 들어오고 나서 지어진 불교 사원이다.

도판 4-4-70 | 인도 조사단의 복원 작업(북 궁전, Wat Phu, Champasak, 2013년)

도판 4-4-71 | 비문이 출토된 남쪽 고푸라(인도 조사단 복원, 북 궁전, Wat Phu, Champasak, 2013년)

큰 바라이를 지나 참배길 양쪽에 링가 석주가 있고, 산기슭의 평지에 회랑형 건물이 있다. 현재의 바라이는 처음부터 계획적으로 만든 것은 아니다. 북쪽 바라이는 9세기, 남쪽 바라이는 12세기에 만들었고, 왓푸 사원의 중심축은 남쪽 바라이의 중앙과 일치한다. 참배길을 지나 처음 눈에 들어오는 것이 좌우의 회랑 건물이다. 북쪽(오른쪽)은 남자의 궁전, 남쪽(왼쪽)은 여자의 궁전으로 불리고 있는데, 원래의 건물명이나 기능은 분명하지 않다. 앙코르 건축의 특징은 기단에서 지붕까지 부조로 장식하고 있는 점이다. 특히 상인방과 박공에 힌두교 신화를 주제로 부조하고 있다. 그리고 앙코르 건축의 다른 특징은 가짜 문(위문)과 가짜 창(위창)이다. 북 궁전은 남북 45m, 동서 65m로, 남쪽 고푸라(Gopura, 탑문)가 출입구이다. 최근 남쪽 고푸라에서 비문이 발견되었으며 왓푸 유적박물관이 소장하여 해독 작업을 진행하고 있다. 북 궁전의 동면에 있는 가짜 문 박공에 난딘을 타고 있는 시바가 새겨져 있다. 시바 뒤에는 부인인 우마가 타고 있다. 회랑 벽이 여기저기 무너져 있지만, 박공과 상인방 부조가 비교적 잘 남아 있다. 캄보디아 남부 프라삿 프놈 치소의 부조와 양식적으로 유사하며 소박한 참파삭의 지방색이 넘치는 작품이다.

그러나 남북으로 서로 마주 보는 두 건물을 궁전으로 부르는 것은 문제가 있다. 우선 궁전으로 사용하기에는 내부 공간이 거의 없다. 사각형의 회랑을 만들어 놓고 내부에 건물을 세웠던 흔적이 없다. 앞으로 내부 공간을 발굴 조사하면 건물의 용도가 밝혀지겠지만, 왕과 왕족이 거주하며 일상생활을 했던 곳으로는 생각할 수 없다. 사원 내부의 정원 안에 왓푸의 의례와 관련해서 왕이나 승려가 임시로 머문 목조 건물이 있었을 가능성도 있다. 또한, 무너져 내린 회랑에서 지붕에 사용했던 석재가 발견되지 않은 것으로 보아, 남북 궁전의 지붕은 기

도판 4-4-73 | 남 고푸라에서 출토된 비문(북 궁전, Wat Phu Site Museum, Champasak)　도판 4-4-72 | 시바와 우마 부조(북 궁전의 동쪽 박공, Wat Phu, Champasak, 오세윤 촬영)

와가 사용되었을 가능성이 크다. 사각형의 회랑을 먼저 완성하고 내부 사원을 건설하는 사례가 없고 중도에 설계를 변경했다고도 생각할 수 없어, 처음부터 지금의 형태로 사원을 건설하여 완성한 건물로 추정된다.

　또한 건물에 사암, 라테라이트, 벽돌 등 재료를 잡다하게 사용한 것은 건축 재료의 확보가 쉽지 않았기 때문이라는 지적이 있지만, 이는 단순히 건축 재료의 확보 문제가 아니라 사원 건축의 재원과 직결하는 문제이다. 박공과 상인방 조각에는 다름대로 정성을 들였지만, 건물 대부분을 잡다한 재료로 지었다는 점에서 사원을 세우는 데에 재정적인 어려움이 있었던 것을 유추할수 있다.

　남북 궁전을 지나 라테라이트로 만든 계단을 오르면 기장 위에 주 사당과 경경이 있다. 주사당은 남북 8m, 동서 31m, 평면은 주실과 전실로 구성되어 있다. 본당은 5개의 공간으로 구성되어 있다. 주 사당은 동서에 전실이 있고, 주실 남북에도 작은 방이 있다. 주실은 북서 8m, 동서 10m이다. 이 주 사당은 6~8세기에 세워진 벽돌 건물 전면에 11~12세기 전반으로 추정되는 사암 사원이 전실처럼 세워져 있다. 석제 사원 안에 안치한 후대의 불상이 원래의 벽돌 사당을 가리는 꼴이 되었다. 현재 남아 있는 왓푸 사원 중에서 이 주 사당 후면의 벽돌 사원이 가장 오래된 건물이다.

그렇다면 왓푸 최초의 사원은 무엇 때문에 세
운 것일까? 그 해답은 사원에 있다. 전실의 석조
사원에 안치된 불상 왼쪽에 있는 구멍을 통하면
내부에 들어갈 수 있다. 현재 지붕이 무너져 내
렸고, 내부에도 유물이 남아 있지 않다. 그런데
내부 서쪽 벽 하부에 성수를 끌어들이는 배수관
인 소마수트라를 넣기 위한 구멍이 뚫려 있다.
요니와 링가를 안치했던 전형적인 구조이다. 사
원 뒤 절벽 왼쪽에 있는 바위 그늘 안에서 흘러

도판 4-4-74 | 서쪽에서 본 북 궁전(11~12세기, Wat Phu, Champasak)

나오는 성수를 배수관을 통하여 사원 서쪽 벽으로 끌어들여 사원 안에 있는 요니와 링가가
결합 부분으로 성수를 통과하게 하여, 북쪽 벽 아래의 하수관을 통해 사원 밖으로 성수가 흘
러나가게 한 것이다. 이러한 왓푸 사원 구조를 보면 벽돌 사원은 링가와 요니를 안치했지만,
궁극적인 목적은 성수를 도입하기 위하여 세워진 것을 알 수 있다. 이처럼 왓푸 사원의 시
원은 서쪽 바위 그늘에서 흘러나오는 산악숭배, 바위 신앙, 성수 숭배에서 시작하며, 사원은
토착의 기층문화를 기반으로 하고 있음을 알 수 있다.

벽돌로 만든 사원 앞의 전실에 해당하는 석조 사원은 남아 있는 조각으로 보아 11~12세기

도판 4-4-75 | 북쪽 성수관 구멍(주 사당 내부, 6~7세기, Wat Phu, Champasak)

도판 4-4-76 | 북쪽 하수관(주 사당 외부, 6~7세
기, Wat Phu, Champasak)

도판 4-4-77 | 주 사당 동쪽 입구(11세기, Wat Phu, Champasak, 오세윤 촬영)

도판 4-4-78 | 아이라바타를 타고 있는 인드라신(주 사당 동쪽 입구 중앙 상인방, 11세기, Wat Phu, Champasak)

도판 4-4-79 | 주 사당 동면 오른쪽 입구(11세기, Wat Phu, Champasak)

도판 4-4-80 | 가루다를 타고 있는 비슈누(동면 오른쪽 입구 상인방, 11세기, Wat Phu, 오세윤 촬영)

전반에 세워진 것으로 추정된다. 동쪽의 정면 왼쪽(남면)의 상인방은 큰 뱀과 싸우는 크리슈나(머리 모양을 근거로 시바로 보는 견해도 있다), 오른쪽(북면) 상인방은 가루다를 타고 있는 비슈누, 박공에는 라마야나 이야기, 중앙 안쪽에는 아이라바타(Airavata, 3개의 머리를 가진 코끼리)를 타고 있는 인드라가 새겨져 있다. 이 동쪽 정면 3개 상인방의 부조는 전형적인 11세기 바푸온 양식이다. 전실 북쪽 입구 상인방에는 칼라 위에 앉아 있는 남신, 반대편인 남쪽 입구 상인방에는 캄사 왕을 찢어 죽이는 크리슈나가 새겨져 있고, 전실 내부에도 시바를 부조한 상인방이 남아 있다. 그러므로 현재 왓푸 주 사당에 남아 있는 상인방은 조각 양식으로 보아 11세기 제작설이 유력하다.

왓푸 사원은 과거 여러 차례 개축했고, 연대가 다른 여러 조각은 후대에 제작하거나 원래 있었던 것을 재사용한 것이다. 동쪽 정면 입구의 좌우에는 드바라팔라 부조, 남북 양쪽 측벽에는 여신상이 1기씩 부조되어 있다. 특히 북쪽의 아름다운 여신 데바타상은 참파삭 지방의 미인을 연상시킨다. 이 데바타상은 상인방과는 달리 11세기 프놈바켕 양식으로 추정된다. 왓푸 사원은 과거 여러 차례 개축했고, 연대가 다른 여러 조각은 후대에 제작하거나 원래 있

도판 4-4-81 | 여신상(10세기, 동쪽 입구 동남 측벽, Wat Phu, Champasak)

도판 4-4-82 | 지모신 토라니 상(10세기, 동쪽 입구 동북 측벽, Wat Phu, Champasak)

도판 4-4-83 | 항마성도 벽화(18세기, The Buddha-isawan Chapel, Bangkok National Museum, Thailand)

었던 것을 재사용한 것이다. 아름다운 여성이 목욕을 막 끝내고 긴 머리채를 묶어서 오른손으로 머리채 끝에서 물을 짜내고 있다. 이 아름다운 여성이 목욕을 마치고 긴 머리카락을 틀어서 물을 짜내는 도상은 동남아시아 대륙부에서 자주 보이는 주제이다.

예를 들어 태국 방콕 국립박물관 내의 붓다이 사완 예배당(Buddhaisawan, 18세기) 안에 '항마성도' 벽화가 그려져 있다. 보리수 아래의 금강보좌 위에서 고타마 싯다르타가 깊은 명상에 빠져 있다. 보살의 성도를 방해하기 위해서 수많은 마라군이 공격을 가하자, 대지의 여신 토라니(Thoranee)가 나타나 고타마가 전생에서 쌓은 공덕을 긴 머리카락 안에 물로 바꿔서 그 머리카락에서 물을 짜내자 큰 홍수가 일어났다. 광풍 노도와 같은 파도가 마라군을 집어삼켜서 공격을 퇴치한

다. 마라를 항복시킨 후, 고타마는 인간의 모든 번뇌와 번뇌의 원인, 거기에서 벗어나는 방법(해탈)을 완벽히 각성했다. 이 순간에 깨달음을 얻어 보살은 마침내 부처가 되었다. 이 벽화는 서양 회화와는 달리 원근법의 개념이 없는 동남아시아 전통 회화 기법을 따르고 있다.

토라니는 인도에서 약시(Yaksi)라고도 부르며, 동남아시아에서는 물을 관장하는 지모신으로 다양한 이름을 가지고 있다. 힌두교에서는 'Prithvi' 혹은 'Prithvi Mata', 불교에서는 'Bhumidevi' 혹은 'Bhu Devi', 크메르이로는 'Nan Ganhin', 대국이로는 'Nang Thoranee, Mae Thoranee', 미얀마어로는 'Wathundari, Wathundaye, Vasundari' 등 다양한 이름으로 숭배되고 있다. 힌두교에서 토라니는 비슈누의 아바타인 바라하(Varaha)의 배우자이다. 씨엠립의 프라삿 타프롬의 부조는 불전도 내용을 충실하게 표현하였으며, 왓푸의 부조는 힌두교 신화를 전개하여 크메르 여신을 잘 묘사하고 있다. 성수와 관련된 왓푸 사원의 성격을 잘 알려주는 여신상이다.

주 사당 뒤편 바위에 힌두교 삼신(시바, 비슈누, 브라흐마)의 부조가 있다. 중앙의 시바는 5개

도판 4-4-84 | 힌두교의 비슈누, 시바, 브라흐마 부조(Wat Phu, Champasak)

도판 4-4-85 | 무너져 내린 석조 사당 유적(7세기, Wat Phu, Champasak)

의 얼굴과 10개의 팔, 왼쪽(남쪽) 비슈누는 4개의 얼굴과 4개의 팔, 브라흐마는 하나의 얼굴과 4개의 팔이 새겨져 있다. 그 밖에도 왓푸 사원의 주 사당과 남북 궁전에 부조가 남아 있으며, 11~12세기 초의 양식으로 추정된다. 남북 궁전의 회랑 지붕은 대부분이 무너져 내렸지만, 유적의 넓은 범위에서 기와가 출토되고 있어 기와로 지붕을 얹었던 것으로 추정된다.

도판 4-4-86 | 석조 사당 인근의 뱀 조각(7세기, Wat Phu, Champasak)

주 사당 북쪽에는 7세기 소형 사당의 잔해로 보이는 석재가 쌓여 있다. 가공한 석재를 조립하여 만든 작은 석조 사당으로, 유사한 형태의 것이 삼보르 프레이 쿡 유적과 프놈 한체이 유적에도 유사한 형태의 사당이 있다. 인도 남부 석조 사원의 영향으로 추정된다. 사당 가까이에 코끼리·뱀·악어 등을 조각한 바위가 있어, 힌두교 이전의 원시 종교와 관련하는 석조물로 추정된다. 이들 부조는 앙코르 사원에서 보이는 부조와 전혀 다른 양식으로 기능과 목적은 알 수 없지만, 크메르족의 토착 신앙과 관련하는 것으로 보인다. 사원 뒤의 바위 그늘 유적, 암채화 등을 고려하면, 왓푸 사원의 주 사당 주변이 주민의 성지로 오랫동안 신앙의 대상이었던 것을 알 수 있다.

무앙은 동남아시아 내륙, 느가라는 주로 동남아시아 연안부에서 발생했는데, 시간이 지나면서 두 세력이 연합하여 앙코르 왕조와 같은 대제국이 탄생했다. 7세기 들어서 메콩강 유역에서는 지금까지 산스크리트어 비문을 대신하여 크메르어 비문이 증가했다. 또한, 산스크리트어, 크메르어 비문 모두 수와 분포가 증가하여 캄보디아와 동북 태국 일대까지 확산했다. 대외적으로 보면 7세기는 수·당 제국이 건국되면서 동서 교역이 활발하게 이루어져 동남아시아에서 새로운 질서가 태어났다. 6세기 말 동남아시아 교역은 대운하를 통해서 화북의 중국 도시와 직접 연결되었다. 그 결과 구세계의 국제 교역망은 육로를 중심으로 하는 실크로드와 연결하는 하나의 거대한 원을 이루어 교역량이 비약적으로 증대했다. 수·당 제국의 이러한 국제 교역 질서의 재편성은 동남아시아의 느가라 국가군에도 영향을 끼쳤다. 진랍은 농업을 기반으로 하는 무앙에서 시작하여, 점차 교역을 확대하면서 해양 세력을 지배하에 두고, 세력을 확장하여 대제국으로 발전한다.

고대 도시의 왓 루앙 카오에서 출토된 유물

1950년대 초반에 왓푸 상공을 통과하던 비행사가 새로운 유적을 발견했다. 높이 1~2m 성벽으로 둘러싸인 주위 8km의 메콩강변에 있는 고대 도시 유적이다. 고대 도시 주변에 운하와 수로가 있었던 것으로 보아 고도의 치수 기술을 가진 세력이 살고 있었던 것을 알 수 있다. 이 고대 도시에서 산스크리트어를 새긴 5세기 후반의 왓 루앙 카오 비문이 발견됐다. 이 비문은 프랑스의 가톨릭 선교사 팀이 1993년에 발견한 것으로, 왓푸 앞 고대 도시 안의 후아이 소 후아(Huay So Houa) 남쪽에 세워져 있었다(VLKI 736, 사암, 높이 17cm, 폭 45×45cm). 비문은 한 면에 22줄의 산스크리트어가 새겨져 있으며, 데보니카(Devonika)왕이 멀리서 현재의 푸

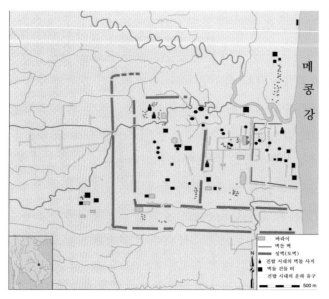

도판 4-4-87 | 왓푸의 고대 도시 유적도(Champasak)

도판 4-4-88 | 왓 루앙 카오 출토 비문(5세기 후반, Wat Phu Site Museum, Champasak)

카오산인 링가파르마타에 왔고 '왕은 링가파르마타의 힘을 빌려 왕위에 올랐다'라는 내용이 적혀 있다.

데보니카는 인도의 대서사시 마하바라타에서 나오는 판다바(Pandava) 5형제의 장남 '고결한 사람' 유디슈티라에서 유래하는데, 비문에는 티르타(tirtha=성수)를 참배하면 죄가 면한다는 내용이 적혀 있다. 왓푸에서 남쪽으로 80㎞ 떨어진 후아이 카이덴(Huay Kadien)에서도 성수와 관련하여 크메르어로 적힌 7세기의 비문이 발견됐다. 프랑스 학자 G. 세데스는 데보니카왕이 참파에서 왔다고 주장했다. 유사한 4세기경의 비문이 베트남 미썬 A1 유적에서 발견되었고, 참파삭이라는 지명도 참파와 관련이 있다는 점에서 세데스의 가설을 아주 배제할 수는 없다.

참파삭과 참파의 미썬 유적은 안남산맥으로 가로막혀 있어서, 참파 왕국의 왕 마하라자디라자(maharajadhiraja)가 왔다는 증거가 없다고 보는 견해도 있다. 그러나 당시 참파삭은 강을 따라 동북 태국 코랏, 타이만 등과 빈번한 왕래가 있었고, 중부 베트남의 참파와 교류했을 가능성이 크다. 동북 태국의 시템에서 발견한 비문이 왓 루앙 카오 비문(5세기)과 유사한 내용으로 보아, 동북 태국의 시템, 라오스 참파삭, 중부 베트남의 미썬은 인도 문화의 영향을 받았음을 알 수 있다. 데보니카가 전능한 지배자인 6세기 진랍 왕(Viravarman, Bhavavarman) 혹은 마헨드라바르만이라고 추정하는 견해도 있다.

5세기 후반의 비문이 출토된 이 고대 도시는 당시 진랍의 수도였을 가능성이 크다. 여하튼 태국 동북 파삭강의 시템 도시 유적에서 발견한 6세기의 산스크리트어 비문은 참파삭의 데보니카가 바바바르만(Bhavavarman)왕과 관련이 있었다는 것을 전한다. 또한 5~6세기 메콩강의 참파삭과 타이 중부의 문강을 잇는 동북 태국 평원과 태국 중부에 여러 성읍 국가가 발생했다는 점에서 산스크리트어를 공유하는 네트워크가 형성되었음을 알 수 있다. 동북 태국 평원의 문강, 치강 유역에는 기원전 2~10세기의 많은 환호취락 유적이 발견됐다. 이들 환호취락 유적은 소금과 철을 수출했던 수장국으로 추정된다. 5세기 비문의 분포는 이 환호취락의 분포와 정확히 일치한다. 문강과 치강의 환호취락, 참파삭의 도시 유적은 이곳들이 수도 경작과 더불어 제염, 제철, 교역의 중심지였을 가능성이 크다. 지금부터 왓 루앙 카오에서 출토된 주요 유물을 소개한다.

왓 루앙 카오에서 대좌에 비문을 새긴 난딘상이 출토됐다. 난딘은 시바가 타고 다니는 흰 소를 말한다. 시바가 부인 우마(파르바티)와 함께 난딘에 타고 있는 부조가 왓푸 사원의 북 궁전 동쪽 박공에 부조로 새겨져 있다. 왓푸 유적박물관에 전시된 난딘 상(VPI1369, 사암, 높이 50

도판 4-4-89 | 고대 도시 출토 난딘 상(6세기, Wat Phu Site Museum, Champasak)

cm, 길이 104cm, 폭 78cm, 6세기, 왓 루앙 카오 출토)은 고대 도시 안의 후아이 사 호우아(Huay Sa Houa) 운하 가까이에서 출토됐다. 난딘 상은 일반적으로 시바 사원에 안치하는 것으로 보아, 인근에 시바를 모신 사원이 있었을 가능성이 크다. 난딘은 '프레아 코(Preah Koh)'라는 크메르 신화와 관련하여 동남아시아에서 인도 이상으로 숭배의 대상이었다. 난딘 상 대좌에는 치트라세나(Citrasena) 왕자가 그의 아버지와 숙부를 위해서 만들었다는 비문이 새겨져 있다. 치트라세나 왕자는 후에 마헨드라바르만 왕으로 앙코르 왕조 최초의 왕이 된다. 비문의 내용을 보아 진랍 왕조가 왓푸 인근의 고대 도시에서 시작했음을 알 수 있다.

왓푸 유적박물관이 소장한 왓 루앙 카오 상인방은 1990년에 발견됐다. 고대 도시의 중심부인 현재의 왓 루앙 카오 인근에 많은 벽돌이 있는 것으로 보아서, 원래 힌두교 사원이 있었을 가능성이 크다(VPI419, 사암, 높이 50cm, 길이 188cm, 두께 45cm, 6~7세기). 2015년에는 고대 도시 유적에서 왓 루앙 카오 상인방과 동일한 형태인 삼보르 프레이 쿡 양식의 상인방(6~7세기)이 발견되었으며 현재 왓푸 유적박물관이 소장하고 있다. 참파삭 주립 역사박물관에는 6~7세기의 상인방 몇 개를 소장하고 있는데, 그중에서 양식적으로 유사한 것이 옵모웅 사원과 토모 사원의 상인방이다. 토모 사원의 상인방에 대한 자세한 설명은 후술하기로 한다. 데보니카의 비문도 같은 장소에서 발견됐다. 2015년에 고대 도시 안에서 6~7세기의 상인방이 추가로 발견되어, 현재 왓푸 유적박물관이 전시하고 있다.

전체적인 상인방 장식은 앞에서 서술

도판 4-4-90 | 왓 루앙 카오 상인방(6~7세기, Wat Luang Kao, Wat Phu Site Museum, Champasak)

도판 4-4-91 | 고대 도시 유적 출토 상인방(7세기, Wat Luang Kao, Wat Phu Site Museum, 백경환 촬영, 2015년)

한 옴모옹 사원의 상인방과 비슷하며, 좌우 대칭형으로 단순하다. 다리가 있는 마카라 두 마리가 서로 마주 보고 있다. 마카라의 입과 입 사이에는 띠(벨트) 장식의 부조가 새겨져 있고 중앙의 메달리온 안에 사람을 얼굴을 하고 양손에 나가를 들고 있는 가루다의 부조가 있다. 아치형의 띠 밑에는 꽃다발 부조가 연속으로 새겨져 천국의 입구를 알려준다. 마카라 입 앞에 익살스러운 말의 얼굴 부조가 있다.

각각의 마카라 머리 위에 서로 마주 보고 앉아 있는 인물이 새겨져 있다. 왼손에 공이라는 청동제 악기를 들고 오른손은 나무 봉으로 징을 치려는 모습이다. 일반적인 마카라 위의 인물상은 무기를 든 전사의 모습인데 이러한 부조로 인해서 당시의 사원 의례에 청동기 악기가 사용되었던 것을 알 수 있다. 이러한 상인방과 벽면 장식은 인도에서 유래하지만, 앙코르 왕조의 상인방과 벽면 부조에는 독자적인 양식도 인정된다. 삼보르 프레이 쿡 유적의 남쪽 사원 군에 새겨진, 하늘을 나는 궁전 부조가 좋은 비교 대상이다. 왓 루앙 카오 상인방과 유사한 상인방이 스텅트렝의 타라보리왓에서 발견됐다. 그러나 후자의 마카라에는 다리가 없고, 마카라 위의 인물상이 사자와 말을 타고 있다. 유사한 상인방이 참파삭 남부의 문라파목(Mounlapamok)에서도 발견되었으며, 이러한 일련의 상인방은 6~7세기 메콩강 유역에서 제작한 것으로 추정된다. 크게 입을 벌리고 있는 마카라 조각은 같은 시기의 왓푸 유적박물관의 소마수트라(somasutra)와 태국의 우본랏차타니 국립박물관의 마카라 조각(7세기, Wat kang Toi)과도 양식적으로 유사하다. 우본랏차타니의 성산 왓 캉토이에서도 같은 상인방이 발견됐다. 7세기 동북 태국에 진랍의 사원을 지었다는 점이 주목된다. 이러한 사원들의 분포로 당시 진랍의 영역을 유추할 수 있다.

6~7세기 참파삭의 고대 도시는 대부분 목조와 벽돌 건물이었으며, 지붕은 기와를 사용했던 것으로 추정된다. 참파삭 주립 역사박물관에는 왓 루앙 카오에서 출토된 6~7세기의 다양한 크기의 소성 벽돌이 전시되어 있다(6~7세기, Sethapura, 지금의 Wat Luang Kao). 일반 가옥과 곡식 창고 등은 목조 건물이었고, 사원은 벽돌제 건물이 있었던 것으로 추정된다. 메콩강 하류의 힌두교 문화가 거의 비슷한 시기에 참파삭까지 전해진 것을 알 수 있다. 또한, 참파삭 주변에서 다양한 형태와 시기의 기와가 발견됐다. 앙코르 지역의 석조 사원과 달리 참파삭에서는 벽돌과 기와를 다용하는 점이 특징이라 할 수 있다.

왓 루앙 카오 인근의 반 호이나(Ban Houyna) 유적에서 1992년 1기의 상인방이 발견되어, 현재 참파삭 주립 역사박물관이 소장하고 있다. 벽돌로 만든 작은 사당의 상인방으로 여겨지는데 현재 상인방 오른쪽 일부만 전해지고 있다. 입을 크게 벌린 마카라 위에 방패와 무

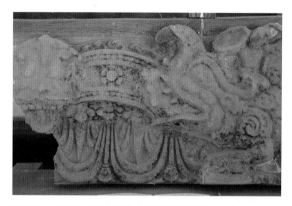

도판 4-4-92 | 반 호이나 유적 출토 상인방(6세기 초, Champasak Historical Heritage Museum, Pakse)

기를 든 인물상이 새겨져 있다. 마카라의 입에는 띠 모양의 장식이 새겨져 있고 그 옆으로 귀면 부조가 있다. 좌우 대칭의 단순한 구조로 소형인 점을 고려하면 6세기 초의 삼보르 프레이 쿡 양식으로 여겨진다. 이러한 석제 상인방 등 출토 유물로 보아 왓푸의 고대 도시에는 6세기 초에서 7세기까지 2개 이상의 힌두교 사원이 존재하고 있었던 것을 알 수 있다.

항구 도시의 연합체인 부남이 국가로 성립하면서 국가 체제 정비와 동시에 사원 축조도 시작되었다. 그러나 본격적인 힌두교 사원이 세워지기 시작하는 것은 6~7세기이다. 이 시기의 사원은 현재 그다지 남아 있지 않고, 목조 건축에서 벽돌 혹은 석조 건축으로 변화한다. 이러한 초기의 사원은 메콩강을 따라 상류로 거슬러 올라가 사원들이 세워진다. 이 시기의 대표적인 사원 유적은 앙코르 보레이의 프놈다에 세워진 아쉬람 마하 로세이와 삼보르 프레이 쿡 유적이다.

메콩강 유역의 고대 길과 사원 유적

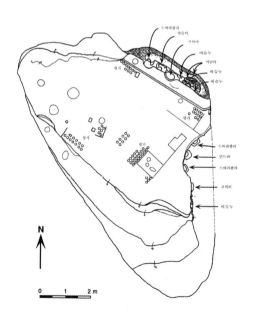

도판 4-4-93 | 메콩강 칸막훅 링가 바위 부조(Khan Mak Houk, Mekong River, Champasak)

왓푸 사원과 고대 주거지 앞을 흐르는 메콩강에 있는 남북으로 긴 돈뎃(Don Det)섬 안에도 앙코르 왕조 시대의 사원이 남아 있다. 이 섬 남쪽 끝에 두 갈래의 강물이 만나는 지점(왓푸의 남동)의 메콩강 안에는 칸막훅(Khan mak Houk) 바위 유적이 있다. 바위 상면에는 링가와 요니, 측면에는 아난타 위에 누운 비슈누와 락슈미, 비슈누의 배꼽 위에서 핀 연꽃 위에 있는 브라흐마 등이 부조되어 있다. 칸막훅 바위 유적은 우기에는 강물에 잠겨 있고 건기에만 수면 위로 나타나는 바위 유적으로 프놈쿨렌 강바닥에 있는 '천개의 링가와 요니'가 같은 목적(성수 신앙)으로 만들어졌다. 이 바위 동쪽 건너에 있는 사원 유적이 토모 사원으로 왓푸와는 배로 왕래했다. 주도(州都) 팍세에서 남쪽으로 45km 떨어진 곳이다.

도판 4-4-94 | 토모 사원의 동남 고푸라(Tomo, Champasak)

도판 4-4-95 | 토모 사원 출토 청동 비슈누 상(Tomo, Champasak Historical Heritage Museum, Pakse)

토모 사원은 약 100×100m 정도의 부지에 건물터와 무너져 내린 석제의 잔해가 널려 있다. 남아 있는 부조는 9세기 말에서 10세기 초의 바켕 양식으로, 야소바르만 1세 때에 왓푸 사원과 관련하여 창건했다고 한다. 그러나 지금까지 토모 사원을 언제, 누가, 왜 만들었는지 전혀 규명되지 않았다. 토모 사원은 정글 안에 링가와 나가, 장식 조각의 석제가 남아 있을 뿐 대부분의 사원 건물은 무너져 있고, 겨우 형태를 남기고 있는 것은 동남의 라테라이트로 만든 고푸라뿐이다.

왓푸 유적박물관에는 무카링가(Mukhalinga)라는 석상이 전시되어 있다(TMI790, 사암, 높이 173cm, 폭 28cm, 두께 23.5cm, Wat Houay Tomo). 사암 입석에 얼굴만 전후로 새긴 2면상으로 일반적인 힌두교 신상과는 형태가 판이하다. 얇은 부조의 얼굴 형태는 참파 혹은 드바라바티 조각과도 관련되었을 가능성이 있지만, 힌두교 이전 원시 신앙의 산물일 가능성도 있다. 앙코르 사원은 오래된 석제를 재사용해서 만들어지는 경우가 있어, 이 석상도 다른 곳에 있었던 석상을 토모 사원으로 옮겨온 것으로 추정된다. 토모 사원의 남동 고푸라에 있었던 것으로 정확한 유래는 알 수 없지만, 토모 사원이 힌두교가 전래하기 전부터 토착 신앙의 거점이었던 것을 알 수 있다. 토모 사원은 우 무앙이라고도 부르는데 이러한 지명은 고대의 수장국 무앙에서 유래한다.

참파삭 주립 역사박물관에는 토모 사원에 발견된 힌두교 삼신(시바, 브라흐마, 비슈누)을 새긴

도판 4-4-96 | 토모 사원 출토 시바, 브라흐마, 비슈누를 새긴 석판(전면, Tomo, Champasak Historical Heritage Museum, Pakse)

도판 4-4-97 | 토모 사원 출토 야마, 인드라, 공양자를 새긴 석판(후면, Tomo, Champasak Historical Heritage Museum, Pakse)

석판이 전시되어 있다. 사암을 가공하여 양면에 조각을 새긴 것으로 12세경의 유품으로 추정된다. 전면의 중앙에는 소 위에 우마와 함께 타고 있는 시바가 새겨져 있고, 오른쪽에는 가루다를 타고 있는 비슈누, 왼쪽에는 함사를 타고 있는 브라흐마가 새겨져 있다. 화려한 목조 건물 안에 힌두교 삼신, 그리고 양 끝에 공양자가 새겨져 있다. 뒷면 중앙에는 머리가 3개인 아이라바타(코끼리)를 타고 있는 인드라, 오른쪽에 소를 타고 있는 야마(염라대왕), 왼쪽에는 인드라를 향해서 큰 그릇을 들고 있는 공양자가 있고, 건물 양쪽에 몽둥이를 든 수문장이 있다.

토모 사원은 메콩강변에 인접하여 있는 입지 조건을 보면 메콩강을 왕래하는 고대 길과 관련하는 사원임을 알 수 있다. 지금까지 발견된 유물을 보면 8~12세기에 걸쳐서 여러 차례 증·개축을 한 것을 알 수 있다. 그것도 앙코르 왕조 시대의 유물이 발견되는 것으로 보아 토모 사원은 메콩강의 수운과 관련하여 중요한 사원이었을 가능성이 크다. 현재 토모 사원의 주변은 파타움폰(Pathoumphone) 지구인데 오래된 지명은 무앙이다. 과거에 수장국이 있었던 것을 지명으로부터 알 수 있다.

토모 사원을 출발하여 임읍으로 가려면 앗타푸에 지방(Attapue Province)을 거쳐야 한다. 앗다푸에에는 앙코르 시원 유적이 남아 있다(Muong Xaisetha, Muong Samankhisay, Muong Sanxaai, Muong Samansay). 모두 안남산맥 동쪽의 푸루웅(Phou Luong, 주변 사람들은 지금도 루옹산을 성산으로 숭배하고 있다) 섹하만(Sekhaman)강과 세콩강변에 유적이 흩어져서 존재하고 있다. 이 2개의 강은 '성스러운 강'으로 숭배되고 있고, 이들 강을 거슬러 안남산맥을 넘어가면 바로 베트남의 꽝남과 연결된다. 한편 세콩강은 스텅트렝에서 메콩강과 합류한다. 메콩강 남쪽의 부남(앙코르 보레이)과 진랍(삼보르 프레이 쿡)은 메콩강, 세콩강, 섹하만강을 거슬러 올라가 안남산맥을 넘어가서 임읍과 교역했을 가능성이 크다.

메콩강은 동남아시아 최대의 강이지만 라오스와 캄보디아 국경 사이에 있는 큰 폭포 구간 몇 군데가 수운에는 치명적인 약점이다. 이 때문에 폭포 구간 상하에 거점 도시가 생겼다. 승객과 화물은 폭포 구간 상하에서 배를 갈아타야만 했다. 동남아시아 각지에 있는 하천에서 이렇게 배가 지나갈 수 없는 곳에 만든 거점 마을들을 볼 수 있다. 말레이반도의 타구아파와 케다 주변의 하천 유역에는 팡칼란이라는 지명이 많이 남아 있다. 인도네시아 수마트라섬 미낭카바우(Minangkabau)족은 큰 하천과 그 지류의 연결 지점에 있는 마을을 팡칼란(Pangkalan)이라고 부른다. 팡칼란은 동남아시아 하천 교통의 특징이다.

메콩 수운 최대의 난관은 라오스와 캄보디아 국경 사이에 있는 콩(Khong)섬 주변의 콩 폭포이다. 씨판돈의 콩섬 주변에서 캄보디아 국경 가까이 있는 스텅트렝까지 메콩강 구간은 폭포와 빠른 물살 때문에 배가 왕래할 수 없다. 동북 태국을 종단하는 문강, 치강, 메콩강 지류 등 강을 따라 배로 옮겨진 사람과 화물은 이 폭포 때문에 상류와 하류에서 내려 육로로 이동해야 했다. 콩 폭포를 내려가면 바다와 같은 캄보디아의 메콩강 주류가 시작된다. 폭포 구간을 지나서야 또다시 배로 사람과 화물을 옮길 수 있다. 이러한 폭포의 상하부에는 팡칼란(배가 운항할 수 없는 곳에 생긴 마을)이 발달한다.

콩섬에서 헤가 I 식 동썬 동고(기원전 3~4세기, 라오 국립박물관)가 발견되었으므로, 청동기 시대부터 수장국이 있었을 가능성이 크다. 또한, 콩섬 안에도 사원 유적이 있으며 유적에는 석제 링가, 기단, 벽돌 건물 일부가 남아 있다. 비엔티안에 있는 라오 국립박물관은 이 섬에서 출토된 7세기 가네샤상을 소장하고 있다. 콩섬은 기원전 3세기부터 7세기까지 팡칼란 세력의 근거지였을 가능성이 크다.

상부 팡칼란의 중심은 참파삭으로, 이곳에서 진랍이 융성했다. 하부 팡칼란의 중심은 스텅트렝과 삼보르이다. 이들 지역에는 부남 시대부터 거점 도시였던 삼부푸라가 있었고, 후대에 육진랍과 수진랍이 분열했을 때 육진랍의 근거지가 되었다. 참파삭과 삼보르는 크메르 왕국의 가장 중요한 근거지가 되었다. 진랍은 메콩강의 팡칼란(참파삭, 삼보르)을 중심으로 세력을 확대했다. 그러나 지금도 참파삭과 삼보르의 주변에는 '무앙'(성읍)이라는 지명이 많이 남아 있어, 진랍은 농업을 기반으로 하는 수장국에서 시작한 것을 알 수 있다.

라오스 남쪽의 시판돈에서 캄보디아의 스텅트렝까지는 폭 1~2㎞로 흐르면서 낙차가 큰 폭포가 있다. 이러한 폭포 구간은 배가 왕래하는 데 치명적인 약점이지만, 그래도 메콩강은 남북을 잇는 젖줄이다. 메콩강 전체 중 919㎞의 구역이 타이와 국경을 이루고 있는데, 이들 지역에는 무앙이라는 지명이 많다. '무앙'이라는 지명은 태국의 문강과 치강 유역, 메콩강을

도판 4-4-98 | 스텅트렝의 프레아 코 사원(7세기, Preah Koh, Thla Barivat, Steung Treng, Cambodia)

도판 4-4-99 | 사원 내부의 성수관(7세기, Preah Koh, Thla Barivat, Steung Treng, Cambodia)

도판 4-4-100 | 프레아 코 사원 출토 상인방(7세기, Preah Koh, Thla Barivat, National Museum of Cambodia)

도판 4-4-101 | 삼보르 프레이 쿡 양식의 상인방(7세기, 출토지 불명, National Museum of Cambodia)

따라 라로스와 캄보디아에서 많이 남아 있다. 또한, 오래된 동썬 청동기가 메콩강을 따라서 혹은 무앙 주변에서 발견됐다. 따라서 동남아시아의 기층문화(수전 농업, 청동기 등)는 메콩강의 상류에서 하류로, 인도의 외래문화는 메콩강 하류에서 상류로 전해진 것이다.

따라서 참파삭의 왓푸 사원군, 따오타오 사원, 고대 도시(Shestrapura와 Lingapura), 토모 사원, 기타 유적 등은 메콩강 하류에서 상류로 전해진 인도의 문화(힌두교와 불교)의 영향 아래서 성립했다. 특히 따오타오 사원은 메콩강 고대 길과 깊은 관련이 있는 사원이다. 지금까지 메콩강의 고대 길에 관한 구체적인 연구가 거의 없다. 고대 참파삭에 어떻게 히여 힌두교 문화가 전래했는지를 메콩강을 따라 사원과 유적을 통하여 구체적으로 제시하고자 한다.

메콩강을 따라 라오스와 국경을 면하는 곳이 스텅트렝이다. 캄보디아 스텅트렝의 메콩강 주변에 몇 개의 벽돌 사원이 있었는데, 현재 사원 건물의 일부가 남아 있는 곳은 타라 바리왓의 프라삿 프레아 코(Preah Koh)이다. 스텅트렝에서 메콩강 건너편의 서쪽 마을 안에 사원이 남아 있다. 마을(Phom Thala) 사람들은 이 사원을 프라삿 프레아 스레이(Prasat Preah Srey) 혹은 프라삿 프레아 보란(Prasat Preah Boran)이라고도 부른다. 동쪽에 입구가 있고 문틀은 사암 석재를 사용했다. 현재 상인방은 남아 있지 않고, 전체적으로 삼보르 프레이 쿡의 사원과 유사하나 하늘을 나는 궁전의 부조는 확인할 수 없다. 사원 서쪽에 배수부의 석제가 남아 있고, 사원 밖에도 석제 소마수트라(Somastra=배수관)가 남아 있다. 이러한 유물은 사원 안에 성수를 끌어들여 링가와 요니에 성수를 흐르게 한 것이다. 사원 앞에 있는 석제 난딘상으로 보아 이 사원은 시바에게 헌정한 사원이다.

현지에 남아 있는 유물로는 사원의 구체적인 창건 연대를 알 수 없다. 그러나 프놈펜에 있는 캄보디아 국립박물관이 소장한 프레아 코 사원에서 출토된 상인방으로 시기를 대략 짐작할 수 있다. 이 상인방의 전체적인 양식은 참파삭의 고대 도시인 왓 루앙 카오에서 출토된 상인방과 유사하다. 크게 입을 벌린 마카라가 서로 마주 보고, 그 사이에 벨트형의 띠 모양이 있으며, 중앙의 메달리온 안의 양손에 나가를 든 가르다 부조는 양식적으로 유사하고, 캄보디아 국립박물관에 이와 유사한 상인방 2개가 전시되어 있다. 모두 7세기의 삼보르 프레이 쿡 양식이라고 하지만, 양손에 나가를 든 가루다 부조는 스텅트렝과 참파삭에서만 발견됐다. 메달리온과 꽃다발 장식 등 세부 부조는 다소 다른 부분도 있지만, 7세기 초~중반경의 상인방인 것은 확실하다. 프라삿 프레아 코에서 출토된 상인방은 크기나 소박한 장식 등을 고려하면 왓 루앙 카오에서 출토된 상인방보다 앞서는 것으로 추정된다.

스텅트렝은 씨판돈의 팡칼란을 육로로 남하한 후 다시 메콩강에서 사람과 화물을 배로 옮겨 싣는 첫 항구 도시였다. 스텅트렝의 메콩강과 합류하는 세콩강(Steung Sekong, 프라삿 프레아 코 남동쪽) 주변에 진랍 시대의 사원 유적이 남아 있다. 스텅트렝 서쪽의 품바총(Phum Ba Chong) 마을에는 프라삿 바 총(벽돌 사원 유적, Prasat Ba Chong)이 남아 있다. 품 프렉(Phum Prek) 마을에는 프라삿 프레아 타잇(Prasat Preah Thiet)이 있는데, 벽돌 사원은 대부분이 무너져 내렸고, 사암으로 만든 상인방 1기(7세기)가 남아 있다. 이 상인방은 양식적으로 프라삿 크톱(Prasat Khtop)에서 출토된 상인방과 유사하다. 그 밖에도 품캉타초(Phum Kang Ta Cho) 마을에 프라삿 브람보운로뱅 유적(Prasat Brambounloveng, 7세기의 벽돌 사원, 사암으로 만든 문틀 위에 상인방 1기가 남아 있다.)과 프라삿 브로스(Prasat Bros, 7~8세기의 벽돌 사원), 메콩강변의 바둠 마을에 진랍 시대의 사원 유적(Badeum, Sam Kouy, 3곳의 벽돌 사원 유적, 7~8세기의 벽돌 사원)이 남아 있다. 앞으로 지표 조사와 발굴 조사가 필요한 유적들이다.

메콩강을 따라 스텅트렝 남쪽에 크라체(Kratié라고도 한다)가 있다. 스텅트렝시와 크라체주는 베트남과 국경을 접하며, 오른쪽으로 흐르는 메콩강에 사는 돌고래의 서식지로 유명하다. 크라체와 스텅트렝 사이에는 삼보르(Samborpura=Sambhupura)가 있다. 메콩강변에 있는

도판 4-4-102 | 양손에 나가를 든 가루다 부조(7세기, 출토지 불명, National Museum of Cambodia)

삼보르는 현재 작은 시골 마을이지만 8세기 초 육진랍(陸眞臘)의 근거지로 추정되는 삼부푸라가 있었던 곳으로 주변에 많은 사원이 있던 것이 밝혀졌다. 하지만 사원 대부분은 벽돌을 쌓아서 만들었기 때문에 원형을 유지하는 사원은 거의 남아 있지 않다.

도판 4-4-103 | 프라삿 크톱 출토 상인방(7세기, Prasat Khtop, Steung Trung, National Museum of Cambodia)

도판 4-4-104 | 삼보르 출토 상인방(7세기, Sambhupura, Museum of Kratie, Cambodia)

도판 4-4-105 | 삼보르 출토 상인방(7세기, Sambhupura, Museum of Kratie, Cambodia)

크라체 박물관에는 삼보르 주변에서 출토된 7~8세기의 상인방을 소장하고 있다. 그중에서 가장 오래된 상인방으로 보이는 것은 마카라가 서로 마주 보고 큰 입 사이에 벨트형의 띠 장식이 있으며 하나의 메달리온 안에 양손에 나가와 가루다를 들고 있는 부조이다. 이 상인방 부조는 스텅트렝의 프레아 코, 참파삭 고대 도시의 왓 루앙 카오 상인방과 유사하다. 상인방의 크기와 소박한 조각 양식을 보면 왓 루앙 카오보다는 스텅트렝의 프레아 코 사원의 상인방과 가깝고, 연대도 왓 루앙 카오보다 앞서는 것으로 추정된다. 특히 메달리온 안 풍만한 여성의 인물상은 양자가 매우 유사하다. 마주 보고 입을 크게 벌리고 있는 마카라, 그 사이 벨트형의 띠 장식, 하나의 메달리온 등 전체적으로 크라체 박물관의 상인방과 스텅트렝의 프레아 코 사원의 상인방이 유사하다. 7세기의 삼보르 프레이 쿡 양식이다.

메콩강변의 코크리엥(Koh Krieng) 유적에서 발견된 여신상은 7세기의 삼보르 프레이 양식이다. 코크리엥의 여신은 양 발목을 강화하기 위하여 사이를 받침대와 연결하고 있다. 풍만한 육체, 눈과 귀 등 형태는 삼보르 프레이 쿡 양식의 요소를 갖추고 있다. 정면을 똑바로 향하고, 좌우 대칭으로 강직하며 의연한 모습을 하고 있다. 허리에 감는 허리띠가 더해져 있는 것도 새로운 요소로, 허리띠에 당초문이 새겨져 있다. 이처럼 형식적 요소가 강해지고 있는 한편으로 기품을 잃지 않고 생기 넘치는 인상을 안겨주는 세세한 부분까지 아주 섬세하게 조각되어 있다. 눈, 코, 뺨, 또는 유방, 복부, 다리를 각각 강조한 육체미는 매혹적인 여신상의 아름다움을 더하고 있다.

도판 4-4-106 | 코크리엥 여신상(7세기, Koh Krieng, National Museum of Cambodia)

　그 밖에도 크라체 박물관에는 8세기(육진랍 시대)의 상인방 3기, 링가와 요니, 12세기의 석상 2개가 전시되어 있다. 특히 주목되는 상인방은 양 끝에서 마주 보고 있는 마카라의 입에서 멧돼지가 튀어나오는 부조이다. 마카라의 머리 위에 사람이 앉아 있는 부조는 다른 진랍 시대(7세기)의 사원에서도 볼 수 있는데, 멧돼지 부조는 캄보디아에서 처음 발견된 사례로 8세기 초에 제작한 것으로 추정된다. 이러

도판 4-4-107 | 크라체 출토 상인방(8세기, 프레이 크멩 양식, Museum of Kratie, Cambodia)

도판 4-4-108 | 크라체 출토 상인방(8세기, 프레이 크멩 양식, Museum of Kratie, Cambodia)

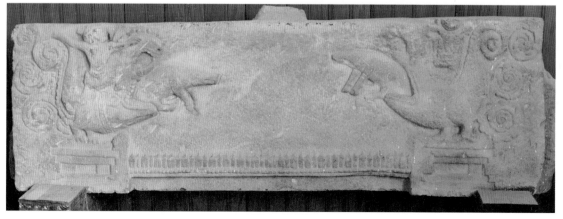

도판 4-4-109 | 멧돼지 부조의 상인방(8세기, Museum of Kratie, Cambodia)

도판 4-4-110 | 크라체 출토 링가(8세기, Museum of Kratie, Cambodia)　도판 4-4-111 | 프라삿 크완피(8세기, Prasat Kwan Pi, Kratie, Cambodia)

한 유물은 대부분 삼보르의 사원 유적에서 발견되었으며, 사원 유적은 대부분 무너져 내려 흔적조차 찾기가 어렵다. 지금까지 크라체에서 확인한 사원은 8세기로 추정되는 프라삿 크 완피(Prasat Kwan Pi)이다. 현재 밀림 안에 2기의 사당이 남아 있다. 벽돌 3탑 형식(힌두교 3대신 을 모신 고탑형 벽돌 사원)으로 주변에 해자를 만들었다. 지금까지 알려진 사원의 해자 중에 가장 오래된 형식이다. 그리고 12세기의 석상은 캄보디아 각지에서 발견되었는데, 크라체주에서 는 12세기의 석조 사원이 발견되지 않았다.

도판 4-4-112 | 크라체시에서 본 메콩강(Kratie, Cambodia)

메콩강을 따라 크라체의 남쪽으로 가면 캄퐁 참주가 있다. 지명으로 보아 베트남의 참파족이 살았던 지역이다. 지금도 참파족은 메콩강과 튼 레삽 호수의 배 위에 거주하면서 물고기를 잡고 산다. 캄퐁참에서 현지 조사한 사원은 18개 유적 이다. 프놈펜의 캄보디아 국립박물관에는 프라 삿 담방덱에서 출토된 진랍 시대의 상인방(7세기, 삼보르 프레이 양식)이 전시되어 있다. 캄퐁참에서 발 견된 가장 오래된 석상은 보프레아난(Bob Preah Nan, Cheung Prey) 유적의 두르가상(7세기 중반, 프레 이 크멩 양식, 프놈펜의 캄보디아 국립박물관 소장)이다. 조사한 사원은 참파 왕국과의 국경 근처 혹은 거 점 도시에 있으며 앙코르 왕조 시대에 세운 10~13세기 사원이 대부분이다. 진랍 시대에 메콩 강 수운(水運)과 관련하는 6~7세기 사원이 프놈 한체이(Phnom Hanchey) 유적이다.

프놈 한체이(Phnom Hanchey) 유적에는 3개의
힌두교 사원이 있다. 메콩강 서쪽 언덕 위에 다
공질의 사암을 가공하여 쌓아서 만든 것으로 완
벽한 형태의 지붕이 남아 있다. 원래는 2기의
사당이 있었다. 건축 양식으로 보면 전체적으
로 타케오주 프놈다 유적의 아쉬람 마하 로세이
(Ashram Maha Rosei)와 유사하며, 사원이라기보
다는 규모가 작아 사당이라고 보는 것이 타당하
다. 동쪽에 입구가 있고 입구 양쪽에 장식 기둥
이 있으며 기둥 위에 상인방 장식이 있다. 상인
방 장식은 마카라가 서로 마주 보고, 그 사이에
벨트형의 띠 장식과 중앙에 한 개의 메달리온 장
식이 새겨져 있다는 점에서 6~7세기의 상인방
양식과 유사하다. 지붕의 석제에도 말굽형의 테
두리 안에 인물 부조가 사방에 새겨져 있다. 작

도판 4-4-113 | 프라삿 담방덱 출토 상인방(7세기, Prasat Dambang Dek, Kampong Cham, National Museum of Cambodia)

도판 4-4-114 | 메콩강에서 어로를 하며 사는 참파족(Kampong Cham, Cambodia)

은 사당 안에는 요니와 성수 배수관이 남아 있다. 6~7세기 석조 사원으로 입구 오른쪽에 무
너진 또 하나의 사당이 있다.

　다공질 사암 사당 뒤 언덕 위에 또 하나의 석조 사원이 있다. 사암을 잘 판석처럼 잘 가공
하여 짜 맞춰 세운 건물로 상부가 유실되었다. 현재 남아 있는 석조 사당의 구조를 보면 앙
코르 보레이 프놈다의 아쉬람 마하 로세이와 유사한 부분도 있지만, 삼보르 프레이 쿡 유적

도판 4-4-115 | 프놈 한체이의 다공질 사암 사당(6~7세기, Phnom Hanchey, Kampong Cham, Cambodia)

도판 4-4-116 | 다공질 사암 사당 동쪽 입구의 상인방 부조(6~7세기, Phnom Hanchey, Kampong Cham)

도판 4-4-117 | 프놈 한체이의 석조 사원(7세기, Phnom Hanchey, Kampong Cham)

도판 4-4-118 | 석조 사원 입구의 상인방 부조(석조 사원, 7세기, Phnom Hanchey, Kampong Cham)

도판 4-4-119 | 프놈 한체이의 벽돌 사원(7세기, Phnom Hanchey, Kampong Cham)

도판 4 4-120 | 벽돌 사원의 상인방 부조(7세기, Phnom Hanchey, Kampong Cham)

도판 4-4-121 | 벽돌 사원 입구의 크메르어 비문(7세기, Phnom Hanchey, Kampong Cham)

의 프라삿 아스롬 에세이(Prasat Asrorm Esei, N17), 왓푸의 무너진 석조 사당과 아주 유사하다. 이들 석조 사당은 크기, 구조, 세부 조각까지 아주 유사하여 같은 시기에 만든 것을 알 수 있다. 석조 사당의 벽면에 여러 가지 장식 부조가 새겨져 있는데, 특히 석조 사원 기단의 건물형 장식 부조는 참파삭 고대 도시 안의 농 비엔네(Nong Vienne, 왓푸 유적박물관 소장) 출토 부조와 유사하다.

석조 사원 남쪽으로 불교 사원이 있고, 바로 옆에 벽돌로 만든 사당이 남아 있다. 비교적 규모가 큰 1탑형으로, 남아 있는 상인방 부조로 보아 7세기의 사원(삼보르 프레이 쿡 양식)으로 추정된다. 사암으로 만든 문틀이 사원 입구에 있으며 비문이 새겨져 있다. 유적에서 출토된 부조와 유사한 점으로 보아 7세기의 석조 건물로 보는 것이 타당하다. 캄풍참은 거리상으로 진랍의 수도 이샤나푸라와 인접하여 7세기에 건립한 사원도 많고, 삼보르 프레이 쿡 양식의 부조가 있는 상인방도 비교적 많이 발견됐다.

도판 4-4-122 | 캄퐁참 출토 삼보르 프레이 쿡 양식 상인방(7세기, Kampong Cham, National Museum of Cambodia)

도판 4-4-123 | 프라삿 프놈 톰 출토 상인방(7세기, Prasat Phnom Thom, Kampong Cham)

캄퐁참의 프라삿 프놈 톰(Prasat Phnom Thom)은 7~13세기까지 유물이 남아 있다. 사원은 산악숭배에서 유래하였으며, 7세기에 창건하여 10세기와 13세기에 증·개축했다. 현재 라테라이트로 된 사원은 13세기에 건립했다. 남은 상인방 부조는 삼보르 프레이 쿡 양식, 프레 룹 양식, 바푸온 양식, 바이욘 양식 등이 있다. 캄퐁참의 메콩강 동쪽에 진랍 시대의 대형 환호 유적(Huong Preah Sdach Kan)이 있고, 그 안에 8세기에 세운 프레이 노코르 크농 사원(Phrey Norkow Knong, 캄퐁 프레아 양식)이 남아 있다. 불교 사원 안에는 앙코르 왕조 시대 대형 벽돌 사원이 2기 남아 있다. 진랍이 참파의 침략에 대비하여 만든 지방 거점 도시 안에 세운 사원이다. 해자는 참파의 침략을 방어하기 위한 목적과 더불어 저수지(바라이) 기능도 있었을 것으로 추정된다. 불교 사원 안에는 앙코르 왕조 시대 대형 벽돌 사원이 2기 남아 있다.

메콩강에서 비교적 멀리 떨어진 캄퐁참의 프레아 탓텍차 유적(Preah Theat Teuk Chha, Thmo Da, Beung Nay)은 10세기 코케르 양식(상인방)의 벽돌 사원이다. 그러나 입구의 기둥 장식은 7세기(삼보르 프레이 양식 혹은 프레이 크멩 양식) 것을 재사용했다. 사원 안에서 7세기의 스칸다상이 발견되어, 현재 프놈펜의 캄보디아 국립박물관에 전시되어 있다. 메콩강에서 비교적 멀리 떨어져 있고, 진랍 시대인 7세기에서 앙코르 왕조 시대인 10세기의 지방 거점 사원이다. 메콩강 동쪽에 있는 프라삿 쳉앙(Prasat Cheng Ang)은 10세기의 프레 룹 양식의 벽돌 사원으로 동쪽 입구 상인방과 장식 기둥은 10세기 양식이다. 입구의 문틀에 크메르어 비문이 새겨져 있다. 서·남쪽·북쪽에 가짜 문 장식이 있고, 사원 주변은 해자로 둘러싸여 있다.

도판 4-4-124 | 프레이 노코르 크농 사원(8세기, Phrey Norkow Knong, Kampong Cham)

도판 4-4-125 | 프레아 탓텍차 사원(10세기, Preah Theat Teuk Chha, Kampong Cham)

도판 4-4-126 | 프레아 탓텍차 사원의 입구 기둥 장식(7세기, Preah Theat Teuk Chha, Kampong Cham)

도판 4-4-127 | 프레아 탓텍차 사원 출토 스칸다상(7세기, Preah Theat Teuk Chha, National Museum of Cambodia)

도판 4-4-128 | 프라삿 쳉앙(10세기, Prasat Cheng Ang, Kampong Cham)

메콩강 서쪽의 프라삿 프놈 트롭(Prasat Phnom Trop, Kork Yay Horm, Kampong Cham) 유적에 벽돌 사원이 3기 남아 있다. 아름다운 전원 풍경의 작은 언덕 위에 세워진 사당에는 10세기(프레 룹 양식)의 상인방(2기)과 내부에 스투코로 만든 신상 부조가 남아 있다. 동쪽 입구 오른쪽에 있는 1기의 상인방은 부조의 내용을 추측할 수 없을 만큼 손상되었고, 왼쪽 입구의 상인방에는 코끼리 두 마리가 락슈미에게 성수를 뿌리는 장면이 새겨져 있다. 중앙 사당과 오른쪽 사당 내부에는 옻칠한 스투코 부조가 새겨져 있다. 사당 내부 서쪽 벽에 3명의 여신으로 보이는 부조가 새겨져 있다. 왼쪽 사당 안에는 춤추는 시바로 추정되는 부조가 스투코로 새겨져 있다. 사원 아랫마을에는 아난다 위에 누워 있는 비슈누를 부조한 상인방이 남아 있다. 원래는 지역 주민들이 믿고 받들던 성산에 힌두교 사원을 건립한 것이다. 그 밖에도 프라삿 프레아 키(10세기, Prasat Phrey Ky, 벽돌 사원), 왓 노코르(11세기, Wat Norkor, 라테라이트 사원) 등이 남아 있다.

도판 4-4-129 | 프라삿 프놈 트롭(10세기, Prasat Phnom Trop, Kampong Cham)

도판 4-4-130 | 코끼리 두 마리가 락슈미에게 성수를 뿌리는 장면(왼쪽 동면 상인방, 10세기, Prasat Phnom Trop, Kampong Cham)

캄퐁참의 메콩강을 남하하면 칸달(Kandal)이 있고, 칸달주 안에 캄보디아 수도 프놈펜이 있다. 칸달의 톨 앙(Tuol Ang, Don Teav) 유적에서 7세기의 가네샤상이 출토되어, 프놈펜의 캄보디아 국립박물관에 전시하고 있다. 현재 칸달에서 확인된 진랍 왕조의 사원은 총 4곳으로 그중에 7~8세기의 사원은 프라삿 프놈 바셋(Prasat

도판 4-4-131 | 중앙 사당의 스투코 부조(10세기, Prasat Phnom Trop, Kampong Cham)

Phnom Basth)과 왓 프라삿(Wat Prasat)이다. 칸달의 메콩강 서쪽에 바셋산이 있고, 정상 가까이에 벽돌 사원인 프라삿 프놈 바셋이 있다. 동쪽 입구에는 사암으로 만든 상인방이 남아 있

도판 4-4-133 | 춤추는 시바(오른쪽 사당의 스투코 부조, 10세기, Prasat Phnom Trop, Kampong Cham)　　도판 4-4-132 | 왓 노코르(11세기, Wat Norkor, Kampong Cham)

도판 4-4-134 | 왓 노코르 상인방의 라마야나 이야기 부조(11세기, Wat Norkoer, Kampong Cham)

다. 꽃 모양을 장식한 캄퐁 프레아 양식으로 8세기의 것으로 추정된다. 그런데 사원은 동서남북의 사방에 하늘을 나는 궁전이 새겨져 있어, 삼보르 프레이 쿡 유적과 유사하다. 서쪽의 가짜 문과 기둥 장식과 세부 꽃 모양 등도 삼보르 프레이 쿡 유적과 유사하다. 동쪽 입구의 상인방을 후대에 개축했다면 프라삿 프놈 바셋은 7세기에 건립했을 가능성도 있다.

　더욱이 이 사원에서 주목되는 것은 사원 내부에 있는 큰 바위이다. 일반적으로 앙코르 사원은 힌두교 신상 혹은 링가와 요니 등이 안치되어 있는데 이 사원은 자연의 큰 바위를 둘러

도판 4-4-136 | 가네샤상(7세기, Tuol Ang, Don Teav, Kandal, National Museum of Cambodia)

도판 4-4-135 | 프라삿 프놈 바셋(7세기, Prasat Phnom Basth, Kandal)

싸듯이 만들어져 있다. 사원 안의 바위에는 바위 그늘이 있다. 이 사원은 힌두교가 전래하기 이전의 성지를 힌두교 사원을 세워 포장한 것이다. 프라삿 프놈 바셋은 크메르족의 토착 신앙과 힌두교 신앙의 융합을 잘 보여주는 대표적인 사원이다. 즉 산악신앙, 바위 신앙, 성수 숭배는 기층 문화에서 유래하며 이러한 문화는 메콩강을 따라 남하했다. 힌두교 문화는 메콩강을 따라 강의 상류로 전해진 것을 알 수 있다. 타케오주 등에

도판 4-4-137 | 프라삿 프놈 바셋의 하늘을 나는 궁전(7세기, Prasat Phnom Basth, Kandal)

도 토착 신앙의 대상이었던 자연 암석에 세운 사원이 남아 있다.

메콩강 유역의 유적과 사원을 보면 수전 농업과 금속기 문화는 메콩강을 따라 상류에서 전해졌고, 힌두교 사원은 하류에서 상류로 전해진 것을 알 수 있다. 또한, 인도의 힌두교 문화는 메콩강 유역의 기층문화와 융합하여 독자적으로 전개했던 것을 알 수 있다. 메콩강 유역의 사원은 소규모의 6~8세기 벽돌 사원이 대부분이고 12세기 이후의 석조 사원은 거의 찾아볼 수 없다. 참파삭의 토모 사원에서 12세기의 석판 조각이 발견된 것으로 보아 메콩강은 후대까지 중요한 교통로로 사용된 것을 알 수 있다. 그러나 진랍이 수도를 이샤나푸라(Sambor Prei Kuk, Kampong Cham)로 이주한 후부터 메콩강 수상 교통은 기능을 잃어가고, 점

도판 4-4-138 | 왓 프라삿(8세기 초, Wat Prasat, Kandal)

도판 4-4-139 | 왓 프라삿의 상인방 부조(8세기 초, Wat Prasat, Kandal)

차 왓푸에서 이샤나푸라, 앙코르 왕도를 오가는 육로가 역할을 대신하게 되었다.

4-4-2. 진랍

인도와 중국을 잇는 동남아시아의 항시 국가 부남을 멸망시키고, 속국이었던 진랍이 세력을 점차 확대했다. 진랍은 메콩강과 문강이 만나는 라오스 남부의 참파삭에서 수전 농업을 중심으로 세력을 확대하여, 5세기에는 메콩강 상류와 내륙에서 물산을 모아 부남에 전해 주는 중개상으로 성장했다. 6세기 중반에는 급속히 세력을 확대하여 문강 하류 지역에서 톤레삽 북쪽 호안에 이르는 광대한 영역을 정복하여, 메콩강 하류의 부남을 압박했다. 진랍의 왕 이샤나바르만은 타이만에 접한 태국 남부, 캄보디아까지 영역을 확대하고, 마침내 부남의 수도 비야다푸라(Vyadhapura)를 함락시켰다.

비야다푸라를 현재의 캄보디아 남동쪽 프레아 벵(Prey Veng)의 바프놈(Ba Phnom)이라 추정하는 견해가 있다. 크메르어로 'Ba'는 조상, 선조를 의미하고, 'Phnom'은 산, 언덕을 의미하여, 그대로 직역하면 선조의 산이라는 뜻이다. 그러나 바프놈에서는 부남의 수도로 볼 수 있는 유적과 유물이 출토되지 않으며, 앙코르 보레이가 부남의 수도였을 가능성이 크다. 중국 사서에는 '특목성(特牧城)에서 왕은 중층의 궁전에 살고, 코끼리를 타고 외출한다.'고 전하고 있다. 아직 본격적인 발굴 조사가 이루어지지는 않았지만, 토성으로 둘러싸인 도성 안의 왕궁은 목조의 고상 가옥이었을 것으로 추정된다. 캄보디아의 남부, 메콩강을 따라서 라오스 남쪽의 참파삭 지방, 문강을 따라서 동북 태국의 피마이와 시텝까지 6세기 초기의 팔라바 문자로 된 산스크리트어 비문이 출토됐다. 당시의 부남과 진랍의 영역을 나타내는 동시에 문화 교류의 흐름을 알려준다.

616년, 수나라에 처음으로 사절을 보낸 진랍 국왕 이사나선대(伊奢那先代)는 이샤나바르만 1세(재위 616~637년)로 추정된다. 진랍이 부남을 병합했다는 중국 사서의 기록은 동남아시아와 중국 간의 교역을 진랍이 대신하게 된 것을 의미한다. 농업을 기반으로 하는 무앙(진랍)이 통상을 기반으로 하는 느가라(부남)를 합방한 것이다. 진랍은 농업을 기반으로 무앙 국가군이 세력을 확장하여 급격히 성장했다. 농업을 기반으로 하는 무앙(진랍)이 통상을 기반으로 하는 느가라(부남)를 합방한 것이다. 진랍은 부남과 다르게 현재 캄보디아에서 북쪽으로 태국 시템까지 미치는 광대한 평원 지대에서 비문이 출토된다. 7세기 비문에는 벼, 물소, 코코야자, 빈랑(檳榔) 등 지금의 동남아시아 내륙의 농촌을 연상시키는 단어가 자주 등장한다. 비문을 보면 진랍은 벼농사를 중심으로 충분히 자급자족했던 나라로 추정된다.

도판 4-4-140 | 반테이 스레이 박공의 쟁기 부조(왼쪽 인물, 10세기, Banteay Srei, National Museum of Cambodia)

도판 4-4-141 | 반테이 스레이와 보로부두르형의 목제 쟁기(Siem Reap, Cambodia)

진랍은 처음부터 벼농사를 경제적 기반으로 하여 발전하진 않았다. 동북 태국에서 캄보디아의 톤레삽 북안에 걸친 평원은 수자원이 부족하고 몬순 직전의 건조가 심하여 동남아시아의 전통적인 벼농사가 가능하지 않았다. 그런데 이 시기에 인도 남부의 벼농사 기술이 전해졌다. 인도 남부의 전통적인 벼농사 기술은 건조 지역의 잡곡 재배 기술을 논농사에 적응시켰으며, 서아시아 잡곡 재배와 마찬가지로 인디카종의 직파 농법, 쟁기 경작, 뿌리 벼 베기를 특징으로 한다. 이

도판 4-4-142 | 목제 쟁기를 사용하여 논갈이 하는 풍경(Siem Reap, Cambodia)

러한 재배 기술은 일반적으로 건조에 강한 계절풍 사바나 지역의 벼농사에 적합하다. 진랍은 인도 벼농사로 사바나 평원을 개척하여 7세기에 약진했다. 진랍과 자바의 샤일렌드라 왕국

의 비약적인 발전은 인디카 벼의 재배, 새로운 농법, 농기구의 발달과 밀접한 관계가 있다.

자바의 보로부두르 부조에는 두 마리 소가 쟁기를 끌어 경작하는 부조가 새겨져 있다. 쟁기는 통통한 나무를 깎아서 날을 넓고 날카롭게 다듬어서 긴 막대에 끼운 것이다. 이러한 쟁기를 두 마리 소(혹은 물소)에 연결하여 논을 일구는 방법이 일반적이다. 새로운 농기구(쟁기)의 도입으로 수도 경작은 비약적으로 발전했다. 캄보디아의 반테이 스레이의 박공 부조(제2벽 서쪽 누문, 967년, 사암, 196×242㎝)에도 왼쪽에서 두 번째 인물이 보로부두르 부조와 같은 형태의 쟁기를 들고 있다. 이러한 쟁기는 지금도 동남아시아 내륙 각지에서 사용하고 있다. 현재 참파삭의 일부 마을에서는 목제 쟁기날이 부러지기 쉬운 단점을 보완하기 위해서 개량형 쟁기를 사용하는 곳도 있다.

농기구뿐 아니라 석조 사원을 만들 때 재료를 채석하여 가공하고 석상을 조각하기 위해서는 각종 철제 도구가 필요하다. 지금도 채굴하는 철광산은 캄퐁 스바이 프레아 칸(프라삿 바칸)에서 동남동으로 35㎞ 떨어진 덱(Dec)산에 있다. 캄퐁 스바이의 프레아 칸에서 제철하면서 생성되는 폐기물인 철 찌꺼기가 대량으로 출토됐다. 앙코르 톰 안에 있는 프라삿 수오르 프랏이나 바이욘 남쪽을 발굴 조사했을 때도 철 찌꺼기 덩어리가 발견됐다. 그러나 앙코르 왕조 시대의 제철업은 크메르족이 아니라 캄보디아의 북동부(씨엠립주, 프레아 비히어주), 동북 태국, 라오스 남부에 사는 소수 민족 크이(Kwi)족이 독점했다. 크이족의 제철 노는 마을에서 떨어진 장소에 있었고, 차이(Chai)라고 하는 '제사장'을 중심으로 제철업을 1950년대까지 계속했다. 여하튼 진랍 세력의 확장은 철기를 생산하는 제철업과 밀접한 관계가 있다.

9~10세기에 건립한 것으로 여겨지는 캄보디아와 동북 태국 사원 유적의 벽돌에서 인디카 벼 껍질이 발견되어, 당시 벼농사에 일대 변혁이 일어났음을 알 수 있다. 8세기 중반 중부 자바에서 세계 최대의 불교 유적인 보로부두르를 창건할 수 있던 경제적 배경은 선재 동자 순례기와 원양 항해 부조가 시사하듯이 샤일렌드라 왕국의 해상 무역에 의한 부의 축적과 밀접한 관계가 있다. 또한, 건기에 강한 인디카 쌀과 쟁기를 사용하는 새로운 농법의 전래가 '세계 최고, 최대의 불교 보로부두르 유적' 건립의 원천적인 경제적 기반이었다. 진랍이 세력을 확장하여 앙코르 제국으로 발전하는 9~10세기에 앙코르 왕국의 대사원을 축조한 기반도 인디카 벼, 새로운 농기구와 농법의 전래, 치수(대형 바라이와 수로 축조) 등과 밀접한 관계가 있다.

6세기 후반의 진랍 비문이 전하는 지배 영역은 참파삭을 중심으로 하여 동북 태국, 톤레삽 북쪽 호안이었다. 그러나 610년대가 되면 메콩강 삼각주에서도 진랍의 비문이 출현했다. 진랍은 메콩강 유역에도 진출하였으나, 부남이 반세기에 걸쳐 저항했기 때문에 수도를 부남의 근거지인 메콩강 하류가 아닌 톤레삽의 북서쪽에 있는 평원인 이샤나푸라에 두었다. 앙코르 유적군은 다수의 사원 유적과 저수지, 수로 등에 의한 복합적인 시설로서 동남아시아에서도 그 규모가 크다. 앙코르 왕조의 전신으로 6세기부터 8세기에 걸쳐서 번창한 진랍국(Chenla 혹은 Zhenla) 전성기의 수도로 추정되는 것이 이샤나푸라라고 불리는 고대 도시이며, 현재는 삼보 플레이 쿡 유적군이라고 불리는 도성지(都城址)이다.

이샤나바르만 I세(Ishanavarman I)와 이샤나푸라(Ishanapura)

부남 최후의 왕 루드라바르만(Rudrabarman, 514~540?년)의 통치가 끝나고 진랍이 부남의 자리를 대신하게 되었다. 『수서』(眞臘傳)가 진랍의 성립에 대하여 상세히 기록하고 있다.[56] 바바바르만 1세의 동생이자 후계자인 '질다사나'(質多斯那=Chitrasena, 600~611년), 후의 마헨드라바르만왕이 부남을 병합하고, 그의 아들인 '이사나선대'(伊奢那先代, 611~635년)가 진랍을 통일하여 수도를 '이사나성'(伊奢那城=Ishanapura)에 정했다고 한다. 이샤나바르만은 마헨드라바르만의 아들이자 후계자가 되어 새롭게 이샤나푸라(삼보 프레이 쿡)에 수도를 건립했다. 이샤나푸라는 진랍의 기원지인 참파삭의 왓푸와 부남의 수도인 앙코르 보레이의 중간 지점에 해당한다. 삼보르 프레이 쿡은 메콩강이 굽어 흘러 메콩강과는 멀지도 가깝지도 않다(메콩의 캄퐁톰 소재지에서 북쪽으로 30~40㎞, 메콩강의 크라체·스텅트렝·캄퐁참에서 각각 130~140㎞). 베트남 중부에 거점을 둔 숙적인 입읍의 침략을 방어하기에 좋은 곳이며, 후대의 왕도가 되는 씨엠립과 톤레삽 호수 주변의 곡창 지대이다.

'성곽 안에 2만여 가구가 살고, 성안에 하나의 대궁전이 있고, 그곳은 왕이 정치를 듣는 곳이다(郭下二萬餘家 城中有一大堂 是王聽政之所)'. 이어서 '큰 성(위성 도시)이 총 30개, 성안에는 수천여 가구가 있다(総大城三十 城有数千家)'고 전하고 있다(『隋書』). 현재 문헌(중국 사료, 비문)과 유적으로 확인된 당시 진랍의 총 30개 위성 도시(大城) 중 앙코르 보레이(Angkor Borei, Takeo), 비야다푸라(Vyadapura?, Ba Phnom), 한체이(Hanchey), 삼부푸라(Sambhupura), 타라바리밧(TharaBariva), 왓푸(Wat Phu) 등이 메콩강변에서 확인되었다. 현재의 태국 영토 내에는 찬타부리(Chanthaburi), 제스타푸라(Jyesthapura, 현재의 Ta Phraya), 피마이(Phimai), 무앙 세마(Mueang Sema) 등이 있다. 이사나선대는 616년에 진랍의 왕 중 처음으로 중국에 사절단을 파견했다

56　『隋書』卷82, 眞臘傳, '其王姓剎利氏 名質多斯那 自其祖漸已強盛 至質多斯那 遂兼扶南而有之 死 子伊奢那先代立 居伊奢那城 郭下二萬餘家 城中有一大堂 是王聽政之所 総大城三十 城有数千家 各有部帥 官名與林邑同',

도판 4-4-144 | 진랍 시대의 벽돌 사원(7세기, Sambor Prei Kuk, Kampong Thom, 오세윤 촬영)

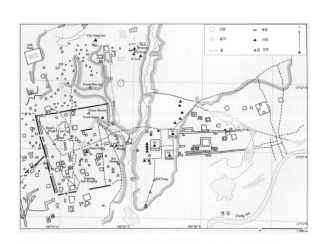

도판 4-4-143 | 삼보르 프레이 쿡의 유적도(Sambor Prei Kuk, Kampong Thom)

(揚帝大業十二年二月, 眞臘國, 遣使朝貢). 진랍은 참파삭을 떠나서 캄보디아 내륙 평원의 중심부에 수도를 만들어 자리를 잡아갔다.

『신당서(新唐書)』에는 '이샤나바르만이 부남을 완전히 추방한 것은 정관년간이 처음이다.(其王剎利伊金那 貞観初并扶南有其地)'라고 쓰여 있다. 그러나 이샤나바르만 서거(635년) 이후에도 부남은 건재했고, 643년에 임읍의 사절이 부남을 위하여 구원군을 보내줄 것을 태종에게 청하는 기록(太宗貞観十七年 林邑王遣使云爲扶南所攻 乞師救援)'이 있다. 이 무렵까지 부남 세력이 잔존했고, 당시의 부남 왕조는 스리위자야의 수도로 추정되는 수마트라섬 팔렘방 혹은 말레이반도의 차이야(盤盤國)에 거점을 두었을 가능성이 크다.

삼보르 프레이 쿡에서 출토된 비문에는 'Ishanapura'와 'Ishanapuri'라는 이름이 등장하고, 이샤나바르만은 부남 전쟁에서 승리하여 캄보디아 전역을 제패한 위대한 왕이라고 칭송한다.[57] 진랍은 이샤나푸라에서 씨엠립과 바탐방을 거쳐 태국의 찬타부리까지 새롭게 도로를 정비했다. 이에 찬타부리 항구에서 타이만을 건너 말레이반도의 차이야로 향하는 새로운 해로가 개발되었다. 당시 정비한 육로의 일부, 즉 이샤나푸라에서 씨엠립 구간의 육로는 앙코르 왕조 시대까지 중요한 도로로 사용되었고, 후대에 앙코르 왕도가 천도한 큰 이유였다. 또한, 씨엠립에서 끄라란, 동북 태국의 타프라야(Ta Phraya), 끄라란에서 포이펫(Paoy Paet), 태국의 푸란친부리의 무앙 씨마호솟, 방콕으로 이어지는 중요한 서쪽 육로를 정비하는 중요한 계기였다. 앙코르 왕도에서 동북 태국의 피마이까지 육로를 처음으로 정비한 것도 이샤나바르만 시대이다.

이샤나바르만의 왕비는 바프놈 근처의 아디야푸라(Adhyapura) 일족 출신이며, 왕과 왕비 사이에 시바다타(Sivaddata)와 바바쿠마라(Bhavakumara)가 탄생했다. 두 아들 중의 하나인 바바쿠마라가 나중에 바바바르만 2세가 되었다. 그 후에도 아디야푸라 일족은 크메르(진랍과 앙코르)의 역사에서 다양하게 등장한다. 또한, 이샤나바르만은 각지의 도로를 정비하고 영주를 임명하여 앙코르 왕조의 기반을 닦았다. 장남의 시바다타는 제스타푸라(Jyesthapura) 지방 영주로 임명하여, 동생인 바바바르만 2세를 돕게 했다. 제스타푸라는 캄보디아와 태국의 국경에 가까운 현재의 사케오 타프라야(Ta Phraya)이다. 이샤나푸라에서 제스타푸라까지의 고대 길은 약 330km이다. 이샤나바르만이 장남을 영주로 보낸 제스타푸라는 방콕과 나콘랏차시마를 지배하는 진랍의 중요한 전진 기지(위성 도시)였다. 지금도 타프라야 국립공원 안에 진랍 시대의 사원으로 추정되는 프라삿 카오론(Prasat Khao Lon) 유적이 남아 있다. 이샤나바르

도판 4-4-145 | 프라삿 담 체리(7세기, Prasat Dam Cheri, N18, Sambor Prei Kuk, Kampong Cham)

도판 4-4-146 | 프라삿 담 체리 비문(7세기, Prasat Dam Cheri, N18, Sambor Prei Kuk, 오세윤 촬영)

---

57 이샤나바르만 1세 관련 비문은 Angkor Borei(611년), Kdei Ang (667년), Roban Romas, Kuk Prah Kot, Wat Chakret, Wat Phu에서 발견됐다.

도판 4-4-147 | 하늘을 나는 궁전(7세기, N20, Sambor Prei Kuk, Kampong Cham)

도판 4-4-148 | S1 주 사당(동면, 7세기, S1, Sambor Prei Kuk, Kampong Cham)

도판 4-4-149 | 사자 석상(9세기 초, S군, Prasat Toa, Sambor Prei Kuk, Kampong Cham)

도판 4-4-150 | 프라삿 토아 상인방 부조(9세기 초, S군, Prasat Toa, Sambor Prei Kuk, Kampong Cham)

도판 4-4-151 | 동 고푸라 유적(7세기, S군, Yeai Poeun, Sambor Prei Kuk, 오세윤 촬영)

도판 4-4-152 | 메달리온 장식(7세기, S군 서벽, Yeai Poeun, Sambor Prei Kuk, Kampong Cham)

만의 장남인 시바다타는 타이만에 가까운 프라친부리에 비문을 남겼다.

진랍이 정복한 평원의 각지에는 푸라(Pura)라고 불리는 성곽 도시가 있었다. 푸라는 느가라와 같이 항만을 중심으로 고립된 상업 도시가 아니라, 복속하는 많은 무앙을 거느렸다. 진랍 왕조는 새롭게 정복한 무앙을 합방하여 일종의 장원을 만들었다. 진랍 왕권이 성장하면서 푸라의 수장들은 진랍 왕의 관료제 안에 편입하여, 푸라의 연합체는 차츰 중앙집권적인 피라미드 체제로 변모했다. 평원을 근거지로 하며 중앙집권적인 도시 국가의 연합체를 '푸라 국가'라고 부른다. 이 푸라 국가의 정점에 이샤나바르만이 통치하는 이샤나푸라가 있었다. 거대한 제국을 만들 수 있던 큰 배경 중 하나는 인도에서 전래한 인디카 벼농사이다. 현재의 삼보르 프레이 쿡에 수도를 정한 이샤나바르만은 당렉 산맥 북쪽, 즉 참파삭 출신으로 부남 왕조와는 혈연관계였다고 추정된다.

현재 삼보르 프레이 쿡에는 벽돌을 사용하여 3기에 걸쳐서 건립한 3군(N군＝北群, C군＝中央群, S군＝南群)의 첨탑 사원 100여 기가 남아 있다. 고대 도시 이샤나푸라에는 벽돌 사당에 의해서 복합 가람이 형성되어 7세기 동남아시아의 최고의 건축 유구로 평가되고 있다. 이 유적군이 7세기에 성립한 것은 중국 사료, 비문, 미술 양식, 건축 양식, 발굴 조사에 의한 연대 측정 등에 의해서 밝혀졌고, 수장(首長) 체제에서 전제 국가로의 전개, 그리고 외래문화의 수용(힌두교)과 크메르 조형 문화(벽돌 건축)의 국풍화(國風化)를 보여 주는 중요한 유적군이다. 유적은 크게 사원 지구(종교 지구)와 도성 지구(정치 경제 지구)로 구분되고, 이는 제정일치(祭政一致) 원리를 수도 구조에 반영한 도시 계획이었다. 사원 지구 내에서는 프라삿 삼보르(Prasat Sambor)가 최상위의 국가 사원으로 중심적인 존재였다. 프라삿 예아이 포엔(Prasat Yeai Poen)군의 프라삿 타오(Prasat Tao)는 9세기 초에

도판 4-4-153 | 벽돌 사당(7세기, S군, Yeai Poeun, Sambor Prei Kuk, 오세윤 촬영)

도판 4-4-154 | 상인방 부조(7세기, S군, Yeai Poeun, Sambor Prei Kuk, 오세윤 촬영)

자야바르만 2세가 세운 사원이다. 자야바르만 2세는 프놈쿨렌에서 앙코르 왕조를 세웠지만, 당시 구도 이샤나푸라가 폐기되지 않았으며 정치·경제적으로 중요한 도시였던 것을 사원 건립으로 알 수 있다.

삼보르 프레이 쿡 양식

원래 부남의 속국인 진랍은 6세기 후반부터 점차 세력을 강화하여, 7세기 전반까지 부남을 포함한 주변 국가를 사실상 지배 아래에 두었다. 그리고 통일 국가 건설을 위해 영역을 확대했다. 진랍국의 수도는 이샤나푸라(伊奢那城, 『隋書』 卷82, 眞臘傳)로, 프놈펜에서 북쪽으로 약 180㎞(캄퐁톰에서 북쪽으로 약 40㎞) 떨어진 삼보르 프레이 쿡 유적이다. 『수서』(隋書) 진랍전(眞臘傳)은 이샤나푸라에 대하여 '도성에는 2만여 가구가 있고 성중에 큰 전당이 있다. 거기에서 왕이 정무를 집행한다. 큰 성은 약 30개가 있고, 각각 수천의 집이 있다'고 전한다.

삼보르 프레이 쿡 유적은 크게 동쪽 유적군과 서쪽 유적군으로 나뉘어, 서쪽으로 한 변이 약 2㎞인 사각형 환호에 둘러싸인 도성 터가 있고, 동쪽에는 사원군이 있다. 크고 작은 벽돌 사당 등이 남아 있고, 도성 내에도 50개 이상의 사원이 있다. 남쪽 유적군에는 동 고푸라 유적과 힌두교 신화 등을 새긴 메달리온(Medallion)으로 장식한 서쪽 벽이 남아 있다. 최근에 발굴 조사한 결과 주변 일대에서 새롭게 많은 유구가 발견되었으며, 출토 유적군의 규모는 6㎞, 남북 4㎞에 달한다. 수서 진랍전에서 전하는 것과 같은 화려한 도성의 모습이 점차 밝혀지고 있다.

삼보르 프레이 쿡 양식은 이 유적의 건축물과 조상에 보이는 양식을 포괄하는 개념이다. 이 양식은 프레이 크멩 양식과 캄퐁 프레아 양식과 함께, 진랍 유적에 남아 있는 상인방 또는 사원 내외에 새긴 부조 문양의 편년에 따라서 건축 양식을 분류한 것이다. 삼보르 프레이 쿡 유적은 진랍의 왕도를 만든 중심 사원으로 다양한 형태의 벽돌 사원이 남아 있다. 그중 하나인 N1 주 사당과 부 사당은 바바바르만 2세(재위 635~657년) 또는 자야바르만 1세(재위 657~681년) 때 완성한 것이다. N7은 N1 주 사당의 사방에 배치한 부 사당의 하나로, 건물은 벽돌이지만 출입구(장식용 가짜 문)와 상인방 등은 개구부의 보강을 위해서 사암으로 만들었다.

삼보르 프레이 쿡 유적에서 많이 볼 수 있는 팔각형 평면 구성은 조형적인 창의성보다는 구조적인 필연성에서 만들어졌다. 빅출식(迫出式) 지붕을 만드는 방법은 직사각형 평면이 가장 초기에 나타나는데, 내부 공간을 확대하기 위하여 방형 평면으로 발전했다.[58] 기술적 개량 과정에서 팔각형 평면 공법이 채용되어, 이를 위해 각 변은 크고 작은 조합으로 구성되어 있다. 당시 가장 앞선 기술을 이용하여 축조한 것으로 추정된다. N1 주 사당이 사각형의 평

---

58 박출식 공법은 당시 사람들이 아치 공법을 몰라서 건축 재료를 조금씩 안쪽으로 밀어내며 지붕을 쌓아 올리는 방식이다(崔 炳夏, 片桐 正夫, クメール石造建築における石造屋根構法の發展について: アンコール·ワット樣式の建立順序の再考, 日本建築学会計画系論文集, 2003年, 68巻, 573号, p. 163-169)

도판 4-4-155 | N1 주 사당(7세기, Sambor Prei Kuk, Kampong Cham)

도판 4-4-156 | N7 부 사당(7세기, Sambor Prei Kuk, 오세윤 촬영)

도판 4-4-157 | 하늘을 나는 궁전 부조(7세기, S10, Sambor Prei Kuk, 오세윤 촬영)

도판 4-4-158 | 소형 석조 사당(7세기 초, Asrom Eisily, N17, Sambor Prei Kuk, Kampong Cham)

면을 하고 있어 7세기 전반부터 중반까지 방형 평면에 박출식 벽돌 지붕을 완성한 것으로 추정된다. 사당 벽면에는 3단 구성의 부조 조각이 벽감(壁龕)으로 되어 있고, 하부에 새(가루다 등)가 궁전을 받쳐 하늘을 나는 천궁성을 표현했다. 유일하게 작은 석조 사당(Asrom Eisily)이 남아 있고, 프놈 판체이, 왓푸 유적에도 유사한 형태의 석조 사원이 남아 있다. 남쪽 유적군의 프라삿 난딘

도판 4-4-159 | 인도의 영향을 받은 부조(7세기 초, Prasat Nandin, S2, Sambor Prei Kuk, 오세윤 촬영)

(Prasat Nandin, South 2) 내부도 석조 사원으로 보이는 구조물이 남아 있다. 원래의 석조 사원을 벽돌 사원으로 증축한 것으로 추정되며, 남아 있는 부조를 보면 인도의 영향을 강하게 받은 것을 알 수 있다. 장식 조각으로 보아 7세기 전반으로 추정된다.

삼보르 프레이 쿡 유적에는 7세기 초·중·후반의 다양한 사암 상인방 부조가 남아 있다. 6~7세기의 초기 사원에는 벽돌 표면에 부조하고 표면을 다시 스투코로 장식했는데, 재료상의 문제로 거의 남아 있지 않다. 현지 사원에 상인방이 창건 당시의 상태로 그대로 남아 있는 사례는 그리 많지 않다. 7세기 초의 상인방 부조는 인도의 영향을 강하게 받은 부조가 새겨져 있으며, 대체로 마카라 조각이 크고 깊게 새겨져 있다. 인물상의 얼굴도 크메르인이 아니라 인도인의 모습을 하고 있다. 7세기 전반이 되면 마카라가 양 끝에 마주 보고 입에서 물을 뿜는 단순한 메달리온 장식이 주가 된다.

7세기 중반의 상인방 부조는 양 끝에서 마주 보는 마카라(摩竭魚)의 입에서 이중 아치 문양 띠와 메달리온을 토출하는 좌우 대칭의 형태를 취하고 있다. 이 시기가 되면 마카라 조각이 작아지면서 섬세하고 회화적인 다양한 인물 부조와 꽃다발 장식이 등장한다. 기본 문양은 7세기 초와 유사하며 나가, 말, 코끼리를 타고 있는 인물상 등 부조가 등장하기도 한다. 7세기 후반이 되면 마카라와 인물 부조가 작고 섬세하게 변화한다. 8세기가 되면 대체로 꽃문양 부

도판 4-4-160 | 인도 영향을 받은 상인방 부조(7세기 초, 출토지 불명, Sambor Prei Kuk Style, National Museum of Cambodia)

도판 4-4-161 | 인도의 영향을 받은 상인방 부조(7세기, Sambor Prei Kuk, Kampong Thom Museum)

도판 4-4-162 | 삼보르 프레이 쿡 양식의 상인방 부조(7세기 초, 출토지 불명, National Museum of Cambodia)

도판 4-4-163 | 심보르 프레이 쿡 양식의 상인방 부조(7세기 초, 출토지 불명, National Museum of Cambodia)

도판 4-4-164 | 삼보르 프레이 쿡 양식의 상인방 부조(7세기, Sambor Prei Kuk, Musée Guimet)

도판 4-4-165 | 삼보르 프레이 쿡 양식의 상인방 부조(7세기, Sambor Prei Kuk, Kampong Thom Museum)

조로 바뀌는 프레이 크멩(Prei Kumeng) 양식과
프라삿 안텟(Prasat Andet) 양식으로 전환한다.

삼보르 프레이 쿡 양식의 대표적인 석상
은 사원의 북쪽 유적 제9사당 안에서 발견된
두르가상과 북쪽 유적 제10사당 안에서 발
견된 하리하라상이다. 두르가상은 상반신,
허리, 다리를 미묘하게 비틀고 서 있는 삼굴
법(三屈法=Tribhanga)을 하고 있고, 얇은 옷 안
의 신체는 인도에서 기원하는 관능적인 여
성미가 드러나는 수작이다. 두부가 손실됐
지만, 풍만한 가슴과 아름다운 몸매를 잘 표
현하고 있다.

도판 4-4-166 | 두르가상 (7세기, North 9, National Museum of Cambodia)

도판 4-4-167 | 하리하라상 (7세기, North 9, National Museum of Cambodia)

하리하라상은 말굽 모양의 기둥을 동반한 4비(四臂)의 남신상인 점에서 프놈다 양식과 유
사하다. 두르가상과 같이 삼굴법을 하고 있고, 상호(相好)는 프놈다 양식에 비하면 상당히 온
화하게 조각되어 있다. 눈물샘까지 새긴 눈, 짧은 귀, 포동포동한 얼굴 등 더 인간적인 조형
이라 할 수 있다. 이상을 추구하는 관념적인 형식으로 자연주의적이라고도 할 수 있는 조형
표현은 프놈다 양식과 유사하다. 한편 사실적이고 보다 인간적인 따뜻함은 삼보르 프레이
쿡 양식의 특징이라고 할 수 있다.

7세기 진랍의 영역

현재 삼보르 프레이 쿡 양식의 사원과 조
상은 그다지 남아 있지 않지만, 6세기에서 7
세기 초의 프놈다 양식보다는 더욱더 넓은
지역인 캄보디아의 남부와 메콩강변, 동북
태국과 라오스의 참파삭 등에서 발견됐다.
7~8세기 진랍이 이샤나푸라를 중심으로 부
남보다는 지배 영역을 더욱 더 넓게 확장했
음을 알 수 있다. 그리 많이 남아 있지 않은
삼보르 프레이 쿡 양식의 조상 중에서 지역

도판 4-4-168 | 두르가상(7세기, 출토지 불명, National Museum of Cambodia)

도판 4-4-169 | 파르바티상(7세기 초, 삼보르 프레이 쿡 양식, National Museum of Cambodia)

적 혹은 시대적 확대를 엿볼 수 있는 유품이 있다. 삼보르 프레이 쿡에서 동쪽으로 약 120㎞ 떨어진 크라체의 코크리엥(Koh Krieng) 유적에서 발견된 여신상(Devi)이 대표적인 작품이다. 프놈펜의 캄보디아 국립박물관이 소장한 삼보르 프레이 쿡 양식의 석상 중에는 두르가상이 3개 있는데, 그중 코크리엥 유적의 여신상과 아주 유사한 7세기 초의 석상이 있다. 박물관 도록에는 두르가상이라고 소개하는데 시바의 부인 파르바티로 보는 견해도 있다. 이 두 석상이 삼보르 프레이 쿡 양식을 대표하는 여신상이다.

캄보디아 국립박물관에 있는 두르가(또는 파르바티)상은 남인도와의 영향을 엿볼 수 있는 사실적인 조형이다. 풍만한 육체, 높게 묶은 머리 등 남인도의 조상 양식의 영향을 짙게 반영하고 있다. 풍부하고 긴장된 유방, 오른발에 무게 중심을 걸고 가슴, 허리, 엉덩이를 비트는 삼굴법의 모습은 관능적인 여성미를 아름답게 표현하고 있다. 요의(sambát=허리띠 옷) 좌우 밑단의 점각(点刻) 표현은 앙코르 보레이에서 출토된 불상과 같고, 후대가 되면 이 부분을 선각으

도판 4-4-170 | 성산 프놈 바양 카오(Phom Bayang Kao, Takeo)

로 표현한다. 중앙에서 허리 옷을 묶어 끌어 올리고 있어, 허리에서 가랑이까지 옷자락 부분을 부조하고 있다. 프놈다 양식에서 보이던 어깨까지 내려온 긴 귀가 다소 짧아진 것은 새로운 시대의 양식이다. 높게 묶어올린 머리, 2비(臂=팔)인 것으로 보아 시바의 부인 파르바티로 추정된다.

타케오 남쪽 30㎞에 베트남의 국경과 가까운 프놈 바양 카오(Phom Bayang Kao) 정상 위에는 2개의 벽돌 사원이 남아 있다. 산 중턱에 남아 있

도판 4-4-171 | 타네안 바양 카오(Ta Nhean Bayon Kao, Phom Bayang Kao, Takeo)

도판 4-4-172 | 프놈 바양 카오(7세기 초, Phom Bayang Kao, Takeo)

는 사원이 타네안 바양 카오이고, 산 정상에 프놈 바양 카오 사원이 있다. 산 정상 주변의 암벽 사이에 있는 바위 그늘 유적 안에 불상과 신상이 안치되어 있다. 산 자체가 성산으로 숭배되어 도처에 민간 신앙의 흔적이 남아 있다. 프놈 바양 카오 사원은 7세기에 건립(605년의 산스크리트어 비문)한 고탑형 사당이다. 사당 측벽에는 삼보르 프레이 쿡 사원에 새겨진 하늘을 나는 궁전(천상의 궁전)과 유사한 궁전이 부조되어 있다. 산정에는 바위를 파서 저수 시설을 만들어 놓았으며, 산악숭배, 바위 신앙(바위 그늘)과 관련하는 성산의 정상에 힌두교 사원인 프놈 바양 카오를 7세기에 세운 것이다. 그리고 삼보르 프레이 쿡의 캄보디아 특유의 고탑형 사당(프라삿)은 프놈 바양 카오에서 시작되었을 가능성이 크다. 이러한 벽돌 사원은 메콩강을 거슬러 올라가 참파삭까지 연결되고, 메콩강에서 톤레삽 호수를 건너 그 북쪽 호안에 있는 삼보르 프레이 쿡까지 연결된다.

태국과 캄보디아의 국경 사케오(Sa Kaeo)의 남동쪽으로 약 10㎞ 떨어진 산 정상(해발 147m)에 프라삿 카오 노이(Prasat Khao Noi)가 있다. 현재는 태국의 영토이지만 진랍 시대인 7~8세기, 그 후의 앙코르 왕조 시대인 11세기까지 크메르의 영토였다. 방콕 동쪽 드바라바티의 몬족 성읍 국가인 무앙 씨마호솟과는 약 140㎞ 떨어져 있는, 진랍 영토의 가장 서쪽 끝에 있는 거점 사원이다. 드바라바티의 무앙 씨마호솟과 진랍의 프라삿 카오 노이는 국경을 마주하고 대치하고 있었다. 프라삿 카오 노이는 7세기 전반(635~700년, 이사나바르만 1세와 바바바르만 2세 시대, 산스크리트어 비문과 링가, 중국 도자기 파편 등이 출토)에 지어진 이후 11세기에 다시 보수되었다. 3개의 사당이 세워져 있었지만, 현재는 중앙 사당을 제외하고 기단만

도판 4-4-173 | 하늘을 나는 궁전(7세기 초, Phom Bayang Kao, Takeo)

도판 4-4-174 | 새들이 궁전을 떠받치고 있는 장면(부분, 7세기 초, Phom Bayang Kao, Takeo)

도판 4-4-175 | 프라삿 카오 노이(7~11세기, Prasat Khao Noi, Pranchinburi, Thailand)

도판 4-4-176 | 중앙 사당 동면 입구 상인방(7세기 전반, Prasat Khao Noi, Pranchinburi National Museum)

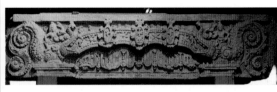

도판 4-4-177 | 북쪽 사당 동면 입구 상인방(7세기 중반, Prasat Khao Noi, Pranchinburi National Museum)

도판 4-4-178 | 북쪽 사당 북면 상인방(7세기 중반, Prasat Khao Noi, Pranchinburi National Museum)

도판 4-4-179 | 북쪽 사당 남면 상인방(7세기 중반, Prasat Khao Noi, Pranchinburi National Museum)

남아 있을 뿐이다. 중앙 사당은 새로운 벽돌을 사용하여 복원하고 있어, 태국의 유적 복원 방법에 심각한 문제를 제기하고 있다.

현재 사원 주변에 상인방이 몇 개 남아 있지만, 모두 최근에 만든 복제품이다. 원래의 상인방은 프라친부리 국립박물관이 소장하고 있다. 보존 상태가 좋은 후기 삼보르 프레이 쿡 양식과 초기 프레이 크멩 양식인 상인방 5개를 전시하고 있다. 타이 문화부 예술국의 발굴 조사로 중앙 사당(타이어 Prang)에서 1기, 북쪽 사당에서 4기를 수습했다. 중앙 사당(동쪽 입구)에서 발견한 상인방(7세기 전반, 후대에 재사용한 것으로 추정된다.)이 양식적으로 가장 오래되었다. 양 끝에서 서로 마주 보고 있는 마카라가 크게 입을 벌리고 메달리온 장식을 토출하고 있다.

도판 4-4-180 | 프라삿 품폰(7~8세기, Prasat Phum Phon, Surin)

도판 4-4-181 | 프라삿 품폰 출토 상인방(7~8세기, Prasat Phum Phon, Surin National Museum, 오세윤 촬영)

도판 4-4-182 | 프레이 크멩 양식의 상인방(7세기 말~8세기, 출토지 불명, Bangkok National Museum, 오세윤 촬영)

도판 4-4-183 | 프레이 크멩 양식의 상인방(8세기, Tourl Ang, National Museum of Cambodia)

도판 4-4-184 | 왓통투 유적 출토 상인방(7세기, Wat Thong Thua, Bangkok National Museum, 오세윤 촬영)

북쪽 사당의 동면과 북면의 상인방은 기본적으로 중앙 사당 입구의 동면 상인방과 유사하지만, 메달리온 안에 여러 신상과 코끼리, 말 등이 회화적으로 조각되어 있으므로 7세기 중반의 삼보르 프레이 쿡 양식이다. 북쪽 사당의 서면 상인방(양 끝에 사자를 새겼다. 미완성)은 7세기 말의 초기

도판 4-4-185 | 우본랏차타니 출토 상인방(8세기, 출토지 불명, Ubon Ratchathani National Museum)

프레이 크멩 양식이다. 북쪽 남면의 상인방은 조각이 가장 화려하고 양식적으로 북쪽 사당 서면 상인방보다는 후대에 만든 것이다. 이 북쪽 사당 남면 상인방에 양 끝에 합장하는 불상을 새겼다.

프라삿 품폰(Prasat Phum Phon, Surin)은 동북 태국에서 지금까지 남아 있는 가장 오래된 진랍 시대의 사원(7~8세기)이다. 동향하는 벽돌로 만든 3개의 대형 사당이 있었는데, 현재 타이 문화부 예술국이 1기만을 복원했다. 규모와 양식이 캄보디아의 삼보르 프레이 쿡 사원과 유사하고, 사암으로 만든 문틀이 남아 있다. 이 사원에서 출토된 상인방과 산스크리트어 비문(팔라바 문자), 석상(불상?, 삼보르 프레이 쿡 양식 혹은 프레이 크멩 양식) 등을 수린 국립박물관이 소장하고 있다. 상인방의 조각은 마카라가 서로 마주 보며 메달리온을 토출하는 전형적인 7세기 초 양식이기보다 꽃문양이 연결하는 형태로 7세기 말~8세기 초의 프레이 크멩 양식이다. 방콕 국립박물관은 출토지 불명의 프레이 크멩 양식 상인방을 소장하고 있는데, 프라삿 품폰에서 출토됐을 가능성이 크다. 현재 태국에서 발견된 프레이 크멩 양식의 상인방은 프라삿 카오 노이와 우본랏차타니 등 3곳뿐이다.

그 밖에도 현재 태국 영토 내에서 발견된 7세기의 삼보르 프레이 쿡 양식의 상인방은 캄

도판 4-4-186 | 부남의 크메르어 비문(7세기 초, Angkor Prek Phtol 출토, Angkor Borei Museum)

보디아와 국경을 마주하는 찬타부리의 왓 통투 유적(Wat Thong Thua, 7세기의 비슈누상, 상인방 등이 발견됐다.)과 타이 동북부의 로이엣(출토지 불명, Roiet National Museum)에서 발견됐다. 태국의 동쪽의 라오스와 국경을 마주하는 우본랏차타니에서 8세기의 프레이 크멩 양식의 상인방(출토지 불명, Ubon Ratchathani National Museum)이 발견됐다. 라오스 비엔티안의 라오 국립박물관에도 7세기의 비슈누상과 상인방(출토지 불명)을 소장하고 있다. 동남아시아 대륙부의 사원 유적, 출토 비문, 석상, 상인방 등을 종합적으로 고려하면, 진랍은 7~8세기에 태국의 찬타부리, 프라찬부리, 수린, 로이엣, 우본랏차타니, 라오스 남부까지 지배했던 것을 알 수 있다.

진랍의 융성과 종말

바바바르만 2세는 7세기 중반에 캄보디아 남부 타케오에서 캄퐁참, 톤레삽 호수 동쪽까지 장악했다. 그의 아들 자야바르만 1세는 7세기 후반에 톤레삽 호수의 서쪽 바탐방에서 톤레삽 북쪽의 앙코르까지 진출하여, 메콩강 유역과 톤레삽 호수를 장악했다. 이 2개의 수로가 대제국 진랍의 정치적 네트워크였다. 진랍은 인도 문화의 수용에 적극적이었다. 7~8세기에 걸친 진랍의 비문은 260개 이상이 출토되었으며 대부분은 산스크리트어로 기록되었다. 그러나 푸라 국가인 진랍은 느가라 국가인 부남에 없는 특징이 있다. 수전 농업 기반으로 성립한 푸라 왕국 진랍은 민족어와 문자의 공용어화를 추진했다. 이는 동남아시아에서 진랍이 가장 빠르다. 앙코르 보레이에서 612년 명의 크메르어 비문이 출토됐는데, 크메르어는 산스크리트어 비문을 추가 보충하는 형태로 사용되었고, 주로 노예·수전·쌀·야자 등 목록이 적혀 있었다.

진랍은 힌두교와 불교 등 종교를 이용하여 푸라 국가 왕권의 정통성을 도모했다. 강제적인 농작물 수탈을 경제적 기반으로 하는 진랍은 왕 개인의 능력에 따라 통치권 변동이 심했기 때문에 언제든 왕권의 기반이 약해질 수 있는 문제가 발생할 수 있고, 때에 따라서는 왕이 바뀌거나 영토가 변동하기도 했다. 한 번 왕권이 약해지면 영역 내의 무앙이나 느가라는 독립의 길을 찾았다. 이샤나바르만 왕의 사후 캄보디아 서북부에 있는 4개의 무앙이 직접 중국에 사신을 파견한 것이 대표적인 사례이다.

이샤나바르만은 '바바프라'(Bhavapura, 씨엠립의 서 메본 부근)의 영주였는데, 나중에 바바바르만 2세(635~657년)가 되었다. G. 세데스가 바바바르만 2세의 비문을 연구했으나, 그의 생애는 그다지 알려지지 않았다.[59] 자야바르만 2세의 외가인 아디야프라 일족은 이샤나바르만의 인척으로 권세를 잡았다. 비문에는 아디야프라 일족인 바라다그라마(Varadagrama), 타무라푸라(Tamurapura), 아몬가푸라(Amonghapura), 비마푸라(Bhimapura), 카크란카푸라(Cakrankapura) 등을 다스린 영주의 이름이 남아 있다. 그중에서도 현재의 베트남에 있는 타만다라푸라(Tamandarapura)는 이샤나바르만이 임명한 영주가 지배했다. 이처럼 국왕이 왕자와 직계의 영주를 지방에 파견하여 지배권을 강화하는 움직임은 교역 국가인 부남 시대에서는 볼 수 없었다. 부남은 캄보디아의 내륙 지배에 그다지 관심이 없었지만, 진랍은 내륙 평야 지대에 중점을 두고 지배했다. 진랍은 초기에는 메콩강을 중심으로 세력을 확장했지만, 시간이 지나며 지배 영역을 수전 농업 지대로 확장하면서 각 지방의 유력한 무앙을 연합하여 중앙집권적 대제국을 구축했다.

진랍을 통일한 마하라자 자야바르만 1세는 아들이 없어, 681년 그가 죽자 곧 국내는 군웅이 할거하는 상황이 되었다. 자야바르만 1세의 후계자는 실권이 없었던 왕의 사위로 진랍의 분열 상태에 박차를 가했다. 그 후 자야바르만 2세가 802년에 프놈쿨렌에서 자바로부터 독립 선언(Sdok Kak Thom 비문)을 할 때까지 거의 1세기 동안 진랍의 중앙 정권은 사실상 부재했다. 각지의 지방 정권은 나름의 경제적 기반(수전 경작지)을 가지고 점차 세력을 키워갔다. 이러한 지방 세력의 대두는 진랍의 통치력이 약화하는 계기가 되었다.

자야바르만 1세의 딸인 자야데비(Jayadevi)가 궁극적으로 정치의 전면에 나섰다. 그러나 그가 장악한 진랍의 지배 영역은 남부에 한정되어 있었다(水眞臘). 부왕 자야바르만 1세가 통일한 왕국 대부분은 지방 호족이 난립하여 진랍 왕권이 통제할 수 없는 혼란한 상태였다. 『구당서』는 706년 이후 육진랍과 수진랍의 분열을 기록했다. 수진랍은 메콩강을 중심으로 교역이 활발한 지역을 지배했다. 수진랍의 거점은 아닌디타푸라(Aninditapura=캄퐁탐) 지역이며, 자야바르만 1세의 수도가 있었다고 추정된다. 이 아닌디타푸라라는 지명은 앙코르 왕조 시대의 비문에도 나타나지만, 오늘날 어느 지역인지는 확정되지 않았다. 한편, 메콩강 중류 지역의 스텅트렝과 크라체 사이의 메콩강변 동쪽 삼부푸라(Sambhupura=현재의 Sambor)에 육진랍의 거점이 있었다. 라오스와 캄보디아의 국경 가까이 있는 메콩강변에는 타라바리밧,

59   George Cœdès, (1904). "Inscription de Bhavavarman II: roi du Cambodge, 561 çaka.

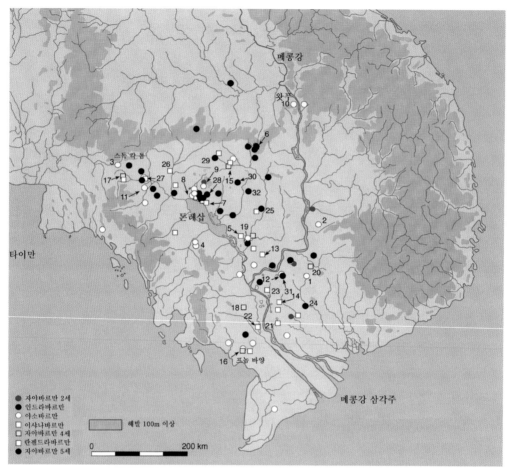

도판 4-4-187 | 자야바르만 2세 관련 비문 출토지

1. 반테이 프레이 녹코르(Banteay Prei Nokor), 2. 록복 스롯(Lobok Srot), 3. 스독 칵 톰(Sdok Kak Thom), 4. 팔할(Palhal), 5. 타바르 크데이(Thvar Kdei), 6. 프라삿 칸톱(Prasat Kantop), 프라삿 타날 축(Prasat Thnal Chuk), 7. 하리하라라야(Hariharalaya), 8. 악윰(Ak Yum), 프레이 크멩(Prei Khmeng), 프라삿 콕포(Prasat Kok Po), 프라삿 크낫(Prasat Khnat) 및 파놈룽(Phnom Rung), 9. 롱첸(Rong Chen), 10. 왓푸(Wat Phu), 11. 프라삿 쿡 프라닥(Prasat Kuk Pradak), 12. 품 미엔(Phum Mien), 13. 투올 페이(Tuol Pei), 14. 프레아 비히어 쿡(Preah Vihear Kuk), 15. 코케르(Koh Ker, Lingapura), 16. 프놈 바양(Phnom Bayang), 17. 농 팡푸에이(Nong Pang Puey), 18. 프라삿 난 크마우(Prasat Nan Khmau), 19. 암필 로룸(Ampil Rolum), 20. 콘안(Con An), 21. 프라삿 아론 카(Prasat Anlon Car), 22. 바프놈(Ba Phnom), 23. 크데이 스키에(Kdei Skie), 24. 바삭(Bassac), 25. 이샤나푸라(Isanapura), 26. 툭쿰(Tuk Cum), 27. 프놈 칸바(Phnom Kanva), 28. 반테이 스레이(Banteay Srei), 29. 프라삿 콤풋(Prasat Komphus), 30. 프놈 므렉(Phnom Mrec), 31. 품 미엔(Phum Mien), 32. 톨 프라삿(Tuol Prasat).

그 남쪽의 삼보르에는 자야데비의 아버지 자야바르만 1세가 만든 위성도시(중국 사서의 大城)인 삼부푸라가 있었다. 당 왕조에 조공을 보낸 것은 대부분 육진랍이고, 육진랍은 지리적으로 내륙에 있어 수전 농업이 경제적인 주요 기반이었다.

『신당서(新唐書)』에 진랍은 신용연간(神龍年間, 705~706년)에 수진랍(水眞臘)과 육진랍(陸眞臘, 文單)으로 분열했다고 한다. 수진랍은 해안과 가까운 메콩강 삼각주에 여러 소국으로 나누어져 있었다. 그러나 707년 진랍국이 중국에 사절단을 보낸 기록이 있어(神龍三年五月, 眞臘國, 遣

使献方物, 新唐書), 수진랍과 육진랍의 분열을 707년 이후로 보는 견해도 있다. 신당서에도 육진랍과 수진랍의 분열이 기록되어 있다.[60]

수진랍은 구 부남의 옛 땅에 있어, 지정학적으로 교역에 적합한 장소에 있었다. 앙코르 왕조 성립 이전에 제해권을 갖지 않은 육진랍 혹은 문단(文單)은 메콩강을 거슬러 올라가 육로를 사용하여 수나라와 당나라에 조공했다. 8세기에 육진랍은 총 10회 조공했다고 기록하고 있지만, 조공국인 육진랍의 국왕 이름이 보이지 않는다. 왕명의 기록은 771년(大曆6年)에 '宴文單國王婆彌等五人于三殿'이라고 있을 뿐으로, 이 파미왕(婆彌王)은 육진랍(眞臘本國)의 왕이 아니라, 문단(文單)이라는 육진랍 산하의 국왕이다(陸眞臘或文單). 768년에 사릉(詞陵=자바의 샤일렌드라 왕국)이 조공을 재개하여, 메콩강 삼각주 연해는 이미 샤일렌드라가 장악하고 있었고 이후의 자야바르만 2세가 메콩 유역에서 내륙을 향하여 군사 행동을 준비하던 시기로 추정된다. 육진랍의 위성국 문단은 어디에 있었을까? 구체적인 사료가 없지만, 자야바르만 2세의 군사 행동과는 무관한 지역에 속해 있던 것으로 생각된다. 그리고 육진랍과 수진랍의 세력 범위와 조공 등을 고려하면, 문단은 라오스의 참파삭 혹은 비엔티안이 유력하다.

진랍이 처음으로 중국에 조공한 시기는 수나라의 양제(616년) 때였고, 『구당서(舊唐書)』에 쓰인 628년(太宗貞觀2年) '陸海疲勞'의 기록을 보면, 이때까지 부남 혹은 임읍의 방해를 피하여 해로로 조공한 것으로 추정된다.[61] 이샤나바르만이 628년에 숙적 임읍에 청하여 조공선에 동승하여 해상으로 조공한 기록이 있다. 육진랍은 메콩강을 거슬러 올라가 운남에 들어가서 수와 당에 조공했다. 수진랍의 쇠퇴는 임읍의 견제와 스리위자야 왕국의 동서 무역 독점

---

60 『新唐書』, '神龍後分爲二半 北多山草 號陸眞臘半 南際海 饒陂澤 號水眞臘半 號水眞臘 地八百里 王居婆羅提拔城 陸眞臘或文單 日婆鎮 地七百里 王号笪屈'. Michael Vickery는 『新唐書』의 육진랍과 수진랍을 분류하는 것은 무의미하고 오해의 소지가 있다고 지적하고 있다(Society, Economics and Politics in Pre-Angkor Cambodia: The 7th-8th Centuries, Tokyo, The Centre for East Asian Cultural Studies for Unesco, The Toyo Bunko, 1998.)

61 진랍의 중국 조공은 616년(隋煬帝, 大業12年2月), 623년(武德6年, 眞臘), 625년(武德8年, 眞臘), 628년(貞觀2年, 林邑), 635년(貞觀9年, 眞臘), 651년(永徽2年, 眞臘), 682년(永淳元年, 眞臘), 698년(聖曆元年, 眞臘), 707년(神龍3年, 陸眞臘), 710년(景龍4年, 眞臘), 717년(開元5年, 眞臘과 文單), 750년(天寶9年, 眞臘遣使獻犀牛), 753년(天寶12年, 文單王子率其属26人), 755년(天寶14年, 文單), 767년(大曆2年, 文單), 771년(大曆6年, 文單王婆弥來朝獻馴象11), 780년(建中元年, 眞臘朝貢珍禽獸悉縱之), 798년(貞元14年, 文單, 李頭及爲中郎将), 813년(元和8年, 水眞臘遣使李摩那等來朝), 814년(元和9年, 水眞臘), 1116년(政和6年, 眞臘), 1120년(宣和2年, 眞臘), 1155년(紹興25年(1155年, 眞臘과 羅斛), 1200년(慶元6年, 眞臘)이다. 이러한 조공 기록은 717년(開元5年)까지는 진랍(眞臘) 또는 육진랍(陸眞臘)이라는 국명을 기록하고 있다. 753년(天寶12年) 이후는 문단(文單)이 등장하고, 당시 문단을 진랍국으로 인식하고 있었다. 육진랍(陸眞臘)이 나오는 것은 707년(神龍3年)이다.

과 깊은 관련이 있다. 한편, 육진랍은 태국의 성읍 국가군 드바라바티(육로)를 통하여 어느 정도는 서방의 재화를 입수할 수 있었다.

자야바르만 2세가 802년에 '자바로부터의 완전 독립을 완수하고 크메르 세계의 왕이 됐다'라는 이야기는 태국 사케오주의 스독칵톰 비문(Sedok Kak Thom, 1052년)에만 쓰여 있다. 비문 내용의 진위에 대해서는 이견이 있지만, 만약 이 내용이 사실이라면 앙코르 왕조는 중국에 자유롭게 조공할 수 있었을 것이다. 그러나 막대한 이익을 얻을 수 있는 중국 조공은 자야바르만 2세가 정권을 획득한 이후인 813년과 814년 두 번밖에 없었다. 813년에 당에 조공한 세력은 수진랍이며, 육진랍이 아닌 것도 주목된다. 진랍(육진랍과 수진랍을 포함)의 중국 조공 기록을 보면 앙코르 왕조의 주체 세력은 수진랍이었을 가능성이 크다.

『구당서』에 수진랍은 '동서남북이 약 800리, 동쪽에 분도랑주(奔陀浪州=Panduranga, 현재의 Phan Rang,)에 이르고, 서쪽은 타라발저국(堕羅鉢底國=Dvaravati, 현재 태국의 몬족 성읍 국가군)이 이른다. 남쪽은 작은 바다가 있고, 북쪽에 육진랍이 있고, 왕이 거주하는 성이 파라제발(婆羅提抜=소재 불명)이다. 813年(元和八年)에 이마나(李摩那) 등이 내조했다'고 기록하고 있다.[62] 수진랍은 캄보디아 남부와 메콩 하구에서 말레이반도의 해안선을 따라 세력을 가지고 있었던 것 같다.

814년 수진랍의 조공을 끝으로 300년간 앙코르 왕조의 조공 기록이 없다. 앙코르 왕조의 조공이 없었던 이유는 중국 당나라의 국내 사정에 기인한다. 8세기 중반 이후 안녹산의 난(安禄山의 亂, 755~763년)으로 피폐해진 당은 중앙아시아뿐만 아니라 서역을 통치하기도 어려워졌고, 국경이 점차 축소되며 대제국의 패권을 잃어 동남아시아와의 조공 무역도 쇠퇴의 길로 접어들었다. 그 후 앙코르 왕조는 수르야바르만 2세 시대인 1116년(政和6年, 眞臘)에 스리위자야 왕조와 전쟁을 끝낸 후부터 중국에 조공을 재개했다. 이때 삼불제(三佛斉=스리위자야)는 촐라 왕조(Chola, 9~13세기 중엽까지 남인도를 지배한 타밀족 왕조)의 침략으로 해군력이 쇠퇴했던 시기이다. 진랍과 앙코르 왕조의 중국 조공은 해상로를 장악한 동서의 양대 세력, 즉 서쪽의 스리위자야 및 샤일렌드라 왕조와 동쪽 임읍의 견제와 방해에서 벗어날 수 없었다.

8세기 초에는 당나라의 시장이 크게 확장하여, 임읍과 안남도호부(安南都護府)가 발전하듯이 진랍도 대당 국제 교역에 참여했다. 진랍과 수진랍은 각각 다른 교역로로 중국 시장과 교역했다. 수진랍은 메콩강 수로 교역망을 이용하여 남중국해를 통해 중국과 교역했다. 육진

---

62 『舊唐書』 '水眞臘國 其境東西南北約員八百里 東至奔陀浪州 西至堕羅鉢底國 南至小海 北即陸眞臘 其國王居城號婆羅提抜 國之東界有小城 皆謂之國 其國多象 元和八年 遣李摩那等來朝'.

랍은 참파삭을 중심으로 하는 동북 태국 평원 세력이 운남 혹은 안남산맥을 육로로 횡단하여, 당시 안남도호부를 통하여 교역했다. 진랍의 정치적 분열은 농업을 기반으로 하는 무앙 세력의 육진랍과 교역을 기반으로 하는 느가라 수진랍과의 세력 싸움으로 해석할 수 있다. 진랍이 성립하여 광역 경제권을 형성하였으며, 지방의 무앙은 이를 이용하여 부를 축적하고 직접 국제 교역로를 장악하여 경제적으로 발전했다.

진랍은 자야바르만 1세 사망 후 사위 느리파디탸(Nripaditya)가 일시적으로 왕위를 이었지만 왕권을 장악하지 못하고, 결국 딸인 자야데비(Jayadevi)가 여왕으로 군림했다(713년 비문). 그러나 여왕도 아버지가 세운 왕국을 유지할 수 없었다. 수도는 아닌디타푸라(Aninditapura, 장소 불명) 주변에 천도했다고 하는데, 캄보디아의 남부를 지배했던 것 같다. 월족의 자손인 수진랍이 아닌디타푸라를 중심으로 하고 있었고, 북쪽은 일족의 자손인 육진랍이 삼부푸라(Sambhupura)에 거점을 두고 있었던 것으로 보인다. 아닌디타푸라는 원래 마라디탸푸라(Madityapura)라고도 부르고 있었는데 이샤나바르만의 공격에 항복하여, 이후 진랍의 속국이 되었다. 또한 국내에는 바다로 통하는 메콩강, 옥에오, 앙코르 보레이 등 부남의 중요 도시가 포함되어 있었다.

한편, 육진랍의 삼부푸라는 영내에 삼보르, 크라체, 참파삭을 주요 도시로 했다. 『신당서』는 수진랍을 왕거파라제발성(王居婆羅提 城)이라고 기록했다. 파라제발성의 장소는 명확하지 않지만 바라디탸푸라(Baladityapura), 푸란다라푸라(Purandarapura), 인드라푸라(Indrapura) 등 여러 가설이 있다. 그러나 최근에는 캄퐁참 북서쪽의 반테이 프레이 노코르(Banteay Prei Nokor=Wat Nokor)와 가까운 곳이 유력하다. 7~10세기에 걸쳐서 캄퐁참에서 캄퐁탐을 포함하는 지역은 수

도판 4-4-188 | 앙코르 왕조 시대의 거점 사원 반테이 프레이 노코르 (12세기 말~13세기 초, Prei Nokor, Kampong Cham)

진랍의 근거지였고, 톤레삽 호수로 이어지는 진랍 시대의 경제적 중심지였다.

『신당서』에는 육진랍(陸眞臘)을 문단(文單)이라고 기록하고 있다. 물론 문단은 육진랍의 속국에 지나지 않았지만, 중국에 조공했을 때 '육진랍'이라고 자칭했을 가능성도 있다. 가탐(賈耽)이 쓴 지리지(『新唐書』, 地理志)의 진랍전은 문단국에 대해 '陸眞臘或曰文單 曰婆鏤 地七百里 王號萆屈 陸眞臘'이라고 기록했다. 왕의 이름 저굴(萆屈)은 육진랍(陸眞臘)이 아니고 문단국

의 왕명일 가능성이 크다. 가탐의 신당서 지리지에는 중국에서 나월(羅越)까지 육로를 따라서 순서대로 기록하고 있다. [63] 나월(羅越)은 일반적으로 말레이반도의 남단 조호르 바루(Johor Bahru)라고 하지만, 말레이반도의 북부 랏차부리(Ratchaburi)였을 가능성이 크다. 도중의 지명은 거의 특정할 수 없지만, 문단은 라오스의 비엔티안 혹은 참파삭이 아닐까 추정된다.

4-5. 참파 왕국

4-5-1. 임읍 건국

도판 4-5-1 | 참파 유적도

역사적으로 앙코르 왕조와 가장 밀접한 관계가 있었던 왕국이 베트남의 참파이다. 라오스의 참파삭과 캄보디아의 캄퐁참이라는 지명은 참파에서 유래한다. 중국 사서에서는 참파의 국명이 3시기로 나뉜다. 처음에는 임읍(192~758년), 다음에 환왕(環王, 唐至德年間, 756~838년), 마지막으로 점성(占城, 877~1471년)이다. 임읍은 원래 한나라의 식민지였던 상림현(象林縣)에서 유래하는 국명이지만, 참파(Champa)라는 국명이 사용되기 시작한 것은 7세기 초의 발지시왕(范梵志王=Shambhuvarman) 비문 이후이다. 당나라 초기의 고승 현장(玄裝三藏)의 『서역기(西域記)』에서 마사첨파(摩詞瞻婆=Maha Champa)라고 기록하고 있다. 의정(義淨)도 『남해기귀내법전(南海寄歸内法傳)』에서 점파(占波)라고 쓰고, 이는 임읍(臨邑=林邑)과 같다고 했다. '占波'는 '占婆'라고도 쓴다. 점성(占城)은 점파성(占婆城)의 약어이다.

임읍 시대인 5세기부터 8세기까지 모두 산스크리트어(팔라바 문자)로 기록된 약 20기의 비문이 발견되었는데, 19기가 꽝남성에 집중하고, 그중 12기는 참파의 성지 미썬(Mỹ Sơn)에서 출토됐다. 임읍 왕국의 종교적 성지인 미썬은 중부 도시 다낭시에서는 서

---

63 『新唐書』地理志, '自驩驒州西南三日行 度霧溫嶺 又二日行至棠州日落縣 又經羅倫江及古朗洞之石蜜山 三日行至棠州文陽縣 又經蓁蓁澗 四日行至文單國之算毫縣 又三日行至文單外城 又一日行至内城 一日陸 眞臘 其南水眞臘 又南至小海 其南羅越國 又南至大海'.

남쪽으로 약 70㎞, 왕도 짜끼우에서는 남서쪽으로 14㎞ 거리에 있다. 미썬 유적은 주위가 산에 둘러싸여 있고, 북쪽에는 짜끼우를 경유하는 교역 도시 호이안까지 연결하는 투본강(Thu Bun)의 지류가 흐른다. 7~13세기까지 61기의 힌두교 탑당을 축조한 임읍 왕국 최대의 성지였다. 신왕 숭배뿐만 아니라, 왕의 유체를 화장 후 유골과 유품을 안치하는 영묘의 역할을 겸하고 있었다.[64]

임읍 시대의 유적은 다낭에서 호이안 구시가까지 꽝남 지역을 가로지르는 투본강 유역에 집중하여 발견되어, 이 지역이 임읍의 정치·경제·문화의 중심이었음을 알 수 있다. 그다음의 환왕 시대(774~854년)에 8기의 비문이 베트남 남쪽의 판랑(Phan Rang)과 냐짱(Nha Trang)에서 출토됐는데, 그중 5기는 전부 또는 일부가 참파어로 기록되어 있다. 이들 지역에서 참파인이 세력을 쌓은 것을 알 수 있다. 참파족은 말레이어족에 속하며, 항해술과 교역에 뛰어난 오스트로네시아어족이었다.

구당서에는 '임읍 이남의 주민은 모두 까맣고 머리카락을 감아올리고, 그들은 곤륜(崑崙)이라고 한다'라고 쓰여 있다.[65] 875~965년(환왕과 점성의 중간기)의 비문은 25기가 발견되었고, 이들 비문은 주로 인드라푸라(Indrapura=Dong Duong)와 관련하는 것들이다. 또 일부는 북쪽의 투본 지역(임읍 시대의 중심지)과 후에(Hue)에서도 출토됐다. 비문 16기는 비문마다 전체 또는 일부가 참파어로 적혀 있다.

점성 시대(占城時代)에 들어선 991년부터 1456년 사이의 비문 75기가 베트남 중부 지역을 중심으로 발견됐다.[66] 남쪽이 32기로 많지만, 미썬에서도 18기(마지막은 1263년)가 출토됐다. 산스크리트어로 쓰인 비문은 5기에 불과하고, 나머지는 전부 참파어로 기록되어 있다. 점성 시대가 되면서 왕국의 권력은 남북으로 분열하고 있었다. 이와 같은 비문의 분포로 참파 역사의 대략적인 흐름을 파악할 수 있다.

베트남은 인도차이나반도 동쪽에 있는 남북으로 긴 'S' 자형의 국토를 가진 나라로 북부, 중부, 남부의 3개 문화권으로 구분된다. 역사적으로 북부는 중국 국경 지역의 감 산맥 근처를 베트남(安南, 大越), 중부는 임읍, 그리고 남부의 메콩강 하구는 부남, 진랍, 앙코르 제국의 영역이었다. 베트남에서는 동썬 문화 시대에 홍강 삼각주에서 왕권이 성립했다. 동썬 문화

---

64 가종수, 베트남 참파 왕조의 사원과 조상, (『계간 한국의 고고학』 제24호, 주류성 출판사, 2013년)

65 『旧唐書』 自林邑以南 皆㸑髮黑身 通號爲崑崙.

66 Marrison, G. E. (1985). "The Cham and their literature". Journal of the Malaysian Branch of the Royal Asiatic Society. 58 (2): 45-70.

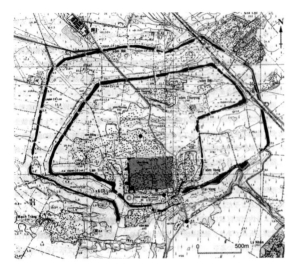

도판 4-5-2 | 홍강 삼각주의 꼬로아 토성 평면도(4세기, Co Loa, Dong Anh, Red River Delta)

는 고고학적으로는 기원전 5세기에서 기원후 1세기 베트남 북부의 금속기 문화를 가리킨다. 홍강은 중국 운남에서 발원하는 원강(元江)에서 시작하여 중국과 베트남 국경의 산악 지대를 서북에서 동남으로 흘러서 약 150만 헥타르의 삼각주를 만든다. 홍강 삼각주는 복잡한 작은 구릉 지대를 형성하고, 높은 습도로 인하여 일찍부터 연감 2모작 벼농사가 발달했다. 동썬 문화 사람들은 홍강 삼각주에서 독자적으로 금속기 문화와 벼농사를 발전시켰으며, 기원전 3세기에는 삼각주를 개발하여 세력을 쌓았다.

하노이 북쪽으로 약 20㎞ 떨어진 동안현의 자연 제방 위에 꼬로아라는 동썬 문화 시대의 대규모 토성 유적이 있다. 폭 5m, 높이 7m, 전체 길이 16㎞인 이 토성 유적은 4세기에 안양왕(安陽王)이 건립했다고 한다. 당시 동썬 문화의 중심은 베트남 북부의 홍강 삼각주와 더불어 운남의 곤명(昆明)에 있었던 전왕국(滇王國)이었다. 전왕국은 사천을 통해서 중국 중원에 동남아시아 물자를 공급했고, 전왕국과 남해를 연결하는 것이 홍강이다. 홍강은 운남과 남중국해를 잇는 가장 짧은 강이다. 홍강 삼각주의 동썬 문화와 전왕국의 동썬 문화는 같은 문화권이었다. 당시 홍강 삼각주는 운남의 전왕국에 바다를 통하여 들어온 문물을 공급하는 현관 역할을 했다.

4~5세기가 되면 동남아시아 대륙의 해안에는 여러 항시 국가가 탄생했다. 베트남에서 발생한 항시 국가 대부분은 열대 우림의 절벽 해안과 모래 언덕에 자리 잡고 있어 곡창 지대와는 떨어져서 있었지만, 꼬로아 성을 중심으로 하는 홍강 삼각주는 일찍부터 제방을 쌓고 간척 사업을 했다. 그래서 홍강 삼각주는 거울에도 수도 경작이 가능했고, 세계에서 가장 빠른 시기에 삼각주 간척 사업에 성공했다. 또한, 바다 가까이에 새로 생긴 토지는 만조에 의한 하천의 수위 상승을 이용하여, 강변이나 사구 사이의 수전에 관개하는 조수 관개(潮水灌漑) 체계를 완성했다. 당시 중국 사람들은 이러한 수전을 '락전'(雒田)이라고 불렀다. 한(漢)나라 시대 지방의 분포를 보면, 홍강 삼각주에 10~12개의 수장국이 할거했고, 안양왕은 이 지역 수장들을 대표했던 맹주로 추정된다.

『교주외역기(交州外域記)』, 『수경주(水經注)』(卷三七, 所引), 『광주기(廣州記)』(史記索隱, 113所引) 등 문헌

사료에서는 락전 농경(雒田農耕)이라는 벼농사를 기반으로 하는 초기 국가가 형성되었음을 전하고 있다. 락왕(雒王)을 정점으로 하여, 락후(雒侯)와 락장(雒将)이 지배 계층이며, 그 아래에 락민(雒民)이라는 일반 계층이 있는 계층 사회였다. 문랑국(文郞國)은 신화 시대의 락왕(雒王)이 18대까지 계속되었다. 베트남 최초의 국가는 웅왕(雄王)이 세운 반랑(기원전 7~기원전 258년)이었다. 반랑의 존재는 홍강 삼각주의 남쪽 변두리에 있는 타인호아성 동썬현에서 발견된 동썬 문화를 통해서 확인되었다. 이 동썬 문화는 베트남의 청동기 시대 말기에서 철기 시대 초기를 대표하는 문화로, 청동기 제조 기술이 절정에 이른 기원전 3~5세기경에 성립한 것으로 추정된다.

도판 4-5-3 | 청동상과 혜가 1식 동썬 동고(기원전 3~기원전 1세기, Vietnam National Museum of History)

기원전 257년에 이르러 반랑은 진시황의 중국 통일 과정에서 남하한 광서 지방의 월족(越族)과 결합하여 강성해진 인근 월(越, Viet)족의 부족장인 툭판(蜀泮)에게 멸망했다. 안양왕(安陽王, 蜀泮)은 반랑국을 병합하여 어우락국(甌貉雒國, 기원전 257~기원전 179년)을 건국하여 꼬로아성(Co Loa, 古螺城)으로 천도했다. 이 어우락이 베트남의 두 번째 국가이다. 그 후, 진(秦) 나라 말기의 혼란기를 틈타 기원전 207년에 중국 관리였던 조타(趙陀)가 건국한 남월(南越, Nam Viet, 기원전 257~기원전 111년) 왕국이 어우락을 멸망시키면서, 베트남 북부는 남월(南越)의 지배를 받았다. 이 시기부터 베트남 북부는 약 1,000년간 중국 왕조의 지배를 받았다.

중국 전한(前漢)의 한무제(武帝)가 남해 무역을 장악하기 위해서 기원전 111년에 남월을 침략하여 멸망시켰다. 베트남 북부에는 한의 직할 통치를 받는 교지군(交趾郡), 구진군(九眞郡), 일남군(日南郡)이 설치되었다.『후한서』권24 마원전(後漢書, 卷24 馬援傳)에 복파장군 마원이 반란을 진압한 후에 베트남의 지배자인 락장이 보유하는 동고를 몰수하여 동마(銅馬)를 만들어, 광무제에게 헌상한 것을 기록하고 있다. 후한서 광무제기(光武帝紀)의 기록 및『베트남 대월사기전(大越史記全書)』의 징여왕기(徵女王紀)에 건무 16년(建武, 기원후 40년)에 베트남 하노이 근처 락장(雒將)의 딸인 징측(徵側=Trung Trac), 징이(徵弍=Trung Nhi) 자매가 후한에 반란을 일으켰다는 기록이 있다.

중국의 베트남 북부 지배는 당나라 때에 절정에 달하여, 안남도호부(安南都護府, 679~863년)를 두고 식민지로 통치했다. 이때부터 중국은 베트남 북부를 안남이라고 부르기 시작하였으며, 오늘날에도 베트남을 안남으로 부르고 있다. 베트남 북부는 오랫동안 중국 왕조의 지배를 받지만, 베트남 중부 지역에서 2세기 말에 임읍 왕국이 성립했다. 중국 사서가 전하는 최초의 임읍 건국 기록은 『후한서』의 남만서남이열전(南蠻西南夷列傳)에 '137년 구린(區憐=區連)을 두목으로 수천 명이 반란을 일으켰다. 사원을 태우고 현지의 관리를 죽였다. 교지(交阯) 장관이 일단 평정에 성공했지만, 토벌하러 간 병사가 너무 먼 곳에 있었기 때문에 패전 분위기에 빠져 반란을 일으킨 것이다. 이러한 중국 파견군 반도는 나중에 항복했지만, 구린 세력은 살아남아 왕국을 세웠다'이다.[67] 이 시기에 임읍국을 건국한 것으로 추정된다. 상림현은 지금의 후에(Hue)강 상류 좌택원(左澤源) 인근으로 추정된다.

『진서(晋書)』의 임읍국전(林邑國傳)에 '縣功曹(役職)姓區 有子曰連 殺令 立爲王'이라고 기록하고 있다. 임읍의 건국 시기로 여겨진다. 그러나 수경주 권36에는 '建國記自漢末, 初平之乱'이라고 기록하고 있어, 초평의 난은 192년 전후가 된다. 어느 쪽이 정확한지는 단정할 수 없지만, 임읍은 중부 지역의 꽝남에서 2세기 말부터 세력을 확장했으며 7세기 비문에 나오는 참파 왕국(ChămPa, 192~1832년)의 시작이 바로 임읍이다. 226~231년에는 중국(吳의 黃武·黃龍時代)에 조공을 시작한다. 상림현(象林縣)은 예부터 금광이 많아서 금의 산지였다. 『태평어람』 권811에도 임읍 시대의 금산과 금과 관련하는 기록이 있다.[68] 그러나 상림은 내륙부이며 그것도 산지에 가까웠다. 이러한 임읍(象林縣)이 무역 국가로 거듭나기 위해서는 해안부에 거점을 마련할 필요가 있었다. 그게 바로 '씨투'(Xitu, 西圖=西屠)로 기록하고 있는 인구 2,000명 정도의 항구 도시(느가라)였다.

임읍 초창기에는 중국 문화와 베트남 북부의 영향을 많이 받았지만, 얼마 지나지 않아서 베트남 남부에서 캄보디아에 걸쳐서 융성한 교역국 부남의 영향으로 인도 문화를 받아들이게 되었다. 임읍은 당시 동남아시아의 강력한 제국이었던 크메르 왕국, 인도네시아의 자바섬의 샤일렌드라 왕국까지 영향력을 행사할 정도로 성장했다. 원래는 농업을 근간으로 하여 성읍 국가로 출발했지만, 점차 해상무역을 중심으로 하는 항시 국가 느가라로 발전하여 중국, 인도 등은 물론 중동 지역과도 교류했다.

---

67 『後漢書』, '永和二年 日南 象林徼外蠻夷區憐等数千人攻象林縣·燒城寺·殺長吏 交阯李刺史焚演発交阯九眞二郡兵萬餘人救之 兵士憚遠役 遂反 攻其府 二郡雖擊破反者 而賊執転盛'.

68 『太平御覽』卷811, 林邑記, '從林邑往金山 三十日至 遠望金山 嵯峨如赤城 照耀似天光 澗堅谷中亦有生金'.

4-5-2. 임읍의 수도 짜끼우

베트남 중부 지방은 고대 사후인, 참파 등 인도 문화의 영향을 받아서 중국 문화권 베트남 북부와는 차별화되는 독특한 역사와 문화를 가지고 있다. 사후인 문화는 동썬 문화, 옥에오 문화와 함께 베트남 3대 고대 문화로 꼽힌다. 꽝응아이(Quang Ngai)성 사후인 지역에서 프랑스 극동학원의 고고학자 M. 비네(M. Vinet)가 1909년에 최초로 발굴하여, 당시 청동기 외에 초기 철기류와 보석 장신구 등 다량의 유물이 출토됐다. 사후인 문화를 고대 국가인 임읍을 탄생시킨 문화로 보기도 하나 명확하지 않다. 임읍은 동남아시아 대륙부에서 강력한 왕조였음에도 불구하고 기원이 분명치 않다. 적어도 1~2세기에는 수장국의 형태로 존재했을 것으로 추정된다.

임읍의 본거지가 있던 짜끼우는 투본강의 하구 호이안시 근처였다. 임읍은 꽝남성의 짜끼우 부근에 정착하여, 짜끼우는 장기간에 걸쳐서 임읍의 본격적인 수도가 되었다. 투본강 유역은 철기 시대의 유적을 가진 사후인(Sa Huynh) 문화가 성행했던 지역으로 대량의 헤가 I 식 동썬 동고가 발견됐다. 분묘에서는 다수의 옹관이 출토됐고, 한(漢) 시대의 동경(銅鏡)이 출토됐다. 투본강 유역의 사후인 문화는 기원후 1세기 중반까지 계속된 것으로 보인다.[69]

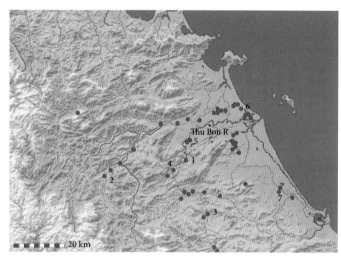

도판 4-5-4 | 투본강 유역의 사후인 유적
1. 고마보이(Go Ma Voi), 2. 파쑤아(Pa Xua), 3. 티엔란(Tien Lanh), 4. 빈옌(Binh Yen), 5. 고두아(Go Dua), 6. 라이응이(Lai Nghi), 7. 탐미(Tam My)

짜끼우에서 출토된 유리는 목걸이용 구슬, 쌍두 동물 모양 귀걸이, 팔찌 같은 장신구 제작에 주로 쓰였는데, 녹색 유리는 철, 자색 유리는 망간을 발색제로 사용했다. 베트남 북부 지방에서 제작된 이른 시기의 옥 또는 연옥제 유물(기원전 1,300년경 제작)은 현지의 옥돌을 사용하여 만들었는데, 중남부 지방인 사후인 유적에서 출토된 팔찌는 대만 동부에서 수입한 연

69   Đỗ, Trường Giang. (2017). "Champa Citadels: An Archaeological and Historical Study". Asian Review of World Histories. 5: 70-105.

도판 4-5-5 | 짜끼우 출토 청동기와 동경(Tra Kieu, Vietnam National Museum of History)

도판 4-5-6 | 안방 유적 출토 옹관(기원전 5~기원 전후, An Bang, Museum of Sa Huynh Culture, Hội An)

옥으로 만들었다.[70] 대만산 연옥으로 만든 납작한 형태의 팔찌는 필리핀 루손 북부와 팔라완섬의 유적에서도 발견됐다. 이렇게 유사한 형태를 한 보석 장신구가 광범위하게 분포한 점으로 보아 신석기 시대에 대만, 필리핀, 보르네오섬 사라왁, 중부 베트남이 서로 교역했음을 알 수 있다. 짜끼우 유적 분묘에서 철기류와 인도에서 가져온 것으로 보이는 옥석, 대만산 마노(瑪瑙) 장신구, 유리구슬 등도 다수 출토됐다.

그 후 임읍은 남부 꾸이년(Quy Nhon) 근처까지 지배권을 넓혔다. 무역 국가로 다낭과 호이안 근처를 중심지로 하고 있었지만, 오랫동안 남부의 항시 세력, 부남과 통상관계가 있었던 것으로 추정된다. 호이안시의 안방 유적(An Bang), 하우사 유적(Hau Xa)에서 많은 옹관, 철제 칼과 인도제 비즈가 출토됐다. 이들 유물은 기원전 3세기로 추정되며, 인도 상인이 이 무렵부터 왕래하고 있던 것으로 짐작된다. 물론 그 주변의 유적에서도 인도제 귀석이나 비즈가 발견됐다.

주이쑤엔(Duy Xuyên, Quang Nam)의 짜끼우 유적은 다낭시의 남서 50km에 있다. 짜끼우는 추아산의 북부 산기슭에 북동쪽으로 펼쳐져 있는 계곡 안에 있다. 서쪽 기슭에는 미썬 계곡이 있는 랑메오산이 있고, 투폰강의 분류인 바렌강을 따라서 계곡의 북서쪽에 있다. 짜끼우는 '싱하 푸라'(Singha Pura, 시지의 수도)의 중심지로, 4세기 말에 바드라바르만왕 시대에 건설한 참파 최초의 수도였다. 6세기 초에 편찬한 중국 남북조 시대의 고대 지리서인『수경주(水経註)』에는 임읍의 수도를 전충(典冲)으로 부르며 다음과 같이 기록하고 있다.

'강의 서쪽에 있는 요새는 해안선에서 40리 떨어진 임읍의 수도이다. 요새(사자의 요새)의 동남은 산으로 둘러싸여 있고, 북서는 강이 흐르고 있어, 대부분이 해자로 둘러싸여 있다. 환

---

70   Miksic, John Norman; Yian, Goh Geok (2016). Ancient Southeast Asia. Routledge.

호 건너편의 남동에는 강이 성벽과 경계를 접한다. 북쪽은 강이 서쪽에서 요새로 흐르고, 주위는 8리 120보, 성벽의 높이 2니트룽(베트남의 단위, 6.10m)이다. 요새 근처에는 높이 1니트룽(3.05m)의 벽돌로 만든 성벽이 있다. 성벽 사방에는 성문이 있고, 해자 위에는 나무로 만든 다리가 있다. 성문에는 목조의 단층 건물이 있고, 그 위에는 탑이 우뚝 솟아 있다. 건축 양식은 견고하지만 아름다움이 부족하다. 이 요새 안에는 주위가 230보인 작은 요새도 있다. 집회장과 궁전의 남북에는 출입구가 없다. 지붕의 양쪽 끝은 남북으로 돌출하여 있다.'

1927~28년에 걸쳐 프랑스 극동학원의 J. Y. 클레이가 주도하여 짜끼우를 고고학적으로 발굴 조사했다. 조사 결과 수경주에 기재되어 있는 내용이 정확하다는 것이 밝혀졌다. 클레이가 확인한대로 요새(싱하 푸라)의 주위는 약 4km였고, 성안에서 왕궁터의 벽돌 유구를 발견했다. 그리고 성안에서 웅장한 사원, 당탑의 기단, 많은 석조 유물, 비문 등을 발견했다. 짜끼우에 인접한 지역은 광대하여, 현재의 치엠슨 마을 동서에 걸쳐

도판 4-5-7 | 짜끼우 유적 안의 성모상(1898년, Tra Kieu, Duy Xuyên, Quang Nam)

있는 것이 밝혀졌다. 이 참파의 수도에는 고층 건축물의 기단으로 보이는 유구가 남아 있고, 앞으로 정밀 발굴 조사가 필요한 유적이다.

1980년대의 발굴 조사에서도 많은 금세공 유물이 출토됐다. 그중에는 달·태양·별 모양의 보석, 신과 동물의 동상, 두께 1cm의 금박으로 만든 산스크리트어 경전, 그리고 아랍어로 새긴 금제의 원형 파편 등이 있었다. 이 유적에서 발견한 금세공 유물은 참파의 수도 싱하 푸라의 부와 번영을 전하고 있다. 짜끼우 유적 동쪽 언덕 위(Buu Chau, 당시의 왕실 사원터로 추정된다)에는 1898년에 가톨릭교회가 세워졌고, 언덕 정상에 성모 마리아상이 세워져 있다. 이 성모상에서 짜끼우의 유적 전경과 미썬 유적이 있는 계곡과 산이 보인다.

베트남 남부 냐짱의 보카인(Vo Canh)에서 3~4세기 것으로 보이는 비문이 발견됐다. 동남아시아에서 가장 가장 이른 시기의 산스크리트어 비문이다. 왕의 이름으로 쓰리 마라(Sri Mara)라고 쓰여 있는데, 이를 G. 세데스는 부남의 범사만(范師蔓=부남 대왕)이라고 추정하고 있지만, 그 진위는 불문하더라도 베트남 남부에 임읍 산하의 항시 국가가 존재했을 가능성이 크다. 비문이 산스크리트어로 새겨져 있다는 점에서 교역하기 위하여 인도 상인이 왕래했음을 알 수 있다. 임읍은 북쪽의 한나라 식민지인 일남군을 지배하기 위하여 침공했지만, 반

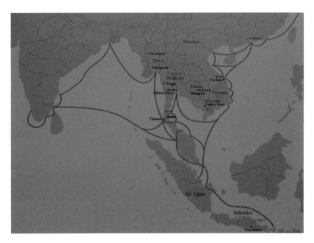

도판 4-5-8 | 참파의 교역로(7~9세기)

대로 남송과 수(隋)의 공격을 받아 수도 짜끼우에서 쫓겨나 남쪽으로 후퇴했다. 그런데도 임읍은 조공을 거듭하여 무역 국가로 번영했다.

5세기 말 남제(南齊) 시대부터 수나라까지 임읍은 여러 차례 정치적 혼란이 있었다. 그중에서도 양(梁) 시대에는 9회의 조공이 있었고, 수양제(隋煬帝) 때는 전쟁이 일어나 조공은 1회에 머물렀다. 당(618~907년)에 들어서 임읍은 623년부터 750년까지 합계 35회의 조공이 기록되어 있지만, 750년에 갑자기 끝이 났다. 임읍의 조공은 매우 활발하며 7세기에 18회(환왕 2회 포함)를 기록하고 있다. 8세기에 들어서도 750년까지 18회에 이른다. 그러나 750년을 마지막으로 임읍의 조공은 갑자기 끊어져 임읍이라는 국명도 758년을 마지막으로 중국 사서에서 사라져 버린다. 이유는 분명하지 않지만, 스리위자야 왕국과 샤일렌드라 왕국의 융성과 관계가 있을 가능성이 크다.

한편, 베트남 중남부에 거점 도시를 두고 있던 환왕은 무덕연간(武德年間, 618~626년), 정관연간(貞観年間, 629~649년)에 각 1회씩 조공했다. 이 시기를 즈음하여 중국 사서에서 임읍의 이름이 환왕으로 바뀐다. 임읍의 왕이 수도를 베트남 남부의 판두랑가로 옮겼기 때문에 환왕(環王)이라고 했다고 한다. 프라카사다르마(Prakasadharma. 653~687년?, 『唐會要』, 鉢迦含波摩, 『新唐書』, 諸葛地)는 시바와 비슈누를 믿었다고 비문이 전하고 있다. 미썬 비문(658년)에는 선조 카운디니야와 소마의 이름 외에 진랍의 이샤나바르만왕의 이름도 나온다. 산스크리트어 비문에 따르면 진랍의 이샤나바르만왕에게는 쓰리 사르바니(Sri Sarvani)라는 딸이 있었으며, 쓰리 사르바니기 참파의 왕자 자가다르마(Jagaddharma)와 결혼하여 낳은 아들이 비클란타바르만(Vikrantavarman)이고, 그가 653년에 왕위에 올랐다. 참파와 진랍은 국토를 마주하고 있어 대립 관계였는데, 이샤나바르만 재위(611~635년?) 때 진랍은 임읍과 함께 조공하기도 했다.

이는 임읍과는 별도의 왕조로, 환왕 시대의 비문은 남부 냐짱 주변에 집중하여 출토되고 있다. 환왕의 수도가 어디였는지에 대해서는 여러 가설이 있다. 수도가 북(짜끼우와 동즈엉)과 남(판두랑가)으로 나뉘어 있었다. 875년의 연호인 인드라바르만 2세의 비문이 동즈엉(Dong Duong)에서 발견됐다. 관음보살 신앙과 관련하는 '락슈민드라 로케쉬바라 스바하야다

(Laksmindra Lokesvara Svabhayada)와 로케쉬바라(관음보살)'의 이름이 보인다. 877년에는 당의 기록에는 환왕이라는 이름이 아니라 점성(占城)으로 바뀐다. 점성이라는 국명이 처음으로 등장하는 것은 809년부터이다.

화교 세력으로 출발한 임읍은 중국과의 조공 무역으로 발전했다. 임읍 무역의 근거지는 현재의 후에(Hué)였다. 여기에서 메콩강 유역의 사완나켓과 진랍의 근거지 참파삭으로 이어지는 도로가 있었다. 문강, 메콩강에서 운반해 온 교역품은 내륙의 육로를 통하여 베트남 중부의 후에까지 옮겨졌다. 짜끼우는 다낭 항구와 호이안 항구 가까이에 있어 해운에는 지장은 없었지만, 메콩강의 내륙부에서 육로로 운송할 경우는 후에 근처가 편리했다. 역대 임읍 왕이 집요하게 일남군 북부에 침공했던 이유는 농지 확보와 더불어 산간부 특산품인 침향 등 입수와 내륙 수송로 확보에 있었다. 참파족은 항해술이 뛰어나 인근의 항시와 활발하게 교역하며 성장했다.

부남과 임읍은 중국 사서에 국왕의 성씨가 '범(范)'으로 시작하는 왕이 장기간 지배했고, 양국은 서로 깊은 관계가 있었던 것으로 추정된다. 중국 남송, 수의 압력에 의해서 수도를 중부의 비자야(Vijaya)에서 남쪽의 판두랑가로 이동하면서도 임읍은 무역 국가로서 세력을 유지했다. 송 왕조의 발족과 함께 960년대 이후 참파는 점성으로 다시 융성했다. 880년부터 인드라바르만 2세가 불교를 본격적으로 도입했다. 이들 불교 유물은 거의 같은 시기의 스리위자야 왕국의 영향을 받아서 제작한 것이다. 호이안의 남쪽 20㎞에 신도시 동즈엉이라는 불교 도시가 탄생했다.

4-5-3. 참파의 사원과 유적

참파의 주요 사원 유적은 꽝남(Amaravati), 빈딘(Vijaya), 냐짱(Kauthara), 판랑(Panduranga) 등 4개의 주요 도시에 분포하고 있다. 원래는 250여 개의 유적지가 남아 있었지만, 베트남 전쟁으로 폐허가 된 곳이 많다. 꽝남 지역에는 70여 개의 사원이 있고, 힌두교 성지인 미썬 유적지와 불교 유적지 동즈엉 사원이 있다. 꾸이년 항구를 배후로 하는 빈딘 지역에는 반잇 사원, 방안 사원, 동탑, 금탑, 은탑, 동탑, 상아탑, 홍탄 사원 등 10여 개의 불교 유적이 있다. 냐짱에는 참파에서 가장 아름답다고 하는 포 나가르 사원이 있다. 참파의 멸망기에 남아 있던 판랑 지역에는 호아라이, 포클롱 가라이, 포로메, 포담, 포하이 사원 등 유적이 남아 있다.

5세기 무렵 임읍의 본거지는 미썬 성지 근처의 짜끼우(典沖)로, 짜끼우에는 지리적으로 중국과 부남, 진랍과 교역하기에 아주 좋은 다낭이나 호이안이라는 항구가 있었다. 짜끼우에서 성지 미썬까지는 10㎞ 정도이다. 미썬에는 바드라바르만 1세(Bhadravarman)가 시바를 모시는 사당을 건립했다고 한다. 바드라바르만은 범불(范佛)의 아들인 범호달왕(范胡達王, 380~413년)으로 추정된다. 그러나 바드라바르만은 부남 출신이 아닌가 하는 설도 있다. 바드라바르만은 자신의 이름을 따라서 시바 링가 바드레쉬바라(Bhadresvara)를 모시는 사당을 세웠다고 비문이 전하고 있다. 이 비문이 임읍국에서 만든 최초의 산스크리트어 비문이고, 이 무렵부터 임읍은 인도화하기 시작했다. 미썬 성지에는 14세기까지 계속하여 역대 왕의 영묘 등을 건립했다. 대부분은 베트남 전쟁 당시 미군의 공습 폭격 때문에 파괴되었다. 1999년에는 유네스코 세계유산으로 지정되었다. 미썬의 사당은 원래 목조 건물이었는데 7세기에 화재로 인하여 소실됐고, 범지왕(梵志王 =Sambhuvarman, 577~629년)이 재건했다.

최근의 발굴 조사에 의하면 짜끼우는 판축 기단 위에 기와지붕의 목조 건조물이 있었고, 많은 중국 유물(漢鏡)이 출토됐다. 중부 베트남에 참파 왕조 고전기의 힌두교와 불교 예술을 대표하는 사원과 유적이 미썬과 동즈엉이다. 참파 왕국의 힌두교와 불교 사원의 주 사당은 '카란'(Karan)이라고 하는데 건축 구조는 양자를 구별할 수 없을 정도로 유사하다.

도판 4-5-10 | 동즈엉 유적 출토 불상과 제단(9~10세기, Dong Doung, Quang Nam)

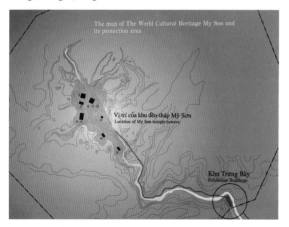

도판 4-5-9 | 세계 문화유산 미썬 유적도(My Son, Quang Nam)

카란의 조상(彫像)과 비문은 양식의 변천사를 구분할 수 있는 중요한 단서가 된다. 카란의 시원은 목조 건축에서 출발하여 벽돌로 이행한다. 카란의 입체적 구조는 기단과 방형의 당사 위에 지붕을 높게 쌓아 올린 것으로, 중부 자바의 '사당형' 찬디(Candi), 캄보디아의 '프라삿'(Prasat)과 유사한 고탑형 건축이다. 카란, 찬디, 프라삿은 석제와 벽돌을 높이 쌓아 올린 누적 구조로 내외부에 다양한 조각이 새겨져 있어 전체적으로 조소적이다. 이들은 원래 목조 건축의 신당에서 출발하여 힌

도판 4-5-11 | 금탑(12세기 초, Thap Phu Loc, Binh Dinh)

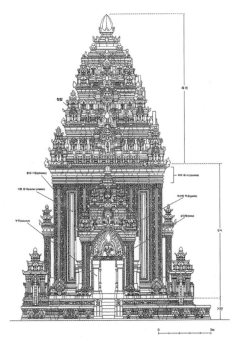

도판 4-5-12 | 미썬 A1 주 사당의 복원도(My Son A1, My Son, Quang Nam)

두교와 불교의 영향을 받아 링가와 요니, 신상, 불상을 안치하는 벽돌로 만든 사당형 건축으로 변천했다. 일반적으로 좌우 대칭하는 평면 구조로 당사 안의 주실에 신상을 안치하는 비교적 좁은 공간이 있다. 사당 외벽은 벽돌을 부조하여 다양한 신상과 문양을 새겨 놓았다.

참파족, 크메르족은 인도네시아 사람들과 많은 공통의 기층문화를 가지고 있다. 종래의 연구에서는 카란, 찬디, 프라삿은 인도 문화의 영향만이 강조되었지만, 동남아시아 사원은 오스트로네아시아어족과 오스트로네시아어족 공통의 기층문화에서 유래한다는 점을 명백히 인식할 필요가 있다. 즉 동남아시아의 기층문화(성산숭배, 성수 숭배, 조상숭배)를 기반으로 인도의 종교 문화를 도입한 것으로, 이러한 문화의 수용은 동남아시아 재지의 권력층이 자율적으로 선택한 것이다.

참파 왕국은 북방의 중국 문화권과 인도의 힌두교 문화권의 경계에 있었다. 이러한 지리적인 조건 때문에 이들 왕국은 전쟁과 교류를 반복하면서 문화적으로 서로 깊은 영향을 주고받았다. 그러나 인도 문화를 도입함에 있어서 참파 왕조

도판 4-5-13 | 미썬 유적(8~11세기, My Son, Quang Nam)

도판 4-5-14 | 미썬 B, C, D군(9세기 말~10세기 후반, My Son, Quang Nam)

도판 4-5-15 | 미썬 B1 사당의 링가와 요니(8~10세기, My Son, Quang Nam)

도판 4-5-16 | 미썬 C1 사당의 외벽 장식(시바상, 10세기, My Son, Quang Nam)

도판 4-5-17 | 자야인드라바르만 4세의 비문 (1163년, My Son B1, Quang Nam)

와 앙코르 왕조는 북방의 중국 왕조보다 바다 건너에 있었던 수마트라 스리위자야 왕조 혹은 자바 샤일렌드라 왕조와 밀접한 교류 관계가 있었던 것 같다. 특히 자바의 샤일렌드라 왕조와는 바다를 건너 정치적, 문화적 교류가 활발했던 것으로 추정된다. 중부 자바의 푸라오산 사원(9세기) 안에 앙코르 왕족으로 보이는 인물상 부조가 새겨져 있다.

베트남 해안가의 평야는 산맥으로 분단되어, 각 지역은 독립한 문화권을 형성해 왔다. 참파족은 이러한 독립적인 지방 세력이 연합하여 왕국을 형성했다. 참파 왕국은 해안가의 평야에서 수전 농업을 하면서, 해안가의 항구를 거점으로 인도네시아, 중국, 인도와 물산을 교역하는 국제적인 느가라(항시 국가)로 발전했다.

참파 왕국 사원의 주 사당은 힌두교의 시바를 모시기 위한 사당이다. 미썬 B, C, D군을 예로 들면 단독 사당과 대소의 복합 사당군이 있다. 복합 사당군은 중앙의 주 사당(B1, C1 유적)을 중심으로 부속 사당(B3, B4, B7~B13, C5~C7)이 배치되어 있다. 각 사당의 내부에는 요니와 링가, 각종의 신상이 안치되어 있고, 외벽에도 각종의 신상을 부조해 놓았다. 부속 사당 안에는 비문을 보관하는 경장(經藏), 의례 때에 사용하는 정화수를 보관하는 성수고

(聖水庫, B6, C4, 지금도 사당 내부에 성수를 담았던 석조가 남아 있다.), 제사 용구와 왕과 왕비의 유품을 안치하는 보물고(B5, C3) 등이 있다.

참파 사원의 기본 구조는 목조 건축을 그대로 살려서 벽돌 구조로 바꿔 놓은 것으로 동남아시아 기층문화에서 유래한다. 이러한 조형은 우리나라 백제에서 목탑이 석탑으로 변형하는 과정과 유사하며, 참파의 독자적인 양식도 인정된다. 출입문은 벽돌 구조로 일반적으로 동쪽을 향해서 만들어졌다(B2, C2). 주 사당과 일직선에 의례를 거행하는 만다파는 직사각형(矩形建築)의 벽돌 건물이다(D1, D2). 경장은 사방에 입구가 있는 정방형의 평면 구조이다(D3, D4).

미썬에 전하는 산스크리트어 비문에 의하면 진랍과 점성 두 왕가는 모두 인도의 대서사시 『마하바라타』의 쿠룩세트라 전투에서 판다바족에게 패한 크루족(카우라바)의 왕자 '아슈바타만'의

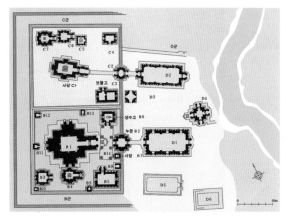

도판 4-5-18 | 미썬 B, C, D군 가람 배치도(1942년 P. Stern의 도)

도판 4-5-19 | 미썬 B5 보물고(8~11세기, My Son, Quang Nam)

후손이라고 기록하고 있다. 인도 왕자의 후손이 진랍과 점성의 왕이 되었다는 내용은 흥미롭지만, 역사적인 사실이 아니다. 인도인이 앙코르 왕조를 건국했다는 전설이 있지만, '전설'은 어디까지나 전설이다. 프랑스의 역사가 G. 세데스가 주장한 동남아시아의 '인도화'라는 개념은 위대한 연구 업적으로 평가받아야 하지만, 그의 식민지 사관은 재평가해야 할 시기가 되었다.[71] '인도 사람이 참파족 혹은 크메르족이 건국한 나라의 왕이 되었다'라는 전설 혹은 가설은 전혀 근거가 없다.

참파 왕국의 사원은 '단독 사원'과 '복합 사원군'으로 나눌 수 있다. 미썬 유적은 복합 사원군의 대표적인 사례이다. 가람의 입지는 '평지식', '구상식'(丘上式), '산악 테라스식' 등 3개로 분류되지만, 넓은 의미로는 '구상식'과 '산악 테라스식'은 높낮이에 차이가 있을 뿐 입지가 다르지 않다. 따라서 참파 사원의 가람은 '평지'(평지식)와 '언덕'(혹은 산악)의 2개로 나눌 수 있다. 평지

71 Cœdès, George. (1968). Walter F. Vella (ed.). The Indianized States of Southeast Asia. trans. Susan Brown Cowing. University of Hawaii Press.

도판 4-5-20 | 미썬 B3 외벽의 여신상 부조(10세기, My Son, Quang Nam)

도판 4-5-21 | 미썬 B6 성수고 입구와 내부의 석조(10세기, My Son, Quang Nam)

도판 4-5-22 | 미썬 D1 만다파(10세기 중반, My Son, Quang Nam)

식 가람은 일반적으로 곡창 지대의 중심부에 축조되며 미썬 A, B, C, D, E, F군이 평지식 가람 배치이다. 구상식 가람은 곡창 지대의 언덕 정상 위에 축조하여, 금탑, 은탑, 미썬 G, H군 등이 있다.

평지식 가람의 '빈람'은 남중국해에 가까운 2개의 하천이 합류하는 평야의 중심에 있다. 유적 주위에는 수로가 있고 성벽으로 둘러싸여 있는 참파 왕국의 항구도시이다. 복합 사원군은 해안에서 떨어진 분지 안에 있다. 초기의 평지식 가람에는 12~13세기 이후 구상식으로 축조된 사원, 비문에 왕이 기부한 경작지가 있는 사원, 9세기 말~10세기 이후 사원 전체를 둘러싸는 벽이 없는 사원 등이 있다. 일부 유적을 제외하고 대부분 사원 유적이 하천과 해안에서 가까우며 전망이 좋은 언덕 위에 있다.

각 가람을 구성하는 사당 수는 '단독 사원'과 주 사당을 중심으로 양옆에 부속 사당을 배

도판 4-5-23 | 구상식 사원(금탑, 12세기 초, Thap Phu Loc, Binh Dinh)

도판 4-5-24 | 미썬 G군 복원도(My Son, Quang Nam)

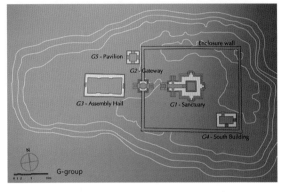

도판 4-5-25 | 미썬 G군 평면도(My Son, Quang Nam)

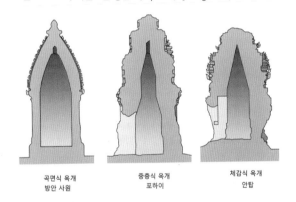

도판 4-5-26 | 박출식 구조 종류

치한 '3 주당 사원'으로 나눌 수 있다. 단독 사원의 가장 오래된 사례는 포하이, 미썬 A군, 동즈엉 제1 사원 등이 있다. 3 주당 사원은 평지식 가람에서만 볼 수 있다. 3기의 사당이 동시기에 축조된 사례는 없고 보통 수십 년에 걸쳐서 세워졌다. 호아라이(8세기 말 창건, 9세기 중반 완성), 크엉미(10세기 초 창건, 10세기 전반 완성), 치엔단(11세기 중반 창건, 12세기 중반 완성)이 있다. 3 주당 사원은 13세기까지 축조되지만 3기의 사당이 동시에 축조된 것은 12세기 말 이후 분탄 사원으로, 앙코르 사원의 영향에 의한 것이다. 즈옹롱 사원은 12세기 말까지 중심 사당 1기가 건립됐고, 그 후 부속 사당이 추가되었다.

참파의 사원은 앙코르 건축처럼 박출식 공법으로 지붕을 만들었다. 건축학에서는 코벨링(corbeling)이라 하는데, 벽돌을 차곡차곡 쌓아 올려 지붕을 지탱하는 기술로 앙코르와 자바 사원 등이 이 기법을 사용했다. 유사 아치를 쌓는 방법은 체감식 옥개(12세기), 중층식 옥개(13세기), 곡면식 옥개(13~14세기) 등이 있다. 이러한 공법은 고대 로마 사원 이후에 사용된 진성 아치(원형으로 석제를 조합 시켜 공간을 만드는 공법, 경주의 석굴암)의 기술과는 달라서 내부에 넓은 공간을 만들 수 없다는 단점이 있다. 이러한 박출식 공법의 한계를 극복하기 위해서 참파와 앙코르 사원은 고층화할 필요가 있었다.

사원 재료로는 목재와 소성 벽돌이 주로 사용되었으며, 다양한 크기의 벽돌이 용도에 맞추어 사용되었다. 외벽의 조각은 벽돌을 쌓아 올린 후에 새겼다. 전형적인 사당 형태는 기단, 방형 당사, 첨탑형의 옥개로 구성되어 있다. 참파 왕조는 10~11세기에 걸쳐 많은 사원이 건설되었지만, 인드라바르만 2세(재위 870~895년)가 인드라푸라를 천도하고 동즈엉 사원의 축조가 이루어진 9세기 후반이 변혁기라고 할 수 있다. 인드라바르만 2세는 힌두교 중심의 종교를 대승 불교로 개혁하여 왕국의 재흥을 도모했다. 대승 불교와 사원 양식의 전파는 자바 왕조와 깊은 관련이 있다. 참파 사원의 변천은 대략 4기로 분류된다.[72]

제1기는 '초기 힌두 사원 시대'(7~8세기 말)로 미썬, 동즈엉이 중심이었다. 미썬 지역에서 벽돌 사원은 7세기 이후에 축조되었다. 미썬 EI 주 사당의 축조는 8세기 말로 초기 사원은 기단과 당사가 벽돌 구조, 옥개는 목조와 기와 구조였다. 8세기 말 이전까지는 소규모 목조 사원이었을 것으로 추정되고, 남부에서는 대규모 사원이 9세기 초에 축조되었다.

임읍은 남중국해 연안을 지배하여 수·당을 통해서 남해 무역을 독점했다. 이러함 임읍의 번영은 당연하게도 중국의 안남도호부와 대립 관계를 형성하는 원인이 되었다. 7세기 이후의 참파는 북방의 베트남 침략으로 남쪽으로 이동하여 새로운 수도를 건설했다. 중부 베트남 일대에 남아 있는 많은 참파의 힌두교 사원 유적은 남중국해의 패권을 둘러싸고 베트남과 참파가 1,000년에 걸쳐 투쟁한 기념비라고 할 수 있다.

도판 4-5-27 | 디엥의 북방형 찬디(7세기, Dieng, Java, 1895~1915년)

제2기는 '사원 확립 시대'(8세기 말~9세기 전반)로 중부와 남부가 중심이었다. 미썬 유적군은 자바의 북방형 찬디(Candi=사원)와 양식적으로 유사하다. 북방형 찬디는 중부 자바 북부의 고원 지대에 흩어져 존재하는 사원들이다. 7~8세기 남인도 힌두교 사원의 영향으로 성립되었다. 이들 북방형 찬디가 최초로 자바에 세워진 곳은 해발 2,000m의 디엥(Dieng) 고원과 1,000m의 운가란산(Gunung Ungaran)의 고원 지대이다. 이는 산악 지대에 신당을 만드는 자바인의 선사 시대 신앙과 깊은 관련이 있다. 찬디는 대부분이 시바교 사원으로 토착의 산악숭배, 성수 신앙,

---

72   重枝豊, 「ヴェトナムの建築」(『世界美術大全集東洋編第12巻東南アジア』, 小學館, 2001)

조상숭배와 깊게 결부하고 있다. 선조 상을 신당에 안치하여 모시는 조상숭배는 그 후 왕과 왕비의 초상을 힌두교 신상 형식으로 만들어서 사원에 안치하는 형태로 바뀐다.

베트남의 미썬 지역이 성지로 숭배된 초기에는 비교적 소규모 사원이 독립해서 축조되었다. 남부에서는 9세기 초기에 호아라이 유적과 같은 대규모 3주당 사원이 출현했다. 석제(사암)는 보강재로 참파 왕국의 북부 지역에서만 한정해서 사용되었다. 남부에서는 벽돌을 사용해서 원형 장식 지주를 고안했다. 당시 부남은 진랍에 병합당한 직후로 부남과 진랍의 일부 주민이 참파 왕국으로 피난해서 자바의 사원 기술을 전했다고 추정된다.

제3기는 '힌두교, 불교 사원 융합기'(9세기 후반~10세기 말)로 참파 왕국 주변의 국제 정세가 크게 변했다. 이 시기에 대승 불교 또는 힌두교 사원은 새로운 양식이 도입되어 활발하게 건립되었다. 미썬 A1 주 사당(10세기 중반 건립)은 최성기를 대표하는 건축이었다. 미썬과 동즈엉 유적의 부속 시설은 이 시기에 새롭게 축조되었다. 또 이 시대는 중부 자바와 부남의 양식이 미썬 지역에 도입되었다고 추정된다.

제4기는 '정체 사원 시대'(11세기 초~16세기 중반)로 왕국이 쇠망하여 사원 건축은 활기를 잃어갔다. 사원은 주로 전망이 좋은 언덕 위에 건립했고, 그 때문에 건물은 높게 만들어졌다. 이 시기에 사원은 성스러운 신앙 공간에서 국가 종교의 기념비적인 존재로 변화하여, 석제를 장식재와 보강재로 사용했다. 그러나 14세기 후반이 되면서 조형적인 활력은 찾아볼 수 없고 조상 제작도 쇠퇴했다.

참파 사원을 지역적으로 보면 왕국 내의 북부와 남부가 각각 다른 양식으로 출발하나, 양자의 기술이 차츰 융합하는 과정을 알 수 있다. 이러한 양식의 변화 과정은 주변 제국의 영향을 강하게 반영하고 있지만, 참파의 독자적인 양식도 간과해서는 안 된다. 미썬 A1 주 사당의 복원도와 참파 왕국의 조상을 보면 참파 왕국의 사원과 조상이 결코 자바 왕조와 앙코르 왕조에 뒤지지 않은 것을 쉽게 알 수 있다.

표 4-1-1 | 참파 사원의 시대 구분

	시대 구분	중국 사서
I	초기 힌두 사원 시대(7~8세기 말)	임읍 시대(2세기 말~8세기 중반)
II	사원 확립 시대(8세기 말~9세기 전반)	환왕 시대(8세기 중반~9세기 중반)
III	힌두·불교 사원 융합 시대(9세기 후반~10세기 말)	점성기(9세기 중순~10세기 후반)
IV	미썬 A1 양식 시대(10세기 초~11세기 초)	복고·정체 사원 시대(11세기 초~16세기) 점성 시대(12세기 전반~13세기)

미썬 유적

중부 베트남 꽝남성 참파 미썬 사원 유적은 참파 왕국의 종교적 성지로 왕도 짜끼우에서 남서쪽으로 14㎞ 거리에 있다. 유적은 산으로 둘러싸여 있고, 북쪽에 짜끼우를 경유하는 교역 도시 호이안까지 연결되는 투본강 지류가 흐른다. 7세기 말에서 13세기 초까지 61기의 힌두교 탑당이 세워져 있었다. 유적은 신왕을 숭배한 곳이었을 뿐만 아니라 화장 후 왕과 왕비의 유골과 유품을 안치한 영묘이기도 했다. 참파의 역대 왕은 미썬 유적을 종교적인 성지뿐만 아니라 왕도 짜끼우가 공격받을 경우를 가정하여 방어가 뛰어난 성역으로 건립했다. 미썬 B, C, D군은 9세기 말에서 10세기 후반까지 축조되었고, 미썬 유적에 관한 최초의 비문은 4세기 초까지 거슬러 올라간다.

바드라바르만왕은 자신을 신왕 바드레이슈바라로 숭배시키기 위해서 벽돌 사원을 건립했다고 한다. 6세기 말에 목조 사원, 7세기 초에 벽돌을 사용해서 사원을 재건한 것도 기록하고 있다. 현재 전해지는 가장 오래된 건물은 8세기에 세워졌으며(미썬 E1 주 사당), 그 밖의 사원은 982년 베트남 북부 대월과의 전쟁 때문에 파괴되었다. 11세기 하리바르만왕(재위 1074~1086)은 미썬 B1 주 사당, E4 부속 사당을 복원했고, 12세기 초에 미썬 K, H군의 작은 사원을 축조했다.

동즈엉 불교 사원

다낭시의 남쪽으로 약 65㎞ 떨어진 빈딘 마을에 있는 동즈엉 불교 유적의 역사는 9세기 말 인드라바르만왕의 통치 시대까지 거슬러 올라간다. 이 불교 사원에서 최근 발견된 왕의 비문에는 875년에 왕이 보살의 형태를 한 왕의 수호신, 락슈민드라·로케쉬바라(Lakśmīndralokeśvara)를 모시는 불교 사원과 시설을 건립했다고 기록하고 있다. 이 비문에서 힌두교와 불교의 융합을 나타내고 있어, 당시 참파 왕국에서는 이 두 종교를 같이 믿었음을 알 수 있다.

비문에 따르면 동즈엉은 불교에 귀의한 참파 역대 왕들의 성지이기도 했다. 미썬이 힌두교의 총본산이라면, 동즈엉은 불교의 성지였다. 대승 불교가 동남아시아로 급속히 퍼진 시기에 참파에 전래한 주요 종파는 진언밀교(바즈라야나, Vajrayana)였다. 이 종파는 굽타 왕조 이후 힌두교와 융합한 불교의 일파로 시바교, 그리고 민간에서 행해지고 있던 조상 숭배와 혼합된 종교였다. 동즈엉의 비문에 힌두교와 불교가 같이 나타난 것은 진언밀교의 영향이라 할 수 있다.

동즈엉은 동서 길이가 1.3㎞에 달하는 대 유적이다. 미술사가 파르망티에는 동즈엉 사원 군을 I, II, III의 3그룹으로 분류하고 있다. I과 II는 왕족의 의례 공간이었고, III은 승려들을 위한 공간이었다.

① 제1사원

동서 326m, 남북 155m에 이르는 I군은 동즈엉 유적군 중에서 가장 중요한 시설이다. 주 사당은 875년에 지어진 동쪽을 향한 큰 사각형의 건물로, 사당 내부의 서쪽에 거대한 제단이 있었다. 이 제단에는 875년 이후 여성 보살 락슈민드라·로케쉬바라 청동상(참파 조각박물관에서는 관음보살이 아니라 Bodhisattva Tara=타라 보살상으로 소개하고 있다.)이 안치되어 있었다. 주 사당의 남북에는 부사당이 2개 있고, 서쪽에도 동쪽으로 향하는 부 사당이 2개 있었다. 이들 사당은 역대 왕들의 위엄을 나타내는 신상을 안치한 것으로 생각된다. 주 사당의 동쪽에는 높은 석탑이 있고, 동서남북으로 창이 있다. 남서쪽 사당의 옆에도 작은 석탑이 있다. 높은 석탑 남쪽에는 2개 방으로 나누어진 보물고가 있었다. 주벽의 네 모퉁이와 중앙 근처에 작은 사당이 배치되어 있다. 모두 7개가 있으며, 각 방위를 수호하는 로카팔라(Lokapala, 여덟 방위를 관장하는 신)를 안치했다.

도판 4-5-28 | 락슈민드라·로케쉬바라상(청동상, 9세기 말~10세기 초, Dong Doung, Quang Nam)

② 제2사원

제2사원의 유일한 건물은 동서의 축선에 따라 서 있는 4개의 문과 많은 창문이 있는 직사각형의 사당뿐이다. 직사각형 사당의 남쪽과 북쪽에 각각 쌍으로 7개의 작은 원주가 늘어서 있다. 제1사원과 마찬가지로 동쪽에서 제2사원의 직사각형 사당 안에 들어가려면 누문을 빠져나가야 한다. 누문(고푸라)의 양옆에는 2개의 원주형 불탑이 있다. 제2사원과 제3사원 입구에 불법을 수호하는 다르마팔라(Dharmapala=護法善神)상이 안치되어 있

도판 4-5-29 | 다르마팔라상(9세기 초~10세기 초, Dong Doung, Quang Nam)

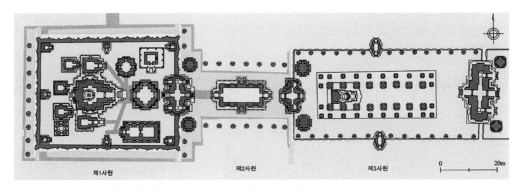

도판 4-5-30 | 동즈엉 사원의 배치도(P. Stern, 1942년을 필자가 수정 가필)

었는데, 이들 석상(높이 2.15m)은 현재 참파 조각박물관이 소장하고 있다. 동즈엉 양식을 대표하는 긴장감 있고 굴강한 천부(天部)상이다.

③ 제3사원

제3사원 안 건물은 직사각형의 불교 사원으로, 큰 사각기둥 8개가 남북으로 마주 보고 2열로 늘어서 있었다. 이 2열에 병행하여 한층 낮은 12개의 기둥이 기와지붕을 지지하여 열을 지어 늘어서 있었다. 이 불교 사원의 서쪽에는 3열의 기둥으로 둘러싸인 제단이 있다. 제단 위에는 의자에 앉아 있는 석가여래 좌상(높이 2.85m)이 안치되어 있었다. 이 제3사원의 주 사당에서 승려들이 예불을 올렸던 것으로 추정된다. 제1사원, 제2사원과 마찬가지로 동쪽에는 큰 고푸라가 있고, 누문에는 각각 남북으로 통하는 2개의 부차적인 누문이 설치되어 있었다.

동즈엉 유적의 동쪽으로 1㎞ 떨어진 지점에 200m가 넘는 규모의 사각형 저수지가 있다. 이 저수지는 불교 사원의 의례용 저수지이며, 동시에 왕이 이 사원에 보시한 수전의 관개용수이다. 동즈엉은 유적의 장대한 규모로 보아 참파 왕국 불교의 중심지였던 것을 알 수 있다. 화려하고 장대했던 동즈엉 유적은 세월의 경과와 거듭되는 전쟁으로 파괴되었지만, 석상이나 석조 유물은 그대로 다낭의 참파 조각박물관에 전시되어 있다.

방안 사원(Thap Bang An)

빈딘 강변 북쪽에 있는 방안 사원은 다낭 남쪽 30㎞에 있다. 방안 사원은 원래 팔각형 사당과 북동쪽과 남서쪽에 있던 두 개의 작은 사각형의 당탑으로 구성되었다. 지금은 2개의 당탑은 붕괴하여 흔적조차도 찾아볼 수 없다. 방안의 사당은 독특한 팔각형 건물로 남북 양쪽에도 입구를 가진 전실을 갖추고 있다. 참파 건축에서 팔각형 사당은 방안과 참로 2개뿐

도판 4-5-31 | 빈딘강과 성산 마하 파르바타(Điện Bàn, Quảng Nam)

도판 4-5-32 | 방안 사원(12세기, Thap Bang An, Điện Bàn, Quảng Nam)

도판 4-5-33 | 방안 사당의 입구와 링가(12세기, Thap Bang An, Điện Bàn, Quảng Nam)

이다. 팔각형의 당사(堂舍)에는 기둥이 사용되지 않았으며 장식은 없다.

사당 내에는 얕은 부조의 띠 모양으로 장식된 원형의 기단 위에 작은 링가가 모셔져 있다. 사당 입구 앞에는 다양한 장식을 한 가자 싱하(코끼리와 사자의 합체상)와 싱하(사자)상이 있다. 두 석상은 양식이 같지 않기 때문에 만든 연대는 다르다. 두꺼운 갈기 장식이 있는 싱하상은 10세기의, 가자 싱하상은 후기의 양식이다. 방안의 당탑은 옛 건물을 개·보수한 것으로 생각된다. 방안의 사당, 특히 전방 외관의 건축 양식은 미썬 G1의 주 사당과 비교해보면 12세기에 건립한 것으로, 빈딘 양식에 속한다.

치엔단 사원(Thap Chien Dan)

꽝남성 탐키이시 탐안보에 있는 치엔단 사원은 다낭시 남쪽 60km 거리에 있다. 사원 이름은 전단(栴壇)을 의미하는 산스크리트어를 한역하여 베트남어로 대체한 것이다. 사원은 3개

도판 4-5-34 | 치엔단 사원(미썬 AI 양식, 11~12세기, Thap Chien Dan, Tam Ky, Quang Nam)

의 사당으로 구성되어 있고, 모두 동쪽을 향한다. 이들은 11~12세기의 장기간에 걸쳐서 건립되었다. 11세기 중반에 조영된 초기 건물은 12세기 후반 자야 하리바르만의 통치 시대에 개수했다.

1989년 사당의 기단을 발굴 작업하여 크기가 다른 많은 사암 석상과 부조로 덮인 석제 기단이 발견됐다. 유물의 시기는 11~12세기로 거슬러 올라간다. 참파군의 전투 장면, 춤추는 무희 등을 새긴 석제 기단이 있는 독특한 사당이다. 발굴 조사 결과 남쪽 사당이 최초로 세워지고, 다음에 중앙 사당, 마지막으로 북쪽 사당이 세워진 것으로 밝혀졌다. 3개의 사당 내부는 높고 중앙 사당 네 모퉁이에 기둥이 세워져 있다. 아마도 제단 위의 지붕이나 천장을 지지하는 데 사용했을 것이다.

남쪽 사당이 가장 손상이 심하고, 1989년 발굴 조사에서 사암으로 만든 기둥과 기단이 출토됐다. 출토된 석조 유물의 장식 부조 양식으로 보아 11세기에 만든 것으로 추정된다. 중앙 탑은 가장 크고 보존 상태가 좋으나, 전방은 심하게 무너졌고 안쪽의 주방 부분만이 남아 있다. 3단의 기단과 2개의 높은 기둥이 남아 있다. 박공(Pediment)은 작고 섬세한 장식 무늬 조각이 새겨져 있다. 입구의 문 위에는 박공과 연결하는 사암의 타원형 부재가 있다. 당사에 사암 석재를 사용한 것은 앙코르 사원 건축의 영향으로 추정된다.

남쪽 사당의 기단 부조는 인도의 라마야나 이야기, 춤추는 소녀 등이 새겨져 있다. 북쪽 사당의 부조는 11세기 양식이며, 무기를 가진 전사, 악기를 연주하는 악사, 춤추는 무희, 연꽃과 2쌍의 코끼리가 새겨져 있다. 북쪽 사당은 마지막으로 12세기에 지어졌고, 남쪽 사당보다 규모가 크다.

1989년에 치엔단 사원을 발굴 조사한 결과 수백 개의 부조가 발견됐다. 이것들은 사당 기단에 사용했던 사암으로 만든 부조 장식이다. 예를 들면 6개의 손에 무기를 가진 여신 데위(Dewi)를 새긴 박공, 압사라, 킨나라, 가루다, 가네샤, 함사, 나가, 물에 사는 괴물 마카라에서 인간을 토해내고 있는 부조 등이다. 대부분의 부조는 12세기에 제작되었으며 현재 사원 남동쪽에 있는 수장고에 보존되어 있다.

크엉미 사원(Thap Kung My)

다낭성 미탄현 탐키에 있는 크엉미 사원은 다
낭 남쪽으로 70㎞ 거리에 있다. 입구가 동쪽을
향한 규모가 큰 3개의 벽돌 사당이 남아 있다.
20세기 초에 이곳에서 발견된 많은 석조 유물(크
엉미 양식)이 참파 조각박물관에 전시되어 있다.
크엉미 사원은 참파 건축의 걸작이라고 불린다.
사당 외벽의 다양한 장식 부조는 참파 예술의 높
은 수준을 잘 보여준다. 크엉미 유적은 짜끼우,
동즈엉, 미썬 등 다른 유적과 더불어 참파 왕국

도판 4-5-35 | 크엉미 사원(10세기, Thap Kung My, Quang Nam)

의 최성기를 대표하는 중요한 유적이다. 20세기 초반에 프랑스 극동학원의 발굴 조사로 사
원은 10세기에 원래 있었던 사원 위에 재건축했음이 밝혀졌다.

남쪽 사당은 유적군 가운데 가장 규모가 크고 잘 보존되어 있다. 입구를 장식한 사암 기둥
은 참파 미술관에 전시되어 있다. 입구 문 상부에 정교한 조각이 새겨진 박공, 다양하고 정교
한 장식 문양을 새긴 가짜 문, 포도잎을 주제로 연속 S자형 문양으로 장식한 기둥 등은 동즈
엉 양식(9세기 말~10세기 초)에서 미썬 A1 양식(10세기)으로 변천하는 과정을 잘 나타내고 있다.

중앙 사당은 규모가 약간 작고 장식 부조는 남북 사당과 비슷하지만, 조각은 더 세밀하고
부드러운 곡선을 사용하고 있다. 세부 의장은 미썬 A1 양식의 역동적인 조형에서 점차 섬세
한 방식으로 옮겨간다. 세부 장식 부조의 특징을 비교하면, 중앙 사당은 10세기 전반으로 남

도판 4-5-36 | 크엉미 사원의 외벽 부조(10세기, Thap Kung My, Quang Nam)

도판 4-5-37 | 고바르다나산을 들어 올리는 크리슈나상(7
세기, Thap Kung My, Museum of Cham Sculpture)

쪽 사당이나 북쪽 사당보다 후대에 건립한 것으로 추정된다. 북쪽 사당은 이 유적군 중에서 가장 규모가 작고 손상이 심하다. 구조와 장식 부조는 중앙 사당과 비슷하다. 크엉미 사원에서 출토된 석조 유물은 대부분 참파 조각박물관에 전시되어 있다. 연꽃의 모양과 4개의 바퀴를 새긴 제단, 크리슈나신과 시바, 수호신 드바라팔라 등은 7세기에서 10세기에 만들었다. 지금도 일부 기단 장식 부조는 현지에 남았다.

은탑(Thap Banh It)

은탑(銀塔)은 빈딘성 뚜이푹에 있으며, 꾸이년시의 북쪽 18㎞ 거리의 언덕 위에 있다. 참파에서는 11세기 이후 사원을 작은 언덕 위에 세우는 경향이 뚜렷하다. 은탑은 11세기 초, 왕도가 비자야 지역으로 천도하여 곧바로 건립된 대표적인 사원이다. 참파의 구도 비자야의 중앙에 있는 중요한 유적이다. 은탑 유적군 속에서 지금 남아 있는 건물은 4개뿐이다. 당탑은 모두 남북의 축선에 배치되어 있다. 주 사당은 사면을 4단으로 깎은 테라스 위에 세워져 벽돌의 주벽에 둘러싸여 있다. 주 사당 안에 시바상이 남아 있다(복제품). 원래 있었던 시바상은 프랑스 기메 박물관이 소장하고 있다. 이 석상은 참파 조각이 결코 크메르 조각에 뒤지지 않음을 잘 보여주는 유물이며 조각적으로 뛰어나다. 주 사당에 인접한 남쪽에는 보물고가 있다. 주 사당의 남서쪽에는 4개의 입구가 있는 비문고, 동쪽에는 누문이 있다. 주 사당 입구에는 박공이 남아 있고, 그 중앙에는 카라가 새겨져 있으며, 카라의 입 양쪽에 꽃잎 문양의 띠가 늘어져 있다. 이러한 조각은 11세기 참파 건축 박공의 특징이다. 입구와 삼면의 가짜 문 위에도 박공이 있다.

도판 4-5-38 | 은탑의 주 사당(11세기, Thap Banh It, Tuy Phouc, Binh Dinh)

도판 4-5-39 | 보물고(11세기, Thap Banh It, Tuy Phouc, Binh Dinh)

도판 4-5-40 | 은탑의 전경(고푸라, 11세기, Thap Banh It, Tuy Phouc, Binh Dinh)

도판 4-5-41 | 은탑 출토 시바 석상(11세기, Thap Banh It, Tuy Phouc, Binh Dinh, Musée national des Arts asiatiques-Guimet)

당탑에는 3층의 옥개가 있고, 각 층에 첨탑이 있다. 은탑 주 사당의 첨탑은 독특한 양식이 사용되었으며, 이 양식은 그 후 수백 년 동안 빈딘 지구의 다른 당탑에도 사용되었다. 은탑은 각 건물이 비교적 잘 남아 있어, 11세기 초 참파 왕국이 수도를 짜끼우에서 비자야로 천도한 시대를 연구하는 데에 중요한 단서가 되고 있다. 이 당탑군은 꽝남 지역에서 빈딘 지역으로 건축사가 어떻게 변천했는지 비교 검토하는 데 중요하다. 가람 배치의 변화는 거의 보이지 않지만, 장식 문양은 그 이전에는 사용되지 않았던 수법을 사용하고 있다.

탑맘(Thap Mam)

참파 왕 하리하라만 2세는 989년 대월에게 공격받아 인드라푸라에서 보다 안전한 비자야(빈딘성 꾸이년)로 천도했다. 그 후 비자야를 중심으로 하는 건축과 조각 양식을 빈딘 양식 혹은 탑맘 양식이라고 부른다. 은탑(탑 반잇) 사원에서 북서쪽으로 13㎞ 거리에 탑맘 사원 유적이 있다(Nhon Thanh 마을, An Nhon 지역). 참파 수도 비자야 시대의 도반(Do Ban)성과 그리 멀지 않은 곳이다. 탑맘 사원은 난탑(Thap Nhan)과 탑칸티엔(동탑, Thap Canh Tien)과 같은 건축 양식이며 12세기에 세워진 것으로 추정된다. 사원은 현재 무너져 내려 형태를 알 수 없지만, 사원 유적에서 많은 석조 유물이 출토됐다. 이 사원에서 출토된 11~14세기의 석조 유물을 사원의 이름을 따라서 '탑맘 양식'이라고 부른다.

10세기 이후 참파의 건축과 미술은 쇠퇴의 길로 접어들었다. 포 나가르 사원과 포콜롱 가

도판 4-5-42 | 시바상, 마카라상, 가루다상(탑맘 양식, 12세기, Thap Mam, Binh Dinh, The National Museum of History Hanoi)

라이 사원에서 볼 수 있는 건축과 조각은 힘과 독창성을 상실하고 있다. 그러나 마카라나 가루다와 같은 신화적인 동물 조각은 성숙하고 강인함을 잃지 않았다. 이러한 점에서 일반적인 탑맘 양식은 위계적 형식주의로의 회귀와 형태의 단순화로 인해 활력을 상실한 것이 특징이다. 조각가들은 인물 자체의 우아함과 움직임보다 장식의 세부 사항에 더 관심이 있었던 것으로 평가되고 있다. 그래서 탑맘 양식을 고전적인 전 시기의 석조미술과 구별되는 장식적인 세부 사항의 확산과 관련하여 바로크적이라고 할 수 있다.

탑맘 시대의 가장 독창적인 주제 중 하나는 석제 제단 대좌 바닥 주위에 여성의 젖가슴을 한 줄로 늘어서게 부조한 것이다. 이러한 부조는 10세기에 처음 등장했다(짜끼우에서 출토된 제단에 있는 유방 부조 장식). 그 후 탑맘 양식의 가장 큰 특징이 된다. 풍만한 유방은 다산과 풍작의 상징으로 동남아시아 전통 가옥의 실내 장식으로도 사용되고 있다. 유방 연속 장식 부조는 미썬의 신화적인 조상인 지모신 우로자(Uroja=가슴)의 형상과 동일시되며, 우로자와 포 나가르에서 숭배되는 여신 사이의 연관성을 추정하는 견해도 있다. 탑

도판 4-5-43 | 제단의 유방 장식(12세기, Thap Mam, Museum of Cham Sculpture)

도판 4-5-44 | 예술과 학문을 관장하는 힌두교 여신 사라스바티상(12세기, Sarasvati, Thap Mam, Bảo Tàng Tổng Hợp Bình Định, 2011년 출토)

도판 4-5-45 | 시바상(12세기, Shiva, Thap Mam, Bảo Tàng Tổng Hợp Bình Định, 2011년 출토)

도판 4-5-46 | 가루다상(12세기, Garuda, Thap Mam, Bảo Tàng Tổng Hợp Bình Định, 2011년 출토)

맘 사원 유적에서 출토된 석조 유물은 하노이의 베트남 역사박물관, 다낭의 참파 조각박물관, 꾸이년의 빈딘 종합박물관에 전시되어 있다. 2011년의 발굴 조사에서 많은 석상을 출토하여 빈딘 종합박물관이 소장하고 있다.

탑 투테엔(Thap Thu Thien)

빈딘성의 티나이 도성(Thu Thien)은 꾸이년에서 북동쪽으로 25㎞ 떨어져 있다. 탑 투테엔은 큰 벽돌 주벽으로 둘러싸인 저지대에 세워져 있다. 당탑의 북서쪽에는 길이가 약 20m 정도인 성벽이 남아 있다. 성벽과 당탑은 2개의 작은 강 사이에 있으며, 강 동쪽으로 3㎞ 떨어진 곳에 바다가 있다. 성벽은 13세기에서 14세기에 참파왕국의 항구 도시를 방어하기 위해서 만든 성벽 일부이다. 이 항구 마을은 티나이 또는 슈리 비나이라 불리고, 중국과 북베트남의 사료에서 동남아시아의 중요한 항구로 기록하고 있다. 티나이는 15세기 중반 쇠퇴하기까지 참파 왕국의 비

도판 4-5-47 | 탑 투테엔(13~14세기, Thap Thu Thien, Tay Son, Binh Dinh)

자야 지역을 대표하는 중요한 항구 도시였다. 탑 투테엔은 동쪽을 향하며 형태는 일반적인 참파 건축과 같지만 박공 장식이 독특하다. 사당의 당사는 높고 장식이 없는 5개의 기둥이 있다. 가짜 문 아래에는 6개의 작은 탑 장식이 되어 있다. 가짜 문의 박공은 독특한 디자인의 섬세한 장식으로 꾸며져 있다. 이 사원은 9세기 이후 참파 무역항의 도시 안에 있었던 종교시설이다.

동탑(Thap Canh Tien)

동탑(銅塔, 칸티엔=선녀의 날개)은 콩가이(소녀) 탑이라고도 불린다. 동탑을 중심 사원으로 하는 차방 도성은 빈딘성 안홍현 하우한(Hậu Hán)에 있으며, 꾸이년의 북쪽 27㎞에 있다. 기원후 999년경 북베트남 여조(黎朝)의 군사적 압력 아래에 참파 왕 슈리비자야양쿠푸(Sri Vijaya Yangkupu=Yangpuku Vijaya왕, 생몰, 재위 불명)는 빈딘의 인드라푸라(Indrapura, 875 ~982년) 서남쪽으로 약 300㎞ 거리에 있는 도반 도성(베트남어 Đồ Bàn=Cha Ban, 산스크리트어 Vijaya, 현재의 An Nhon 마을)으로 천도했다. 도반 도성은 항구 티나이에 합류하는 꽁강의 주요 지류 사이에 있었으며, 참파 왕국의 마지막 수도였다(11~15세기). 차방 도성은 1471년까지 존속했으나, 여조의 성종 황제가 참파를 정복하여 역사의 무대에서 사라지게 되었다. 18세기까지 동탑 외에 성내에는 약 100개의 당탑이 있으며 십탑사(十塔寺, Đền Tentoji)라고 부른다. 1934~35년에 프랑스 극동학원의 J. Y. 클레이가 발굴 조사하여 많은 석조 유물을 발견했다. 이들 출토 유물은 현재 참파 조각박물관에 전시되어 있다. 동탑은 도반 도성의 중앙에 있는 작은 언덕 위에 동향하여 세워져 있다.

도판 4-5-48 | 동탑(12세기, Thap Canh Tien, Nam Tan, Nhon Hau, Binh Dinh)

금탑(Tháp Phú Lốc)

빈딘성 안홍 지역 홍탄 마을(Làng Hongtan)의 금탑(金塔)은 꾸이년시 북쪽으로 약 30㎞ 거리에 있다. 꾸이년은 11세기부터 참파 왕국의 수도였던 비자야의 외항으로 번성했다. 정화(鄭和)의 남해 원정에서 7회나 기항했던 항구이다. 금탑은 일반적으로 빈딘 양식으로 분류되지만, 앙코르의 벽돌 건축에서 부분적으로 영향을 받았다. 사당은 작은 언덕 위에 동향하고 있다. 언덕의 정상은 평평하게 정지되어 있으며, 2개의 직사각형 테라스로 되어 있다. 금탑은 동탑과 같은 장식이지만, 규모는 동탑보다 크고 전체 길이도 높다. 금탑은 동탑과 비슷한 건축적 특징을 갖추고 있으며, 13세기 초에 건립한 것이다.

탑두옹롱(상아탑, Thap Dương Long)

상아탑(象牙塔)은 베트남어로 Dương Long이며 Dương은 태양, Long은 황제 혹은 용을 의미한다. 상아탑은 12~13세기 참파 왕조와 앙코르 왕조의 문화 교류를 보여주는 귀중한 사료이다. 11~12세기에 세워진 상아탑에는 높이가 20m인 3탑 사당이 우뚝 솟아 있다. 앙코르 왕조의 벽돌 프라삿(사원)의 영향을 받아 조성된 3개의 사당은 참파 사원 당탑의 양식과는 크게 다르다. 지붕은 사방에 첨탑을 배치한 전형적인 참파 사당의 양식과는 다르게 사암으로 보강하면서 벽돌을 피라미드 모양으로 쌓아 올린 형태이다. 참파 사원 당탑과 또다른 상아탑의 특징은 빈딘 양식 중에서도 특히 사암 조각을 많이 사용하고 있다는 것이다. 특히 북쪽 부 사당의 남쪽에는 나가와 신상에 새긴 박공 조각이 거의 완전한 형태로 남아 있다. 상아탑에서 발굴된 사암 조각의 대부분은 꾸이년시의 빈딘 박물관에 전시되어 있다.

도판 4-5-49 | 상아탑(12~13세기, Thap Dương Long, Tay Son, Binh Dinh)

도판 4-5-50 | 북쪽 부 사당의 남쪽 박공 장식(12~13세기, Thap Dương Long, Tay Son, Binh Dinh)

흥탄(Thap Hung Thanh)

꾸이년시의 빈딘 박물관 가까이에 바다로 향하는 사당 2개가 있다. 창건 당시에는 3개였지만, 현재 북쪽 사당은 기단만 남아 있다. 가람 배치는 상아탑과 동일하며 정면은 동쪽이다. 이들 사당 외에도 중앙 사당의 정면에는 보물고, 2개의 사각형으로 된 성지, 큰 벽이 있는 부차적 건물 등 많은 부속 건물이 있었다. 이 유적군과 다른 참파 건축의 차이는 특이한 옥개 구조에 있다. 흥탄 사당의 옥개는 앙코르 사원의 영향인 것으로 보인다. 상아탑과 마

도판 4-5-51 | 홍탄(12~13세기, Thap Hung Thanh, Quy Nhơn, Bình Định)

도판 4-5-52 | 탑난(12세기, Tháp Nhạn, Tuy Hoa, Phu Yen)

찬가지로, 북쪽 사당은 홍탄에서 사용된 조형 양식도 앙코르 왕조와 문화 교류로 참파 건축의 다양성과 독자성을 잘 보여주며, 가장 높고 규모가 크다. 사당의 옥개는 사면 모두 피라미드형이라는 독특한 조형이다. 각각의 면이 6층으로 나누어져, 각 층에 5개의 가짜 창이 만들어져 있다. 중앙의 가짜 창이 가장 크고 작은 박공을 구성한다. 각 층의 네 구석에는 사암으로 만든 머리가 5개인 나가 장식이 새겨져 있다. 이 부분에 나가를 많이 장식하는 것은 앙코르 건축의 특징이다.

탑난(Tháp Nhạn)

탑난(雁塔)은 푸이엔성 추이호아 마을(Làng Chui Hoa)에 있다. 다랑 강변의 북쪽 난(Nhan)산이라고 불리는 작은 언덕 위 바다가 보이는 곳에 있다. 탑난은 원래 2개의 사당으로 구성되어 있었는데, 현재는 주 사당만 남아 있다. 주 사당은 동쪽을 향하며 각 변의 길이는 10m, 높이 약 23.5m이다. 3개의 작은 가짜 문에 섬세한 장식이 새겨져 있다. 탑의 벽에는 5개의 장식이 없는 기둥이 있고, 옥개는 3층이며, 각 층에 4개의 첨탑이 있다. 가짜 문에는 2개의 작은 원통 위에 박공이 장식되어 있다. 박공에는 칼라의 입에서 3개의 꼬인 꽃잎 문양의 띠가 늘어진 조각이 가득 차 있다. 12세기에 건립된 다른 사원과 비교하면, 첨탑의 전체 구성이 정교하고 경쾌하며, 외벽 부조 장식이 뛰어나다.

포 나가르(Po Nagar)

냐짱 시내의 북쪽 2㎞에 있는 포 나가르는 카이강(sông kai) 하구에 있는 구상식 벽돌 사원이다. 바다의 여신(Thiên Y Thánh Mẫu)에게 제사를 지내는 사원군이며 8세기에서 13세기에 세워졌다. '탑바'는 비엣족들이 부른 이름이고, 참파족들은 '포 이누 나가르(Po Inu Nagar 또는 Yan Po Nagar)' 사원이라고 불렀다. '포(Po)'는 '지배자 또는 극도로 존귀한 대상'을 의미한다.

'이누(Inu)'는 '어머니'이고 '나가르(Nagar)'는 '나라 또는 국토'라는 의미이다. 즉, 참파 왕국의 국모신인 '포 이누 나가르'를 모신 사원이다.

도판 4-5-53 | 포 나가르에서 본 카이 강(Po Nagar, Nha Trang)

포 나가르 사원에 관해 산스크리트어로 쓰인 비문들을 종합하면, 대략 8세기부터 14세기까지 참파 사원이 조성되거나 중수된 것으로 추정된다. 원래 7개 또는 8개의 탑이 있었던 것으로 추정되나, 현재 남아 있는 것은 4개에 불과하다. 현존하는 비문 중 가장 오래된 것은 사탸바르만(Satyavarman)왕 시기인 781년에 세워졌다. 이 비문에 파괴된 사원을 재건했다는 내용이 있는 것으로 보아, 사원이 적어도 781년 이전에 세워졌음을 알 수 있다. 비문에 따르면 원래 이 사원에는 옥개의 제일 높은 곳에 보석으로 장식한 링가가 모셔져 있었다. 어느 날 자바에서 온 약탈자들(샤일렌드라 왕조)이 사원을 파괴하고 링가의 보

도판 4-5-54 | 포 나가르 사원 전경(8~13세기, Po Nagar, Nha Trang)

물을 훔쳐서 바다로 도주했다. 그러자 왕과 그의 군대가 추격하였는데 도적들이 링가와 보물을 바다에 빠트려버리는 불상사가 발생했다고 한다. 784년에 사탸바르만이 링가를 다시 만들었다.

10~14세기의 비문에는 여신 숭배에 대해 많은 정보가 있다. 인드라바르만 3세는 918년에 국모신의 명성이 널리 퍼지자, 황금으로 '바가바티(Bhagavati)' 여신상을 조성했다. 그러나 이 황금상은 945~946년 참파 왕국을 침입한 앙코르 제국의 라젠드라바르만 2세가 약탈해 갔다. 그 후 965년에 자야인드라바르만 1세가 석제 여신상을 다시 만들었다. 그 후에도 1050년에 파라메슈바라바르만 1세(Pramesvaravarman Ⅰ)가, 1064년에는 루드라바르만 3세가 계속해서 여신상을 조성하여 사원에 헌납했다. 1143년 비문에는 '얀 포 나가르(Yan Po Nagar)'라는 국모신의 이름을 기록하고 있다. 11~12세기의 기록에 따르면 여신상 외에 시바링가와 비슈누상도 조성되었다. 1165년에는 '바가바티 카우타레스바티(Bhagavati Kautharesvati)' 여신에게 금관을 헌정했다는 기록이 있다.

13~14세기에도 여전히 바가바티 여신에게 제물을 바쳤다는 기록들이 있다. 또한 포 나가

도판 4-5-55 | 주 사당 안의 포 나가르 여신상(10~11세기, Po Nagar, Nha Trang)

도판 4-5-56 | 고상식 벽돌 사당터(8~13세기, Po Nagar, Nha Trang)

르 사원에 관한 비문들에 의하면 얀 포 나가르 여신에 대한 숭배가 널리 퍼져 있었고, 장기간 계승되었음을 명백히 알 수가 있다. 그리고 비문에 '바가바티'(Bhagavatī)나 '삭티'(Śakti)와 같은 시바의 배우자 이름이 여러 차례 기록되어 있다. 이를 근거로 볼 때 '얀 포 나가르' 숭배는 인도의 여신 숭배 사상과 참파 왕국의 지모신 신앙이 융합하여 탄생한 것으로 분석된다.

포 나가르 사원은 바다쪽 도로에서 예배당(고상식 벽돌 사당) 자리를 거쳐 본전으로 올라간다. 과거 예배당(명상 혹은 기도용 사당)이 있었던 곳으로 들어서면 10개의 팔각기둥이 남아 있다. 높은 고상식 건물의 기둥으로, 그 위에 목조 사당이 있었던 것으로 추정된다. 각각 높낮이가 다른 10개의 기둥이 펼치는 조화와 조형미는 마치 조각가가 인위적으로 배치해 놓은 것 같다.

입구의 고상 사당이었던 곳을 지나 계단을 오르면 가장 규모가 큰 주 사당(Thaùp Chính)이 나온다. 주 사당 건물의 평면은 사방 대칭 구조인 내실에 전실을 잇댄 형태이다. 건물 전체로 보면 좌우만 대칭이고, 전체 높이가 28m인 웅장한 벽돌 구조물이다. 동향의 전실 입구 양쪽의 석조 기둥 위에 벽돌이 아치 모양으로 건축되어 있다. 문 위의 아치형 벽돌 구조물 중앙(앙코르 사원 건축의 박공)에는 4개 팔을 들고 춤추는 시바와 양옆에 조그만 크기의 악사가 조각된 사암 판이 부착되어 있다. 4층 구조의 지붕은 올라갈수록 좁아지는 피라미드 형식으로 사방이 대칭 구조이다. 지붕에는 압사라, 거위, 코끼리가 부조되어 있다. 주 사당은 포 나가르 여신을 모신 곳으로, 내실에는 연꽃 기단 위에 검은색 사암으로 조각된 다리를 교차한 여신상이 안치되어 있다. 여신상은 연꽃 기단을 포함해 전체 높이가 2.6m이다. 10개의 팔이 있는데, 8개의 손에는 여신의 힘과 지혜를 상징하는 물건들을 들고 있다. 인도 신화에 나오는 시바의 부인 두르가도 10개의 팔을 가지고 있다. 이러한 점에서 포 나가르 여산과 두르가가 동일시되었다고 짐작할 수 있다.

12세기에 건축한 남탑(Thaùp Nam)은 아주 소박한 모습이다. 지붕도 다층적이지 않으며 단순한 피라미드 구조로 되어 있다. 기존에 다른 탑이 서 있었던 자리에 다른 곳에서 사용했던 벽돌을 모아서 재건축했다. 남탑의 평면 구조는 본탑과 같이 내실에 전실을 이은 형태이고 전실 입구는 동쪽을 향하고 있다. 남동 사당(미우응남, Mieáu Ñoâng Nam)은 시바에게 봉헌된 사당으로, 링가와 요니가 안치되어 있다. 서북 사당(탑테이백, Thaùp Taây Baéc)은 시바의 아들인 가네샤를 주신으로 하고 있다. 참파 사원의 주재료는 벽돌이지만, 조각과 장식(상인방, 박공, 기단) 등 사암을 사용한 곳도 일부 있다. 사원의 박공에 새긴 부조는 참파 조각의 독자적인 특징을 잘 표현하고 있다.

도판 4-5-57 | 남동 사당(Mieáu Ñoâng Nam) 안의 링가와 요니 (11~12세기, Po Nagar, Nha Trang)

포 나가르 사원은 토착 신앙에서 유래하는 지모신을 모신 사원이다. 그리고 이 지모신 신앙은 8세기 후반에 힌두교의 시바교와 융합한다. 지금도 시바의 아들인 가네샤를 모신 사당이 있고,

도판 4-5-58 | 주 사당 입구의 박공 부조(10~11세기, Po Nagar, Nha Trang)

포 나가르 비문에 '바가바티(Bhagavati)'나 '삭티(Sakti)'와 같은 시바의 배우자 이름을 여러 차례 기록하고 있다. 주 사당 입구의 박공에도 시바와 관련하는 부조가 새겨져 있다.

삼각형의 박공에는 3명의 인물과 소가 새겨져 있다. 중앙에 소 위에 오른발을 올리고 춤추는 인물이 주인공이다. 이 중심 인물상을 서규석씨는 마히샤마르디니(Mahishamardini)라고 소개하고 있다.[73] 이 부조를 둘러싸고 크게 시바상과 마히샤마르디니상이라는 견해가 있다. 빈 응이 유적에서 출토되었으며 빈딘 종합박물관이 소장하는 12세기의 마히샤마르디니상은 가슴의 형태로 보아 여성임을 알 수 있다. 포 나가르 사원 박공의 인물상은 오른쪽 손(4개의 팔) 가린 가슴이 여성의 것으로 보기에는 너무 빈약하지만, 인물상의 왼쪽 가슴을 보면 여성을 나타내고 있는 것이 확연하다. 이 인물상은 시바와 부인인 파르바티와의 합체신 아루

---

73   서규석, 『잊혀진 문명 참파』, 리북, 2013년

도판 4-5-59 | 마히샤마르디니상(12세기, Mahishamardini, Binh Nghi, Tay Son, Bảo Tàng Tổng Hợp Bình Định)

다나리슈바라(Ardhanārīśvara, 오른쪽 반신이 시바, 왼쪽 반신이 Parvati)일 가능성이 크다. 아루다나리슈바라상은 태국의 우본랏차타니 국립박물관이 소장하고 있다. 이 상은 삭티(性) 신앙의 상징이다.

포 나가르 사원군의 일부는 당시 참파 왕국과 앙코르 왕국의 긴밀한 관계를 보여주는 사원이다. 참파군이 1177년에 앙코르의 수도를 점령했고, 1145년과 1203년에는 반대로 참파 왕도 비자야가 앙코르 군에게 점령당했다. 이 시기의 참파 사원은 앙코르의 프라삿 건축 양식의 영향을 받았다. 이러한 영향의 구체적인 예로 기단과 옥개의 장식, 구조 보강에서 사암재의 사용 등을 들 수 있다. 기단 이외의 벽돌 벽면에 사암재를 사용하는 공법은 10세기 초까지 참파 건축에는 볼 수 없다. 앙코르 건축의 영향도 보이지만, 벽면의 벽돌이나 사암에 조각한 문양은 앙코르 조각과는 다른 소박함이 있다.

탑 호아라이(Tháp Hòa Lai)

닌투성 닌하이현 탄하이에 있는 호아라이 유적은 판랑시 북쪽 14㎞에 있다. 참파 왕국 시대 8세기부터 9세기에 걸쳐서 3기의 사당이 건조되어 있었는데 현재는 북쪽 사당과 남쪽 사당 2기가 남아 있다. 사당의 외벽에는 화려하고 섬세한 부조가 새겨져 있다. 주벽은 동서 약 200m, 남북 약 150m로, 중앙 사당 등 많은 부속 건조물군이 있었다. 현존하는 가장 오래되

도판 4-5-60 | 탑 호아라이 북쪽 사당(8~9세기, Tháp Hòa Lai, Ba Thap, Ninh Thuan)

도판 4-5-61 | 북쪽 사당 옥개의 가루다 장식(8~9세기, Tháp Hòa Lai, Ba Thap, Ninh Thuan)

고 아름다운 참파 사당이다.

북쪽 사당은 비교적 잘 남아 있고, 장식 부조가 뛰어나다. 남쪽 사당보다 규모가 크고 높다. 당사 외벽에는 독특하고 섬세한 장식 문양을 새긴 4개의 기둥이 있다. 기둥 위에는 날개를 펼친 조신 가루다가 새겨져 있다. 호아라이 건축 양식과 부조 장식 등을 보면 남쪽 사당을 북쪽 사당보다 먼저 건립했을 가능성이 크다.

도판 4-5-62 | 탑 호아라이 남쪽 사당(8~9세기, Tháp Hòa Lai, Ba Thap, Ninh Thuan)

포클롱 가라이(Po Klaung Garai)

중남부 베트남 닌투언성 판랑에 포클롱 가라이 사원이 있다. 사원이 있는 곳은 판두랑가 평원으로, 1417년에 수도 비자야가 함락된 후 참파 왕국이 마지막 거점으로 삼았던 곳이다. 사원 이름은 관개 시설을 건축한 업적이 있는 판두랑가의 참파 국왕(포클롱 가라이, 재위 1167~1205)의 이름에서 유래하며, '가라이'는 참파어로 '용'을 뜻한다. 사원은 동서축에 주 사당, 직사각형 건물, 보물고, 출입문 등을 배치하고 있다. 주 사당은 동향하여 배치했고, 동쪽 입구

도판 4-5-63 | 포클롱 가라이(15세기, Po Klaung Garai, Phan Rang, Ninh Thuận)

도판 4-5-64 | 주 사당 입구 박공의 춤추는 시바상 부조(15세기, Po Klaung Garai, Phan Rang, Ninh Thuận)

도판 4-5-65 | 무카링가와 요니(15세기, Po Klaung Garai, Phan Rang, Ninh Thuận)

의 상인방에는 다산과 풍작의 상징인 춤추는 시바가 새겨져 있다. 주 사당 평면은 방형이지만 내부 공간은 동서축이 길고, 내부에는 요니와 무카링가를 안치했다. 링가 정면(동쪽)은 포클롱 가라이왕의 얼굴이 새겨져 있어, 힌두교의 신 시바와 왕이 일체화한 데바라자(전륜성왕) 신앙을 나타내고 있다. 같은 데바라자 신앙이라고 하여도 앙코르 왕조는 비슈누와 왕을 일체화한 것을 보면, 참파 왕조의 힌두교는 자바 왕조의 힌두교와 연관성이 깊다고 할 수 있다.

도판 4-5-66 | 동부 자바의 찬디 파리(1371년, Majapahit, Porong, Indonesia)

중부 베트남의 빈딘성과 닌투언성의 사원 유적은 동부 자바의 사원과 유사점이 많다. 벽돌을 높이 쌓아 올린 누적 구조라는 공통점이 인정된다. 역사적으로 이들 지역은 8세기 후반에 2번이나 자바 왕조의 침략을 받았다. 동부 자바의 수라바야 남쪽 포롱 인근에 있는 찬디 게토스와 찬디 파리도 벽돌로 세운 대표적인 사당형 사원이다. 사원 건축은 참파 왕조의 카란과 매우 유사하다. 15세기 중반에 마자파힛의 쿠루타비자야왕(1447~1451년)이 참파 왕국 푸티리 공주와 결혼했던 것 등을 보면 양국은 깊은 교류가 있었다. 사원 안에 안치되어 있었던 석상도 참파 양식과 유사하다. 이렇듯 참파 왕국, 크메르 왕국, 자바 왕국은 정치적 문화적으로 깊은 교류가 있었던 것을 알 수 있다.

포로메(Po Rome, 마지막 참파 사원)

포로메 유적은 닌투언성 하우샨 마을에 있다. 사원은 참파족이 사는 마을의 서쪽으로 2㎞의 언덕 위에 있다. 이 유적은 참파 건축의 마지막 시기인 17세기에 조영되었다. 가람은 참파 왕 포로메(재위 1627~1651년)를 모시는 사당, 포로메왕의 왕비에게 바쳐진 작은 건물, 그리고 포로메왕의 장례식 때의 비석 등으로 구성되었다. 남쪽에는 보물고의 기단이 남아 있다. 주 사당은 전체적으로 포클롱 가라이와 유사하지만, 장식 부조는 세련미가 떨어져 어색한 느낌이 든다. 입구는

도판 4-5-67 | 포로메 사원(17세기, Po Rome, Ninh Thuan, Ninh Phuoc)

동쪽으로 폭이 좁은 전실은 비교적 잘 남아 있다. 전실 입구의 박공은 테라코타로 화염형으로 장식되어 있고, 박공 장식은 남아 있지 않다. 당사의 벽면에는 기둥이 보이지 않는다. 3개의 벽감 안에는 사암제의 신상이 안치되어 있다.

3층 구조의 옥개는 비교적 잘 남아 있다. 각 층의 모서리에는 4개의 첨탑이 있고, 옥개 중앙 4면의 벽감에 사암으로 만든 신상이 안치되어 있다. 사당 내부에는 신격화한 포로메왕의 동상을 새긴 조각이 안치되어 있다. 왕의 얼굴은 수염을 기르고 짙은 눈썹을 한 토착적 풍모를 하고 있으며, 두 손은 복부 앞에 놓고, 다른 여섯 손에는 각각 신성을 상징하는 물건을 들

도판 4-5-69 | 주 사당 안의 포로메상(17세기, Po Rome, Ninh Thuan of Ninh Phuoc)

도판 4-5-68 | 포로메 왕의 쿳(17세기, Po Rome, Ninh Thuan of Ninh Phuoc)

고 있다. 왕 양쪽 옆에는 난딘이 부조되어 있다. 이 부조는 시바의 화신으로 신격화된 포로
메왕을 상징하고 있다. 사당의 서쪽에는 포로메왕의 '쿳'(토지신을 상징하는 비석)이 있다. 왕이
살아 있는 동안 이 언덕 위에 자신의 영묘 사원을 건립하고, 사후의 매장 장소로 선택했다.
포로메 주 사당은 참파가 건축한 마지막 벽돌 사당이다. 이 유적군의 조영은 9세기 초로, 그
이후의 참파 사원은 대부분이 기와지붕의 목조 건축으로 바뀐다.

4-5-4. 참파 왕조의 조상(彫像)

참파의 이름이 비문으로 새겨진 시기는 7세기 초이고, 그 후 중국 사서에는 8세기 중반~9
세기 후반에 '환왕'(環王), '점성'(占城)으로도 기록하고 있다. 참파 왕국의 종교는 힌두교가 우
세했다. 임읍의 본거지는 주로 현재의 베트남 중부 지역이었다. 베트남 북부는 한나라의 식
민지 혹은 비엣족이 세운 대월, 남부는 부남과 진랍의 영토였다. 베트남 남부의 안장성 옥에
오(Oc Eo)에는 부남의 외읍이 있었다. 현재 하노이의 베트남 역사박물관에 전시된 6~7세기
로 추정되는 힌두교 신상과 불상은 참파 왕조가 아니라 부남 혹은 진랍의 크메르족이 만들
었다. 안장성 옥에오에서 출토된 선정인(禪定印)하는 석불 좌상과 같은 불상 양식을 캄보디아
의 6세기 '앙코르 보레이 양식'이라고 부른다. 메콩강 삼각주의 짜빈성 손토(Son Tho) 유적에
서 출토된 석가여래 의상(7~8세기)은 부남 시대 말기에 제작된 석상으로 추정된다.

옥에오에서 출토된 다양한 석상 중에서 받침대 위의 물소 머리로 보아 시바의 부인 두르
가상으로 추정되는 여신상이 있다. 시바의 배우자인 우마 혹은 파르바티일 가능성도 있다.
북인도의 두르가상은 신들의 간청으로 물소로 변한 악마 마히샤를 무찌르는 형태로 표현하
는데, 이 석상은 7세기 후반 남인도 팔라바 왕조 시대의 두르가상과 유사하다. 두르가상은
시간이 지나면서 팔의 수가 늘어나고 각 손에 신들의 무기를 들고 있는 모습으로 변화한다.
이 석상도 본래 네 손에 모두 무기를 든 모습이었을 것으로 추정되고, 지금은 위쪽 오른손에
든 단검과 왼손에 든 방패만이 남아 있다. 머리에는 주교관 형상의 모자를 쓰고 있고, 치미
에는 주름과 허리띠를 가늘게 새겼다. 7세기의 프놈다 양식과 유사하다.

옥에오와 그 인근 지역에서는 다양한 크기의 비즈 및 보석 구슬이 출토됐다. 이러한 구슬
은 수정, 홍옥수, 마노, 석류석 등과 같은 보석으로 만든 장식품으로, 일부는 인도 동남부에
서 전래한 것으로 추정된다. 옥에오에서는 인도에서 수입한 보석을 가공하는 공방 유적도
발견됐다. 1940년대 중반에 프랑스극동학원의 고고학자인 루이 말루레가 집중적으로 발굴
조사하여 야금로와 같은 유리 제조 도구들도 발굴되었다. 1970년대 이래 발굴을 계속해온

도판 4-5-70 | 옥에오 출토 불상(6세기, Oc Eo, Tỉnh An Giang, Vietnam National Museum of History)

도판 4-5-71 | 옥에오 출토 비슈누상(7세기, Oc Eo, Tỉnh An Giang, Vietnam National Museum of History)

도판 4-5-72 | 베트남 남부 출토 비슈누상 (7세기, Vietnam National Museum of History)

도판 4-5-73 | 옥에오 출토 비슈누상(7세기, Oc Eo, Tỉnh An Giang, Ho Chi Minh City Museum of Fine Arts)

도판 4-5-74 | 석가여래 의상(7~8세기, Son Tho, Tra Vinh, Vietnam National Museum of History)

도판 4-5-75 | 옥에오 출토 두르가상(7세기, Oc Eo, Vietnam National Museum of History)

베트남 고고학자들도 최근 사원터와 유적지에서 구슬을 발견했다.

꽝남성 주이쑤옌현 짜끼우의 도성 유적은 중국 사서에서 보이는 임읍 수도 전충(典冲)이다. 동서 약 1.5㎞, 남북 0.55㎞의 성벽을 가진 도시 유적으로, 이 유적에는 2~3세기 임읍 초기에 속하는 건물터와 유물이 발견됐다. 짜끼우에서 출토된 석제 약사여래상 부조는 머리카락을

굵고 둥글게 땋은 머리 모양(Afro hair), 두꺼운 입술과 작은 코의 소박한 얼굴, 참파족의 독특한 풍습인 큰 귀걸이 장식을 하고 있다. 이러한 용모와 강건한 상반신은 5~6세기의 드바라바티 양식과 유사하다. 이 석상은 참파삭(진랍)을 사이에 두고 참파와 드바라바티가 교역을 통하여 문화적 교류가 있었던 것을 시사한다. 짜끼우에서 출토된 약사상의 정확한 연대는 알 수 없지만, 참파의 가장 초기 유품(5~6세기)인 것은 확실하다.

도판 4-5-76 | 짜끼우 출토 약사상(Yaksa, 5~6세기, Tra Kieu, Quang Nam, Museum of Cham Sculpture)

베트남의 짜끼우에서 출토된 약사상과 유사한 양식의 부조가 라오스의 참파삭 왓푸 사원에서도 발견됐다. PRAL 발굴 조사단은 1991년에 왓푸 사원 주 신전 뒤에 있는 바위 그늘 유적 주변을 발굴하면서 사람의 얼굴을 새긴 석판 2개를 발견했다(1. VPI583, 사암 높이 37cm, 넓이 38.5cm, 두께 5cm, 6~7세기?, 2. VPI197, 사암, 높이 38cm, 폭 29cm, 두께 8cm, 연대 미상). 이러한 석판 조각은 진랍 시대 사원의 지붕 장식 일부로 여겨지는데, 참파삭 주립 역사박물관이 유사한 형식의 조각을 소장하고 있으며, 삼보르 프레이 쿡 유적(N. 17)과 캄퐁참의 프놈 한체이 유적에도 비슷한 석판 조각이 있다. 치엔단 사원(Thap Chien Dan)에서 북서쪽 1.4km의 안미 유적에서 출토된 힌두교 신상도 같은 양식이다.

도판 4-5-77 | 힌두교 신상(8세기, An My, Quang Nam, Tam Ky, Museum of Cham Sculpture)

참파삭에서 발견된 이러한 조각의 특징은 크메르보다는 참파와 양식적으로 유사하다. 계란형의 얼굴을 한 남성의 부조상은 원추형의 모자를 쓰고 있다. 큰 코와 두꺼운 입술 때문에 어두운 인상을 준다. 광대뼈는 튀어나왔으며, 길게 생긴 귀에는 원통형의 큰 귀걸이를 하고 있다. 얼굴의 전체적인 표현 양식이 삼보르 프레이 쿡보다는 오래된 양식으로, 인도 조각과의 관련을 제기하는 견해도 있지만 드바라바티와 참파의 교류로 생긴 조각 양식이다. 드바라바티의 영향은 차오프라야강 유역을 거슬러 올라가 시텝을 거쳐서 라오스의 왓푸, 참파 왕조에 전해졌다. 당시 각지에서 지방의 수장이 등장하여 동북 태국에 힌두교 사원(6~7세기)과 불교 사원(6~11세기)을 건립했고, 그 후 각 수장국은 활발하게 상호 교류했다.

미썬 유적군은 참파 왕조의 힌두교 성지로 비문에 따르면 4세기 후반에 최초로 사원이 건설되었다. 그후 최초의 가람이 소실하여 7세기에 벽돌을 쌓아서 회반죽으로 마무리한 새로운 사당군이 건설되었다. 큰 바다를 상징하는 나가(용) 위에 누워 있는 비슈누의 배꼽에서 연꽃과 브라흐마가 탄생하는 장면을 새긴 부조(7세기)는 미썬 E1에 안치되어 있던 조상이다. 특히 브라흐마 탄생(나가에 누워 있는 비슈누상) 부조는 양감과 구조가 훌륭하다. 양쪽 끝에서 양손에 나가를 들고 있는 가루다는 라오스의 참파삭과 캄보디아의 크라체에서 출토된 상인방에도 같은 문양이 새겨져 있어, 양자의 관련성이 주목된다.

미썬 E1 양식(8~9세기)은 프랑스 극동학원의 H. 파르망티에(Henri Parmentier)가 분류한 E군 사원 주 사당의 조각 양식을 가리킨다. 현재 주 사당의 제단은 다낭의 참파 조각박물관에 전시되어 있다. 제단 기단(미썬 E1 양식, 8세기 후반)의 정면 부분에는 춤추는 남자 무용수들의 부조가, 좌우에는 마카라 장식을 한 벽감 안에 피리를 부는 인물과 하프를 연주하는 인물이 새겨져 있다. 기단 주위를 장식하는 화려한 부조, 균형과 조화 속에서 자유로운 움직임을 보이는 인물상과 마카라 등은 당시 참파 조각의 높은 수준을 보여주고 있다. 이 제단 위에는 백조 위에 서 있는 스칸다상(미썬 B3 출토, 8세기)과 가네샤 입상(미썬 E1 양식, 8세기)이 배치되어 있는데 조각적으로 매우 훌륭하다. 가네샤 좌상(미썬 E1 양식, 8세기)도 같은 E군에 있었던 석상이다.

도판 4-5-78 | 브라흐마의 탄생(E1 출토, 상인방, 7세기 후반, My Son, Museum of Cham Sculpture)

도판 4-5-79 | 춤추는 무용수 부조(8세기 후반, My Son, Museum of Cham Sculpture)

도판 4-5-80 | 피리 부는 인물 부조(8세기 후반, My Son, Museum of Cham Sculpture)

도판 4-5-81 | 스칸다상(8세기 후반, My Son, Museum of Cham Sculpture)

도판 4-5-82 | 가네샤 좌상(8세기 후반, My Son, Museum of Cham Sculpture)

도판 4-5-83 | 시바상(미썬 C1, 8세기, My Son, Museum of Cham Sculpture)

도판 4-5-84 | 춤추는 시바, 공양자, 마카라(박공 부조, 미썬 C군, 9세기 전반, My Son, Quang Nam)

미썬 유적군의 C군에서 발견된 시바상은 늘씬한 장신이며 가슴과 배에 양감이 있다. 호치민시 베트남 역사박물관이 소장한 시바상은 완벽한 모습으로 남아 있어, '고절한 미소'(Archaic Smile)와 늘씬한 몸매는 같은 시대의 프레아 코 양식과 유사하다. 하반신의 옷자락은 참파 조각의 독특한 양식이며 후대의 동즈엉 양식으로 이어지는 과도기 양식이다. 미썬 C군에 남아 있는 팔비(八臂)의 시바상, 공양 자상, 마카라 부조는 조각적으로 뛰어나고, 그중에서도 마카라 부조는 중부 자바의 보로부두르 유적에서 앙코르 유적으로 이행하는 과정을 알 수 있는 중요한 유품이다.

동즈엉은 875년 인드라바르만 2세가 천도한 새 도읍 인드라푸라가 있었던 곳으로, 왕궁과 사원을 중심으로 제작된 조상 양식을 동즈엉 양식(9세기 말~10세기 초)이라고 한다. 하노이의 베트남 역사박물관, 호치민의 역사박물관, 다낭의 참파 조각박물관이 동즈엉 사원에 안치했던 불상과 보살상을 소장하고 있다. 힌두교 사원과 구별할 수 없을 정도로 양식이 유사하다. 다낭의 참파 조각박물관의 수문신 드바라팔라상, 락슈민드라상, 로케쉬바라상도 동즈엉 양식의 대표작이다. 두꺼운 입술, 작은 주먹코는 참파인 특유의 풍모를 하고 있다.

후옹쿠와(Huong Qua)에서 출토된 락슈민드라·로케쉬바라상은 반야바라밀보살, 혹은 다라보살로 보는 견해도 있다. 이 상이 발견된 사원 이름은 락슈민드라 로케쉬바라, 즉 락슈미(길상천)와 인드라(제석천), 관음보살을 합체한 신이라고 한다. 크메르나 참파에서는 '데바라자'(神王) 신앙, 즉 왕의 사후(혹은 생전)에 힌두교와 불교의 신이 합체하여 신으로 숭배되었다. 눈의 상감 기법, 단아한 얼굴, 늘씬한 허리와는 대조적으로 풍만한 앞가슴, 하반신에 밀착된 민족의상을 휘감는 모습은 아주 훌륭한 동즈엉 양식의 대표작이다. 동즈엉 양식의 조상은 일반적으로 대승 불교의 조상(석가, 비로자나불)이다. 1904년에 시바상이 발견되어, 불교와 힌두교를 같이 믿었던 것을 알 수 있다.

인드라푸라에서 불교가 최성기를 맞이한 후, 10세기 초 참파 왕국(占城)에서는 다시 힌두교가 융성했다. 탐키 남쪽

도판 4-5-85 | 불전도를 새긴 제단(9세기 말, Dong Doung, Quang Nam, Museum of Cham Sculpture)

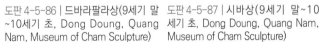

도판 4-5-86 | 드바라팔라상(9세기 말~10세기 초, Dong Doung, Quang Nam, Museum of Cham Sculpture)

도판 4-5-87 | 시바상(9세기 말~10세기 초, Dong Doung, Quang Nam, Museum of Cham Sculpture)

에 있는 크엉미 사당의 사암제 기단에는 크엉미 양식(10세기 초~10세기 중반)이라고 불리는 부조가 많이 새겨져 있다. 크엉미 양식의 대표적인 부조는 꽝치 탁안 유적에서 출토된 폴로 경기를 하는 사람들 부조이다. 크엉미 양식 이외에도 전기 짜끼우 양식(7세기 후반 또는 10세기 후반), 후기 짜끼우 양식(11세기 전반)이 성립했다. 전기 짜끼우 양식의 대표적 조상은 기단에 라마야나 이야기의 일부를 부조한 링가 제단(10세기 후반, 참파 조각박물관 소장)과 양감이 풍부한 수호신 마하카라상(10세기 후반)이 있다. 같은 시기의 앙코르에서는 자야바르만 4세(재위

도판 4-5-88 | 폴로 경기를 하는 사람들 부조(10세기, Thac An, Cam Lo, Quang Tri, Museum of Cham Sculpture)

도판 4-5-89 | 링가 제단(10세기 후반, Tra Kieu, Quang Nam, Museum of Cham Sculpture)

도판 4-5-90 | 루드라 화살을 쏘려고 하는 라마 왕자(링가 제단, 10세기 후반, Tra Kieu, Museum of Cham Sculpture)

도판 4-5-91 | 수호산 마하카라상(10세기 후반, Tra Kieu, Quang Nam, Museum of Cham Sculpture)

928~942년)의 '코케르 양식'이 성행했다.

후기 짜끼우 양식을 대표하는 조상은 힌두교 사원 주 사당 안에 안치된 압사라를 새긴 링가 제단이다. 몸을 뒤틀어서 춤을 추는 늘씬한 천녀 압사라가 예술적으로 훌륭하다. 이 압사라 조각은 보관과 장신구가 화려하면서 아름답고, 뒤튼 허리의 굴곡을 강조하기 위하여 가슴과 허벅다리를 양감 있게 처리하고 있다. 허리띠의 장식 매듭도 특징적이고, 천녀의 해맑은 표정, 힘과 균형이 절묘하게 조화를 이루는 참파 조각의 걸작이다.

11~12세기에 들어가서 참파는 중심인 인드라푸라 왕도를 버리고, 지금의 빈딘인 비자야(꾸이년)로 옮기게 되었다. 빈딘의 탑맘 사당에서 발견된 조상을 탑맘 양식(12세기 후반~14세기)이라고 한다. 탑맘 양식은 전체적으로 큼직한 조형에 단정한

도판 4-5-92 | 링가 제단(압사라상, 11세기 전반, Tra Kieu, Quang Nam, Museum of Cham Sculpture)

도판 4-5-93 | 비슈누상(12~13세기, Thap Mam, Binh Dinh, Museum of Cham Sculpture)

부조로 일부 조상에는 앙코르와 중국의 영향도 보인다. 특히 앙코르 왕조와 양식적으로 유사한 석상이 시바의 '탄다바'(Tandava, 시바가 추는 신성한 춤)상이다. 탑맘 사당의 드바라팔라상은 이전 시대의 짜끼우 출토 상과 비교하면 뚜렷하게 장식화한 것을 알 수 있다. 짜끼우에서 출토된 해맑고 아름다운 압사라상의 표정은 찾아볼 수 없게 된다. 그러나 조각이 쇠퇴하는 과정에서도 힌두교 신화의 동물상(사자, 마카라) 등은 고전기 양식을 이어받아 크기가 크고 생동감이 있다.

도판 4-5-94 | 힌두교 신화의 동물상(12~13세기, Thap Mam, Binh Dinh, Museum of Cham Sculpture)

참파의 국토는 산지와 바다 사이의 좁은 해안 평야가 남북으로 길게 뻗어 있었으며, 특히 중부 베트남은 수전 농업에 적합한 지역이 아니었다. 중소 하천의 유역에서 전개한 벼농사뿐만 아니라, 라오스와 국경을 이루는 안남산맥의 산간 지역에서 생산하는 침향, 가라(伽羅) 등 향나무, 그 밖의 삼림 산물을 연안 항구에 집약하여 해외에 수출하는 국제 교역이 경제의 큰 기반이었다. 초기 참파의 도시는 성지인 미썬과 왕도인 싱하 푸라(짜끼우), 항구 도시 호이안으로 구성되었다. 북쪽에 있던 비엣족이 세력을 넓히면서 참파는 짜끼우에서 인드라푸라(동즈

도판 4-5-95 | 참파 수군(12세기 말~13세기 초, Banteay Chhmar, Cambodia)

도판 4-5-96 | 강을 사이에 두고 자야바르만 7세에게 항복하는 참파군 (12세기 말~13세기 초, Banteay Chhmar, Cambodia)

엉), 비자야(꾸이년) 등 남쪽으로 수도를 전전했다.

10세기 말 참파 왕조는 베트남 북부 세력의 침입을 받아 수도를 남쪽인 빈딘으로 천도한 후, 칸호아성의 냐짱에 포 나가르 사원 등을 건립했다. 1044년 1월에는 베트남 이태종(李太宗)의 군사가 참파를 침략했다. 전투는 후에의 북쪽에서 시작하여 다낭에서 격전이 벌어졌는데, 참파는 각지에서 패전했다. 7개월 후 베트남군은 동즈엉에 입성했다. 구 임읍의 후계자였던 동즈엉 왕조가 베트남의 손에 함락됐다. 그러나 점성 남쪽의 본거지인 판랑에는 아무런 영향도 없었다. 점성 시대에는 근거지가 북과 남으로 나뉘어 있었다. 참파의 국왕(북방)은 살해되었고 5,000명의 참파족이 포로로 끌려갔으며, 그중에는 무희, 악사, 장인이 많았다. 그로 인해 베트남 북부의 대월 지역에 참파 문화가 확산하고 참파 건물이 세워졌다.

1056년에는 '쓰리 유바라자 마하세나파티(Sri Yuvaraja Mahasenapati)' 왕이 미썬에 비문(C95)을 남겼다. 왕은 캄보디아의 삼보르를 공략하여 사원을 파괴하고 크메르인 포로를 미썬의 신전에 헌상했다고 기록하고 있다. 이 비문의 출토로 투본강 유역에도 베트남 남쪽 왕조와 함께 진랍과 전쟁할 수 있을 정도의 왕조가 존재했음이 밝혀졌다. 남쪽 판랑에는 루드라바르만왕(제위 1050~1064년)이 통치했다. 1068년에는 다시 베트남의 이성종(李聖宗, 1054~72년)이 참파를 공격하여 국왕을 포로로 잡아갔다. 그 후 보찐(Bo Chinh), 디리(Dia Ly), 미린(Ma Linh) 등 현재의 꽝빈(Quang Binh)과 꽝치(Quang Tri)를 할양하는 것을 조건으로 국왕을 석방했다. 베트남은 후에의 근처까지 세력을 넓히게 되었다.

1145년에는 앙코르 왕조의 수리야바르만 2세가 일시적으로 비자야를 점령하지만, 남쪽의 판두랑가의 참파 왕 자야하리바르만1세가 반격하여 앙코르군을 물리쳐서 1149년에는 비자야를 탈환했다. 이때 앙코르 와트를 창건한 수리야바르만 2세가 전사한 것으로 보인다. 1155년에는 앙코르 왕조와 태국의 라보(Lavo=羅斛) 왕조가 같이 중국에 조공했다. 이 조공 기록을 보면 앙코르 왕조가 당시 라보 왕조를 지배했던 것으로 추정된다.

자야인드라바르만 4세(?~1192년, Jaya Indravarman IV)는 12세기 참파(占婆=占城)의 국왕이다. 그는 1167년에 왕위에 올랐다(『宋史』, 称邹亚娜, 1167年, 阇耶因陀罗跋摩四世登上占城的王位). 자야인드라바르만 4세가 왕위에 오르기 전인 1163년에 봉헌한 비문이 미썬에 남아 있다. 원래는 미썬의 B1 사당 문틀로 사용한 것으로 추정된다. 1177년 참파 왕 자야인드라바르만 4세는 선단을 편성하여 앙코르 왕조를 공격했다. 그 후 참파가 앙코르의 수도를 수년간 점령했다. 1192년에는 자야바르만 7세가 비자야를 점령했다. 스리위자야와 자바의 마타람, 마자파힛 왕조의 해군에 밀려서 동남아시아에서 세력을 잃게 된 참파 왕국은 12~13세기 초에 앙코르 왕조와의 전쟁으로 국력이 쇠퇴하게 된다.

이는 참파가 중 집권적 통일 왕국이 아니라 항시 국가의 연합체로, 그중에 가장 강력한 세력을 중심으로 하여 그 세력이 거주하는 도시가 왕도로 존재했을 가능성이 크다. 참파 왕조는 부남·진랍과의 경쟁(2~8세기), 앙코르 제국과의 전쟁(9~14세기), 스리위자야 왕조(6~14세기)와 중부 자바의 샤일렌드라 왕조(8~9세기), 동부 자바의 마자파힛 왕조(13~15세기)와 동서 교역을 둘러싸고 경쟁한데다, 1471년에는 왕도 비자야가 비엣족의 후레 왕조에 점령당했으며, 북부 비엣족 세력(대월)이 팽창하는 등 여러 가지 이유로 멸망의 길에 들어갔다.

제5장 | 동남아시아 대륙부의 중세 왕국

5-1. 고대 왕국에서 중세 왕국으로

동남아시아 대륙부에서 고대 왕국이 끝나고 중세 왕국이 시작하는 시대를 명확히 구분하기는 어렵다. 일반적으로 역사학에서 동남아시아의 중세는 인도의 힌두교와 대승 불교가 세력을 잃은 13세기를 중심으로 한다. 동남아시아 대륙에서는 상좌부 불교를 믿는 타이족 왕조가 탄생하고 동남아시아 도서부에서는 이슬람화하기 시작한 시대가 기준이다. 또한 12세기 말 중국에서는 시장이 폭발적으로 확대되었다. 이에 따라 지방 성시((城市, Mueang) 간의 교역, 광역 성시 간의 교역, 국제 성시 국가 간의 교역이 이루어지던 벵골만과 바간에서 당시의 최대 고객인 중국을 향하는 가장 효율적인 교역로를 재편해야 했다. 타이족은 이 새로운 교역로의 요지인 성시 국가(현재의 미얀마, 태국, 라오스)를 장악하였다.

11세기 이후 타이족은 미얀마와 태국 중북부의 곡창 지대에서 벼농사를 지으며 중소의 무앙을 흡수 통합하여 세력을 넓혔다. 타이족이 역사의 중심 무대에 등장하는 결정적인 계기는 중국을 장악한 원군(元軍)의 동남아시아 침략이었다. 원군이 1287년에 바간 왕조를 멸망시키자, 이제까지 바간과 앙코르 왕조에게 지배받던 타이족이 세력을 확장하기 시작했다. 앙코르 왕국의 전성기를 구축한 자야바르만 7세가 13세기 초에 사망한 후, 앙코르 왕조는 타이족 세력의 팽창과 비례해서 쇠퇴하기 시작했다. 동남아시아 대륙부 역사의 큰 물줄기가 크메르족에서 타이족으로 바뀐 것이다.

이제까지 동남아 대륙부의 모든 길은 앙코르 왕국의 수도로 향했는데, 타이족의 등장과 함께 동서를 최단으로 잇는 새로운 교역로가 주목받았다. 즉, 세계의 중심이었던 앙코르 왕도는 동북 태국을 장악한 타이족에 의해 변경의 지방 도시로 퇴락했다. 이렇듯 동남아시아 대륙부 중세의 세계는 태국 동북과 중부 곡창 지대의 동서 교역로를 장악한 타이족 왕조가 등장하여 막을 올리면서 시작했다. 앙코르 왕조를 동남아시아 고대 왕국의 완성으로 보는 견해가 일반적이지만, 앙코르 왕조의 자야바르만 7세 이후, 바간 왕조가 멸망한 이후를 동남아시아의 중세로 분류하고자 한다. 단 참파 왕국은 중세와 고대를 구분하지 않고, 10세기 이후의 베트남 왕조를 중세로 구분하여 서술한다.

5-1-1. 앙코르 왕조의 탄생

동남아시아 대륙부의 대제국이었던 앙코르 왕조는 802년에 캄보디아의 프놈쿨렌에서 시작했다. 8세기 초 메콩강의 삼보르푸라(Samborpura)에는 수진랍의 거점 도시(현재의 Sambor 주변)가 있었다. 삼보르푸라는 상류의 참파삭과 메콩강 하류의 부남과 교역을 중심으로 했던 크메르족의 도시 국가로 여겨진다. 그러나 8세기 후반 인도네시아 중부 자바에 거점을 둔 샤일렌드라가 동남아시아 해역을 지배하여 느가라 수진랍에게 큰 타격을 주었다.

8세기 후반 크메르 비문에는 자바에서 귀국한 자야바르만 2세((Jayavarman II) 왕이 각지에 분립하고 있던 크메르족 무앙(성읍 국가) 세력을 통일했다고 기록되어 있다.[1] 샤일렌드라 왕조와 앙코르 왕조는 서로 깊은 관계가 있었다. 크메르 왕국의 왕자들이 인질 혹은 인척 관계였는지는 알 수 없지만, 유년기의 일정 기간을 샤일렌드라 왕국에서 지내며 성장했다. 중부 자바의 샤일렌드라 왕국에서 귀국한 자야바르만 2세((770~850년)는 크메르 세력을 규합하여 앙코르 왕조를 건국했다. 훗날 샤일렌드라 왕국에서 귀국하여 앙코르 왕이 된 또 하나의 왕이 자야바르만 7세이다(Ta Prohm과 Phimeanakas 출토 비문). 자야바르만 7세도 중부 자바에서 유년기를 보냈으며, 1199년에 숙적인 참파 왕국을 굴복시키고 앙코르 왕조의 최전성기를 이루었다. 찬디 푸라오산(Candi Plaosan)의 주실 안에는 크메르 왕족으로 보이는 인물 부조가 새겨져 있다. 자야바르만 2세와 자야바르만 7세가 자바에서 귀국하여 앙코르 왕국의 왕위에 오른 데엔 샤일렌드라 왕국의 영향 혹은 지원이 있었던 것으로 추정된다.

수도를 라오스 남부의 참파삭에서 캄보디아의 삼보르 프레이 쿡으로 천도한 진랍은 톤레삽 호수와 캄퐁참으로 내려가 메콩강으로 연결하는 수로 교통이 중요했다. 이러한 수운의 중요 거점에 7~8세기 사원들이 세워졌다. 삼보르 프레이 쿡(Isyanapura)에서 톤레삽 호수와 캄퐁참, 메콩강 상하류를 잇는 고대 길 선상에 진랍 시대인 8세기 초의 사원인 프라삿 안뎃(Prasat Andet)이 남아 있다. 프라삿 안뎃은 캄퐁톰에서 서쪽으로 약 30㎞ 떨어진 톤레삽 호수 가까이에 있는 최근에 세워진 불교 사원 안에 있다. 고탑(高塔)형 사당으로 앙코르 왕조 시대의 사원과는 달리 규모가 작아, 아직 권력이 목가적이고 지방적인 수준에 있었음을 짐작할 수 있다. 사당 안에는 하리하라상이 안치되어 있었으며, 현재 프놈펜의 캄보디아 국립박물관이 소장하고 있다. 진랍 시대의 8세기 초에 만든 사원과 조상을 '프라삿 안뎃 양식'이라고 한다.

하리하라상은 하나의 석재에 새겼으며 높이가 194m에 달하는 거대하며 당당한 조각으로

---

1   Ak Yum 사원 출토 비문. Jayavarman II의 Java 귀국설은 Champa 혹은 Lava(Lao kingdom)이라는 이견이 있다. Higham, Charles (2002). Civilizations of Angkor. University of California Press. ISBN 0-520-23442-1.

도판 5-1-1 | 프라삿 안뎃 양식의 하리하라상(8세기, Prasat Andet, Kampong Thom, National Museum of Cambodia)

힌두교 하리하라신을 건장한 대장부의 모습으로 나타낸다.[2] 전(前) 앙코르기의 진랍 미술 안에서도 가장 걸출한 유물 중의 하나이다. 하리하라상은 시바와 비슈누를 일체화한 신으로, 인도에서는 서인도 일부를 제외하고 그다지 일반적이지 않다. 그러나 앙코르 왕조 시대에서는 오랜 기간에 걸쳐서 제작되었으며 크메르의 하리하라상은 매우 많이 출토되며 인도의 힌두교 신상이지만 진랍의 독자적인 양식으로 변화했다.

프라삿 안뎃의 하리하라상이 발견된 캄퐁톰의 톤레삽 호수, 삼보르 프레이 쿡, 프놈펜 북쪽 사이에는 7~8세기에 벽돌로 만든 사당이 지금도 남아 있다. 앙코르 왕조 초기(부남과 진랍)의 앙코르 보레이와 삼보르 프레이 쿡(이샤나푸라)의 왕래 때문에 탄생한 사원들이다. 캄보디아 남부의 앙코르 보레이와 부남의 옥에오 유적과는 운하로 연결되었고, 앙코르 보레이에서 메콩강과 톤레삽 호수를 북상하거나 육로로 가면 삼보르 프레이 쿡과 연결된다(약 350㎞). 톤레삽 호수와 강, 육로의 캄퐁톰주 길목에는 7세기(Tnoat chum Khang Jerng, Prasat Pur Vang)~8세기(Prasat Phum Prasat, Prasat Tnoat Chum, Prasat Rokker, Prasat Phum Sraouch 등) 사원이 남아 있다. 이중 프라삿 록케르(Prasat Rokker)는 9~10세기의 벽돌 건축이 석조 건축으로 이행하는 과정을 알려준다.

도판 5-1-2 | 트노앗 춤 캉 제릉 사당 외벽의 신상 부조(7~8세기 초, Tnoat chum Khang Jerng, Kampong Thom, Cambodia)

하지만 진랍의 이샤나푸라에서 톤레삽 호수를 남하한 후 다시 메콩강을 북상하여 라오스의 참파삭까지 수로로 왕래하기에는 거리가 너무 멀어서 새로운 교통로가 필요했다. 즉 삼보르 프레이 쿡을 북상하여 참파삭으로 향하는 육로의 중요성이 대두되었다. 삼보르 프레이 쿡에서 캄퐁 스바이의 프레아 칸, 프레아 비히어주, 참파삭으로 이어지는 선상에는 8~9세기의

2 　小川晴暘寫眞, 小川光暘 監修·解說,『アジアの彫刻』, 読売新聞社, 1968.

벽돌 사원이 많이 남아 있다. 이는 삼보르 프레이 쿡에서 참파삭을 연결하는 고대 길이 있었음을 암시한다. 삼보르 프레이 쿡과 참파삭을 잇는 고대 길과 사원들은 기존 연구에서는 전혀 알려지지 않았지만, 필자의 현지 조사로 여러 사원 유적이 상세하게 밝혀졌다. 하지만 이 고대 길 선상에 남아 있는 앙코르 사원은 앞으로 정밀한 지표 조사로 건립 연대를 고찰할 필요가 있다.

혼란하던 국내를 8세기 말(790년)에 통일한 자야바르만 2세는 메콩강 하류 지역에서 톤레삽 호수 북쪽인 롤루오스의 하리하라라야로 천도했다. 자야바르만 2세는 점차 세력을 확대하여, 지금의 쿨렌산에 도읍(Mahendraparvata)을 옮겨 802년에 왕위에 올랐다. 일반적으로 802년을 앙코르 왕조의 시작으로, 이전 시대를 진랍 시대(크메르)로 시대를 구분한다. 자야바르만 2세는 802년에 마헨드라파르바타에서 즉위식을 하여 약 630년간 계속되는 앙코르 왕조 시대의 막을 열었다. 마헨드라파르바타의 산정에서 자야바르만 2세는 의례를 거행하여, 샤일렌드라 왕국의 예속을 벗어나 새롭게 전륜성왕이 되어 앙코르 왕국의 창건을 선포했다.

프놈쿨렌(Phnom Kulen, Siem Reap)

앙코르 제국의 창시자 자야바르만 2세는 802년 프놈쿨렌 위에서 자기 자신을 인간 세계의 이상적인 제왕 즉 전륜성왕(轉輪聖王)이라 하여, 사후의 이름을 파라메슈바라(Parameshvara, 最高의 自在天=시바)라고 했다. 그 후 크메르의 역대 왕들은 생전에 믿고 받들던 신의 이름을 자신의 사후 이름으로 하여, 사후 그 신과 일체화했다.

자야바르만 2세가 앙코르 왕국의 창건을 선언한 802년은 앙코르 왕조가 시작한 해인 동시에 동남아시아 내륙에 새로운 대제국이 탄생한 해

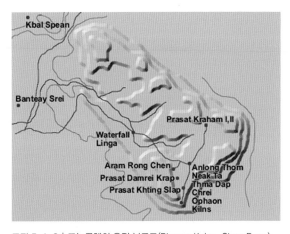

도판 5-1-3 | 프놈쿨렌의 유적 분포도(Phnom Kulen, Siem Reap)

로, 앙코르 왕조는 그 후 1431년까지 계속되었다. 일반적으로 왕권의 정통성을 증명하는 이러한 일련의 의례를 포함하는 의미로 데바라자라고 부른다. 비문에 따르면 데바(신)=라자(왕)을 겸하는 신왕(神王)을 의미하며, 왕도의 중심에 우주의 중심인 성산(불교의 수미산, 힌두교의 메루

산)을 본뜬 피라미드 사원을 건립하고, 왕과 일체화한 요니와 링가를 안치했다고 한다.[3]

그렇다면 프놈쿨렌에 남아 있는 유적과 유물은 역사적으로 어떠한 의미가 있을까? 자야 바르만 2세는 왜 쿨렌산 위에 도읍을 옮겨서 왕의 즉위식을 했을까? 비문이 전하는 데바라 자 의례는 무엇이며, 링가는 왜 세웠을까?

씨엠립강은 앙코르 지역의 주요 유적과 씨엠립을 통과하여 톤레삽 호수로 흐른다. 앙코 르 제국의 탄생 이후 씨엠립강은 인근 사람들의 젖줄이며, 수원은 반테이 스레이 북쪽의 쿨 렌산맥 서쪽에 있다. 앙코르 왕조 시대에 프놈쿨렌이 숭배된 가장 큰 이유는 물과 바위가 어 우러진 성산이었기 때문이다.

프놈쿨렌은 크메르어로 리치(Lychee, 과일의 한 종류)의 산을 뜻한다. 지금도 캄보디아에서 가장 거룩한 산으로 숭배되고 있으며 앙코르 왕조의 발상지이다. 또한 캄보디아에서 큰 상 징적인 중요성이 있고, 산을 찾는 힌두교와 불교 신자에게 특별한 종교적 의의가 있다. 프 놈쿨렌은 단독 봉우리로 된 높은 산이 아니라 당렉산맥 남쪽에 있는 구릉 지대 전체를 가리 킨다. 쿨렌산은 서남서-동남동 방면으로 약 40㎞ 늘어서 있고, 가장 높은 곳이 487m이며 평 균 높이는 400m이다. 지질학적으로 프놈쿨렌은 사암으로 되어 있어서 앙코르 왕조 시대 채 석장으로도 중요했다. 앙코르 왕조 시대의 사암 채석장 유적은 쿨렌산 남동에 많이 남아 있 으며, 프랑스 극동학원이 조사하여 위치를 지도에 기록했다.[4] 프놈쿨렌 인근에 살던 삼레 (Samré)족이 채석 작업에 종사했다고 한다.

프놈쿨렌 서쪽에서 발원하는 강을 따라서 바닥에는 사람들이 '천 개의 링가'로 부르는 요 니와 링가가 합체한 조각이 새겨져 있다. 그러나 힌두교에서는 일반적으로 링가(Linga, 남성 성기 혹은 시바의 상징)만을 단독으로 숭배하지 않고, 반드시 요니(Yoni, 여성 성기의 상징) 위에 링가 를 합체한 형태로 믿는다. 의례를 통하여 링가(혹은 시바상) 위에서 부은 물(우유, 꿀 등)은 정면 에 있는 요니의 끝에 모여 처음으로 성수가 된다. 따라서 동남아시아의 힌두교에서는 요니 와 링가를 각각 따로 믿지 않고, 요니(음)와 링가(양)를 합체하여 사당 안에 안치히고 숭배하 며 성수(생명의 탄생)를 만든다. 자야바르만 2세가 프놈쿨렌을 도읍으로 정한 가장 큰 이유는 산이라는 방어적 측면과 풍부한 물 때문이다. 특히 톤레삽 호수, 씨엠립강의 수원은 프놈쿨 렌에서 발원한다.

---

3   小川晴暘寫眞, 小川光暘 監修·解説, 『アジアの彫刻』, 読売新聞社, 1968.

4   Dupont P. (1938). Les Monuments du Phnom Kulen; Le Prasat Neak Ta. B. EFFO, 38, Hanoi.

앙코르의 역대 왕들은 프놈쿨렌 강바닥에 많은 링가와 요니를 새겨 놓아 강물을 성수화했다. 일반적으로 폭포는 풍요(여성 성기)를 상징한다. 이 링가와 요니를 흐른 강물이 프놈쿨렌의 폭포(높이 15~20m, 폭 10~15m) 아래로 흘러가 씨엠립 강을 통하여 톤레삽 호수로 흘러간다. 폭포 인근에는 사원이 세워져 있다. 폭포와 링가와 요니 사이에 있는 두 지점의 강바닥에는 비슈누상이 부조되어 있다. 아난타(용왕) 위에 누운 비슈누가 주제인 부조이다. 누운 비슈누의 발 가까이에 락슈미가 있고, 비슈누의 배꼽에 핀 연꽃 위에 브라흐마를 부조했다. 데바라자는 자야바르만 2세가 비슈누와 자신을 일체화하는 의례였을 가능성이 크다.

도판 5-1-4 | 강바닥에 새긴 요니와 링가(Phnom Kulen, Siem Reap, Cambodia, 오세윤 촬영)

프놈쿨렌에는 8~9세기에 지어진 것으로 추정되는 벽돌 사원 유적이 남아 있다. 프라삿 오 트모르 답(Prasat O Thmor Dab) 유적은 첨탑형 벽돌 사원으로 비교적 원형이 잘 남아 있다. 사당 문에는 흰색 스투코를 칠한 상인방 부조와 외벽 장식이 잘 남아 있으며, 8세기의 힌두교 사원으로 추정된다. 프라삿 담레이 크랍(Prasat Damrei Krap)은 벽돌로 만든 '3탑형'(힌두교 3대 신인 브라흐마·비슈누·시바를 모신 사당)으로, 외벽의 스투코 부조, 석재 상인방, 석재 요니 등이 남아 있어 8세기 말에서 9세기 초에 건립한 것으로 추정된다.

도판 5-1-5 | 프놈쿨렌의 대 폭포(Phnom Kulen, Siem Reap)

도판 5-1-6 | 오 트모르 답 사원(8세기 말~9세기 초, O Thmor Dab, Phnom Kulen)

프놈펜 국립박물관은 비슈누 사당에 안치했던 석상을 소장하고 있다. 이들 사원은 자야바르만 2세가 프놈쿨렌에 도읍을 옮기기 이전부터 있었을 가능성이 크고, 적어도 8세기 이전부터 프놈쿨렌을 성산으로 믿었음을 드러낸다. 그 밖에도 프라삿 오 파옹(Prasat O Phaong), 프라삿 끄럴 호름(Prasat Kror Horm)도 8~9세기에 세워진 벽돌 사원이다. 특히 프라삿 끄럴 호

도판 5-1-7 | 오 트모르 답 사원의 스투코 상인방 부조(8세기 말~9세기 초, O Thmar Dab, Phnom Kulen)

도판 5-1-8 | 오 트모르 답 사원(8세기 말~9세기 초, O Thmor Dab, Phnom Kulen)

도판 5-1-9 | 프라삿 담레이 크랍 출토 비슈누상(9세기 초, Prasat Damrei Krap, Phnom Kulen, National Museum of Cambodia)

름 유적은 사당 내부의 링가와 요니에서 성수가 사당 바깥으로 흘러나오는 배수관 소마수트라(聖水管, Somasutra)가 원래 장소에 그대로 남아 있다. 앙코르 사원에 이처럼 외벽에 소마수트라가 잘 보존된 사례는 매우 드물다.

프놈쿨렌에는 많은 바위 그늘 유적이 남아 있다. 선사 시대의 바위 그늘 유적 중에는 힌두교가 전래한 후 힌두교 신상이 새겨진 곳도 있다. 페룽 트발(Perng Tbal)은 바위 그늘 유적과 용천수 유적이 융합한 곳으로 바위 표면에는 각종 힌두교 신상과 수행자, 공양자 등이 부조되어 있다. 프라삿 오톱(Prasat Ou Toub)은 용천수 유적으로, 라테라이트로 연못을 조성하고 주변의 자연암에 가루다, 힌두교 신상을 새겨 놓았다. 연못가의 큰 바위를 파내 석실을 만들었고, 입구 좌우에 여신상이 새겨져 있다. 지금도 인근 마을 사람들은 이 용천수 유적의 물을 성수로 사용한다. 용천수 유적과 인접한 곳에 벽돌로 만든 힌두교 사원인 프라삿 풍잇세이(Prasat Peung Issey)가 남아 있다. 이 사원은 용천수 유적의 성수 숭배와 관련이 있다. 사당 건물은 무너져 내렸지

도판 5-1-10 | 프라삿 오 파옹(9세기 초, Prasat O Phaong, Phnom Kulen)

도판 5-1-11 | 프라삿 오 파옹 출토 상인방(부분, 9세기 초, Prasat O Phaong, Phnom Kulen, National Museum of Cambodia)

만, 석재 요니가 남아 있다. 스라쓰 돔 레이(Srass Dom Rey)는 자연암에 거대한 코끼리와 사자를 입체적으로 조각해 놓았다. 암석 신앙과 힌두교가 융합한 유적이다. 이렇듯 크메르인들은 프놈 쿨렌의 각지에는 물(용천수)과 바위(바위 그늘)가 어우러진 곳을 숭배의 대상으로 하고, 이러한 신앙이 후대에 힌두교와 불교와 융합했음을 알 수 있다. 16세기의 마애불 사원인 프레아 앙 톰(Preah

도판 5-1-12 | 프라삿 끄럴 호름의 성수관 소마수트라(9세기 초, Prasat Kror Horm, Phnom Kulen)

Ang Thom)의 자연암에는 길이 8m의 거대한 열반상이 새겨져 있다. 프놈쿨렌의 사원과 유적은 앙코르 사원의 가장 원초적 시원을 잘 보여준다.

프놈쿨렌에서 가장 중요한 사원 중 하나는 프라삿 롱 첸(Prasat Rong Chen=Prasat Rom Ah Ram Chin)으로, 앙코르 지역에 건설한 첫 번째 피라미드 사원으로 추정된다. 라테라이트를 사용하여 3단의 계단식 피라미드로 쌓아 올렸으며 정상부에 돌로 만든 요니가 남아 있다. 정확한 축조 연대를 알 수 없지만, 시기적으로 앙코르 유적 최초의 피라미드 사원이라는 바콩(881년)보다 앞설 가능성이 크다. 프라삿 롱 첸과 유사한 피라미드 유적은 벵 메알리아 동쪽의 프라삿 콩 푸록(Prasat Kong Pulok)이며, 프라삿 바칸 동쪽에도 남아 있다.

프놈쿨렌의 서쪽에 있는 크발 스피안 유적은 11~12세기 우다야딧야바르만 2세(Udayadityavarman II, 재위 1050~1066) 때 조성되었다. 톤레삽 호수에 흐르는 씨엠립강의 지류 중 하나인 스텅 크발 스피안은 반테이 스레이의 뒤쪽인 프놈쿨렌 서쪽에서 발원한다. 크발 스피안 유적은 프놈쿨렌의 중턱 폭포를 기점으로 하여 상하 150m의 강바닥에 요니와

도판 5-1-13 | 페릉 트발 바위 그늘 유적의 힌두교 신상 부조(9세기, Perng Tbal, Phnom Kulen)　　도판 5-1-14 | 페릉 트발 용천수 유적(Perng Tbal, Phnom Kulen)

도판 5-1-15 | 코끼리와 사자상(Srass Dom Rey, Phnom Kulen)　　도판 5-1-16 | 프라삿 롱 첸(Prasat Rong Chen, Phnom Kulen)

링가, 비슈누, 시바 등을 조각한 유적이다. 이 요니와 링가를 산스크리트어로 '천 개의 링가 (Sahasralinga)'라고 부르고, 그 위를 흐르는 성수는 씨엠립강과 푸옥강으로 흘러서 씨엠립 평야의 앙코르 주요 유적을 돌아 톤레삽 호수로 유입된다.

　폭포를 중심으로 강을 따라 새긴 링가와 요니 조각은 수리야바르만 1세 때부터 시작하여 우다야딧야바르만 2세가 완성했다고 한다. 폭포 주변에서 발견된 비문에서는 우다야딧야바르만 2세가 성직자에게 조각을 만들라고 명을 내렸으며, 1059년 금색 링가를 봉헌했다고 기록되어 있다. 이러한 요니와 링가, 비슈누(비슈누는 용왕 아난타 위에 누워 있고, 발아래에 락슈미, 배꼽에서 핀 연꽃 위에는 브라흐마가 있다), 시바 등은 톤레삽 호수에 유입하는 모든 물을 성수로 정화하기 위한 장치였다.

　가장 상류에는 거대한 자연암 표면에 링가와 요니, 그리고 힌두교의 3대 신인 브라흐마·비슈누·시바가 새겨져 있다. 강바닥에는 난딘을 타고 있는 시바와 파르바티, 용왕 아난타에 누운 비슈누가 새겨져 있다. 오랫동안 강물이 흘러 마모가 심하지만, 크발 스피안 유적에서 가장 처음에 새긴 11세기의 부조로 추정된다. 용왕 아난타에 누운 비슈누 부조는 11세기 초(클레앙 양식)의 앙코르 사원 상인방에서도 자주 볼 수 있는 주제와 양식이다. 그 반대편 바위에는 3개의 사당, 비슈누(12세기, 락슈미의 얼굴은 도굴범에 의해서 2003년에 파괴되었다)가 부조되어, 조각적으로 아주 훌륭하다. 그 밖에도 강변의 바위에 라마야나 이야기에 등장하는 라마와 하누만 부조가 새겨져 있다.

다리 아래에도 비슈누와 시바가 강변의 바위 측면에 부조되어 있다. 또한 다리 하류 약 30m에 또 다른 비슈누의 조각과 천 개의 링가로 불리는 요니와 링가가 합체한 조각상이 강바닥을 따라서 새겨져 있다. 이들 요니와 링가 위를 흐르는 물은 힌두교 신화에서 중요한 유해교반 설화(乳海攪拌, Samudra Manthana라고도 한다)에 등장하는 우유 바다(乳海)를 상징하고, 앙코르 왕 권력의 원천으로 여겨졌다. 우유 바다 위의 용왕 아난타, 그 위에 누운 비슈누와 락슈미, 비슈누의 배꼽에서 핀 연꽃과 브라흐마는 창조를 강조하고 있다. 이러한 반복하는 주제의 조각은 성수, '비슈누=왕'을 가시화한 것이다. 강을 따라서 새긴 비슈누, 링가와 요니는 우기가 되면 모두 강물에 잠긴다.

크발 스피안 폭포를 중심으로 강변을 따라서 돌에 조각한 비슈누, 수천 개의 링가와 요니, 개구리, 악어, 소 등 다양한 조각이 있으며, 사람들은 이 강을 '천 개 링가의 강'이라고 불렀다. 이곳은 히말라야에 흐르는 신성한 물의 원천지로 앙코르 왕조의 모든 은총이 생겨나는 상징적인 장소였다. 앙코르 왕들이 종교적인 의례 장소로 사용한 시기는 9세기 초로 거슬러 올라간다. 일부 링가와 요니(음양의 합체)는 사방 25㎝, 깊이 10㎝

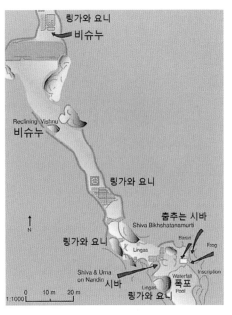

도판 5-1-17 | 크발 스피안 유적 분포도(11~12세기, Kbal Spean, Phnom Kulen)

도판 5-1-18 | 용왕 아난타에 누운 비슈누 부조(11세기, Kbal Spean, Phnom Kulen)

도판 5-1-19 | 용왕 아난타에 누운 비슈누 부조(상인방 부분, 11세기 초, Kampong Chhnang, National Museum of Cambodia)

도판 5-1-20 | 난딘을 타고 있는 시바와 파르바티 부조(11세기, Kbal Spean, Phnom Kulen)

도판 5-1-21 | 크발 스피안의 사원 부조와 비슈누 부조(12세기, Kbal Spean, Phnom Kulen)

도판 5-1-22 | 강바닥에 새긴 천 개의 링가(Kbal Spean, Phnom Kulen, Siem Reap)

크기로 새겨졌다. 링가와 요니의 결합체에 강물이 흐르게 만든 것은 남녀가 결합하여 새로운 생명을 탄생시키는 행위로, 이들 유적은 앙코르 왕조의 힘의 원천을 창출하도록 설계한 것이다.

프놈쿨렌 동쪽 끝자락 중턱의 프놈 푼독누(Phnom Phundoknu)에는 바위 그늘 유적이 흩어져 있다. 바위 그늘 유적의 바위 두 곳의 벽면에는 앙코르 왕조 시대의 힌두교 신상 부조가 3개 새겨져 있다. 바위 그늘 유적의 동면에 비슈누를 주제로 여러 신상이 새겨져 있고, 그 뒷면의 바위틈 사이에 누운 비슈누와 마주하여 가네샤가 새겨져 있다. 누운 비슈누의 네 손에는 비슈누를 상징하는 지물(持物)이 새겨져 있다. 발 근처에는 부인 락슈미가 무릎을 꿇고 앉아 있고, 비슈누의 배꼽에서 핀 연꽃 위에서 브라흐마가 결가부좌하고 있다. 주변에 석재 사원의 흔적이 없는 것으로 보아 바위 그 자체가 신앙의 대상인 것을 알 수 있다. 비슈누상과 조각 양식으로 보아 11세기에 제작한 것이다. 이렇게 선사시대의 산악신앙과 바위 신앙은 후대의 힌두교와 어우러졌으며, 지금까지 이어지고 있다.

도판 5-1-23 | 비슈누, 링가와 요니(11~12세기, Kbal Spean, Phnom Kulen)

필자가 앙코르 왕조의 탄생이라는 첫 부분에 세계 3대 불교 유적인 앙코르 와트가 아니라 프놈쿨렌 유적을 소개한 것은 나름대로 이유가 있다. 프놈쿨렌의 유적을 돌아보지 않으면 앙코르 왕조를 건국한 자야바르만 2세가 왜 산상에서 즉위식을 하고, 새 도읍을 세웠는지 알 수 없기 때문이다. 앙코르 문명을 이해할 수 있는 가장 중요한 첫 번째 키워드가 바로 '성산'이다. 그렇다고 모든 산이 숭배의 대상인 것은 아니다. 동남아시아의 초기 사원을 분류, 분석한 결과, 성산의 요건은 산·거암·물(용천수)이 어우러진 곳이다. 사람들은 이 산 위에 항상 자신들의 영원한 수호자 조상의 영령이 머물고 있다고 믿는다. 이게 바로 앙코르 사원의 시원이고, 평지의 피라미드 사원은 사람들이 지상에 구현한 성산이다. 대표적인 사원이 앙코르 와트이다.

도판 5-1-24 | 바위 그늘 유적과 힌두교 신상(11세기, Phnom Phundoknu, Phnom Kulen, Siem Reap)

도판 5-1-25 | 가네샤와 비슈누 부조(11세기, Phnom Phundoknu, Phnom Kulen, Siem Reap)

롤루오스의 사원과 유적(Roluos, Siem Reap)

877년에 즉위한 인드라바르만 1세는 '하리하랄라야'(Hariharalaya)에 본격적으로 프레아 코(879년), 대 피라미드 사원 바콩(881년)과 장방형의 대형 저수지(동서 3.8㎞, 남북 0.8㎞) 인드라타

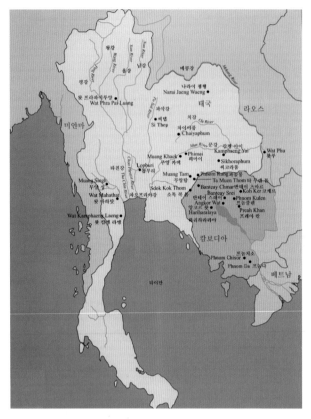

도판 5-1-26 | 앙코르 시대의 주요 유적도

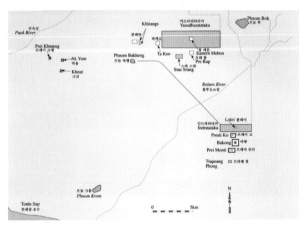

도판 5-1-27 | 인드라바르만 1세의 하리하라라야 유적도(Roluos, Siem Reap, Cambodia)

타카(Indratataka, 인드라바르만 왕의 저수지)를 건립했다.[5] 앙코르에서 바라이(Baray, 저수지)는 인드라바르만 1세가 9세기 후반에 지은 인드라타타카로 시작하였다. 앙코르 왕조의 기초가 굳어지면서 저수지도 대규모화하여, 9세기 말의 야소바르만 왕이 건설한 야소다라타타카(동 바라이)는 동서 1,700m, 남북 1,800m에 이른다. 11세기 중반 우다야딧야바르만 왕이 건설한 서 바라이는 동서 8,000m, 남북 2,200m에 달한다.

앙코르 왕조가 중앙집권적 국가를 성립한 기반은 종교의 힘이 아니라, 바라이를 중심으로 하는 치수와 수전 농업이라고 보는 견해가 있다. 앙코르 유적의 대 바라이와 그물망 같은 수로에서 우리는 앙코르 왕조가 치수와 수리가 고도로 발달한 사회였음을 알 수 있다. 대형 저수지의 물은 생활용수뿐 아니라 성수 숭배라는 종교적인 의미가 있었으며, 거대한 대형 저수지 바라이를 건설한 왕은 성수의 창조자이며 독점자이고, 저수지 자체가 왕권의 상징이었다. 저수지, 사원 안의 성지 등도 인도의 영향이라기보다는 동남아시아의 기층문화에서 유래한다. 그렇게 앙코르 왕조는 도성인 하리하라라야에서 본격적으로 시작하였다.

---

5 Charles Higham 지음, 조흥철 옮김, 조흥국 감수, 『앙코르 문명 The Civilization of Angkor』, 소나무, 2009년.

프레아 코(Preah Ko, Roluos, Siem Reap)

프레아 코는 프놈쿨렌에서 롤루오스의 하리하라라야로 도성을 옮긴 후 879년에 건설되었다. 프레아 코는 동쪽을 향하는 사원이며 내원에 사암 기단 위에 동쪽으로 3기, 서쪽으로 3기 합계 6기의 벽돌 사당이 세워져 있다. 동쪽의 개구부는 사암을 사용했고, 사당 외부 벽돌 표면에 흰색 스투코 부조가 남아 있다. 2009년 독일 조사단이 복원했다. 상인방에는 프레

도판 5-1-28 | 프레아 코(879년, Preah Ko, Roluos, Siem Reap)

도판 5-1-29 | 칼라 머리 위에 앉아 있는 남신(상인방, 879년, Preah Ko, Roluos, 오세윤 촬영)

도판 5-1-30 | 프레아 코의 가루다 부조(상인방, 879년, Preah Ko, Roluos)

도판 5-1-31 | 프레아 코 외벽의 수호신상(879년, Preah Ko, Roluos, 오세윤 촬영)

도판 5-1-32 | 프레아 코 외벽의 스투코 부조(879년, Preah Ko, Roluos)

도판 5-1-33 | 프레아 코 비문(879년, Preah Ko, Roluos, 오세윤 촬영)

도판 5-1-34 | 프레아 코의 데바 부조 상인방(879년, Preah Ko, Roluos)

도판 5-1-35 | 복원 중인 부속 사당(879년, Preah Ko, Roluos, 2014년)

아 코 양식에 속하며 아름다운 부조가 새겨져 있고, 사당 외벽에는 돌로 된 남녀 신상이 있다. 전면의 3개의 사당 동면 상인방에는 카라의 머리 위에 남신이 앉아 있는 같은 주제가 새겨져 있다. 동쪽 3기에는 석상, 출입문, 가짜 문, 상인방 등에 양질의 사암 석재를 사용했다.

뒤편 서쪽 3기는 동쪽 출입문을 제외하고 서·남·북의 가짜 문과 상인방 등은 벽돌 벽면에 부조를 새기고 스투코로 장식했다. 사원 외벽의 가짜 문 및 상인방의 스투코에서 사암 석재로 이행하는 초기의 유품 사례로 주목된다. 프놈펜의 국립박물관에 가루다를 타고 있는 비슈누상을 주제로 한 상인방을 전시하고 있다. 다양한 힌두교 주제를 새긴 상인방 조각이 원형을 잘 간직하고 있다. 주 사당 동쪽 전방에 시바가 타는 성스러운 소 난딘 세 마리가 안치되어 있고, 경장으로 추정되는 건물이 남아 있다. 사원에 남아 있는 상인방 부조는 앙코르 왕조 초기의 가장 아름다운 작품으로 평가받고 있다.

바콩 사원(Bakong, Roluos, Siem Reap)

인드라바르만 1세(재위 877~889년)가 881년에 건립한 바콩은 피라미드 사원으로 토착 신앙에서 유래하는 성산을 힌두교의 메루산으로 구현한 것이다. 사원 바깥쪽에 동서 800m×남북 800m의 해자가 있고, 동쪽에 입구가 있다. 라테라이트로 만든 고푸라와 외벽이 동서남북으로 있고, 그 안의 내 주벽 중앙에 5단의 사암을 쌓은 계단 피라미드가 있다. 바콩의 주 신전인 5층의 피라미드에서 제1층은 나가, 제2층은 가루다, 제3층은 락샤사, 제4층은 약사, 제5층은 마하라자를 상징한다. 1단에서 3단은 기단의 네 귀퉁이에 코끼리상을, 4단의 기단 위에는 12기의 작은 사

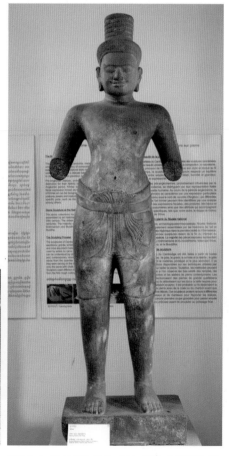

도판 5-1-37 | 바콩 사원의 아수라 싸움 부조(9세기, Bakong, Roluos, 오세윤 촬영)

도판 5-1-36 | 바콩 사원 출토 시바 상(9세기 말, Bakong, National Museum of Cambodia)

도판 5-1-39 | 바콩 사원(9세기, Bakong, Roluos, 오세윤 촬영)

도판 5-1-38 | 바콩 사원과 해자(9세기, Bakong, Roluos, 오세윤 촬영)

당을 배치하고, 주벽 측면에 부조가 새겨져 있다. 부조는 대부분 벗겨져 있지만, 남쪽 계단 인근에 아수라가 싸우는 부조가 남아 있다. 계단 피라미드와 주벽 부조는 인도네시아 자바 섬의 보로부두르 유적과의 관련을 추정하게 한다. 피라미드형 기단 주위에는 8기의 벽돌 사당이 배치되어 있다. 피라미드형 신전 정상부에 사암으로 된 중앙 사당이 있지만, 현재의 사당은 후대에 건조하였다. J. 보아셀리에는 사당 형태와 조각 양식을 근거로 앙코르 와트를 세운 수리야바르만 2세가 건조했다고 추정한다.[6] 정상의 석조 사당은 자야바르만 7세가 12세기 말에서 13세기 초에 세웠다. 바콩에서 출토되었으며 9세기 말로 추정되는 시바상은 프놈펜의 국립박물관이 소장하고 있다.

동남아시아 대륙부의 피라미드 사원을 알기 위해서는 앙코르 왕조의 초기 피라미드 사원을 대표하는 유적인 바콩 사원을 통해 앙코르 사원의 우주관을 살펴볼 필요가 있다. 동남아시아의 예술을 큰 강의 흐름에 비유하면 주류는 힌두교와 불교의 전류(傳流)라고 할 수 있다. 물론 동남아시아 예술이 원시 신앙을 바탕으로 많은 신당과 조각을 만들면서 복잡하고 다채롭게 형성된 것은 말할 필요도 없다. 그러나 세계 미술사 안에서 동남아시아 예술을 뒤돌아보면 힌두교와 불교가 예술의 기본을 이루고 있다. 힌두교와 불교는 동남아시아 전역에서 1,000년 이상 중심적인 종교와 사상이었기 때문이다.

앙코르 사원과 힌두교

동남아시아의 역사 유산은 석조 건축과 석재 조각이 주가 된다. 건축에는 목재·벽돌·라테라이트 등이 쓰였으며, 청동을 이용하여 조상을 만들었다. 동남아시아 세계는 오랫동안 인도와 중국의 영향을 받았다. 그러나 동남아시아 사원은 인도나 중국에서 볼 수 없는 독자적인 양식으로 지어졌으며, 청출어람이라는 말이 무색하지 않게 인도 예술을 훨씬 뛰어넘는 수준 높은 것도 적지 않다.

인도네시아를 발굴 조사한 고고학자에 따르면 동남아시아의 사원은 산·바위·물(용천수)이 어우러진 곳에 목조 사당 혹은 적석 제단을 만들어, 그 주위에 돌담을 쌓아 놓은 형태가 가장 원초적인 사당이다. 존 믹식(John N. Miksic)은 발굴 조사를 토대로 상세한 유적도를 소개했다.[7] 동남아시아 대륙부에서도 인도 문화가 전해지기 이전에 세워진 신당 유적이 각지에

---

6   Jean Boisselier. (1955). La statuaire khmère et son évolution. Saigon, EFEO (PEFEO, 37); Freeman, Michael; Jacques, Claude (2006). Ancient Angkor. River Books.

7   John N. Miksic (Editor), Noerhadi Magetsari, Jan Fontein, Timbul Haryono, Idham Bachtiar Setiadi. (2011).

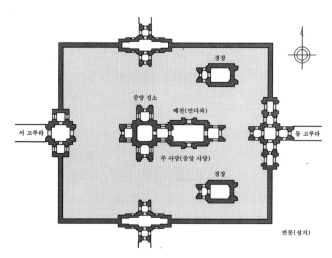

도판 5-1-40 | 앙코르 사원의 기본 가람 배치도(10~13세기)

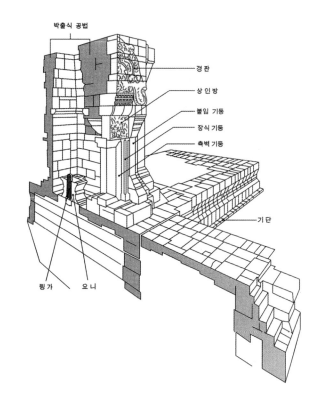

도판 5-1-41 | 앙코르 석조 사원의 기본 구조(10~13세기)

서 발견되었다. 동남아시아의 사원은 조상을 숭배하던 신전 혹은 영묘에서 출발하여, 후에 신상을 안치하는 사당형 사원이 된다. 인도 종교가 전래한 후 동남아시아의 고대 사원은 불교 사원이든 힌두교 사원이든 예배 공양의 대상(Chaitya), 신상을 안치하는 사당(Chaitya-griha), 승원(Vihara) 등으로 분류할 수 있다.

동남아시아 사원의 특징은 벽돌 혹은 석재를 높이 쌓아 올린 누적 구조이다. 또한 내외부에 다양한 조각이 새겨져 있다. 사원에는 크게 불교 사원과 힌두교 사원으로 두 종류가 있지만, 건축 구조는 양자가 구별할 수 없을 정도로 유사한 형태이다. 사당형 사원은 좌우 대칭하는 평면 구조를 하고 있다. 중심의 주실 안은 신불을 안치하는 비교적 좁은 내부 공간이 있다. 입체적으로는 기단, 방형 당사, 계단식 피라미드의 옥개로 구성되어 있다.

본래 사원은 힌두교나 불교의 특성을 가장 잘 나타내는 예술 표현이며, 사회생활 및 종교 활동의 중심이 되는 가장 중요한 공간이다. 사원은 사원을 세운 사람들의 종교적 이상이나 삶의 태도를 반영하고, 인간과 신을 연결하는 역할을 해왔다. 사원을 이해하기 위해서는 먼저 힌두교의 우주관을 이해할 필요가 있다. 힌두교

Borobudur: Majestic Mysterious Magnificent, Tuttle Publishing.

의 우주관은 사각형으로 산과 바다로 둘러싸여 있으며, 중앙에 세계의 축이 위로는 태양까지 우뚝 솟았고, 아래로는 땅속 깊이까지 파고 들어가 있다. 우주는 신체를 닮아 바위는 '뼈', 강은 '피', 바람은 '숨'이다. 이를 토대로 힌두교 사원 건축 및 아름다움의 규범이 정해진다. 사원은 천상에 있는 천궁을 지상으로 옮겨온 것이다. 따라서 사당은 천상계와 비슷하게 만들어야 했다. 중앙에는 신의 보금자리, 성스러운 산, 세계의 축인 신당을 세웠다. 신당 주변은 4개의 산이 둘러싸고 그 밑에 대해가 펼쳐졌다.

힌두교에서는 신이 사는 우주의 산을 마하 메루(Maha Meru, 수미산이라고도 한다)라고 한다. 마하 메루는 신비로운 신의 보금자리이며 사원은 신이 지상에서 임시로 거처하는 곳이다. 힌두교에서 우주는 부르로카(Bhurloka), 부바르로카(Bhuvarloka), 스바르로카(Svarloka)의 세 영역으로 나누어져 있다. 부르로카는 인간의 영역, 부바르로카는 사람과 신이 공유하는 영역, 스바르로카는 신의 영역을 뜻한다. 대승 불교의 우주론에도 욕계(Kamadhatu), 색계(Rupadhatu), 무색계(Arupadhatu)가 있다. 이렇듯 사원은 힌두교 혹은 대승 불교의 우주관을 구상화하여 표현한다. 고탑형 사당을 힌두교 우주관으로 해석하면 '옥개＝부르로카', '당사＝부바르로카', '기단＝스바르로카'로 볼 수 있다.

기본적인 사원 형태에서 부르로카(욕계)에 해당하는 기단은 단순한 정방형이다. 일반적으로 기단 위에는 방형 당사가 세워진다. 지역과 시대에 따라서는 팔각형 또는 원통형인 당사도 있지만, 기본적으로 방형 혹은 십자형이다. 당사는 일반적으로 상자형의 입방체로 내부에 실내 공간이 만들어져 있다. 기단 위의 외주에는 당사를 돌아볼 수 있도록 회랑이 만들어져 있다. 참배자는 주당에 들어가기 전에 경건한 마음으로 회랑을 시곗바늘 방향으로 순례한다(3주, 7주, 14주, 108주). 이 때문에 당사의 옆벽에는 아름다운 부조가 새겨지고 옆벽 감실에 신상이 안치되어 있다. 단순한 형태의 당사는 전실(만다파)과 그 뒷면에 주실(중앙 성소)을 만들어 신상을 안치한 형태이다. 그 후 9세기 이후에는 당사 외벽을 십자형으로 돌출시켜서 계단과 실내 공간을 사방에 만드는 형태로 바뀐다. 한층 발달한 구조로 사방의 실내 공간에는 여러 신상이 안치된다.

당사 위에는 옥개가 있다. 옥개의 기본 형태는 하층에서 상층으로 축소되는 3층~5층의 계단식 피라미드이다. 옥개는 신의 주거지인 마하 메루를 상징적으로 표현하였다. 마하 메루는 중심의 정상(상륜)을 둘러싸며 한 단 낮은 곳에 4개의 봉우리, 더욱 바깥쪽 밑에 4개의 작은 봉우리가 주산을 둘러싼다. 이렇게 사원 건축 구성은 앞에서도 언급하였듯이 기단, 당사, 옥개, 가람의 외원, 중원, 내원의 구조는 힌두교와 불교의 우주관인 삼계(욕계, 색계, 무색계)를 구상화하였다.

동남아시아의 사원 건축에 힌두교의 우주관이 영향을 끼친 것은 부정할 수 없는 사실이다. 하지만 동남아시아의 조상 숭배, 산악숭배, 바위 신앙, 성수 숭배 등은 토착의 기층문화와 관련한다. 따라서 앙코르 왕조의 산상 즉위식은 산악숭배와 성수 숭배 등 기층문화에서 유래했을 가능성이 크다. 또한, 인도네시아의 각지에서 선사 시대의 피라미드 신전과 영묘가 발견되어, 앙코르 왕조의 피라미드 사원도 동남아시아의 기층문화에서 유래한다는 것을 방증하고 있다.

앙코르 사원은 피라미드 탑과 회랑으로 나눌 수 있다. 8세기의 악윰이나 9세기의 바콩 사원과 같이 크메르족의 산악숭배와 힌두의 우주관을 상징적으로 표현하는 방법을 연속적으로 발전시켜 메루산을 피라미드로 표현하고, 부속 건물들을 피라미드 주위에 첨가했다. 앙코르 와트도 3층의 피라미드(중앙 탑)에 회랑을 둘러쌌다. 프랑스의 G. 세데스는 앙코르의 제왕이 편집광적으로 건축에 열을 올린 이유는 자신의 신성을 끊임없이 국민의 눈앞에 나타내지 않으면 안 되었기 때문이라고 추정했다. 그러나 이 가설에는 다른 의견이 제기되어 있다. 태국과 캄보디아의 역사가들은 '데바라자', 즉 신들의 왕이 각 푸라의 지방적인 정령 신앙의 조상 숭배를 대표하는 존재라는 새로운 가설을 제시했다.[8] 앙코르 왕조의 특이한 왕권 계승을 고려하면, 동남아시아 역사가들의 주장을 재검토할 필요가 있다.

9세기 이후의 크메르 왕국은 지방 행정 단위로서 반독립 상태인 '푸라(Pura)[9] 대신 직할령인 '군(郡)'의 이름이 비문에 등장한다. 이리하여 푸라는 앙코르 제국의 이름 아래 재편입되어 갔다.

롤레이(Lolei, Roluos, Siem Reap)

롤레이는 인드라타타카(3,800×800m) 저수지 중앙 섬에 있는, 벽돌로 만든 사원(메본)이다. 인드라바르만 1세 때 저수지를 공사하기 시작했으며 야소바르만 1세 때인 9세기 후반(893

---

8   Cœdès, George (1968). Walter F. Vella (ed.). The Indianized States of Southeast Asia. trans. Susan Brown Cowing. University of Hawaii Press.

9   Pura는 산스크리트어로 도시(도시 국가), 인도네시아 발리어로 힌두교 사원을 의미한다. 리그베다 시대에는 아리아인이 조우한 원주민이 살고 있던 성채(城寨)에서 유래했다. 아리아인의 군신 인드라는 푸란다라(푸라의 파괴자라는 뜻)의 별명으로 불리고 있다. 그 후, 아리아인은 갠지스강 유역에 진출해 Pura를 건설하고, 이것들을 Pura, nagara 등으로 불렀다. 고대의 Hastināpura, 현대의 Jaipur, Nāgpur, Singapore 등 어미에 Pura를 쓰는 도시명이 많다.

도판 5-1-42 | 복원 중인 롤레이 유적(9세기 후반, Lolei, Roluos, 2014년)

도판 5-1-43 | 롤레이 유적의 가루다 부조 상인방(9세기 후반, Lolei, Roluos)

도판 5-1-44 | 롤레이 유적의 드바라팔라상(9세기 후반, Lolei, Roluos)

도판 5-1-45 | 롤레이 유적의 데바타상(9세기 후반, Lolei, Roluos)

년)에 롤레이 사원을 완성했다. 롤레이는 인드라타타카의 중심보다 약간 북쪽의 인공섬에 만든 사원으로, 동 바라이의 중심에 있는 동 메본이나 서 바라이의 중심에 있는 서 메본과 같은 존재이다. 그러나 인드라타타카도 동 바라이처럼 현재는 육지로 바뀌어 저수지 기능

도판 5-1-48 | 롤레이 유적의 기단 부조(9세기 후반, Lolei, Bangkok National Museum, 오세윤 촬영)

도판 5-1-46 | 프라삿 프레이 몬티(9세기, Prasat Prei Monti, Roluos, 오세윤 촬영)

도판 5-1-47 | 프라삿 트라페앙 퐁(남면, 8세기 말~9세기, Prasat Trapeang Phong, Roluos)

을 상실했다.

롤레이는 야소바르만 1세가 부왕을 기리기 위하여 건립한 영묘 사원으로 규모는 작지만 남아 있는 조각은 매우 훌륭하다. 다공질의 라테라이트로 만든 2층 기단에 계단이 있다. 사당은 4기 모두 벽돌로 만든 앙코르 왕조의 초기 건축 양식을 따르고 있다. 4기의 사당 안에는 요니 대좌 위에 링가가 안치되어 있어, 의례 때 링가와 요니에서 성수가 흘러나오는 구조이다. 사람들은 합체한 링가(남성의 상징)와 요니(여성)에서 흘러나온 성수가 대형 저수지 인드라타타카에 가득 차기를 기원하고, 비문에 따르면 이 물로 농사를 지은 쌀을 먹은 백성들은 시바의 축복을 받게 된다고 한다.

1968년에 남동쪽의 사당이 무너졌고, 북동쪽의 사당이 그나마 보존 상태기 좋은 편이다. 3면의 가짜 문에는 여러 장식 부조가 새겨져 있고, 탑 입구의 문틀에는 비문이 선명하게 남아 있다. 사당의 보존 상태는 그다지 좋지 않지만, 상인방은 원래의 자리에 비교적 잘 남아 있다. 코끼리 아이라바타를 타고 있는 인드라, 가루다의 입에서 토출하는 부조 장식, 마카라(摩竭魚, makara)[10] 등 구도와 균형이 있고 조각적으로 훌륭하다. 개구부와 장식 등에는 사암을

---

10 마카라(摩竭魚)는 산스크리트어 Makara의 한역으로, 경전에 나오는 가공의 거대한 바다 괴물이다. 머리와 앞다리는 영양(羚羊, antelope), 몸통과 꼬리는 물고기 형태로 표현된다. 바닷속에 살며 종종 배를

도판 5-1-49 | 가짜 문 장식(8세기 말~9세기, Prasat Trapeang Phong, Roluos)

도판 5-1-50 | 프라삿 트라페앙 퐁 출토 하리하라상(8세기 말~9세기, Prasat Trapeang Phong, National Museum of Cambodia)

사용했고, 개구부 위의 천정에는 목재를 사용했다. 북동 사당과 남서 사당에는 창건 당시의 목재가 남아 있다. 그 밖에도 사당 벽면에 수문장 드바라팔라상과 데바타상이 남아 있고, 방콕의 국립박물관에 롤레이 사당 기단을 장식했던 9명의 힌두교 신상 부조가 전시되어 있다.

롤레이 유적을 보는 사람들은 유적이 고풍스러우며 한적하고 조각이 아름다워 충분히 만족할 것이다. 그러나 역사를 연구하는 사람들은 유적을 보면 누가·언제·무엇을·어떻게·왜를 밝히려 노력한다. 야소바르만 1세는 왜 롤레이 사원을 건립했을까? 롤레이 사원은 시바를 주신으로 하고, 요니와 링가(남녀의 합체), 성수(새 생명의 탄생), 대형 저수지, 수전으로 이어지는 구조로 되어 있다. 이게 바로 우리가 앙코르 사원을 이해할 수 있는 두 번째 키워드 '물'이다.

<hr />

삼킨다고 한다. 인도 신화에서는 큰 바다의 신 Varuna가 타고 다니는 동물로, 사랑의 신 kāma의 상징이고, 摩竭宮은 십이궁 중의 하나이다. 인도의 Bhārhut, 산치, 보드가야 및 기타 불교 건축과 불상 등에도 종종 장식으로 사용되고 있다. 악어와 같은 독특한 형상은 문(마카라 토라나) 혹은 상인방 장식에 사용되고, 실재하는 물고기로서는 상어에 해당하는 경우가 많다.

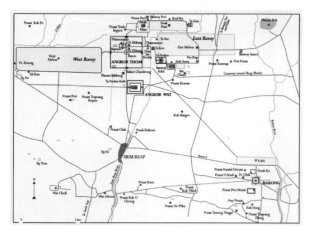

도판 5-1-51 | 씨엠립 주변의 사원과 유적

산과 물은 앙코르 문명을 이해할 수 있는 2개의 중요한 키워드이다.

인드라타다카에서 모인 물은 프레아 코, 바콩, 프라삿 프레이 몬티(Prasat Prei Monti) 환호를 거쳐 남쪽의 수전 지대로 흘러들게 설계되었다. 프라삿 프레이 몬티는 현재 대부분이 무너져 내렸지만, 9세기 벽돌로 만든 3기의 사원터가 남아 있다. 사원 일각에는 프레 룹과 유사한 화장용 유구로 추정되는 석재 유구가 있다. 프라삿 프레이 몬티의 남쪽 수전 안에는 앙코르 왕조 초기 사원인 프라삿 트라페앙 퐁(Prasat Trapeang Phong)이 있다. 경장으로 추정되는 건물은 기단만 남아 있고, 중앙 사당은 8세기 말~9세기 초 벽돌 사원의 모습을 비교적 잘 전하고 있다. 사당 벽면의 3면은 가짜 문으로 장식(사암 문틀과 상인방)했고, 양쪽에 데바타상을 부조했으며, 상부의 옥개 장식에도 여신상의 부조가 남아 있다. C. 히검은 이 사원을 자야바르만 2세가 건립했을 가능성이 크다고 추정했다(Charles Higham, 2009년). 사당 내부에 안치했던 하리하라상은 프놈펜의 캄보디아 국립박물관이 소장하고 있다.

5-1-2. 앙코르 왕도의 성립(9세기 후반~10세기)

중국의 당이 9세기 후반에서 10세기에 걸쳐서 혼란기에 접어들면서 동남아시아도 쇠퇴해 갔다. 동남아시아 대륙부는 대당 무역의 중요성을 잃어갔지만, 7~8세기에 힌두교가 민중에게까지 뿌리를 내렸고, 느가라(항시 국가)를 통해서 도입한 국가 개념과 국제 교역으로 지역 간의 교역망을 완성하였다. 또한 인디카와 인도식 농법의 도입으로 앙코르 왕조의 농업 생산력이 향상하여 거대한 사원을 축조하고 도시 인구가 증가했다. 이렇게 해서 형성한 중앙 권력과 지역 교역망은 송 왕조가 10세기 후반에 등장하면서 앙코르 제국이 크게 발전하는 계기가 되었다.

프놈바켕(Phnom Bakheng, Siem Reap)

앙코르 지역에서는 프놈바켕, 톤레삽 호수의 북쪽 호안 근처에 프놈크롬, 그리고 앙코르 와트 북동쪽으로 14㎞ 거리에 있는 프놈복 등 3개의 산 정상에 각각 사원이 세워져 있다. 프

도판 5-1-52 | 프놈크롬(9세기 후반~10세기 초, Phom Krom, 오세윤 촬영)

놈(Phnom 혹은 Phanom)이라는 말은 크메르어로 산을 의미한다. 비록 작은 언덕과 같은 산이지만, 납작한 접시를 엎어 놓은 것 같은 씨엠립의 지형에서 보면 멀리서도 볼 수 있는 앙코르 왕도의 3대 성산이다.

바켕산 정상에 있는 유적이 프놈바켕이다. 야소바르만 1세(재위 889~915년)는 롤루오스의 하리하라라야에서 프놈바켕을 중심으로 하는 야소다라푸라(Yasodharapura)로 수도를 이전했다. 자야바르만 2세와 야소바르만 1세뿐만 아니라 앙코르의 역대 왕들은 산 위에서 즉위식을 하거나 의례를 거행하여, 이러한 산을 상징하는 피라미드 사원을 건립했다. 이 최초의 앙코르 도성은 프놈바켕(900년)을 중심 사원으로 한다. 이 성스러운 산은 자야바르만 4세(재위 928~942년)가 앙코르 동쪽의 코케르에 새 도읍을 천도할 때까지 앙코르 왕조 제1차 도성의 중심이었다.

프놈바켕은 '중앙의 산'이라는 뜻이다. 야소바르만 1세는 신의 뜻에 따라 자신을 상징하는 영광의 도시 '야소다라푸라'를 해자와 담으

도판 5-1-53 | 프놈크롬 출토 시바상(10세기 초, Phom Krom, National Museum of Cambodia)

도판 5-1-55 | 프놈바켕(10세기, Phnom Bakheng, 오세윤 촬영)

도판 5-1-54 | 야소다라푸라(Yasodharapura)의 해자(사진 아래쪽)와 앙코르 와트(사진 중간)

도판 5-1-56 | 프놈바켕의 발굴 조사(10세기, Phnom Bakheng, 2013년)

로 둘러쌓았고, 앙코르 왕조 최초의 본격적인 도성이 탄생했다. 입구에는 벽돌과 라테라이트로 만든 4개의 고푸라가 동서남북 방향으로 남아 있고, 고푸라는 계단과 연결되어 있다. 동쪽에 출입구가 있고, 두 마리의 사자상이 입구 양옆에서 입구를 지키고 있다. 사원은 언덕 정상에 자리 잡고 있으며, 사원을 세우기 위해 바위를 깎아서 피라미드 사원을 건립했다. 13m 높이의 피라미드 사원은 정사각형 형태이며 5층으로 되어 있고, 하층의 크기는 76×76m,

상층은 47×47m이다. 정상의 탑 단은 한 면이 31m, 높이가 1.6m이다. 정상 단 위에 사암으로 만든 탑이 세워져 있다. 힌두교 신화에 나오는 7개 천국을 상징하는 7층으로 구성된 사원은 최상층 성소에 시바를 상징하는 링가를 안치했다. 기단에 44개의 벽돌 탑, 2, 3, 4층에 60개의 사암으로 만든 작은 탑 등 중앙의 탑을 제외하고 총 108개의 탑으로 이루어져 있다. 야소바르만 1세는 889년 왕위에 오른 뒤 서쪽의 앙코르 지역에서 유일하게 우뚝 솟은 바켕산을 중심으로, 한 면이 4㎞인 정사각형의 수도를 새롭게 건립했다. 9세기 말부터 공사를 시작하여 신성한 링가를 중앙 탑에 안치하고, 907년에 봉헌했다. 공사는 928년까지 계속되었으나 928년 이후 방치되고 있다가 968년 자야바르만 5세가 새롭게 단장했다. 중앙 탑 외벽을 장식한 데바타 부조는 10세기 초의 대표작으로, 이 시대의 조상을 프놈바켕 양식이라고 한다.

도판 5-1-57 | 프놈바켕의 데바타상(10세기, Phnom Bakheng, 오세윤 촬영)

프라삿 크라반(Prasat Kravan, Siem Reap)

프라삿 크라반은 10세기 초반(921년)에 하르샤바르만 1세가 건립한 사원으로, 벽돌로 만든 5개의 탑이 하나의 기단 위에 일렬로 세워져 있다. 사원 건물은 지붕 일부가 무너져 있지만, 사당의 내부에는 가루다를 타고 있는 비슈누와 락슈미 등 부조가 남아 있다. 중앙 탑을 기준으로 남북으로 좌우 2개씩 사당이 배치되어 있다. 건축 자재는 대부분 벽돌을 사용했으며 동쪽 입구의 문틀과 기둥은 사암으로 만들었다. 중앙 탑의 안에는 시바의 상징인 요니와 링가가 안치되어 있고, 입구 기둥에 쓰인 비문에는 921년 탑 내부에 비슈누상을 만들었다는 기록이 있다.

중앙 사당 안에 있는 비슈누는 네 손에 법륜, 법라(法螺), 공, 곤봉을 들고 있다. 그 옆에는 연꽃을 들고 있는 여인과 명상 중인 수행자가 있고, 비

도판 5-1-58 | 프라삿 크라반(10세기, Prasat Kravan, Siem Reap, 오세윤 촬영)

도판 5-1-59 | 프라삿 크라반의 락슈미상(북쪽 탑 남면, 10세기, Prasat Kravan, 오세윤 촬영)

도판 5-1-60 | 프라삿 크라반의 비슈누상(중앙 사당 서면, 10세기, Prasat Kravan, 오세윤 촬영)

도판 5-1-61 | 프라삿 크라반의 비슈누상(중앙 사당 남면, 10세기, Prasat Kravan, 오세윤 촬영)

도판 5-1-62 | 프라삿 크라반의 비슈누상(중앙 사당 북면, 10세기, Prasat Kravan, 오세윤 촬영)

슈누가 연꽃 위에 한 발을 올려 놓았다. 오른쪽에는 비슈누가 2명의 신자 사이에서 가루다의 어깨 위에 앉아 있다. 전면에는 8개의 팔을 가진 비슈누가 6명의 신자 사이에 위풍당당하게 서 있다. 이 조각들은 벽돌로 된 벽에 먼저 부조한 다음 벽토를 바르고 채색하는 과정을 거쳤다. 북쪽 탑은 비슈누의 아내인 락슈미에게 헌정한 탑이다. 락슈미는 자기 상징물인 연꽃과 금화(혹은 금화가 들어 있는 항아리)를 네 손에 들고 있고, 주변에는 신자들이 무릎 꿇고 예배하고 있다.

B. 그로슬리에(Bernard Philippe Groslier)는 1960년대 후반에 복원할 당시 많은 벽돌 부재를 새롭게 바꾸어 보강했는데, 새로 사용한 벽돌에는 앙코르 유적 보존 사무소의 약호 'CA'를 새겨 놓았다.[11] 후세에 잘못된 문화유산의 보존 사례를 남기지 않기 위해서 붕괴하여 현

---

11 Freeman, Michael; Jacques, Claude (2006). Ancient Angkor. River Books.

존하지 않은 부분을 억지로 추정 복원하지 않았다. 앙코르 유적 복원은 프랑스와 일본이 높은 평가를 받으며, 우리나라 문화재재단도 앙코르 톰 안의 프레아 피투와 라오스의 홍남시다 유적도 꼼꼼하게 발굴 조사하고 신중하게 복원하여 세계적으로 높이 평가받는다. 익산 미륵사지 석탑의 해체와 복원 기술이 앙코르 석조 사원 복원에 응용되고 있다. '석탑의 나라' 한국이 앙코르 유적의 복원에 크게 기여하고 있다.

프레아 엔코세이(Preah Enkosei, Siem Reap)

도판 5-1-63 | 프레아 엔코세이(10세기 중반, Preah Enkosei, Siem Reap)

씨엠립 시내에 있는 프레아 엔코세이(Preah Enkosei, 10세기 중반)는 라젠드라바르만 2세(재위 944~968년)의 사위 디바카라바타(Divakarabhata)가 10세기 중반에 건립한 사원이다. 사원은 원래 힌두교 삼신을 모신 3개의 벽돌 사원으로 구성되어 있었는데, 현재 사당 2개만 남아 있다. 나란히 배치한 중앙 사당은 출입문과 상인방을 제외하고는 모두 벽돌을 사용했다. 사원 출입문 벽면에 비문이 새겨져 있고, 상인방에 2개의 힌두교 주제가 새겨져 있다. 상인방의 중심에는 아이라바타와 인드라를 중심으로 묘사하고 있다. 인드라 부조 위에 정면을 향하여 브라흐마, 시바, 유해교반하는 비슈누가 새겨져 있다. 하나의 상인방에 두 개의 주제를 새긴 것은 아주 드문 사례이다. 박공에도 스투코 부조가 일부 남아 있지만, 정확한 주제를 알 수 없다. 현재의 씨엠립 시내에 남아 있는 유일한 사원이다.

도판 5-1-64 | 프레아 엔코세이의 인드라와 힌두교 삼신(상인방, 10세기 중반, Preah Enkosei, Siem Reap)

박세이 참크롱(Baksei Chamkrong, Siem Reap)

박세이 참크롱은 라테라이트로 만든 4층의 피라미드 기단 위에 벽돌을 쌓아 만든 중앙 탑이 세워져 있다. 하르샤바르만 1세가 부모에게 봉헌한 사원으로, 수도를 코케르로 옮긴 후 라젠드라바르만 2세가 948년에 완성했다. 기단은 정사각형으로 한 변의 길이가 27m, 높이

도판 5-1-65 | 박세이 참크롱(10세기, Baksei Chamkrong, Siem Reap, 오세윤 촬영)

15m이다. 벽돌을 쌓아 만든 중앙 탑의 기단은 한 변의 길이가 8m로 사암을 사용했다. 동쪽에 출입문이 있고, 동문의 돌기둥에 자야바르만 2세와 전설의 선대 왕들을 찬양하는 내용을 새긴 중요한 비문이 있다. 박공에는 3개의 머리를 가진 코끼리 아이라바타와 인드라가 조각되어 있고, 사당 각 구석에 데바타 여신상이 조각되어 있다. 문틀 왼쪽에 고대 크메르어로 새긴 비문이 남아 있고, 전형적 계단식 피라미드 사원이다.

프라삿 프놈복(Phom Bok, Siem Reap)

　프라삿 프놈복은 야소바르만 1세(889~910년)가 씨엠립 주변에 있는 3개의 성산 정상에 건립한 세 사원 중 하나이다. 프놈바켕, 프놈크롬과 같은 시기에 지어졌고, 시바를 주신으로 하는 사원이다. 프놈복은 앙코르 지역에 있는 산 중에서 가장 높은 산으로 높이는 235m이다. 힌두교의 3대 신을 가람에 배치하였는데 중앙에는 시바를, 북쪽은 비슈누를, 남쪽은 브라흐마를 모시는 사당이 있다. 남쪽의 브라흐마 사당 안의 링가에는 브라흐마가 타고 다니는 함사와 연꽃잎 조각이 남아 있다. 링가 혹은 요니에 새겨진 물새는 성수 숭배와 관련이

도판 5-1-66 | 프놈복(9세기 후반~10세기 초, Phom Bok, Siem Reap, 오세윤 촬영)

도판 5-1-68 | 프놈복의 데바타상(9세기 후반~10세기 초, Phom Bok, Siem Reap)

도판 5-1-69 | 프놈복 출토 브라흐마상(9세기 후반~10세기 초, Phom Bok, Guimet Museum, Paris)

있다. 사원 외벽에 아름다운 모습의 여신상 부조가 유명하고, 기메 박물관이 소장하고 있는 비슈누상은 조각적으로 매우 뛰어나다.

앙코르 유적의 대부분은 힌두교 사원이지만, 산 정상에 위치하는 입지를 고려하면 동남아시아 기층문화에서 유래하는 산악신앙의 영향을 적지 않게 받았음을 알 수 있다. 특히 초기 앙코르 유적은 산이나 산기슭, 동굴 등에 있다. 사원은 이와 같은 성산, 거석, 용천수 등과 밀접한 관계가 있다. 힌두교의 메루산과 불교의 수미산 숭배가 기존의 산악신앙과 결합한 것이다. 프놈복 산 정상에도 거대한 석재 링가가 안치되어 있어, 산 또는 거석에 대한 정령 숭배와 시바 신앙의 융합을 나타낸다. 프놈복 유적은 동남아시아 대륙부의 토착 신앙과 외래 종교의 이중성을 잘 보여주고 있다.

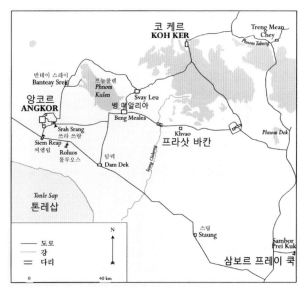

도판 5-1-67 | 앙코르, 코케르, 프라삿 바칸의 지도

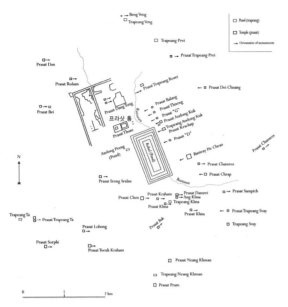

도판 5-1-70 | 코케르 유적도(Koh Ker, Preah Vihear)

야소바르만 1세에 대한 비문이 동북 태국과 참파삭의 왓푸 사원에서 발견되었다. 그의 사후 야소다라푸라에서 하르샤바르만 1세(재위 910~922년), 이샤나바르만 2세(재위 922~928년)가 계속하여 왕위에 올랐다. 자야바르만 4세(Jayavarman IV)는 야소바르만 1세(889~900년) 왕의 이복 누나와 결혼하여 야소바르만 1세의 아들인 하르샤바르만 1세와 이사나바르만 2세는 후계자가 없었기 때문에 왕권을 찬탈한다. 자야바르만 4세는 921년부터 앙코르에서 북동쪽으로 약 100km 떨어진 자기 고향인 코케르(Chok Rrayar, Lingapura)에서 왕으로 자처한다.

이샤나바르만 2세가 928년에 서거하자 자야바르만 4세(재위 928~941년)는 앙코르 제국의 왕임을 선포하고 왕권을 강화하기 위해서 코케르를 정식 수도로 결정하여 야심 찬 수도 건설을 실현했다. 자야바르만 4세는 자신의 출생지인 코케르에 저수지 라할(Rahal, 1,200×560m)을 건설하였다. 코케르는 6×6km의 대단위 도시로 성벽 일부가 라할의 북부와 서부에 남아 있다. 코케르의 고대 도시(Jayavarman II~Ishanavarman II)에는 지금도 당시에 건설했던 왕

도판 5-1-71 | 프라삿 프람(10세기 초, Prasat Pram, Koh Ker)

도판 5-1-72 | 프라삿 네앙 크마우(10세기 초, Prasat Neang Khmau, Koh Ker, 오세윤 촬영)

도판 5-1-73 | 프라삿 첸(10세기 초, Prasat Chen, Koh Ker)

도판 5-1-75 | 프라삿 크라찹(10세기 초, Prasat Kra Chap, Koh Ker)

도판 5-1-74 | 프라삿 첸의 발리와 수그리바의 싸움(라마야나 이야기, 10세기 초, Prasat Chen, National Museum of Cambodia)

도판 5-1-76 | 프라삿 톰의 중앙 사당(10세기, Prasat Thom, Koh Ker, 오세윤 촬영)

도판 5-1-77 | 프라삿 톰의 피라미드 신전(10세기, Prasat Thom, Koh Ker)

궁터, 저수지, 사원 유적이 남아 있다.[12]

---

12 저수지 유적으로는 Trapeang Andong Preng, Trapeang Khnar, 사원으로는 Prasat Krahom, Prasat Pram, Prasat Neang Khmau, Prasat Bak, Prasat Chen, Prasat Balang, Prasat Thneng, Prasat Leung Bon, Prasat Andong Kuk, Prasat Krachap, Prasat Bantaey Pee Chean, Prasat Chrap, Prasat Damrei 등이 남아 있다.

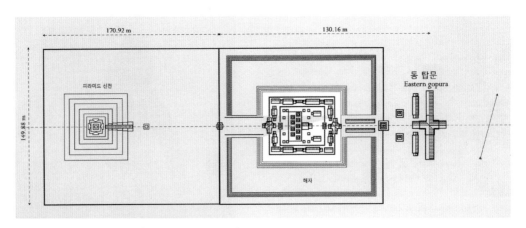

도판 5-1-79 | 프라삿 톰 평면도(Prasat Thom, Koh Ker)

도판 5-1-78 | 프라삿 톰 출토 가루다상(높이 198㎝, 10세기, Prasat Thom, National Museum of Cambodia)

코케르의 중심 사원 프라삿 톰(Prasat Thom, 921년)은 세 겹의 성벽으로 둘러싸여 있다. 성산을 재현한 프라삿 톰은 길이가 동서 600m나 된다. 프라삿 톰은 세 겹의 담장으로 둘러싼 조상을 모시는 사당, 거대한 피라미드 신전이다. 행렬에 사용되는 긴 가로는 동쪽으로 왕궁 건물이 두 채 있고, 서쪽 180m 지점에 사암으로 된 거대한 십자형 고푸라와 20m 길이의 주랑(柱廊)이 남북으로 뻗어 있다. 첫 번째 담의 북동쪽과 남동쪽 구석에 경장이 하나씩 있고, 9개의 성소가 앞줄에 5개, 뒷줄에 4개 있다. 중앙 성소에는 만다파가 있고, 복도를 통해 중앙 성소의 밀실인 가르바그리하(Garbhagriha, garbha는 자궁을 뜻하며 griha는 집을 의미한다)로 연결된다. 중앙 성소의 주위는 12개의 작은 탑들로 둘러싸여 있다. 서쪽에 있는 2개의 고푸라를 지나 참배길을 통해 저수지를 건너면 거대한 계단 피라미드가 우뚝 서 있다.

서쪽 끝에는 170×150m의 담장 안에 7층으로 된 거대한 피라미드가 있다. 1층의 크기는 64×62m이고, 7층은 17×17m로, 총 높이가 36m에 이른다. 최상층에는 한 변이 12m인 기단 위에 무게가 24t, 높이 5m가 넘는 거대한 링가가 세워져 있었다. 프놈펜의 캄보디아 국립박물관의 본관 입구에 프라삿 톰에서 출토한 높이 2.13m의 가루다 석상을 전시하고 있다. 대형 석상이면서도 섬세한 세부 양식을 잘 처리한 조각 기법은 코케르 양식의 본질을 잘 드러낸다. 동면 중앙에 정상으로 오르는 계단이 만들어져 있다. 크메르 역사상 유례가 없는 거대한 피라미드는 남미 마야의 피라미드를 연상케 한다.

동 메본(East Mebon, Siem Reap)

라젠드라바르만 2세(재위 944~968년)는 944년에 왕국을 재통일하여 앙코르 왕도로 돌아왔으며, 동 메본(952년)과 프레 룹(961년) 사원을 건립하고 왕궁을 정비했다. 동 메본(952년)은 야소바르만 1세가 건설한 도시 야소다라푸라(Yasodharapura)의 대형 저수지인 동 바라이(동서 7.3㎞, 남북 1.8㎞)의 중심에 있는 3단의 피라미드 사원이다. 동 바라이는 야소다라타타카(Yasodharatataka)라고 불렸다. 중심 사원인 메본은 '은총이 넘치는 어머니'를 뜻하며, 라젠드라바르만 2세(944~968년)가 어머니를 위하여 건립했다. 동 메본과 프레 룹은 전형적인 피라미드(성산)와 저수지(성수)와 관련하는 사원이다.

3층 피라미드 구조인 사원 크기는 126×121m으로, 동서남북의 고푸라를 연결하는 회랑은 라테라이트와 벽돌을 사용하여 만들었다. 제1단에는 긴 장방형의 건물, 제2단에는 8기의 벽돌 사당과 5동의 라테라이트로 만든 건물, 제3단의 중앙에는 중앙 사당을 둘러싸고 정방형

도판 5-1-80 | 동 메본(10세기, East Mebon, Siem Reap, 오세윤 촬영)

도판 5-1-81 | 동 메본의 남신 부조(상인방, 10세기 중반, East Mebon, Siem Reap)

의 사당 4기가 세워져 있다. 중앙 사당은 다른 사당보다 1단 높은 기단 위에 있다. 사당 건물은 벽돌 혹은 라테라이트로 지어졌으며 기단, 입구, 가짜 문에는 사암을 사용했다. 각 사당의 상인방에는 힌두교 신화를 주제로 하는 프레 룹 양식(10세기 중반)의 부조가 새겨져 있다.

프레 룹(Pre Rup, Siem Reap)

자야바르만 4세가 코케르에 새로 도읍을 정하고 프라삿 톰 등 많은 사원을 건설했지만, 그의 아들 하르샤바르만 2세가 재위 3년 만에 죽었다. 왕의 사촌인 라젠드라바르만 2세(944~968년)가 왕위를 계승하여 동 바라이를 만들고, 새로운 수도 중앙에 프레 룹(961년)을 창건했다. 프레 룹은 동 메본과 같은 피라미드 사원으로, 현재의 사원은 자야바르만 5세(968~1000년)가 증축했다. 라테라이트로 된 외벽(동서 127m, 남북 117m)이 있고, 입구는 동쪽이다. 라테라이트로 된 내벽(동서 87m, 남북 77m)의 동서남북 중앙에 고푸라가 있다. 제1단은 한

도판 5-1-82 | 프레 룹 전경(10세기, Pre Rup, Siem Reap, 오세윤 촬영)

도판 5-1-83 | 프레 룹의 화장터 유구와 3층의 주 신전(10세기, Pre Rup, Siem Reap)

변이 50m, 제3단은 한 변이 35m이며 급경사가 진 3층 피라미드 사원이다. 중앙 사당(12m) 사방에 4기의 탑이 세워져 있다.

벽돌 및 사암으로 만든 동쪽 고푸라 안쪽에 남북으로 6기의 벽돌 탑이 있었는데, 이탈리아 조사단이 5기를, 2004년에 압사라(APSARA=Authority for the Protection of the Site and Management of the Region of Angkor)가 1기를 복원했다. 이들 탑은 자야바르만 5세가 증축한 것으로 추정된다. 동서의 경장 사이에 화장터

도판 5-1-84 | 프레 룹 출토 비슈누상(950년?, Pre Rup, Los Angeles County Museum of Art)

로 전해지는 석재 유구가 남아 있다. 프레 룹이라는 사원 이름은 '육신의 변화'라는 뜻으로, 이 사원은 죽은 왕의 시신을 화장하여 의식을 거행하는 장례 사원이었을 가능성이 크다. 각 사당의 상인방에는 힌두교 신화를 주제로 하는 프레 룹 양식(10세기 중반)의 부조가 새겨져 있고, 정상부 탑의 외벽에는 데바타(여신), 브라미(브라흐마의 부인), 우마(시바의 부인), 락슈미(비슈누의 부인) 등 스투코 부조가 남아 있다. 미국의 라크마미술관(LACMA)이 이 사원에서 출토된 비슈누상을 소장하고 있다.

라젠드라바르만 2세는 건축가 카빈드라리마타나(Kavindrari-mathna)를 시켜서 961년에 프레 룹을 완성하게 한다. 라젠드라바르만은 왕사 시바카리아의 제안에 따라서 선조에게 헌정하는 '라젠드라바하드레스바라'라고 부르는 링가를 모셨다. 프레 룹은 수도의 중앙에 세운 국가사원으로, 당시 사원 주위는 주요 거주지였다. 프레 룹을 중심으로 사방 1㎞에 도시가 형성되었고, 동쪽으로 라테라이트가 깔린 도로가 있었다. 그러나 소 사당의 미완성 상인방 부조를 보면 완성 단계에서 공사가 중지된 것을 알 수 있다.

반테이 스레이(Banteay Srei, Siem Reap)

반테이 스레이는 967년 자야바르만 5세를 모셨던 왕사 야즈나바라하(Yajnavaraha)가 건립했다. 1914년에 발견되어 세계적으로 유명해진 사원으로, 후에 프랑스 문화 대신이 되는 앙드레 말로(Andre Malraux)가 여신상을 훔치려 하다가 1924년에 구속되는 사건이 있었다. 이도굴 사건을 토대로 앙드레 말로는 1930년 소설 『왕도(La Voie royale, 1930)』를 발표했다. 반테이 스레이는 앙코르 도성에서 동북 약 35km에 있으며 건축미, 조각미, 조형미 등 모든 면에서 크메르 미술의 최고라고 할 수 있다. 사원 중심부에는 3기의 사당을 배치했으며, 중앙사당의 정면에 만다파라고 하는 배전 형식의 건물이 있다. 또한 남동, 북동의 구석에 경장이 세워져 있다. 건물 전체를 메우듯이 적색 사암에 새긴 부조가 압권으로 가장 아름다운 앙코르 사원이라고 알려져 있다. 극동학원의 고고학자 앙리 마르셀은 네덜란드의 인도네시아 유적(보로부두르 유적과 프람바난 유적)을 복원한 방식을 배우기 위해 인도네시아 중부 자바로 파견되었으며, 돌아와서 반테이 스레이를 재건하기로 했다. 반테이 스레이는 1931년부터 1936년까지 앙리 마르셀의 지휘 아래 캄보디아에서 최초로 아나스틸로시스(Anastylosis) 공법으로 복원한 사원이다.[13] 사원 안에서 10세기 크메르어로 쓰인 비문과 13세기 산스크리트어로 쓰인 비문을 출토했다.

사원 출입구는 동쪽과 서쪽에 있고 3중의 담으로 둘러싸여 있다. 십자형 구조의 제3동문박공에는 3개의 머리를 가진 코끼리 아이라바타를 타고 있는 인드라를 정교하게 조각했다. 박공 상부에는 목제 대들보를 끼워 넣었던 요철부가 남아 있다. 긴 참배길 양편에 라테라이트 벽과 사암 기둥이 나란히 연결되어 있고, 중간에는 남북으로 긴 부속 건물이 세워져 있다. 북쪽 부속 건물 입구의 박공에는 비슈누가 반은 인간이고 반은 사자인 나라싱하로 변신하여 마왕 히라냐카시푸(Hiranyakasipu)의 앞가슴을 찢고 있다. 왼쪽 부속 건물 박공에는 시바와 파르바티가 난딘을 타고 있

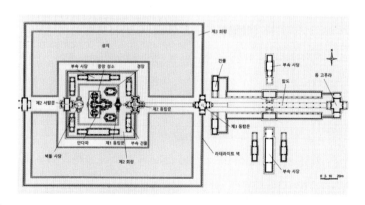

도판 5-1-85 | 반테이 스레이의 평면도(Banteay Srei, Siem Reap)

---

13   Albanese, Marilia (2006). The Treasures of Angkor (Paperback). Vercelli: White Star Publishers.

도판 5-1-86 | 제4동문(10세기, Banteay Srei)

도판 5-1-87 | 나라 싱하가 마왕 히라냐카시푸의 앞가슴을 찢는 장면(북쪽 부속 건물, 10세기, Banteay Srei, 오세윤 촬영)

도판 5-1-88 | 난딘을 타고 있는 시바와 파르바티(남쪽 부속 건물, 10세기, Banteay Srei, 오세윤 촬영)

도판 5-1-89 | 마왕 라바나가 시타를 납치하는 장면(제3동문 입구 앞 북쪽, 10세기, Banteay Srei, 오세윤 촬영)

도판 5-1-90 | 제2동문의 동쪽 박공(10세기, Banteay Srei)

도판 5-1-91 | 코끼리의 축복을 받는 락슈미(제2동문의 동쪽 박공, 10세기, Banteay Srei, 오세윤 촬영)

다. 입구 양쪽에는 무너져 내린 건물 석재들이 놓여 있는데, 그 오른쪽에 있는 박공에는 라마야나 이야기에 나오는 마왕 라바나가 시타를 유괴하는 장면이 새겨져 있다.

제3동탑의 동쪽 박공은 현재 사원 건물에 남아 있지 않다. 제3동탑의 서쪽 박공에는 마하바라타 이야기의 악마(Asura) 형제인 순다(Sunda)와 우파순다(Upasunda)가 아름다운 압사라 틸로타마(Tilottama)를 놓고 혈투를 벌이는 장면이 새겨져 있었는데, 식민지 시대에 프랑스가 반출하여 현재 파리의 국립 기메 동양 박물관(Musée Guimet in Paris)이 소장하고 있다.

제2동탑의 이중 박공은 비교적 원형이 잘 남아 있다. 동면 안쪽 박공에는 비슈누의 부인 락슈미가 중앙에 앉아 있고, 그 양옆에서 두 마리의 코끼리가 락슈미에게 성수를 부어 축복하고 있다. 크메르인들이 힌두교의 신에게 비가 내리기를 염원하는 부조이다. 제3동탑 서쪽 박공에는 서방을 수호하는 수신(서해의 신)인 바루나가 백조를 타고 있다. 이렇듯 반테이 스레이 사원의 부조는 힌두교의 신들을 차용하며, 고통스럽고 긴 건기에 비가 오기를 기원한 것

도판 5-1-92 | 제1동문(10세기, Banteay Srei, 오세윤 촬영)

도판 5-1-93 | 춤추는 시바(제1동문 동쪽 박공, 10세기, Banteay Srei, 오세윤 촬영)

도판 5-1-94 | 두르가가 마히샤수라를 죽이는 장면(제1동문 서쪽 박공, 10세기, Banteay Srei, 오세윤 촬영)

도판 5-1-95 | 아이라바타를 타고 있는 인드라(만다파 입구 동쪽 박공, 10세기, Banteay Srei, 오세윤 촬영)

도판 5-1-96 | 라바나와 시타의 납치 장면(중앙 사당의 박공과 상인방, 10세기, Banteay Srei, 오세윤 촬영)

도판 5-1-97 | 물소를 타고 있는 야마(중앙 사당 남쪽 박공, 10세기, Banteay Srei, 오세윤 촬영)

도판 5-1-98 | 아르주나와 시바의 싸움(중앙 사당 남쪽 상인방, 10세기, Banteay Srei, 오세윤 촬영)

도판 5-1-99 | 쿠베라(중앙 사당 북쪽 박공, 10세기, Banteay Srei, 오세윤 촬영)

과 밀접한 관련이 있다.

　제1동문은 창건 당시 모습이 그대로 남아 있다. 동쪽 탑문(Gopura)의 정면 동편 박공에는 시바 나타라자(Siva Nataraja)가 조각되어 있다. 시바가 파괴기인 칼리 유가가 끝나는 절정의 시기에 생명의 리듬을 따라서 춤추는 장면이다. 시바의

도판 5-1-100 | 발리와 수그리바의 결투(중앙 사당 북쪽 상인방, 10세기, Banteay Srei, 오세윤 촬영)

춤은 창조, 삶, 파괴, 균형 그리고 해방을 나타낸다. 앙코르 사원의 제1탑문 동쪽 박공에 자주 등장하는 주제이다. 제1동탑 서쪽 박공에는 시바의 부인 두르가가 마히샤수라(Mahishasura, 악마의 소)를 죽이는 장면이 있다. 율동감 있는 조각으로 두르가가 왼손으로 소꼬리를 잡고, 오른손은 무기를 들었으며, 왼발로 소머리를 누르고 있다. 하부의 상인방에는 하야그리바(Hayagriva)가 악마 마두(Madhu)와 카이타바(Kaitabha)를 죽이는 장면이 새겨져 있다.

사원 내원의 벽은 24×24m의 정사각형이며 동편 앞쪽에 있는 도서관은 남쪽과 북쪽을 대칭으로 배치하고 있다. 반테이 스레이의 중앙 사원은 남북으로 나란한 3개의 탑으로 구성된다. 중앙 탑은 만다파와 중앙 성소로 나누어진다. 중앙 탑과 남쪽 탑은 시바를 주신으로 하고, 북쪽 탑은 비슈누를 주신으로 하고 있다. 일반적인 3탑 사원은 중앙 탑이 시바, 북쪽 탑이 비슈누, 남쪽 탑이 브라흐마를 주신으로 모신다. 만다파와 프라삿 주변의 기단 위에는 우리나라의 십이지상과 같은 인신괴면(人身怪面), 즉 사람 몸에 원숭이, 사자, 가루다, 약사의 얼굴을 한 석상들이 오른쪽 무릎을 세우고 앉아 있다. 가루다는 비슈누를 주신으로 모신 북쪽 탑 앞에 앉아 있다.

중앙 사당의 만다파 입구인 동쪽 박공에 머리가 셋 달린 아이라바타를 타고 있는 인드라(범천)가 새겨져 있다. 인드라는 신들의 왕으로, 천국의 빛과 천둥, 비, 강을 관장한다. 중앙 사당 북쪽의 박공에는 바루나가 백조를 타고 있고, 상인방에는 라마야나 이야기의 마왕 라바나가 시타를 납치하는 장면이 새겨져 있다. 중앙 사당 남쪽 박공에는 남쪽의 방위신 야마가 물소를 타고 있고, 상인방에는 아르주나와 시바의 싸움으로 추정되는 부조가 새겨져 있고, 그 밑의 말 얼굴상은 사원 창건자인 야즈나바라하를 상징한다. 중앙 사당 북쪽 박공에는 부의 신이자 북쪽의 방위신 쿠베라가 앉아 있고, 그 아래의 상인방에는 라마야나 이야기에 나오는 원숭이 왕 발리와 형인 수그리바(Sugriva)의 결투 장면이 새겨져 있다.

제1사원 사방의 벽감에는 데바타상과 드바라팔라상을 정교하게 조각했다. 바로 이 부조가 앙코르 조상의 보석으로 일컬어지는 반테이 스레이 조각의 걸작이며 특히 데바타상은 앙드레 말로가 도굴했을 정도로 아름답다. 여신들은 머리

도판 5-1-101 | 남쪽 사당 동면(10세기, Banteay Srei, 오세윤 촬영)

도판 5-1-102 | 남쪽 사당 남면(10세기, Banteay Srei)

를 땋거나 둥글게 말아서 묶었는데, 반테이 스레이 사원만의 특이한 머리 형태이다. 풍만한 몸매에 화려한 장신구, 큰 귀걸이를 하고 있다. 드바라팔라상 역시 멋진 얼굴과 늘씬한 몸매를 하고 있다. 손에는 창이나 연꽃을 들고 있으며 원통 모양으로 머리를 땋아 올렸다.

도판 5-1-103 | 압사라 틸로타마를 두고 싸우는 아수라 형제(제3동문 서쪽, 10세기, Banteay Srei, Musée Guimet in Paris)

남쪽 사당의 동면 문 앞에는 인신(人身) 사자상을 좌우에 안치하고 있다. 문 양옆에 늘씬하고 양감이 있는 데바타상 부조가 있고, 박공에는 소를 타고 있는 시바와 우마, 그 아래의 상인방에는 인드라가 머리 셋 달린 코끼리 아이라바타를 타고 있다. 남쪽 사당 서면의 가짜 문 양쪽에 데바타상 부조가 있고, 박공에 바루나, 상인방에 함사를 타고 있는 브라흐마가 새겨져 있다. 남쪽 사당 남면 가짜 문 양쪽에 여신상 부조가 있고, 박공과 상인방에 물소를 타고 있는 야마가 새겨져 있다.

북쪽 경장(도서관)의 동면 박공에는 불타는 카반다바 숲이 부조되어 있으며, 남면 박공에는 캄사를 죽이는 크리슈나 부조가 새겨져 있다. 한편 남쪽 경장의 동면 박공에는 라마야나 이

도판 5-1-104 | 원숭이 얼굴을 한 석상(10세기 말, Banteay Srei, National Museum of Cambodia) 도판 5-1-105 | 사자 얼굴을 한 석상(10세기 말, Banteay Srei, National Museum of Cambodia) 도판 5-1-106 | 가루다 얼굴을 한 석상(10세기 말, Banteay Srei, National Museum of Cambodia)

도판 5-1-107 | 데바타상(남쪽 사당 남동 외벽, 10세기, Banteay Srei, 오세윤 촬영)

도판 5-1-108 | 드바라팔라상(중앙 사당 남동 외벽, 10세기, Banteay Srei, 오세윤 촬영)

도판 5-1-109 | 시바와 우마상(10세기 말, Banteay Srei, National Museum of Cambodia)

도판 5-1-110 | 불타는 카반다바 숲(북쪽 경장 동면 박공, 10세기, Banteay Srei)

도판 5-1-111 | 캄사를 죽이는 크리슈나(북쪽 경장 서면 박공, 10세기, Banteay Srei)

도판 5-1-112 | 카일라사산을 흔들고 있는 라바나(남쪽 경장 동면 박공, 10세기, Banteay Srei, 오세윤 촬영)

야기에 나오는 마왕 라바나가 명상 중인 시바를 만나려다 거절당하자 시바가 좌정하는 카일라사(Kailasa)산을 흔드는 장면을 알기 쉽게 비교적 사실적으로 새겨 놓았다. 마왕 라바나가 카일라사산을 들어 흔들자 부인 파르바티는 이에 놀라서 시바의 품으로 안기며 시바는 명상에서 깨어난다. 라바나의 행동에 화가 난 시바는 오른발로 카일라사산을 가볍게 누르니, 라바나는 산에 짓눌려 천 년간 위대한 시바를 찬양하는 노래를 부른다.

반테이 스레이와 비슷한 부조가 앙코르 와트에도 있다. 앙코르 와트 제1회랑의 북서쪽 구석과 남서쪽 구석의 십자 누각 안에 있는 부조는 아름다울 뿐만 아니라 인도의 신화와 힌두교 신들의 주요 장면이 조각되어 있다. 앙코르 와트의 부조가 미술적 측면에서 반테이 스레이보다 뛰어나지만, 반테이 스레이는 앙코르 와트보다 부조를 자세히 새겼다.

서면 박공에는 시바를 사랑하는 파르바티가 시바의 사랑을 얻기 위해 사랑의 신 카마의 도움을 요청하고 카마는 명상에 잠긴 시바에게 사랑의 화살을 쏘는 장면이 새겨져 있다. 반테이 스레이에서 숲 정상의 왼쪽에 있는 파르바티, 중앙의 대좌 위에 있는 시바, 왼쪽에 활을 쏘는 카마를 나열하여 묘사하고 있다. 사랑의 화살을 맞은 시바는 분노하여 카마를 죽이지만 파르바티를 보자 사랑에 빠진다. 아래쪽에는 시바의 화살을 맞고 죽은 카마가 있고, 그의 부인인 정욕의 여신 라티가 옆에서 슬퍼하고 있다.

중앙단에서 오른쪽으로 돌면 북쪽 문과 박공을 볼 수 있다. 부의 신 쿠베라(북쪽의 방위신)가 있고, 그 위에는 라후가 코끼리를 게걸스럽게 먹고 있다. 계속해서 시계 방향으로 돌면 동편 문에 인드라가 아이라바타를 타고 있고, 상인방 밑에는 사자 세 마리가 있다. 왼쪽 남쪽 탑의 동편 상인방에는 인드라가 머리가 3개인 코끼리 아이라바타를 타고 있다. 이 탑의 남쪽에는 판관 야마(남쪽의 수호신)가 물소를 타고 있다. 탑의 정면 벽에는 여신상과 수호신들이 조각되어 있다. 탑의 뒤쪽으로 돌면 박공과 상인방에 거위를 타고 있는 바루나(서쪽의 방위신)를 접하게 된다. 북쪽을 보면 중앙 탑과 남쪽의 밀착된 비좁은 공간의 박공과 상인방에는 쿠베라가 사자들에게 둘러싸여 있다.

도판 5-1-113 | 시바에게 사랑의 화살을 쏘는 카마(남쪽 경장 서면 박공, 10세기, Banteay Srei, 오세윤 촬영)

도판 5-1-114 | 발리와 수그리바의 대결(제1서문 박공, 10세기, Banteay Srei, 오세윤 촬영)

첫 번째의 서쪽 고푸라 서면 박공에는 라마야나 이야기에 나오는 발리와 수그리바의 대결 장면이 새겨져 있다. 라마가 발리에게 화살을 당기고 발리는 죽어간다. 왕비 타라의 품에서 발리가 죽어가며 둘의 아들인 앙가다(Angada)에게 마지막 유언을 남긴다. 라마의 얼굴은 1930년대에 새롭게 조각하여 복원했다. 두 번째 서쪽 고푸라 탑문 박공에는 마하바라타 이야기의 비마와 두료다나의 마지막 대결 장면이 나온다. 뛰어오른 두료다나의 대퇴부를 공격하여 결투는 비마의 승리로 끝난다. 이 부조에서 주목되는 것은 비마가 왼쪽 손에 들고 있는 무기이다. 이 무기는 바로 논갈이에 사용하는 쟁기다. 지금도 캄보디아, 라오스, 미얀마의 농촌에서 같은 형태의 쟁기를 사용하고 있다. 생동감 있는 부조는 앙코르 미술에서 최고의 걸작이라고 평가받고 있다. 반테이 스레이의 대부분의 탑문은 1931년부터 1936년까지의 복원공사로 원형을 되찾았지만, 두 번째 탑문(고푸라)은 손상이 심해 복원할 수 없었다. 박공은 프놈펜의 캄보디아 국립박물관이 소장하고 있다.

5-1-3. 앙코르 제국의 발전과 확장(11~12세기)

1001년에 왕위에 오른 우다야딧야바르만 1세(Udayadityavarman I)는 재위 1년 만에 사망하여 후계자 분쟁이 일어나는데, 그 다음에 즉위하는 자야비바르만왕에 대한 자세한 기록은 없다. 10세기 말~11세기 초의 프라삿 타케오와 프라삿 피메아나카스도 이 시기에 건립한 것으로, 앙코르 톰 도성 안 남북의 프라삿 클레앙 이름을 따서 클레앙 양식이라고 한다.

클레앙(Khleang, Angkor Thom)

클레앙은 앙코르 톰 왕궁의 동쪽에 있는 2개의 힌두교 유적이다. 왕궁에서 승리의 문에 이르는 왕도를 경계로 하여, 용도를 알 수 없는 두 채의 장방형 사암제 석조 건물이 남북의 축을 따라서 배치되어 있다. 남북의 두 건물은 같은 시기에 세워진 것이 아니다. 북쪽의 건물인 북 클레앙은 자야바르만 5세(재위 968·1000년)기 건립했으며 남 클레잉은 그의 계승자 수리야바르만 1세(재위 1002~1050년)가 만들었지만, 이들 건물은 구조와 세부 양식 등이 유사하여 일반적으로 같은 시기의 미술을 클레앙 양식으로 부르고 있다. 중앙에 카라(kala)[14]를

---

14 카라(kala)는 인도의 kīrttimukha(Skt, 찬란한 얼굴)에서 유래하는 말로, 인도네시아의 고대 사원에는 무시무시한 괴물의 얼굴(Kala's head)이 출입문 위에서 침입자를 지켜보고 있다. 거대한 송곳니와 입을 크게 벌리고 무엇이든지 잡아먹는 맹렬한 괴물의 얼굴 이름으로, 인도와 동남아시아 예술의 장식이다. Skanda Purana와 Shiva Purana 전설에서 기원한다.

도판 5-1-115 | 남 클레앙(11세기, Khleang, Angkor Thom, 오세윤 촬영)

비교적 간소하게 부조한 상인방 조각이 클레앙 양식의 특징이다. 클레앙은 '수장고'를 의미하고 사원의 보물 창고 혹은 왕실 보물을 소장하는 사원으로 전해지지만, 넓은 실내 공간 등 구조와 입구에 '왕에 충성을 맹세하다'라는 비문이 있어, 왕실 의례와 관련하는 건물이었을 가능성이 크다. 북 클레앙은 라젠드라바르만(재위 944~968년) 때 목재로 지어진 건물이며, 남 클레앙을 건립하기 전에 자야바르만 5세가 석조로 개축했다. 목재 건축에서 석조 건축으로 이행하는 과정을 잘 보여 주는 유적으로, 내부에는 목재로 만든 상인방이 남아 있다.

프라삿 타케오(Prasat Takeo, Sieam Reap)

앙코르 톰 동쪽의 프라삿 타케오는 지금은 완전히 말라 육지로 변했지만, 원래는 동 바라이(East Baray) 안의 서쪽 중앙에 있었던 전형적인 대형 계단식 피라미드 사원이다. 비문에는 975년부터 착공했다고 기록하고 있지만, 자야바르만 5세(재위 968~1000년)의 사망과 내전 때문에 미완성인 채 사원 건립이 끝났다. 공사 중지 시기는 자야비바르만 재위 시(1002~1010년)인 11세기 초로 추정된다. 그러나 이 사원에서 9세기 말 비문이 출토된 점으로 보아 11세기에 증축 혹은 재건했을 가능성도 있다. 동서로 긴 직사각형의 대지를 조성하여, 그 주위에 환호를 파고 동향해서 입구를 만들어 남북 성지를 드나들었다. 피라미

도판 5-1-116 | 프라삿 타케오(11세기, Prasat Takeo, Sieam Reap, 오세윤 촬영)

드 신전은 이중 기단 위에 사암 석재를 3단 쌓아 올리고, 정상 중앙에 고탑형 사당을 배치했다. 기단 일부에는 부조가 새겨져 있고, 5기의 사당은 양질의 녹색 사암을 사용했다. 중국 조사단이 발굴 조사 및 복원했다.

피메아나카스(Phimeanakas, Angkor Thom, Siem Reap)

피메아나카스는 10세기 라젠드라바르만(941~968년)이 건립하기 시작하여, 11세기 수리야바르만 1세가 지금의 형태로 완성했다. 성산 프놈바켕을 통과하는 남북축과 저수지인 동 바라이의 중심축이 교차하는 곳에 건설되었다. 피메아나카스는 동서 35m, 남북 28m로, 저변부에 3단의 테라스를 쌓아 올려 최상부에 장식용 회랑을 만들고 중심부에 1기의 탑당을 세운 피라미드 형식의 사원이다. 피라미드 정상의 동쪽 문틀에서 918년 비문이 발견되어 창건 연대가 10세기 초로 밝혀졌

도판 5-1-118 | 프라삿 타케오 출토 비문(9세기 말, Prasat Takeo, National Museum of Cambodia)

다. 최근의 발굴 조사에 따르면 신전 아래에서 목조 유구가 발견되어, 원래는 목조 사원이었는데 석조로 개축했음을 알 수 있다. 이 유적은 앙코르 사원이 처음에 목조 건축으로 시작하여, 시간이 지나면서 벽돌 혹은 석조 건축으로 변천하는 과정을 전하고 있다.

13세기 말에 앙코르를 방문한 중국인 주달관의 『진랍풍토기』에는 피메아나카스를 '금탑'(金塔)으로 소개하고 있다. 피메아나카스는 크메르인들이 숭배하는 성산을 상징하는 프놈바켕을 대신하여 왕궁 내에 세운 피라미드 사원이다. 『진랍풍토기』에는 '궁 안에 있는 금탑에 국왕이 밤이 되면 그 위에 드러눕는다. 그곳 사람들은 모두 다음과 같이 말한다. 탑 가운데 머리가 아홉 달린 뱀(나가)의 징령이 있다. 이것이 한 나라의 토지신인데 여인의 몸에 붙어서 매일 밤 나타난다. 국왕은 먼저 그 정령과 함께 동침하여 관계를 맺는데, 그 국왕의 부인이라 하더라도 감히 들어갈 수 없다. 이경(二更)이 되어야 나와서 비로소 처첩과 함께 잠을 잘 수 있다. 만약 이 정령이 하룻밤이라도 나타나지 않으면 번

도판 5-1-117 | 피메아나카스(10세기, Phimeanakas, Angkor Thom, Siem Reap)

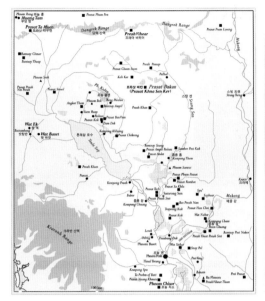

도판 5-1-124 | 수리야바르만 1세 시대의 주요 사원과 영역

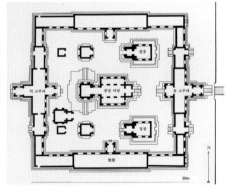

도판 5-1-119 | 왓 엑 프놈 평면도(Wat Ek Phnom, Battambang)

도판 5-1-120 | 바탐방의 왓 엑 프놈(11세기, Wat Ek Phnom, Battambang)

도판 5-1-121 | 왓 엑 프놈의 박출식 지붕(중앙 성소, 11세기, Wat Ek Phnom, Battambang)

도판 5-1-122 | 왓 엑 프놈의 유해교반(중앙 성소 상인방, 11세기, Wat Ek Phnom, Battambang)

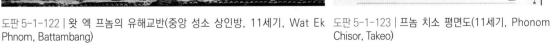

도판 5-1-123 | 프놈 치소 평면도(11세기, Phonom Chisor, Takeo)

도판 5-1-125 | 프놈 치소의 중앙 사당(11세기, Phonom Chisor, Takeo)

도판 5-1-126 | 프놈 치소의 경장(11세기, Phonom Chisor, Takeo)

도판 5-1-127 | 난딘을 타고 있는 시바와 우마(미완성 상인방, 11세기, Phonom Chisor, Takeo)

도판 5-1-128 | 프놈 치소에서 본 동 고푸라와 고대 길(11세기, Phonom Chisor, Takeo)

왕이 죽을 시기가 온 것이다. 만약 번왕이 하룻밤이라도 탑에 가지 않으면 반드시 재앙이 온다.'라고 기록되어 있다.[15]

클레앙 양식에서 회랑이 처음으로 만들어졌으며, 후의 앙코르 와트와 바이욘 등에는 회랑에 부조를 새겼다. 자야비바르만이 왕위에 오르자 동부에서는 동북 태국 코랏 출신의 수리야바르만 1세(재위 1010~1050년)가 왕국을 건국하고 승리를 거두어 국내는 점차 안정되었다. 수리야바르만 1세는 서쪽 바탐방에 왓 엑 프놈(Wat Ek Phnom, 비문 발견)과 왓 바셋(Wat Baset), 북쪽에 프레아 비히어, 동북부에는 프라삿 바칸(Prasat Bakan=캄퐁 스바이의 Preah Khan), 프놈펜 남쪽의 타케오에 프놈 치소(Phonom Chisor)와 프라삿 네앙 크마이 등 사원을 건립했

---

15 『眞臘風土記』 其內中金塔 國主夜臥其上 土人皆謂塔之中有九頭蛇精 乃一國之土地主也 係女身 每夜則見 國主則先與之同寢交媾 雖其妻亦不敢入 二鼓乃出 方可與妻妾同睡 若此精一夜不見 則番王死期至矣 若番王一夜不往 則必獲災禍.

고, 프놈쿨렌의 크발 스피안(Kbal Spean) 유적도 건립하였다. 수리야바르만 1세는 서 바라이 안의 서 메본을 건설했는데, 사원 안에서 앙코르 왕조 최대의 청동 비슈누상이 발견되었다. 또한, 수리야바르만 1세는 라오스 참파삭의 왓푸를 벽돌 사원에서 석조 사원으로 개축했고, 왓푸 남쪽의 프라삿 홍낭시다를 건립했을 가능성이 크다. 수리야바르만 1세가 세운 사원으로 당시 왕이 지배했던 영역과 지방 거점 도시를 알 수 있다. 특히 수리야바르만 1세는 코케르와 참파삭 사이에 있는 프레아 비히어주의 프레아 프라삽(Preah Prasap), 라오스의 왓푸 사원 남쪽 프라삿 프람 로벵(Prasat Pram Loveng)을 건립했고, 이들 사원은 홍낭시다 유적의 고대 길과 관련하는 사원들이다.

서 바라이(West Baray, Siem Reap)

1050년에 우다야딧야바르만 2세(재위 1050~1066년)가 즉위하여, 바푸온과 서 메본 등을 건립했다. 서 바라이(West Baray)는 수리야바르만 1세 때 만들었으며 앙코르에서 가장 큰 저수지이다. 우다야딧야바르만 2세가 저수지 중앙에 인공섬을 만들고, 1066년에 서 메본을 건립했다. 한 변의 길이가 100m인 사각형 대지 위에 사암으로 사원을 건립하였으나 지금은 남쪽과 동쪽 고푸라만 남아 있는 상태로, 프랑스 조사단이 발굴 및 복원했다. 1936년에는 서 메본에서 앙코르 왕조 최대의 청동 비슈누 와상의 상체가 발견되었다. 주달관은『진랍풍토기』에 "동 메본에는 배꼽에서 물을 한없이 뿜어내는 4개의 팔을 가진 청동 와불상(臥佛像)이 있다"라고 서술했는데, 이는 '서 메본을 동 메본'으로, '청동 비슈누상을 와불상'으로 잘못 기술했을 가능성이 크다. 그러나 주달관이 서 바라이를 방문했다는 기록은 없다.

도판 5-1-129 | 서 메본의 발굴 현장(프랑스 발굴 조사단, Siem Reap, 2014년)

도판 5-1-130 | 서 메본 출토 비슈누상(11세기, West Mebon, National Museum of Cambodia)

바푸온(Baphuon, Angkor Thom, Siem Reap)

수리야바르만 1세의 왕비의 친척이었던 우다야딧야바르만 2세는 거대하고 화려한 피라미드 사원 바푸온을 1060년에 건립했다. 남북 약 125m, 동서 약 425m로 직사각형 부지 서쪽 안에 높이 24m의 중앙 사당을 세웠다. 동쪽 정면 입구에서 탑문(고푸라)까지 약 200m인 긴 참배길에 육교가 놓여 있다. 기단은 5층 피라미드이다. 바푸온의 내외 벽면에도 힌두교 신화를 주제로 많은

도판 5-1-131 | 바푸온의 와불상(11세기, Baphuon, Angkor Thom, 오세윤 촬영)

부조가 새겨져 있는데, 11세기 중반에 제작한 이러한 부조를 '바푸온 양식'이라고 한다. 사원 서쪽 뒷면에 길이 60m에 이르는 거대한 와불상이 새겨져 있다. 중앙 사당의 문설주에 라마야나 이야기가 부조되어 있고, 주달관의 『진랍풍토기』에서는 '동(銅)탑'이라고 기록하고 있다.

1066년 하르샤바르만 3세(재위 1066~1089년) 즉위 후 앙코르 제국은 혼란에 빠졌다. 1080년에 자야바르만 6세(재위 1080~1107년)가 왕위를 찬탈하여 북부를 중심으로 하는 앙코르 지역의 세력과 남부 세력 사이에서 분쟁이 일어났다. 자야바르만 6세의 사후(1107년 혹은 1108년), 자야바르만 6세의 형 다라닌드라바르만 1세가 왕이 되어 1112년까지 제국을 다스렸다. 그 후 조카인 수리야바르만 2세가 즉위했다. 다라닌드라바르만 1세가 마히다라푸라(Mahidharapura, 피마이)를 통치하는 동안, 하르샤바르만 3세가 앙코르의 왕권을 주장한 것 같다. 수리야바르만 2세가 하르샤바르만 3세와 권력을 다투어 이긴 후 1113년에 왕위에 오를 때까지 국내는 혼란했다.

앙코르 왕국은 참파(점성)의 침공을 물리치고 동북 태국 코랏의 피마이(Khorat, Phimai) 출신의 왕 수리야바르만 2세가 앙코르의 전 국토를 통일하는 데에 성공했다. 수리야바르만 2세가 건설한 앙코르 와트는 비슈누를 주신으로 하는 통일 왕권의 상징이다. 수리야바르만 2세는 중국의 송 왕조에 사신을 파견하여 적극적으로 교역을 주도했다. 수리야바르만 2세는 새로운 영토를 확장하기 위하여 원정을 시작하여, 태국 북부의 롭부리가 11세기 전반 이후 앙코르 왕조의 지배 아래에 들어갔다. 1178년의 중국 사서 『영외대답(嶺外代答)』에는 '진랍국은 태국 남부까지 영토를 확장했다'라고 기록되어 있다.[16] 수리야바르만 2세는 태국 북부, 라오

---

16 『영외대답』(嶺外代答)은 중국 송의 주거비(周去非)가 쓴 동남아시아(南海諸國)의 지리서이다(1178년). 화남의 계림(華南桂林)에 수년간 근무한 주거비가 그동안 교섭했던 남아시아, 동남아시아 등의 나라들

스의 무앙, 차오프라야 삼각주, 말레이반도의 느가라, 캄보디아나 동북 태국의 무앙(성읍 국가)를 연결하는 일대 교역로를 구축했다. 이를 계기로 종래의 중소 무앙과 느가라, 중소의 푸라를 원활하게 하는 대제국이 탄생했다.

톰마논(Thommanon, Siem Reap)

수리야바르만 2세는 재위 중에 톰마논과 차우 세이 테보다, 차우 세이 위볼(Chau Say Vibol), 반 테이 삼레, 왓 아트비아 등을 창건했다. 톰마논은 앙코르 톰 승리의 문에서 500m 동쪽에 차우 세이 테보다와 마주하고 있다. 1960년대에 프랑스 극동학원(EFEO)의 프랑스 고고학자 G. 그로슬리에(George Groslier, 1887~1945년)가 사원을 복원했다. G. 그로슬리에는 캄보디아 크메르인의 예술, 고고학 및 역사에 관한 방대한 학술 저서 외에도 캄보디아 국립박물관(National Museum of Cambodia)과 왕립 미술 대학(Royal University of Fine Arts)을 설립했다.

톰마논은 높이 약 2m의 기단 위에 동향의 탑(성소)과 배전(mandapa)을 가진 사원이며, 남쪽에 하나의 경장, 동서에 탑문이 있다. 중앙 사당 외벽에는 아름다운 여신인 데바타가 부조되어 있다.[17] 데바타에는 꽃 왕관, 삼풋(sampot, 크메르의 민족의상), 목걸이, 팔찌, 벨트, 발찌가 상세하게 조각되어 있다. 꽃을 든 데바타의 수인이 매

도판 5-1-132 | 톰마논(12세기, Thommanon, Siem Reap, 오세윤 촬영)

도판 5-1-133 | 가루다를 타고 있는 비슈누(중앙 사당 서쪽 상인방, 12세기, Thommanon, Siem Reap)

도판 5-1-134 | 차우 세이 테보다(12세기, Chau Say Tevoda, Siem Reap, 오세윤 촬영)

의 실정을 적은 송대 남해사(宋代南海史)의 사료(史料)로서 중요하다.

17 Rooney, Dawn F. (2011). Angkor: Cambodia's Wondrous Khmer Temples (6th ed.). Odissey. pp. 314-315

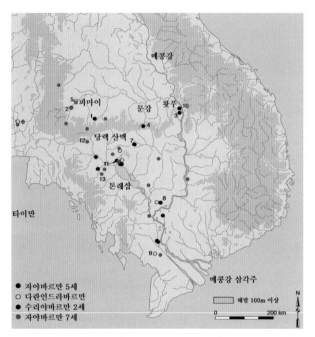

도판 5-1-135 | 피마이 출신의 앙코르 왕 비문 출토지
1. 프라삿 트라판 스노(Prasat Trapan Sno), 2. 프라삿 담복 코초스(Prasat Dambok Khpos), 3. 로반 로마스(Roban Romas), 4. 프레아 난(Preah Nan), 5. 프레아 칸(Preah Khan of Kampong Svay), 6. 프레아 비히어(Preah Vihear), 7. 프놈 치소(Phnom Chisor), 8. 프라삿 트라판 룬(Prasat Trapan Run), 9. 쿡 프린 춤(Prin Crum) 10. 낙 타치코(Nak Ta Cih Ko), 11. 왓 프라탓데툭(Wat Prah That de Tuk), 11. 프놈산케콘(Phnom Sanke Kon), 13. 반크하모이(Ban Khamoy), 14. 피마이(Phimai), 15. 프라친부리(Prachinburi), 16. 로벡(Lovek), 17. 프라삿 프라크셋(Prasat Prah Khset), 18. 브라담납(Vrah Damnap), 19. 바셋(Baset), 20, 프놈다(Phnom Da), 21. 프라삿 타캄톰(Prasat Ta Kham Thom)

우 독특하다. 엄지손가락에 중지로 고리를 만들고, 새끼손가락을 펴고 있다. 이 모습은 앙코르 와트의 데바타상과 매우 유사하다.

벵 메알리아(Beng Mealea, Sieam Reap)

벵 메알리아는 앙코르 와트와 유사한 구조를 하고 있지만, 제1회랑에서 내부로 점차 높아지는 다층 구조가 아니라 평면적인 단층 구조다. 3개의 외부 벽으로 되어 있고 중심은 서쪽으로 조금 물러나 있다. 벽은 앙코르 와트와 같이 십자형 회랑으로 연결되어 있고 북동쪽과 남동쪽에는 경장이 있다.

수리야바르만 2세는 동북 태국의 피마이 지방의 왕가 출신인 16대 왕 자야바르만 6세(1080~1107년)와 그의 형인 17대 왕 다라닌드라바르만 1세(1107~1113년)의 조카라고 할 수 있다. 동북 태국 피마이 지방 출신이었던 16대 왕 자야바르만 6세와 17대 왕인 다라닌드라바르만 1세는 앙코르 왕도에 괄목할 만한

사원과 유적을 남기지 못했다. 그러나 16대 왕 자야바르만 6세는 앙코르 와트가 지어지기 이

도판 5-1-136 | 벵 메알리아의 남 고푸라와 회랑(12세기 초, Beng Mealea, Siem Reap)

도판 5-1-137 | 벵 메알리아의 데바타상(12세기 초, Beng Mealea, Siem Reap)

전에 벵 메알리아를 건립했다. 벵 메알리아는 앙코르 와트보다 앞선 대규모의 앙코르 사원이지만, 미술사 분야에서 보면 건축사나 고고학과는 달리 그다지 뛰어난 조상이 없다. 그 밖에도 프레아 비히어, 라오스의 왓푸 사원도 이 시기에 증축 혹은 개축했다.

프레아 비히어(Preah Vihear)

프레아 비히어는 9세기 중반부터 12세기까지 야소바르만 1세, 수리야바르만 1세, 자야바르만 5세, 자야바르만 6세, 수리야바르만 2세가 증축 혹은 개축을 한 복합 사원이다.[18] 프레아 비히어에서 몇 개의 비문이 발견되었다. 비문 K.383은 1119년에서 1121년 사이에 산스크리트어와 크메르어로 새겨졌다. 비문은 수리야바르만 2세의 왕사 디바카라판디타(Divakarapandita)의 삶과 다섯 명의 앙코르 왕(Udayadiyavarman II, Harshavarman III, Jayavarman VI, Dharanindravarman I 및 Suryaman II)에게 사원 건설 비용을 기부받은 것을 기록하고 있다. 현재 남아 있는 건물 대부분은 11~12세기에 걸쳐 해발 525m의 산 정상에서 경사를 따라 사암과 라테라이트로 만들어졌다. 앙코르 사원의 입지 분류 중에 산악식 계단식에 해당한다. 전체적으로 5개의 사원이 산 경사를 따라서 연속하여 길게 일자로 서 있는 구조다. 각 사원은 사암으로 만든 참배길(양쪽에 링가 석주를 세웠다)의 길이가 500m이며, 규모는 아래쪽 사원에서

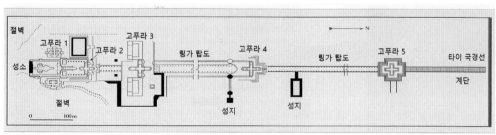

도판 5-1-138 | 프레아 비히어의 평면도와 측면도(Preah Vihear)

18　石澤良昭,『古代カンボジア史研究』, 國書刊行會, 1982年.

위쪽 사원으로 올라갈수록 거대해진다.

사원의 입구에는 고푸라와 상인방이 있으며 정교한 조각이 남아 있다. 첫 번째(제5 고푸라) 사원에서 마지막 사원(중앙 성소)까지 120m를 올라가야 하고, 연속하여 이어지는 산악 사원의 규모는 앙코르 건축 중에서도 가장 크다. 시바에게 헌정한 사원으로 힌두교의 우주를 형상화하며 동남아시아의 산악신앙에서 유래하는 전형적인 테라스형 사원이다. 입구의 고푸라 5는 건물이 대부분 무너졌고, 계단을 오르면 옆으로 나로 된 난간, 참배길, 사원으로 이어진다. 고푸라 5는 분홍색 사암으로 만들었고, 십자형 건물은 창건 당시에 기와를 얹은 목제 지붕이 있었다.

도판 5-1-139 | 고푸라 5 건물(11~12세기, Preah Vihear, 오세윤 촬영)

도판 5-1-141 | 성지(11~12세기, Preah Vihear, 오세윤 촬영)

4번째 사원에 이르는 참배길은 사암이 깔려 있다(길이 271m). 연꽃 봉우리로 장식된 65개의 기둥(링가 석주)이 두 줄로 늘어서 있고, 왼쪽 끝에는 성지(연못)가 있다. 짧고 가파른 계단을 오르면 고푸라 4에 이른다. 남쪽 사인방에는 아난타 위에 누운 비슈누가 새겨져 있다. 비슈누의 발 아래에는 락슈미, 배꼽에서 핀 연꽃 위에 브라흐마가 새겨져 있다. 상인방 위에는 데바와 아수라가 비슈누를 사이에 두고 줄다리기하는 유해교

도판 5-1-140 | 고푸라 4(남면, 11~12세기, Preah Vihear)

도판 5-1-142 | 고푸라 4의 남면 입구 부조(상인방; 비슈누, 박공; 유　도판 5-1-143 | 중앙 성소 입구(11~12세기, Preah Vihear, 오세윤 촬영)
해교반, 11~12세기, Preah Vihear, 오세윤 촬영)

반 장면이 새겨져 있다. 앙코르 왕도의 같은 부조보다는 지방 색이 강하고 목가적인 조각이다. 동서로 긴 부속사당에는 상 인방과 박공이 남아 있지만, 목조로 가구(架構)한 기와지붕은 완전히 무너져 내렸다. 고푸라 4 인근에 의례용으로 보이는 소형 성지가 있다.

도판 5-1-144 | 회랑 내부(중앙 성소, 11~12세기, Preah Vihear, 오세윤 촬영)

　고푸라 4를 지나면 152m 길이의 35개 링가 기둥으로 이루 어진 참배길이 시작되며, 세 번째 고푸라와 만난다. 고푸라 3 은 가장 큰 건물로, 원래 지붕은 기와를 얹은 것이 아니라 벽 돌(박출식)로 쌓아 올렸을 것으로 추정된다. 고푸라 3 옆에는 '궁궐(의례용 휴식 공간)'로 알려진 직사각형 석조 건물이 남아 있 다(1026년). 고푸라 2는 지붕이 있는 현관이 있고, 2번째 안마 당과 이어진다. 안마당에는 기둥으로 이어진 회랑, 세 군데의 복도식 통로로 이어진 다주식 방이 있고, 그 양쪽에 경장이 있다. 다주식 방은 고푸라 1과 연 결된다. 고푸라 1은 회랑 주위의 북쪽 전체를 차지한다. 보존 상태가 좋은 회랑의 바깥쪽에 는 창문이 없고, 안쪽 벽에만 창문이 있다. 중앙 성소는 입구와 만다파만 비교적 원형이 잘 남아 있다.

5-1-4. 수리야바르만 2세와 앙코르 와트

앙코르 와트(Angkor Wat, Sieam Reap)

앙코르 와트는 세계에서 가장 아름다운 석조 사원 중의 하나이다. 크메르 사람들은 앙코

도판 5-1-145 | 서남 상공에서 본 앙코르 와트와 해자(12세기, Angkor Wat, 오세윤 촬영)

르 지역에 많은 사원을 건립했는데, 이들 사원에는 신에 대한 당시의 왕과 사람들의 여러 소망이 담겨 있다. 앙코르 와트는 신과 크메르 왕, 크메르 사람들이 함께 완성했다고 할 수 있다. 앙코르 와트는 크메르의 왕과 사람들이 신의 세계(우주관)를 지상에 구현한 사원으로, 규모가 장대하며 화려한 부조의 아름다움이 뛰어나 세계적으로 높이 평가받고 있다. 인도네시아 자바섬의 찬디 보로부두르, 미얀마의 바간과 더불어 세계 3대 불교 사원으로 불리는 앙코르 와트는 앙코르 사원의 완성이라고 할 수 있다. 앙코르 왕은 신(비슈누)과 같으며, 대규모 사원이 필요하게 된 이유는 왕의 영원한 안식처를 지상에 구현하기 위해서였다.

앙코르 와트는 수리야바르만 2세의 통치 아래 1113년부터 약 30년에 걸쳐서 건립한 사원이다. 총면적 200ha, 헤지 길이 5.4km, 해자 너비 190m, 사원 시쪽 진입로의 길이가 540m이며 제3회랑은 높이 65m의 중앙 사당을 중심으로 둘러싼 5기의 첨탑(塔)으로 이루어졌다. 석재를 블록형으로 가공하여 높이 쌓아 올린 사원 건물은 넓고 큰 해자가 있어서 무너져 내리지 않을 수 있었다. 건기와 우기가 연속하는 과격한 지반 변화에 점토 지반을 고르고 단단하게 만드는 판축(版築) 공법과 더불어 큰 해자 안의 물이 앙코르 와트가 있는 인공섬의 지반을 안정시키는 데 큰 역할을 했다.

사원의 규모는 매우 크고 앙코르 건축의 정연한 기하학적 평면의 피라미드와 첨탑을 입체

적으로 배치하여 조화와 원숙미가 있는 웅대한 가람이다. 서
쪽 정문으로 들어가 참배길을 따라가다 보면 진입로의 좌우에
경장(經藏)과 성지(聖池)가 있다. 사원은 크메르의 왕과 동일시되
는 크메르 신의 세계를 지상에 구현하기 위해 건립되었다. 5
기의 중앙 탑은 세계의 중심인 메루산을 둘러싸는 히말라야의
영봉을 상징하며, 해자는 깊고 무한한 큰 바다를 상징한다.

이 사원의 주신은 비슈누이며 왕과 비슈누를 합체한 특별
한 신상(비슈누=전륜성왕)이 안치되어 있었다. 당시 왕은 생전에
비슈누의 화신으로 여겨졌고, 이 사원은 왕의 영혼이 거주하
는 영묘로 건립되었다.[19] 영묘 사원 가설의 근거는 제3회랑이
장례용 시설로 추정되는 점, 13세기 말~14세기 주달관의 '노반
(魯般: 앙코르 와트)의 무덤("眞臘風土記)'이라는 기록, 가람이 서향
하는 점(西方極樂淨土) 등이다. 앙코르 사원의 대부분이 동향하
는 것에 반해서 앙코르 와트는 일몰과 죽음을 의미하는 서향
을 하고 있다.

도판 5-1-146 | 비슈누상(13세기, Angkor Wat, 오
세윤 촬영)

앙코르 와트는 왕의 영령을 힌두교의 비슈누로 모신 사원이다. 그리하여 앙코르 와트의
조각가는 왕의 얼굴을 비슈누와 동일하게 새겼다. 캄보디아는 오래전부터 인도 힌두교의
영향을 받았다. 그러나 앙코르 와트의 부조는 인도 문화를 수용했지만, 인도에도 그 유례를
찾아볼 수 없는 규모와 아름다움이 있다. 앙코르 와트 예술의 진정한 가치는 이 거대한 석조
건축의 부조에 있다. 특히 제1회랑 주벽 부조는 앙코르 와트를 보는 사람에게 건립자인 수
리야바르만 2세의 위업을 힌두교라는 종교의 힘을 빌려 표현한 '그림책'이다. 앙코르 와트의
건립 목적은 수리야바르만 2세의 정통성과 위업을 후대에 전하기 위한 것으로, 그 목적을
가장 알기 쉽게 표현한 것이 남쪽 회랑 서면의 '수리야바르만 왕의 행렬'과 '천국과 지옥' 부
조이다. 이들 부조는 왕의 위대한 생애와 사후 천국에서 영생을 염원하는 기원을 나타낸다.

앙코르 와트는 동남아시아의 석조 사원 가운데 가장 뛰어난 유적이다. 수리야바르만 2세
의 생전부터 이 위대한 성전을 건설하기 시작했다. 앙코르 와트는 수리야바르만 2세의 사후
왕위를 이은 다라닌드라바르만 2세 때 완성되었다. 그러나 앙코르 와트 제1회랑의 동북, 북

---

19   石澤良昭,『アンコール·王たちの物語』日本放送出版協會, 2005年.

도판 5-1-147 | 압사라(12세기, 서쪽 외벽, Angkor Wat)

면의 부조는 15세기까지 완성하지 못한 상태로 방치되어 있었다. 앙코르(Angkor)는 '수도', 왓(Wat=Vat)은 태국어로 '사원'을 의미하며, 창건 당시의 이름이 아니라 타이족이 후대에 명명했을 가능성이 크다.

앙코르 와트의 매력 중 하나는 사원 여기저기에 새겨진 여신상의 아름다움이다. 높이 1~2m 정도의 부조로, 일반적으로 압사라 혹은 데바타라고 부른다.[20] 압사라 또는 데바타 부조는 앙코르 사원 유적의 큰 특징으로, 대부분의 석조 사원에서 볼 수 있다. 아주 예외적으로 프레아 비히어에는 여신상 조각이 없다. 압사라는 원래 천계에 사는 천녀로, 신불을 영원히 기리는 아름다운 무희이자 여신이기도 했다. 이 때문에 사원(영묘) 내외의 벽에 조각된 여신들은 영원히 신불을 기리고, 왕과 성자의 영혼을 달래주는 공양녀(供養女) 역할을 했다.

앙코르 와트에는 압사라를 새긴 부조가 약 1,700개인데, 모두 화려하게 치장하고 얼굴이 다 다르다. 왜 이렇게 많은 천녀를 앙코르 와트 사방의 벽에 정성스럽게 조각해 놓았을까? 그 이유는 압사라 여신이 앙코르 와트의 본존 비슈누(왕)를 영원히 기리며 공양하게 하기 위해서다. 또한, 앙코르 와트는 천계에 있는 궁전을 지상에 재현한 것이기 때문에 궁전에는 많은 천녀가 필요하게 된다. 이 때문에 천계의 궁전에 사는 천녀를 벽면 곳곳에 조각하여 앙코르 와트가 천계의 궁전을 지상에 구현한 것을 보여 주고 있다. 앙코르 와트는 압사라의 모습을 앙코르 왕조 시대에 있던 아름다운 궁녀의 모습 그대로 벽에 새겼다.

앙코르 와트는 외주에 큰 환호가 있고, 안쪽에 앙코르 와트의 중심부가 되는 제1회랑, 제2

---

20   Devata는 크메르어; tevoda, 타이어; tevada, 말레이어와 인도네시아어; dewata 혹은 diwata 필리핀어; devatala라고 부른다. Devata는 deva 뒤에 추상 명사로서의 어미 ~ta가 부가된 추상 명사로 신의 상태(condition or tate of a deva), 신성(divinity), 신격, 또는 신적인 존재(divine being, deity, fairy)를 의미한다. 사실상 deva와 같은 뜻이며 숭배되는 존재는 모두 devatala고 한다. 앙코르 와트의 여신상을 압사라 혹은 데바타라고 부르며, 데바타는 크메르어로 여신을 의미한다(伊東照司著, 『アンコールワットの彫刻』, 雄山閣, 2009). 압사라(Apsara)는 인도 신화에서 물의 요정으로, 일반적으로는 천녀로 불리며 유해교반 때 태어났다고 한다.

도판 5-1-148 | 앙코르 와트 회랑과 중앙 탑(12세기, Angkor Wat, 오세윤 촬영)

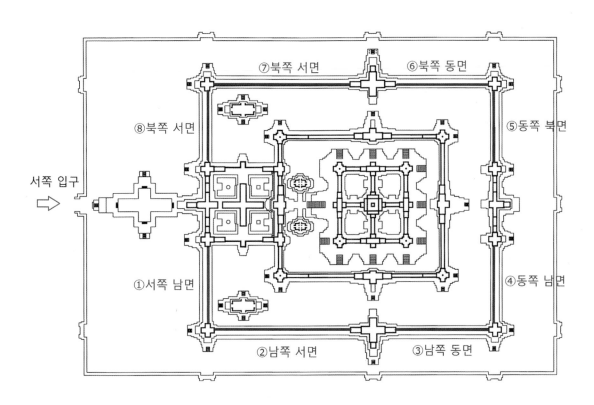

도판 5-1-149 | 앙코르 와트 평면도와 제1회랑 부조

회랑, 제3회랑이 있으며, 그 중심에 중앙 사당이 세워져 있다. 앙코르 와트의 서쪽 입구에서 동쪽을 향하여 제일 바깥쪽의 큰 환호를 건너는 것으로부터 순례가 시작된다. 정면 입구는 서쪽을 향하고 있다. 서쪽 육교를 건너 제일 바깥쪽 벽의 중앙에 설치한 출입문이 나타난다. 이 고푸라(누문)를 지나서 길게 중심부로 향한 참배길을 따라가면 제1회랑이 나타난다. 길이는 동서가 약 200m, 남북 약 180m로, 이 제1회랑 안쪽의 벽면 부조가 앙코르 왕조 미술의 백미이다. 제1회랑 서쪽 누문을 들어가면 곧바로 십자 회랑으로 연결되며, 내부에 불상이 안치되어 있다. 이 십자 회랑은 안쪽의 제2회랑과 제3회랑으로 연결하고 있다.

앙코르 와트의 공간 구성에서 주목되는 것은 참배길에서 중앙 사당으로 이동하는 위치와 바라보는 장소에 따라 중앙 사당군의 조형이 변화하는 '시각 조정의 수법'(착시 효과), 회랑과 사당을 꽉 채운 '대 벽면 부조', 또한 기술적인 제약 특히 지붕의 아치 공법을 알지 못했던 단점을 극복하기 위해서 내부와 외부 공간의 경계에 중간 영역을 창출한 '모의 대 공간'을 완성한 점 등이 있다.

지붕의 박출식(迫出式) 구조는 큰 공간을 만들 수 없는 제약이 있었다. 이러한 이유로 초기의 앙코르 사원은 대부분이 실내가 비좁은 소규모의 단독 건물이었다. 크메르인들은 작은 사원을 대형 사원으로 건립하기 위해서 11세기부터 설치한 대규모의 회랑과 건물의 접속 수법과 건물과 건물을 잇는 공간의 연결 수법을 고안했다. 앙코르 와트에서는 중앙 사당의 주위를 삼중의 회랑이 둘러싸고, 이 회랑을 십자형으로 조합한 '십자(十字) 회랑'을 고안하여 지었다. 밭 전(田)자형 회랑을 조합하여 지붕을 올릴 수 없는 부분은 인공의 성지(聖池)로 만들었다. 이 기본 구조는 앙코르 와트에서 5개의 사당이 우뚝 솟은 중앙 사당군에 그대로 반영되어, 회랑이 교차하는 지점에 첨탑을 세웠다. 거대 석조 사원으로 알려진 앙코르 와트는 실제로는 큰 내부 공간이 없고, 긴 회랑을 십(十)자형으로 연결하여 기술적인 제약을 극복하여 보는 사람들에게 거대함을 과시하고 있다.

삼중의 회랑에 둘러싸여 있지만 제1층 회랑에 기둥을 배치하여 리듬감을 주었고, 그 위에 고층 사당을 세워 조감 구도를 완성했다. 박출식 구조의 제약 때문에 큰 내부 공간을 축조할 수 없는 결점은 회랑을 십자형으로 배치하는 십자 회랑과 성지 4곳을 구성하여 유사 내부 공간을 창출

도판 5-1-150 | 서쪽 십자 회랑(12세기, Angkor Wat)

도판 5-1-151 | 크리슈나가 캄사를 죽이는 장면(12세기, 서쪽 십자 회랑 동면 상인방, Angkor Wat)

도판 5-1-152 | 비슈누와 마왕의 싸움(12세기, 서쪽 십자 회랑 북면 상인방, Angkor Wat)

했다. 이 구성은 그대로 중앙 사당에도 답습되어 회랑이 교차하는 지점에 고탑을 배치하고 있다. 개구부가 있는 창과 가짜 창을 이용하여 회랑 전면에 회랑을 마련해 석주를 배치하는 것으로, 조적조(組積造)가 가지는 중후한 인상과 리듬감을 준다.[21]

앙코르 와트 제1회랑 부조는 벽면의 상·중·하 혹은 상하로 구성되어 있다. 상하 구성은 상부가 원경 하부가 근경이고, 상·중·하 구성은 하부가 근경, 중앙이 중경, 상부가 원경이다. 주벽 바깥에는 각 기둥의 열주가 2열로 세워졌으며 기둥 하부에 고행하는 승려의 모습이 새겨져 있다. 벽면 하나가 약 90~100m에 달하는 큰 벽면의 부조 높이는 약 2.5m로, 위에서 아래까지 조금의 틈새도 없이 가득 채워져 있다. 제1회랑 부조는 서쪽 남면에서 시작하여 반시계 방향으로 진행하며, 회랑의 각 기둥 하나마다 하나의 이야기를 전개하고 있다. 또한 인물상 등이 이중, 삼중으로 겹쳐서 원근감을 표현하고 있다. 창건 당시의 주요 장면 부조 가까이에 비문이 새겨져 있고, 수리야바르만 2세, 비슈누, 크리슈나는 서로 얼굴이 같다.

비문에 따르면 앙코르 와트의 건립자 수리야바르만 2세(재위 1112~250년)의 아버지는 크시틴드라디티야(Ksitindraditiya), 어머니는 나렌드라락슈미(Narendralakshmi), 할아버지는 히란야바르만(Hiranyavarman)이다. 수리야바르만 2세의 부인 이름은 알 수 없고, 왕은 후손이 없었다. 그래서 수리야바르만 2세 사후 외삼촌 마히다라디티야(Mahidharaditya), 즉 다라닌드라바르만 2세가 왕위를 이었다. 이러한 왕위 계승은 부자로 이어지는 계승 및 상속이 아니라, 어머니를 중심으로 외삼촌이 후견하는 동남아시아 전통 관습의 영향이었을 가능성이 크다. 앙코르 와트 남쪽 서면에는 옥좌에 앉아 있는 수리야바르만 2세 앞에서 충성 서약서를 읽는 대신에 관한 내용을 새긴 비문이 대신의 머리 위에 남아 있다.

디바카라판디타(Divakarapandita)는 왕의 국사를 상담하는 최고위직 승려였으며, 수리야바

---

21   조적조(組積造, masonry construction)는 석재, 벽돌, 콘크리트 블록 등을 쌓아 만드는 건축물의 구조를 가리킨다.

도판 5-1-153 | 수리야바르만 2세(12세기, 제1회랑 남쪽 서면, Angkor Wat, 오세윤 촬영)

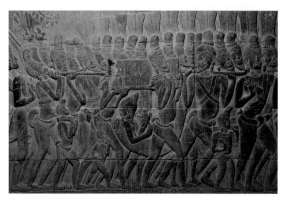

도판 5-1-154 | 디바카라판디타 국사(12세기, 제1회랑 남쪽 서면, Angkor Wat, 오세윤 촬영)

르만 2세가 앙코르 와트를 건립할 때 여러 조언을 했다. 앙코르 와트의 제1회랑 남쪽 서벽에 있는 왕의 행진 부조에 가마를 타고 있는 브라만이 디바카라판디타 국사로 추정된다. 프레아 비히어에서출토된 비문에 따르면, 수리야바르만 2세는 디바카라판티다를 왕사(王師)로 임명할 정도로 신뢰하였다.

제1회랑 서쪽 남벽은 높이 약 2.5m, 전체 길이 48.35m로, 벽면에는 고대 인도의 서사시 마라바라타(산스크리트어로 '바라타 왕조의 대서사시')의 종결부에 나오는 대전투인 쿠룩셰트라 전투(Kurukshetra War) 이야기가 새겨져 있다. 마하바라타는 라마야나 이야기와 함께 인도의 2대 서사시로, 전 18편으로 구성되어 있다. 인도 사람들은 '세상의 모든 것이 마하바라타 안에 있고, 마하바라타에 없는 것은 세상에 없다'고 한다. 마하바라타는 높은 문학적 가치를 가졌을 뿐만 아니라 종교적 감화를 주고, 기원전 400년~기원후 200년 무렵의 힌두교를 이해하는 데 중요한 사료이다. 이 위대한 서사시가 고대 크메르에 전해져, 12세기에 앙코르 와트의 벽면에 새겨지게 된다.

마하바라타의 쿠룩셰트라 대전투 이야기의 중요 인물은 적대하는 양군 왕자들의 종조부 비슈마(Bhisma)이다. 우선 마하바라타 이야기의 줄거리를 간단하게 소개한다. 히말라야산맥이 보이는 인도의 갠지스강 상류 유역 하스티나푸라(Hastinapura)에 '드리타라슈트라(Dhritarashtra)'와 '판두(Pandu)'라는 왕자 형제가 있었다. 두 왕자는 모두 백부인 '비슈마'(聖人)가 양육했다. 그러나 드리타라슈트라는 불행하게도 선천적인 맹인이었기 때문에 동생 판두가 왕위에 올랐다.

그러나 이 남동생 판두도 나병(한센병)에 걸려 요절한다. 그래서 드리타라슈트라가 새롭게 왕위에 올랐다. 먼저 요절한 판두에게는 '판두 가의 5형제'로 부르는 왕자들이 있었다. 왕자들의 이름은 유디스티라(Yudhishtira), 아르주나(Arjuna), 비마(Bima), 나쿨라(Nakula), 사하데바(Sahadeva)로 이들이 바로 정의의 사도 판다바족의 다섯 왕자이다. 한편 드리타라슈트라에게는 100명의 왕자가 있었는데, 판다바족의 다섯 왕자와 대립하여 욕심 많고 잔악했으며 이들이 이끄는 군사들이 카우라바족이다. 이야기는 이들 사촌 형제들이 왕위를 둘러싼 왕권 쟁탈전의 영웅담으로, 그 안에 수많은 전설과 교훈을 담고 있다.

종조부 비슈마는 이들 사촌 형제를 양육했다. 비슈마는 이들 사촌 형제에게 있어서는 둘도 없는 큰 은인이었다. 종조부 비슈마는 이들을 함께 키웠는데, 판다바족의 다섯 왕자가 카우라바족 왕자 100명보다 모든 면에서 우수했다. 이 때문에 카우라바족 왕자들은 판다바족의 다섯 왕자를 시기하게 되었다. 게다가 드리타라슈트라 왕이 판다바족 다섯 왕자 중 장남인 유디스티라를 태자로 정하면서, 판다라바족 왕자들은 카우라바족 왕자들과 더욱 사이가 나빠지게 되었다. 마침내 할아버지 비슈마가 왕자들의 중재에 들어갔다. 비슈마는 양 세력을 화해시켜서, 판다바족은 인드라 푸라스타, 카우라바족은 하스티나푸라에 각각 살게 하여 각자의 영토를 지배하도록 했다.

그 후 판다바족의 유디스티라 태자가 카우라바족의 왕자들과 사기도박에 패하여, 판다바족 왕자들은 13년간 국외로 추방당했다. 판다바 형제는 12년 동안 숲에서 생활하다가 13년째에 숲을 나와 고국으로 돌아왔다. 그리고 유디스티라 태자는 카우라바족의 장남 두료다나에게 아버지의 유산을 청구했다. 그러나 두료다나가 이 청을 거절하여 양 세력은 싸움을 시작했고, 마지막으로 쿠룩셰트라에서 최후의 혈투를 벌였다. 7만 병력 판다바족과 10만 병력 카우라바족의 처참하고 비극적인 대전투가 시작되었다. 이때 종조부 비슈마는 카우라바족의 총지휘관이 되었다. 전투 중에 비슈마가 판다바족의 셋째 왕자 아르주나의 화살을 맞

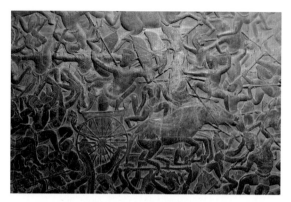

도판 5-1-155 | 왼쪽의 카우라바군과 오른쪽의 판다바군의 격전(12세기, 제1회랑 서쪽 남면, Angkor Wat, 오세윤 촬영)

도판 5-1-156 | 비슈마의 죽음(오른쪽 상부, 12세기, 제1회랑 서쪽 남면, Angkor Wat)

도판 5-1-157 | 크리슈나와 아르주나(마차를 타고 있는 좌우 인물, 12세기, 제1회랑 서쪽 남면, Angkor Wat, 오세윤 촬영)

고 죽으며 판다바족이 승리했다.

앙코르 와트 벽면의 부조 묘사는 벽면을 향하여 왼쪽에서 오른쪽으로 전개하며, 이 전투 장면을 여백 없이 병사들로 빼곡히 메우고 있다. 대 벽면은 크게 2개로 나뉘고, 벽면의 왼쪽 반은 카우라바군, 오른쪽 반은 판다바군이 새겨져 있다. 창과 방패를 든 보병, 마차를 타고 있는 장교, 코끼리 부대가 왕자들의 지휘를 받으며 싸우고 있다.

대 벽면 부조에서 가장 주목되는 장면은 비슈마의 죽음이다. 비슈마는 판다바군 아르주나가 쏜 화살을 맞고 죽었다. 벽면 상단에 많은 화살을 맞고 누운 인물이 카우라바군의 섭정 비슈마다. 그 왼쪽에 판다바군의 다섯 왕조가 꿇어앉아서 비슈마의 죽음을 애도하고 있다. 누워있는 비슈마의 머리에서부터 장남 유디스티라, 비마, 아르주나, 나쿨라, 사하데바 순서로 앉아 있다. 선두에 앉아 있는 유디스티라 태자와 그 배후에 있는 비마가 양손을 모아 합장하고 있다.

이 장면은 마하바라타 이야기 제6권 비슈마편에서 쿠룩셰트라의 18일간 계속된 격전 중 열흘째 되는 날에 일어난 사건이었다. 아르주나를 시작으로 하는 판다바군 병사들의 화살을 맞은 비슈마의 몸은 손가락 틈새도 없을 만큼 많은 화살에 찔렸다고 전해진다. 죽음에 임하여 비슈마는 적군 판다바군의 총지휘관 유디스티라에게 '왕과 카스트', '왕국', '전쟁', '충신', '정의', '죄', '친구', '생명', '영혼', '인생', '인생', '죽음', '지고자(地高自)', '해탈', '신' 등에 대해 귀중한 설법을 했다.

두 번째로 중요한 부조는 크리슈나와 아르주나의 모습이다. 판다바군의 선두에 4개의 팔을 가진 크리슈나가 있다. 마차를 타고 있는 인물이 아르주나이다. 세 번째 중요 부조는 카우라

도판 5-1-158 | 카우라바족의 군사 드로나(12세기, 제1회랑 서쪽 남면, Angkor Wat, 오세윤 촬영)

도판 5-1-159 | 카우라바군의 패전(12세기, 제1회랑 서쪽 남면, Angkor Wat, 오세윤 촬영)

바군의 군사(軍師) 드로나(Drona)이다. 드로나 장군은 마차를 타고 양군의 접점을 경계로 하여, 오른쪽의 크리슈나와 반대로 왼쪽에 묘사하고 있다. 앙코르 와트의 제1회랑 서쪽 남벽의 벽화에 있는 대전투 장면은 판다바족과 카우라바족의 처참한 전투 부조로, 고대 인도의 서사시 마하바라타에 나오는 극적인 장면이다. 성자 비슈마는 '죄의 출발점은 탐욕이다. 이 탐욕에서 죄를 짓는다.'라고 설교하고 있다.

앙코르 와트의 제1회랑 남쪽 서벽에는 수리야바르만 2세가 행진하는 부조가 새겨져 있다. 전체 길이가 93.6m로, 건립자 수리야바르만 2세의 역사 이야기이다. 앙코르 와트를 건설한 수리야바르만 2세는 앙코르 와트의 제1회랑 남쪽 서벽에 새겨진, 전체 길이는 93.6m인 부조에 두 번 등장한다. 한 번은 수리야바르만 2세가 행진하는 부조다. 벽면의 왼쪽 위에는 성산인 시바파르바타(Siva Parvata, 앙코르 와트 북서쪽에 있는 프놈바켕으로 추정)가 있다. 산의 정상에는 면류관을 쓴 수리야바르만 2세가 옥좌 위에 위풍당당하게 앉아 있다. 왕의 앞에서 충성 서약서를 읽는 대신 뒤에 왕의 사후 이름인 '파라마비슈누로카'라는 문자가 새겨져 있다. 왕의 주위에는 15개의 양산이 세워져 있으며 높은 신분을 나타낸다. 수리야바르만 2세 앞에서는 대신들이 왕에게 충성을 맹세하고 있다. 수리야바르만 2세 앞 오른쪽에 있는 대신 두 명이 왕을 향해 오른손을 가슴에 왼손을 허리에 대고 왕에게 충성을 표하고 있다. 수리야바르만 2세의 최측근에 해당하는 당시 가장 유력한 2명의 대신, 바르다나 장군과 다난자야 장군에게 수리야바르만 2세가 명령을 내리고 있는 장면이다. 바르다나 장군(행진도 14번째 인물상)과 다난자야 장군(행진도 11번째 인물상)은 코끼리를 타고 행진하는 수리야바르만 2세(행진도

도판 5-1-160 | 자옌드라바르만 장군(12세기, 남쪽 서면 첫 번째 부조, Angkor Wat, 오세윤 촬영)

도판 5-1-161 | 라나비라바르만 장군(12세기, 남쪽 서면 6번째 부조, Angkor Wat, 오세윤 촬영)

12번째 인물상)와 전후에서 행진하고 있다. [22] 두 명의 대신 뒤에 5명의 재판관이 앉아 있다. 시바파르바타 산기슭에는 수리야바르만 2세의 궁녀와 왕녀들이 군인들의 행진을 보려고 나가는 광경이 있다. 이 여성들은 앙코르 와트의 여신 압사라(데바타)와 같은 의상을 입고 있고, 수레나 가마를 타고 있는 여성들은 황녀나 궁녀로 보인다.

두 명의 대신 뒤에는 5명의 재판관이 앉아 있다. 시바파르바타 산기슭에는 수리야바르만 2세의 궁녀와 왕녀들이 군인들의 행진을 보려고 나가는 광경이 있다. 이 여성들은 앙코르 와트의 여신 압사라(데바타)와 같은 의상을 입고 있고, 수레나 가마를 타고 있는 여성들은 황녀나 궁녀로 보인다.

두 번째로 수리야바르만 2세를 나타내는 부조는 코끼리를 타고 행진하는 12번째의 인물상이다. 왕의 옷자락 끝 옆에 비문이 새겨져 있다. 충성 서약 후에 이어지는 부조는 수리야바르만 2세에게 충성을 맹세하는 당시 왕국의 주요 신하(장군과 대신) 19명과 수리야바르만 2세가 코끼리를 타고 많은 병사와 함께 산 아래로 위풍당당하게 행진하는 장면이다. 다행스럽게 수리야바르만 2세의 행진에 등장하는 20명은 인물 근처에 크메르어로 간략하게 비문

---

22 수리야바르만 2세와 19명의 주요 대신들의 행진도. 1. 자옌드라바르만(Jayendravarman), 2. 비렌드라디파티바르만(Virendradhipativarman), 3. 비라유다바르만(Virayudhavarman), 4. 자야유다바르만(Jayayudhavarman), 5. 마히파티인드라바르만(Mahipatindravarman), 6. 라나비라바르만(Ranaviravarman), 7. 라자신하바르만(Rajasinhavarman), 8. 비렌드라디파티바르만(Virendradhipativarman), 9. 나라파티인드라바르만(Narapatindravarman), 10. 스라디파티바르만(Shuradhipativarman), 11. 다난자야(Dhananjaya), 12. 파라마비슈누로카(Paramavishnuloka, 수리야바르만 2세), 13. 인물명 불명, 14. 바르다나(Vardhana), 15. 라젠드라바르만(Rajendravarman), 16. 피티비나렌드라(Pithivinarendra), 17. 비렌드라바르만(Virendravarman), 18. 시하비라바르만(Sihaviravarman), 19. 자야신하바르만(Jayasinhavarman, 태국 라보군 지휘관), 20. 인명이 불명(시암족 왕자).

도판 5-1-162 | 코끼리를 타고 행진하는 수리야바르만 2세(12세기, 남쪽 서면 12번째 부조, Angkor Wat, 오세윤 촬영)

도판 5-1-163 | 앙코르군과 태국 용병(12세기, 남쪽 서면, Angkor Wat, 오세윤 촬영)

이 새겨져 있어, G. 세데스가 이를 해독하여 각 인물상의 이름이 판명되었다. 극동학원의 조르주 세데스가 해석한 비문에 따르면 수르야바르만 2세로 판명된 인물상은 도상학적으로 다른 대신과도 쉽게 구별할 수 있다. 우선 수르야바르만 2세는 유일하게 뾰족한 왕관을 쓰고 있다. 또한 다른 대신들보다 양산 숫자가 많다. 마지막으로 왕이 타고 있는 코끼리 앞에 왕을 상징하는 깃발이 있다. 긴 장대 위 가루다 위에 비슈누가 타고 있는 왕의 깃발을 묘사하고 있다. 각각의 장군들은 자신의 깃발을 사용했지만, 비슈누 깃발은 오직 왕만이 사용했다.

수리야바르만 2세는 자주 숙적인 참파 왕국을 원정하여, 참파 왕국과 베트남 북부의 대월국 리조(大越國李朝)의 사료에 기록이 남아 있다. 수리야바르만 2세는 1128년에 군사 2만 명을 끌고 출진하여 리조의 신종(재위 1127~1137년)이 이끄는 대월군과 싸웠다. 1129년 가을에는 700척 전함을 끌고 베트남 북부의 타인호아 연안을 침공하여 대월군과 싸웠다. 수리야바르만 2세의 대군은 1144~1145년에 걸쳐서 참파 왕국의 수도 비자야(Vijaya, Bình Định province, Vietnam)를 점령했다.[23] 수리야바르만 2세는 큰 전쟁을 세 번 일으켰다. 수리야바르만 2세는 육로가 아닌 수로와 해로로 참파에 원정을 떠났다는 점이 주목된다. 앙코르 왕도에서 전함을 타고 씨엠립 강, 톤레삽 호수, 메콩강을 남하하여 바다로 나가서 베트남 연안을 북상하는 경로이다. 이 벽면 부조는 수리야바르만 2세와 충신들의 위업을 기리기 위한 추모도일 가능성이 크다.

제1회랑 남쪽 회랑 동벽의 길이는 약 760m이며, 동벽의 오른쪽에는 왕의 사후 세계를 묘사한 천국과 지옥 부조가 벽면 가득 새겨져 있다. 이 천국과 지옥도의 벽면은 전체 길이가 66m, 높이는 약 2.3m이다. 부조는 서쪽에서 동쪽으로 전개하는데, 부조가 상·중·하 3단 혹

---

23   Briggs, Lawrence Palmer. The Ancient Khmer Empire. Transactions of the American Philosophical Society, Volume 41, Part 1. 1951.

도판 5-1-164 | 천국에 도착한 왕과 지옥 부조(12세기, 남쪽 동면, Angkor Wat, 오세윤 촬영)

도판 5-1-165 | 판관 치트라굽타와 다르마의 판결(왼쪽 상부, 12세기, 남쪽 동면, Angkor Wat)

은 상하 2단으로 구성되는 점이 특이하다.

처음 부분은 상(왕과 왕비가 최후의 심판을 받은 후 천국으로 가는 장면), 중(왕과 왕비가 이승에서 이별을 고하는 장면), 하(죄수가 끌려가는 지옥 풍경) 3단으로 시작한다. 천국과 지옥의 벽면 부조는 상·중·하로 나누는 부분에 가는 띠 모양의 공간이 옆으로 길게 남아 있다. 이러한 3단 구성의 부조는 야마와 명부의 판관 치트라굽타와 다르마의 판결 후 마지막으로 심판받는 장면에서 죄를 지은 자는 지옥으로 떨어지고, 마침내 왕과 왕비가 천국의 궁전에 도착하는 장면에서 천국과 지옥의 2단으로 구성된다. 띠 모양의 얇고 긴 공간의 상단이 천국, 하단이 지옥 부조이다. 그리고 긴 공간 부분에 작고 짤막하게 산스크리트어로 쓴 비문이 남아 있다. 장면마다 눈에 잘 띄지 않도록 새긴 비문은 벽면에 어떠한 부조를 새겨 놓을지를 기록한 것이다.

제1회랑 벽면에 왜 천국과 지옥 부조를 새겼는지는 앙코르 와트의 건립자 수리야바르만 2세와 관련하는 프레아 비히어 사원의 비문에 기록된 '이 기초를 영구히 보호하는 백성에게는 천국에서 재생하여 구원이 있을 것이다. 또 이 비문을 부수는 사람은 태양과 달이 오래가는 한 32 지옥에 빠질 것이다.'라는 내용으로 짐작할 수 있다. 비문에 기록된 32 지옥으로

도판 5-1-166 | 아비치 지옥(12세기, 남쪽 동면, Angkor Wat, 오세윤 촬영)

도판 5-1-167 | 크리미니차야 지옥(12세기, 남쪽 동면, Angkor Wat, 오세윤 촬영)

도판 5-1-168 | 유그마파르바타 지옥(12세기, 남쪽 동면, Angkor Wat, 오세윤 촬영)

도판 5-1-169 | 크수라다라파르바타 지옥(12세기, 남쪽 동면, Angkor Wat, 오세윤 촬영)

보이는 32종의 지옥이 앙코르 와트의 제1회랑 남쪽 동면 하단에 부조로 새겨져 있다. 부조의 보존 상태가 좋지 않지만, 앙코르 와트의 '천국과 지옥'의 대 벽면에 새긴 비문과 부조 장면을 대조하면 32 지옥의 종류와 내용을 어느 정도 짐작할 수 있다. 경전 내용을 부조로 어떻게 표현했는가, 혹은 지옥도를 보고 어떻게 경전과 비교하여 정할 것인지는 연구의 한계가 있다. 이 산스크리트어 비문은 프랑스의 G. 세데스가 처음으로 해석[24]했고, 일본의 미술

---

24 G. 세데스가 해석한 비문에 언급된 32지옥의 종류와 내용. 1. 아비치(Avaci, 지옥, 無間地獄), 2. 크리미니차야(Kriminicaya 지옥, 虫塚地獄), 3 바이타라나디(Vaitaranadi, 강 지옥, 강과 관련 없는 내용의 부조), 4. 쿠타샬마리(Kutasalmali, 지옥), 5. 유그마파르바타(Yugmaparvata, 지옥, 雙山地獄), 6. 니루치바사(Nirucchvasa, 지옥, 窒息地獄), 7. 우치바사(Ucchvasa, 지옥, 悲鳴地獄), 8. 드라바트라푸(Dravattrapu, 지옥, 鉛液地獄), 9. 타프탈라크샤마야(Taptalaksmaya, 지옥, 熱湯地獄), 10. 아스티방가(Asthibhanga, 지옥, 粉骨地獄), 11. 크라카차케다(Krakacacheda, 지옥, 切斷地獄), 12. 푸야푸르나랏다(Puyapurnahrada, 지옥, 膿湖地獄), 13. 아스르크푸르나랏다(Asrkpurnahrada, 지옥, 血湖地獄), 14. 메도랏다(Medohrada, 지옥, 髓血地獄), 15. 티크스나야스툰다(Tiksnayastunda, 지옥, 飢餓地獄), 16. 앙가라니차야(Angaranicaya, 지옥, 燃炭地獄), 17. 암바리사(Ambarisa, 지옥 暴熱地獄), 18. 쿰비파카(Kumbhipaka, 지옥 煮鍋地獄), 19. 타라브르크샤바나(Talavrksavana, 지옥, 密林地獄), 20. 크수라다라파르바타(Ksuradharaparvata, 지옥, 21, 산타파나(Santapana, 지옥, 炎熱地獄), 22. 수시무카(Sucimukha, 미완성 비문, 지옥, 針地獄), 23. 칼라수트라(Kalasutra, 지옥, 死繩地獄), 24. 마하파드마(Mahapadma, 지옥), 25. 파드마(Padma, 지옥, 蓮華地獄), 26.

도판 5-1-170 | 쿠타샬마리 지옥(12세기, 남쪽 동면, Angkor Wat, 오세윤 촬영)

도판 5-1-171 | 파드마 지옥(12세기, 남쪽 동면, Angkor Wat, 오세윤 촬영)

도판 5-1-172 | 마하라우라바 지옥(12세기, 남쪽 동면, Angkor Wat, 오세윤 촬영)

도판 5-1-173 | 라우라바 지옥(12세기, 남쪽 동면, Angkor Wat, 오세윤 촬영)

도판 5-1-174 | 야마(12세기, 남쪽 동면, Angkor Wat, 오세윤 촬영)

사가 이토 쇼지(伊藤照司)[25]와 고정은 박사가 연구 논문[26]을 발표했다.

천국과 지옥의 부조에서 중심인물은 왕과 야마(Yama, 염라대왕)다. 그 때문에 야마는 다른 인물보다 크게 새겨져 있다. 야마는 팔이 18개이며 암소 난딘을 타고 최후의 심판을 하고 있다. 야마를 향하여 오른쪽에 지옥으로 떨어지는 죄인들의 장면이 새겨져 있다. 이 장면은 부조에서 가장 중요한 장면이다. 이 장면의 오른쪽(동쪽)

삼지바나(Samjivana, 지옥, 불교의 8대 지옥, 等活地獄), 27·28 불명(비문 소멸), 29 시타(Sita, 지옥, 大寒地獄), 30. 산드라타마스(Sandratamas, 지옥, 暗黑地獄), 31. 마하라우라바(Maharaurava, 지옥, 大叫喚地獄), 32 라우라바(Raurrava, 지옥, 叫喚地獄).

25　伊藤照司,『アンコールワットの彫刻』, 雄山閣, 平成2年.

26　고정은,「앙코르와트 제1회랑에 나타난 '32지옥도'의 도상특징과 그 의미」(강좌 미술사 36, 2011년)

위는 천국이며, 하단은 32 지옥을 나타낸다. 이 지옥에 떨어지는 장면의 왼쪽(서쪽)에서 3단의 부조가 끝나는데, 이 중단이 불교에서 말하는 중유계(中有界)에 해당하고, 인간이 사후에 최초로 향하는 세계이다.

최후의 심판을 받으러 가는 행렬의 주인공은 왕과 왕비이다. 왼쪽으로 왕의 가족과 시종이 모두 심판관인 야마를 향하고 있다. 행렬 안에는 왕과 왕비가 나란히 앉아 있고, 그 앞에 궁녀 두 명이 눈물을 흘리며 작별 인사를 하고 있다. 이 장면은 야마의 심판을 받으러 가는 왕비와 궁녀의 이별 장면이다. 화면 오른쪽에 빈 가마가 왕비를 기다리고 있다. 야마가 타고 있는 암소의 좌우에는 재판관들이 대기하고 있다. 재판관의 오른쪽 끝에 다른 재판관보다 약간 크게 새긴 인물상이 있다. 오른쪽 인물은 사람의 선업과 악업을 기록한 명계의 기록자 치트라굽타(Chitragupta), 왼쪽이 선과 악의 심판자 다르마(Dharma)이다. 치트라굽타는 죄인들을 하계의 지옥계로 떨어뜨리도록 명하고 있다.

상단의 천국으로 향하는 길 부조의 주인공도 왕과 왕비이다. 이 위는 중단에서 계속 이어지는 이야기이다. 암소를 타고 있는 야마 오른쪽 앞에서 천국으로 향하는 왕과 왕비의 천국 행렬이 계속된다. 왕의 가족과 시종들은 천국과 지옥의 왼쪽 끝에 행렬을 이루어 왕과 왕비가 천국에 가는 길을 전송하고 있다. 천국에 당도한 왕과 왕비는 큰 화면으로 향해서 오른쪽 32 지옥의 위에 묘사되어 있다. 천국에는 37채의 궁전을 반복해서 묘사하고, 각각의 궁전에 왕과 왕비가 앉아 평안한 모습을 전하고 있다.

앙코르 와트의 제1회랑 동쪽 남면의 유해교반 부조는 제1회랑 전 8면의 부조 가운데 가장 매력적이며 인상 깊은 작품이다. 벽면의 가로 폭은 전체 길이가 48m이다. 앙코르 와트는 수리야바르만 2세를 위한 영묘로, 이 사원의 본존은 힌두교의 비슈누이다. 따라서 제1회랑 부조 8면의 주제는 비슈누와 관련하는 신화가 중심이다. 유해교반 신화는 힌두교 비슈누파의 경전, 서사시의 라마야나 마하바라타, 푸라나 문헌에서 등장한다. 신화는 인도 이야기이지만 크메르 사람이

도판 5-1-175 | 복원 전의 동쪽 남면 회랑(12세기, Angkor Wat, 1967년)

부조로 표현했고, 그들이 앙코르 와트에 표현한 예술적 감성은 동남아시아 최고라 평가할 수 있다. 그러나 앙코르 와트 제1회랑 동쪽 남면의 지붕은 원래 무너져 있었던 것을 인도 정부가 시멘트를 사용하여 복원한 결과 빗물이 스며들어 부조의 부식 문제가 발생했다. 유적을 이렇게 무분별하게 복원하는 경우를 어떻게 해결해야 할지 많은 문제를 제기하고 있다.

유해교반은 제1회랑 사암재 내벽(높이 약 2.5m)에 부조로 표현되고 있다. 화면 중앙에 4개의 팔을 가진 비슈누와 화신인 거북이 쿠르마가 새겨져 있다. 비슈누를 중심으로 하여 좌우에 크고 긴 나가(뱀)가 새겨져 있다. 이 동아줄(바스키, 나가 일족)의 중심을 비슈누 앞의 만다라산에 묶어 놓고 화면 오른쪽에서는 88명의 데바가, 반대편에서는 92명의 아수라가 나가의 몸통을 당기고 있다. 상부에는 하늘을 나는 144명의 선녀 압사라가 새겨져 있다. 하단에는 많은 물고기와 악어 등이 있는 바닷속을 묘사하고 있다. 중앙의 만다라산을 축으로 우유 바다를 휘젓는 광경이다.

인도의 유해교반은 여신 락슈미와 묘약의 출현을 전하는 이야기이다. 따라서 인도의 경전에는 행운의 여신 락슈미와 묘약(Amrita)의 출현에 초점이 맞춰져 있지만, 앙코르 와트의 유해교반 부조는 제일 중요시하는 여신 락슈미와 묘약의 묘사를 생략하고 있다. 대 벽면의 중앙에 만다라 산이 있고, 산 아래에 비슈누의 화신인 거북이 쿠르마가 있다. 만다라 산 중턱에 있는 비슈누는 4개의 팔이 있는데 앞쪽 팔 오른손에는 차륜, 왼손에는 검, 뒤의 두 팔은 나가를 잡고 있다. 4개의 무기를 가지는 비슈누는 차투르부자(Caturbhuja)라고 부른다. 비슈누의 위에 양손으로 만다라 산의 정상을 누르고 있는 인드라(제석천)이 있다.

큰 뱀 바수키를 양손으로 껴안고 줄다리기하는 데바 중에서 비슈누로부터 30명째 인물은 힌두교의 시바로 추정된다. 시바(혹은 마왕의 남동생 Vibhishana?)에서 29명째는 얼굴이 네 면인, 전 세계의 창조주 브라흐마(범천)로 추정된다. 뱀 바수키의 꼬리에 해당하는 마지막에 배치된 원숭이는 라마야나 이야기의 하누만으로 여겨진다. 비

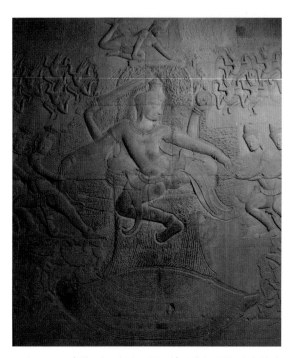

도판 5-1-176 | 인드라, 비슈누, 쿠르마(12세기, 동쪽 남면 회랑, Angkor Wat, 오세윤 촬영)

도판 5-1-177 | 마왕 라바나와 아수라(12세기, 동쪽 남면 회랑, Angkor Wat, 오세윤 촬영)

도판 5-1-178 | 아수라왕(12세기, 동쪽 남면 회랑, Angkor Wat)

도판 5-1-179 | 시바 혹은 비비샤나(12세기, 동쪽 남면 회랑, Angkor Wat, 오세윤 촬영)

도판 5-1-180 | 브라흐마(12세기, 동쪽 남면 회랑, Angkor Wat, 오세윤 촬영)

슈누 왼쪽의 아수라 중에는 약간 크게 새긴 세 인물상이 있다. 이들은 모두 같은 얼굴 모습인 다면 다신의 마신으로 묘사되어 있다. 주벽 왼쪽 끝에서 오른손으로 바수키를 끌어안고, 오른쪽을 향하여 줄다리기를 지휘하는 큰 인물 부조는 라마야나 이야기의 마왕 라바나, 다음에 등장하는 큰 인물상을 아수라왕으로 보는 견해도 있다. 신들과 악마들이 줄다리기하는 머리 위의 공중에는 수많은 압사라가 묘약의 탄생을 축하하며 춤을 추고 있다.

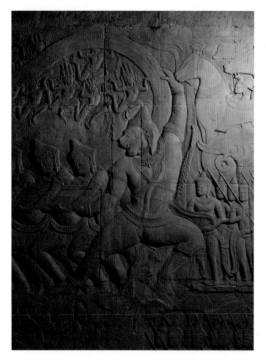

도판 5-1-181 | 하누만과 데바(12세기, 동쪽 남면 회랑, Angkor Wat, 오세윤 촬영)

유해교반은 행운과 번영의 여신 락슈미의 출현을 기리는 내용이지만, 앙코르 와트에 있는 유해교반 부조의 중심은 비슈누이다. "비슈누 푸라나"의 마지막 일문에 '락슈미를 매일 찬양하는 사람들은 결코 불행이 찾아오지 않는다.'라는 어구가 이 벽면 부조의 제작 이유를 명백하게 암시한다. 앙코르 와트의 건립자 수리야바르만 2세는 자신의 사후에도 왕국이 번영하고 행복하기를 기원한 것이다.

제1회랑 동쪽 북면의 주제는 비슈누-크리슈나와 마왕 나라카의 싸움이다. 제1회랑 동쪽 북면에 새겨진 2개의 짧은 비문이 부조의 내용을 구체적으로 언급하고 있다. 1962년에 G. 세데스가 판독한 비문에는 수리야바르만 2세(Paramavishnuloka)가 완성하지 못한 3면(동쪽 북면, 북쪽 동면, 북쪽 서면)을 새로 즉위한 브라 라자온카라(Brah Rajaonkara) 왕이 조각가에게 명하여 1546~1564년에 벽면 부조를 완성했다고 기록되어 있다. 앙찬(Ang Chan=Chan Reachea, 재위 1516~1556년)왕 혹은 그 이후로 추정된다.

두 번째 비문은 부조를 반시계 방향으로 작업했고 마지막으로 1611년에 완성했음을 기록하고 있다. 앙찬왕은 앙코르 지역에서 1540년에 태국의 시암족(Siam)과 전투한 후 처음으로 앙코르 와트의 미완성 벽면 부조를 주목했다. 앙찬왕은 10년 후 두 차례 앙코르를 방문하고, 앙코르 와트의 북쪽 정글에 묻혀있던 바이온을 중심으로 하는 자야바르만 7세의 왕도인 앙코르 톰을 재발견했다. 당시 앙코르 와트는 테라바다(Theravada) 불교 사원으로 사용되고 있었다. 앙찬왕 시대의 수도는 앙코르에서 톤레삽 호수 남쪽 지역(지금의 프놈펜 부근)으로 이전한 시기였다.

그러나 약 200년 이상의 세월이 지나서 새로 제작한 제1회랑 동쪽 북면과 북쪽 벽면의 부조에는 창건 당시의 12세기 부조의 아름다움과 긴장감을 느낄 수 없다. 또한, 후대에 조각한 동쪽 북면과 북쪽 두 면의 부조는 명확한 도상학적 양식의 차이가 있어, 같은 시대에 제작한 것이 아니다. 제1회랑 동쪽 북면 부조는 마왕 나라카 군대가 진행 방향의 왼쪽에서 오른쪽(남쪽에서 북쪽)으로 진군하고, 비슈누-크리슈나 군대가 반대 방향(북쪽에서 남쪽)에서 진군하여

도판 5-1-182 | 크리슈나군을 향하여 진격하는 나라카군(12세기, 동쪽 북면 회랑, Angkor Wat, 오세윤 촬영)

도판 5-1-183 | 사자가 끄는 마차를 타고 진격하는 크리슈나군의 사관 (12세기, 동쪽 북면 회랑, Angkor Wat, 오세윤 촬영)

도판 5-1-184 | 나가를 타고 싸우는 크리슈나군 사관(바르나?, 12세기, 동쪽 북면 회랑, Angkor Wat, 오세윤 촬영)

싸우는 구조이다. 이러한 진행 방향으로 양군을 구분할 수 있지만, 가루다를 타고 있는 크리슈나(비슈누) 이외의 상세한 인물은 아직 규명하지 못하고 있다.

비슈누-크리슈나가 프라그요티샤(Pragjyotisha) 성에서 카마루파(Kamarupa, 현재의 중국과 미얀마의 국경 부근)를 지배하는 마왕 나라카(Naraka)의 신하 4명인 아수라 메루(Asuras Meru), 니순다(Nisunda), 하야그리바(Hayagriva), 판차나다(Pancanada)를 무찌르고, 마지막으로 나카라 왕을 죽이는 이야기이다. 회랑 중간 부분에는 4개의 팔을 가진 크리슈나(비슈누)가 가루다를 타고 있으며, 살육 장면이 새겨져 있다. 전통적으로 크메르 왕은 비슈누-크리슈나를 동일시했

도판 5-1-185 | 가루다를 타고 있는 크리슈나, 오른쪽의 바라라마, 왼쪽의 프라디윰나(첫 번째, 16세기, 북쪽 동면, Angkor Wat, 오세윤 촬영)

도판 5-1-186 | 가루다와 아그니(16세기, 북쪽 동면 회랑, Angkor Wat)

도판 5-1-187 | 가루다를 타고 있는 크리슈나(4번째, 16세기, 북쪽 동면, Angkor Wat, 오세윤 촬영)

도판 5-1-188 | 가루다를 타고 있는 크리슈나(5번째, 16세기, 북쪽 동면, Angkor Wat, 오세윤 촬영)

도판 5-1-189 | 가루다를 타고 있는 크리슈나(6번째, 16세기, 북쪽 동면, Angkor Wat, 오세윤 촬영)

도판 5-1-190 | 가루다를 타고 있는 크리슈나(7번째, 16세기, 북쪽 동면, Angkor Wat, 오세윤 촬영)

고, 당시 태국의 시암족을 물리친 앙찬왕이 앙코르 와트의 미완성 벽면에 자신의 위대한 업적을 부조로 남겼을 가능성이 크다.

제1회랑 북쪽 동면은 길이가 66m, 높이가 2.5m이다. 벽면에 묘사된 내용은 비슈누의 화신인 크리슈나 신에 대한 찬양이며, 비슈누에게 귀의와 헌신을 주제로 하고 있다.[27] 데바와 아

---

27 제1회랑 북쪽 동면 '아수라에 대한 비슈누의 승리 이야기' 부조
  1. 가루다를 타고 있는 중앙의 다면사비(多面四臂)상이 크리슈나, 오른쪽의 인물은 크리슈나의 형 바라라마(Balarama), 왼쪽이 크리슈나의 아들 프라디윰나(Pradyumna, 주인공 아니룻다의 아버지)가 새겨져 있다.
  2. 가루다(가루다 옆에 큰 불길이 타오른다).
  3. 코뿔소를 타고 있는 불의 신 아그니(Agni).
  4. 가루다를 타고 있는 크리슈나.
  5. 가루다를 타고 있는 크리슈나(크리슈나의 얼굴이 한 개이고, 네 손에는 각각 활, 화살, 칼, 차륜을 들고 있다).
  6. 가루다를 타고 있는 크리슈나(다면팔비의 크리슈나가 새겨져 있다).
  7. 가루다를 타고 있는 크리슈나.
  8. 마왕 바나(바나는 팔이 24개이며 마차를 타고 있다).
  9. 가루다를 타고 있는 크리슈나.
  10. 다면팔비(多面八臂)의 크리슈나가 합장하고 있다.
  11. 크리슈나와 시바가 대화를 나누는 광경이다. 시바는 오른손에 삼지창이 있다. 시바의 왼쪽 아래에

도판 5-1-191 | 마왕 라바나(16세기, 북쪽 동면, Angkor Wat, 오세윤 촬영)

도판 5-1-192 | 가루다를 타고 있는 크리슈나(8번째, 16세기, 북쪽 동면, Angkor Wat, 오세윤 촬영)

도판 5-1-193 | 합장을 한 크리슈나, 가네샤, 시바(16세기, 북쪽 동면, Angkor Wat)

수라의 전투 장면이 연속하여 새겨져 있는데, 크리슈나의 은총으로 데바가 승리를 거두는 이야기이다. 벽면 부조의 제작 연대는 앙코르 와트 건립보다 상당히 후세인 16세기 중순이다.

'아수라에 대한 비슈누의 승리 이야기'라는 벽면의 주제는 힌두교 경전 바가바타 푸라나(Bhagavata Purana) 제10권 612~613장, 비슈누 푸라나(Vishnu Purana) 제312장~제313장을 출처로 한다.[28]

이야기에서 주인공 아니룻다(Aniruddha)와 연인 우사(Usa)의 사랑 때문에 신과 악마의 대전투가 일어난다. 그러나 이야기의 주역은 젊은 연인에서 마왕 바나(Bana)와 크리슈나의 싸움으로 바뀌어 간다. 마왕 바나는 소니타푸라(Sonitapura)에 군림하는 열렬한 시바의 신자였다. 시바에 대한 헌신과 숭배 덕분에 마왕 바나는 시바의 은총을 받아 천 개의 팔을 얻었다.

는 시바의 아들 가네샤(Ganesa)가 있다.

'아수라에 대한 비슈누의 승리 이야기'의 결말은 크리슈나와 시바가 대화를 나누는 장면으로 끝이 난다. 크리슈나는 마왕 바나를 용서하고, 주인공 아니룻다와 우사의 결혼을 허락한다. 이 이야기에서는 시바가 크리슈나보다 상위임을 알 수 있다. 크리슈나가 합장하여 시바에게 경의를 표하고 있다.

28 제1회랑 북쪽 서면의 '바가바타 푸라나' 부조. 1. 사자가 끄는 전차를 타고 싸우는 데바와 아수라, 2. 코끼리를 타고 싸우는 데바와 아수라, 3. 말이 끄는 전차를 타고 싸우는 데바와 아수라, 4. 마왕 카라네미(Kalanemi), 5. 말이 끄는 전차 위의 데바, 6. 사자가 끄는 전차 위의 데바, 7. 말이 끄는 전차 위의 데바, 8. 약사(Yaksa)와 쿠베라(Kuvera), 9. 코뿔소가 끄는 전차를 타고 있는 아그니(Agni, 화천), 10. 공작을 타고 있는 군신 스칸다(Sukanda), 11. 코끼리를 타고 있는 인드라(Indra), 12. 가루다를 타고 있는 비슈누, 13. 물소를 타고 있는 야마(Yama), 14. 난딘(Nandin)을 타고 있는 시바, 15. 거위 함사(Hamsa)를 타고 있는 브라흐마(Brahma), 16. 네 마리의 말이 끄는 마차를 타고 있는 태양신 수리야(Surya), 17. 마차를 타고 있는 데바, 18. 머리가 5개인 나가가 끄는 배를 타고 있는 바루나, 19. 마차를 타고 싸우는 데바와 아수라, 20. 사자가 끄는 차를 타고 싸우는 데바와 아수라.

도판 5-1-194 | 데바와 아수라의 전투(16세기, 북쪽 서면, Angkor Wat, 오세윤 촬영)

도판 5-1-195 | 마왕 카라네미(16세기, 북쪽 서면, Angkor Wat, 오세윤 촬영)

도판 5-1-196 | 약사를 타고 있는 쿠베라(16세기, 북쪽 서면, Angkor Wat, 오세윤 촬영)

도판 5-1-197 | 코뿔소가 끄는 전차를 타고 있는 아그니(16세기, 북쪽 서면, Angkor Wat, 오세윤 촬영)

도판 5-1-198 | 공작새를 타고 있는 군신 스칸다(16세기, 북쪽 서면, Angkor Wat, 오세윤 촬영)

도판 5-1-199 | 코끼리 아이라바타를 타고 있는 인드라(16세기, 북쪽 서면, Angkor Wat, 오세윤 촬영)

도판 5-1-200 | 가루다를 타고 있는 비슈누(16세기, 북쪽 서면, Angkor Wat, 오세윤 촬영)

도판 5-1-201 | 황소를 타고 있는 야마(16세기, 북쪽 서면, Angkor Wat, 오세윤 촬영)

도판 5-1-202 | 함사를 타고 있는 브라흐마(16세기, 북쪽 서면, Angkor Wat, 오세윤 촬영)

도판 5-1-203 | 네 마리의 말이 끄는 마차를 타고 있는 태양신 수리야(16세기, 북쪽 서면, Angkor Wat, 오세윤 촬영)

그러나 바나는 교만하고 늘 자신의 힘을 자랑했다. 마왕 바나에게는 우사라는 아름다운 딸이 있었다. 우사는 어느 날 주인공 아니룻다와 사랑하는 꿈을 꾸었다. 아니룻다는 크리슈나의 손자였다. 그런데 우사는 꿈속에서 본 남자가 누구인지 몰랐다. 그래서 친구인 치트라레카에게 꿈을 이야기하여, 두 사람이 만나게 되었다. 우사와 아니룻다는 첫눈에 사랑에 빠져 동거했다. 우사와 아니룻다의 동거 생활을 알게 된 마왕 바나가 아니룻다를 구금했다. 이 소식을 들은 아니룻다의 조부 크리슈나는 손자를 감금한 소니타푸라를 공격했다. 이야기는 크리슈나가 소니타푸라를 공격하고 마왕 바나에게서 아니룻다를 탈환하는 내용이다. 벽면

도판 5-1-204 | 나가를 타고 있는 바르나(16세기, 북쪽 서면, Angkor Wat, 오세윤 촬영)

도판 5-1-205 | 라바나군의 사관을 공격하는 원숭이 군단(12세기, 서쪽 북면, Angkor Wat, 오세윤 촬영)

에 크리슈나, 시바, 바나를 묘사하고 있다. 기본적으로 크리슈나의 군세와 마왕 바나의 군세가 대전투를 벌이는 장면이다.

앙코르 와트의 제1회랑 북쪽 서면의 전체 5면은 비슈누와 비슈누의 화신인 라마, 크리슈나의 전투 장면이 새겨져 있다. 앙코르 와트 제1회랑 '신과 악마의 전투' 부조는 전체 길이가 93.6m, 상하 높이가 약 2.5m이다. 벽면 부조는 다수의 데바군과 아수라군이 뒤엉켜 싸우는 전투 장면이다. 신(Deva)은 오른쪽을 향하고 아수라(Asura)는 왼쪽으로 향하여 서로 마주 보며 싸우고 있다. 양자는 모두 사람 모습을 하고 있지만 신은 머리에 삼각형의 보관을 쓰고, 아수라는 머리카락을 가지런히 잘라서 묶었다. 이 머리 모양으로 신과 악마를 구별할 수 있다. 많은 인물 중에서 약간 크게 묘사한 인물이 40명 있다. 40명이 2인 1조가 되어 데바군 장수(신)와 아수라군 장수(악마)가 일대일로 싸우고 있다.

인도의 경전 바가바타 푸라나에는 아수라의 대장 마하라자 발리(Maharaja Bali)가 있고, 주위에 악마 32종류의 이름을 기록하고 있다. 신 최초로 인드라가 등장하고, 인드라 주위에는 3명의 신 이름이 등장한다. 인드라의 측근 바유(Vayu), 아그니(Agni), 바루나(Varna)이다. 또한 아수라의 대장 마하라자 발리와 인드라의 결전이 있다. 이러한 신과 악마의 전투 과정에서 신들의 세력이 약해지자 비슈누가 출현한다. 비슈누는 마왕 카라네미(Kalanemi)를 죽인 후 악마 마리(Mali), 수마리(Sumali), 말리야반(Malyavan)을 죽인다.

앙코르 와트 제1회랑 북쪽 서면의 부조는 바가바타 푸라나의 기록을 근거로 했다. 그러나 이 경전에 등장하는 다양한 신과 악마를 실제로 대 벽면에 그대로 묘사하고 있지 않다. 당시 앙코르 와트의 조각가는 경전을 참고하면서도 창작에 가깝게 자유롭게 조각했다. 즉 앙코르 와트 북쪽 서면 부조는 조각가가 경전을 참고하여 독자적으로 신과 아수라를 배치하고 있다.

도판 5-1-206 | 원숭이 하누만을 타고 진격하는 라마(11번째, 12세기, 서쪽 북면, Angkor Wat, 오세윤 촬영)

도판 5-1-207 | 마왕 라바나(15번째, 12세기, 서쪽 북면, Angkor Wat, 오세윤 촬영)

앞에서 서술하였듯이 앙코르 와트 제1회랑 북쪽 서면의 '신과 악마의 전투'는 비슈누 종파가 가장 귀중하게 여기는 경전 '바가바타 푸라나'를 근거로 하고 있다. 그중에서도 데바와 아수라의 싸움을 중심으로 하고 있지만, 대 벽면의 주제는 유해교반의 후일담을 묘사한 것이다. 부조에는 경전 내용과 다른 다양한 신과 악마가 등장하고 있다.

제1회랑 서쪽 북면은 유명한 고대 인도의 서사시 라마야나 이야기를 묘사하고 있다. 라마야나 이야기 중 랑카섬에서의 대격전 장면을 묘사한 벽화는 길이 51.2m, 높이 2.5m이다. 제1회랑을 둘러보는 순서는 서쪽의 입구에서 반시계 방향이다. 따라서 참배자의 시각에서는 전체 8면 부조의 마지막 장면이다. 조각가가 마지막으로 참배자에게 보여 주고 싶었던 부조이다. 라마야나 이야기의 전투 부조는 가장 묘사가 치밀하고 생동감 있는 최고의 걸작이다.

라마의 사랑 이야기를 그린 라마야나 이야기는 마하바라타 이야기와 함께 인도뿐만 아니라 동남아시아에서 가장 인기가 있는 인도 서사시로, 인도네시아 중부 자바의 프람바난(Prambanan) 유적의 시바 사당 회랑에도 상세한 이야기가 새겨져 있다. 인도 문학은 기원전 1500년경에 자연숭배가 주제인 베다 문학을 시작으로, 기원전 5세기에 서사시 문학과 '푸라나'(신화, 고담) 문학을 걸쳐서 기원전 4세기에 산스크리트어 고전 문학이 성립했다. 라마야나 이야기의 중심은 다샤라타왕의 아들의 왕위 계승 싸움으로, 이 부분은 기원전 2세기에 성립했다. 그 후 원숭이 왕 수그리바, 원숭이 장군

도판 5-1-208 | 락슈마나(오른쪽)와 비비샤나(왼쪽)(10번째, 12세기, 서쪽 북면, Angkor Wat, 오세윤 촬영)

도판 5-1-209 | 하누만과 마왕의 아들 인드라지트의 싸움(12세기, 서쪽 북면, Angkor Wat, 오세윤 촬영)

도판 5-1-210 | 원숭이 왕 발리의 아들 안가다와 코끼리를 타고 있는 마호다라 장군의 싸움(12세기, 서쪽 북면, Angkor Wat, 오세윤 촬영)

도판 5-1-211 | 원숭이 장군 니라와 라바나군 총수 프라하스타의 싸움(12세기, 서쪽 북면, Angkor Wat, 오세윤 촬영)

도판 5-1-212 | 발리의 아들 앙가다와 라바나군 바쥬라단슈투라의 싸움(12세기, 서쪽 북면, Angkor Wat, 오세윤 촬영)

도판 5-1-213 | 하누만과 쿰바카르나의 아들 니쿰바와의 싸움(12세기, 서쪽 북면, Angkor Wat, 오세윤 촬영)

도판 5-1-214 | 원숭이 왕 수그리바와 쿰바카르나의 아들 쿰바와의 싸움(12세기, 서쪽 북면, Angkor Wat, 오세윤 촬영)

하누만, 마왕 라바나의 설화가 더해져 기원후 2세기에 라마가 비슈누의 화신으로 지상에 강림하는 도입부의 제1편, 라마와 그 아들의 후일담에 해당하는 제7편이 더해져 현재 전해지는 라마야나 이야기가 완성되었다.

그러나 라마야나 이야기는 전파 범위가 넓고 내용도 다양하여 여러 계통의 이야기가 전해진다. 인도네시아에서 일반적으로 라마야나라고 하면 인도의 발미키가 편찬한 것이라고 하지만, 인도의 라마야나 이야기는 300종에 달한다. 따라서 이야기의 큰 흐름은 유사하지만, 지명이나 등장인물은 이야기에 따라서 조금씩 다르다. 앙코르 와트 부조는 라마야나 이야기를 처음부터 끝까지 순서를 따라서 묘시히고 있지 않다. 앙코르 와트 제1회랑에 있는 라마야나 이야기 부조는 이야기의 대단원인 랑카의 전투 한 장면만을 부조로 남기고 있다.

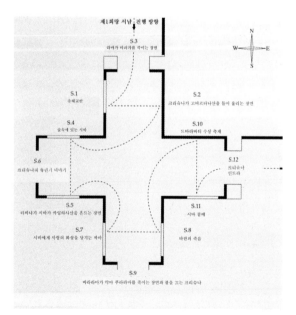

도판 5-1-215 | 서남 모서리 내부의 부조

앙코르 와트 제1회랑 서쪽의 왼쪽(북쪽)에서 오른쪽(남쪽)으로 진군하는 라마군과 그 반대로 오른쪽(남쪽)에서 왼쪽(북쪽)으로 진군하는 라바나군

도판 5-1-216 | 앙코르 와트 서남 모서리 내부 부조((12세기, Angkor Wat)

도판 5-1-217 | 크리슈나의 유년기 이야기(서쪽 입구 상부, 12세기, Angkor Wat, 오세윤 촬영)

도판 5-1-218 | 비슈누를 향한 찬양(동쪽 입구 상부, 12세기, Angkor Wat, 오세윤 촬영)

도판 5-1-219 | 유해교반(대형 벽면, 12세기, Angkor Wat, 오세윤 촬영)

도판 5-1-220 | 라바나가 시바가 명상하는 카일라사산을 흔드는 장면 (대형 벽면, 12세기, Angkor Wat, 오세윤 촬영)

도판 5-1-221 | 시바에게 사랑의 화살을 당기는 까마(대형 벽면, 12세기, Angkor Wat, 오세윤 촬영)

도판 5-1-222 | 드바라바티 수상 축제(대형 벽면, 12세기, Angkor Wat, 오세윤 촬영)

도판 5-1-223 | 원숭이 왕 발리와 수그리마의 결투(대형 벽면, 12세기, Angkor Wat, 오세윤 촬영)

도판 5-1-224 | 발리의 죽음(대형 벽면, 12세기, Angkor Wat, 오세윤 촬영)

도판 5-1-225 | 시바 참배도(서남 모서리, 12세기, Angkor Wat, 오세윤 촬영)

도판 5-1-226 | 고바르다나산을 들어 올리는 크리슈나(12세기, 서남 모서리, Angkor Wat, 오세윤 촬영)

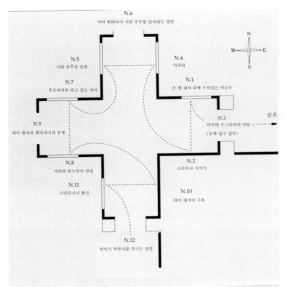

도판 5-1-227 | 서북 모서리 내부의 부조(라마야나 이야기)

도판 5-1-228 | 라마 왕자와 원숭이 왕 수그리바의 만남(12세기, 서북 모서리, Angkor Wat, 오세윤 촬영)

도판 5-1-229 | 라마 왕자와 비비샤나의 동맹(12세기, 서북 모서리, Angkor Wat, 오세윤 촬영)

도판 5-1-230 | 일신 수리야(상단, 12세기, 서북 모서리, Angkor Wat, 오세윤 촬영)

도판 5-1-231 | 월신 찬드라(하단, 12세기, 서북 모서리, Angkor Wat, 오세윤 촬영)

도판 5-1-232 | 큰 뱀 쉐샤 위에 누워있는 비슈누(12세기, 서북 모서리, Angkor Wat, 오세윤 촬영)

도판 5-1-233 | 라마 왕자와 남동생 락슈마나가 귀면 카반다와 싸우는 장면(12세기, 서북 모서리, Angkor Wat, 오세윤 촬영)

도판 5-1-234 | 라마 왕자가 시타 공주에게 청혼하기 위해서 활시위를 당기는 장면(12세기, 서북 모서리, Angkor Wat, 오세윤 촬영)

도판 5-1-235 | 천상의 수레 푸슈파카(Pushpaka)를 타고 있는 라마 왕자(부분, 12세기, 서북 모서리, Angkor Wat, 오세윤 촬영)

이 있다. 라마군은 원숭이 부대를 주력으로 하고, 라바나군은 머리를 묶어 자른 형태를 하고 있다. 많은 인물 가운데 특히 크게 묘사한 인물상이 있다. 특히 주목되는 것은 주인공 라마의 모습으로, 라마는 원숭이 장군 하누만의 등에 타고 있어 쉽게 알 수 있다. 그 왼쪽에 라마의 가장 측근인 락슈마나와 비비샤나가 무기를 들고 서 있다. 한편 주인공 라마와 대적하는 마왕 라바나도 크게 묘사하고 있다. 마왕은 두 마리의 사자가 당기는 마차를 타고 있고, 10개의 머리와 20개의 팔을 가지고 있다.

원숭이 하누만의 어깨 위에 서 있는 라마의 부조 왼쪽으로 두 명의 인물이 무기를 들고 서 있는데, 이들 인물 위에 양산 3개가 새겨져 있다. 양산은 대개 귀인의 신분을 상징적으로 나타내는 물건으로 숫자에 따라 신분의 높낮이가 다르다. 오른쪽 인물이 라마의 남동생 락슈마나이고 왼쪽이 주인공 라마에게 가담한, 마왕 라바나의 남동생 비비샤나이다. 비비샤나는 형인 라바나의 행동이 부당하다고 생각하여 시타를 라마에게 돌려주도록 청했으나 라바나는 동생의 조언을 받아들이지 않았다. 비비샤나는 라바나를 떠나 라마에게 투항했다. 조

도판 5-1-236 | 가루다를 타고 있는 크리슈나(12세기, 서북 모서리, Angkor Wat, 오세윤 촬영)

각가는 불의를 버리고 정의의 편에 가담한 비비샤나의 위대함을 찬양하기 위해 라마의 남동생 락슈마나 옆에 비비샤나를 새겼다.

마지막 벽면에 라마야나 이야기의 대단원인 랑카섬의 전투를 묘사한 이유는 이 이야기가 가지는 정신적인 위대함 때문이다. 원래 라마야나 이야기는 비슈누의 화신 라마를 찬양하는 내용이었지만, 앙코르 와트의 부조는 보는 사람에게 서로 죽고 죽이는 처절한 전투를 통하여 평화, 사

도판 5-1-237 | 비슈누와 수리야바르만 2세(12세기, 서북 모서리, Angkor Wat, 오세윤 촬영)

도판 5-1-238 | 앙코르 와트 양식의 석가 탄생도(12세기, Angkor Wat, Bangkok National Museum, 오세윤 촬영)

도판 5-1-239 | 바푸온 양식의 나가 위의 석가 좌상(11세기, Peam Chuang, Kampong Thom, National Museum of Cambodia)

도판 5-1-240 | 앙코르 와트 양식의 석가 좌상(12세기, Serei Sophon, Banteay Manchey, National Museum of Cambodia)

랑과 행복을 기원하며 강조하였다. 이러한 의미로 부조는 완성도의 우수함뿐만 아니라 그 자체가 매우 정신적으로 숭고한 빛을 발한다.

앙코르 와트 제1회랑 동서남북의 모서리에는 각각 사각형의 실내 공간이 있다. 가로 세로의 회랑이 이어지는 부분으로, 각 당(사각형의 실내 공간)의 벽면 크기는 바닥에서 천정까지의 높이가 약 5m, 폭과 길이가 각각 약 2.5m이다. 한편 각 당내에 있는 전체 8면의 대형 벽면이 있다. 그중에 서남과 서북 구석 내부에 창건 당시의 부조가 아름답게 새겨져 있다. 서남 모서리 내부 부조는 시바, 서북 모서리 내부 부조는 비슈누를 주제로 하고 있다.

수리야바르만 2세는 앙코르 제국의 영토를 확장했지만, 대월과 참파와 6회에 걸쳐서 큰 전쟁을 치렀다. 수리야바르만 왕의 마지막 비문은 1145년에 새겨졌지만, 실제로는 1150년까지 통치한 것으로 추정된다. 수리야바르만 2세(1113~1150/1152년) 사후, 사촌인 불교도 다라닌드라바르만 2세가 왕위에 올랐다. 다라닌드라바르만 2세가 제작하여 앙코르 와트에 봉안한 것으로 보이는 석가 탄생 조각이 태국의 방콕 국립박물관에 있다. 박물관 해설문에 따르면 11~12세기에 제작하였으며 앙코르 와트에서 출토된 것으로 되어 있다. 11~13세기에는 나가 위에서 명상하며 앉아 있는 석가 좌상이 만들어졌다. 나가 위의 석가 좌상은 태국의 롭부리 양식의 불상에 영향을 끼쳤다. 바푸온 양식과 앙코르 양식의 불상은 조각적으로 훌륭하지만, 13세기 초의 바이욘 양식의 불상은 침울한 표정에 전체적으로 생기를 잃은 모습이다.

수리야바르만 2세처럼 강력한 왕이 사망하면서 앙코르 왕조는 분열의 위험에 처하고, 태국 롭부리 왕조도 독립하려는 움직임이 나타났다. 1145년에서 1180년에 걸쳐서 비문이 하나밖에 발견되지 않지만, 다라닌드라바르만 2세(자야바르만 7세의 아버지)의 후계자는 먼 친척으로 생각되는 야소바르만 2세였다. 1165년 야소바르만 2세는 왕위 찬탈자인 트리브바나디탸바르만(Tribhuvanadityavarman)왕의 반란으로 사망하고, 트리브바나디티야바르만도 참파의 침략 때문에 1177년에 전사한다. 트리브바나디티야바르만왕 사후에 참파가 앙코르 왕도를 4년에 걸쳐서 점령했다.

반테이 삼레(Banteay Samré, Sieam Reap)

반테이 삼레는 동 바라이의 동쪽 500m에 있다. 사원과 직접 관련하는 비문은 남아 있지 않지만, 12세기 중반 이후에 세워진 것으로 추정된다.[29] 건축 구조와 조각 양식은 앙코르 와

---

29   Jessup, Helen Ibbitson; Brukoff, Barry (2011). Temples of Cambodia-The Heart of Angkor. Bangkok: River Books.

도판 5-1-241 | 반테이 삼레 전경(12세기 중·후반, Banteay Samré, 오세윤 촬영)

도판 5-1-242 | 중앙 사당(12세기 중·후반, Banteay Samré, 오세윤 촬영)

도판 5-1-243 | 만다파 안의 성수함(12세기 중·후반, Banteay Samré, 오세윤 촬영)

트, 탐마논, 차우 세이 떼보다, 왓 아트베르, 태국의 프라삿 피마이, 파놈룽 등과 매우 유사하다. 중앙 사당은 동쪽에서 만다파(Mandapa), 안타란라(Antarala, 만다파와 중앙 지성소와 연결된 복도)와 가르바 그리하(Garbha Griha 혹은 Cella, 중앙 성소)를 연결한 십자형 구조를 하고 있다. 라오스 참파삭의 홍낭시다 유적과도 유사한 배치이다. 만다파 안에는 석재 성수함(聖水函)이 남아 있다. 현존하는 초기의 성수함은 벵 메알리아, 홍낭시다 유적에도 남아 있어 당시의 힌두교 의례를 추정할 수 있다.

중앙 사당에는 이중으로 된 현관이 동서남북의 중앙에 있으며, 동문을 제외하고 3개(서, 남, 북)의 출입문은 장식용인 가짜 문(僞門)이다. 상부는 4층으로 되어 있고, 옥개 꼭대기는 연꽃 봉우리 모양을 연상시킨다. 중앙탑은 앙코르 와트를 창건한 수리야바르만 2세 시대의 사원과 매우 흡사하다. 앙코르 와트와 비슷한 시대에 만든 사원이지만 벽에 여신상(압사라, 데바타)과 드바라팔라(입구 수호신) 조각이 없는 점이 아주 특이하다. 부조는 대부분이 힌두교 신과 신화가 주제이며, 북동쪽 구석에 있는 경장 서쪽 박공에는 뱀 아난타 위에 누운 비슈누의 배꼽에서 성수가 솟아나고 거기서 자란 연꽃에서 브라흐마가 탄생하는 장면이 새겨져 있다. 비슈누의 위대함이 드러나며, 반테이 삼레의 주신이 비슈누임을 알 수 있다.

도판 5-1-244 | 바이온 출토 자야바르만 7세 좌상(12세기 말~13세기 초, Bayon, National Museum of Cambodia)

반테이 삼레는 프랑스 극동학원의 고고학자 M. 그레이스가 1936~1944년에 발굴 복원하였다. 일부 박공 부조에는 새로운 석재를 사용한 것이 눈에 띈다. 지금도 사원의 복원을 둘러싸고 유네스코와 캄보디아 정부가 이견이 있고, 졸속한 복원 공사에 대해서 비난의 대상이 되기도 한다. 하지만 우리나라 문화재재단이 복원 중인 라오스의 홍낭시다 유적은 면밀한 발굴 조사와 신중한 복원 작업으로 세계적으로 높이 평가받고 있다. 또한 프랑스 조사단과 일본 조사단도 유적을 신중하게 복원하여 높이 평가받고 있다.

5-1-5. 자야바르만 7세와 앙코르 왕조의 최성기(12세기 말~13세기 초)

앙코르 톰(Angkor Thom, Sieam Reap)

12세기에 앙코르 왕조는 최성기를 맞이했다. 씨엠립 타 프롬 사원의 1186년 비문에는 자야바르만 6세가 마히다라푸라(Mahidharapura, 피마이)를 통치했던 사실이 기록되어 있다. 마히다라푸라에는 앙코르 와트가 건립되기 이전에 피마이 사원과 파놈룽 사원이 건립되었다. 이 두 사원 모두 포탄같이 생긴 고탑형 사당으로, 늘씬한 외형에서 앙코르 와트의 다섯 첨탑이 연상된다. 자야바르만 7세는 참파가 앙코르를 침공하여 1177년부터 4년 동안 치른 전쟁에서 승리한 후 즉위했다. 자야바르만 7세는 아버지 다라닌드라바르만 2세와 같은 불교도로 1182~1183년에 즉위했는데, 그 당시 왕의 나이는 50세가 넘었다. 자야바르만 7세가 명상하

도판 5-1-245 | 앙코르 톰의 남문(12세기 말~13세기 초, Angkor Thom) 도판 5-1-246 | 승리의 문(12세기 말~13세기 초, Angkor Thom, 오세윤 촬영)

는 석상은 여러 주요 사원에 봉안되어 있는데, 바이욘에서 출토된 석상이 조각적으로 가장 뛰어나다(높이 135cm).

자야바르만 7세는 도성 앙코르 톰을 건립했다. 앙코르는 왕도, 톰은 크다는 뜻이므로 앙코르 톰은 큰 왕도를 의미한다. 앙코르 톰은 한 변이 3km, 총면적이 900ha, 높이 8m이며, 주위는 12km의 성벽과 폭 120m의 환호에 둘러싸여 있다. 거대한 5개의 탑문에는 인면상이 우뚝 솟아 있다. 5탑문으로 향하는 환호를 횡단하는 육교 양쪽에 뱀의 동체로 줄다리기하는 아수라와 데바의 거대 석상이 세워져 있다. 유사한 육교는 타 프롬, 반테이 츠마르, 프레아 칸 등 동시대의 다른 사원 입구에서도 볼 수 있다. 원나라의 주달관은 1296년 6월부터 1297년 6월까지 약 1년 동안 도성 야소다라푸라(Yasodharapura, 앙코르 톰의 정식 명칭. '야소바르만 왕의 도성'을 의미)에 체재하면서 직접 보고 들은 일을 기록하여 『진랍풍토기』를 만들었다. 따라서 13세기 말 캄보디아의 정치·경제·사회는 물론, 사람들의 일상생활이나 화교들의 생활에 이르기까지 상세하게 기록했다.[30]

『진랍풍토기』에는 '도성은 주위가 20리이며 5개의 문이 있는데 성문은 각각 이중으로 되어 있다. 동쪽에 2개의 문을 열어 놓았고, 나머지는 모두 하나의 문을 열어 놓았다. 성곽 바

30　『眞臘風土記』. 周達觀. '州城周圍可二十里 有五門 門各兩重 惟東向開二門 餘向皆一門城之外巨濠 濠之外皆通衢大橋 橋之兩傍 各有石神五十四枚如 石將軍之狀 甚巨耐寧 五門皆相似 橋之闌皆石爲之 鑿爲蛇形蛇皆九頭 五十四神皆以手拔蛇 有不容其走逸之勢 城門之上 有大石佛 頭五面向西方 中置其一 飾之以金 門之兩傍 鑿石爲象形 城皆疊石爲之 可二丈 石甚周密堅固 且不生繁草 却無女牆 城之上 間或種桄榔木 比比皆空屋 其內向如坡子 厚可十餘丈 坡上皆有大門 夜閉早開 亦有監門者 惟狗不許入門 其城甚方整四方各有石塔一座 曾受斬趾刑人亦不許入門 當國之中有金塔一座 傍有石塔二十餘座 石屋百餘間 東向針喬一所 金獅子二枚 列於橋之左右 金佛八身 列於石屋之下'.

같에는 커다란 해자가 있다. 해자 바깥에는 사거리로 통하는 큰 다리가 있다. 다리 양쪽에는 각각 54개의 석신(石神)이 있다. 석 장군(石將軍)과 같은 모습을 하는데 매우 크고 흉악하게 생겼다. 5개의 성문은 모두 비슷하며, 돌로 된 다리 난간에는 9개의 머리가 달린 뱀이 조각되어 있다. 54개의 석신은 모두 손에 뱀을 잡고 있으며, 뱀이 달아나는 것을 용납하지 않으려는 자세로 서 있다. 성의 출입문 위에는 돌로 만든 커다란 석불이 있다. 머리는 5면 중 4면이 동서남북을 바라보고 있으며, 중앙에 있는 한 면은 금으로 장식되어 있다. 문 양쪽에는 돌로 된 코끼리 조각이 있다. 성벽은 돌을 겹쳐서 쌓아 올렸고, 그 높이는 2장(한 장은 약 3m)이나 된다. 돌은 주도면밀하고 견고하게 쌓아서 잡초가 자라지 못한다. 여장(女墻)은 없다. 성벽 위에는 사이사이에 광랑나무(야자의 한 종류)가 심겨 있다. 늘어선 집들은 모두 빈집이다. 성벽의 안쪽은 망루가 설치되어 있고, 그 두께는 10여 장(약 33m)이나 된다. 망루에는 커다란 문이 있고, 저녁에 문을 닫고 아침에 연다. 또 성문을 감시하는 파수꾼이 있으며, 개는 안으로 들어오지 못한다. 성은 매우 단정하게 정비되어 있으며 사방에는 각각 석탑이 1좌씩 있다. 참지형(斬趾刑)을 받은 사람들은 성문에 들어오는 것이 허용되지 않는다. 도성의 중앙에는 금탑 1좌가 있으며, 그 주위에 석탑 20여 좌가 있는데 석실이 100여 칸이나 된다. 동쪽에는 금교(金橋) 하나가 있는데 금 사자 두 마리가 다리 좌우에 서 있고, 금불상 8이 석실 아래 늘어서 있다.'라고 기록되어 있다.

바이욘(Angkor Thom, Sieam Reap)

앙코르 톰의 중심부에는 왕국의 중심 사원인 바이욘이 있다. 바이욘은 힌두교와 불교가 융합된 복합 사원으로, 몇 차례에 걸쳐서 개축과 증축(1~4기의 증축)한 결과 제2회랑, 제3회랑의 내부 구조가 매우 복잡하다. 바이욘은 힌두교 석조 사원을 기조로 하여 불교 조각을 더해 독특하게 개조되었다. 사원은 정사각형에 가까운 3개의 회랑으로 둘러싸인 중앙 성소가 있고, 상하 3층으로 구성되어 있다. 동쪽 정문에 나가 난간이 있고, 동쪽 고푸라와 1,566×141m의 거대한 제1회랑이 있다. 제2회랑(내부 회랑)은 80×70m로, 제1회랑과 내부 회랑 사이에는 많은 불상과 더불어 16개의 커다란 승원 건물이 있었는데 자야바르

도판 5-1-247 | 바이욘 출토 불교 조각(Vessantara Jātaka, 12세기 말~13세기 초, Bayon, National Museum of Cambodia)

도판 5-1-248 | 바이온 출토 석가여래상(12세기 말~13세기 초, Bayon, National Museum of Cambodia)

만 8세 때에 폐불 정책으로 파괴되었다. 사원 곳곳에서 파괴된 불교 조각의 흔적을 쉽게 찾아볼 수 있다. 바이온에서 발견된 아름다운 불상의 일부는 프놈펜의 캄보디아 국립박물관에 전시되어 있다. 후대에 개축한 2층의 내부 회랑과 탑들은 복잡하게 배치되어 있다. 사각형의 회랑으로 둘러싸여 있고, 각 모서리에는 십자형의 회랑이 있다. 모서리 회랑은 원래 십자형으로 만들었는데 후대에 사각형으로 변형되었다.

중앙 성소에는 높이 43m, 직경 25m의 원형 첨탑이 있고, 십자형 건물의 동쪽 입구와 연결된다. 바이온의 제2회랑과 제3회랑에는 사면탑(四面塔, 人面塔)이라고 불리는 첨탑 52기가 우뚝 서 있다. 181개의 인면(현존 173면)이 신비롭게 사방을 응시하고 있다. 지금까지 이 사면탑은 관음보살 혹은 시바라고 보는 견해가 일반적이었는데, 최근에 다양한 신(데바, 데바타, 아수라 등)의 얼굴을 형상화했다고 보는 설이 있다.[31] 사면탑의 높이는 불규칙하고, 중앙을 향해 높아지는 느낌을 준다. 내부 회랑의 좁은 방과 복도, 그리고 계단을 오르면 마주치는 인면상은 조각적으로 뛰어나다. 햇빛의 각도에 따라 시시

도판 5-1-249 | 바이온의 동쪽 입구(12세기 말~13세기 초, Angkor Thom, 오세윤 촬영)

도판 5-1-250 | 바이온의 사면탑(12세기 말~13세기 초, Bayon)

---

31   朴亨國,「バイヨンの四面塔に関する二・三の考察」, (共著,『アンコール遺跡調査報告書1998』)

도판 5-1-251 | 참파군에게 진격하는 중국인 용병(12세기 말~13세기 초, 동쪽 남면, Bayon)

도판 5-1-252 | 앙코르 수군(12세기 말~13세기 초, 남쪽 동면, Bayon, 오세윤 촬영)

도판 5-1-253 | 병사들을 따라서 전쟁터로 향하는 가족들(12세기 말, 동쪽 남면, Bayon)

도판 5-1-254 | 제물용 물소(물소 공희, 12세기 말, 동쪽 남면, Bayon)

각각 변하는 인면상은 크메르 미술의 걸작이다.

바이욘은 도성 내의 중심 사원이었기 때문에 외부 담을 만들지 않고 동서남북에서 출입할 수 있도록 했다. 제1회랑은 구석 전각과 고푸라 사이를 한 구역으로 해서 8개 부분으로 나누어지는데 각 부분은 길이 35m, 높이 3m이다. 회랑 부조는 동문에서 시계방향으로 전개한다. 앙코르 톰의 부조는 앙코르 와트의 고전적이며 사실적인 표현과는 달리 민속 예술적이며 추상적이다. 힌두교 신화와 더불어 참파군과 전투하는 장면과 일상생활의 다양한 모습을 새겨 놓고 있다. 부조에는 중국 남송의 군대로 보이는 용병의 모습이 있다. 1177년에 참파군이 앙코르를 침략하여 점령하는 때부터 1181년에 자야바르만 7세가 다시 앙코르를 재탈환할 때까지 치러진 여러 전투 장면이 새겨져 있다.

동쪽 회랑 남면의 중간 부분부터 동문 고푸라까지는 왼쪽에서 오른쪽으로 행군하는 장면이 새겨져 있다. 대부분의 앙코르 병사들은 창을 들고 있다. 짧은 머리에 간단한 옷을 허리에 두르거나 밧줄을 가슴에 ×자로 둘렀고, 구레나룻에 상투 머리를 하고 있다. 중국인 용병은 중국풍의 민속 의상을 입고 있고 턱수염을 길렀다. 중국인 사관은 말을 타고 앙코르 장수는 코끼리를 타고 있는데 양산의 숫자로 신분을 알 수 있다. 기병대는 안장이 없는 말을 타고 있고, 군악대는 나팔을 불고 징을 치며 진군하고 있다. 위쪽 부조에는 가마를 탄 공주가 있고, 신성한 보물을 옮기는 행렬이 있다. 중간쯤에는 자야바르만 7세가 말을 타고 있는 모습이 크게 새겨져 있다.

앙코르군 행진 부조에는 소가 끄는 수레로 군수 물자를 나르고 있고, 수레와 함께 가족으로 보이는 아이들 및 여인들과 돼지, 염소 등 가축들도 함께 이동하고 있다. 이동 중 불을 피워 밥을 짓고 사슴을 요리하는 모습 등 행군 장면을 자연스럽게 연출하고 있다. 왼쪽 부조에는 소매가 짧은 제복을 입은 앙코르 군인들이 오른쪽에서 왼쪽으로 행군한다. 맨 위 왼쪽에는 동남아시아에서 각종 의례에 제물로 쓰이는 물소가 나무에 묶여 있다. 전쟁 의례와 관련하여 공희(供犧)로 물소를 바쳤음을 시사하는 부조로 추정된다. 지금도 동남아시아 각지에서 의례에 공희로 물소를 바치고 있다.

아래에는 중국인들이 모여 사는 중국인 마을(차이나타운)을 상세하게 묘사하고 있다. 중국인들이 돼지고기를 요리하거나 먹고 마시고 춤추는 장면이 조각되어 있다. 그 위에는 중국인들이 물건을 사고파는 시장인 것 같다. 새를 들고 차례를 기다리는 사람, 옆 사람에게 우산의 가격을 물어보는 사람, 차례를 기다리다 잠이 든 사람 등 다양한 모습이 새겨져 있다. 그 위에는 여자들이 모여 있는데 중국인과 결혼한 크메르 여성들로 보이며, 한 여자가 심령 치료를 하고 있다. 주달관은 '이 나라의 교역은 모두 부녀자들이 능숙하게 잘한다. 이 때문에 중국 사람이 이곳에 도착하면 반드시 먼저 부인 한 사람을 얻는데, 그들이 매매에 능숙한 것을 이롭게 여기기 때문이다.'[32]라고 전하고 있다. 당시 많은 중국인이 앙코르 왕도로 이주하여 크메르 여인을 아내로 맞이해서 정착했던 것을 알 수 있다.

도판 5-1-255 | 앙코르 톰의 차이나타운(12세기 말, 동쪽 남면, Bayon)

도판 5-1-256 | 고상식 목조 사원(12세기 말~13세기 초, 동남 모서리, Bayon, 오세윤 촬영)

---

32 『眞臘風土記』, 周達觀, 國人交易 皆婦人能之 所以唐人到彼 必先納一婦人者 兼亦利其能 買賣故也.

남동 모서리 벽면에도 주목되는 부조가 새겨져 있다. 바이욘의 제1회랑 벽면의 다른 부조와는 달리 한 채의 목조 건물을 주제로 하고 있다. 부조 오른쪽 실내에 링가가 있고, 왼쪽의 건물 입구에는 두 손을 모아서 합장하며 기도하는 사람들, 뒤에는 제물을 들고 계단을 오르는 여성들이 새겨져 있다. 현재 동남아시아 대륙에 남아 있지 않은 앙코르 왕조 시대의 목조 사원(고상 가옥)을 묘사하고 있다. 마루 아래에서는 사람들이 모여 회의하고 오른쪽에서 여성들이 회의 광경을 바라보고 있으며, 한 여성이 손거울을 들고 얼굴을 보고 있다. 앙코르 왕조 시대의 사원 풍경을 그대로 묘사하고 있다.

남쪽 회랑의 동면에 새겨진 부조 상단에는 톤레삽 호수에서 앙코르군과 참파군이 수상전을 치르는 모습이, 하단에는 당시 사람들의 일상생활 풍경이 새겨져 있다. 상단의 전투 장면에서 양쪽 군대는 2척의 배를 묶어 놓고 싸우며, 물에 빠진 병사가 악어의 밥이 된다. 참파군의 배에 구멍을 뚫기 위해 잠수하여 공격하는 앙코르 특공대의 모습도 보인다. 앙코르 수군과 참파 수군의 대격전이 주제지만, 주변에서 투망을 던져 물고기를 잡는 어부와 뱃놀이하는 중국인의 모습도 있다. 제일 하단에는 당시 사람들의 일상생활을 작은 크기로 연속하여 묘사하고 있다. 회랑 하단 첫 장면은 관에서 만든 역사(驛舍, 휴게소)를 표현하고 있다. 자야바르만 7세가 세운 121개의 역사는 먼 길을 떠나는 사람들이 쉬어갈 수 있도록 편의를 제공하였다. 아이들과 놀고 있는 엄마, 투계 장면, 시장에서 암탉을 파는 여인, 점포에서 물고기를 파는 여인, 저울에 무게를 달고 있고 옆에서 흥정하는 중국인의 모습이 있다. 상단의 대 벽면에 앙코르군과 참파군이 호수와 육지에서 계속 전투하는 장면이 새겨져 있으며, 호수에는 병사들의 시체가 떠 있다.

남쪽 회랑 서면의 부조는 미완성으로, 하단부에 앙코르군 행진을 주제로 하고 있다. 다양

도판 5-1-257 | 톤레삽 호수에서 전투하는 앙코르 수군과 참파 수군(12세기 말~13세기 초, 남쪽 동면, Bayon, 오세윤 촬영)

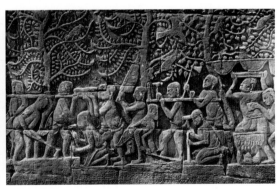

도판 5-1-258 | 석재 도로포장 공사 장면(12세기 말~13세기 초, 남쪽 동면, Bayon)

한 무기들을 선보이는데, 2명의 참파군이 코끼리 등에 장착한 석궁을 조작하며, 바퀴 달린 투석기가 있다. 서쪽 회랑의 남면 부조는 얇게 조각되어 있고, 미완성 상태로 남아 있는 부분이 많다. 앙코르군이 숲속을 행진하며 사관(土官)을 걸립(乞粒)하는 장면과 앙코르 왕국의 내전이 시작하는 장면이 새겨져 있다. 서쪽 회랑의 북면 부조는 내전과 왕의 일행이 행진하는 장면으로 이어진다. 북쪽 회랑의 서면 부조는 궁중의 연회 장면(밧줄 타는 사람, 레슬러, 킥복싱, 서커스 등)에 이어서 앙코르군과 참파군의 전투 장면이 나온다. 북쪽 회랑 동면과 동쪽 회랑 북면에는 앙코르군과 참파군이 더 치열하고 격렬하게 싸우는 장면이 새겨져 있다. 앙코르 군이 남쪽에서 진격해오며 결국 앙코르군의 대 승리로 부조가 끝난다.

제2회랑(내부 회랑)은 승려들만 출입할 수 있는 신성한 구역이었다. 증축과 개축을 거듭하여 구조가 매우 복잡하다. 제2회랑의 벽면 내외에는 힌두교 신화, 앙코르 왕조의 역사, 왕과 사람들의 일상생활 등등 다양한 부조가 새겨져 있다. 앙코르 와트가 힌두교의 신화와 앙코르 왕을 주제로 한 종교적 색채가 강한 고전적인 미술의 걸작이라면, 앙코르 톰의 부조는 유사한 주제를 표현하고 있지만 조각적인 아름다움은 떨어지고 민속학적으로 가치가 높은 민속 예술적인 작품이라 할 수 있다.

제2회랑의 많은 부조 중에서 서쪽과 동쪽의 중간 부분에 있는 부조들이 주목된다. 서쪽 중간에는 비슈누를 중심에 모셔 놓고 그 아래에서 사람들이 사원을 건설하는 부조가 있다. 특히 사원에서 사용하는 석재를 가공하는 작업 과정이 상세하게 새겨져 있다. 고탑에 적석을 쌓기 위해서는 흙을 하층으로부터 쌓아 올리는 방법도 있지만, 대나무와 나무로 발판을 조립해서 쌓아 올리는 방법이 일반적이었다. 반테이 츠마르 제1회랑에 코끼리가 링가를 운반하는 장면이 새겨져 있듯이, 무거운 사암 석재는 채석장에서 대충 가공하여 소나 코끼리가 당

도판 5-1-259 | 거대한 뱀과 싸우고 있는 자야바르만 7세(12세기 말 ~13세기 초, 제2회랑, Bayon)

기는 수라(석재를 옮기는 목제 썰매)로 공사 현장까지 옮겼다. 앙코르 와트와 앙코르 톰의 석재는 앙코르 중심부로부터 40㎞ 정도 떨어진 프놈쿨렌의 채석장에서 잘라서 뗏목을 사용하여 강과 인공 운하를 따라서 옮겨 왔다. 석재 연마 과정을 새긴 바이욘 사원의 부조는 사원 건축을 알 수 있는 중요한 사료이다. 북쪽 회랑의 중간부에 문둥이 왕 전설과 관련하는 부조가 있다. 자야바르만 7세가 거대한 뱀과 싸우고 있는 장면으

도판 5-1-260 | 제1회랑 외벽의 압사라(12세 기 말~13세기 초, Bayon)　도판 5-1-261 | 제2층 외벽의 데바타(12세기 말~13세기 초, Bayon)　도판 5-1-262 | 제2층 외벽의 데바타(신분이 높은 왕녀?, 12세기 말~13세기 초, Bayon)

로, 왕은 뱀과 사투를 벌이다가 뱀에 물려 독 때문에 한센병에 걸렸다는 이야기가 전해진다.

앙코르 와트와 더불어 바이욘에도 사원 외벽에 무희 압사라와 데바타가 다양한 형태로 장식되어 있다. 압사라는 크메르어로 '데바타'(Devata, 천상에서는 여신, 지상에서는 황녀, 공양녀)라는 호칭으로 사랑받고 있어, 동남아시아의 힌두교와 불교 문화권에서는 압사라라는 말보다 남신 데바의 대칭어로 수마트라, 자바, 순다, 발리로 부르며 말레이반도에서는 여신 데바타(tevoda) 혹은 데와타(dewata)로 부른다. 늘씬한 체구에 아름다운 머리 장식과 다양한 모습은 보는 사람에게 강한 인상을 준다. 바이욘에 있는 다양한 모습의 압사라 부조 중에서 아주 예외적으로 발아래에 시중을 드는 궁녀를 작게 조각해 놓은 것이 있다. 다른 데바타 혹은 신분이 높은 궁녀를 표현했을 가능성이 크다, 특히 한 여성 주위에 많은 궁인과 궁녀들이 있어, 이 여성 부조는 생전의 자야바르만 7세와 밀접한 관계가 있었던 인물(왕비?)일 가능성이 크다.[33]

왕궁(Angkor Thom, Sieam Reap)

왕궁은 라테라이트를 동서 585m, 남북 246m, 높이 5m로 쌓아 올린 성벽으로 둘러싸여 있다. 그 중심에 피메아나카스가 있고, 자야바르만 7세가 만든 대형 저수지(저수지의 석재 표면

33　朴亨國, 「バイヨンの四面塔について」, (共著, 『1999年第5回バイヨン調査報告書』)

도판 5-1-263 | 앙코르 톰 왕궁의 저수지(12세기 말, Angkor Thom, 오세윤 촬영)

에 물고기와 악어 등 많은 부조가 있다)가 있으며 동서에 연못과 성문이 남아 있다. 사암으로 만든 고푸라는 동쪽에 1개, 북쪽과 남쪽에 각각 2개씩 총 5개가 있다. 그중에 코끼리 테라스와 승리의 문과 연결되는 동쪽 고푸라가 가장 규모가 크다. 1431년에 타이족 왕국인 아유타야의 공격을 받아 폐허가 되었지만, 원래의 왕궁은 기와지붕이 있는 대형 목조 고상 가옥이 많았던 것이 발굴 조사로 밝혀졌다. 왕궁은 야소바르만 1세 시대인 10세기부터 프놈펜으로 수도를 이전하기 전인 16세기까지 사용되었다. 프랑스 극동학원이 1995년에 발굴 조사하여 많은 고상 가옥(굴립주)의 목조 건물 기둥과 대들보 등 대형 목조 부재가 많이 출토되었다. 1296~1297년에 앙코르 왕도를 방문한 중국인 주달관은 앙코르 궁정이 매우 호화스러웠다고 전하고 있다.

코끼리 테라스(Angkor Thom, Sieam Reap)

자야바르만 7세는 12세기 말에 왕궁을 건설하여 코끼리 테라스로 전면을 장식하였다. 앙코르 왕이 참석하여 외국의 사신을 환영하거나 군인들의 열병식(특히 자야바르만 7세가 전쟁에서 승리하여 개선한 군대를 맞이하는 곳), 성대한 국가 제례와 행사를 거행했던 곳이다. 높이 약 3.5m 길이 약 330m로, 단부에 우리나라 산성의 치와 같은 요철형(凸) 테라스를 남북으로 연결하

도판 5-1-264 | 코끼리 테라스(12세기 말, Angkor Thom, 오세윤 촬영)   도판 5-1-265 | 프라삿 수오르 프랏(12세기 말, Angkor Thom, 오세윤 촬영)

며, 서쪽은 왕궁, 동쪽이 대광장이다. 중앙 테라스 벽면에는 가루다가 부조되어 있고, 남북으로 이어지는 테라스 벽면에 실제 크기의 코끼리가 조각되어 있다. 바푸온의 동쪽 입구와 접한 남쪽 계단은 머리가 3개인 코끼리 아이라바타가 코로 연꽃을 모으고 있는 모습이 측면을 장식하고 있다. 그 너머에는 코끼리를 타고 사냥하는 부조가 나온다.

　다른 계단들도 남쪽 계단과 비슷한 구조로 되어 있다. 북쪽 마지막 계단에는 이중의 벽이 있고, 안쪽 벽면에는 신화에 나오는 머리가 5개 달린 말, 아름다운 여신과 무희 압사라 등이 부조되어 있다. 코끼리 테라스는 과거에 여러 차례 복원했으나, 내부 구조가 견고하지 않아서 벽면 석재의 쓸림 현상이 일어나 문화재 보존 차원에서 응급조치가 필요했다. 캄보디아 정부의 요청으로 한국 비정부기구인 문화재 전문가로 구성된 단체인 치코 코리아(CHICO KOREA)는 캄보디아 앙코르 유적관리청 '압사라(APSARA)'와 공동으로 2017년부터 테라스를 보존 및 보수하고 있다. 12세기 말에 새 도성 앙코르 톰을 건설할 때 왕궁 앞 광장을 넓게 만들어서 승리의 문으로 이어지는 길을 정비하고, 광장 동쪽의 남북으로 각각 6기의 탑인 프라삿 수오르 프랏(Prasat Suor Prat, 용도 불명)을 배치했다. 코끼리 테라스 중앙에 있는 동문은 피메아나카스로 통하는 성문이 있다.

문둥이 왕 테라스(Angkor Thom, Sieam Reap)

　코끼리 테라스의 북쪽에는 12세기 말에 건립된 문둥이 왕 테라스(한 변이 약 25m, 높이 약 6m)가 있다. 1910년대 프랑스 극동학원의 조사단이 발굴 조사하여 이중벽을 가진 것이 판명되었다. 바깥쪽에 부조를 새긴 곳이 외벽이고, 라테라이트의 좁은 통로에도 많은 부조가 새겨져 있다. 외벽은 코끼리 테라스와 선을 맞추어 증축했다. 테라스 위에 높이 1m 정도 크기의

도판 5-1-266 | 문둥이 왕 테라스의 부조(12세기 말, Angkor Thom, 오세윤 촬영)　　도판 5-1-267 | 문둥이 왕 석상(12세기 말, Angkor Thom, National Museum of Cambodia)

석상은 '문둥이 왕'(자야바르만 7세 혹은 그의 아들)이라고 전해지고 있었지만, 최근에 석상의 비문이 해석되어 사후 세계의 지옥을 관장하는 야마천(염라대왕)으로 밝혀졌다. 현재 문둥이 왕 좌상은 프놈펜 국립박물관이 소장하고 있다. 이중의 벽에 남녀의 신, 나가, 가루다, 사자 등 부조가 벽면 가득히 새겨져 있다.

프레아 피투(Preah Pithou, Sieam Reap)

2015년부터 한국문화재단과 코이카(KOICA)가 앙코르 톰 안의 프레아 피투(Preah Pithou)를 복원하기 위하여 발굴 조사하고 있다. 프레아 피투는 왕궁 앞 광장의 북동쪽인 프라삿 수오르 쁘랏 N6 탑의 북쪽에 있다. 서로 인접한 사원 5개가 있고 전체 사원을 '프레아 피투'라고 부르지만, 모두 같은 시기에 건립한 사원이 아니다. 폐허에 가까운 상태로 남아 있던 사원을 프랑스의 극동학원이 각 사원에 무너져 내린 석재를 걷어내고 일부 사원은 시멘트로 응급조치했다. 사원에 대한 사료도 유적의 부조 외에 남아 있지 않고, 각 사원의 이름도 극동학원이 T, U, X, V 및 Y 사원으로 명명했다. 유적과 인접하여 노점상이 있어, 복원 후 주변 정비 사업에 여러 문제를 검토할 필요가 있다.

X 사원은 가장 규모가 크며 13~14세기 사원으로 추정된다. 동쪽으로 큰 기단 위에 사당이 세워져 있다. 사당 내부에 동서남북으로 있는 상인방에는 불상이 새겨져 있다. 사당 외부의 동서남북에는 불교 사원을 알리는 세마가, 동쪽 입구에는 코끼리상이 남아 있다. V 사원은

U 사원의 북쪽의 언덕 위에 서쪽을 향하여 있고, V 사원의 서쪽에 십자형 테라스와 길이가 약 70m인 긴 구름다리 참배길이 있다. Y 사원은 V 사원의 한층 더 북쪽 언덕 위에서 동향하며, 사당의 동쪽과 서쪽은 석재의 크기나 질이 차이가 나므로 동쪽 부분이 후대에 증축했을

도판 5-1-268 | 프레아 피투 T 사원(서면, 12~13세기, Preah Pithou, 오세윤 촬영)

도판 5-1-269 | T 사원 서쪽 상인방의 유해교반 부조(12~13세기, Preah Pithou, 오세윤 촬영)

도판 5-1-270 | 프레아 피투 U 사원(서면, 12~13세기, Preah Pithou, 오세윤 촬영)

도판 5-1-271 | U 사원 서쪽 상인방의 춤추는 시바(12~13세기, Preah Pithou, 오세윤 촬영)

도판 5-1-272 | 프레아 피투 X 사원(서면, 12~13세기, Preah Pithou, 오세윤 촬영)

도판 5-1-273 | 불상 부조(X 사원 사당 내부, 16세기, Preah Pithou, 오세윤 촬영)

가능성이 크다. 이들 사원은 자야바르만 7세 말기 이후에 건립된 것으로 추정된다.

자야바르만 7세는 대승 불교를 신봉하였으며 앙코르 지역의 부흥을 목표로 주위를 12㎞의 성벽으로 둘러싼 앙코르 톰의 중심에 있는 바이욘, 타 프롬(1186년)이나 프레아 칸(1191년) 등 부모와 선조를 모신 사원을 건립했다. 그 밖에도 반테이 크데이(Banteay Kdei), 타 프롬, 프레아 칸, 반테이 츠마르(Banteay Chhmar), 프라삿 바칸(캄퐁 스바이의 프레아 칸) 등을 건립했다.

도판 5-1-276 | 타 프롬의 동 고푸라(서면, 12세기 말, Ta Prohm, 오세윤 촬영)

도판 5-1-274 | 프라삿 타 프롬의 무너져 내린 회랑(12세기 말, Ta Prohm, 오세윤 촬영)

타 프롬(Ta Prohm, Sieam Reap)

자야바르만 7세가 1181년 왕위에 올라 처음으로 건설한 사원이다. 앙코르 왕조 시대의 대표적인 사원이며 왕의 사원 창건 의욕이 잘 드러난다. 타 프롬 출토 비문에 따르면 1186년에 자야바르만 7세가 어머니를 기리기 위해서 세웠고, '라자 비하라'(Raja Vihara, 왕의 승원)라고 기록되어 있다.[34] 사원 내에는 12,640명의 승려가 살았고, 주변 마을에 사는 79,365명의 주민이 사원의 유지를 위해서 봉사했다. 타 프롬은 평지형 사원이고, 탑, 탑문, 작은 사당 등 건물이 회랑으로 연결되어 평면 구조가 더욱 복잡하다. 동서 1,000m, 남북 600m인 사원의 중앙에는 3중의 회랑에 둘러싸인 가람이 있고, 그 중앙에 9기의 탑이 나란히 세워져 있다. 주위에 작은 사당이 있고, 각처에 개축 및 증축의 흔적이 남아 있다.

프랑스 극동학원은 앙코르 유적을 복원할 때

도판 5-1-275 | 프라삿 타 프롬(12세기 말, Ta Prohm, 오세윤 촬영)

---

34 Higham, C., (2014), Early Mainland Southeast Asia, Bangkok: River Books Co., Ltd.

가능한 한 원래 형태를 유지하는 것을 원칙으로 한다. 사원의 19세기 모습 그대로 보존하기로 하여 사원은 견학이 가능할 정도로 나무를 잘라내고 붕괴 위험 부분만 더 무너지지 않도록 응급조치했다. 그래서 비단 목화 나무와 무화과나무의 거목이 유적을 삼켜버릴 듯이 뿌리를 내리고 있다. 2000년대 이후에는 인도 정부가 유적을 복원했다. 앙코르 유적은 세계 각국이 경쟁적으로 복원에 참여하는데 대체로 우리나라의 국립문화재재단, 프랑스, 일본이 복원한 앙코르 유적은 신중하고 바람직한 복원으로 높은 평가를 받고 있다.

자야바르만 7세는 1186년에 이 사원을 건립할 당시 몇 개의 불상을 봉헌했는데, 그중에서 가장 중요한 불상은 왕의 어머니를 상징하는 반야바라밀다(지혜의 완성)이다. 자야바르만 7세는 그 후 아버지를 상징한 관세음보살을 모시는 또 하나의 사원인 프레아 칸을 건립했다. 자야바르만 7세는 넓은 의미로는 불교에 귀의했다고 볼 수 있지만, 창건 당시의 '왕실의 승원'을 근대의 데바라타(상좌부 불교)의 이념으로 해석하는 데는 신중할 필요가 있다. 그러나 많은 승려가 하나의 사원에서 교단을 형성하여 수행했던 것을 남아 있는 비문과 불상을 통해서 유추할 수 있다. 후대의 폐불 정책으로 많은 불상이 파괴되었지만, 석가가 출가하기 위하여 성을 나가는 '위대한 출발' 장면이 새긴 박공은 완벽한 모습으로 남아 있다.

타 프롬은 현재 서쪽 고푸라를 입구로 사용하지만, 원래는 동 고푸라가 사원의 입구이다. 동쪽 고푸라의 서쪽 벽면에는 불교 부조가 몇 개 새겨져 있다. 타 프롬의 불교 부조는 전부가 파괴되지 않고 불상을 새긴 부분 혹은 얼굴만 마치 지우개로 지우듯이 짓뭉개졌다. 동 고푸라 서면 남쪽에 있는 불전도(천계수 아래의 석가) 부조는 석가의 얼굴

도판 5-1-277 | 천계의 석가(불전도, 12세기 말, Ta Prohm, 오세윤 촬영)

도판 5-1-278 | 위대한 출발(불전도, 12세기 말, Ta Prohm)

도판 5-1-279 | 동 고푸라 서면 북쪽 부조(12세기 말, Ta Prohm, 오세윤 촬영)

도판 5-1-280 | 지모신 부미데비상(동 고푸라 상인방, 12세기 말, Ta Prohm)

만 파괴되었다. 그리고 동 고푸라 서면 북쪽에는 자야바르만 7세가 타 프롬 건립을 설명하는 중요한 부조가 새겨져 있다. 상하로 긴 벽면에 이야기가 3단으로 구성되어 있다. 제1하단은 춤추는 압사라와 시바가 주제다. 시바가 춤을 추면 만물이 생성한다는 내용으로 다산 풍작을 염원하는 부조다. 시바는 춤을 추며, 오른손을 높이 들어 대좌를 받치고 있다, 대좌 위의 부조는 파괴되었지만, 양쪽 좌우에서 합장하는 공양녀 부조를 보면 그 사이에 있었던 불상 부조를 파괴한 흔적을 볼 수 있다. 시바를 제1하단 아래로 배치한 것은 힌두교의 상위 개념으로 불교를 조형한 것이다. 가장 위에는 지모신 부미데비(Bhumidevi, Dharanī, 크메르어로는 Nan Ganhin)가 새겨져 있고, 그 뒤의 대좌 위에 인물 부조가 훼손되어 흔적만 남아 있다. 남아 있는 부조의 흔적으로 보아 석가 좌상이 새겨져 있던 것으로 추정된다. 같은 내용의 부조는 동문 상인방에도 새겨져 있다.

아름다운 여성이 목욕을 마치고 긴 머리카락을 틀어서 물을 짜고 있는 지모신 부미데비 도상은 동남아시아 대륙부에서 자주 볼 수 있는 주제이다. 태국에서는 태국어로 낭 토라니(Nang Thoranee) 또는 매 토라니(Mae Thoranee)라고 부르며, 방콕의 왓 홍 랏타나람의 벽화는 타 프롬의 부미데비 부조와 같은 내용이다. 벽화에는 대좌 위에 앉아 있는 석가 앞에서 아름다운 지모신 다라니(Dharanī, Mae Thoranee, Bhumidevi)가 머리카락을 쥐어짜서 홍수를 일으켜 마라의 군사들을 물리치는 장면이 있다. 석가 일대기의 불전도에 나오는 항마성도의 한 장면이다.

항마성도(降魔成道圖) 장면은 인도의 산치 유적과 중부 자바의 보로부두르 유적에도 부조

도판 5-1-281 | 타케오의 타 프롬(12세기 말~13세기 초, Ta Prohm, Takeo)

도판 5-1-282 | 타케오의 타 프롬 관음보살상(박공, 12세기 말~13세기 초, Ta Prohm, Takeo)

로 새겨져 있다. 보로부두르의 유적 제1회랑 주벽 상단 94면은 보리수 아래에서 명상 중인 보살이 깨달음(성도)을 방해하는 악의 무리인 마라의 군사를 쫓아버리는 장면이다. 화면 중앙의 보리수 아래에서 보살이 왼손은 촉지인을 하고 오른손은 땅을 가리켜, 악마 마라 파피야스(Māra-pāpīyas)의 항복을 받는 항마촉지인(降魔觸地印)을 하며 결가부좌하고 있다. 악마를 쫓아버리는 수

도판 5-1-283 | 타케오의 타 프롬 와불상(상인방, 연대 미상, Ta Prohm, Takeo)

인을 항마인이라고도 한다. 보살의 좌우에서 많은 무리의 악마가 다양한 무기를 가지고 공격하고 있다. 마왕의 부하가 쏜 화살과 독침은 보리수 밑의 보살 가까이에 도달하는 순간 꽃으로 변하는 기적이 일어난다. 제21항마품에 나오는 장면이다.

인도의 산치 유적과 중부 자바의 보로부두르 유적의 항마성도는 석가의 성도를 방해하는 마라군의 퇴치를 주제로 하고 있다. 타 프롬과 태국의 도상은 석가의 성도를 지키기 위해서 지모신이 머리카락의 물을 짜서 홍수를 일으켜 악마의 마라 군사를 퇴치하는 장면이 강조된다. 그리고 시간이 지나면서 동남아시아의 성수 신앙과 융합하여, 지모신 단독 조각상을 만들어 여러 이름으로 믿게 되었다. 타 프롬의 동 고푸라 서면 북쪽 부조는 자야바르만 7세가 석가와 자신의 어머니를 지모신 부미데비로 부조하여, 어머니의 영면과 왕국의 풍요를 기원하고 있다. 캄보디아 프놈펜 남쪽의 타케오주에도 타 프롬 사원이 있다. 자야바르만 7세가 앙코르 제국의 가장 남쪽에 세운 사원이다. 박공과 상인방에 새긴 불상은 인위적인 파괴 흔적이 없고, 벽면에 작게 새긴 비슈누상(유해교반 장면)을 보면 당시 힌두교와 불교의 역학관계를

알 수 있어 흥미롭다. 박공과 상인방에 후대에 추가로 새긴 불상을 보면 사원 일부는 미완성인 채 끝난 것으로 추정된다. 자야바르만 7세가 건립한 같은 이름의 프라삿 타 프롬이 서부의 반테이 민체이(Banteay Meanchey)주에도 있다.

프레아 칸(Preah Khan, Sieam Reap)

프레아 칸은 불교와 힌두교가 복합적으로 드러나는 사원으로, 앙코르 톰 북문에서 북동쪽으로 1.5km에 있다. 자야바르만 7세가 부왕 다라닌드라바르만 2세를 기리기 위해서 건립한 사원이다. 프레아 칸은 동서 800m, 남북 700m의 장대한 사원으로, 중심에는 왕의 아버지

도판 5-1-284 | 프레아 칸의 석조 고상 건물(12세기, Preah Khan, Siem Reap)

도판 5-1-285 | 무희의 방(12세기 말, Preah Khan, Siem Reap)

도판 5-1-286 | 춤추는 압사라(12세기 말, Preah Khan, Siem Reap, 오세윤 촬영)

도판 5-1-287 | 춤추는 남자 무용수(12세기 말, Preah Khan, Siem Reap, 오세윤 촬영)

도판 5-1-288 | 아난타 위에 누워있는 비슈누(북쪽 사원 서쪽 박공, 12세기 말, Preah Khan, Siem Reap, 오세윤 촬영)

도판 5-1-289 | 춤추는 압사라와 파괴된 불상(12세기 말, Preah Khan, Siem Reap)

도판 5-1-290 | 나가를 든 가루다(12세기 말, Preah Khan, Siem Reap)

도판 5-1-291 | 드바라팔라(12세기 말, Preah Khan, Siem Reap)

인 다라닌드라바르만 2세의 얼굴을 한 보살상이 있으며 사원 내에 신상과 불상 282체를 배치하고 있다(1191년). 사원 동북쪽에는 앙코르 건축물 중 아주 독특한 2층짜리 석조 고상 건물이 있다. 하부에 굵고 둥근 기둥이 밀집하여 있으며 2층으로 올라가는 계단이 없다. 2층으로 올라가기 위해서 목조로 된 계단이 있었을 것으로 추정된다. 이 고상 건물은 사원 이름의 유래인 신성한 보검 및 경서를 보관했다는 경장설, 제사에 사용하는 곡식 창고였다는 가설 등이 있다. 하부 기둥의 크기와 구조를 보면 보검이나 경서보다 2층에 무거운 물건(쌀)을 보관했을 가능성이 크다. 앙코르의 대형 석조 고상 건축이 남아 있는 유일한 사례이다.

2층의 고상 건물과 난간이 있는 통로로 '무희의 방'이 연결된다. 프레아 칸에는 창건 당시 천여 명의 무희들이 있었다고 한다. 지붕이 소실되었지만, 상인방에는 춤추는 압사라와 무용수들의 부조가 잘 남아 있다. 춤추는 압사라 위의 감실에 있었던 불상 부조는 자야바르만 8세 때 모두 파괴되었다.

무희의 방 서쪽에는 경장이 있고, 서쪽으로 2개의 통로가 있다. 서쪽 두 번째 담(85×76m)과 고푸라가 내부 담(62×55m)의 고푸라까지 복잡하게 연결되어 있고, 석조의 작은 사당이 혼재하는데, 이들 건물은 후기에 증축하였다. 서쪽 내부 고푸라의 박공에는 라마야나 이야기(아요디아로 귀환하는 라마) 부조가 있으며, 중앙 성소에 있던 자야바르만 7세의 아버지 초상인 보살상(Jayavarmansra, Paramanishkalapada)의 입상은 자야바르만 8세 때 파괴되었다.

북쪽은 시바, 남쪽은 왕과 왕비, 서쪽은 비슈누를 봉헌하였다. 북쪽 사원의 서쪽 박공에는 아난타 위에 비슈누가 누웠고, 동쪽에는 힌두교의 삼위일체신 트리무르티(비슈누, 시바, 브라흐마)가 새겨져 있다. 비문에 따르면 사원에는 승려, 공양하는 사람, 장원(莊園) 등이 97,840명에 달했다고 한다. 4번째 담의 외벽에도 나가를 들고 있는 가루다 부조가 있고, 그 위에 있었던 불상은 자야바르만 8세 때 폐불 정책으로 파괴되었다.

프레아 칸의 바라이 자야타타카(Jayatataka) 안에는 니악 뽀안이 있다. 니악 뽀안(Neak Pean)은 특이한 구조의 사원으로, 5개의 연못을 십자형 정렬로 연결하고 있다. 중앙 연못의 중심에는 원형의 성소가 있다. 사람들은 북 바라이에 있는 호수의 물을 사람들의 병을 고치는 놀라운 기적의 생명수로 믿고 있다. 1296년 중국의 사신 주달관은 '재성(앙코르 톰)에서 북쪽 5리에 있다. 연못 가운데는 금탑 1좌가 있고, 석실이 수십 개나 되고, 입에서 물을 뿜어내는 금사자, 금동불, 청동 코끼리, 청동 소, 청동 말이 있다.'[35]고 기록하고 있다.

35　北池在城北五里中 有金方塔一座 石屋數十間 金獅子金佛 銅象銅牛銅馬之屬 皆有之.

도판 5-1-292 | 니악 뽀안(12세기 말, Neak Pean, 오세윤 촬영)

타솜(Ta Som, Sieam Reap)

타솜은 자야바르만 7세가 부왕에게 제사를 지내기 위해 지은 작고 아담한 사원이다. 마치 타 프롬이나 반테이 크데이를 축소해 놓은 듯하다. 사원은 자야타타카 저수지의 동쪽 제방 중앙에서 약간 북쪽에 있다. 입구의 동쪽 고푸라에 인면탑이 새겨져 있고, 3중의 벽으로 둘러싸여 있는 단일 사원이다. 라테라이트로 만든 외부 담은 240×200m이며, 서쪽 입구에도 고푸라가 있고, 외부 담과 중간 담 사이에는 해자가 있다. 동쪽 첫 번째 고푸라를 지나면 해자 위에 큰 나가와 가루다로 장식한 다리가 있다. 두 번째 담은 라테라이트로 만들었다. 동쪽

도판 5-1-293 | 내부의 동쪽 고푸라(12세기 말~13세기 초, Ta Som, Siem Reap, 오세윤 촬영)

도판 5-1-294 | 박공의 관음보살 부조(12세기 말~13세기 초, Ta Som, 오세윤 촬영)

도판 5-1-295 | 지모신 부미데비(12세기 말~13세기 초, Ta Som, 오세윤 촬영)

도판 5-1-296 | 드바라팔라(12세기 말~13세기 초, Ta Som, 오세윤 촬영)

고푸라는 사암으로 만든 십자형 건물이다. 내부 담은 30×20m로 사방에 고푸라가 있고, 그 둘레를 회랑이 둘러싸고 있다. 내부 정원은 문이 서쪽으로 나 있으며 경장이 정원의 북동쪽과 남동쪽 두 군데에 있다. 중앙 탑은 십자형으로 출입구가 4군데 있다. 박공 부조는 주로 불상을 주제로 하고, 벽면에는 출입구를 지키는 수호신 드바라팔라와 데바타 부조가 새겨져 있다. 특히 긴 머리카락을 양손으로 잡아 물을 짜는 지모신 부미데비상 2구가 새겨져 있다.

반테이 크데이(Banteay Kdei, Sieam Reap)

반테이 크데이 사원은 타 프롬의 남동쪽에 있다. 12세기 말부터 13세기 초 자야바르만 7세 시대 혹은 그후 1220년(Maha Paramasangata Pada)에 건립되었다. 앙코르 왕조는 802년부터 12세기 중반까지 힌두교를 믿었는데, 12세기 중반 이후부터 13세기 초에는 불교가 성행했다. 자야바르만 7세는 관세음보살을 섬기는 불교 사원을 왕국 각지에 건립했다. 반테이 크데이도 규모는 작지만, 인근의 타 프롬과 프레아 칸과 같은 시기에 세운 힌두교와 불교 복합 사원이

다. 그러나 13세기에 자야바르만 8세 시대가 되
면서 폐불 정책이 시행되어 힌두교 신앙으로 회
귀했다. 1991년에 일본 소피아 대학(上智大學, 石澤
良昭)을 중심으로 하는 앙코르 국제 조사단이 제3
주벽 동 고푸라 십자형 테라스 북쪽 지하에서 다
량의 폐불상과 비문을 출토했다. 2010년에 환호
남쪽에서 6구의 불상이 발견되었다.

도판 5-1-297 | 반테이 크데이 주벽 동문(측면도)

반테이 크데이와 마주하여 동쪽에 바라이 쓰
라 쓰랑이 있다. 크기가 동서 700m, 남북 300m
로, 10세기 중반 라젠드라바르만 2세가 처음 조
성했다. 자야바르만 7세가 반테이 크데이를 건
설하면서 저수지 둘레에 사암으로 계단을 만들고 대규모의 개수 공사를 했다. 저수지 중앙
에 있는 인공섬에서 발견된 석재 기단 위에 왕이 명상하던 목조 사원(Mebon)이 있었다. 이
바라이는 왕과 왕비가 전용으로 마련한 것이다. 비문에는 코끼리가 목욕하지 못하도록 경
고하고 있다. 1964년 프랑스 극동학원이 발굴 조사했다.

자야바르만 7세 사후 앙코르 왕조의 폐불 정책은 최소한 씨엠립 주변의 왕도에서 철저하
게 시행되었던 것 같다. 그러나 지방에서는 과연 어떠했을까? 캄보디아 캄퐁참의 서북쪽에
자야바르만 7세가 세운 왓 노코르는 베트남의 참파 왕조를 방어하는 거점 도시에 세운 전형
적인 바이욘 양식의 사원이다. 창건 당시의 사원은 오랜 시간의 풍화를 견디지 못하고 무너
져 내렸고, 중앙에는 최근 세운 불교 사원이 있다. 창건 당시의 고푸라와 사당 건물에는 불

도판 5-1-298 | 제3주벽 동 고푸라 십자형 테라스(12세기 말~13세기 초, Banteay Kdei, 오세윤 촬영)

도판 5-1-301 | 쓰라 쓰랑(라젠드라바르만 2세 창건, 자야바르만 7세 개축, Srah Srang, 오세윤 촬영)

도판 5-1-302 | 왓 노코르(12세기 말~13세기 초, Wat Nokor, Kampong Cham

도판 5-1-299 | 위대한 출발(불전도, 12세기 말~13세기 초, Wat Nokor, Kampong Cham)

도판 5-1-300 | 석가의 출가(불전도, 12세기 말~13세기 초, Wat Nokor, Kampong Cham)

상 조각이 남아 있는데 인위적인 파괴 흔적은 찾아볼 수 없다. 따라서 자야바르만 7세 사후의 폐불 정책은 제국에 왕도 주변에 한정했던 것으로 추정된다.

반테이 츠마르(Banteay Chhmar, Banteay Meanchey)

캄보디아 북서부와 태국의 국경인 프라친부리에서 20㎞ 떨어진 곳에 반테이 츠마르 유적이 있다. 씨엠립에서 국도 6호선을 통해 서쪽으로 100㎞ 가면 시소폰이 나오고, 거기에서 약 50㎞ 북쪽에 있다. 반테이 츠마르 사원은 대규모의 바라이와 수리 시설을 가진 캄보디아 서북부의 최대 거점 도시였으며 13세기에 건립될 당시 인구가 7~10만 명이었다. 비문에 따르면 반테이 츠마르는 자야바르만 7세가 참파와의 전쟁에서 전사한 아들(Srindrakumara-raja-putra)을 추모하기 위해서 지은 사원이다. 하지만 단순하게 왕이 죽은 아들을 위해서 10만 명이 사는 대도시를 건설했다는 것은 이해할 수 없다. 반테이 츠마르 사원은 현재의 태국 방콕으로 가는 교통의 중심이며, 서쪽 세력(방콕 서쪽 프라친부리 지역의 몬족, 혹은 타이족)으로부터 앙코르 왕도

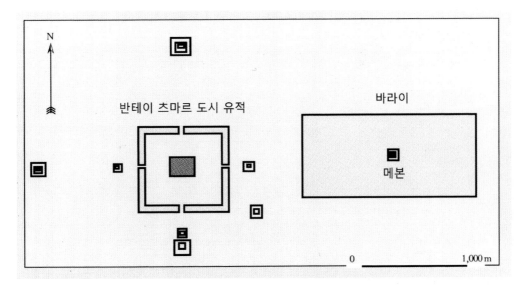

도판 5-1-303 | 반테이 츠마르 도시 유적과 바라이의 평면도(12세기 말~13세기 초, Banteay Chhmar, Banteay Meanchey)

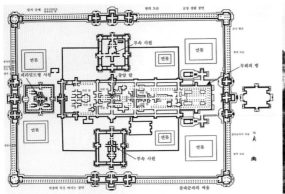

도판 5-1-304 | 반테이 츠마르의 평면도(12세기 말~13세기 초, Banteay Chhmar, Banteay Meanchey)

도판 5-1-305 | 남쪽 육교(유해교반 석상, 12세기 말~13세기 초, Banteay Chhmar, Banteay Meanchey, 오세윤 촬영)

도판 5-1-306 | 중앙 사당의 사면탑(12세기 후반~13세기 초, Banteay Chhmar, 오세윤 촬영)

도판 5-1-307 | 앙코르 수군의 진격(12세기 후반~13세기 초, 제1회랑 동면, Banteay Chhmar, Banteay Meanchey)

도판 5-1-308 | 중앙 사당 입구의 브라흐마(상인방, 12세기 후반~13
세기 초, Banteay Chhmar, Banteay Meanchey)

도판 5-1-309 | 북쪽에서 본 무희의 방(상인방의 시바 부조, 12세기
후반~13세기 초, Banteay Chhmar, Banteay Meanchey)

를 방어하는 중요한 거점 도시였다. 한편 반테이 츠마르와 대척하는 몬족의 최대 도시는 태
국 프라친부리의 무앙 씨마호솟 유적(Muang Si Mahosot, 5~13세기, 1,133,120㎢)이다.

반테이 츠마르는 직역하면 '고양이(Chhmar)의 성채(Banteay)' 혹은 '작은 성채'를 의미한다.
그러나 반테이 츠마르는 작은 성채가 아니라 앙코르 왕조의 서부에 있는 최대의 지방 도시
였고, 이름도 역사적으로 그리 오래된 것이 아니라 인근의 사람들이 부르던 지명을 그대로
사용한 것으로, 원래의 사원 이름은 알려지지 않았다. 이 지역의 오래된 크메르어 지명은
'Ksac'(모래라는 의미)이다. 반테이 츠마르는 앙코르 사원 중에서 규모가 큰 유적군에 속한다.

사원은 2,500×2,000m에 높이 3m의 라테라이트로 된 외벽으로 둘러싸인 성곽 도시가 있
고, 동쪽에 700×1,500m의 거대한 바라이(저수지)가 있다. 저수지 중앙에는 작은 메본(치수와 수
신과 관련된 작은 사원)이 있다. 사원은 동서 800m, 남북 700m, 폭 65m의 넓은 해자의 중심에 있
고, 사역은 600×800m의 라테라이트로 만든 담으로 둘러싸여 있다. 동서남북의 중앙에는
해자 위에 라테라이트로 만든 육교가 놓여 있고, 다리 양쪽에는 신(데바)과 악마(아수라)가 줄

다리기하는 유해교반(우유 바다 젓기의 신화)을 새긴 석상이 세워져 있다. 지금도 남쪽 육교에는 목이 잘린 데바와 아수라상이 남아 있다. 동서남북으로 사암을 쌓아 만든 고푸라(누문)가 있었는데, 현재 모두 붕괴한 상태이다.

사원 내의 동서남북 방향의 축선 위에 8개의 사당이 있다. 사원의 중심부는 동서 313m, 남북 208m의 회랑으로 둘러싸여 있고, 제1회랑에는 각각 고푸라(탑문)가 3기씩 세워져 있다. 3개의 고푸라는 앙코르 톰과 같이 사면(관세음보살?)의 인면탑으로 이루어져 있다. 동쪽의 벽면에서 9m 떨어진 곳에는 이중으로 된 제2회랑이 있다.

제1회랑은 남북 200m×동서 250m의 사암으로 만들어졌으며, 내벽의 부조는 바이욘과 매우 유사하다. 부조 내용은 자야바르만 7세의 역사 이야기이며, 주로 참파군과 치른 전쟁을 새겼다. 그러나 회랑 대부분은 무너져 있다.

남북을 축으로 같은 구조의 건물이 있고, 동서를 축으로 다른 건물이 있다. 사원 동쪽 처음 건물이 '무희의 방'이고, 양쪽에 경장이 있다. 무희의 방에서 중앙 사당으로 들어가는 상인방에는 '비파 법사'(琵琶法師)와 함사 사이에 창조신 브라흐마(범천)가 새겨져 있다. 북쪽 문 상인방에는 시바가 새겨져 있다. 무희의 방 건물은 대부분이 무너져 내렸지만, 상부의 가루다 조각이 남아 있다. 이들 부조를 춤추는 가루다로 보는 견해가 있지만, 양손을 하늘로 받쳐 들고 있는 모습은 가루다가 천상의 궁전을 떠받치고 있는 모습이다. 앙코르 유적에서는 일반적으로 가루다를 남신으로 묘사하는데, 반테이 츠마르에서는 가슴을 강조한 여성으로 부조했다. 첫 번째 담은 120×40m의 직사각형으로 3개의 탑이 연결되어 있다. 중간 탑은 가장 오래된 것으로, 비슈누를 모신 곳이다. 나머지 2개의 탑은 불상을 모시던 곳이다.

반테이 츠마르 비문(K.227)에는 스린드라쿠마라(Srindrakumara) 왕자가 2차례에 걸친 전쟁에서 4명의 장군에게 보좌받았고, 이들 장군의 동상

도판 5-1-310 | 무희의 방 상부의 가루다(12세기 후반~13세기 초, Banteay Chhmar, 오세윤 촬영)

도판 5-1-311 | 괴수 라후와 싸우는 왕자(제1회랑 서쪽 남면, 12세기 후반~13세기 초, Banteay Chhmar, Banteay Meanchey)

을 중앙 사당에 안치했다고 한다.[36] 제1회랑 벽면에는 자야바르만 7세의 부조가 자주 등장한다. 제1회랑 서쪽 고푸라에 야소바르만 2세가 괴수 라후의 공격을 받았을 때 젊은 왕자가 나타나 라후를 퇴치하는 부조가 있다.

반테이 츠마르의 주요 건물은 사암과 라테라이트를 사용했다. 사암은 회색, 황갈색, 적갈색 등 다양한 석재를 사용했다. 석재 쌓기는 바이욘 후기의 특징을 잘 나타낸다. 우치다 에

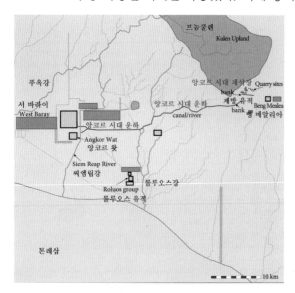

도판 5-1-312 | 앙코르 왕조 시대의 채석장과 고대 운하 지도(Siem Reap)

츠오(内田悦生, 2011)의 석재 연구로 반테이 츠마르는 바이욘보다 후대에 건립되었음이 밝혀졌다.[37] 마지막 단계에서 건립한 제1회랑의 석영 적색 사암은 13세기 초의 건축 양식과 일치한다. 우치다 교수는 반테이 츠마르의 석재가 앙코르 지역에서 사용한 사암 석재와 같은 채석장에서 공급되었다고 한다. 그렇지만 다량의 석재를 쿨렌산에 있는 채석장 혹은 벵 메알리아 인근의 채석장에서 운반해 왔다고 생각할 수 없다. 반테이 츠마르 제1회랑 북쪽 서면에 두 마리의 코끼리가 링가를 수레에 싣고 운반하여 사원 안에 안치하고, 두 사람이 기도하는 장면이 부조로 새겨져 있다. 무거운 석재 운반에는 코끼리를 사용했

던 것을 알 수 있다. 현재 반테이 츠마르에서 약 25km 떨어진 태국 내의 프라친부리에 회색과 황갈색의 사암이 분포하고 최근 이 지역에서 회색과 황갈색 사암 채석장이 발견되었으므로, 반테이 츠마르의 사암 석재는 태국에서 운반해 왔을 가능성이 크다. 석재 단면의 크기는 일반적으로는 두께 25~35cm×폭 40~50cm로 대체로 자야바르만 7세의 석재 크기와 일치한다. 제1회랑에서 사암 석재는 직사각형으로 쌓여 있고, 평균 크기는 두께 26cm, 길이 87cm이다. 안쪽 회랑 주벽에는 라테라이트를 사용했고, 평균 크기는 두께 24cm, 폭 41cm로 사암석재보다는 비교적 크기가 작다.

반테이 츠마르에는 파괴되지 않은 불교 조각이 남아 있고, 사원의 규모나 예술성에서 앙

36 Cœdès, George (1968). Walter F. Vella (ed.). The Indianized States of Southeast Asia. trans. Susan Brown Cowing. University of Hawaii Press.

37 内田悦生, 『石が語るアンコール遺跡-岩石學からみた世界遺産-』, 早稲田大學出版部, 2011年.

도판 5-1-315 | 링가 숭배 장면(제1회랑 북쪽 서면, 12세 기 후반~13세기 초, Banteay Chhmar, 오세윤 촬영)

도판 5-1-313 | 석재 링가를 운반하는 장면(제1회랑 북쪽 서면, 12세기 후반~13 세기 초, Banteay Chhmar 오세윤 촬영)

도판 5-1-314 | 제1회랑 서면의 관음보살상(서북, 12세기 후반~13세기 초, Banteay Chhmar, 오세윤 촬영)

도판 5-1-316 | 제1회랑 서면의 관음보살상(서남, 12세기 후반~13세기 초, Banteay Chhmar, 오세윤 촬영)

도판 5-1-317 | 프라삿 프랑타속의 인면탑(12세기 후반~13세기 초, Prasat Prang Ta Sok, Banteay Meanchey)

도판 5-1-320 | 태국에서 환수한 관음보살상(12세기 후반~13세기 초, Banteay Chhmar, National Museum of Cambodia)

도판 5-1-318 | 반테이 탑(12세기 후반~13세기 초, Banteay Torp, Banteay Meanchey, 오세윤 촬영)

도판 5-1-319 | 목제 대들보와 박출식 지붕(12세기 후반~13세기 초, Banteay Torp, Banteay Meanchey, 오세윤 촬영)

코르 주변에 있는 어떤 사원에도 뒤지지 않는다. 벽면 부조의 주제는 참파군과의 전쟁, 크메르족의 일상생활, 자야바르만 7세의 활약 등 매우 다양하고, 전체적으로 바이욘의 부조와 유사하다. 그러나 씨엠립에서 155㎞나 떨어져 있어, 유적 보존과 관리에 여러 문제가 있었다. 13세기 이후의 폐불 정책으로 불상이 파괴되었고, 근년에는 도굴 피해가 적지 않았다.

1999년에 반테이 츠마르의 석조 유물을 대형 트럭 5대에 실어 도굴하는 사건이 발생했다. 반테이 츠마르는 태국 국경과 가까이 있었기 때문에 도굴당할 위험이 많았던 곳으로, 사건이 발생한 후 얼마 지나지 않아서 석조 유물을 실은 트럭 1대가 태국 국경 경찰대에 붙잡혀 부조 일부가 회수되었다. 도굴범이 유해교반의 데바타상을 잘라낸 부조와 세계적으로 알려진 관음보살상의 부조를 노린 조직적인 범죄였다. 현재 사원에는 관음보살상 부조가 제1회랑 서쪽 남면에 2구만 남아 있다. 관음보살상 부조 2구는 태국이 캄보디아 정부에 반환해서 현재 프놈펜의 국립박물관에 전시하고 있다. 그 밖의 도굴품은 지금도 행방을 알 수 없다.

그 밖에도 반테이 츠마르 주변에 자야바르만 7세가 건립한 사원이 남아 있다. 프라삿 타 프롬(Prasat Ta Phrom), 프라삿 프랑타속(Prasat Prang Ta Sok), 반테이 탑(Banteay Torp) 등으로, 모두 인면탑이 있다. 참파군이 톤레삽 호수를 북상하여 침략하거나 몬족의 드바라바티 혹은 13세기 이후 타이족이 침략할 때 방어하기 위하여 반테이 츠마르 위성 도시 안에 건립한 사원이다. 반테이 탑은 '숲속의 요새'라는 의미로, 반테이 츠마르 남쪽 12㎞ 거리에 있는 비교적 규모가 큰 사원이다. 이 사원은 앙코르가 이 지역을 지배했던 참파군을 물리친 전승 기념으로 세웠다고 한다. 그러나 지리적인 위치를 고려하면 참파군보다는 몬족 혹은 타이족의 침공을 막는 역할을 했을 것으로 추정된다. 사원 내부에는 목조의 대들보가 남아 있다.

프라삿 바칸(Prasat Bakan, Preah Vihear, 캄퐁 스바이의 프레아 칸)

앙코르 왕조 시대에 건립한 가장 큰 복합 사원은 앙코르 와트에서 동쪽으로 95㎞ 떨어진 곳에 있는 프레아 칸 캄퐁 스바이(Preah Khan, Kampong Svay, 현지 사람들은 Prasat Bakan이라고 부른다)이다. 11세기에 수리야바르만 1세가 창건하여, 12세기 말~13세기 초에 자야바르만 7세가 증·개축한 사원이다. 앙코르 왕도(수리야바르만 1세=Yasodharapura, 자야바르만 7세=Angkor Thom)의 동쪽을 지키는 가장 중요한 지방 거점 사원으로, 자야바르만 7세 시대에는 앙코르 와트→뱅 메알리아→프라삿 바칸을 잇는 도로는 코케르와 진랍 시대의 이샤나푸라(삼보르 프레이 쿡)를 묶는 일직선 위에 있었으며 이른바 국도 1호에 해당하였다. 그 다음으로 국도 2호에 해당하는 것이 앙코르 왕도와 동북 태국의 피마이를 잇는 고대 길이다. 앙코르에서 피마이를 잇는

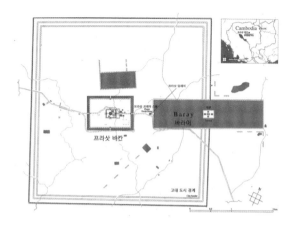

도판 5-1-323 | 프라삿 바칸과 바라이의 평면도(12세기 말~13세기 초, Prasat Bakan, Preah Vihear)

고대 길에 앙코르 왕조 시대의 사원과 다리가 남아 있고, 앙코르 왕조 시대의 이 2개의 고대 길에는 지금도 자야바르만 7세가 만든 다리를 사용하는 곳도 있다. 앙코르 왕도와 동북 태국을 잇는 고대 길에는 자야바르만 7세 이전의 사원과 다리가 남아 있어, 오래전부터 도로가 정비되었던 것을 알 수 있다.

수리야바르만 1세는 앙코르 왕조의 최대 숙적인 참파 왕조의 침략을 방어하기 위하여 지방 거점 도시에 프라삿 바칸을 건립했다. 참파군은 야소다라푸라를 침략할 때 일반적으로 수군이 톤레삽 호수를 북상한 후 메콩강을 건너 육로로 서진했다. 프라삿 바칸은 육로로 공격하는 참파군을 방어하기 위한 제1의 방어 기지였다. 강력한 참파 수군의 공격에 수도가 점령당했을 때 수리야바르만 2세와 자야바르만 7세는 프라삿 바칸으로 피난한 후, 전열을 가다듬어 왕도를 다시 탈환한 적이 있다.

프라삿 바칸은 총면적이 약 5㎢이고 동쪽을 향하는 사원이지만 동서축은 반시계 방향으로 약 30도 정도 어긋나 있어, 남북축의 방향은 코케르와 삼보르 프레이 쿡을 묶는 선과 일치하고 있다. 사원의 중심부는 해자로 둘러싸여 있고, 라테라이트로 쌓은 주벽의 동서남북에 문이 세 개인 고푸라가 세워져 있다. 탐문의 가장 윗부분이 무너져 내려 인면 부조는 확인할 수 없지만, 자야바르만 7세가 세운 사면탑과 같은 양식이다. 동 고푸라 앞의 육교 양쪽 벽에 함사와 나가의 부조가 연속하여 새겨져 있다. 앙코르 왕조 시대의 함사와 나가는 장식

도판 5-1-321 | 프라삿 바칸의 동 고푸라(12세기 말~13세기 초, Prasat Bakan, Preah Vihear, 오세윤 촬영)

도판 5-1-322 | 프라삿 바칸의 함사와 나가 부조(동 고푸라 육교 남쪽 측벽, 12세기 말~13세기 초, Prasat Bakan, Preah Vihear)

이라기보다는 영적 상징성이 강하다. 함사(거위, 백조)는 창조신 브라흐마가 타고 다니는 영조이고, 나가는 비슈누와 석가를 보호하는 수호신으로, 양자는 '물(우유, 감로수)'과 불가분의 관계가 있다. 외벽 안쪽에 동서남북으로 고푸라와 사암으로 만든 이중의 회랑이 있고, 대소의 사당을 복잡하게 배치하고 있다.

프라삿 바칸 동쪽에는 큰 바라이(2.8km×750m)가 있다. 바라이 한가운데의 인공섬(메본)에는 프레아 트콜(Preah Thkol)이 있다. 바라이의 서쪽 호안 중앙에는 선착장이 있고, 그 서쪽으로 프라삿 프레아 스텅(Prasat Preah Stung)이 있다. 동서남북으로 고푸라가 있는 회랑과 사면탑을 가지는 중앙 사당으로 구성되어 있다. 바라이의 남동쪽에 라테라이트로 만든 높이 15m인 피라미드 유적 프레아 담레이(Preah Damrei)가 있다. 담레이는 크메르어로 코끼리를 의미

도판 5-1-324 | 프라삿 프레아 스텅(12세기 말~13세기 초, Prasat Preah Stung, 오세윤 촬영)

도판 5-1-325 | 프라삿 프레아 스텅의 사면탑(12세기 말~13세기 초, Prasat Preah Stung, 오세윤 촬영)

도판 5-1-326 | 프라삿 프레아 스텅의 피라미드 유적(연대 미상, Prasat Preah Stung, 오세윤 촬영)

도판 5-1-327 | 도굴범들이 파괴한 부조(Prasat Bakan, Preah Vihear, 오세윤 촬영)

한다. 원래 피라미드 정상에 4구의 코끼리상이 있었는데 하나는 프놈펜의 국립박물관, 또 하나는 프랑스의 기메 박물관이 소장하고 있다. 힌두교가 전래하기 이전의 성산 숭배와 관련하는 유적이다.

현재 프라삿 바칸은 건물 대부분이 무너진 채로 방치되어 있다. 앙코르 예술의 절정에 속하는 프라삿 바칸의 석조 미술 대부분은 과거 메콩강 탐험대의 루이 드라포르트(Louis Delaporte, 1842~1925년)가 약탈하기 시작했으며 1990년대 후반까지 도굴범들이 대대적으로 파괴하여 원형이 거의 남아 있지 않다. 프라삿 바칸 주변 지역에는 몇 개의 철광산이 있고, 사원 인근에서 제철 유적이 발견되었다. 프라삿 바칸은 교통의 요지이기도 했고, 앙코르 왕조의 중요한 철기 생산지이기도 했다.

자야바르만 7세 시대의 많은 비문이 남아 있는데, 특히 주목되는 것은 1186년 타 프롬과 1191년 프레아 칸의 비문이다. 이들 비문에는 타 프롬에서 승려 12,640명이 생활했고 프레아 칸에서는 97,840명이 사원에 종사했다고 기록되어 있다. 앙코르 톰이 얼마나 큰 도시였는지 알 수 있다. 8세기의 세계 3대 도시는 어디였을까? 당나라의 장안, 동로마 제국의 콘스탄티노폴리스(이스탄불), 아바스 왕조의 바그다드라는 답은 그리 어려운 문제가 아니다. 하지만 '8세기에 인구가 100만인 도시는 어디였을까?'라는 질문은 그리 쉬운 문제가 아니다. 당시 앙코르 도성의 정확한 인구는 알 수 없지만, 9기 초 앙코르 왕조 성립 이후 13세기 초까지 동남아시아 최대의 도시는 앙코르 도성이었다.

앙코르 지역은 제1차부터 제4차까지 왕도가 이동하지만, 처음으로 본격적인 도성을 축조한 왕은 자야바르만 7세이다. 참파의 집요한 공격에 대비하여 견고한 성벽과 큰 해자로 둘러싸인 도성을 건설하여 본격적인 방어 거점을 마련했다. 동남아시아 대륙 각지에 세운 사원도 소규모의 거점 요새 역할을 했다. 12세기까지 앙코르 왕은 침략과 방어라는 일시적인 전략을 내세웠지만, 자야바르만 7세는 도성과 지방의 도로를 정비했고 사원과 대 바라이를 건설했으며, 국경 지대 도시를 요새화하였다. 이는 앙코르 왕국의 항구적인 영토 지배 의지를 표출한 것이다.

자야바르만 7세는 군용도로를 정비하고 역사와 의료원을 세웠으며, 이러한 시설들은 최대로 확장한 앙코르 영토를 통치하고 영토 지배를 강화하려는 자야바르만 7세에게는 불가결한 요소였다. 프레아 칸의 비문에 따르면 크메르 왕국의 전성기인 12세기 말에서 13세기 초에 자야바르만 7세는 앙코르 영토를 통치하기 위하여 도로를 정비하고, 121곳의 역사와 102곳의 의료원을 세웠다고 한다. 대승 불교와 더불어 이러한 토목 공사는 영토 지배를 강화하기 위해서였다. 하지만 자야바르만 7세의 많은 토목 공사는 앙코르 왕도에서 멀리 떨어진 지방에서는 미완성인 경우가 적지 않았다. 자야바르만 7세의 서거 시기는 명확하지 않지만, 80세를 넘은 1218년으로 추정된다.

도판 5-1-328 | 프레아 팔릴라이(12세기 말~13세기 초, Preah Palilay, Angkor Thom, 오세윤 촬영)

자야바르만 7세 시대를 앙코르 왕국의 최전성기로 평가하지만, 실제로는 몇 차례 반란이 있었고 대규모의 도성과 사원 건립 등의 토목 공사는 필연적으로 국력을 소모하게 하여 왕국은 쇠퇴해 갔다. 자야바르만 7세의 후계자인 인드라바

도판 5-1-329 | 프레아 팔릴라이 박공의 불상 부조(12세기 말~13세기 초, Preah Palilay, Angkor Thom, 오세윤 촬영)

르만 2세(1218~1143년)도 대승 불교 신자였다. 당시의 비문에는 왕이 서거한 해가 기록되어 있고, 앙코르 톰 안의 프레아 팔릴라이는 이 시대에 건립한 것 같다. 프레아 팔릴라이는 작은 불교 사원으로 왕궁 북쪽에 있다. 그러나 인드라바르만 2세의 후계자인 자야바르만 8세(1243~1295년)는 다시 힌두교를 국가 종교로 했다.

자야바르만 7세는 대승 불교도로, 2번째 왕비 인드라데비도 독실한 불교 신자였다. 당시의 불교는 이미 밀교가 성행하여 인도네시아, 중국, 일본 등에서 만다라불을 믿었던 시대였다. 특히 수리야바르만 2세에서 자야바르만 7세(바이욘기)에는 나가가 지키는 석가상과 관음보살상이 유행했다. 이러한 불상들은 앙코르 왕도를 비롯하여 앙코르 제국이 지배했던 광범위한 지역에서 발견되었다. 그러나 앙코르 왕조는 힌두교를 완전히 배척하지는 않았고, 석가를 비슈누 혹은 시바의 아바타(화신)로 자리매김하여 힌두교 신과 융합했다. 앙코르 불상을 특징짓는 '나가 위의 석가' 또는 나가가 수호하는 석가 좌상은 수신 혹은 성수 숭배와 불가분의 관계가 있다. 같은 시기의 이러한 형태의 불상을 태국에서는 '롭부리 양식'이라고 부른다. 수전 농업을 기반으로 하는 무앙 국가에서 왕과 물(水神=지모신, 바라이와 관개망)의 관계에서 비슈누(유해교반, 감로수), 나가와 석가가 융합하는 것은 어쩌면 필연적이었다고 할 수 있다.

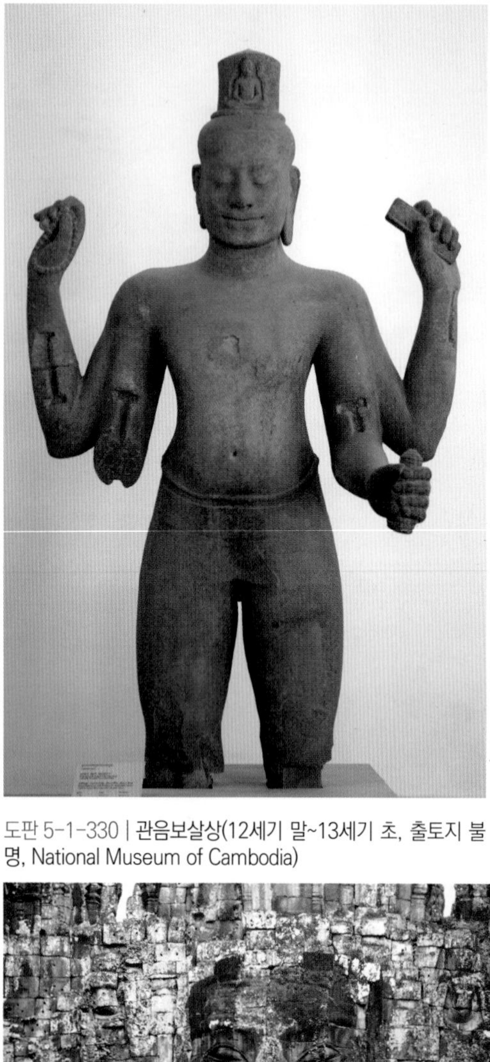

자야바르만 7세 시대의 이른바 사면탑의 인면(人面)에 대해서는 관음보살설, 시바설, 시바·붓다설, 무카링가설, 바즈라(Vajra)설 등 여러 가설이 제기되어 있다. 이러한 가설은 유력한 근거가 없다. 최근에는 거대한 인면을 단일한 특정 신격이 아니라 자야바르만 7세를 수호하는 전사를 신격화한 것(크메르의 수호신)으로, 구체적으로는 아수라·데바·데바타로 해석하는 견해가 있다. 박형국(武蔵野美術大學教授)은 '다수의 존안은 신들의 위력에 의한 도성 수호의 표상이었다.'라는 새로운 가설을 제기했다.[38] 또한, 이러한 인면을 탑당의 정상부에 배치하는 것은 밀교의 금강령(金剛鈴), 금강저(金剛杵)의 귀목(鬼目)에 나타나는 보살상이나 분노상 등을 참고로 받아들였을 가능성이 크다고 한다.

자야바르만 7세는 1218년까지 생존했고, 왕의 사후에 처남인 인드라바르만 2세가 왕위에 올랐다. 그리고 다음에 자야바르만 8세가 왕위에 즉위하지만, 자야바르만 7세와 혈연관계가 명확하지 않다. 자야바르만 8세 시대는 시바교가 유행했다. 힌두교와 불교를 둘러싸고 왕조 내에서 정쟁이 발생했을 가능성이 크다. 열렬한 신자들에 의해서 자야바르만 7세 때 안치했던 불상은 폐기되고 벽면에 새긴 불상 부조가 지워졌으며 표

도판 5-1-330 | 관음보살상(12세기 말~13세기 초, 출토지 불명, National Museum of Cambodia)

도판 5-1-331 | 인면상(12세기 말~13세기 초, 승리의 문, Angkor Thom, 오세윤 촬영)

---

38   朴亨國, 「バイヨン修復活動における美術史學―巨大尊顔の新解釈―」, 『建築雑誌』118-1507, 2003)

면에 새롭게 힌두교 신상이 새겨졌다.

타이족은 12세기 말에서 13세기에 걸쳐서 대두하였으며, 13세기에 앙코르 왕국의 지배에서 벗어나 독립했다. 차오프라야강 유역의 타이족이 수코타이를 건국하고, 세력을 확대하여 국력이 쇠퇴한 크메르 왕국을 위협했다. 힌두교와 대승 불교는 국력의 저하와 함께 점차 힘을 잃어가고, 사람들은 상좌부 불교를 믿게 되었다. 그 후 태국의 아유타야 왕조에 점령당하면서 앙코르는 1430년에 수도의 기능을 상실했다. 아유타야 왕국은 앙코르 와트에 있었던 청동제 신상들을 전리품으로 빼앗아 왕궁으로 가져갔다. 그 후 아유타야는 미얀마와의 전쟁에 패하여, 미얀마는 1563년에 신상들을 가져갔다. 현재 이들 신상은 미얀마의 만달레이의 마하 무니 파야(Maha Muni Paya)에 있다.

5-1-6. 라오스 참파삭의 홍낭시다 유적과 고대 길(라오스-캄보디아)

홍낭시다 유적은 '시다 공주의 방(Hong Nang Sida)'이라는 의미로, 주 사당 건물, 벽돌로 된 경장, 고대 채석장, 참배길 및 고대 길로 이루어져 있다. 사원 전면에는 앙코르 사원에서 흔히 볼 수 있는 좌우 대칭형 바라이가 남아 있고, 입구에서 사당까지의 답도(참배길)에 석재 링가가 2열로 세워져 있다. 한국문화재단이 발굴 조사한 결과, 사원은 담장으로 둘러싸였고 동쪽에 고푸라가 있던 것이 밝혀졌다. 주 사당은 전형적인 앙코르 사원 양식이며, 동서를 장축으로 한 평지 가람 형식으로 되어 있다. 조각의 도상학적 특징과 미술사적 양식을 고려했을 때 경장은 10~11세기, 석조는 11~12세기 전후에 축조한 것으로 추정된다. 건축학적으로는 코벨 아치(박출식)를 적용한 상인방 구조 방식의 건축물로 보인다. 홍낭시다 유적의 중앙 사당은 상부 구조가 붕괴한 상태로 사원 주변에 그대로 쌓여 있었다. 동쪽 입구의 구름다리(낮은 고상식 마루), 입구의 문틀과 기둥, 벽면 일부만 남기고 중앙 성소는 완전히 무너져 내렸다. 사원에서 남서쪽으로 400m 떨어진 곳에 고대 채석장이 있다.

10세기 후반부터 11세기에는 사당의 비좁은 의례 공간을 보충하기 위해서 전실이나 후실을 만들었다. 돌이나 벽돌을 쌓아 올려 만드는 조적조(組積造)에서는 큰 공간에 지붕을 만드는 것이 곤란했기 때문에 건물과 건물을 연결하여 공간을 확대하는 수법을 사용했다. 왓푸 사원의 후전은 초기의 벽돌 조적조(組積造) 구조물이다. 사원 건축 재료가 '목조→벽돌→석조'로 바뀌었지만, 일부 건물에는 대들보에 목제, 지붕에 기와를 사용한다. 현재 앙코르 왕조 시대의 기와 편년은 전혀 연구되지 않아서 상세한 연대를 알 수 없다. 홍낭시다 유적에서도 기와가 출토되어 성소 앞의 전실 등 지붕 일부는 기와를 사용한 것으로 추정된다.

도판 5-1-333 | 홍낭시다 유적(11~12세기, Hong Nang Sida, Champasak, 2012년)

도판 5-1-332 | 유적에서 출토한 석재(11~12세기, Hong Nang Sida, Champasak, 2019년)

현재 홍낭시다 유적의 역사를 규명하는 사료가 거의 없다. 따라서 우리는 홍낭시다 유적의 역사를 현재 남아 있는 사료 안에서 구체적으로 검토할 필요가 있다. 앙코르 왕조 사원의 건축 재료는 크게 목재, 벽돌, 석재, 라테라이트(홍토)로 구별할 수 있다. 현재 목재 사원은 남아 있지 않고 벽돌, 석재, 라테라이트로 만든 사원이 남아 있다. 홍낭시다 유적은 석재로 된 주 사당과 벽돌 경장(도서관)이 있어, 재료와 구조가 다른 건물이 공존하고 있다. 일반적으로 벽돌로 된 건물은 석주 사원보다 시대가 앞선다. 앙코르 왕조 시대의 석조 사원은 주 사당과 경장이 같은 석재를 사용하여 만들었다. 그렇다면 홍낭시다 유적의 주 사당은 후대에 증축 혹은 개축했을 가능성이 크다. 따라서 홍낭시다 유적의 주 사당과 경장은 서로 다른 시기에 만들었을 가능성도 있다. 홍낭시다 유적의 주 사당은 참배길이 있고, 참배길 양쪽에 석재 링가(석주)를 세워 놓았다. 이러한 참배길의 석재 링가는 앙코르 사원 군(프레아 코, 타케오), 벵 메알리아, 프레아 비히어, 홍낭시다로 이어진다.

구름다리(고상식 바닥), 만다파, 성소로 이어지는 석조 주 신전의 구조도 벵 메알리아에서 북상하는 사원과 유사점이 많다. 즉 프놈쿨렌, 코케르로 이어지는 고대 길에서는 유사 구조의 사원이 그다지 발견되지 않는다. 현재 홍낭시다 유적의 연대를 정할 수 있는 사료는 가짜 문의 연꽃 부조, 상인방 부조, 박공 부조, 나가 조각, 기둥 장식 부조, 옥개 장식의 신상 등이다. 이러한 부조 석상의 연대는 일반적으로 11세기와 12세기 이후로 나뉜다. 그러나 남아 있는 부조만으로는 정확한 연대를 확정하기가 쉽지 않다.

11세기설은 프랑스 학자들이 식민지 시대부터 제기한 견해이고, 홍낭시다 유적의 부조는 11세기보다는 12세기 이후의 사원 구조와 부조 등과 유사하다. 홍낭시다 유적과 유사한 부조는 벵 메알리아에서 참파삭을 잇는 고대 길 선상의 사원에서도 발견되었다. 왓푸 사원과 홍낭시다 사이에도 사암으로 만든 교량 일부를 확인했는데, 캄보디아의 석재 혹은 라테라이트로 만든 다리 대부분은 12세기 초에서 자야바르만 7세 때에 만든 것이다.

지금까지 보고된 앙코르 왕조의 사원은 10세기 사원이 110개소, 11세기 사원이 101개소, 12세기 사원이 26개소, 13세기 사원이 78개소이다. 하지만 필자가 캄보디아와 태국에서 확인한 사원은 태국 297개소, 캄보디아의 캄퐁톰 292개소, 프레아 비히어 290개소, 씨엠립 140개소, 캄퐁참 30개소, 그 밖의 주가 45개소이다. 시대별로 보면 10세기, 11세기, 12세기, 13세기의 사원

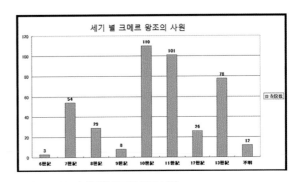

도판 5-1-334 | 시대별 앙코르 왕조 사원

이 압도적으로 많다. 앙코르 주변에는 10~11세기의 사원이 많고, 앙코르 지역을 벗어난 곳에서는 수리야바르만 2세 때의 앙코르 와트 양식은 그다지 찾아볼 수 없다. 태국의 앙코르 사원은 11세기 사원과 12~13세기 바이욘 양식의 사원이다. 동북 태국의 앙코르 사원은 약 100개소로, 그중 미완성 사원은 12~13세기 바이욘 양식 사원이 약 40개소이다. 앙코르 왕조의 역사(驛舍), 고대 길, 태국 이산 지역의 앙코르 사원 등을 종합하여 고려하면 홍낭시다 유적은 11세기의 수리야바르만 1세 때에서 12세기 초에 건립했을 가능성이 크다.

홍낭시다 유적과 유사한 사원은 캄보디아(벵 메알리아-참파삭)와 동북 태국의 이산 지역에 많이 남아 있다. 아직 고대 길과 관련하는 사원들의 전모가 밝혀지지 않았다. 홍낭시다 유적은 앙코르, 벵 메알리아, 프레아 비히어주의 사원, 참파삭으로 이어지는 고대 길 선상에 있는 사원의 지표 조사가 지급한 시점에 있다.

지금도 한국문화재재단 백경환 연구관이 홍낭시다 유적을 복원하고 있다. 2013년부터

한국문화재재단과 문화재청은 라오스의 유네스코 세계 문화유산인 참파삭 문화경관 내 사원과 고대 주거지(Vat Phou and Associated Ancient Settlements within the Champasak Cultural Landscape)에 속한 홍낭시다 유적의 복원 사업을 추진하고 있다. 한국문화재재단은 정부의 공적 개발 원조의 일환으로 2013년 3월에 홍낭시다 유적의 발굴 조사를 끝내고, 복원 작업을 시작했다.[39] 한국문화재재단은 홍낭시다 유적의 중앙 사당을 복원할 예정이다. 열대우림이 우거진 상상할 수 없는 열악한 환경에서 우리나라 젊은 고고학도들의 발굴 조사는 현지의 많은 사람과 라오스 정부에게 높이 평가받아 한국의 고고학이 해외 유적 복원에 기여하는 새로운 계기가 되어 한국의 위상을 새롭게 인식시키고 있다. 한국문화재재단의 2014년의 연구 위원으로 참가했던 한 사람으로 홍낭시다 유적의 성공적인 복원을 기대한다.

따오타오 사원(Thao Tao, Champasak)

따오타오 사원은 홍낭시다 사원 남쪽 고대 길에 있다. 라테라이트로 둘러싸인 직사각형의 담 안에 석조 주 사당이 무너진 상태로 남아 있다. 사원의 연대를 알 수 있는 부조와 상인방 조각이 남아 있지 않지만, 일부 식물 문양은 11세기 말의 부조와 유사하다. 부조와 석재 가공, 동쪽에 입구가 있고, 남쪽에 소형의 경장 등은 홍낭시다 유적과 유사점이 있다. 그러나 홍낭시다 유적과 따오타오 사원은 같은 기능과 목적으로 세워지지 않았다. 라오스 고고학자들은 따오타오 사원을 숙박 시설(Dharmasala) 혹은 의료원으로 보고 있다. 하지만 석조 사원을 의료원이나 역사로 사용했다는 유력한 근거가 없다. 우선 석조 사원은 사람이 주거

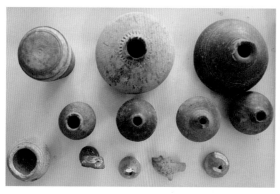

도판 5-1-336 | 따오타오 사원 출토 토기(Thao Tao, Champasak Historical Heritage Museum, Pakse)

도판 5-1-335 | 따오타오 사원(12세기 중반~13세기 초, Thao Tao, Champasak)

39   한국문화재재단, "라오스 홍낭시다 유적 문화재 발굴 조사 1차 보고서", 2007.; 한국문화재재단, "라오스 홍낭시다 유적 문화재 발굴 조사 2/3차 보고서", 2020년.

하기에 적합하지 않다. 의료원 혹은 역사에 세운 사원으로 보는 것이 타당하다. 또한, 거리가 왓푸 고대 도시와 인접하고 실내 공간이 비좁다는 점을 고려하면 숙박 시설이라고는 생각할 수 없다.

벵 메알리아 주변과 동북 태국의 이산 지역에도 유사한 형태의 사원이 남아 있다. 프라삿 바칸(깜퐁 스베아의 프레아 칸)에서 씨엠립주 사이에 6개의 석조 사원이 남아 있고, 그중에 역사로 추정되는 사원이 4개 있다. 한편 앙코르 왕도에서 동북 태국의 피마이까지 고대 길 선상의 역사 혹은 숙박 시설로 추정되는 사원들은 모두 라테라이트로 만든 소형 사당이다. 참파삭 주립 역사박물관이 소장한, 따오타오 사원에서 출토된 소형 토기는 약병으로 사용했을 가능성이 크다. 12세기 말 이후에서 13세기 초(바이욘 양식?)에 시술소로 사용했을 가능성이 크다.

탓삼팡 사원(That Sam Pang, Champasak)

따오타오 사원 남쪽으로 탓삼팡 사원이 있다. 사원은 우기가 되면 길이 물에 잠겨 조사가 곤란한 곳에 있다. 사원은 동면을 향하여 남북으로 3개의 작은 석재 사당이 일렬로 늘어서 있다. 중앙에 시바, 왼쪽의 남쪽에 브라흐마, 북쪽에 비슈누를 모셨던 것으로 생각되고, 현재는 내부에 불상을 안치하고 있다. 힌두교 사원을 14세기 이후에 불교 사원으로 사용한 것으로 추정된다. 사원은 홍낭시다 유적과 따오타오 사원과도 구조가 다른 첨탑형이다. 상부의 옥개 부분이 무너졌

도판 5-1-337 | 탓삼팡 사원(11~12세기, That Sam Pang, Champasak)

지만 비교적 원형을 잘 남기고 있다. 하지만 상인방이 전혀 조각되지 않은 것으로 보아 미완성 사원이다. 사원 동쪽에는 대형 바라이가 있다. 홍낭시다 유적의 동쪽 700m에도 대형 바라이(150×400m)가 있어, 이 사원은 따오타오 사원과는 목적과 기능이 다름을 알 수 있다. 탓삼팡 사원은 왓푸 사원과 캄보디아를 잇는 고대 길에 있는 거점에 있던 사원으로 추정된다.

이 사원은 유력한 사료가 없어 건립 연대를 구체적으로 규명하기 곤란하지만, 12~13세기에 건립된 것으로 추정된다. 중앙 사당의 불상은 최근에 주민들이 만들어 안치했다. 고대 길 가까이 있는 사원이 있지만, 부속하는 대형 바라이를 보면 수전 경작과 관련하는 사원이다.

가까운 반탓(Ban That) 마을에서 출토된 12세기 비문에는 시바교의 고위 승려, 링가바르파타의 신성함, 수리야바르만 2세와 그의 삼촌인 다란인드라바르만 1세의 권력 싸움에 대해 새겨져 있다. 이러한 비문을 통하여 동북 태국의 피마이 왕가 출신의 앙코르 왕과 참파삭이 깊은 관계가 있었던 것을 유추할 수 있다.

라오스-캄보디아의 고대 길과 사원 유적

홍낭시다 사원은 동쪽을 전면으로 하여 참배길, 성지, 사원이 동서로 배치되어 있다. 홍낭시다 주 사당 왼쪽에는 소형 벽돌 사당터가 남아 있다. 현재 사원은 붕괴하여 원형을 찾아볼 수 없지만, 석재로 만든 주 사당과 벽돌 경장이 남아 있다. 홍낭시다 사원은 참파삭과 앙코르를 잇는 고대 길과 관련하는 유적으로 전해지지만, 이를 구체적으로 입증하는 연구가 없다. 12세기 앙코르 시대 사원 유적인 씨엠립 프레아 칸의 비문에 따르면 앙코르 왕조의 고대 길을 따라 121개의 역사와 휴식 장소가 있었다고 한다. 앙코르 왕도와 동북 태국의 파놈룽, 무앙 톰, 피마이를 잇는 고대 길에 관한 연구가 많이 이루어져 있으며, 도로를 따라서 사원과 유적이 확인되었다.

현재 참파삭 주변에서 발견된 사원과 유물의 연대는 5~14세기로 다양하다는 점에서 참파삭이 오랫동안 중요한 지역이었던 것을 알 수 있다. 5세기에서 7세기 초까지 참파삭과 부남은 주로 메콩강의 수로를 이용하여 왕래했다. 홍낭시다 사원이 고대 육로와 관련하는 시기는 7세기 이후부터이다. 특히 이샤나바르만 1세가 이샤나푸라로 수도를 천도한 이후, 참파삭과 이샤나푸라를 잇는 육로가 중요해졌다. 이러한 고대 길을 따라 세운 사원이 참파삭에서 캄보디아의 스텅트렝, 크라체, 캄퐁톰의 삼보르 프레이 쿡 등에 남아 있다. 하지만 이들 사원은 대부분이 아직 조사되지 않았고 일부는 존재조차 알려지지 않았다. 이 메콩강의 고대 길을 따라서 스텅트렝시와 캄퐁톰주의 문화 예술과에서 많은 사원 관련 유물이 남아 있다. 현재 남아 있는 사원의 대부분은 무너진 소형 벽돌 사당이므로 앞으로 정밀한 지표 조사가 필요하다.

자야바르만 2세가 앙코르로 수도를 천도한 후 참파삭과 앙코르를 잇는 육로가 중요한 역할을 하게 되었다. 앙코르 왕도와 라오스의 참파삭을 잇는 고대 길은 2개가 있다. 하나는 프놈쿨렌에서 코케르, 프레아 비히어주의 당렉산맥, 참파삭으로 연결되는 고대 길로, 이 도로 위에 그리 많지는 않지만 일련의 사원이 남아 있다. 씨엠립 북쪽에는 10~11세기 사원이 많이 남아 있다. 또 하나는 벵 메알리아를 지나서 북상하여 코케르, 프레아 비히어주, 당렉산

도판 5-1-338 | 당렉산맥과 프라삿 네악 보우스의 바라이(Prasat Neak Bous Baray, Preah Vihear)

도판 5-1-339 | 벽돌 건물과 기둥(Prasat Neak Bous, Preah Vihear)

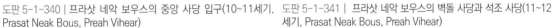

도판 5-1-340 | 프라삿 네악 보우스의 중앙 사당 입구(10~11세기, Prasat Neak Bous, Preah Vihear)

도판 5-1-341 | 프라삿 네악 보우스의 벽돌 사당과 석조 사당(11~12세기, Prasat Neak Bous, Preah Vihear)

맥의 동쪽을 거쳐 참파삭의 홍낭시다로 연결하는 고대 길에 있는 사원들이다. 이 2개의 고대 길에서 가장 중요한 사원이 현재의 캄보디아와 라오스의 국경선 가까이 있는 당렉산맥 기슭의 대형 복합 사원 프라삿 네악 보우스(Prasat Neak Bous = Prasat Don Kau)이다.

이 사원이 있는 쿨렌 지역은 당렉산맥이 동남쪽 평야 지대로 산에서 흐르는 풍부한 물로 수전 경작에 적합한 곳이다. 지역 주변에는 10~12세기의 앙코르 사원 유적 10곳이 남아 있다. 프라삿 네악 보우스는 8~11세기의 중심 사원으로, 인근에 대형의 바라이가 있는 것으로 보아 앙코르 왕조 시대의 거점 도시가 있었을 가능성이 크다. 중앙 사당은 11세기의 바푸온 양식의 벽돌 건물로 입구에는 사암으로 만든 상인방 일부가 남아 있다. 남아 있는 코끼리의 얼굴로 보아, 아이라바타를 타고 있는 인드라를 주제로 한 상인방이다. 양식적으로는 10세기 중반인 프레 룹보다 조금 오래된 10세기 초에 만든 것으로 추정된다. 오래된 상인방을 11세기에 재사용한 것으로 추정된다. 경장의 문틀에 고대 크메르어 비문이 새겨져 있어, 앞으

도판 5-1-342 | 프라삿 네악 보우스의 경장 입구 크메르어 비문(Prasat Neak Bous, Preah Vihear)

도판 5-1-343 | 프라삿 네악 보우스의 경장 입구의 부조(8세기, Prasat Neak Bous, Preah Vihear)

로 사원의 실체가 밝혀질 것으로 추정된다. 경장 문틀 기둥과 상인방 장식의 일부는 8세기로 추정되는 부조가 장식되어 있다. 원래의 상인방 장식이 아니라 다른 건물(기단 장식)의 부조를 후대에 문틀 위에 올려 놓은 것으로 추정된다. 8세기부터 11세기까지 여러 차례 개·증축한 것으로 추정된다.

프라삿 네악 보우스가 참파삭에서 앙코르 왕도로 향하는 현재의 캄보디아 영토에서 첫 번째 거점 사원이라면, 두 번째 거점 사원이 프놈펜(Phnom Penh) 마을의 프라삿 크나르 센코에(Prasat Khnar Senkoev)이고, 세 번째 거점 사원이 프라삿 크나르(Prasat Khnar)이다. 프라삿 크나르 센코에는 돌로 만든 대형 사원이며 벽돌로 만든 사원이 없는 것이 특이하다. 유적의 건립 연대를 결정할 수 있는 유력한 자료는 없지만, 남아 있는 부조와 석주 사원 등을 고려하면 11세기에 세웠을 가능성이 크다. 사원 입구에 사자상과 돌로 깔린 탑도(참배길), 양옆의 링가 석주가 비교적 잘 남아 있다.

프라삿 크나르 사원 동쪽에는 바라이와 메본(인공섬)을 확인할 수 있다. 사원 전체가 잡초와 수목으로 둘러싸여 있지만, 사원 주변에 해자와 이중의 주벽 일부가 남아 있다. 동 고푸라 옆의 경장 입구에는 10세기(프레 룹 양식)로 추정되는 상인방이 양쪽으로 갈라진 상태로 남아 있다. 인드라가 아이라바타를 타고 있는 모습이 새겨져 있으며 상인방 양쪽 끝에 입을 크

도판 5-1-344 | 프라삿 크나르 센코에(11세기, Prasat Senkoev, Phnom Penh, Preah Vihear)

도판 5-1-345 | 프라삿 크나르 센코에의 탑문 내부(11세기, Prasat Khnar Senkoev, Phnom Penh, Preah Vihear)

도판 5-1-346 | 프라삿 크나르의 동 고푸라 인근의 경장 입구 (10세기, Prasat Khnar, Preah Vihear)

도판 5-1-347 | 프라삿 크나르의 가짜 문의 연꽃 부조(11세기, Prasat Khnar, Preah Vihear)

게 벌린 마카라 부조가 있다. 사원은 9~11세기에 건립되었으며 야소바르만 1세와 비라스라
마(Vīrāśrama 혹은 Vīralakṣmī, 수리야바르만 1세의 부인)가 시주했다고 전해진다. 프레아 비히어주
에 있는 앙코르 사원의 특징은 벽면에 데바타상이 없다는 점이다. 프레아 비히어에도 데바
타상은 전혀 찾아볼 수 없다. 프라삿 크나르 사원 벽면에는 사암으로 새긴 10세기 초의 데바

도판 5-1-349 | 프라삿 크나르의 데바타상(10세기, Prasat Khnar, Preah Vihear)

도판 5-1-350 | 프라삿 크나르의 벽돌로 만든 사원과 상인방(10~11세기, Prasat Khnar, Preah Vihear)

도판 5-1-348 | 프라삿 크나르의 가루다상(상인방, 10~11세기, Prasat Khnar, Preah Vihear)

타상이 남아 있다. 벽돌 만든 사원 일부에 상인방과 석재 유물이 남아 있다.

프라삿 크나르에서 코케르의 중간에 있는 중요 거점 사원이 프라삿 초암 스람(Prasat Choam Sram)으로, 프레이 뱅 마을에 있다. 사원과 인접하여 길이 1,210m, 폭 730m의 대형 바라이가 있다. 동서 입구에 고푸라가 비교적 잘 남아 있고, 사원 내부는 3단으로 된 대형 피라미드가 세워져 있다. 코케르의 프라삿 톰이 석재를 쌓아 올린 피라미드 유적인 것과 달리, 프라삿 초암 스람은 라테라이트를 쌓고 그 위에 벽돌 사당을 세워 놓았다. 동남아시아 기층문화에서 유래하는 성산을 조성했다고 추정된다. 사원의 부조는 11세기 양식으로 추정된다.

라오스 참파삭에서 프레아 비히어주의 코케르까지 고대 길에는 10~12세기에 벽돌과 석재로 지은 거점 사원이 흩어져 존재한다. 따라서 참파삭과 앙코르 왕도를 잇는 앙코르 왕조 시대의 고대 길은 어느 정도 거점 도시와 사원을 선으로 연결할 수 있다. 당시의 고대 길과 관련하여 가장 유명한 다리가 삼보르 프레이 쿡과 앙코르 왕도를 잇는 캄퐁톰의 '스피안 프레아 토에우스'(Spean Preah Toeus) 유적이다.

캄보디아 각지에서 씨엠립을 제외하고 12세기 초에 건립된 앙코르 사원은 찾아보기 어렵지만, 뱅 메알리아 주변에 12세기 사원이 있고 쿠와나(Kwana) 마을을 지나 북상하여 당렉산맥까지 고대 길을 따라 11~12세기의 사원 7개가 흩어져서 존재한다. 뱅 메알리아에서 홍낭

도판 5-1-354 | 프라삿 초암 스람의 동 고푸라(11세기, Prasat Choam Sram, Preah Vihear)

도판 5-1-351 | 프라삿 초암 스람의 피라미드 유구 제1단(Prasat Choam Sram, Preah Vihear)

도판 5-1-352 | 프라삿 초암 스람, 아이라바타를 타고 있는 인드라(상인방, 11세기, Prasat Choam Sram, Preah Vihear)

도판 5-1-353 | 황소를 타고 있는 야마(상인방, 11세기, Prasat Choam Sram, Preah Vihear)

도판 5-1-355 | 스피안 프레아 토에우스(12세기, Spean Preah Toeus, Komphong Thom)

도판 5-1-356 | 나가상과 드바라팔라상(12세기, Spean Preah Toeus, Komphong Thom)

시다 유적을 잇는 고대 길을 따라서 11~12세기에 건립된 사원이 세워져 있고, 이는 홍낭시다 유적의 장식 부조 및 조각상들에 대한 양식적, 도상학적 고찰과 더불어 홍낭시다 유적의 창건 연대를 결정하는 유력한 사료이다.

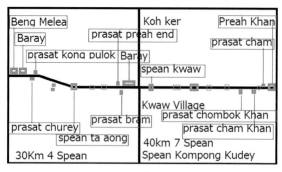

도판 5-1-357 | 프라삿 바칸에서 벵 메알리아 사이의 고대 길 유적

도판 5-1-358 | 프라삿 브람(12세기, Prasat Bram, Preah Vihear)

도판 5-1-359 | 스피안 크와우(Spean Kwaw)

벵 메알리아를 조금 지나서 고대 길 선상에 있는 프라삿 츄레이(Prasat Churey)는 11~12세기 사원이다. 사원 입구에 해당하는 참배길 양쪽에 석주(링가 석주)가 열을 지고 있다. 홍낭시다 유적과 같이 석주 하단부에 뾰족한 돌기가 하나 있어, 구멍 뚫린 지대석 위에 꽂게 되어 있다. 또한, 홍낭시다 유적에서 볼 수 있는 가구식 구름다리, 만다파, 무너져 내린 성소, 장식 부조 등에서 많은 유사점이 인정된다. 프라삿 츄레이와 벵 메알리아 사이에는 피라미드 사원(Kong Pulok)이 남아 있다.

고대 길과 관련하는 다리는 벵 메알리아(Siem Reap)에서 프라삿 바칸(캄퐁스바이의 프레아 칸, Preah Vihear)을 잇는 연도에 사암과 라테라이트로 만든 다리가 많이 남아 있어, 앙코르 왕도와 프라삿 바칸을 잇는 고대 길을 앙코르 왕조 시대의 '국도 1호'로 명명한바 있다(직선거리로 약 120㎞). 앙코르 왕도에서 벵 메알리아까지 고대 길은 도로포장 공사 때문에 거의 남아 있지 않지만, 프라삿 바칸에서 벵 메알리아까지는 앙코르 왕조 시대의 고대 길이 그대로 잘 남아 있다. 이 도로 구간은 지금도 자동차가 다닐 수 없는, 말 그대로 고대 길이다. 프라삿 바칸 서문에서 벵 메알리아 동쪽 다리 사이의 고대 길(약 70㎞, 도로 폭 약 6m)에는 앙코르 왕조 시대의 6개의 사원과 7개의 육교가 남아 있다.

캄보디아 각지에서 씨엠립을 제외하고 12세기 초에 건립한 앙코르 사원은 거의 찾아볼 수 없지만, 벵 메알리아 주변에 12세기 사원이 있고, 쿠와나(Kwana) 마을을 지나 북상하여 당렉산맥까지 고대 길을 따라 7개의 11~12세기의 사원 군이 점재하고 있다. 벵 메알리아에서 홍낭시다 유적을 잇는 고대 길을 따라서 11~12세기 건립의 사원이 세워져 있고, 이것은 홍

도판 5-1-360 | 타아옹 다리(Spean Ta Aong)

도판 5-1-361 | 타아옹 다리의 교각(Spean Ta Aong)

도판 5-1-362 | 프라삿 프레아(12세기, Prasat Preah, Siem Reap)

도판 5-1-363 | 벵 메알리아의 동쪽 다리와 고대 길(12세기, Beng melea, Siem Reap)

낭시다 유적의 창건 연대를 밝힐 수 있는 중요한 사원 유적들로 추후 면밀한 조사와 연구가 필요하다.

프레아 비히어주는 남북 약 122㎞, 동서 약 160㎞로, 씨엠립 동북에 위치하여 태국과 라오스와 국경을 마주한다. 지금까지 사원 유적이 약 290여 개 남아 있다. 프레아 비히어주는 씨엠립주 다음으로 앙코르 왕조 시대 사원이 많다. 초기의 삼보르 프레이 쿡 양식은 확인되지 않고, 10세기의 코케르 양식과 프레 룹 양식, 11세기의 바푸온 양식, 12~13세기의 바이욘 양식으로 사원의 연대를 크게 구별할 수 있다. 10~11세기 사원은 주로 씨엠립, 프놈쿨렌, 코케르, 당렉산맥, 참파삭으로 이어지는 고대 길 선상에 있다.

삼보르 프레이 쿡과 참파삭, 벵 메알리아에서 코케르와 참파삭으로 연결하는 곳이 앞에서도 서술한 프라삿 네악 보우스이다. 프라삿 네악 보우스는 프레아 비히어의 당렉산맥 동쪽에 있으며, 바라이를 중심으로 몇 개의 사원 군으로 구성되어 있다. 일부 사원은 8세기의 상인방을 재사용했으며, 11~12세기에 개축한 것으로 보이는 석조 건물도 있다. 이 사원은

도판 5-1-364 | 프라삿 츄레이(11~12세기, Prasat Churey, Siem Reap)

도판 5-1-365 | 피라미드 사원(11~12세기, Prasat Kong Pulok, Siem Reap)

앙코르 지역과 참파삭을 잇는 고대 길 위에 있는 중요한 거점 사원이었을 가능성이 크다. 또한, 벵 메알리아와 프라삿 네악 보우스를 잇는 고대 길 선상에 10~12세기 사원이 있다.

5-1-7. 동북 태국의 앙코르 사원과 유적

동북 태국의 이산(Isan)에는 많은 앙코르 유적이 남아 있으며, 크메르족을 비롯하여 몬족, 쿠이족 등 다양한 민족이 살고 있다. 태국 문화부 예술국의 조사에 따르면 동북 태국에는 고대 도시, 사원, 의료원, 역사, 바라이, 채석장, 다리, 도로 등 다양한 크메르 유적이 120군데 이상 남아 있다. 동북 태국의 코랏은 앙코르 왕조의 근간을 지탱하는 중요한 지역으로, 수리야바르만 2세, 자야바르만 6세, 자야바르만 7세 등을 배출했다. 특히 문강 남쪽에 앙코르 유적이 집중하고 있다. 즉 앙코르 유적은 문강과 치강으로 둘러싸인 삼각 지대에 분포하고, 북쪽의 사콘나콘과 서쪽의 콘켄을 경계로 하여 이남에 분포한다. 동북 태국의 동부에서 메콩강을 따라서는 앙코르 유적이 없다.

앙코르 왕조는 국제 무역을 경제적 기반으로 하는 참파나 부남과는 달리 내륙의 참파삭에서 출발했다. 따라서 크메르 왕조(진랍과 앙코르 왕조)는 6~7세기부터 동북 태국 이산의 각지에 거점 도시를 확보하여 사원을 건립했다. 진랍이 캄퐁톰의 삼보르 프레이 쿡에서 톤레삽호수 북쪽의 앙코르 왕도로 수도를 옮긴 가장 큰 이유는 동북 태국 지배와 밀접한 관계가 있다. 저자는 2014년 한국문화재재단의 연구 위원으로 라오스의 유네스코 세계 문화유산인 홍낭시다 유적을 연구한 바가 있다. 이를 계기로 라오스의 참파삭에서 앙코르까지 고대 길에 남아 있는 앙코르 왕조 시대의 사원과 다리 유적을 조사했다. 그 후 앙코르 지역과 동북 태국의 크메르 유적을 답사하면서 새로운 사실을 몇 가지 발견했다. 이산 지역에 남아 있는 크메르 왕조의 초기 유적과 유물은 6세기 말~7세기 초에 만들어졌다. 7세기가 되면 이산의 각지에서 진랍 왕조의 흔적을 발견할 수 있다. 그러나 이산에서 진랍 왕조의 8세기 유적은 그다지 남아 있지 않은 것으로 보아 당시 육진랍과 수진랍의 분열이 이산에도 영향을 미쳤을 것으로 추정된다.

유적의 분포로 보아, 진랍 왕조는 6세기 말에서 7세기 초부터 동북 태국을 지배하였음을 알 수 있다. 무앙 세마 유적에서 출토된 보이카 비문에는 '시차나사 왕국이 868년에 황금 링가를 세웠다'라고 기록되어 있으며, 아유타야에서 발견된 937년 비문에는 만가라바르만(Mangalavarman)라는 이름의 왕이 시차나사 왕국을 지배했다고 기록되어 있다. 나콘랏차시마 남쪽으로 35km 거리에 있는 힌콘(Hin Khon)에서 발견한 비문에는 느리펜드라디파티바르만(Nripendradhipativarman)이라는 왕이 사방에 바이 세마(결계석)를 세우고, 불교 사원을 건립하여 수전, 가축 등을 보시했다고 기록되어 있다.[40] 이러한 기록을 통해 7세기부터 9세기까지 동북 태국에 여러 개의 지방 세력이 존재했으며, 9~10세기 코랏에서 몬족이 세운 연합국 드바라바티 왕국이 점차 앙코르 왕조에 흡수 통합되었음을 알 수 있다. 앙코르의 동북 태국 진출은 이러한 지방 토호 세력을 정복해 나가는 과정이었다. 동북 태국의 몬족 출신의 지방 호족 일부는 앙코르 왕조를 지탱하는 중앙 고위 관료가 되어 대대로 권력을 휘두르기도 했다. 대표적인 사례를 사케오의 프라삿 스독콕톰(Prasat Sdok Kok Thom)에서 출토된 비문으로 알 수 있다. 프라삿 스독콕톰 비문은 1052년에 만든 것으로, 꽃잎 모양을 한 방형 기둥 사면에 산스크리트어와 고대 크메르어로 각문(刻文)하였다. 지방 정권의 계보와 함께 앙코르 제국의 통치에 대한 중요한 정보를 제공한다.[41]

프라삿 스독톰 비문을 만든 사다시바(Sadashiva)는 자야바르만 2세의 국사인 브라만이다. 비문에는 시바카이발랴(Shivakaivalya)에서 거슬러 올라가 200년 동안 앙코르 역대 정권의 왕사(王師)로 봉직한 조상들의 이름을 자랑스럽게 기록하고 있다.[42] 사다시바 가계의 권력 승계는 동남아시아 전통 관습에 따라서 모계로 계승되었다. 이 비문에는 역대 앙코르 왕이 군사를 이끌고 각지를 평정하여 얻은 토지를 사다시바 선조의 일족에게 하사하여, 그들이 백성

40 H. Quaritch Wales: Dvaravati. The earliest kingdom of Siam. London 1969.

41 Charles Higham and Rachanie Thosarat. (1998). Prehistoric Thailand : from early settlements to Sukhothai. Bangkok: River Books

42 Briggs, Lawrence Palmer. The ancient Khmer Empire. Lawrence Paimer Briggs. (Transactions of the American Philosophical Society, new ser., v. 41, pt. 1)

들을 데리고 이주하여 새로운 성읍 도시(무앙)를 건설하고 링가(사원)를 세웠다는 기록이 자주 나타난다. 영토의 확장과 모계 혈연을 중심으로 하는 신하와 지방 영주에게 토지를 하사하여 지배 영역을 확대하는 방식으로 통치하는 앙코르 왕조의 방식을 기록하고 있다. 앙코르 왕조의 정치 체제는 앙코르 왕조에 저항해서 멸망하는 지방 세력과 협력하는 지방 세력에게 '당근과 채찍'으로 긴장 관계를 형성하는 방식이었다.

고대 크메르어로 쓰인 비문은 당시의 지방 사회의 규모를 알 수 있는 중요한 기록이다. 우다야딧야바르만 2세가 영지를 하사하여 바도라니케타나(Bhadraniketana)에 시바 사원을 건설했고, 이 성전의 유지를 위하여 151개 가구가 사는 구난(Gnan) 마을을 하사한다. 그 넓이는 동쪽 608m, 남동쪽 896m, 남쪽 472.5m, 남서쪽 720m, 서쪽 716m, 북서쪽 1,200m, 북쪽 2,900m이다. 마을과 마을 사이의 경계 표식으로 바이 세마(결계석)를 세웠다고 기록하고 있다. 전술한 거리는 구난 마을에서 인접한 마을까지의 거리이다. 바도라니케타나 마을도 인접한 마을과의 거리를 기록하고 있다. 이 정도의 규모와 거리는 소규모의 무앙(Muang)으로, 약 500~1,000명의 주민이 살았다고 추정된다. 이러한 무앙을 여러 개 통합하고 지배하고 있던 사람이 '지방 영주'(무앙의 연합체 Chiang)이며, 각지의 지방 영주를 통합한 사람이 앙코르 제국의 왕이라 할 수 있다.

앙코르 왕조는 11세기에 이르러서 몬족의 드바라바티 세력을 쫓아내고 동북 태국을 본격적으로 통치하였다. 캄보디아 북동부의 삼보르푸라를 거점으로 하는 수리야바르만 1세는 왕위 계승 싸움에 승리하여 1011년에 앙코르의 왕이 되었다. 태국 롭부리에서 발견된 1022년 비문에는 수리야바르만 1세가 11세기 초에 태국 중부를 지배했던 사실이 기록되어 있다. 11세기 초에 건립된 프레아 비히어는 수리야바르만 1세와 깊은 관계가 있다. 이 힌두교 사원은 태국과 캄보디아 국경선을 가로지르는 당렉산맥의 절벽 위에 있다. 120m의 비고 차이가 있는 길이 850m의 참배길 계단을 올라 중앙 사당에 도달한다. 동남아시아의 산악숭배에서 유래한 전형적인 테라스형 사원이다. 앙코르 왕조의 광대한 영토에 최초로 지방 거점 사원을 세운 왕이 바로 수리야바르만 1세이다. 수리야바르만 1세 이후 중앙 왕권의 지배력이 각 지방 영주에게 미치게 되었다.

11세기 동북 태국의 문강 유역에 근거지를 두고 있던 마히다라푸라(Mahidharapura, 현재의 피마이)가 세력을 확장하면서, 이산 각지에 당시 앙코르 왕도에서 유행했던 바푸온 양식의 사원이 세워졌다. 이 가문의 출신인 자야바르만 6세가 1080년 마침내 앙코르 제국의 왕위에 오른 것이다. 자야바르만 6세가 등장하면서 동북 태국과 앙코르 왕도는 새로운 국면을 맞이하게 되었다. 동북 태국 각 거점에 점으로 연결되었던 도시들이 길을 통하여 선으로 연결되기 시작했다. 그 후 앙코르 와트를 건립한 수리야바르만 2세 시대에도 지방 도시의 사원과 교통 요지에 사원을 세우거나 증·개축을 하여, 왕국의 지방 지배력을 강화했다.

마히다라푸라 가계는 수르야바르만 2세 때까지 계속하여 왕조의 권력을 장악했다. 7세기 진랍이 문강 유역의 드바라바티 국가를 침략했던 이유, 앙코르 왕조가 수도를 씨엠립에 천도한 이유는 무엇이었을까? 동북 태국의 문강, 치강 유역이 가지는 지정학적 이유가 있었기 때문이다. 즉 동북 태국의 코랏이 가지는 경제적 중요성(수전 농업과 강을 이용하는 교역과

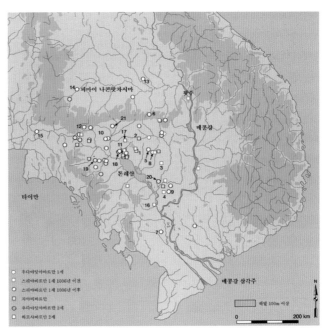

도판 5-1-366 | 마히다라푸라 출신의 앙코르 왕 비문 출토지
1. 파놈룽(Pahnom Rung), 2. 파놈완(Pahnom Wan), 3. 반닷(Ban That), 4. 프레아 비히어(Preah Vihear), 5. 피마이(Phimai), 6. 롭부리(Lopburi), 7. 프놈산덱(Phanom Sandak), 8. 야이홈(Yay Hom), 9. 프놈바양(Phunom Bayang), 10. 왓푸(Wat Phu), 11. 왓콕포(Wat Kok Po), 12. 반테이 츠마르(Banteay Chhmar), 13. 바셋(Baset).

번영)이었다. 이것이 바로 코랏의 마히다라푸라 가계에서 앙코르 왕조의 왕을 배출하는 배경이었다. 구체적인 경제적 배경은 수린, 시사켓, 로이엣의 삼각형으로 확산하는 통쿠라롱하이(Thung Kula Rong Hai) 지역에서 생산하는 쌀·소금·철이었다.

동북 태국의 가장 중요한 지역은 마히다라푸라 일족의 거점이었던 피마이다. 피마이는 문강의 지류가 흐르는 하천 교통의 중요한 거점이며, 왕도 앙코르로 통하는 육로의 중요한 거점이기도 했다. 피마이 주변에는 금속기 시대 이후 많은 환호 유적이 발견되어, 이 지역은 장기간에 걸쳐 계속하여 사람들이 거주하고 있었음을 알 수 있다. 피마이에는 도시 주위를 라테라이트 성벽으로 둘러싸고, 내부에 이중의 회랑으로 둘러싸인 프라삿 피마이(Prasat Phimai)가 있다.

일반적인 앙코르 사원은 동쪽이 정문이지만, 프라삿 피마이의 정문은 남쪽이며 왕도인 앙코르가 있는 방향을 따라 만들어졌다는 설이 있다. 중앙 사당에는 1108년 마히다라푸라 가계의 비렌드라디파티바르만(Virendradhipativarman)이 봉헌한 불상을 안치하고 있다. 비렌드라디파티바르만은 앙코르 와트의 제1회랑 남면 서쪽의 '수리야바르만 2세의 역사 이야기' 부조

도판 5-1-367 | 코끼리를 타고 행진하는 비렌드라디파티바르만 장군
(12세기, 남쪽 서면 2번째 부조, Angkor Wat, 오세윤 촬영)

에서 수리야바르만 2세와 장군들과 행진하는 장면에서 코끼리를 타고 당당한 모습으로 등장한다. 프라삿 피마이의 정문(남문)에서 앙코르 왕도까지 향하는 고대 길이 있고, 그 양쪽에 거대한 바라이 유적이 있다. 교통 요지에 도시를 계획적으로 건설한 지방 유력 정권의 수도가 마히다라푸라였다. 이 앙코르 왕조의 제2의 도시는 타이족이 등장하는 13세기까지 영화를 누렸다.

왕도와 지방의 고대 길과 사원을 정비한 자야바르만 7세는 12세기 말 동남아시아 대륙의 최대 영토를 가진 제왕이 되었다. 이렇게 넓은 제국을 통치하기 위해서는 도로 정비와 역참 건립이 중요하다. 앙코르 부남과 진랍의 최초의 주요 고대 길은 메콩강이었다. 메콩강 하류에서 참파삭의 왓푸를 있는 고대 뱃길 주변에 오래된 사원이 남아 있다. 그 후 진랍이 왕도를 이샤나푸라로 옮기면서부터는 메콩강과 더불어 육로(스텅트렝, 삼보르푸라, 크라체), 즉 왓푸에서 이샤나푸라를 잇는 고대 길의 중요성이 증가했다. 이러한 고대 길은 사원 유적을 선으로 연결하면 알 수 있다. 앙코르 왕조가 성립하면서 이샤나푸라에서 앙코르 왕도를 잇는 길이 중요했다. 그러나 자야바르만 6세 등장 이후 마히다라푸라(피마이)는 동서 교역의 요지가 되어, 더욱더 광대한 곡창 지대를 통치하는 거점이 되었다. 자야바르만 7세는 왕조의 경제적인 기반을 지키기 위하여 앙코르에서 피마이까지 고대 길을 재정비했다. 또한 자야바르만 7세는 제국 통치 기반으로 각지에 많은 사원을 건립했고, 제국의 통치에 필요한 고대 길에 의료원과 역참을 건립했다. 태국 둥복 지역에는 16군데의 의료원과 역사가 남아 있는데 대개 사암 혹은 라테라이트로 만든 소규모의 사당들이다. 캄보디아와 태국의 의료원과 역참은 외형상으로 명확하게 구별하기 어렵고, 의료원과 역사는 같이 사용한 종교적 성격이 강한 시설이었을 가능성이 크다.

프라삿 피마이(Prasat Phimai, Nakhon Ratchasima)

동북 태국의 입구인 코랏에서 북동쪽으로 60㎞ 거리인 피마이 마을의 중심에 있는 유적이 프라삿 피마이다. 프라삿 피마이는 수리야바르만 2세가 1108년에 완성한 것으로 추정된다. 사원 건설은 장기간에 걸쳐서 진행되었고, 동북 태국 출신의 수리야바르만 1세~자야바르만 6세 통치하에 형성된 대승 불교의 영향을 받았다. 프라삿 피마이는 태국의 앙코르 와

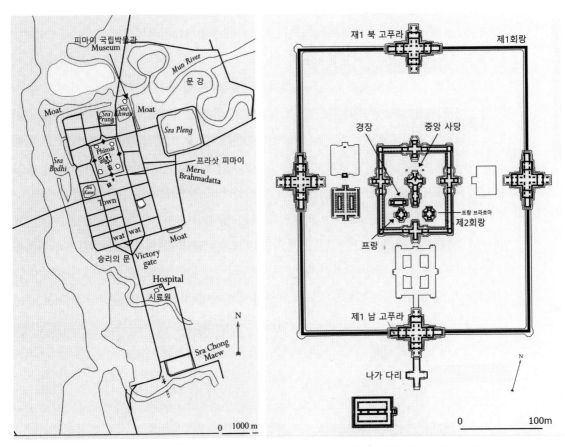

도판 5-1-368 | 마히다라푸라 유적도(Mahidharapura, Nakhon Ratchasima)

도판 5-1-369 | 피마이 사원 평면도(Prasat Phimai, Nakhon Ratchasima)

트라 불리며, 이산(동북 태국)의 앙코르 건축 중에서는 최대 규모를 자랑하고 있다. 비문에 따르면 고대 도시 피마이는 동북 태국에서 앙코르 제국의 가장 중요한 위성 도시 마히다라푸라(Mahidharapura)다. 코랏의 젖줄 문강 가까이에 있는 고대 도시 안의 도성 규모는 단변 약 600m, 장변 약 1km로, 중심 사원이 프라삿 피마이다.

정면 입구에는 최근 복원한, 나가를 장식한 난간이 있는 테라스가 있다. 전실에 이어서 중앙 사당과 경장, 2동의 프랑을 둘러싸고 회랑이 있고, 바깥에 외벽을 쌓았다. 회랑과 주벽은 사방에 고푸라가 있고, 축선은 주로 사당을 교차점에서 직선으로 교차한다. 가람의 중축선은 앞쪽인 오른쪽 가까이 지나고, 회랑과 주벽은 앞쪽으로, 고푸라 왼쪽이 오른쪽보다 약간 길다. 이러한 구성은 앙코르 건축에서 흔히 볼 수 있으며 앙코르 와트도 예외가 아니다. 프라삿 피마이는 앙코르 사원에서 아주 드물게 남동을 정면으로 하고 있다. 그 이유는 왕도인 앙코르의 방향을 정면으로 설계했기 때문이라는 설도 있지만, 왕도 앙코르의 실제 방향과는 다소 차이가 있다. 사원의 위치와 방향은 고대 도시 마히다라푸라와 주위를 굽이쳐 흐르는 문강 때문에 정했을 가능성이 크다.

자야바르만 6세(재위 1080~1107년) 때 짓기 시작한 것으로 알려진 중앙 탑당의 비율은 거의 같은 시기의 앙코르 와트와 유사하다. 그러나 박공과 상인방에는 라마야나 이야기와 힌두교 신화뿐만 아니라 불전도, 불상, 불교 설화가 새겨져 있고, 이들 부조는 12세기 초의 앙코르 와트 양식이다. 따라서 프라삿 피마이는 순수한 힌두교 사원이라기보다는 대승 불교의 영향을 받은 사원이다. 제2회랑 중앙에 높이 28m의 배전(만다파)이 있는 중앙 사당을 두고, 그 남쪽에 2개의 작은 사당을 배치하고 있다. 제2회랑의 사방에는 고푸라가 세워져 있고, 규모는 220×274m이다. 중앙 사당의 옥개는 오랫동안 붕괴한 상태였는데, 1960년대에 태국 문화부 예술국이 복원하여 현재의 모습이 되었다. 옥개 장식으로 가루다가 새겨져 있다. 회랑과 사당의 박공, 상인방, 내부의 벽면을 장식한 부조 일부는 태국 예술국(FINE ARTS

도판 5-1-370 | 프라삿 피마이의 중앙 사당(12세기, Prasat Phimai, Nakhon Ratchasima, 오세윤 촬영)

도판 5-1-371 | 중앙 사당 동남 입구 박공의 춤추는 시바(12세기, Prasat Phimai, Nakhon Ratchasima, 오세윤 촬영)

도판 5-1-372 | 중앙 사당 서북 출구 상인방의 춤추는 비슈누(12세기, Prasat Phimai, Nakhon Ratchasima, 오세윤 촬영)

도판 5-1-373 | 캄사를 죽이는 크리슈나 상인방과 브라흐마 박공 부조 (중앙 사당 동남 입구, 12세기, Prasat Phimai, Nakhon Ratchasima, 오세윤 촬영)

DEPARTMENT)이 복원하면서 복제품을 만들어 장식하였다. 태국 유적의 복원은 과도하다는 평가를 받고 있다. 원래의 위치를 알 수 없는 박공과 상인방은 현재 피마이 국립박물관이 전시하고 있다.

피마이 사원 프랑 브라흐마 안에 자야바르만 7세 좌상의 복제품이 있다. 진품(높이 43cm, 12세기 말~13세기 초)은 피마이 국립박물관에 전시되어 있다. 비문에 프라삿 피마이를 창건한 앙코르 제

도판 5-1-374 | 라마야나 이야기를 부조한 상인방과 박공 부조(중앙 사당, 12세기, Prasat Phimai,Nakhon Ratchasima, 오세윤 촬영)

국의 자야바르만 6세는 처음에 문강 유역에 있던 마히다라푸라 왕국의 왕이었다고 기록되어 있다. 중앙의 앙코르 대제국이 왕이 된 후 자야바르만 6세는 자기 고향에 업적을 기리고자 프라삿 피마이를 건립한 것으로 추정된다. 그 후에도 마히다라푸라는 앙코르 제국이 동북 태국을 지배하기 위해서 가장 중요한 거점 도시로 상징적인 성전의 유지와 중·개축이 계속되었다. 그리고 자야바르만 7세 시대에는 '라토라'라는 토후국이 현재의 나콘랏차시마에 있었다고 하는 설이 유력하다. 비문에 따르면 자야바르만 7세의 딸이 이 토후국의 왕인 파야팜안과 결혼하여 앙코르 제국의 유력한 감라텐 안이라는 왕위가 주어졌다고 한다. 자야바르만 7세의 좌상이 프라삿 피마이의 프랑 브라흐마에서 발견된 것은 이러한 역사적 관련이 있었기 때문이다. 앙코르 유적에서 발견된 다른 좌상(앙코르 톰의 바이욘)과는 양식과 크기가 같지만, 완성도가 떨어진다는 평가이다.

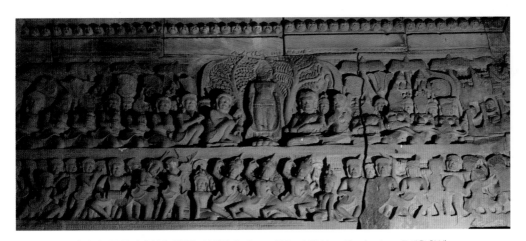

도판 5-1-375 | 불전도(중앙 사당 안의 상인방, 12세기 초, Prasat Phimai, Nakhon Ratchasima, 오세윤 촬영)

도판 5-1-376 | 불상(상인방 부분, 12세기 초, Prasat Phimai, Phimai National Museum, 오세윤 촬영)

　　피마이 국립박물관은 피마이 사원에서 도보로 10분 정도인 문강 가까이에 있다. 피마이 사원에서 출토한 유물뿐만 아니라 나콘랏차타니 주변 유적에 있던 유물을 전시하는 국립박물관이다. 피마이 국립박물관에는 프라삿 피마이에서 출토한 상인방이 많다. 주제는 주로 불교 설화와 불상, 라마야나 이야기 등 힌두교 설화이다.

도판 5-1-377 | 자야바르만 7세 좌상(프랑 브라흐마, Prasat Phimai, Nakhon Ratchasima, 오세윤 촬영)

　　고고학적 발굴 자료에 의하면 현재 나콘랏차시마에서 서쪽으로 32㎞ 떨어진 숭노엔 지구에 2개의 고대 도시 무앙 세마와 코라카푸라(Khorakapura)가 있다. 'púra'는 인도의 팔리어에서 유래하고, 산스크리트어 'puri'와 태국어 'buri'는 모두 '해자로 둘러싸인 성읍'을 가리키며 태국과 라오스의 무앙과 의미가 같다. 본서에서는 지명에 붙은 -pura와 별개로 비교적 소규모 무앙의 연합체를 푸라로 규정하고자 한다. 무앙 세마는 코랏의 남서쪽 약 30㎞, 숭노엔 교외에 있다. 원래 몬족이 지배했던 지역으로, 10세기 이후 앙코르 제국의 중심지가 있던 곳이다. 4×5㎞의 해자로 둘러싸인 토성 안에 10세기 코케르 양식의 프라삿 논쿠, 북쪽 600m에 프라삿 무앙 카엑, 동쪽 3㎞에 프라삿 무앙 카오 등이 있다. 무앙 카오는 자야바르만 7세가 세운 의료원의 하나로 소형 라

도판 5-1-378 | 프라삿 피마이 출토, 석가의 성도를 방해하는 마라 군사들 부조(상인방, 12세기 초, Prasat Phimai, Phimai National Museum)

도판 5-1-379 | 프라삿 피마이 출토, 라마야나 이야기(상인방. 12세기 초, Prasat Phimai, Phimai National Museum)

도판 5-1-380 | 프라삿 피마이 출토 유해교반(상인방, 12세기 초, Prasat Phimai, Phimai National Museum)

테라이트, 사암 석조 사당, 연못이 남아 있다,

현재 코랏에 남아 있는 사원은 건물 대부분이 무너져서 기단과 사암으로 만든 출입구만 남아 있다. 그러나 많은 상인방과 박공 조각이 출토되었다. 특히 무앙 카엑 상인방은 매우 뛰어난 조각이다. 무앙 카엑에서 발견한 상인방 중에는 미완성의 상인방 부조가 있어, 사원을 완성하는 단계에서 조각을 중단했음을 알 수 있다. 또한, 숭노엔의 북쪽 4㎞에 있는 무앙 세마는 드바라바티 시대부터 앙코르 왕조 시대까지 번성했던 도시 유적이 있다. 유적은 해자와 토성으로 둘러싸였으며 유적 안에도 사원 터가 남아 있다. 그 밖에도 나콘랏차시마에 있는 앙코르 왕조의 유적은 프랑 통(Prang Thong), 아로가야사라(Arokayasala) 유적, 프랑 반시다(Prang Ban Sida) 유적, 프라삿 쿠시라(Prasat Ku Sila) 유적, 프라삿 후아야켐(Prasat Huai Khaem) 유적 등이 있다.

그 밖에도 나콘랏차시마에 있는 프라삿 낭람(Prasat Nang Ram과 인접하여 대형 바라이 유적이 있다. 12~13세기 초의 의료원으로 추정된다.), 프랑 반 시다(Prang Ban Sida), 프랑 쿠(Prang Ku), 프랑 쿠 시라(Prasat Ku Sila), 프라삿 후아이 카엠(Prasat Huai Khaem) 등 사원 유적이 남아 있다.

프라삿 파놈완(Prasat Phanom Wan, Nakhon Ratchasima)

이산의 중심인 코랏에는 많은 앙코르 유적이 남아 있다. 프라삿 파놈완은 피마이 사원과 더불어 코랏에서 중요한 앙코르 사원이다. 앙코르 왕도와 피마이를 잇는 고대 길 위에 있고, 대형 바라이가 부속하는 지방 거점 사원이다. 자야바르만 6세(1080~1113년)는 1080년에 하르샤바르만 2세(Harshavarman II) 사후 앙코르 내전을 평정하고 즉위했다. 그는 비마야푸라(Vimayapura) 지방 정권의 마히다라푸라(Mahidharapura) 출신이다. 나콘랏차시마에서 피마이로 가는 길에 있는 파놈완 유적을 발굴한 결과 철기 시대의 무덤을 발견했고, 891년과 1082년 비문이 출토됐다. 사원은 인드라바르만 1세, 야소바르만 1세, 우다야딧야바르만 2세, 자야바르만 6세가 증·개축을 했다.[43] 남아 있는 사원은 프레아 코 양식, 바켕 양식, 바푸온 양식

도판 5-1-381 | 프라삿 논쿠(10세기, Prasat Non Ku, Nakhon Ratchasima)

---

43 Steve Van Beek, Luca Invernizzi. (1985). An Introduction to the Arts of Thailand. Travel Pub Asia.

도판 5-1-382 | 프라삿 무앙 카엑(10세기, Prasat Muang Khaek, Nakhon Ratchasima)

도판 5-1-383 | 프라삿 무앙 카엑의 카라 머리 위에 앉은 남신(상인방, 10세기, Prasat Muang Khaek, Phimai National Museum)

도판 5-1-384 | 비슈누의 화신 트리빅라마(상인방, 10세기, Prasat Muang Khaek, Phimai National Museum)

도판 5-1-385 | 프라삿 무앙 카엑의 아이라바타를 타고 있는 인드라 (상인방, 10세기, Prasat Muang Khaek, Phimai National Museum)

도판 5-1-386 | 프라삿 무앙 카오의 연못과 소형 석조 사당(의료원, 13세기 초, Prasat Muang Kao, Tambol Khorat, Nakhon Ratchasima)

이 혼재하고 있다. 1082년 비문에는 자야바르만 6세가 마히다라푸라 출신이라고 기록되어 있다. 마히다라푸라는 철기 시대부터 계속 이어지는 지방 세력이다. 태국 문화부 예술국이 프라삿 파놈완을 무리하게 복원 공사하였기 때문에 유적 복원에 대하여 많은 문제가 제기

도판 5-1-387 | 프라삿 낭람(의료원, 13세기 초, Prasat Nang Ram, on Ratchasima)

도판 5-1-391 | 관음보살상(13세기 초의 의료원, Prasat Nang Ram, Phimai National Museum)

도판 5-1-390 | 프라삿 파놈완(11세기 말, Prasat Phanom Wan, Nakhon Ratchasima)

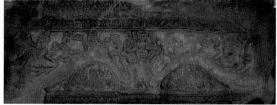

두판 5-1-388 | 가루다를 타고 있는 비슈누(상인방, 11세기, Prasat Phanom Wan, Phimai National Museum)

도판 5-1-389 | 카라상(박공 부조 부분, 11세기, Prasat Phanom Wan, Phimai National Museum)

되고 있다.

파놈완 사원은 사바를 주신으로 하는 프라삿 피마이에서 남서쪽으로 약 39㎞ 떨어진 곳에 있다. 현재 남아 있는 건물은 11세기 말 우다야딧야바르만 2세 때에 건립되었으며, 회랑 안에 전실에서 복도로 이어진 성소가 있는 중앙 사당, 경장으로 보이는 작은 부속 사당이 있다. 파놈완 사원은 건축학적으로 프라삿 피마이와 앙코르 와트의 설계에 영향을 끼쳤다는 점에서 주목된다. 파놈완을 설계하여 건립한 후 파놈완의 설계와 기술을 바탕으로 하여 대형 석조 사원을 건립했다. 회랑과 사당 지붕은 대부분이 무너져 있었는데, 2000년 4월에 파놈완을 완전히 해체한 후 복원했다. 원래 장소를 알 수 없는 석조 유물은 피마이 국립박물관이 소장하고 있다. 또한, 중앙 사당 양쪽 옆에 남아 있는 벽돌 사당 기단에서 중요한 비문이 2개 출토됐다. 벽돌로 만든 기단과 남서쪽 내원 안에 남아 있는 소탑 기단부에 있는 891년의 산스크리트어 비문(인드라바르만 1세)과 1055년에서 1082년으로 거슬러 올라가는 비문(야쇼바르만 1세)에 피마이 사원이 언급되어 있다. 앙코르 제국이 몰락한 후 이 힌두교 사원은 불교 사원으로 용도를 변경하여 지금까지 명맥을 이어오고 있다. 사원과 인접한 곳에서 석기 시대의 인골이 출토됐고, 사원 인근에는 대형 바라이 유적이 두 군데 있다.

프라삿 파놈룽(Prasat Phanom Rung, Buri Ram)

프라삿 파놈룽은 마히다라푸라 가문의 유력자가 건립하여 코랏 평원에 있는 해발 200m의 사화산 분화구에 시바를 모신 힌두교 사원이다. 긴 참배길과 높은 계단을 올라가면 회랑으로 둘러싸인 중앙 사당에 도달한다. 중앙 사당 남쪽 입구 위에 사원 건설자인 수리야바르만 2세의 사촌 나렌드라디탸(Narendraditya)가 자신의 초상을 사원에 부조해 놓았다. 중앙 사당 입구에는 유명한 '혼돈의 바다에 떠도는 비슈누'가 있으며, 상인방 좌우에 주달관이 『진랍

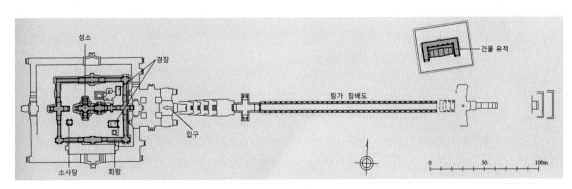

도판 5-1-392 | 파놈룽 평면도(12세기, Prasat Phanom Rung, Buri Ram)

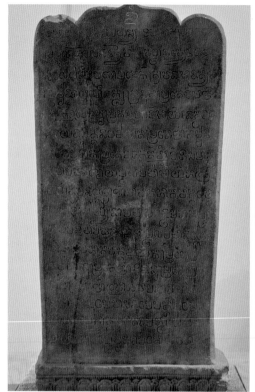

도판 5-1-393 | 파놈룽의 977년 비문(977년, Prasat Phanom Rung, Phimai National Museum)

도판 5-1-394 | 파놈룽의 참배길(12세기, Prasat Phanom Rung, Buri Ram)

도판 5-1-395 | 파놈룽의 동쪽 회랑 입구(12세기, Prasat Phanom Rung, Buri Ram)

풍토기』에 기록한 진담(陣毯) 장면으로 추정되는 부조가 새겨져 있다.

파놈룽(Phanom Rung)은 휴화산(Khao Phanom Rung, 해발 402m)의 분화구 위에 세워진 사원이다. 카오 파놈룽은 그리 높지 않은 산이지만, 주변이 평야여서 멀리서도 볼 수 있게 우뚝 솟아 있다. 이러한 지형 때문에 이곳에 대사원을 건립한 이유를 알 수 있다. 동남아시아에서는 불교와 힌두교가 전래하기 전에 조상과 더불어 정령을 숭배하였다. 특히 산, 바위, 물이 어우러진 곳에는 오래전부터 신당을 세우고 제사를 지냈다. 후에 힌두교와 불교가 전파하면서 기존의 토착 신당이 사원으로 바뀌었다. 파놈룽은 토착 정령 신앙과 파괴와 창조를 주관하는 시바 신앙이 융합하여, 산 정상에 사원을 세우고 중앙의 사당 안에 요니와 링가를 안치했다. 프라삿 파놈룽에서 발견된 비문에도 시바에 대한 찬미가 쓰여 있어, 시바에게 봉헌하기 위해서 사원을 만들었음을 알 수 있다. 프라삿 파놈룽처럼 산의 경사를 이용하여 긴 계단을 조성한 루(樓)와 가장 깊숙한 곳에 성역을 조성한 대표적인 가람 배치가 캄보디아의 프레아 비히어, 라오스의 왓푸 유적이다.

도판 5-1-396 | 파놈룽의 비슈누와 춤추는 시바(동쪽 사당 입구 상인방, 12세기 초, Prasat Phanom Rung, Buri Ram, 오세윤 촬영)

　파놈룽 유적에서 발견된 가장 오래된 비문은 7세기까지 거슬러 올라가고, 그 후 산스크리트어와 크메르어로 쓰인 977년 명의 비문이 출토되어 피마이 국립박물관이 소장하고 있다. 10세기에 사원을 건립하기 시작했지만 현존하는 가장 오래된 건물은 10세기 이후에 지어졌

도판 5-1-397 | 파놈룽의 중앙 사당(남면, 12세기, Prasat Phanom Rung, Buri Ram)

으며, 남아 있는 주요 사원 건물은 12세기 중반에 세워졌다. 조각 양식은 앙코르 와트와 유사하고, 앙코르 와트보다는 앞서는 것으로 추정된다. 참배길 양쪽에 링가가 늘어서 있고, 높은 계단을 오르면 라테라이트 회랑으로 둘러싸인 중앙 사당에 이른다.

사각형의 회랑 탑문에 힌두교 설화를 중심으로 하는 여러 부조가 장식되어 있다. 중앙 사당은 만다파와 성소로 이루어졌다. 동쪽을 향한 중앙 사당 입구의 상인방에는 혼돈의 바다에 떠도는 비슈누상이 있다. 이 상인방 석상은 1960년대에 도굴당했는데, 그 후 미국의 시카고 미술연구소가 소장하고 있다는 소식이 알려져 도굴 문화재를 둘러싸고 세계적으로 문제가 되었다. 이 석상은 1988년 태국 정부가 환수하여 원래 자리로 돌아왔다. 도굴 당시 상인방 일부가 파손되었지만, 조각이 여전히 아름다우며 태국 문화재 보호 운동의 상징과도 같은 존재이다. 상인방 위의 박공(搏栱, gable)에 춤추는 시바의 부조가 있어, 중앙 사당을 시바에게 봉헌했음을 알 수있다. 파놈룽은 부리람 지방의 왕가인 나렌드라디탸(Narendraditya)가 창립(創立)했다.

피마이의 남쪽 20㎞에 있는 파놈완 유적은 1990~1991년 발굴 조사에서 나렌드라디탸라는 이름을 새긴 비문이 출토됐다. 비문을 해한 결과 파놈룽 사원은 피마이 남쪽에서 나콘랏차시마를 본거지로 하는 나렌드라디탸 가문이 세웠던 것이 밝혀졌다. 나렌드라디탸 가문은 11~13세기에 수리야바르만 1세, 수리야바르만 2세, 자야바르만 7세 등을 배출한 당시 최대의 권문세가였으며, 코랏 남동부인 부리람 주변을 지배했던 일족이었다. 비문에 나오는 나렌드라디탸는 수리야바르만 2세의 사촌이고, 수리야바르만 2세의 즉위와 통치에 큰 역할을했던 인물이다. 또한 그는 당시 앙코르군의 총사령관이었다. 1150년에는 나렌드라디탸의 아들 히란야(Hiranya)가 비문을 파놈룽에 남겼다.

닛타 에이지(新田榮治: 2013)는 파놈룽의 부조 중에서 『진랍풍토기』에 나오는 진담(陣毯)의 정경으로 보이는 부조를 소개했다.[44] '부잣집 딸의 경우 7살에서 9살, 가난한 집 딸은 11살이

---

44 新田榮治, 「陣毯」の図像学—漢文史料とパノムルン中央祠堂レリーフから—」, 『東南アジア古代·中世考古學の創生』鹿児島大學法文學部人文學科比較考古學研究室, 2013). 『眞臘風土記』 '人家養女 其父母必祝之日 願汝有人要 將來嫁千百箇丈夫 富室之女 自七歲至九歲 至貧之家 則止於十一歲 必命僧道去其童身 名曰陣毯 蓋官每歲於中國四月內擇一日頒行本國 應有養女當陣毯也之家 先行申報官司 官司先給巨燭一條 燭間刻畫一處 約是夜遇昏 默燭至刻畫處 則爲陣毯時候矣 先期一月 或半月 或十日 父母必擇一僧 或一道 隨則可處寺觀 往往亦自有主顧 向上好僧 皆爲官戶富室所先貧者不暇擇也 官富之家 饋以酒米布帛檳榔銀器之類 至有一百擔者直中國白金二三百兩之物 少者或三四十擔 或一二擔 隨家豐儉 所以貧人家 至十一歲而始行事者 爲難辨剃此物耳 亦有捨錢與貧女陣毯者 謂之做好事 蓋一歲中一僧止可御一女 僧旣允受 更不他許 是夜大設飲食鼓樂 曾親隣 門外縛一高棚 裝塑泥人泥獸之屬于其上 或十餘 或止三四枚 貧家則無之 各按故事 凡七日而始撤 既昏以輿傘鼓樂迎此僧而歸 以綵帛結二亭子 一則坐女於其中 一則僧坐其中 不曉其口說何語 鼓樂之聲暄闐 是夜不禁犯夜 聞至期與女俱入房 親以手去其童 納之酒

586 동남아시아 대륙부의 고고학

도판 5-1-398 | 진담 의례 왼쪽 부조(12세기, Prasat Phanom Rung, Buri Ram)

도판 5-1-399 | 진담 의례 오른쪽 부조(12세기, Prasat Phanom Rung, Buri Ram)

되면 반드시 승려와 도사에게 맡겨 동신(童身, 처녀성)을 제거하는데 이를 진담이라 한다. 대체로 관리들이 매년 중국의 4월 중 하루를 택하여 온 나라에 딸을 기르는 집에 진담할 필요가 있으면 먼저 관가에 보고하라고 포고령을 내린다. 관리는 먼저 커다란 초 하나를 지급하고, 초의 한 곳에 선을 새겨 놓는다. 이날 저녁 어두워지면 촛불을 켜고 선을 그은 곳까지 촛불이 타면 이때가 바로 진담을 해야 할 때이다, 진담을 시술하기에 앞서 1개월이나 보름 또는 10일 전에 부모가 반드시 승려나 도사 하나를 선택한다. 시술하는 자가 어디에 있는 불교 사원인지 도교 사원인지에 따라서 단골이 담당하기도 한다. 최상의 뛰어난 승려는 모두 관리나 부잣집에서 먼저 골라가기 때문에 가난한 사람은 가려서 선택할 겨를이 없다.'

진담 의례로 보이는 부조는 중앙 사당 동쪽 입구 측벽 상단 좌우에 있는 삼각형 부분에 새겨져 있다. 이들 부조는 새로 복원하여 새겨 놓은 것이 아니라 중앙 사당을 건립할 당시에 새겼다. 사당을 향해서 왼쪽 삼각형 부분은 허리띠를 두른 소녀가 서 있고, 발밑에 1명의 브라만 승려가 앉아 소녀의 치마 속에 손을 넣고 있다. 왼쪽에 있는 인물은 이 광경을 들여다보는

中 或謂父母親隣各點於額上或謂俱嘗以口 或謂僧與女交媾之事 或謂無此 但不容唐人見之 所以莫知其的 至天將明時則又以轎傘鼓樂送僧 去後 當以布帛之類與僧瞻身 否則此女終爲此僧所有 不可得而他適也 餘所見者 大德丁酉之四月初六夜也 前此父母必與女同寢 此後則斥於房外 任其所之 無復拘束隄防之矣 至若嫁娶 則雖有納幣之禮 不過苟簡從事 多有先姦而後娶者 其國俗旣不以爲恥 亦不以爲怪也 陣毯之夜 一巷中或至十餘家 城中迎僧道者交錯於途路間 鼓樂之聲無處無之'.

듯한 자세로 서 있다. 소녀의 오른쪽에 몇 명의 인물이 서 있는 것처럼 보이지만, 박리된 상태라서 자세한 내용은 알 수 없다. 반대쪽인 오른편에 남녀가 앉아 있고, 오른쪽 남자가 왼쪽의 여성을 부드럽게 안고 있다. 여성의 얼굴은 그야말로 걱정스러운 표정이다. 이 두 사람은 서 있는 소녀의 부모로 추정된다. 부조 주변 석재를 잘 관찰하면 부모로 보이는 남녀상 위에 삽입한 사암 석재는 복원 공사하면서 새롭게 끼워 놓은 것이다. 더욱이 윗부분에 깃발 같은 것이 바람에 휘날리고 있는 정경이 조각되어 있다. 깃발은 통과 의례를 축하하기 위해서 세운 것으로 추정된다.

이들 부조는 이제 막 소녀가 성인이 되고자 하는 진담(陣毯) 의례를 표현한 것이며, 딸을 염려하는 어머니를 아버지가 부드럽게 안아주고 있는 정경이다. 오른쪽의 삼각 부분 부조는 진담 의례를 시작하기 전 혹은 끝난 후에 북을 치며 성대하게 축하하고 있는 장면이며 여섯 명의 남자가 조각되었다. 가장 오른쪽에 수염을 기른 브라만 승려, 중앙에 북을 치는 사람, 그 앞에서 춤추는 사람을 새겼다. 왼쪽에 끈이 달린 바구니 같은 것을 짊어진 남자 하나가 서 있다. 이러한 춤과 노래는 여자 아이의 성인식을 축하하는 정경을 표현한 것으로 추정된다.

이들 부조는 『진랍풍토기』에 기록하고 있는 진담 의례를 시각적이고 구체적으로 전하며, 파놈룽의 중앙 사당을 건설할 당시에 새긴 것으로 건립 연대인 12세기 초의 부조이다. 『진랍풍토기』가 쓰인 연대보다 150년 전에 해당한다. 따라서 진담 의례는 12세기부터 문헌에 적혀 있는 14세기까지 통과 의례로 앙코르 왕도뿐만 아니라 동북 태국 코랏 지방에서도 행해져, 앙코르 왕조 전역에 퍼져 있던 통과 의례였을 것으로 추정된다. 크메르 조각과 부조는 주로 힌두교 신화, 라마야나와 마하바라타 등의 이야기, 힌두교 신, 불상이 중심이다. 당시 일상생활의 정경을 표현한 조각과 부조는 바이욘 제1회랑 남쪽 벽면 하단에 보이는 정도이다. 파놈룽 유적에서도 중앙 사당 남쪽 입구의 전투 장면을 제외하면 시바와

도판 5-1-400 | 서면 입구 라마야나 이야기 부조(12세기, Prasat Phanom Rung, Buri Ram)

라마야나 등 신화를 새겼다. 진담 의례를 사원 입구의 벽면에 새긴 명확한 이유는 알 수 없다. 닛타 에이지 교수는 조각가 마음대로 사당을 장식할 수 없다는 것을 근거로 건립자인 나렌드라디탸의 딸이 성인식을 치른 경사를 기념하기 위해 조각한 것으로 추정하고 있다.

프라삿 무앙탐(Prasat Muang Tham, Buriram)

파놈룽 아래에 바라이와 시바를 주신으로 모신 10세기 후반과 11세기 초의 사원 무앙탐(Muang Tham)에 5개의 사당(클레앙 양식 및 바푸온 양식)이 남아 있다. 동향하는 사원은 이중의 회랑으로 둘러싸여 있고, 내원의 큰 연못 사이에 벽돌로 만든 사당이 3열과 2열로 배열되어 있다. 중앙탑을 제외한 모든 탑이 복원되었고, 사원 상인방에는 카라 부조가 눈에 띈다. 5개의 사당에 시바의 부인 파르바티를 주제로 하는 상인방 부조가 2개가 있다. 각 사당에는 힌두교를 주제로 한 상인방이 남아 있고, 그 밖의 석조 유물은 피마이 국립박물관이 소장하고 있다.

프라삿 무앙탐과 바라이 근처에 2개의 앙코르 유적이 남아 있다. 2개 모두 13세기 전후에 자야바르만 7세가 건립한 전형적인 의료원과 역참 유적이다. 쿠티리시반농부아라이(Kuti Rishi Ban Nong Bua Lai)는 파놈룽 동쪽 밑에 있고, 쿠티리시반콕무앙(Kuti Rishi Ban Khok Mueang)은 프라삿 무앙탐의 북쪽에 있는 저수지 서쪽에 있다. 쿠티리시반콕무앙은 라테라이트로 만든 사당과 경장이 있고, 동북에 연못을 배치하고 있다. 동쪽으로 약 3㎞ 떨어진 초등학교 안에는 자야바르만 7세가 만든 순례자 숙소인 역참 유적이 있고, 라테라이트로 만든 사당 기단이 남아 있다.

도판 5-1-401 | 프라삿 무앙탐의 바라이 유적(11세기, Prasat Muang Tham, Buriram)

도판 5-1-402 | 프라삿 무앙탐의 제1회랑 내부 성지(11세기, Prasat Muang Tham, Buriram, 오세윤 촬영)

도판 5-1-403 | 프라삿 무앙탐의 제2회랑 동문(11세기, Prasat Muang Tham, 오세윤 촬영)

도판 5-1-404 | 제2회랑 내부의 성소(11세기, Prasat Muang Tham, 오세윤 촬영)

도판 5-1-405 | 시바와 파르바티의 결혼(전열 북쪽 사당 동면, 11세기, Prasat Muang Tham, 오세윤 촬영)

도판 5-1-406 | 난딘을 타고 있는 시바와 우마(뒷줄 북쪽 사당 동면, 11세기, Muang Tham, 오세윤 촬영)

도판 5-1-407 | 쿠티리시반농부아라이(13세기, Kuti Rishi Ban Nong Bua Lai, Buri Ram)

도판 5-1-408 | 쿠티리시반콕무앙(13세기, Kuti Rishi Ban Khok Mueang, Buri Ram)

쿠 수안탕(Ku Suan Taeng, Buriram)

'Ku'는 동북 태국의 이산(Isan)어로 사원(Prang 또는 Prasat)을 의미한다. 쿠 수안탕은 12세기에 벽돌로 만든 사원으로 프라삿 파놈룽과 프라삿 무앙탐과 구조가 같다. 라테라이트의 기단 위에 동향한 3개 탑으로 구성되어 있다. 현재 중앙 사당과 북쪽 사당이 남아 있고, 남쪽 사당은 하단부만 남아 있다. 사당을 둘러싼 회랑, 고푸라는 남아 있지 않고 금세기 초까지 경장으로 보이는 벽돌 사당이 두 군데 있었다. 쿠 수안탕의 상인방은

도판 5-1-409 | 쿠 수안탕(12세기, Ku Suan Taeng, Buri Ram)

도판 5-1-410 | 유해교반(12세기, Ku Suan Taeng, Phimai National Museum)

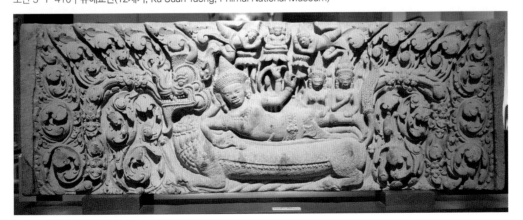

도판 5-1-411 | 아난타 위에 누워있는 비슈누(12세기, Ku Suan Taeng, Bangkok National Museum, 오세윤 촬영)

도판 5-1-412 | 비슈누(12세기, Ku Suan Taeng, Phimai National Museum)

도판 5-1-413 | 크리티무카의 머리 위에 앉은 수호신(12세기, Ku Suan Taeng, Phimai National Museum)

일부가 도난당하여 현재 6개의 상인방을 피마이 국립박물관에서 전시하고 있다. 아난타 위에 누운 비슈누를 새긴 상인방은 방콕 국립박물관, 코끼리 아이라바타를 타고 있는 인드라를 새긴 상인방은 콘캔 국립박물관이 소장하고 있다. 이들 상인방의 부조들은 조각적으로 매우 뛰어나며, 앙코르 와트 양식과 유사하다. 그 밖에도 브리람에는 앙코르 왕조 시대의 사원이 여러 곳 남아 있다.[45]

타 무엔 유적(Ta Muen, Surin)

파놈룽에서 동남쪽 50㎞의 캄보디아 국경 근처에 타 무엔 마을이 있다. 태국 육군의 검문소를 지나면 바로 국경에 인접한 정글에 타 무엔 유적이 있다. 이곳은 앙코르에서 피마이로 가는 중계 지점에 3개의 유적이 인접하여 있다. 타 무엔 톳(Ta Muen Tot) 유적은 13세기 전후 자야바르만 7세가 교통의 요지에 세운 역참 또는 예배 사당으로 보인다. 건물은 라테라이트로 만든 긴 배전(만다파), 배전과 연결된 13m의 탑이 세워져 있다. 사당 안에서 석가 좌상이 발견되었다. 이 사원을 중심으로 순례자와 여행자가 휴식하고 숙박할 수 있는 목조 건물로 된 역사가 세워졌을 것으로 추정된다.

타 무엔 유적 남쪽 300m에는 자야바르만 7세가 세운 역사인 타 무엔 토치 유적이 있다. 동쪽을 향하는 사당과 경장이 회랑으로 둘러싸여 있고, 북동에 사방 20m인 의례용 연못이 있다. 타 무엔 톰은 캄보디아 국경에 가장 가까운 군부대 안에 있는 11세기 바푸온 양식의 시바 사원이다. 사원은 남쪽에서 회랑 안에 배전을 가진 주 사당, 북쪽에는 2개의 사당과 다른 2개의 건물이 남아 있는데 모두 위는 무너져 있다. 건물은 대부분 사암으로 만들어져 있고, 외벽

---

45 브리람에 남아 있는 앙코르 사원은 Prasat Nong Hong, Prasat Khok Ngio, Wat Pho Yoi, Prasat Samrong, Prasat Bueng, Prasat Nong Ta Plaeng, Prasat Nong Pklong, Prasat Ban Mai Thai Charoen, Prasat Yoi Prasat, Prasat Nong Kong, Prasat Ban Bu, Prasat Thamo, Kuti Rishi Prang Ku 등 유적이 있다.

도판 5-1-416 | 타 무엔 톳(13세기, Ta Muen Tot, Surin)

도판 5-1-417 | 상인방의 불상(13세기, Ta Muen Tot, Surin)

도판 5-1-414 | 타 무엔 토치(13세기, Ta Muen toch, Surin)

도판 5-1-415 | 타 무엔 톰(10세기, Ta Muen Thom, Surin)

에 수호신 드바라팔라 등 여러 가지 부조가 새겨져 있다. 이 사원은 1970년 초까지 비교적 원형이 잘 남아 있던 석재 조각과 신상이 남아 있었는데 1980년대 크메르루주 점령 시대에 파괴되어 현재의 모습으로 남아 있다. 행정상으로는 수린에 속해 있지만, 피마이, 무앙탐과 앙코르 왕도를 잇는 교통 중계점이 있는 거점 사원이다. 이 교통로는 10세기 이전부터 형성되었으며, 캄보디아에는 육교와 역참 유적이 앙코르 왕도까지 연결되어 있다. 태국 정부가 1991년에 복원했는데 회랑 서쪽에는 원래 자리가 어딘지 알 수 없는 많은 석재가 방치되어 있다. 정면 남쪽, 누문 밖으로 나오면 급경사에 라테라이트로 된 계단이 있고, 그 앞은 캄보디아 영토이다.

프라삿 반 플루엉(Prasat Ban Phluang, Surin)

시바를 모신 프라삿 반 플루엉은 아름다운 부조로 유명한 11세기 후반 앙코르 왕조 시대의 사원이다. 프라삿 반 플루엉은 높이 2m의 라테라이트 기단 위에 사암으로 만들었다. 사

도판 5-1-418 | 프라삿 반 플루엉(동북면, 11세기 후반, Prasat Ban Phluang, Surin)

도판 5-1-419 | 상인방과 박공 부조(동면, 11세기 후반, Prasat Ban Phluang, Surin)

도판 5-1-420 | 프라삿 야이 가오(12세기, Prasat Yai Ngao, Surin)

원의 건립 연대는 조각의 양식을 보아 우디야딧야바르만 시대의 바푸온 양식(Udayadityavarman II, 재위 1050~1066년)과 유사하며, 현재 옥개 부분은 유실한 상태이다. 동서남북으로 상인방과 박공 부조가 있다. 출입구인 동쪽 상인방에 코끼리를 타고 있는 인드라, 박공에는 고바르다나산을 옮기는 크리슈나가 새겨져 있다. 북쪽 위문 상인방에는 뱀 카리야와 싸우는 크리슈나, 박공에는 아이라바타를 타고 있는 인드라가 새겨져 있다.

또한, 남쪽 위문의 상인방에 머리가 셋인 아이라바타를 타고 있는 인드라가 얼굴이 파손된 상태로 남아 있고, 상단에 악어·오리·다람쥐·멧돼지·소·말 등 동물들이 새겨져 있다. 또한 동쪽 입구 기둥에 문지기 드바라팔라가 새겨져 있다. 모두 정교한 조각으로 지방색이 짙은 소박함이 있다. 사원 동쪽에는 바라이가 있다. 앙코르 세력이 작은 지방 도시에 세운 사원으로 추정된다.

수린에서 남동쪽으로 약 60㎞, 국도변 숲속에 2개의 벽돌 사당이 있다(Prasat Yai Ngao). 12세기 초의 앙코르 와트 양식이다. 북쪽 사당은 2014년에 태국 문화부 예술국이 복원했으나 옥개가 완전히 무너져 있다. 동쪽에 건물을 장식했던 사암 나가와 신상이 놓여 있다. 일반적인 앙코르 사원은 사암을 조각하여 박공이나 상인방으로 사용하는데 이 유적은 벽돌에 직접 조각한 점이 특이하다. 또한, 나가를 테두리만 새긴 것으로 보면 작업 도중에 사원 건설을 중단했을 가능성이 크다.

프라삿 씨코라품(Prasat Sri Khoraphum, Surin)

프라삿 씨코라품은 동북 태국의 수린과 씨사켓 사이에 있으며, 12세기 앙코르 왕조 수리야바르만 2세 때 건립된 힌두교 사원이다. 라테라이트로 만든 기단 위에 동쪽을 향한 5개의 벽돌 사당을 배치하고 있으며 동쪽의 3개 사당은 시바를 중심으로 브라흐마와 비슈누를 모셨다. 중앙 사당은 높이가 32m로, 사암으로 된 상인방에 춤추는 시바가 새겨져 있다. 이 상인방 부조는 전형적인 앙코르 와트(수리야바르만 2세, 1113~1150년) 양

도판 5-1-421 | 프라삿 씨코라품(12세기, Prasat Sri Khoraphum, Surin, 오세윤 촬영)

식으로, 중앙에서는 팔이 10개인 시바가 함사가 떠받치는 대지 위에서 춤추고 있다. 프라삿 씨코라품은 시바가 춤추면 만물이 탄생한다는 신앙을 바탕으로 세운 사원이다. 시바의 발아래에는 왼쪽에서 오른쪽으로 시바의 부인 우마, 비슈누, 머리가 3개인 브라흐마, 그리고 시바의 아들 가네샤가 있다. 양쪽 끝에는 공양하는 사람 2명이 무릎을 꿇고 양손을 모아 합장

도판 5-1-422 | 프라삿 씨코라품의 춤추는 시바(상인방, 12세기, Prasat Sri Khoraphum, Surin, 오세윤 촬영)

하며 만물의 탄생을 기원하고 있다. 가장 밑에는 용을 타고 춤추는 천녀들이 6명 있고, 시바 옆에는 마주하여 춤을 추는 천인(데바)과 천녀(데바타)가 있다. 동북 태국의 상인방 중에 가장 율동감 있고 드라마틱한 부조이다. 출입문 동쪽에는 잉꼬와 함께 여신상, 북쪽과 남쪽에는 문지기 드바라팔라가 새겨져 있다. 크리슈나를 새긴 상인방을 피마이 국립박물관이 소장하고 있다. 프라삿 씨코라품은 16세기 이후에 불교 사원으로 사용되었다. 사원명인 시코라는 남인도의 시카라에서 유래하고, 옥개는 라오스 사원 건축의 영향을 받았다. 사원은 바라이로 둘러싸여 있다.

그 밖에 수린에 남아 있는 앙코르 유적은 프라삿 보란 사탄 타 프리앙 티아(Boran Sathan Ta Priang Tia), 프라삿 야이 응가오(Prasat Yai Ngao) 유적, 프라삿 촘 프라(Prasat Chom Pra), 프라삿 무앙 티(Prasat Muang Thi), 프라삿 반 플라이(Prasat Ban Plai), 프라삿 타농(Prasat Thanong), 프라삿 낭 부아 툼(Prasat Nang Bua Toom), 왓 프라삿 씨라람(Wat Prasat Silaram) 등이다.

도판 5-1-423 | 프라삿 씨코라품의 잉꼬와 여신상(동쪽 출입문, 12세기, Prasat Sri Khoraphum, Surin, 오세윤 촬영)

쿠 푸아이노이(Ku Puai Noi, Khon Kaen)

쿠 푸아이노이 유적은 콘캔 남동쪽 70㎞의 11~12세기에 건립한 사원으로, 13세기에 개축한 건물도 일부 있다. 3개의 사당과 경장을 동서의 누문과 주벽이 둘러싸고 있다. 라테라이트로 쌓아 올린 기단 위에 붉은 사암으로 된 당탑이 세워져 있고, 박공 및 상인방에 힌두교 신들의 조각이 있다. 특히 중앙 동부 정면 상인방의 비슈누는 느긋한 분위기가 지방색이 넘치고 있다. 대부분의 건물 상부는 무너져 있다. 사원은 연못으로 둘러싸

도판 5-1-424 | 쿠 푸아이노이(동면 입구, 11~12세기, Ku Puai Noi, Khon Kaen)

여 있고, 그 앞 동쪽에 대규모의 바라이 유적이
있다.

쿠 프라코나(Ku Phra Kona, Roi Et)

수완나품에서 남쪽으로 5㎞ 떨어진 곳에 있는
쿠 프라코나 유적의 불교 사원 경내 중앙에는 벽
돌로 만든 3개 사당과 경장을 라테라이트로 된
주벽이 둘러싸고 있다. 11세기에 지어진 앙코르
시대 사원을 후에 불교 사원으로 사용한 것이다.
비교적 원형이 잘 남아 있는 남쪽 사당에 비슈누,
시바, 불상 조각이 남아 있지만 상태가 그다지 좋
지 않다. 길이 440m의 대 바라이가 있다. 앙코르
왕조가 바라이와 관련하여 지방 거점 도시의 사
원으로 설립한 것이다.

프라삿 쿠카싱(Prasat Ku Kasing, Roi Et)

프라삿 쿠카싱은 로이엣에 남아 있는 가장 큰
앙코르 사원이다. 11세기에 지어진 사원으로 라
테라이트 기단 위에 벽돌의 배전을 가진 중앙 사
당과 2개의 사당이 세워져 있다. 시바 사당을 중
심으로 힌두교 삼대신을 모신 것으로 추정된다.
사당의 상부는 남아 있지 않지만, 붉은 사암으로
만든 문틀과 상인방이 남아 있다. 7개의 상인방
중 2개는 코끼리를 타고 있는 인드라가 있고, 그
밖의 다른 상인방은 주제를 짐작할 수 없다. 3개
의 사당 앞에는 라테라이트로 만든 경장이 둘 있

도판 5-1-427 | 동쪽 입구 고푸라(서면, 11~12세기, Ku Puai Noi, Khon Kaen)

도판 5-1-425 | 쿠 프라코나(11세기, Ku Phra Kona, Roi Et)

도판 5-1-426 | 상인방과 박공 부조(11세기, Ku Phra Kona, Roi Et)

다. 사원 동쪽으로 500m 거리에 자야바르만 7세가 라테라이트로 만든 쿠포락칸(Kuporakkan)
의료원이 있다. 프랑 쿠(Prang Ku = Prasat Nong Ku)는 차이야품(Chaiyaphum)의 시가지에 있다.
자야바르만 7세가 세운 102 의료원 중 하나이다. 태국에 남아 있는 의료원은 건물 전체를 라

도판 5-1-428 | 프라삿 쿠카싱(11세기, Prasat Ku Kasing, Roi Et)

도판 5-1-429 | 아이라바타를 타고 있는 인드라(상인방, 11세기, Prasat Ku Kasing, Roi Et National Museum)

도판 5-1-430 | 프라삿 쿠(의료원, 13세기 초, Prasat Ku, Roi Et)

도판 5-1-431 | 프랑 쿠(의료원, 13세기 초, Prasat Ku, Roi Et)

테라이트로 만들고, 사암 박공과 상인방에 조각한 것이 일반적이다.[46] 그러나 현재 사암 부조가 남아 있는 예는 거의 없다. 이 의료원의 박공에 관음보살 입상, 경장 박공과 상인방에 유해교반과 불상이 새겨져 있지만 모두 손상이 심하다.

씨사켓(Sisaket)의 앙코르 유적

태국과 캄보디아 국경에 있는 이 사원을 태국에서는 카오 프라 비한(Khao Phra Viharn), 캄보디아에서는 프레아 비히어(Preah Vihear)라고 불렀다. 양국의 국경선은 당렉산맥을 따라 정해졌는데 이 사원은 그 산맥의 절벽에 있었기 때문에 오랫동안 영유권 분쟁이 있었다. 1962년 국제 재판소에서 캄보디아 영토로 인정했지만, 전쟁과 정치 불안으로 인해서 오랫동안

---

46 로이엣 지방에는 Prasat Ku Kradon, Wat Mueang Stung Gau, That Bo Phan Kham, Ku Phon Vit, Ku Noi Ban Yang Ku, Don Khoom Ngern 등 11세기로 추정되는 앙코르 유적, 자야바르만 7세가 세운 13세기 초의 Ku Khanthanam), Ku Phon Rakhang 유적이 남아 있다.

일반인의 출입이 금지되었다. 그 후 1998년부터 다시 개방되어 지금에 이른다. 10세기 초 야쇼바르만 1세부터 수리야바르만 2세 시대에 걸쳐서 역대 앙코르 왕들은 예로부터 성산으로 숭배하던 산의 절벽 경사를 따라 사원을 중·개축했다. 사원은 남북 약 800m의 직선에 자연의 경사를 이용하여 누문 5개, 경장과 회랑, 주 사당을 대칭으로 배치하고 있다. 현재 소유권 문제는 해결되었지만, 사원 입구는 태국 영토이고 입구 계단부터는 캄보디아 영토이다. 태국 영토의 당렉산맥의 바위 그늘 유적인 파 모이텐의 암벽에 힌두교 신상이 새겨져 있다. 프레아 비히어 남쪽에는 프라삿 도트란(Prasat Do Truan, 1002년 건립) 유적이 남아 있다. 사암 기둥에 새겨진 비문을 보아 1002년에 건립되었음을 알 수 있다.

프라삿 캄펭야이(Prasat Kamphaeng Yai, Sisaket)

씨사켓에 있는 앙코르 사원 중에 가장 큰 유적이 프라삿 캄펭야이이다. 주요 사원 건물은 11세기 우디야딧야바르만 2세(Udayadityavarman II, 재위 1050~1066년) 때에 건립했고, 13세기 이후에는 불교 사원으로 사용되었다. 라테라이트로 만든 회랑 안에 4채와 경장 2개를 배치하고 있다. 사원 대부분은 건물 지붕이 무너진 상태였으며 최근에 태국 문화부 예술국이 복원했다. 당탑 부재는 주로 벽돌을 사용했고, 문·상인방·박공은 사암을 사용했다. 사암에 새긴 상인방 부조는 완전한 형태로 남아 있지 않지만, 2개의 서로 다른 모습의 난딘을 타고 있는 시바와 우마, 코끼리를 타고 있는 인드라, 누운 비슈누 등 힌두교 신들이 새겨져 있다. 이 사원에서 출토된 높이 126cm의 청동 수호상인 드바라팔라가 피마이 국립박물관에 전시되어 있다.

도판 5-1-432 | 프라삿 캄펭야이(11세기, Prasat Kamphaeng Yai, Sisaket, 오세윤 촬영)

도판 5-1-433 | 프라삿 반프라삿(11~12세기, Prasat Ban Prasat, Sisaket)

도판 5-1-434 | 프라삿 탐 참(12세기 말~13세기 초, Prasat Tam Cham, Sisaket)

도판 5-1-435 | 프라삿 프랑 쿠(11세기, Prasat Prang Ku, Sisaket)

프라삿 반프라삿(Prasat Ban Prasat, Sisaket)

씨사켓의 상좌부 불교 사원 왓 프라삿 경내 안에 앙코르 유적 프라삿 반프라삿(Prasat Huay Tab Tan이라고도 부른다)이 있다. 라테라이트 담 안에 둘러싸인 아담하고 날씬한 11~12세기의 벽돌 사당이 3개가 세워져 있다. 일반적인 앙코르 사원과는 다르게 옥개의 형태가 특이하다. 프라삿 프랑 쿠는 씨사켓에서 남서쪽으로 약 70㎞ 거리에 있는 12세기의 사원으로, 벽돌로 만든 사당이 3개 남아 있다. 라마야나 이야기를 부조로 새긴 상인방이 피마이 국립박물관에 전시되어 있다. 그 밖에도 씨사켓에는 12세기 말~13세기 초의 의료원 유적이 남아 있다.[47]

프라삿 반벤(Prasat Ban Ben, Ubonratchathani)

프라삿 반벤은 우본랏차타니에서 서남쪽으로 약 60㎞ 떨어진, 라테라이트 기단 위에 벽돌로 만든 11세기 사원이다. 중앙 사당은 원형을 유지하고 있지만, 양쪽 사당은 지반이 내려앉아 무너졌다. 사원에서는 코끼리, 말, 사자, 소 등을 타고 있는 힌두교 아홉 신을 새긴 상인방이 출토됐다. 그 밖에도 우본랏차타니에는 프라삿 낭파야(Prasat Nang Phaya, 11세기, 사임), 프라삿 농통랑(Prasat Nong Thonglang, 11세기, 벽돌) 등의 앙코르 왕조 시대 사원이 있다.

우본랏차타니 국립박물관에는 아르다나리슈바라(Ardhanarishvara, 9세기 전반, 69.3cm) 좌상이 있다.

---

47 Prasat Kamphaeng Noi, Prasat Taleng, Prasat Sombon, Prasat Ta Leng, Prasat Tamnak Sai, Prasat Yer, Prasat Tam Cham, Prasat Prang Ku, Prasat Ta Leng 등 11~13세기 사원이 있다.

도판 5-1-436 | 프라삿 반 벤의 아르다나리슈바라 상(9세기 전반, Prasat Ban Ben, Ubonratchathani National Museum)

도판 5-1-437 | 프라삿 농통랑(11세기, Prasat Nong Thonglang, , Ubonratchathani)

시바와 부인 파르바티, 즉 남녀의 신이 합체한 조각상이다. 양감이 있는 모습과 특징적인 보관 형태는 9세기 앙코르 왕조 시대 초기의 프놈쿨렌 양식과 유사하다. 아르다나리슈바라의 개념은 인도에서 서기 1세기의 쿠샨 시대(Kushan period)로 거슬러 올라가고, 굽타 시대에 도상을 완성했다. 사람들은 아르다나리슈바라를 우주의 남성(Purusha)과 여성(Prakriti)의 힘을 합한 성신(Shakti)으로 믿어 왔다.

남녀가 합체한 신은 아니지만, 비슈누와 시바를 합친 하리하라(Harihara)상이 부남과 진랍 시대(6~7세기)에 많이 만들어졌다. 하리하라는 오른쪽 반신이 시바이고, 왼쪽 반신이 비슈누이다. '하리'가 비슈누를 의미하고, '하라'가 시바를 의미한다. 즉, 창조와 파괴를 상징한다. 신과 아수라가 유해교반(줄다리기)했을 때, 악마 아수라들이 생명수인 암리타(Amrita)를 신들이 마시기 전에 모두 마시려고 했다. 그 사실을 깨달은 비슈누는 아수라를 속이기 위해 모히니라는 미녀의 모습으로 변한 후 아수라들을 유혹하여, 그동안 신들에게 암리타를 마시게 했다. 그 후 모히니는 시바와 첫눈에 반해 하룻밤을 함께 하여 하리하라가 태어났다고 한다.

프라삿 나라이쳉웽(Prasat Narai Cheng Weng, Sakon Nakon)

프라삿 나라이쳉웽은 동북 태국의 사콘나콘시에서 서쪽으로 5㎞ 떨어져 있는 앙코르 사원이다. 동북 태국에 남아 있는 앙코르 사원 중에 가장 원형이 잘 남아 있다. 불교 사원 경내

도판 5-1-438 | 프라삿 나라이쳉웽(10~11세기, Prasat Narai Cheng Weng, Sakon Nakon)

도판 5-1-439 | 춤추는 시바(동쪽 입구, 10~11세기, Prasat Narai Cheng Weng, Sakon Nakon)

도판 5-1-440 | 북면 가짜 문 장식(10~11세기, Prasat Narai Cheng Weng, Sakon Nakon)

안에 라테라이트로 만든 기단 위에 사암으로 지어졌으며 동향하는 전형적인 앙코르 사원이다. 사원 건립 연대는 10~11세기설과 11세기설이 있다. 현재 사원은 원래의 모습 그대로가 아니라 최근에 태국 문화부 예술국이 복원한 것이다. 비교적 부재가 잘 남아 있어 원래의 모습을 되찾았지만, 내부에 콘크리트 기둥을 세워 놓았다. 동쪽 정면 박공에는 팔이 12개인 시바가 춤을 추고, 그 아래에 부인 파르바티가 공양자와 함께 만물의 창조를 기뻐하고 있다. 그 아래 상인방에는 싱하(사자)와 싸우는 크리슈나가 새겨져 있다. 남쪽의 상인방에는 보기 드물게 코끼리와 사람들이 행진하는 모습이 있다. 동문을 제외하고는 각각의 벽면에 가짜 문을 장식하고 있다. 북쪽의 상인방에는 싱하와 싸우는 크리슈나, 박공에는 나라이(비슈누)가 누웠다. 사원의 이름은 바로 이 나라이에서 유래하였다.

태국에 있는 그 밖의 앙코르 사원

사케오에 남아 있는 앙코르 유적은 프라삿 스독 칵 톰(Prasat Sdok Kok Thom, 937년 창건), 프라삿 카오 노이(Prasat Khao Noi, 7세기 건립, 11세기 재건), 프라삿 카오 론(Prasat Khao Lon, 11세기) 등이 있다. 프라친부리에 남아 있는 앙코르 유적은 보란 사탄 사 모라콧(Boran Sathan Sa Morakot, 자야바르

도판 5-1-441 | 무앙 싱 유적 평면도(Muang Sing, Kanchanaburi)

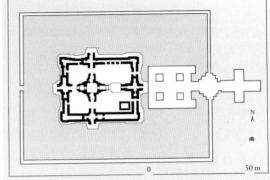

도판 5-1-442 | 프라삿 무앙 싱 평면도(Muang Sing, Kanchanaburi)

도판 5-1-443 | 무앙 싱의 북문(12세기 말~13세기 초, Muang Sing, Kanchanaburi)

도판 5-1-444 | 무앙 싱의 동쪽 고푸라(12세기 말~13세기 초, Prasat Muang Sing, Kanchanaburi)

만 7세의 바라이), 보란 사탄 사케오 유적(Boran Sathan Sa Kaeo, 6~11세기의 바라이와 라테라이트 채석장), 터와 사탄 판힌(Thewa Sathan Phanhin, 자야바르만 1세가 창건한 사원 유적) 등이 있다.

무앙 싱은 태국 칸차나부리의 사이욕 지구에 있으며 1987년에 역사 공원으로 지정되었다. 공원에는 13~14세기에 지어진 앙코르 사원이 두 군데 있다. 성곽 도시 유적지의 역사는 크메르

도판 5-1-445 | 프라삿 무앙 싱(12세기 말~13세기 초, Muang Sing, Kanchanaburi)

도판 5-1-446 | 관음보살상(12세기 말~13세기 초, Prasat Muang Sing, National Museum Bangkok, 오세윤 촬영)

왕국이 번성했던 857~1157년으로 거슬러 올라간다. 비문에 따르면 무앙 싱은 라마 1세(1782~1809년)의 통치 연대기에서 처음으로 등장하는데, 이곳은 칸차나부리 주변을 서쪽 미얀마의 공격으로부터 방어하기 위한 성곽 도시였다. 비라 쿠마라(Vira Kumara) 왕자가 그의 아버지를 찬양하는 비문에 앙코르 왕조의 23개 도시가 새겨져 있다. 이 도시 중 하나인 쓰리차이야 싱하푸라(Srichaiya Singhapura)가 무앙 싱으로 여겨진다. 무앙 싱은 라테라이트 벽으로 둘러싸인 동서 1,400m, 남북 800m, 총면적 1,120,000㎡의 성곽 도시 유적이다. 남벽은 쾌노이강을 따라 성벽이 만들어져 있고, 동서남북에 성문이 있었다. 성곽 도시 중앙에 있는 프라삿 무앙 싱은 자야바르만 7세 시대에 세운 바이온 양식의 사원이다. 라테라이트를 사용하여 만든 회랑의 동서남북에 고푸라가 있고, 중앙에 주 사당이 있다. 중앙 사당 내부에서 관음보살 입상 3개가 발견되어 방콕 국립박물관이 소장하고 있다. 현재 사당에 안치된 관음보살 입상은 복제품이다. 두 번째 유적은 건물의 위는 남아 있지 않고, 바닥에 석재 요니가 남아 있다. 남쪽 성 밖의 쾌노이강 제방에서 기원 전후~기원후 500년의 매장 유적이 발견되었다.

캄팽 랭은 태국에 남아 있는 앙코르 왕조 시대 사원 중 가장 남쪽에 있다. 사원을 경계로 스리위자야 왕국과 앙코르 왕국의 통치 영역을 확정한 것으로 여겨진다. 캄팽 랭은 13세기에 지어졌으며 사당 주위는 라테라이트 담으로 둘러싸여 있다. 3개의 사당이 남북으로 나란히 있었지만, 중앙 사당은 상부가 무너져 있고 북쪽 사당은 기단만 남아 있다. 동쪽과 서쪽 고푸라 흔적이 있고, 동북 모서리에 연못이 남아 있다. 스투코로 칠한 흔적이 건물 표면에 남아 있다.

롯부리에 남아 있는 앙코르 유적은 프랑 삼 요드(Prang Sam Yod, 자야바르만 7세 창건, 프랄 카쿠(Prang Khaek, 11세기 사원), 왓 프라 씨 라타나 마하탓(Wat Phra Si Rattana Mahathat, 12세기 사원, 수코타이 양식, 아유타야 양식) 등이 있다. 수코타이에도 산타파댕(San Ta Pha Daeng, 12세기 말~13세기 초 라테라이트 사

도판 5-1-447 | 캄팽 랭(13세기 초, Kamphaeng Laeng, Petchaburi)

도판 5-1-448 | 왓 씨사와이(12세기 말~13세기 초, Wat Si Sawai, Sukhothai)

도판 5-1-449 | 왓 프라파이루앙(12세기 말~13세기 초, Wat Pra Phai Luang, Sukhothai)

당)이 있고, 왓 씨사와이(Wat Si Sawai, 12세기 말~13세기 초 라테라이트 사원)와 왓 프라파이루앙(Wat Pra Phai Luang, 12세기 말~13세기 초 사원), 펫차분의 시텝(Si Thep, 11~12세기, 앙코르 사원) 유적 등이 있다.

앙코르 평원은 13세기에 개발의 한계에 봉착하여 임계점에 도달했다. 우기의 폭우로 바라이 수리망은 퇴적한 흙으로 채워지고, 농업용수 기능이 마비되었다. 오랜 건기 동안에는 경작지가 라테라이트로 변화고 토지의 염분이 증가하는 등 농업 기반이 붕괴했다. 1218년 자야바르만 7세의 사후 왕위는 인드라바르만 2세, 자야바르만 8세로 이어졌다. 자야바르만 8세는 열렬한 힌두교 신자로 불상을 파괴했다. 자야바르만 8세 시대에는 문둥이 왕 테라스가 지어졌으며 기존의 자야바르만 7세 시대에 건립한 건축물이 증·개축되었다. 1295년의 자야바르만 8세의 사후에 스리인드라바르만, 스리인드라자야바르만, 자야바르만파라메스바라가 왕위를 이었지만, 국력은 점차 쇠퇴했다. 14세기 후반부터 태국의 아유타야군이 침략하면서, 앙코르 왕조는 1434년에 역사의 중심 무대에서 사라졌다.

10세기 말에 송나라가 건국되고 중국에서는 석탄 에너지 혁명이 일어나면서 산업이 비약적으로 발달했다. 게다가 원양 항해가 가능한 대형 정크(Junk)를 개발하여 동남아시아와 교역이 활발해졌다. 중국의 이러한 변화가 동남아시아 내부 세계에 큰 변동을 일으켰다. 13세기에는 북쪽에서 타이족이 남하하여 드바라바티 왕국을 지배했으며, 세력을 확장하기 시작했다. 태국 북부에 란나(Lan Na) 왕국, 태국 중부에서 수코타이 왕국, 라오스에 란쌍(Lanxang) 왕국, 미얀마에서 샨(Shan) 왕국이 탄생했다. 동남아시아에서 새로운 시대가 시작했다.

5-2. 바간 왕조

5-2-1. 미얀마의 주요 사원

미얀마는 13,000년 전 인류가 최초로 정착한 때부터 바간 왕조 시대(849~1297년) 이전인 기원후 200년까지를 선사 시대로 통괄하여 구분한다. 미얀마의 구석기 시대 유적은 에야와 디강 상류에서 발견되어, 안야티안(Anyathian) 문화라고 부른다. 그리고 버마 왕조 성립 이전인 기원전 200년~서기 1050년을 퓨(Pyu) 도시 국가(Sri Ksetra Kingdom, Tagaung Kingdom), 기원전 400년~서기 1057년을 몬 왕국(Mon Kingdom 또는 Thaton Kingdom), 788?~1406년을 아라칸 왕국(Arakan Kingdom)으로 시대를 구분하고 있다. 버마족은 10세기 이전까지는 아직 에야와 디강 유역에 모습을 드러내지 않았다.

버마족의 기원은 중국 청해성(青海省) 부근에 살던 티베트계의 '저족(氐族)'으로 추정된다. 580년 수나라 시대에 일부 저족은 운남성의 대리와 곤명의 양 분지에서 6개의 무앙(六詔)가 남조국(南詔國, 8세기)을 건국했다. 저족은 9세기 이후에 당나라와 토번(吐蕃=티베트 왕국)이 쇠퇴하면서 전성기를 맞이했다. 이때 '저족'(후의 버마족)이 태국과 미얀마에 진출하여 버마족이 에야와디 평원에 이주하기 시작했다. 버마족은 카야잉(khayaing=태국과 라오스의 Mueang)이라는 집단 거주지(성읍)를 만들었다. 카야잉은 단일 수장의 지배 아래 있는 지방을 말하며, 중심에는 해자와 성벽으로 둘러싸여 있는 성읍 도시(수장국)였다. 카야잉은 인도 문화의 영향은 받지 않았고 농업을 기반으로 하는 세력이었다. 10세기에는 짜욱세(Kyaukse)에 11개의 카야잉, 그리고 민부에 6개의 카야잉을 형성하고 있었다.

버마족은 9세기 후반 이후 당의 내란 때문에 국제 무역이 활력을 잃으면서 수전 경작의 발전에 힘을 기울이기 시작했다. 그로 인해 농업 기술은 10세기에 비약적으로 발전하였다. 강우량이 연간 1,000㎜에 미치지 않은 미얀마의 건조 지역은 천수만으로는 벼농사가 매우 어려운 지역이다. 그러나 미얀마의 산악 지대는 세계 최고의 강우량을 기록하기 때문에, 풍부한 수자원을 이용할 수 있으면 벼농사가 가능하다. 유명한 짜욱세의 관개망은 이러한 조건을 배경으로 태어났다. 표(驃, 剽) 시대 유적에서 출토되는 탄화미는 8~9세기부터 인디카형 쌀의 비율이 증가했다.[48]

바간 왕조의 유적 대부분은 전형적인 저지대에 분포하며, 우기에는 강이 자주 범람했다.

---

48 Htin Aung, Maung (1967). A History of Burma. New York and London: Cambridge University Press.

이러한 이유로 바간은 일찍부터 대규모의 관개 시설망을 정비했다. 이와 더불어 바간 왕조 시대는 전 시대에 비해서 농기구가 비약적으로 발전했다. 당시 소가 끄는 쟁기를 사용하여 논갈이했지만, 못줄을 사용하지 않는 모심기 등 일부 동썬 농법은 최근까지 계속되었다. 동썬 농법은 쟁기를 사용하기 이전에 쓰인 오래된 논갈이 방법으로, 물소를 논에서 뺑뺑이를 돌리는 농법(제경, 蹄耕)이다. 제경은 동썬 청동기 문화권에 속한 오지의 마을에서 최근까지 논갈이 방법으로 행해졌고, 제주대학교 박물관에 말을 사용하여 밭갈이(蹄耕)를 하는 사진이 전시되어 있다.

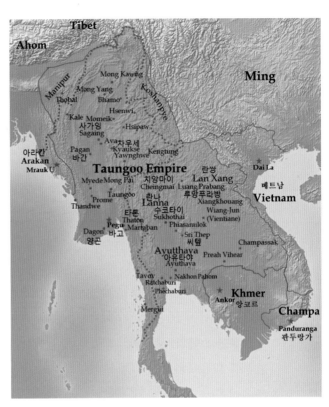

도판 5-2-1 | 16세기 미얀마의 주요 도시

바간 왕조의 경제적 기반은 아시아 최대의 관개용 수로와 저수지 건설, 자포니카의 도입에 의한 논농사와 국제 무역이었다. 바간은 운남에서 에야와디강을 내려와 몬족이 사는 지역을 지나 벵골만을 통해서 인도, 스리랑카로 향하는 간선 교역로와 아삼에서 친드윈강(Chindwin)강을 내려와 교역로가 합류하는 지점에 있다. 또한, 운남→씹송판나(Sipsong Panna)→샨고원의 교역로와 에야와디강 교역로가 만나는 지점이기도 하다. 즉 바간은 미얀마 내륙 하천 교역로의 거대한 물자 집산지였다. 바간이 북송에 조공한 시기는 1106년이며, 이는 진랍(眞臘)보다 10년이 빠르다. 12세기 민카바 마을의 쿠바욱지 사원 벽화에 바간 왕조의 대형 무역선 벽화가 그려져 있다.

바간 왕조는 하(下) 버마의 항시 국가를 복속시킴으로써 원양 항해가 가능하게 되었다. 바간의 스리랑카 불교 유입은 이러한 원양 항해와 밀접한 관계가 있다. 하 버마의 항시 국가의 중심지 바고 모자(Hmawza)의 보보지(Bawbawgyi)에는 미얀마의 가장 오래된 불탑(6세기~7세기)이 있다. 바간 왕조가 성립하기 이전에 퓨 족의 도시 유적 타이킷타야(쓰리 크세트라) 성벽 외곽에 지어진, 높이 45.9m의 원통형 불탑이다. 또한, 바간의 역대 왕은 활발하게 동인도를 순례하여 사원을 인도 각지에 건립했는데, 이는 바간이 11세기 국제 무역의 새로운 중심축이 된

도판 5-2-2 | 에야와디강과 바간 평야(Ayeyarwady River, Bagan)　　도판 5-2-3 | 바간의 논갈이(사원 벽화 복원도, 12세기, Kubyaukgyi, Myinkaba, Bagan)

것을 의미한다. 아노라타왕(Anawratha, 1014~1077)은 거대한 농경 지역에서 농산물을 집하하고 산지와 평야의 산물을 독점하여, 이를 에야와디강을 통해서 벵골만에 출하하여 부를 쌓았다. 이러한 왕권 구조는 수리야바르만 2세 시대 이후의 앙코르 왕조와 유사하다.

1044년에 즉위하여 바간 왕조를 세운 아노라타왕은 주변의 카야잉을 정복하고, 1057년 남부의 항시 국가인 타톤 왕국에 원정군을 보냈다. 연대기에 따르면 당시 상 버마에서 번창했던 아리(Ari buddhism)라는 밀교를 사교로 탄압하고, 하 버마의 타톤 왕국에서 '쉰 아라한'이라는 고승을 바간에 초빙하여 상좌부 불교의 부흥을 도모했다. 그런데 아노라타왕은 쉰 아라한이 불경을 가져오지 않은 것을 빌미로 대군을 보내 타톤을 공격했고, 다수의 몬족 포로와 함께 삼장경(三藏經)을 약탈했다. 하 버마의 몬족 국가는 11세기 초에 동남아시아 상좌부 불교의 중심지가 되었으며, 당시 스리랑카에서 많은 승려가 하 버마에 와서 포교 활동을 했다. 타톤의 상좌부 불교 성행은 하 버마와 스리랑카와의 밀접한 교류를 암시하고 있다. 따라서 바간 왕조이 타톤과 바고를 정복한 것은 바간이 새롭게 상좌부 불교의 중심지가 되었음을 의미했다. 바간 왕조는 1071년에 스리랑카 왕조와 직접 교류했다.

마르코 폴로는 13세기 바간 왕국의 부와 관련하여 동방견문록에 세계 제일의 황금 탑 이야기를 적었다. 현재 바간에 3,000개 이상 남아 있는 사원을 보아도, 농업과 상업을 양립시킨 바간 왕조의 과거 영화를 상기하기에 충분하다. 아노라타왕이 타톤 왕국을 공략하여 바고를 복속시켜, 10~11세기에 동남아시아에서 새로운 대제국이 탄생하는 계기가 되었다. 서쪽의 바간 유적, 동쪽의 앙코르 와트, 자바의 보로부두르라고 하는 세계 3대 불교 유적은 농업과 국제 무역을 기반으로 하는 대제국의 거대한 종교 기념비이다.

미얀마는 불탑의 나라라고 불릴 정도로 다양한 불탑이 많이 남아 있다. 미얀마의 불교 신자들에게는 쉐다곤 파야(Shwedagon Phaya), 짜익티요 파야(Kyaiktiyo Phaya), 마하무니 파야(Mahamuni Phaya)라는 3개의 중요한 순례지가 있다. 일반적으로 바간의 불탑은 하부에 실내 공간을 만들어 불상을 안치한 불탑을 파야, 내부에 실내 공간이 없는 불탑을 제디라고 한다. 쉐다곤 파야는 양곤 중심부에 있는 사원이고, 불탑은 실내 공간이 없는 제디이다. 미얀마를 대표하는 쉐다곤 제디는 석가 및 석가 이전에 세상에 나타난 3명의 보살 유골의 일부가 안치되어 있다고 전해진다. 발굴 조사 결과 6~10세기 사이에 건립한 것으로 밝혀졌다. 지진 때문에 여러 차례 무너졌으며, 현재 탑의 원형은 15세기에 만들었다. 경내에는 높이가 약 100m인 황금 불탑을 중심으로 60여 개의 불탑과 사당이 있다.

도판 5-2-4 | 바간 왕조의 대형 범선(복원도, 12세기, Kubyaukgyi, Myinkaba)

짜익티요 파야는 몬주에 있는 불탑(파고다)이며 불교 순례지로 잘 알려져 있다. 순례자의 보시로 붙인 금박으로 덮인 화강암 꼭대기에 높이 7.3m의 탑이 세워져 있다. 석가의 유발이 있다는 이야기가 전해진다. 산 정상 꼭대기에서 밑으로 굴러떨어질 것 같은 모습이 한층 신비롭다. 짜익티요 파야는 불교 성지로 알려졌지만, 동남아시아의 정령 숭배(낫), 즉 성스러운 산과 성스러운 바위에 신이 깃든다는 토착 신

도판 5-2-5 | 짜익티요 파야(Kyaiktiyo Phaya, Mon State)

도판 5-2-6 | 낫 신앙의 본거지 포파산(Mountain Popa, Mandalay)

도판 5-2-7 | 마하무니 파야(18세기, Mahamuni Phaya, Mandalay)

도판 5-2-8 | 앙코르 와트의 청동상(12세기, Mahamuni Phaya, Mandalay, Myannnmar)

앙과 불교가 융합한 대표적인 유적이다. 바간 남동 평원에 있는 포파산은 미얀마의 토착 신앙 낫의 본거지로 참배객이 끊이지 않는다. 또한, 미얀마의 불교 사원 안에는 낫 신상을 안치하여, 제물을 바치고 신들린 무당이 굿을 하는 제액 초복 의례가 지금도 성행하고 있다.

마하무니 파야는 미얀마 사람들이 두 번째로 순례하는 중요한 사원이다. 사람들이 이 사원을 참배하는 이유는 마하무니불을 참배하고 작은 사당 안에 있는 청동상을 손으로 만져 무병(無病)과 치유를 기원하기 위해서이다. 그러나 이 청동상은 원래 앙코르 와트에 있었다고 한다. 1431년에는 아유타야가 앙코르 왕도를 함락하고 도성을 약탈하기 시작했다. 캄보디아 왕조의 연대기에는 아유타야의 왕이 앙코르 도성과 대사원에서 금은 재화와 보물, 많은 승려와 6만 명의 포로를 아유타야로 연행했다고 전한다. 이들 전리

품에는 앙코르 왕조의 불상과 청동상이 다수 포함되었다. 그러나 앙코르 왕국을 몰락시켰던 아유타야 왕국도 1564년 미얀마와의 전쟁에 패하여 수도를 점령당했다. 전쟁에 승리한 바인나웅왕(Bayinnaung, 1516~1581, 재위 1550~1581)은 전리품을 가지고 수도 바고로 귀환했다. 이 전리품 중에서는 아유타야가 앙코르 왕도에서 가져온 다수의 청동상이 포함되어 있었다.

마하무니 파야는 1784년 보도파야왕이 건립한 사원으로 만달레이 시내 남동쪽에 자리 잡고 있다. 사원 이름은 주 사당에 안치한 마하무니라는 높이 4m의 청동 불상 이름에서 유래한다. 이 불상은 1784년 라카잉의 므락우(Mrauk U)에서 옮겨 온 것이다. 사원 안의 작은 사당 안에는 청동 사자상 3개, 청동 입상 2구, 머리가 3개인 코끼리 아이라바타 1구를 전시하고 있다. 이들 청동상은 마하무니 불상과 함께 라카잉에서 옮겨왔다. 원래 이들 청동상은 앙코르 와트에 있었던 것을 1431년 아유타야가 전리품으로 가져갔고, 1564년 미얀마의 바인나웅왕이 아유타야를 점령한 후 바고로 가져갔으며, 1663년 라카잉의 왕 라자지가 므락우에서 옮겨왔다. 이들 청동상이 기적적으로 남아 있는 이유는 전승을 기념하는 상징적인 가치

가 있었기 때문이다.

5-2-2. 바간의 유적

미얀마는 인도와 중국 사이에서 양대 문명이 교차하는 여러 민족이 왕래하여 다양한 문화를 형성했다. 미얀마에는 역사적으로 여러 왕조가 각지에 유적을 남겼지만, 그중 바간 유적군은 동남아시아를 대표하는 문화유산이다. 그러나 영국으로부터 독립한 후 미얀마는 정치적, 사회적 문제로 인하여 세계 3대 불교 유적이라는 바간 유적조차 충분한 조사와 연구가 이루어지지 않은 상황이 최근까지 계속되고 있다.

미얀마는 세계 문화유산 보호에 관한 조약으로 1956년에 '무력 분쟁 시의 문화유산 보호를 위한 조약·부속 의정서'(헤이그 조약), 1994년에 세계 유산 조약에 비준했다. 미얀마에서는 2014년에 처음으로 퓨족의 도시(Pyu Ancient Cities, 베익타노, 하린, 타라이킷타야)가 세계 문화유산에 등재되었다. 바간 유적은 세계 3대 유적이라고 불렸지만, 유적의 보존과 복원을 둘러싸고 미얀마 정부와 유네스코 사이에 여러 갈등과 우여곡절이 있었다. 2019년 7월이 되어서야 바간 유적이 유네스코에 세계 문화유산으로 등재되었다. 바간 유적은 세계 문화유산으로 등재되면서 건축사, 미술사, 문헌사 분야에서 많은 진전이 있었다. 특히 미얀마 정부가 각각의 유적에 대해서 '누가' 혹은 '언제'라는 문제를 학문적으로 밝히려고 노력하고 있다.

우리나라의 문화재 관련 기관과 조계종이 바간 유적의 보존에 적극적으로 지원하고 있다. 조계종은 2001년 1월에 올드 바간 인근의 레미엣나 사원 복원 사업을 지원했고, 코이카(KOICA)가 바간 유적군의 녹지 사업을 활발히 추진하고 있다. 또한 한국문화재재단이 2014년부터 바간 유적군의 보존관리지원 사업을 하고 있다. 바간 유적을 보존하고 관리하는 기본 계획을 수립하여 문화유산을 보존·관리하는 인력을 양성하는 사업을 추진하고 있다. 2014년에 바간 고고 박물관에 각종의 유적 보존 장비를 지원했고, 술라마니 파야의 벽화 복원 사업을 추진하고 있다.

바간은 양곤에서 북쪽으로 530㎞ 떨어진 미얀마 중부의 에야와디강 동쪽에 있다. 약 13×85㎞의 평지에 3,122개의 불교 유적이 산재한다. 제3대 찬시타왕(Kyanzittha, 재위 1084~1113년)은 몬족과 퓨족에게 융화 정책을 펴서 전 국민을 하나로 통합하여, 바간 왕조는 전성기를 맞이했다. 그 후 바간의 역대 왕들은 약 200년간 많은 사원을 바간에 건립했다. 12세기 제7대 나라파티시투왕의 시대가 되면서 몬 문화에서 탈피하여, 스리랑카로부터 상좌부 불교를 수용했다. 그러나 13세기가 되면서 무리한 사원 건립 때문에 바간 왕국의 경제는 피폐해졌

도판 5-2-9 | 벽화와 불상(18세기, Sulamani Phaya, Bagan)　　　도판 5-2-10 | 석굴 사원(14~18세기, Phowintaung Monywa, Yinmabin)

고, 1287년 원군이 침입하여 멸망했다. 몽골의 지배는 11개월로 단기간에 끝났지만, 그 후 미얀마 번영의 중심은 메남강 유역에서 새롭게 세력을 키운 태국의 아유타야로 옮겨 갔다.

바간 유적군은 미얀마 정부와 유네스코가 역사학, 고고학, 건축학의 시점에서 종합적으로 평가하여, 그레이드 1, 그레이드 2, 그레이드 3, 기타 등으로 분류되고 있다. 바간 유적군의 그레이드 1은 42개 유적, 그레이드 2는 109개 유적, 그레이드 3은 297개 유적이 등록되어 있다. 그레이드 1은 바간에서 눈에 띄는 특별히 큰 사원이 있고 규모가 작아도 내부의 벽화가 우수하며 복원 작업을 우선하여 진행하고 있다.

바간 유적의 불교 건축은 파야(Phaya), 제디(Zedi), 구(Gu), 우민(Umin), 테인(Thein), 타익(Taik) 등이 있다. 파야는 사당이나 파고다 등 일반적인 불교 건축을 가리키며, 제디는 파고다, 구는 불당을 의미한다.[49] 미얀마 사람들은 파야라고 부르는 건물, 제디, 구를 미묘하게 구분하고 있지만, 건물 구조와 형태의 차이는 없다. 우민은 석굴 사원, 테인은 경장, 타익은 계단원(戒壇院)을 가리킨다.

바간 사원의 특징

바간 사원이 자바의 찬디나 앙코르 왕조의 프라샷과 크게 다른 점은 내부를 장식한 벽화의 장엄함이다. 그러나 무엇보다도 바간 사원 건축의 가장 큰 특징은 옥개부의 아치 구조이다. 동남아시아의 힌두교, 불교 사원에서 미얀마의 사원에만 본격적인 아치나 볼트 구조가 사용되었다. 14세기 이후의 태국 사원에서 사용한 볼트 구조는 미얀마에서 도입한 건축 기

49　가종수, 미얀마의 바간 유적, 『계간 한국의 고고학』 제30호, 주류성 출판사, 2015)

도판 5-2-11 | 벽화와 아치 구조(11세기, Phayatonzu Phaya, Bagan)　도판 5-2-12 | 아치 공법으로 만든 낫라웅차웅의 실내 구조(10세기, Nathlaung Kyaung, Bagan)

술이다. 찬란한 힌두교, 불교의 자바 사원과 앙코르 사원에서도 지붕은 박출식 쌓기(유사 아치)밖에 몰랐다.

바간 유적의 아치 공법은 1057년 아노라타 왕의 타톤 정벌로 몬족의 사원 건축 기법이 바간으로 이전한 것이다. 동남아시아 건축사가 치하라 다이코로(千原大五郎)는 바간의 아치나 볼트 구조는 10세기 퓨족의 쓰리 크세트라(Sri Ksetra)에서 바간에 전래한 것으로, 아노라타왕이 몬족을 정벌하기 이전의 유구로 전해지는 바간 유일의 힌두교 사당인 낫라웅차웅에 정교한 퓨 형식의 아치나 볼트 구조가 있다고 주장한다. 또한, 바간의 아치를 원호 아치, 수평 아치, 첨두 아치, 코벌 아치(박출식 쌓기=유사 아치)로 분류하고 있다.[50]

바간 사원은 내부가 없는 스투파를 제외하고 규모의 대소를 막론하고 일반적으로 주당의 옥개 중심 위로 중량이 큰 시카라 혹은 종형(포탄형)의 고탑을 쌓고, 첨단에 해당하는 상륜을 세운 구조이다. 바간 사당의 평면은 이러한 옥개의 고탑 중량을 지지하는 구조법에 따라서 크게 두 종류로 분류할 수 있다.[51]

제1형식은 하나의 주실로 이루어졌으며, 존상 하나가 당내에 독립해서 안치한 것(로카테익 판), 또는 입구를 향해서 벽면에 밀착하여 안치하는 형식(파토담야, 나가욘, 아베야다나 등)으로 고탑의 수직 하중은 볼트 구조의 옥개를 지나서 당의 주벽에 전달하여 지지하는 구조이다.

제2형식은 고탑의 하중을 그대로 수직으로 직접 지반에 지지하도록 하는 방식이다. 고탑의 바로 아래에 기둥을 세웠으며 존상은 이 기둥 초석의 정면, 전·후면, 혹은 사면에 안치하

50   千原大五郎, 『東南アジアのヒンドゥー·仏教建築』 鹿島出版會, 1982年

51   上野邦一, 「ミャンマーの建築」 『世界美術大全集東洋12編東南アジア』, 小學館, 2001年.

고, 옥개를 구성하는 볼트 부분은 고탑 하중 지지의 역할을 하는 형식이다(미에본타, 아페야다나, 세인넷 아마, 쉐구지 등 단층의 중대형 사당, 아난타, 담마얀지, 탓빈뉴, 술라마니, 거더팔린, 틸로민로 등의 중층 대형 사당).

제1형식은 소규모 사당(로카테익판, 파야톤주 등)이나 회랑을 추가한 중형 사원(파토담야, 나가욘, 아베야다나 등)이다. 제2형식은 중대형의 구조로 고탑 아래에 굵은 4개의 기둥을 세운 것이다. 난파야는 제1, 제2 형식의 중간적 구조라고 할 수 있다. 그러나 둘 다 수직 하중의 지지법과 수평력(지진력) 지지법을 고려하고 있다. 일반적으로 바간의 사원은 벽돌 하부 구조의 강성은 매우 높지만, 상부의 고탑은 무너지기 쉬운 구조이다. 1975년 7월에 발생한 지진 때문에 대부분의 고탑이 무너져 내렸다.

바간 사원을 건축한 재료인, 벽돌로 볼트를 구축하는 데에 사용한 모르타르는 그리 좋지 않지만 비교적 대형이며 편평한 소성 벽돌은 질이 매우 좋다. 성형도 정확해서 표면이 반들반들하고 벽돌이 밀착하여 벽체에 충분한 강도를 부여한다. 바간 주변에는 양질인 석재가 없어, 자바나 앙코르와 같은 석조 사원이 없다. 난파야처럼 벽돌 표면에 석재를 사용한 사원은 매우 예외적이다. 그러나 벽돌을 쌓은 도처에서 보강 목적으로 석재를 교묘하게 사용하고 있다. 바간 건축의 주재료인 대량의 벽돌은 주변에 벽돌을 구운 가마를 의미하는 우푸이(Ut phuiw)라는 지명이 많이 남아 있어, 가까운 주변에서 벽돌을 만들어 사용했던 것을 알 수 있다.

바간 유적의 가장 큰 매력은 사원에 그려진 장엄한 벽화이다. 사원 내부의 장식으로는 프레스코화로 그린 벽화, 불상을 중심으로 하는 각종의 조상, 그 밖의 장식품들이 있다. 벽화의 주제는 석가의 일대기를 그린 불전도(주로 수태, 탄생, 사문유관, 성불, 설법, 열반), 전생담(자타카) 등 불교 설화가 중심이며, 당시 바간 사람들의 일상생활을 그린 것도 있다. 바간 유적의 벽화는 인도 전래의 불교 설화를 바간 양식으로 소화하여 독특하게 그렸으며 의상·가구·건축·

도판 5-2-14 | 벽돌 표면에 석재를 사용하여 장식한 창문(11세기, Nanphaya, Bagan)

도판 5-2-13 | 석가 공양 벽화(18세기, Sulamani Phaya, Bagan)

도판 5-2-15 | 사원 풍경 벽화(18세기, Sulamani Phaya, Bagan)

도판 5-2-16 | 사원 참배 벽화(18세기, Sulamani Phaya, Bagan)

장식·일상생활을 알 수 있는 중요한 사료이다. 벽화는 표면에 석회를 바르고, 검은색·붉은색·노랑·주황·갈색 등 다양한 색의 물감을 사용하여 화려하게 채색했다. 현재 바간 유적의 벽화는 오랜 세월의 풍화 때문에 보존하는데 심각한 위기에 처해 있다. 이하 바간의 주요 유적을 간략하게 소개한다.

도판 5-2-17 | 에야와디강 풍경 벽화(18세기, Sulamani Phaya, Bagan)

5-2-3. 바간의 주요 사원 유적

쉐지곤(Shwezigon Phaya)

냐웅우(Nyaung U) 마을 서쪽에 세워진 계단식 피라미드 기단 위에 종형의 첨탑을 세운 미얀마의 대표적인 불탑이다. 불탑 내부에는 아노라타왕이 타톤을 정복하여 손에 넣은 불사리가 안치되어 있다고 한다. 11세기 중반 아노라타왕의 재위 중에 3층의 기단을 만들었고, 제3대 찬시타왕 시대에 완성했다. 사암을 쌓아 올리고 그 위에 종 모양의 탑을 올린 형태는 불탑의 나라 미얀마의 전형적인 제드이다. 피라미드형의 기단은 동남아시아의 기층문화인 성산 숭배에서 유래한다. 각 테라스 벽면에 팔리어의 전생담을 부조하여 청록색 유약을 구워 만든 테라코타 패널로 장식하고 있다. 불탑의 네 모서리에는 수호신 마녹타하상을 안치했다. 불교 사원 안에는 미얀마의 토착 신앙의 정령 신 '낫'(Nat)을 모신 사당이 있어, 지금도 참배자가 끊이지 않는다. 우리나라 불교 사원의 산신각과 유사한 역할을 하며, 모든 의례는 무당이 주관한다.

도판 5-2-19 | 쉐지곤(11세기 중반, Shwezigon Phaya, Bagan)

도판 5-2-18 | 불교 사원에 안치된 토착신 낫(Nat Hinthagon Paya, Bago)

도판 5-2-20 | 신들린 무당이 춤과 노래로 낫에게 드리는 의례 장면 (Hıntha Ggon Paya, Bago)

틸로민로 파야(Htilominlo Phaya)

올드 바간과 냐웅우를 연결하는 간선 도로에 있다. 바간의 연대기에는 제야테인카 나다웅마왕(Theinkha Nandaungmya, 재위 1211~1234년)이 틸로민로 부왕이(Htilominlo=陽傘의 왕, 나다웅먀가) 자신을 왕위 계승자로 선택해준 것에 감사해서 1218년에 건립했다고 기록하고 있다. 그러나 사원의 건립 연대는 명확하지 않아 12~13세기로 보는 견해가 일반적이다. 사원의 한 변은 43

m이며 높이는 약 47m이다. 북인도에서 전해진 장식적 타워 시카라(sikhara)가 있고 아난다 사원과 같은 3층 구조인 대형 사원이다. 사원 이름은 흰 양산을 던져 양산의 끝이 가리키는 자가 왕이 되었다는 일화의 '틸로(양산이 고르다)'와 '민로(왕이 되다)'의 합성어에서 유래한다. 사원은 담장으로 둘러싸여 있고, 정문은 동쪽이다. 사원의 파토는 대소 두 개의 정사각형을 쌓아 놓은 형태이다. 내부 벽화는 거의 손실됐지만 15세기 이후에 그린 48불, 대형 부처, 코끼리 그림 등이 남아 있다. 부 주실 사방에 4구의 불상을 안치하고 있다. 외벽에는 뛰어난 스투코 장식이 남아 있으며 위는 목걸이 형태의 장식이 있고, 하단은 나뭇잎으로 삼각형 띠가 새겨져 있다.

도판 5-2-21 | 틸로민로 파야(12~13세기, Htilominlo Phaya, Bagan)

도판 5-2-22 | 틸로민로 파야의 본존과 벽화(12~13세기, Htilominlo Phaya, Bagan)

우팔리 테인(Upali Thein)

바간 북부 중앙에 있는 작은 단독 사원으로 틸로민로 사원의 북쪽 도로 반대편에 있다. 13세기의 고승인 우팔리(Upali) 대사를 기념하기 위하여 붙여진 이름으로, 창건 당시에는 목조로 세웠는데 18세기 콘바웅(Konbaung) 왕조 때에 벽돌로 새로 만들었다. 불교에 입문하는 계를 행하기 위한 계단원(Thein)이라고 전해진다. 경

도판 5-2-24 | 우팔리 테인 전경(18세기, Upali Thein, Bagan)

도판 5-2-23 | 본존불과 벽화(18세기, Upali Thein, Bagan)

도판 5-2-26 | 과거 28불과 사문유관(부분, 18세기, Upali Thein, Bagan) 도판 5-2-27 | 우안거의 설법(불전도, 18세기, Upali Thein, Bagan)

도판 5-2-25 | 위대한 출발(불전도, 18세기, Upali Thein, Bagan)

사가 있는 삼각 지붕을 가지는 작은 장방형 벽돌 건물(동서 15m, 남북 8.5m, 높이 8m)로, 18세기 목조 건축 형태를 잘 전하고 있다. 사방에 아치형 출입구가 있고, 동서의 출입구가 크고, 남북에 창문이 있다. 내부에 석가 좌상과 프레스코화가 남아 있다. 내부 벽화는 크게 세 부분으로 나뉘는데, 가장 위는 28명의 과거불, 중앙은 싯타르타 태자가 출가를 결심하고 성을 나가는 '위대한 출발', 하단은 44번의 우기 동안 설법하는 장면을 묘사하고 있다. 각단의 벽화는 모두 동문 왼쪽에서 시작하여 시계 방향으로 진행되어 동문 오른쪽에서 끝난다. 천장은 18세기의 아름다운 문양으로 장식되어 있다. 벽화에는 예불을 드리는 공양자, 미얀마의 토착신 낫, 투계 장면 등이 그려져 있다. 남쪽 하단 벽화에 1794년에 완성했다는 기록이 있다.

도판 5-2-28 | 태자의 출성을 방해하는 마라(불전도, 18세기, Upali Thein, Bagan)

도판 5-2-30 | 미얀마의 토착신 낫(18세기, Upali Thein, Bagan)

도판 5-2-29 | 횃불을 들고 있는 토착신 낫(18세기, Upali Thein, Bagan)

도판 5-2-31 | 아노라타왕과 우팔리 대사(18세기, Upali Thein, Bagan)

웨찌인 마을의 구뱌욱지 파야(Gubyaukgyi Phaya, Wetkyi-In)

도판 5-2-33 | 구뱌욱지(13세기, Gubyaukgyi Phaya, Wetkyi-In, Bagan)

도판 5-2-32 | 본존불과 프레스코화(13세기, Gubyaukgyi Phaya, Wetkyi-In, Bagan)

도판 5-2-34 | 과거 28불과 자타카(13세기, Gubyaukgyi Phaya, Wetkyi-In, Bagan)

웨찌인 마을에 있는 13세기 말의 사원으로 내부 벽화가 유명하다. 사각형 구조로 주실 위의 첨탑 지붕은 마하보디 사원과 유사하다. 사원 내부를 빽빽이 프레스코화로 화려하게 장식하고 있다. 주실의 본존은 항마인의 석가 좌상으로 그 좌우 벽의 사각형 패널 안에 자타카(본생담)가 있다. 항마인을 하는 본존불 양옆에 아치형의 문이 있고, 내부의 사방에 불상을 안치하고 있다. 본존불의 좌우 벽면에 있는 작은 사각형 패널 547개에 자타카가 그려져 있다. 자타카의 아래의 띠에 그림의 주제가 적혀 있다. 자카타 위에는 남북 각각 24개 총 48개의 과거불이 그려져 있다. 본존불 뒤쪽의 왼쪽에 활을 들고 코끼리를 타고 있는 라마와 악귀들이 석가를 공격하는 장면(라마야나 이야기)이 있고, 오른쪽에는 석가가 마라와 악귀들을 물리치는 불전도가 그려져 있다.

아난다 파야(Ananda Phaya)

제3대 왕인 찬시타(Kyanzittha)가 11세기 말~12세기 초에 건립했다고 한다. 높이 53m의 황금빛 첨탑을 가진 십자형 구조의 사원이다. 사방에 문이 있고, 둘레는 벽으로 둘러싸여 있다. 사원 내부는 이중으로 된 회랑이 있으며 사방으로 전실이 만들어져 있다. 주 사당의 사방 중앙에는 높이가 9.5m인 석가 입상(서쪽 석가모니불, 북쪽 구류손불(拘留孫佛), 동쪽 구나함모니불, 남쪽 가섭불)이 출입구를 향하여 세워져 있다. 이 중 남북의 2체는 창건 당시에 만들었다. 기단 및 테라스의 외벽 아래에는 테라코타로 만든 약 1,600장의

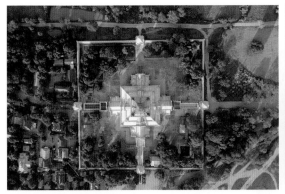

도판 5-2-35 | 아난다 파야 전경(11세기 말~12세기 초, Ananda Phaya, Bagan, 박진호 제공)

도판 5-2-38 | 서쪽에서 본 아난다 파야(11세기 말~12세기 초, Ananda Phaya, Bagan)

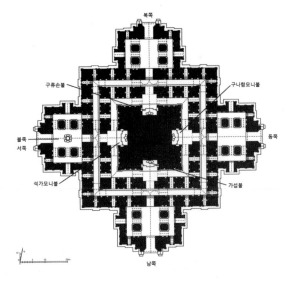

도판 5-2-36 | 아난다 파야의 평면도(11세기 말~12세기 초, Ananda Phaya, Bagan)

도판 5-2-37 | 아난다 파야의 측면도(11세기 말~12세기 초, Ananda Phaya, Bagan)

도판 5-2-39 | 구나함모니불(동면, 11세기 말~12세기 초, Ananda Phaya, Bagan)

도판 5-2-40 | 가섭불(남면, 11세기 말 ~12세기 초, Ananda Phaya, Bagan)

도판 5-2-41 | 탄생불(벽감, 11세기 말 ~12세기 초, Ananda Phaya, Bagan)

자타카(본생담) 등 부조 판이 열을 지어 장식되어 있고, 내부의 회랑 벽면에 설치된 작은 감실에는 석가의 생애 이야기인 불전도의 부조상이 안치되어 있다.

탓빈뉴 파야(Thatbinnyu Phaya)

찬시타왕의 손자인 제4대 왕 알라웅시투(Alaungsithu, 재위 1112~1167년)가 1144년 도성 안내에 건립하였다. 높이 62m로 바간 유적군 중에서 가장 높은 사원이다. 2층 구조로 2층 중앙의 주실에 거대한 석가 좌상을 안치한 전형적 바간 양식의 사원이다.

도판 5-2-42 | 탓빈뉴 파야(12세기, Thatbinnyu Phaya, Bagan)

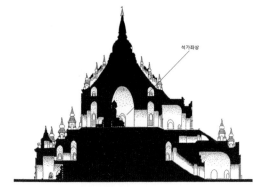

도판 5-2-43 | 탓빈뉴 파야 평면도(12세기, Thatbinnyu Phaya, Bagan)

낫라웅차웅(Nathlaungkyaung)

바간 유적군 중에 보기 드문 힌두교 사원으로 탓빈뉴 사원의 서쪽에 있다. 방형의 당사 위에 종형의 첨탑 지붕을 한 형태로 퓨족의 사원 건축과 유사하며 10세기에 건립했다고 한다. 본존은 비슈누로 아난다(나가) 위에 누워 있고 그 배꼽에서 핀 연꽃 위에 브라흐마가 탄생하는 도상에서 유래한다. 실내의 벽감에는 10체의 비슈누 화신상이 장식되어 있고, 그중에 9번째의 화신으로 석가상을 포함하고 있다.

도판 5-2-44 | 낫라웅차웅(10세기, Nathlaungkyaung, Bagan)

도판 5-2-45 | 낫라웅차웅의 비슈누상(10세기, Nathlaungkyaung, Bagan)

마하보디(Mahabodhi Phaya)

모든 불교도의 성지인 인도 북동부 비하르주 붓다가야(Bodh Gaya)에 마하보디 사원이 있다. 기원전 3세기에 아소카왕이 건립한 사원을 기원으로 하여, 5~6세기에 높이 52m의 석재로 만든 대탑이다. 석가가 6년 동안 고행한 후 깨달음을 얻은 금강보좌, 보리수, 성지 등이 남아 있다. 석가가 보리수 아래에서 깨달음을 얻는 과정은 중부

도판 5-2-46 | 마하보디(13세기, Mahabodhi Phaya, Bagan)

자바의 보로부두르 부조에 상세히 나타나 있다. 마하보디 사원은 오래전부터 동남아시아의 불교도가 순례했던 곳으로, 미얀마의 바간에도 유사한 사원인 마하보디 파야가 세워졌다. 제3대 찬시타왕(1084~1113년)이 인도의 붓다가야에서 보리수 씨앗을 바간으로 가지고 돌아와 왕궁 안에 씨앗을 뿌리고, 그후 나다웅먀왕(재위 1211~1234년)이 1215년에 사원을 건립했다. 마하보디와 유사한 사원이 태국 치앙마이의 왓 젯욧(15세기, Wat Jet Yot)이다. 높은 첨탑 지붕은 바간 유적군에서는 예외적이다. 사원은 동서로 긴 사각형 구조로, 동쪽을 향하고 있다.

쉐구지 파야(Shwegugyi Phaya)

왕궁터 남쪽에 인접한 사원으로, 비문에 따르면 탓빈뉴 사원을 건립한 알라웅시투왕이 여생을 보내려고 1131년에 지은 사원이다. 주 사당 구조는 아난타 사원과 유사하지만, 삼면에 출입구를 만들어 실내가 밝은 느낌을 준다. 주 사당 본존은 항마인의 석가 좌상으로 벽돌 위에 스투코를 바르고 그 위에 금박을 칠하여 완성했다. 본존 입구에 두 마리의 새를 새긴

도판 5-2-47 | 왕궁 유적에서 본 쉐구지 사원(12세기, Shwegugyi Phaya, Bagan)

도판 5-2-48 | 항마인의 석가 좌상(12세기, Shwegugyi Phaya, Bagan)

문은 18세기에 만든 것이다.

도판 5-2-49 | 거더팔린 파야(13세기, Gawdawpalin Phaya, Bagan)

거더팔린 파야(Gawdawpalin Phaya)

바간 왕국 유적 안에 있는 두 번째로 높은 사원이다(높이 55m). 최근 연대기의 연구에 따르면 1203년 나라파티시투왕이 착공하여, 아들인 제8대 나다웅먀왕(Nandaungmya, 재위 1211~1234년)이 1226년에 완성했다. 사원 이름인 거더는 미얀마어로 '경배', 팔린은 팔리어로 '왕좌'를 의미한다. 실명한 나라파티시투왕이 바간의 역대 왕의 공덕으로 완쾌했기 때문에 역대 왕에게 감사의 뜻을 담아 건립한 사원이다. 외관은 탓빈뉴 사원과 아주 유사하다.

민가라 제디(Mingala Zedi)

올드 바간에서 거더팔린 사원을 지나서 남쪽으로 약 1㎞ 거리인 뉴 바간으로 향하는 도로 옆에 있다. 1274년 제11대 왕 나라티하파테(Narathihapate)가 6년에 걸쳐서 건립했다. 완성까지 6년이나 걸린 것은 제디(파고다)를 완성하면 바간 왕국이 멸망한다는 예언이 있었기 때문이었다. 왕은 사원 건립을 일시 중단했지만, 대종사의 질타와 격려로 다시 건설을 시작할 수 있었다. 그러나 예언대로 바간 왕조는 1287년에 원군에 의해 멸망했다.

민가라 제디는 3층의 피라미드형의 기단 위에 종형의 첨탑이 세워진 대탑이다. 3층의 피

도판 5-2-50 | 민가라 제디(1274년, Mingala Zedi, Bagan)

도판 5-2-51 | 자타카 패널(1274년, Mingala Zedi, Bagan)

라미드 방형 기단의 사방에는 계단이 있고, 벽면에는 테라코타 패널에 자타카가 새겨져 있다. 3층의 방형 기단은 탑을 높이 보이게 하려고 만들었다. 동남아시아의 성산 숭배에서 유래하는 대표적인 사원이다. 기단 위에 8각형 탑신과 종 모양 옥개가 있다.

민카바 마을의 구뱌욱지(Gubyaukgyi, Myinkaba)

제3대 찬시타왕이 죽고 손자인 야자쿠마(Yazakumar)가 왕위를 이었다. 왕은 아버지의 영혼을 모시기 위해서 1113년에 민가라 제디의 남동쪽에 있는 민카바 마을에 사원을 건립했다. 사원 내부 벽에 바간 유적에서 가장 오래되고 가장 잘 보존된 프레스코 벽화가 있다. 모든 프레스코 벽화 밑에는 몬어로 설명이 적혀 있다. 사원 서쪽에 있는 작은 미야 제디(Mya

도판 5-2-52 | 민카바 마을의 구뱌욱지(1113년, Gubyaukgyi, Myinkaba, Bagan)

도판 5-2-53 | 창문 장식과 제디(1113년, Gubyaukgyi, Myinkaba, Bagan)

도판 5-2-54 | 석가 보계 강하도(복원도, 12세기, Gubyaukgyi, Myinkaba, Bagan)

도판 5-2-55 | 아소카왕의 사원 참배도(복원도, 12세기, Gubyaukgyi, Myinkaba, Bagan)

도판 5-2-56 | 석가 의상(12세기, Gubyaukgyi, Myinkaba, Bagan Archaeological Museum)

도판 5-2-57 | 탄생불(12세기, Gubyaukgyi, Myinkaba, Bagan Archaeological Museum) zedi)에서는 팔리어·몬어·버마어·퓨어로 새겨진 비문 2개가 발견되었다.[52] 이 불탑 기둥에 새긴 비문은 미얀마의 로제타 스톤이라고 불리며, 역사적으로 고대 퓨어를 알 수 있는 중요한 사료이다. 사원 외관은 몬 양식의 영향을 받았으며 탑은 위로 올라갈수록 좁아지는 인도 시카라 형태로 건립되었고, 내부에는 작은 사당으로 이어지는 커다란 현관과 사당으로 이어지는 내부 복도가 있다. 사원 입구는 동쪽을 향하며 퓨 양식의 큰 창문이 총 11개 있다. 내부에는 프레스코화가 선명하게 남아 있다. 특히 본존을 안치한 배후 좌우에 14개의 손을 가진 보살도, 석가 보계강하도, 아소카왕의 모가리푸타티사 사원 참배도 등이 유명하다. 외벽 창과 장식 박공에 스투코 장식이 잘 남아 있다. 사원 벽감에 있던 석상이 바간 고고 박물관에 전시되어 있다. 불상은 우리나라 통일 신라 시대 석불과 유사하며, 예술

도판 5-2-58 | 열반상(12세기, Gubyaukgyi, Myinkaba, Bagan Archaeological Museum)

도판 5-2-59 | 마누하 파야(11세기, Manuha Phaya, Bagan)

적 관점으로 볼 때 바간에서 만든 석상 중에서 가장 뛰어나다.

마누하 파야(Manuha Phaya)

마누아 파야는 민카바 마을에 있는 중간 크기의 2층 사원이다. 1059년 타톤 왕조의 국왕이었던 마누하(Manuha, 재위 1030~1057년)가 바간에 포로로 끌려온 후 바간 왕조의 아노라타왕이 마누하왕을 위해서 건립한 사원이다. 방형의 벽돌 건물로 사원 내부에는 석가 좌상 2구와 와불상 1구가 안치되어 있다. 벽돌로 불상의 형태를 만들고 회칠과 금박으로 완성했다. 비좁은 공간에 큰 불상을 안치하여 답답한 느낌이다. 마누아 파야는 일반적인 바간 유적과는 평면 구조가 다르다. 3구의 불상은 안치한 사당과 어울리지 않게 크기가 커 후대에 추가한 것으로 추정된다. 와불상은 바간 유적에서는 마누하 파야뿐 아니라 쉐산도 사원 안의

52   Donald M. (2013). Stadtner Ancient Pagan. River Books.

도판 5-2-60 | 석가 좌상(Manuha Phaya, Bagan)

도판 5-2-61 | 와불상(Manuha Phaya, Bagan)

신빈탈야웅(Shinbinthalyaung)과 술라마니의 18세기 벽화에도 있다.

난파야(Nanphaya)

마누하의 남서에 있는 11세기 몬 양식의 중형 사원이다. 난파야는 아노라타왕이 타톤을 공략하여 사로잡은 몬족의 마누하 왕과 관련한 사원이라고 전해진다. 사원은 동쪽을 정면으로 하는 전실(8×8m)과 내부에 4개의 큰 사각형 기둥이 세워진 방형의 주실(13.5×13.5m)을 가진 구조이다. 중앙에 기둥 벽이 없는 바간 초기의 대표적인 건물이다. 전실 남북 2면, 주실 남북서 3면에 창을 만들어 실내를 밝게 했다. 외벽 창문의 장식 부조와 박공의 마카라 조각이 훌륭하다. 사암을 벽돌처럼 가공하여 쌓아 올린 모전(模塼) 사원이다. 내부 기둥은 벽돌을 쌓아 올리고 외벽을 사암으로 단장하고 있다.

건물의 외관은 전형적인 몬 양식으로 현재 내부에 불상이 남아 있지 않지만, 네모진 기둥

도판 5-2-62 | 난파야(11세기, Nanphaya, Bagan)

도판 5-2-63 | 난파야 측면도(11세기, Nanphaya, Bagan)

도판 5-2-65 | 내부 기둥과 브라흐마 부조(11세기, Nanphaya, Bagan)

도판 5-2-64 | 브라흐마 부조(동남 기둥의 북면, 11세기, Nanphaya, Bagan)

에 힌두교의 창조신 브라흐마가 연화대좌 위에 유희좌하고 있다. 브라흐마는 고대 인도의 비인 격적인 중성 원리로, 베다 안에서 신들을 찬양하는 말(만트라)과 베다 자체, 혹은 거기에 내재하는 신비한 힘을 나타내는 말로 사용했다. 기원전 6세기부터 우주의 근본 원리로 의인화한 브라흐마로 숭배하기 시작했다. 본래의 도상은 사면사비(四面四臂), 각각의 손에 경권(經卷), 묵주, 숟가락, 물병을 가지고 사슴 가죽을 몸에 걸친 모습이다. 또한 연꽃에 앉거나 함사(鶩鳥)를 타고 있는 모습이다. 내부 벽 장식으로 프레스코화가 그려져 있지만, 보존 상태가 그다지 좋지 않다.

아베야다나 파야(Abeyadana Phaya)

아베야다나 사원은 바간 남쪽 민카바 마을에 있고, 규모와 외형은 인접한 나가욘 사원(Nagayon Phaya, Naga가 지키는 사원)과 유사하다. 제

도판 5-2-66 | 아베야다나 파야(11세기 말, Abeyadana Phaya, Bagan)

도판 5-2-67 | 내부 벽감의 석가 좌상(11세기 말, Abeyadana Phaya, Bagan)

도판 5-2-68 | 보살과 마카라(11세기 말, Abeyadana Phaya, Bagan)

도판 5-2-69 | 시바(11세기 말, Abeyadana Phaya, Bagan)

3대 왕 찬시타가 11세기 말에 건립한 사원으로, 몬 양식의 중형 사원이다. 주실을 둘러싼 벽화가 유명하다. 회랑 내벽의 제1층에는 예배하는 왕족과 신하, 승려들이 줄지어 서 있고, 제2층에는 석가를 중심으로 하는 불제자, 제3층에는 꽃문양이 그려져 있다. 본존은 석가 좌상이 안치되어 있고, 벽면에는 대승 불교의 불보살과 힌두교 신이 그려져 있다. 이러한 벽화는 상좌부계의 요소가 서로 섞여 있다.

세인넷아마(Seinnyetama)와 세인넷니마(Seinnyetnyima)

올드 바간에서 뉴 바간으로 가는 민카바 마을 도로 가까이에 서로 모습이 다른 대형 파디

도판 5-2-71 | 세인넷아마와 세인넷니마(12세기, Seinnyetama & Seinnyetnyima, Bagan)

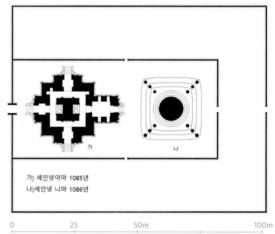

가) 세인넷아마 1085년
나) 세인넷 니마 1086년

도판 5-2-70 | 세인넷아마와 세인넷니마의 평면도(12세기, Seinnyetama & Seinnyetnyima, Bagan)

와 제디가 나란히 서있다. 서쪽에 있는 세인넷아마(언니)와 동쪽에 있는 세인넷니마(동생)이다. 파디와 제디에 대해 11세기 세인넷 왕비가 건립했다는 구전처럼 여러 가설이 있으나 명확한 건립자와 연대가 밝혀지지 않았다. 세인넷아마 파디는 사방에 입구가 있는 정사각형이다. 정면은 동쪽이고, 사방의 출입구와 높은 천장 등은 전체적으로 버마 양식을 하고 있다. 세인넷니마 제디는 3층의 방형 테라스 위에 종형 첨탑이 세워져 있어, 바간 중기 건축(1120~1170년)으로 밝혀졌다.

도판 5-2-73 | 세인넷니마의 장식과 석가 좌상(12세기, Seinnyetama & Seinnyetnyima, Bagan)

로카난다(Lawkananda)

페트레이 파고다 남쪽의 에야와디 강변의 돌출부 언덕 위에 있다. 아노라타왕이 석가의 성치(聖齒)를 봉안하기 위해서 1059년에 건립했다고 한다. 팔각형의 3단 기단 위에 종형의 옥개가 올려져 있다. 에야와디 강을 오가며 수도인 바간에

도판 5-2-72 | 로카난다(11세기, Lawkananda, Bagan)

도착했음을 알리는 하천 교통 수단의 랜드마크 기능이 있었다. 1975년 6월 지진으로 큰 피해가 있었는데 개보수하면서 금칠했다. 방형의 기단 위에 종형의 탑신을 올렸다.

쉐산도 파야(Shwesandaw Phaya)

쉐산도(황금의 聖髮)는 아난타 사원의 남쪽에 있다. 아노라타왕이 몬족이 세운 타톤 왕조를 정복하고 얻은 석가의 머리카락을 안치하기 위해서 1057년에 세운 불탑이다. 5층의 계단식 피라미드 기단 위에 포탄형의 불탑을 올린 대표적인 피라미드형 불탑이다. 기단 부분에는 몬 양식의 강한 영향이 엿보인다. 벽돌을 쌓아 올려서 표면을 스투코를 장식하여 하얗게 빛나는 불탑은 멀리서도 쉽게 눈에 띄며, 현재 5층의 기단 위까지 올라갈 수 있어 일출과 일몰을 보는 장소로 유명하다. 쉐산도 파고다의 남쪽에 부속 건물로 보이는 신빈타랴웅(Shibinthalyaung) 안에 약 18m 높이의 와불상이 있다.

도판 5-2-74 | 쉐산도 파야(11세기, Shwesandaw Phaya, Bagan)

도판 5-2-75 | 신빈타라웅의 와불상(11세기, Shwesandaw Phaya, Bagan)

로카테익판(Lokahteikpan)

쉐산도 북쪽에 있는 작은 사원으로 전실(돌출한 현관)과 주실로 구성되어 있다. 1160년에 지어졌다고 한다. 내부에 많은 프레스코화가 남아 있으며 바간 유적군 중에 가장 뛰어난 벽화이다. 전실 천정에는 불족, 동서의 벽면에는 자타카 이야기가 그려져 있다. 남쪽에는 항마인의 석가 좌상이 안치되어 있고, 그 배후의 벽면에는 팔상도와 과거 28불이 있다.

석가 팔상은 석존의 여덟 중대사(八大事相)로 항도솔(降率兜), 탁태(託胎), 탄생, 출가, 항마(降魔), 성도(成道), 초전법륜(初轉法輪), 열반(涅槃)을 가리킨다. 우리나라의 팔상도는 도솔래의상(兜率來儀相), 비람강생상(毘藍降生相), 사문유관상(四門遊觀相), 유성출가상(踰城出家相), 설산수도상(雪山修道相), 수하항마상(樹下降魔相), 녹원전법상(鹿苑轉法相), 쌍림열반상(雙林涅槃相)으로 구성

도판 5-2-77 | 촉지인의 석가 좌상과 벽화(12세기, Lokahteikpan, Bagan)

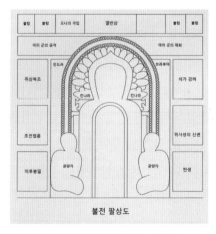
도판 5-2-76 | 로카테익판의 팔상도 배치(Lokahteikpan, Bagan)

도판 5-2-78 | 석가 탄생(복원도, 12세기, Lokahteikpan, Bagan)　도판 5-2-79 | 석가 팔상상(11~12세기, Bagan Archaeo-logical Museum)

되어 있다.

　미얀마의 팔상도는 안다구(Andagu)라고 부른다. 로카테익판의 팔상도는 중앙에 항마성도를 상징하는 촉지인의 석가 좌상을 안치하고 그 뒤 벽면 좌우에 6개의 구획을 만들었으며, 왼쪽 밑에서부터 탄생, 위사성의 신변(千佛化現), 강하(降下), 오른쪽 밑에서부터 미후봉밀(獼猴奉蜜), 초전법륜(初轉法輪), 취상조복(醉象調伏), 그리고 중앙 제일 위에 열반상을 배치했다. 벽화 중에 가장 화려하고 아름다운 장면은 석가 탄생도이다. 보리수 아래서 마야 부인이 나뭇가지를 잡고, 부인의 오른쪽 옆구리에서 막 태어난 태자가 합장하고 있다. 왼쪽에서 마야 부인을 부축하는 사람은 부인의 여동생 가우타미이다. 당시의 바간 왕조의 보관(寶冠), 의상, 장식품을 상세히 묘사하고 있다.

　바간의 벽화에는 삼도보계강하도(三道寶階降下圖) 이야기가 자주 등장한다. 석가가 우기에 3개월 동안 삽십삼천(忉利天)에 올라가서 그곳에 사는 어머니 마야 부인에게 설법하고, 인드라(제석천)가 만든 삼도보계(三道寶階)를 타고 지상의 삼카사(현재 인도 우타르 프라데시주 삼킷사)로 내려오는 이야기이다. 동남아시아 대륙에서는 석가 팔상의 하나로 등장하는데, 이 설화를 주제로 하는 부조와 회화는 탄생, 항마성도, 초전법륜, 열반의 불전 사대사(四大事)와 출성(위대한 출발) 다음으로 많이 남아 있다. 삼도보계강하도는 태국의 불교 사원에서도 많이 볼 수 있다. 수코타이 왕조 제6대 리타이왕이 저술했다고 하는 삼계경(三界経)이 나타내는 세계관으로, 종삼십삼천강하(從三十三天降下) 설화와 삼계경이 종종 결합하여 사당 내부를 장엄하게 장식하고 있다.

담마얀지(Dhammayangyi)

바간 유적 중에서 쉐산도와 더불어 가장 눈에 띄는 사원이 바간 최대의 파디 담마얀지다. 외부의 화려한 장식이 무너져 내려 벽돌로 만든 육중한 피라미드형의 요새와 같은 건물이다. 12세기, 왕위에 오르기 위해서 아버지 알라웅시투(Alaungsithu)왕과 이복형을 암살한 나라투(Narathu, 재위 1167~1170년)가 제5대 왕으로 즉위했다. 나라투왕은 자신의 과거에 대해 속죄하기 위해서 사원을 건설했다. 그런데 공사가 끝나기 전에 왕이 암살당했기 때문에 사원은 미완인 채 방치되었다. 나라투왕 즉위 전후인 1160년부터 대략 10년간 바간 왕조는 정

도판 5-2-80 | 담마얀지(12세기, Dhammayangyi, Bagan)

치적 혼란기로 스리랑카 왕조가 바간의 정치에
개입했다고 하는 설이 있다. 담마얀지는 아난타
사원과 같은 십자형으로 사원 내부는 알 수 없는
이유로 벽돌로 마감했고, 4개의 입구가 복도로
연결되어 있다. 내부의 이중 회랑에 벽화가 그려
져 있다.

도판 5-2-81 | 석가불과 미륵불(12세기, Dhammayangyi, Bagan)

술라마니 파야(Sulamani Phaya)

바간 도성의 동남에 있는 사원으로 제7대 나
라파티시투왕(King Narapatisithu)이 1183년에 건립
했다고 한다. 사원에는 2개의 석재 비문이 남아
있는데, 북쪽 입구에 세워진 비문에 나라파티시
투왕이 공덕을 쌓기 위해서 사원을 건립했다고
언급되어 있다. 왕은 자신이 저지른 잘못에 대한
속죄로 1174년부터 1211년까지 통치하는 동안
많은 사원과 사리탑을 세웠다. 바간 연대기에는
왕이 투이원이라는 산을 오르다가 움푹 들어간
곳에서 빛나는 루비를 보고 그 자리에 술라마니
사원을 세우라고 명령했다고 했다. 술라마니는
왕관의 보석이라는 의미로 술라마니 구파야 혹
은 술라마니 파토라고도 부른다. 2층으로 된 대
형 사원으로 사방에 문이 있고 둘레는 벽으로 둘

도판 5-2-82 | 술라마니 파야(12세기, Sulamani Phaya, Bagan)

도판 5-2-83 | 불상과 승원 풍경(18세기, Sulamani Phaya, Bagan)

러싸여 동쪽에 면해 있다. 몬 양식을 탈피한 전
형적인 미얀마 양식이다. 중앙의 주실을 중심으
로 네 귀퉁이에 작은 탑이 세워져 있다. 사원 내
부의 1층에는 사방의 출입구 안쪽에 대형 와불 벽화와 함께 불상이 안치되어 있다. 2층의 벽
면에는 12세기부터 19세기까지 만든 아름다운 프레스코화가 남아 있다. 벽화는 거대한 와
불, 석가좌불, 불전도, 남쪽에 있는 벽화는 불전도, 다양한 불교 설화, 18세기의 사원과 궁중
풍경, 바간 사람들의 일상을 묘사하고 있다. 불전에 석가가 깨달음을 얻은 5주 후에 나가족

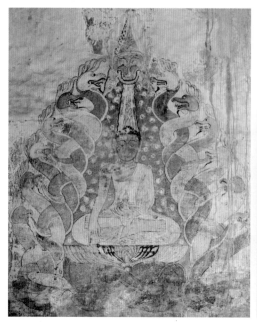

도판 5-2-84 | 나가에 둘러싸인 석가(18세기, Sulamani Phaya, Bagan)

도판 5-2-85 | 공양여 벽화(18세기, Sulamani Phaya, Bagan)

의 무찰린다(Mucalinda, 한자로는 目眞隣陀) 용왕을 만나는 장면이 있다. 폭풍우가 내려 석가가 순식간에 강한 비바람을 맞게 되자, 무찰린다는 자기 몸을 일곱 겹으로 똬리를 틀어 석가를 비바람으로부터 지켰다. 일주일이 지나서 비바람이 그쳤을 때 무찰린다는 석가에게 경의를 표하고 용궁으로 돌아갔다. 벽화는 용왕이 석가를 지키는 이야기를 간명하게 드러낸다.

파야톤주(Phayathonzu)

올드 바간에서 민난투 마을 동남으로 5㎞ 떨어진 곳에 있는 13세기 후반의 작은 사당이다. 미얀마어로 '3개의 사원'을 의미하는 파야톤주는 이름처럼 3기의 작은 사당으로 이루어져 있다. 내부에는 석가 이전에 성불했다고 여겨지는 과거 27불의 팔상도와 밀교의 불상, 동식물 등 여러 가지 프레스코화가 그려져 있다. 동쪽 사당은 미완성이지만, 사당 안의 벽화가 유명하다.

사당 안에 있는 벽화 중에 가장 아름다운 것이 팔상도이다. 특히 취상조복(醉象調伏, 술에 취해 날뛰는 코끼리인 나라기리를 길들이는 장면)에는 석가 옆에 있는 불제자 두 명의 얼굴을 온화하게 묘사하고 있다. 그 앞에는 나라기리 코끼리가 얼굴을 치켜들고 흥분한 모습과 석가의 감화를 받고 엎드려 있는 모습이 그려져 있다. 그 위에 두 명의 비천이 석가의 기적을 경하하고 있다.

도판 5-2-86 | 취상조복(복원도, 13세기, Phayathonzu, Bagan)

도판 5-2-87 | 미후봉밀(복원도, 13세기, Phayathonzu, Bagan)

도판 5-2-88 | 파야톤주(13세기, Phayathonzu, Bagan)

인도 남부의 아마라바티와 나가르주나콘다에서는 석가의 모습을 표현하지 않은 것과 표현한 것들이 공존했다. 이후 인도에서는 탄생, 성도, 초전법륜, 열반의 4가지 중요한 일(四大事)과 추상복조(醉象調伏), 천불화현(千仏化現), 종천강하(從天降下), 미후봉밀(獼猴奉蜜) 다음으로 중요한 4가지 일의 부조가 성행했다. 아잔타 벽화가 대표적인 사례로 이러한 팔상도의 도상은 동남아시아 대륙부에 영향을 끼쳤다. 인도에는 석가와 관련하는 8곳의 성지가 있다.

1. 룸비니(석가 출생지. 석가의 고향은 카필라바스투이다.)
2. 라자그리하(왕사성. 마가다의 수도로 석가 고행의 땅)
3. 붓다가야(항마성도의 땅)
4. 무리바다(녹야원. 초전법륜의 땅)
5. 슈라바스티(코살라의 수도. 석가가 설법과 신변을 일으킨 땅)
6. 산키샤(從三十三天降下의 땅)
7. 바이샤리(승가의 발생지, 獼猴奉蜜의 땅)
8. 쿠시나가라(입멸의 땅)

탐불라 파야(Thambula Phaya)

파야톤주의 북쪽에 있는 중형 사원으로 1255년 제10대 우자나왕(Uzana, 재위 1251~1256년)의 아내 탐불라가 건립한 것으로 알려져 있다. 그러나 연대기에 쓰인 'Thambula'라는 이름은 옳지 않을 가능성이 있고, 비문에는 월계수로 기록하고 있다. 미얀마 양식의 정방형 사원으로, 내부 공간을 가지는 사당 동면에 전실을 부속하는 평면 구성이다. 4면에 입구가 있고 지붕은 곡선형의 첨탑이다. 주 사당 내부 중앙의 동서남북에 항마촉지인의 석가 좌상을 안

도판 5-2-89 | 탐불라 파야(13세기, Thambula Phaya, Bagan)

도판 5-2-90 | 석가 좌상(서면, 13세기, Thambula Phaya, Bagan)

도판 5-2-92 | 공양자(13세기, Thambula, Bagan)

도판 5-2-91 | 보살(13세기, Thambula Phaya, Bagan)

도판 5-2-93 | 백마도(13세기, Thambula Phaya, Bagan)

치하고 있다. 바깥 벽면에는 정밀한 스투코 조각이 잘 남아 있고, 사당 내 벽면에 프레스코 벽화가 그려져 있다. 벽화애는 불전도, 과거 28불, 자타카, 킨나라, 왕이 타고 다니던 백마 등이 비교적 잘 남아 있다. 바간 유적의 전형적인 외관을 하고 있다.

난다만야 파야(Nandamanya Phaya)

파야톤주의 북쪽에 있는 작은 사당으로, 1248년에 불제자 난다만야를 기념하기 위하여 세웠다. 정방형의 당사 위에 뾰족한 종형 탑이다. 실내에 팔상도, 보살상, 반인반조(伴人半鳥)인 음악의 신 킨나라 등의 프레스코화가 가득 그려져 있다. 상좌부 불교뿐만 아니라 밀교 요소가 뒤섞여 있다. 또한 명상 중인 석가의 성도를 방해하기 위하여 젊고 아름다운 마녀가 유

도판 5-2-94 | 석가 탄생도(13세기, Nandamanya Phaya, Bagan)

도판 5-2-95 | 예불(13세기, Nandamanya Phaya, Bagan)

도판 5-2-96 | 촉지인의 석가좌불(13세기, Nandamanya Phaya, Bagan)

도판 5-2-97 | 예불(복원도, 13세기, Nandamanya Phaya, Bagan)

도판 5-2-98 | 마라의 유혹(복원도, 13세기, Nandamanya Phaya, Bagan)

혹하는 '마라의 유혹' 벽화가 있다. 벽
화는 13세기 불탑의 상세한 장식과 완
벽한 구조를 잘 보여주고 있다. 관음보
살은 트리방가 기법으로 유연하고 섬
세하게 표현하고 있다. 트리방가는 인
도의 무용, 조각, 회화에서 자주 사용
하는 특징적인 모습으로, 무릎, 허리,
가슴을 미묘하게 비틀고 있다. 젊고 섬
세한 육체미와 평화로운 얼굴은 바간
왕조의 높은 예술성을 잘 보여주며 대
승 불교의 영향을 엿볼 수 있다. 화살
을 든 킨나라 밑에 화려한 꽃으로 장식
한 마카라를 타고 있는 비천도 아주 섬
세하게 묘사하고 있다. 대승 불교와 탄
트라교의 영향을 나타낸다.

도판 5-2-99 | 관음보살(복원도, 13세기, Nandamanya Phaya, Bagan)

도판 5-2-100 | 킨나라와 마카라(복원도, 13세기, Nandamanya Phaya, Bagan)

담마야지카 파야(Dhammayazika Phaya)

올드 바간 남동 약 5㎞의 민난투 마을에 있다.
불탑 외관은 바간 왕조 마지막 파고다 민가라 제
디와 유사하고, 3층의 기단은 오각형이다. 기단
벽면에는 자타카를 장식한 테라코타 패널이 끼
워져 있다. 기단 중앙에 황금칠을 한 종형의 첨
탑이 자리 잡고 있고, 기단 바깥쪽에 5기의 작은
사당이 세워져 있다. 각각의 사당 안에는 불상이
안치되어 있다. 1198년 제7대왕인 나라파티시투
가 건립했다.

도판 5-2-101 | 담마야지카 파야(12세기, Dhammayazika Phaya, Bagan)

파토탐야 파야(Pahtothamya Phaya)

파토탐야 파야는 바간 왕조의 타웅투지왕(Taungthugyi, 재위 931~964년)이 건립한 사원으로 전

도판 5-2-102 | 파토탐야 파야(11세기, Pahtothamya Phaya, Bagan)

도판 5-2-103 | 아시타 선인이 태자를 보기 위하여 정반왕을 방문한 장면(11세기, Pahtothamya Phaya, Bagan)

도판 5-2-104 | 에야와디강의 도강도((11세기, Pahtothamya Phaya, Bagan)

해지고 있었지만, 내부의 벽화를 조사한 결과 사울루왕(King Sawlu, 1048~1084년) 시대에 건립한 사당으로 밝혀졌다. 파토탐야 파야는 9~11세기 몬족의 타톤 왕국 건축 양식으로 세워졌고, 내부의 벽화도 몬족 특유의 양식이다. 입구는 동쪽을 향하며 아름답게 균형 잡힌 1층 벽돌 사당(높이 26m, 폭 17m, 길이 30m)이다. 퓨 문화의 영향을 받은 바간 왕조 초기의 전형적인 사원이다.

탐오테신핀 쉐구지(Tamote Shinpin Shwegugyi)

짜욱세 평원은 비옥한 지역이었고, 바간 왕조 시대 11개 행정 구역의 하나로 중요한 곡창 지대였다. 아나라타왕 이후 바간 왕조는 에야와디 강변에 궁전을 세우고, 수 세기 동안 강력한 제국을 유지했다. 최근에 만달레이에서 약 10㎞ 떨어진 짜욱세(Kyaukse) 마을에서 상부가 무너져 내려 땅속에 묻혀 있던 벽돌 사원 탐오테신핀 쉐구지 유적이 발굴되었다. 이 사원은 아노라타왕(Anawrahta, 재위 1044~1078년)이 처음으로 창건하여, 2층은 나라파티시투왕(Narapati

도판 5-2-105 | 탐오테신핀 쉐구지 발굴 조사(Tamote Shinpin Shwe Gugyi, Kyaukse, Mandalay, 2010년)

도판 5-2-109 | 체내 불상(Tamote Shinpin Shwe Gugyi, Kyaukse, Mandalay, 2010년)

도판 5-2-106 | 발굴 후의 상층 외벽 장식(Tamote Shinpin Shwe Gugyi, Kyaukse, Mandalay, 2010년)

도판 5-2-107 | 발굴 후의 외벽 스투코 장식(Tamote Shinpin Shwe Gugyi, Kyaukse, Mandalay, 2014년)

도판 5-2-108 | 메다용 장식(Tamote Shinpin Shwe Gugyi, Kyaukse, Mandalay, 2014년)

도판 5-2-110 | 마카라 장식(Tamote Shinpin Shwe Gugyi, Kyaukse, Mandalay, 2014년)

도판 5-2-111 | 긴나라 장식(Tamote Shinpin Shwe Gugyi, Kyaukse, Mandalay, 2014년)

도판 5-2-112 | 비천 장식(Tamote Shinpin Shwe Gugyi, Kyaukse, Mandalay, 2014년)

Sithu, 재위 1174~1211년)이 증축했다. 바간 왕조가 고대 도시 외각에 세운 9개의 불탑 중 하나로 알려져 있다.[53] 미얀마의 고고학자 사야다(Sayadaw U Sandawbartha)가 1990년에 이 유적을 처음 조사했다. 2010년에 본격적인 발굴 조사가 시작되었으며, 무너져 내린 벽돌을 치우자 놀랍게도 건립 당시의 화려한 외벽 스투코 장식이 발견되었다. 탐오테신핀 쉐구지 유적은 바간의 탓빈뉴 파고다와 유사하다. 2층의 수직면이 강조된 구조로 바간의 다른 사원과는 달리 내외부의 모든 공간을 스투코로 장식하고 있다. 돌출된 현관을 사방에 만들고, 동쪽 입구는 이중으로 박공 장식을 했다. 다른 대부분의 바간 시대의 탑과 마찬가지로, 통로와 중앙 사당에 있는 창문을 다양한 꽃문양 스투코로 장식하고 있다. 그 밖에도 외벽에는 공양자, 비천, 킨나라, 카라, 각종 동물의 메다용(Médaillion) 등, 각종 문양의 스투코 장식이 남아 있다.

5-2-4. 바간 왕조의 멸망

13세기에 들어가면 바간 왕국은 동쪽의 샨고원에서 살던 샨족(Shanland, Muang Tai, Tailong)이 발흥하여 분열한다. 샨족은 현재의 미얀마 샨주를 중심으로 사는 유력한 타이족으로, 당시 바간 왕조의 지배를 받고 있었다. 1223년에는 바간 왕조에게 지배받던 타이족이 세력을 확장하여 살윈강 상류에 있는 모네(무앙 나이)에 샨족 국가를 세웠다. 바간의 이러한 위기 상황에서 몽골의 칭기즈칸은 비옥한 화중·화남과 남해 교역로를 장악하기 위해서 1272년부터 운남의 국경을 둘러싸고 바간과 긴 전쟁을 시작했다. 1287년 바간 왕조의 마지막 왕 나라티하파테 사후 혼란을 틈타서 원군은 대군을 보내서 바간 왕국을 침략했다. 이후 바간은 운남

---

53   "Amazing discovery in Kyaukse region", The Myanmar Times, 3 October 2011.

과의 교역로 지배권을 잃었다. 마르코 폴로는 1277년에 벌어진 몽골군의 기마 부대와 바간의 코끼리 부대와의 전투 장면, 1287년의 바간 공격 등 칭기즈칸의 바간 원정을 동방견문록에 생생하게 기록했다. 움직임이 느린 바간의 코끼리 부대는 발 빠르게 말을 타고 활을 쏘며 치고 빠지는 원군을 막아낼 수 없었다.

원나라의 바간 침략이 끼친 가장 큰 영향은 시탕강(Sittaung River) 교역로가 바간 왕조의 지배에서 해방되었다는 것이다. 시탕강은 에야와디강과 살윈강 사이를 흐르는 미얀마의 주요 하천으로, 마르타반만에서 안다만해로 흐른다. 그 하구에 무역을 중심으로 하는 항시 국가의 수장 와레루가 바간과 원나라의 전쟁을 틈타 세력을 넓혔다. 바간 함락 후 와레루는 바고를 점령하고 한사와디 왕국을 재건했다.

도판 5-2-113 | 쉐난도 짜웅(고상식 목조 사원, 19세기, Shwenandaw Kyaung, Mandalay)

미얀마 남서부의 벵골만에 접한 아라칸 지역은 바간 왕조가 멸망한 후부터 1785년 콘바운 왕조에 정복될 때까지 약 500년간 아라칸 왕국(무라우 왕조, 1430~1785년)이 번성했다. 이곳은 지리적으로 가까운 벵골과 관계가 밀접하며 인도 문화가 들어오는 입구에 해당한다. 인도의 미조람주 동부와 친주, 라카인주 사이를 흐르는 카라단강 하구 근처에 있는 다냐와디와 웨다리에 원형 또는 타원형으로 둘러싼 해자에 둘러싸인 도성과 왕궁터가 남아 있으며, 카라단을 동쪽으로 흐르는 레무로강 사이에 1430년에 건설한 새로운 도성인 므로하웅(Mrohaung)이 있다.

도판 5-2-114 | 인레 호수의 인따족이 사는 수상 가옥(Inle Lake, Shan)

바간 왕조 멸망 후 몬족의 중심지였던 바고에도 많은 유적이 남아 있다. 바고는 1287년부터 1539년 남부 미얀마를 장악했던 라마나데자 왕국의 중심지였다. 항구도시로 번성했던 바고는

도판 5-2-115 | 인테인 사원의 불탑(Inthein, Inle Lake, Shan)

1757년 꼰바웅 왕조의 알라웅파야왕의 공격으로 역사의 전면에서 사라졌다. 바고의 퇴락은 강물의 퇴적층이 높이 쌓여 항구 기능을 상실한 것이 큰 원인이었다. 바고에는 쉐모도 파야(높이 114m), 거대한 와불상 쉐탈라웅(길이 54.8m, 10세기 건립, 18세기 복원), 높이 30m의 사방불(7~15세기)이 있는 차익푼 등이 있다.

만달레이는 에야와디 강변에 있는 미얀마 중부의 도시로 마지막 왕조인 꼰바웅 왕조(18세기 중반~19세기 후반)의 수도였다. 바간 문화를 계승하는 만달레이에는 아난다 사원을 본뜬 차욱토지 파야, 보도파야왕이 아라칸을 정복(1784년)했을 때 다냐와디의 마하무니에서 옮겨온 청동 보관 석가여래좌상이 있는 마하무니 파야가 있다. 만달레이에 남아 있는 문화유산 중에서 가장 주목되는 것은 미얀마의 가장 오래된 목조 건축물인 쉐난도 짜웅(Shwesandaw Kyaung)이다. 원래 만달레이 왕국에서 왕과 왕비가 사용했던 거처를 해체하여 1880년 현재 지로 옮겨 와 수도원으로 사용한 것이다. 지금은 구하기 어려운 티크(Teak)재 원목을 사용한 화려한 고상식 목조 건축의 내외부에는 인도의 라마야나 이야기가 조각되어 있다. 내부 공간의 남쪽은 불상이 안치되어 있고 북쪽은 왕이 명상하는 공간으로 사용되었다. 그 밖에도 샨주의 남쪽 고산지대 있는 인레 호수 주변에도 소수 민족이 세운 사원이 있다.

5-3. 태국 왕조

5-3-1. 타이족의 발흥

타이족을 나타내는 시암(Siam=暹羅)이라는 말은 베트남 중부의 포 나가르에서 발견된 1050년의 참파어 비문에서 처음 등장한다. 바간의 1120년 버마어 비문에는 'Syām'으로 기록되어 있다. 12세기 초에 건립한 앙코르 와트의 제1회랑 남쪽 서벽에 '수리야바르만 2세의 행진' 부조가 새겨져 있다. 앞서 앙코르 와트(Angkor Wat, Sieam Reap) 부분에서 서술한 바와 같이, 부조의 왼쪽 위에는 성산이 있고 산정에 수리야바르만 2세가 옥좌 위에 앉아 있다. 왕 앞에는 대신들이 무릎을 꿇어 알현하고 있고, 이어서 코끼리와 말을 타고 오른쪽으로 행진하는 부조이다. 수리야바르만 2세에게 충성을 맹세하는 당시 왕국의 주요 대신 19명과 수리야바르만 2세가 코끼리를 타고 행진하고 있다.

수리야바르만 2세의 행진도에 등장하는 19번째와 20번째의 주인공 주변의 보병들이 타이족 용병이다. 타이족 용병이라고 단정하는 근거는 우선 부조 인물의 의상과 무기가 앙코르군과 다르고, 코끼리를 타고 있는 지휘관 자야신하바르만(Jayasinhavarman)과 그 앞에 말을 타고 있는 사관(인명이 불명, 시암족 왕자?, Anak rajakaryyabhaga Paman Jen Jhala ta nam Syam Kuk) 가까이에 크메르어로 'Syām'이라고 읽히는 각문이 새겨져 있기 때문이다. 앙코르 와트 제1회랑 부조를 꼼꼼히 살펴보면 중요 인물 근처에 고대 크메르어로 비문이 새겨져 있고, 프랑스 극동학원의 G. 세데스가 비문들을 해독하여 각 부조의 인물명이 밝혀졌다.[54]

도판 5-3-1 | 지휘관 자야신하바르만과 타이족 보병(12세기 초, Angkor Wat, Siem Reap)

코끼리를 탄 지휘관과 말을 탄 사관들의 위풍당당한 모습을 보면 당시 시암족도 어느 정도 세력이 있었음을 알 수 있다. 하지만 부조에는 앞만 보고 질서 정연하게 행군하는 앙코르군과는 달리, 여기저기 둘러보며 서로 잡담하며 행군하는 군기 빠진 타이족 용병을 묘사하고 있다. 이 부조를 통해서 우리는 당시 앙코르 대제국의 크메르족이 타이족을 어떻게 보고 있었는지를 알 수 있

도판 5-3-2 | 타이족의 말을 탄 사관과 보병(12세기, Angkor Wat, Siem Reap)

다. 그러나 아이러니하게도 앙코르 제국은 시암족이 세운 아유타야 왕국에게 멸망했다.

현재 태국 사람들은 가다이어족에 속하는 타이족이며, 중국 양자강 이남 지역이 기원이다. 타이족은 황하 유역에서 세력을 확대한 한족의 압박으로 약 6~7세기에 중국 남부의 남쪽과 서쪽으로 이주했다. 그 후 타이족은 11~12세기에 메콩강을 따라서 집단으로 거주하며 중소 무앙을 형성하고, 13세기에는 앙코르 제국을 무너뜨리고 동남아시아 대륙의 새로운 패자로 등장했다. 태국의 역사는 수코타이 왕국, 란나 왕국(타이족 왕조)을 기준으로 하여 이전을 선사 시대, 이후를 역사 시대로 구분한다. 그러나 태국의 역사는 버마족, 몬족, 크메르족, 타이족 등 여러 민족이 흥망성쇠를 거듭하여 복잡하게 전개되었다. 태국 초기 국가는 차오프라야강 유역을 중심으로 몬족이 세운 느가라와 무앙의 연합체인 드바라바티(6~11세기)였

54　Cœdès, George (1968). Walter F. Vella (ed.). The Indianized States of Southeast Asia. trans. Susan Brown Cowing. University of Hawaii Press. p. 164.

도판 5-3-3 | 나가 위의 관음보살상(1183년 명, Wat Qiang, Bangkok National Museum)

으며, 그 후 동북 태국은 앙코르 왕국(11~13세기 중반)의 세력 아래에 있었다. 또한, 남부의 말레이반도에서는 스리위자야 왕국(7~14세기)이 지배하고 있었다.

특히 앙코르 왕국과 관련한 사원과 유적은 시기적으로는 7세기부터 거슬러 올라가고, 지역적으로는 동북 태국뿐만 아니라 상당히 넓은 지역에서 발견되었다. 앙코르 왕조의 최성기(12~13세기 초)에는 북쪽으로는 라오스의 비엔티안과 태국 중부 수코타이까지의 지역, 서쪽은 차오프라야강 하류, 남쪽은 말레이반도 북부, 동쪽은 베트남 남부까지 광대한 지역을 지배했다. 이러한 고고학적 연구 성과로 보아 앙코르 세력은 예부터 현재의 태국 영토를 둘러싸고 드바라바티와 스리위자야와 경합했음을 알 수 있다. 말레이반도의 스리위자야 중심지 중의 하나였던 차이야에서 출토된 왓 비앙의 불상(1183년, 대좌의 명문)은 태국에서 스리위자야 양식으로 분류하고 있지만 12세기 앙코르 양식의 영향을 부정할 수 없다. 물론 문화적 영향과 정치적 영향을 규정하기는 어렵지만, 태국의 역사에서 앙코르 왕조의 영향은 간과할 수 없다.

앙코르 왕조의 전성기를 구축한 자야바르만 7세가 13세기 초기(1218년 혹은 1220년)에 서거하면서 앙코르 왕국은 급속히 쇠퇴했다. 그 결과 중부와 태국 북부에서는 앙코르 왕국을 대신하여 타이족이 광범위한 지역을 지배하는 강력한 전제 왕조가 탄생했다. 첫 드바라바티 시대 이후의 중소 느가라(Negara)와 무앙(Muang)을 통합하는 타이족의 푸라(Pura)가 등장했다. 그 하나가 차오프라야강 상류의 평원을 근거지로 하는 수코타이 왕국이고, 또 하나가 북부 산악 지대를 근거지로 하는 란나 왕국이다.

13세기를 기점으로 이제까지 1,000년 이상 동남아시아 표층 문화를 주도해 왔던 인도 기원의 문화가 세력을 잃고, 새롭게 인도에서 전래한 상좌부 불교와 이슬람교가 동남아시아를 변화시켰다. 대륙에서는 상좌부 불교를 신봉하는 타이족이 세력을 팽창했고, 도서부(현재의 인도네시아)와 말레이반도는 이슬람화하기 시작했다.

타이족의 수장 방클랑하오(Bangklanghao)는 1238년에 태국에서 강력한 앙코르 왕조 세력을 몰아내고 왕위에 올랐다. 당시 수코타이는 운남의 물자를 바간과 벵골만에 운반하기에 가장 적합한 곳에 있었으며, 동남아시아 대륙의 동서 세계를 연결하는 새로운 요지로 등장했다. 또한, 태국 북부에서 수코타이 왕조와 거의 같은 시기에 란나 왕국이 탄생했다. 란나 왕국은 19세기 말 근대 태국에 통합될 때까지 약 600년에 걸쳐서 독자적인 문화를 유지했다. 1351년 아유타야 왕조가 수코타이 왕조를 통합하여 1438년에 수코타이 왕조는 막을 내렸다. 그 후 아유타야 왕조는 약 400년간 번성했지만 1767년 미얀마의 침략으로 멸망하고, 1782년에 지금의 방콕 왕조가 성립한다.

5-3-2. 수코타이 왕조

수코타이(Sukhothai)는 '행복한 새벽'이라는 의미이다. 수코타이는 타이족 최초의 독립 왕조로, 방콕에서 북쪽으로 약 400㎞ 떨어진 차오프라야 강 상류 평원의 수코타이를 수도로 하여 번성했다. 운남에서 남하한 타이족의 중소 무앙이 앙코르 왕조의 쇠퇴와 함께 13세기 후반에 크게 세력을 확장하여 왕국을 세웠지만, 국력이 강고해진 시기는 제3대 왕인 람캄행(Ram Khamhaeng, 재위 1279~1298년) 시대였다. 19세기에 발견된 람캄행 비문은 진위를 둘러싸고 논쟁을 계속하고 있지만, 람캄행왕이 상좌부 불교의 융성을 도모하고 세력을 확장한 것은 사실로 인정되고 있다.

14세기에는 6대째 리타이(Li Thai)왕에서 9대째 왕까지 '마하 탐마라차(Maha Thammaracha, 위대한 정

도판 5-3-4 | 람캄행왕 비문(13~15세기, Bangkok Nationam Museum)

도판 5-3-5 | 왓 마하탓(13~15세기, Wat Mahathat, Sukhothai)

법왕)'라는 칭호로 불리며, 상좌부 불교를 국가사상으로 확립했다. 새로운 소승 불교의 왕권 사상은 세속적인 왕과 승려 조직인 '상가'(교단)와의 관계를 기초로 했다. 계율을 중시하는 승

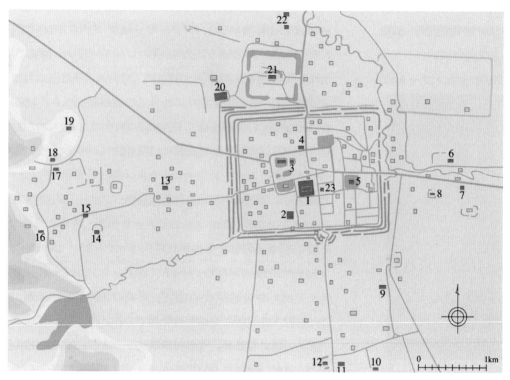

도판 5-3-6 | 수코타이 유적도
1. 왓 마하탓(Wat Mahathat), 2. 왓 씨 사와이(Wat Si Sawai), 3. 왓 사시(Wat Sa Si), 4. 타파댄(Tha Pha Daen), 5. 왓 프라통(Wat Pra Thong), 6. 왓 창롬(Wat Chang Lom), 7. 왓 체디숭(Wat Chedi Sung), 8. 왓 트라팡통랑(Wat Traphang Thong Lang), 9. 왓 아소카람(Wat Asokaram), 10. 왓 씨피칫키라티카라야람(Wat Si Pichit Kirati Kalayaram), 11. 왓 체디 시홍(Wat Chedi Si Hong), 12. 왓 체투퐁(Wat Chetphong), 13. 왓 파마무앙(Wat Pamamuang), 14. 왓 프라윤(Wat Phra Yuen), 15. 왓 망콘(Wat Mangkon), 16. 왓 탐힙본(Wat Tham Hip Bon), 17. 왓 창롬(Wat Chang Lom), 18. 왓 아라닉(Wat Aranyik), 19. 왓 사판힌(Wat Saphan Hin), 20. 왓 시춤(Wat Si Chum), 21. 왓 프라파이루앙(Wat Phra Pai Luang), 22. 왓 상카왓(Wat Sangkhawat), 23. 왕궁

려와 속인을 엄격하게 구별하는 상좌부 불교는 항상 '상가'라는 승려 조직을 필요로 한다. 상가는 왕권의 보호 아래서만 존재할 수 있었고, 왕권 또한 상가의 보호자(正法王)로서만 정통성을 주장할 수 있었다. 경제적인 합리성을 기반으로 하는 수코타이 왕권에서 상가는 세속인이 왕의 정통성을 확보하는 근원이었다.

태국의 불교 사원(Wat)에 대해서는 제4장 드바라바티 왕국에서 전술한 바와 같이 다양한 기능과 형식의 건축물이 복잡한 구조를 하고 있다. 수코타이 왕조의 역사 유산은 왕도 수코타이를 중심으로 위성 도시였던 씨 쌋차나라이, 깜팽펫, 핏싸눌록에 집중하여 분포한다. 수코타이 왕조의 일반적인 불교 사원은 중심부에 체디(Chedi) 또는 몬돕(Mondop), 전면에 위한(Wihan)을 배치하고 있다. 수코타이 시대의 체디는 벽돌 혹은 라테라이트로 만들었고 표면

을 스투코로 마무리했으며, 형태는 3개로 분류할 수 있다.[55]

①사각형, 팔각형, 팔각형 모서리에 있는 수단의 단대(段臺) 위에 종 모양의 복발을 올린 체디이다.
②단대 모양의 사각형 기단 위에 연봉오리 모양의 첨탑을 올린 체디이다.
③방형 기단에 탑신을 세우고, 그 위에 옥개를 종 모양의 탑을 올린 체디이다.

또한, 수코타이 양식의 불교 사원에서 많이 볼 수 있는 몬돕(사당)은 2가지 형태가 있다.

①실내에 불상이나 불족을 안치한 입방체 모양의 건축물이 있다.
②X자 또는 H자형 평면이 있는 벽체 사면에 각각 불상을 배치한 건물이다.

태국의 세계 문화유산인 수코타이 유적은 현재 수코타이시에서 서쪽으로 12㎞ 떨어진 무앙 카오에 있고, 동서 1,800m, 남북 1,600m의 성벽으로 둘러싸인 중심과 그 외부의 동서남북에 약 200개 이상의 유적이 남아 있다.

역사 공원의 중앙에 있는 왓 마하탓은 13세기부터 약 200년에 걸쳐 수코타이의 중심적인 왕실 사원이었다. 수코타이의 초대왕인 씨 인트라팃(Si Inthrathit)왕이 창건하여, 14세기 중반

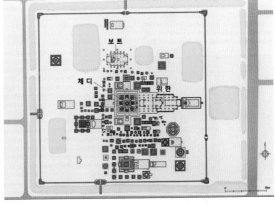

도판 5-3-8 | 왓 마하탓의 중앙 탑(13~14세기, Wat Mahathat, Sukhothai)

도판 5-3-7 | 왓 마하탓의 가람 배치도(Wat Mahathat, Sukhothai)

---

55   Betty Gosling. (1991). Sukhothai Its History, Culture, And Art. Asia Books (Oxford University Press), Bangkok.

도판 5-3-10 | 왓 씨춤의 석가 좌상(13~14세기, Wat Si Chum, Sukhothai)

리타이(Li Thai)왕이 확장했다. 사방 200m의 해자로 둘러싸인 사원 안에는 다양한 양식의 불탑이 세워져 있다. 중심에 우뚝 솟은 탑은 수코타이 양식으로 만든 독특한 연꽃 봉오리 모양의 탑으로, 기단에는 유행불(遊行佛)이 일렬로 세워져 있다. 탑의 좌우에는 높이 8m의 불상을 안치한 건물이 배치되어 있고 정면에는 라테라이트로 세운 기둥이 즐비하며, 앞에는 아유타야 왕조 시대에 만든 높은 벽돌 기단에 불상이 배치되어 있

다. 중앙탑의 남쪽에 벽돌로 만든 사각형 탑의 사방에 석가 좌상을 안치하고 있다. 5곳의 성지(聖地), 18개의 불당, 185개의 탑이 있다.

수코타이 왕조의 중요한 위성 도시 중 하나였던 씨 쌋차나라이(Si Satchanalai) 유적은 수코타이의 북쪽 약 50㎞에 위치한 욤(Yom)강 제방에 있다. 유적은 3개의 지역으로 나뉘어 있는데, 그 중 차리엔(Charien)은 욤강이 크게 곡류한 곳으로, 수코타이가 독립하기 전에 앙코르 왕조가 주변 일대를 지배하고 있던 요새였다. 욤강 제방에 있는, 3세기에서 12세기에 걸쳐

도판 5-3-9 | 왓 사판힌(13세기 말, Wat Saphan Hin, Sukhothai)

존재했던 왓 촘춤(Wat Chom Chum) 유적을 타이
문화부 예술국이 1993~1994년에 발굴하였고,
5~6세기의 매장 유적에서 굴장과 신전장(伸展葬)
한 인골을 발견했다. 선사 시대의 굴장이 신전장
과 함께 드바라바티 시대까지 이어진 것을 알 수
있다. 이러한 발굴 조사에서 주변 일대가 드바라
바티, 앙코르 왕조, 수코타이 왕조의 중요한 요
새였던 것이 밝혀졌다.

씨 쌋차나라이의 중심 사원은 왓 체디 쳇테오
(Wat Chedi Chet Thaeo)다. 왓 체디 쳇테오는 수코
타이 왕국이 각지에서 다양한 양식의 불탑을 한
곳에 모아 놓은 사원이다. 주요 탑은 14세기의
제6대 리타이왕이 건립했다. 넓은 경내에 양식
이 다른 7종류의 불탑이 총 33개가 세워져 있다.
중앙탑은 독특한 연꽃 봉우리 모습의 수코타이
양식이다. 입구 정면의 태국 남부 양식의 불탑에
는 나가에 앉은 불상이 안치되어 있다. 좌우의
탑은 신전형이다. 그 밖에 스리랑카의 종형 체
디, 태국 북부식의 체디 등 작지만 다양한 형태
의 탑이 남아 있다.

씨 쌋차나라이의 왓 창롬(Wat Chang Lom)는 사
각형의 기단의 주위를 39마리의 코끼리상 으로
장식한 종 모양의 체디이다. 불교의 성산인 메루
산을 상징하는 불탑을 코끼리가 떠받치는 이러
한 형태의 체디는 수코타이 왕조 시대에 가장 많
이 세워졌으며, 스리랑카 상좌부 불교의 이입과

도판 5-3-11 | 왓 씨피칫키라티카라야람(1403년, Wat Si Phchit Kirati Kalayaram, Sukhothai)

도판 5-3-12 | 왓 체디 쳇테오(Wat Chedi Chet Thaeo, Si Satchanalai)

도판 5-3-13 | 왓 창롬(Wat Chang Lom, Si Satchanalai)

깊은 관련이 있다. 그러나 이곳의 불탑은 기단을 이중으로 하여 상단의 기단 벽감에 석가 좌
상을 안치하고 있다. 불상의 얼굴은 스투코가 박리되어 벽돌이 노출되어 손상이 있지만, 묵
직한 안정감이 느껴진다. 13세기 말 제3대 왕 람캄행(Ram Khamhaeng, 1239~1317년)이 앙코르군

을 물리치고 전승 기념으로 세운 것으로 전해졌는데 최근의 발굴 조사에서 현재의 체디는 제 6대 리타이왕이 개축한 것으로 밝혀졌다.

캄팽펫은 수코타이의 위성 도시로, 남쪽으로 78㎞ 떨어진 핑강(Ping River)변에 있어 군사와 교통의 요지였다. 핑강은 치앙마이의 찌엔다오를 시작점으로 하여 람푼, 딱, 캄팽펫을 흘러서 나콘사완의 난강(Nan River)과 합류하여 차오프라야강이 된다. 캄팽펫은 수코타이 왕조와 아유타야 왕조 시대에 걸쳐 서쪽의 적국 미얀마의 침략을 방어한 성곽 도시로, 주변에는 수코타이 왕조 시대부터 아유타야 왕조 시대까지의 유적이 40여 개 있다. 캄팽펫은 다이아몬드의 성벽, 즉 견고한 성벽을 의미한다. 유적은 핑강을 사이에 두고 크게 핑강 남쪽에 있는 수코타이 왕조 초기의 중심지 나콘 춤, 동쪽 성벽에 둘러싸인 캄와시, 북쪽의 숲에 있는 아란야익 역사공원으로 나뉘어 있다.

도판 5-3-14 | 왓 프라케오의 우통 양식 불상(15세기 말, Wat Phra Kaeo, Kamphaengphet)

도판 5-3-15 | 왓 프라탓(15~17세기 말 Wat Phra That, Kamphaeng-phet)

도판 5-3-16 | 서쪽 불상(15~16세기, Wat Phra Si Iriyabot, Kamphaeng-phet)

캄팽펫 성내에는 왓 프라케오, 왓 프라탓, 캄팽펫 박물관이 있다. 왓 프라케오는 성내의 중심에 있다. 15세기 수코타이 말기에 건립한 사원으로 종형 체디의 기단이 남아 있다. 기단 주위와 그 위의 불탑 벽감이 있는데, 현재 불상은 거의 아무것도 남아 있지 않다. 경내에는 열반상과 2구의 석가 좌상이 있는 우통 양식(5-3-5. 아유타야 왕조 참고)의 불상이 있다. 왓 프라탓은 왓 프라케오에 인접해 있다. 체디와 건물의 기단이 남아 있는데 불탑은 받침대가 겹겹이 층을 이루는 캄팽펫 양식으로, 위는 일반적으로 흔히 볼 수 있는 범종형이다. 아란야익 역사 공원 내에 왓 프라는(Wat Phra Noon)에는 높이 9m의 사방불이 있었는데, 현재 서쪽 불상만 남아 있다. 폐허에 가까운 유적에 늘씬한 수코타이 양식의 입상이 남아 있다. 인근에 왓 프라씨이리야봇(Wat Phra Si Iriyabot), 왓 싱하(Wat Singha) 등 유적이 있다. 캄팽펫의 왓 사뎃에서 청동 불족이 발견되어, 당시의 높은 청동 주조 기술을 알 수 있다.

수코타이의 불교 미술은 이웃 나라 미얀마의 영향을 받았지만, 독자적이고 우아한 양식을 확립했다. 수코타이 미술 양식은 왓 트라팡통랑 벽

도판 5-3-17 | 왓 트라팡통랑(14세기, Wat Traphang Tong Lang, Sukhothai)

면의 삼도보계강하상(三道寶階降下, 스투코 부조)과 유행불(遊行佛)에서 볼 수 있듯이 체구를 흐르는 우아한 곡선이 가장 큰 특징이다. 이러한 특징을 가진 수코타이 양식은 같은 시기에 북부의 산악 지대에 성립한 란나 왕조의 불상 양식에도 영향을 주고, 심지어는 양식화했으면서도 아유타야 왕조에서 지금까지 이어지는 태국 불상의 아름다움의 원천이 되었다.[56] 또한, 핏사눌록의 왓 프라 랏타나 마하탓에 안치된 석가 좌상은 15세기 전반의 수코타이 양식을 대표하는 아름다운 불상이다.

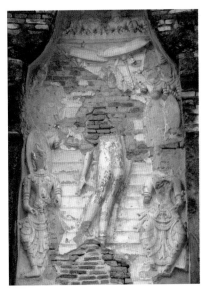

도판 5-3-18 | 삼도보계강하상(14세기, Wat Traphang Tong Lang, Sukhothai)

표 4-1-1 | 유행불(14~15세기, Wat Benchamabopit, Sukhothai, Bangkok Nationam Museum)

도판 5-3-19 | 왓 푸라 랏타나 마하탓의 석가 좌상(15세기, Wat Phra Si Rattana Mahathat, Phitsanulok)

56　伊東照司,『夜明けのスコータイ遺跡』, 雄山閣, 平成26年.

도판 5-3-20 | 수코타이 양식의 석가 좌상(14~15 세기, Sukhothai, Bangkok National Museum)

도판 5-3-21 | 비슈누상(14~15세기, Ho Devalai, Sukhothai, Bangkok National Museum)

도판 5-3-22 | 시바상(14~15세기, Ho Devalai, Sukhothai, Bangkok National Museum)

수코타이 도성의 서쪽에는 재임 중 시간과 비용을 대부분 사원과 불상을 만드는 데에 썼다고 하는 제6대 리타이왕이 건립한 호데바라이 유적이 있다. 지금은 길가에 여러 건물의 기단과 벽돌로 만든 큰 기둥이 남아 있을 뿐이다. 그러나 신의 거처를 의미하는 이름의 사원 경내에서 수코타이 왕조 시대의 가장 아름다운 힌두교 청동 신상 4구가 출토됐다. 일반적으로 태국의 힌두교 사원과 신상은 앙코르 양식의 영향을 받아 만들어졌는데, 4구의 청동 신상은 드물게 태국 양식으로 만든 힌두교 신상이다. 호데바라이는 수코타이 왕조 시대의 힌두교 사원이었을 가능성이 크다.

5-3-3. 란나 왕조

란나는 '백만 개의 논'이라는 뜻으로, 태국 북부 산악 지대의 치앙마이, 첸라이, 치앙센을 중심으로 번창했던 왕국이다. 이들 지역은 원래 드바라바티의 후에 하리푼차이(Haripunchai=Haripunjaya) 왕국이 지배했던 지역으로, 미얀마와 라오스와 국경을 접하여 근세까지 태국 중부에서 독립 왕국을 형성했다. 타이족의 망라이(Mangrai)왕이 1296년에 즉위하여 치앙마이(새로운=mai, 도시=chiang)를 수도로 하여 란나 왕국을 건국했다. 망라이왕은 동맹인 수코타이의 람캄행왕, 파야오(Phayeā, 태국 북부의 산악 지대)의 감무앙(Gam Muang)왕과 협의하여 새로운 수도를 정했다고 전해진다. 이러한 고사를 기념하기 위해서, 1983년 치앙마이시 청사 앞에 3명의 왕 동상을 세웠다. 란나 왕조는 16세기 중반 미얀마의 지배를 받을 때까

도판 5-3-23 | 망라이왕의 동상(치앙마이 시청, 1983년, Chiang Mai) 도판 5-3-24 | 위한 라이캄(란나 양식, Wat Phra Sing, Chiang Mai)

지 독립 상태를 유지했고, 18세기 말까지 약 500년간 존속했다.

란나 왕국의 영역은 치앙마이, 치앙라이, 파야오, 람푼, 람팡, 프레(Phrae), 난, 매홍손 등 태국 북부 8개 주에 걸쳐 있다. 이들 지역은 역사적, 지리적으로 여러 민족이 뒤섞여 살았으며, 16세기 중반 이후부터 오랫동안 미얀마의 지배를 받았기 때문에 란나에는 다양한 건축 양식이 남아 있다. 상좌부 불교 사원을 중심으로 체디와 위한을 조합한 가람 배치가 기본이다. 보통 벽돌로 만든 위한은 상층을 목조로 만들었다. 왓 치앙만, 왓 프라싱의 위한 라이캄이 란나 왕국 특유의 건축이다.

왓 치앙만은 1296~1297년 란나 왕조의 창시자인 망라이왕이 치앙마이에 수도를 건설하고 성안에 처음 건립한 사원이다. '왓'은 사원, '치앙만'는 견고한 성벽 도시라는 뜻이다. 코끼리 탑(Chedi Chang Lom)은 사원의 복합 건축물 중 가장 오래된 구조물이다. 사각형의 기단은 벽돌과 스투코로 만든 15마리의 실물 크기의 코끼리상이 상층부를 등에 지고 있는 것처럼 보인다. 주 예배당(Wihan)은 1920년대에 재건축한 건물로 불상으로 둘러싸인 제단을 위하여 몬답(Mondop)을 만들었다. 석가 입상 1구에는 1465년의 명문이 새겨져 있어, 란나 왕조에서 제작한 가장 오래된 불상임을 알 수 있다. 위한의 벽면에는 망라이왕, 람캠행왕, 감무앙왕의 건립한 왓 큼캄(Wat Kumkam)의 건립 현장과 사원 참배 등 당시 사람들의 일상생활이 그려져 있다.

또한, 란나 왕조의 건축 양식으로는 2층의 호트라이(Ho Trai, 經藏)도 위한과 함께 주목된다. 란나 왕조의 체디는 4종류로 분류하고 있다.[57]

---

57   成田剛, 「タイの建築」(『世界美術大全集東洋12編東南アジア』, 小學館, 2001年)

도판 5-3-25 | 왓 치앙만의 위한(란나 양식, Wihan of Wat Phra Sing, Chiang Mai)

도판 5-3-26 | 코끼리 탑(13~14세기, Wat chiang Man, Chiang Mai)

도판 5-3-27 | 위한의 벽화(란나 양식, Wat Phra Sing, Chiang Mai)

도판 5-3-28 | 호트라이(18세기 말~19세기 초, Wat Phra Sing, Chiang Mai)

① 방형의 높은 피라미드형 탑(Chedi Suwanna)으로, 람푼의 왓 쿠쿳의 체디(Suwan Chang Kot Chedi, Wat Kukut)가 원형이다.

② 사각형 또는 팔각형 평면의 기단 위에 종 모양의 복발을 올린 체디로 스리랑카 불교의 영향을 받은 형식이다(왓 프라탓하리푼차이의 중앙탑).

③ 방형 기단에 신사를 만들고 그 위에 종 모양의 옥개를 한 체디로, 실내 공간이 있다(왓 록모리 체디, 왓 체디 루앙).

④ 특수 형태의 체디로 란나를 최초로 지배한 노야타민소의 유골을 안치하기 위하여, 1613년에 건립한 치앙마이의 왓 쿠타오(Wat Ku Tao) 체디(운남 양식), 바간의 마하보디 사원, 인도의 보디가야 보리사와 유사한 형태의 왓 젯욧이 있다.

그 밖에 군사적 침략으로 인한 지배와 교역으로 유입한 미얀마 샨족이 만든 미얀마 건축

도판 5-3-29 | 체디 스완나(15세기, Wat Phra   도판 5-3-30 | 왓 록모리 체디(14세기, Wat Lok Molee, Chiang Mai)
That Hariphunchai, Lamphun)

양식이 있다. 체디는 복발에 평두(平頭)가 없는 형식이다. 위한은 처마가 올라가지 않는 변형이 없는 지붕을 중층으로 쌓아 올린 독특한 모양이고, 승방과 일체화한 복잡한 평면 형태가 많다. 불교 미술은 수코타이로부터 강한 영향을 받았다. 그뿐만 아니라 하리푼차이 왕국, 미얀마, 운남에서도 영향을 받아 독특한 양식이 탄생했다. 14세기 무렵에는 아유타야 왕조의 조사, 조불이 성행했으며, 스리랑카에서 상좌부 불교가 공식

도판 5-3-31 | 왓 체디 루앙(14~15세기, Wat Chedi Luang, Chiang Mai)

적으로 전해졌다. 란나 양식 불상은 부드러운 용모에 보관을 쓰고, 어깨가 넓고 가슴이 볼록하며, 항마인을 한 이중의 연화대좌 위에서 결가부좌하는 것이 도상학적 특징이다. 후대에는 수코타이의 영향이 강해져, 점차 수코타이와 차이가 사라진다.

5-3-4. 롭부리의 라보 왕조

타이만의 타이족이 세운 왕국들의 발전 배경에는 이들 왕국의 물자를 공급하는 롭부리 왕국의 확대가 있었다. 롭부리에는 6세기부터 11세기의 드바라바티 시대의 부족이 세운 성

도판 5-3-32 | 왓 젯욧(15세기, Wat Jet Yot, Chiang Mai)

도판 5-2-116 | 외벽의 스투코 부조(15세기, Wat Jet Yot, Chiang Mai)

도판 5-3-33 | 외벽의 불상 장식(15세기, Wat Jet Yot, Chiang Mai)

도판 5-3-34 | 란나 양식의 불상(13~14세기, Wat chiang 　도판 5-3-35 | 란나 양식의 불상(14~15세기, Bangkok National Museum)
Man, Chiang Mai)

읍 국가 라보(Lavo)가 있었다. 라보(羅渦 혹은 羅斛) 왕국은 7세기에 진랍에게 지배받았고(『大唐西域記』, 唐時的赤土國 後分為羅斛 暹二國), 9세기부터 13세기까지 바간 왕조와 앙코르 왕조 사이에서 독립과 종속을 반복했다. 11세기에는 앙코르 왕조의 수리야바르만 1세가 즉위하고 차오프라야강 유역까지 영토를 확장하여, 라보는 앙코르 왕국에게 지배받았다. 그 후 1113년에 즉위한 수리야바르만 2세가 서거하고, 라보는 독립을 쟁취하여 1155년 중국에 사절을 보냈다. 중국 사서에는 '라곡국(羅斛國), 1155년(紹興二五年十日月二九日), 집랍국(眞臘國, 앙코르 왕조)과 라곡국(羅斛國)이 길들인 코끼리를 조공했다(貢馴象)'라고 기록하고 있다(『明史』). 라보 왕조는 정치적으로는 독립했지만, 외교적으로 진랍의 영향 아래에 있었다.

　1239년 타이족 지배자가 라보로부터 독립을 선언하고, 수코타이 왕조가 태어났다. 태국의 연대기는 라보를 '크메르'(진랍)라고 기록하고 있다. 13세기에는 수코타이 왕 람캄행의 확대 정책에 따라서 라보 왕조는 세력을 잃게 되었다. 중세 태국 세계를 완성한 수코타이 왕조의 교역로는 차오프라야강 지류인 욤강과 난강을 거슬러 올라가 메콩강 유역으로 들어가, 라오스 루앙프라방에 이르는 길이었다. 이러한 수코타이 왕조의 교역로 지배에 대항하여 동북 태국의 물자를 차오프라야강 동쪽으로 운반하는 중요한 역할을 했던 것이 롭부리 왕국이다.

13세기 진랍풍토기에는 시암족과 크메르족의 전투 기록이 있다. 이 기록은 롭부리의 타이족과 앙코르 세력이 동북 태국 남부에서 충돌하는 상황으로 추정된다. 이렇게 13세기 말의 태국은 북부의 란나, 중부의 수코타이, 동부의 롭부리가 각각 벼농사를 기반으로 하는 자체 생산 기지와 동남아시아 대륙의 동서를 연결하는 국제 무역 기지를 가진 3개의 세력으로 분화했다. 점점 다양하고 복잡해지는 국제 교역망은 앙코르 왕조가 독점하는 시대를 더는 허락하지 않았다. 이것이 바로 중세 태국의 세계이다.

롭부리에는 라보 왕조의 복잡한 역사를 반영하는 3개의 유적이 남아 있다. 롭부리 중심에 10세기에 건립한 프랑 카엑(Prang Khaek)이 남아 있다. 동쪽을 입구로 하며 벽돌로 만든 3개의 사당은 전형적인 앙코르 양식의 힌두교 사당이다. 각각의 사당은 힌두교의 우주 창조를 관장하는 브라흐마, 우주 유지를 관장하는 비슈누, 우주 종말 때 파괴와 창조를 관장하는 시바를 모신 사원이다. 일반적으로 동남아시아 도서부에는 시바 신당을 중심으로 하고, 동남아시아 대륙에서는 비슈누당이 중심이다.

롭부리 역의 북쪽에는 13세기 전후에 자야바르만 7세가 라테라이트로 만든 사원인 프랑 삼욧(Prang Sam Yot)이 있다. 자야바르만 7세 시대엔 힌두교와 대승 불교가 융합한 3개의 사당 양식인 사원이었지만, 13세기 이후 상좌부 불교 사원으로 바뀌었다. 사원 안에는 석재 링가를 안치했던 요니가 남아 있다. 벽면에는 아유타야 초기의 나가상, 신상의 일부가 남아 있다. 사당의 동쪽에 남아 있는 벽돌 건물터는 17세기 아유타야 왕조의 나라이왕 때 만든 것이다.

롭부리 역 근처에는 왓 프라씨랏타나마하탓(Wat Phra Si Rattana Mahathat) 유적이 있다. 넓은 사원의 중앙에 앙코르 양식의 프랑(Mandapa)을 중심으로 회랑터와 크고 작은 다른 모양

도판 5-3-36 | 프랑 카엑(10세기, Prang Khaek, Lop Buri)

도판 5-3-37 | 프랑 삼욧(13세기, Prang Sam Yot, Lop Buri)

도판 5-3-38 | 왓 프라씨랏타나마하탓(13~17세기, Wat Phra Si Rattana Mahathat, Lop Buri)

도판 5-3-39 | 앙코르 양식의 중앙 사당(13세기, Wat Phra Si Rattana Mahathat, Lop Buri)

도판 5-3-40 | 롭부리 양식의 압사라상(11~12세기, Lop Buri, Bangkok National Museum, 오세윤 촬영)

도판 5-3-41 | 롭부리 양식의 청동 불상(12~14세기, Lop Buri, Bangkok National Museum)

도판 5-3-42 | 롭부리 출토 청동 가루다상(12세기, Lop Buri, Bangkok National Museum)

의 불탑, 건물 기단이 남아 있다. 앙코르 왕조의 전성기였던 자야바르만 7세 때 창건한 사원을 후대의 태국 왕조가 개축을 반복하여, 14세기 아유타야 왕조에 들어와서 프랑 벽면에 스투코 장식을 추가했다. 17세기의 나라이왕 때에는 회랑과 보시 당 등에 지금까지 없었던 서양 건축 기술인 아치형 천장을 도입했다. 중앙의 가장 큰 프랑은 라테라이트로 만들었고, 다른 건물은 벽돌을 사용했다. 유적과 인접하여 17세기 아유타야 왕조의 나라이왕이 건축한 궁전터에 프라 나라이 랏찬웻(Phra Narai Ratchanwet) 국립박물관이 있다. 태국 전통 건축 양식과 서양 건축 양식을 잘 융합한 궁전이다.

롭부리 왕조 시대의 건축과 조상을 태국에서는 롭부리 양식이라고 한다. 그러나 동남아시아 대륙의 넓은 시각에서 보면, 불상 등의 일부 조상을 제외한 롭부리 양식은 같은 시대의 앙코르 양식으로 보는 것이 타당하다. 사원 등의 건축은 거점 도시를 중심으로 앙코르 왕조의 영향을 받았지만, 불상과 신상은 더 넓은 지역에 영향을 끼치고 있다. 태국에서 롭부리 양식이라 하는 앙코르 양식의 조상이 방콕 국립박물관에도 다수 전시되어 있다.

5-3-5. 아유타야 왕조

동북 태국의 물자를 타이만에 운반하는 파삭강, 롭부리강이 차오프라야 본류와 만나는 지점으로 11세기부터 상좌부 불교의 중심지인 아요다야(Ayodhaya)라는 무앙이 있었다. 이 아요다야에서 1351년 우통 왕 라마티보디(Ramathibodi) 1세가 아유타야 왕국을 창건했다. 우통 왕국과 라마티보디 1세에 대해서는 명확한 사료가 남아 있지 않지만, 라마티보디 1세는 차오프라야 삼각주에서 태국 남부 해안의 타이족이 세운 중소 무앙을 통일했다. 아유타야의 건국으로 롭부리에서 수판부리, 우통에 이르기까지 대 차오프라야 수계와 펫부리에서 태국 남부의 전 느가라가 연결되었다. 라마디보디 1세는 1352년에 앙코르 왕국의 지배 아래 있던 동북 태국의 주권을 쟁취했다. 이후 앙코르 왕조는 점차 영역을 빼앗겨 쇠퇴하고, 라마디보디 왕은 앙코르 왕조에 세력을 늘려가던 베트남 세력을 물리치고 1362년에 앙코르를 공격하여 점령했다.

제12대 보마라처왕은 1378년에 명맥만 유지하던 수코타이를 완전히 복속시켰다. 14세기 말 아유타야 왕조는 동남아시아 최대의 세력으로 완전히 동남아시아 대륙을 압도했다. 역사적으로 타이족 왕조, 특히 수코타이와 아유타야 왕조는 중국과 인도를 잇는 중간에 있는

도판 5-3-43 | 왓 프라씨산펫(15세기, Wat Phra Sisanphet, Ayutthaya)

도판 5-3-44 | 왓 차이왓타람(17세기 Wat Chai Wattalam, Ayutthaya)

지리적 이점을 살렸으며 국제 무역이 국가의 중요한 경제적 기반이었다. 아유타야 왕조에서도 왕가를 중심으로 독점 무역이 이루어졌는데, 아유타야 왕국은 중국과 인도는 물론 동남아시아 도서부, 일본, 아랍 페르시아와도 활발히 무역하여 막대한 부를 축적했다. 그러나 태국 왕조의 부의 축적은 국제 무역에서만 얻었던 것일까?

이러한 의문의 답은 각 왕조의 유적을 자세히 돌아보면 쉽게 알 수 있다. 각 태국 왕조의 수도는 교역로의 요지이기도 하지만 주변에 광대한 수전 경작지가 있다. 아유타야 왕국이 중국에 수출한 가장 중요한 수출품은 쌀이었다. 따라서 아유타야 왕국은 수전 경작을 기반으로 동서의 국제 무역을 장악하면서 동남아시아 최대의 세력으로 성장했다. 이러한 부를 배경으로 아유타야는 인도, 바간, 크메르, 중국 등의 문화를 흡수하여 독자적이고 화려한 문화를 꽃피웠다. 아유타야 왕조는 왕도인 아유타야를 중심으로 각 지방에 많은 불교 사원을 건립했다. 특히 타이 중부 도시 아유타야에 많은 사원이 남아 있고, 이것들은 크게 3기로 분류된다.[58]

① 1351년부터 1488년까지로 높은 단대에 세워진 탑 모양의 사당이 가람 중심부를 이루고, 그것을 둘러싼 회랑과 함께 전면에 위한 후면에 보트를 배치한 가람이다.
② 1488년부터 1629년까지로 종 모양의 복발이 있는 체디가 주가 된다.
③ 1629년부터 1767년의 아유타야 왕조 멸망까지로 프랑이 중심 당탑이 되고, 아유타야의 왓 차이왓타람이 대표적인 사원이다.

아유타야 왕조의 건축물은 수코타이 왕조보다 규모가 훨씬 크고 화려하다. 전후에 돌출부를 형성한 맞배지붕 형식을 기본으로 하고 하부 구조는 벽돌, 상부 구조는 목조로 되어 있다. 또한, 규모가 증가함에 따라 기둥보다 벽체가 주요 구조로 기능하고 실내에 전혀 기둥이 없는 경우도 많다. 아유타야 왕조 후기가 되면서 위한을 대신해서 보트의 중요성이 증가했다. 아유타야 왕조는 1351년에 성립에서 미얀마에 멸망하는 1767년까지 약 400년 동안 지속해서 불상을 제작하고 사원을 건립했다.

아유타야 역사 공원 안에 있는 왓 라차부라나(Wat Ratchaburana)는 아유타야 왕조의 보롬마라차티랏 2세(Borommarachathirat II, 재위 1424~1448년)가 왕위를 둘러싸고 불운하게 죽은 2명의 형

---

58   Chris Baker, Pasuk Phongpaichit, (2017). A History of Ayutthaya. Cambridge University Press.

도판 5-3-45 | 동쪽 비하라에서 본 프랑(15세기, Wat Ratchaburana, Ayutthaya)

도판 5-3-46 | 프랑의 옥개 장식(15세기, Wat Ratchaburana, Ayutthaya)

을 추모하기 위하여 1424년에 창건한 사원이다. 창건 당시의 사원은 미얀마의 침략으로 파괴되어 원래의 모습을 찾아볼 수 없다. 여러 차례의 수리와 복원으로 비교적 원형이 잘 남아 있는 중앙 프랑의 옥개에는 스투코로 만든 나가, 가루다, 신장, 연꽃 등 장식이 남아 있다. 중앙의 프랑을 중심으로 해서 사방에 4개의 스리랑카식의 종형 불탑이 둘러싸고 있다. 전체적으로 앙코르와 수코타이 사원의 영향을 보이고, 남아 있는 불상은 우통 양식과 유사하다.

1957년 왓 라차부라나의 지하 성소가 도굴당하는 사건이 발생하여, 많은 순금제 불상과 공예품 등 도굴품에 관한 소문이 화제가 되었다. 도굴범들은 얼마 후 잡혔지만, 도굴품은 대부분 행방을 알 수 없게 되었다. 그 후 타이 문화부 예술국이 지하의 성소를 발굴 조사하여 남아 있던 순금 불상과 공예품을 수습하였다. 출토된 유물은 현재 사원 인근의 차오삼프라야 국립박물관이 소장하고 있다. 지하 성소는 왕의 형 2명의 유골을 화장하여 안치했고, 출토 유물은 부장품이었을 가능성이 크다. 순금으로 된 출토 유물은 당시 아유타야 왕조의 부와 높은 예술성을 잘 보여주고 있다. 수코타이의 합병 이후 수코타이 양식의 영향이 점차 증가하고 형식화했다.

태국 중부는 원래 몬족의 드바라바티가 지배했던 지역이었지만, 11세기에는 앙코르 왕조의 지배를 받았다. 이러한 역사를 반영하듯이 아유타야의 왓 프라두송탐에서 출토된 나가 위의 석가 좌상(7~8세기)과 왓 나프라멘에서 출토된 나가 위의 석가 좌상(12세기)은 앙코르 왕조의 영향을 받았다. 그 밖에도 왓 나프라멘에서 발견한 석가 입상의 허리띠의 문양은 바이욘 양식을 그대로 반영하고 있다. 왓 나프라멘은 아유타야 시내에 있는 13세기 사원이며, 미

도판 5-3-47 | 지하 성소 출토 순금 불상(15세기, Chao Sam Phraya Museum, Ayutthaya)

도판 5-3-48 | 왕의를 입은 불상(16세기, Wat Na Phra Men, Ayutthaya)

도판 5-3-49 | 우통 양식의 석가 좌상(13세기, Uthong style, Bangkok National Museum)

도판 5-3-50 | 아유타야 양식의 왓 씨랏타나마하타(15세기, Wat Phra Si Rattana Mahatha, Si Satchanalai)

얀마가 아유타야를 침략하여 수도를 초토화했음에도 기적적으로 남아 있다. 16세기 라마 3세가 복원한 아유타야 최대의 본당(Bot)에는 왕의 옷을 입은 높이 5m의 황금 불상이 안치되어 있다.

13세기 앙코르 왕조 세력이 사라지고 북방의 수코타이가 성립하는 과정에서 아유타야 주변 지역은 14세기 중반에 아유타야 왕조가 성립할 때까지 권력의 공백 지대가 되었다. 태국에서는 이 공백 지대에서 13~15세기에 걸쳐서 만든 불교 미술을 '우통 양식'이라고 한다. 우통은 원래 태국 중부에 있는 드바라바티 시대(6~11세기)의 도시 국가 이름이다. 그러나 우통 양식이라는 명칭은 드바라바티 시대의 도시 이름이 아니라, 아유타야 왕조의 초대 왕 우통(King U-thong, 1314~1369년)에서 유래한다.

도판 5-3-51 | 유행불(15세기, Wat Phra Si Rattana Mahatha, Si Satchanalai)

도판 5-3-52 | 아유타야 양식의 청동 불두(16세기, 높이 167 cm, Wat Phra Si Sanphet, Bangkok National Museum)

우통이라는 이름에서 기인하는 혼동을 피하고자, 최근 태국에서는 우통 양식을 포스트 앙코르 양식 또는 프레 아유타야 양식이라고 부른다. 그러나 이러한 양식 분류도 하나의 독립 왕조가 일관해서 만든 양식의 조형이 아니라, 주로 태국 중부에서 13세기에서 14세기 중반 앙코르 양식과 아유타야 양식의 과도기에 제작한 불상을 가리킨다. 롭부리의 왓 푸라쓰 리랏타나마하탓의 석가 좌상은 앙코르의 바이욘 양식의 영향을 받아서 롭부리에서 제작한 불상이다. 같은 시기의 우통 양식 불상과 비교하면 미묘한 차이가 있다. 아유타야 왕조의 사원은 수코타이 중심지에서 세워졌고, 대표적인 사원이 수코타이의 주요 위성 도시 씨 쌋치나라이의 왓 씨라타나마하타이다.

15세기에 아유타야는 계속 지배 영역을 확장하여 북방의 란나타이를 멸망시키고 앙코르를 침공하여 많은 전쟁 포로를 데리고 돌아왔다. 이렇게 태국은 아유타야 왕조에 들어서 동남아시아 대륙부의 패자가 된다. 1431년 아유타야의 앙코르 원정으로 동남아시아 대륙부를 지배했던 앙코르 대제국의 왕은 수도를 버리고 씨엠립 호수로 내려가 프놈펜에 새로운 거점을 만들었다. 동북 태국에서 세력을 잃고, 왕도 앙코르를 버리고 프놈펜으로 천도한 앙코르 왕국의 앞날은 이미 예견된 것이었다. 동서 교역로에서 크게 벗어난 앙코르는 얼마 가지 않아서 폐허가 되었고, 이후 크메르족은 역사의 중심 무대에서 사라진다.

　그러나 아유타야 왕조도 16세기 이후 미얀마의 따웅우 왕조로부터 끊임없이 공격받아 세력을 잃었다. 백제의 수도 부여가 나당연합군에 함락되었던 것처럼 1767년 미얀마군의 침략으로 평화로운 도시였던 아유타야는 폐허가 되었다. 아유타야의 멸망과 함께 동남아시아 대륙부는 중세 시대가 막을 내리고 유럽 열강의 식민지가 되었다. 동남아시아 대륙부의 중세 왕조의 흥망성쇠는 대하드라마같이 매우 흥미롭다. 역사 연구는 '언제', '누가', '어디서', '무엇을' 밝히는 것도 중요하지만 끊임없이 '왜?', '어떻게?'라는 문제를 사료를 근거로 하여 답을 찾아야 한다. 그 답은 현지를 돌아보고 조사하는 것에서 시작한다.

5-4. 라오스 란쌍 왕조

　동북 태국과 라오스에는 11세기 타이족의 일파인 라오족들이 벼농사를 영위하면서 정착했다. 메콩강에서 북쪽으로 약 25㎞ 떨어진 메콩강변의 바위 절벽에 있는 팍오우(Pak Ou) 동굴 유적은 하단(Tam Ting)과 산 중턱에 있는 상단(Tam Phun)으로 이루어져 있다. 동굴은 흔히 폭포와 함께 여성을 상징한다. 안에는 불상 총 4,000여 구가 안치되어 있다. 불상은 11세기부터 인근 주민들이 안치한 것으로 알려져 있다. 일반적으로 잘 알려진 하단의 탐팅 동굴에서 많은 불상이 마치 메콩강을 바라보는 듯이 안치되어 있다. 한편, 긴 계단을 오른 끝에 있는 상단의 탐팅 동굴은 선사 시대의 암채화가 일부 남아 있고, 예부터 라오스 새해에 왕족이 승려들과 함께 불상에 물(성수)을 부어 액막이 의례를 올리는 장소로 사용했다. 현재 동굴 유적 안에 남아 있는 불상은 란쌍 왕국 성립 이후에 만들었다.

　라오스의 건국 신화에 따르면 타이족의 쿤로가 메콩강을 내려와서 루앙프라방을 건국했다고 한다. 쿤로의 25대 자손인 화금(Fa Ngum)이라는 영웅은 태어났을 때 왕에게 미움을 받아 뗏목에 실려 메콩강에 버려졌지만, 앙코르 왕국의 궁

도판 5-4-1 | 탐팅 동굴 유적의 불상(란쌍 왕국, Tam Ting, Luang Prabang)

도판 5-4-2 | 루앙프라방(동남, Luang Prabang)

도판 5-4-3 | 성산 무시에서 본 왕궁과 메콩강(Phu Si, Luang Prabang)

전에서 성인이 되어 공주와 결혼하게 되었다. 그는 1349년에 앙코르 군사를 거느리고 라오스에 돌아와 비엔티안과 씨엥쿠앙의 무앙(성읍 국가)를 정복하고, 1353년에 루앙프라방에서 란쌍 왕국(백만 코끼리의 나라, Lanexang Kingdom)를 건국했다. 화금은 왕비의 소원을 받아들여 국교를 상좌부 불교로 정하고, 왕코르 왕도에서 삼장경(三蔵経)과 불상을 라오스로 보내게 했다. 이때 보내온 불상의 이름이 루앙프라방이고, 후에 란쌍 왕국의 수도명이 되었다.

역사적으로 란쌍 왕국의 성립은 아유타야 왕조의 교역망 통합에 대응한 중계 무역 세력의 자립화라고 할 수 있다. 란쌍 왕국은 중계 무역의 조직을 일원화하기 위하여 루앙프라방을 중심으로 메콩강변의 다른 물자 집약지에 있는 다른 무앙과 끊임없이 투쟁을 되풀이해야 했다. 1358년에는 란쌍 왕국이 태국의 치앙센 지역을 정복하고 비엔티안을 다시 탈환하여 메콩강 좌안 지역의 지배를 확정했다. 이어서 메콩강을 넘어서 동북 태국 중앙에 있는 로이엣을 점령하면서 란쌍 왕국은 아유타야 왕국과 직통하는 교역로를 장악하게 되었다. 이렇게 란쌍 왕국은 태국 북부 세계를 아유타야에 집약하기 위해 아유타야와 중국을 연결하는 교역로를 확보하며 발흥하였다.

도판 5-4-4 | 왓 하파방(루앙프라방 황궁, Vat Haw Pha Bang, Luang Prabang, Laos)

란쌍 왕국은 전성기에 메콩강 상류인 중국, 베트남, 동북 태국, 라오스의 참파삭까지 세력을 확장했다. 그러나 란쌍 왕국은 18세기 초반이 되면서 왕위 계승을 둘러싸고 내분에 접어들어 루앙프라방 왕국, 비엔티안 왕국, 참파삭 왕국으로 분열했다. 1353~1710년 전후를 통일 란쌍 시대, 그 후부터 1779까지를 삼국 시대로 분류하고 있다. 세 왕국으로 분열한 란쌍 왕국은 프랑스 식민지 시대와 내전을 거쳐서, 공산주의 혁명이 일어난 1975년까지 왕위를 이어갔다. 루앙프라방의 중심에는 푸시라는 산이 있고, 푸시와 메콩강 사이에 왕궁이 있다. 루앙프라방 왕궁은 프랑스의 식민지 시대인 1904년에 만들었으며, 현재 왕궁 박물관으로 사용하고 있다. 박물관에서 특히 주목되는 소장품은 동남아시아 왕권의 상징인 4개의 동썬 청동기로, 이들 청동기는 최근까지 왕실의 중요한 의례 때 사용되었다.

왕궁 앞의 푸시라는 산은 높이 150m의 뾰족한 독립 봉우리로 된 바위산이다. 메콩강과 남칸강 사이에 있는 루앙프라방의 전경을 바라볼 수 있다. 푸시라는 이름은 두 사람의 '선인(Si)'이 신의 계시를 따라서 이 '산(Phu)'에 도착하여 루앙프라방을 건설했다는 전설에서 유래한다. 푸시는 강(물), 산, 바위가 어우러진 동남아시아 대륙부 토착 신앙의 원형을 잘 보여주고 있다. 정상에는 불탑이 세워져 있고, 지금도 주변 사람들의 참배가 끊이지 않고 있다. 하지만 사람들이 소원을 비는 대상은 불탑이 아니라 그 밑에 있는 바위라는 점이 주목할 만하다. 원초적인 토착 신앙과 후대의 불교가 융합한 성소로 루앙프라방의 가장 중요한 성지이다. 산 입구에는 1860년에 세운 작은 사당(Vat Pahaouak)이 있고, 안에는 불교 설화를 주제로 한 벽화가 그려져 있다. 타이 양식의 불전도와 중국인으로 보이는 인물상이 그려져 있어, 중국과 타이를 잇는 교역 중계지였던 란쌍 왕국의 특성을 알려 주는 벽화이다.

메콩강을 따라서 왓 씨엥통, 왓 센, 왓 논씨콘무앙, 왓 씨엥무안, 왓 숩씨카람, 왕궁 등이 남아 있다. 라오스에서는 태국의 영향으로 사원을 'Vat'으로 표기하고 왓으로 읽는다. 사원

도판 5-3-53 | 푸시 정상의 불탑(Vat Chom S, Phu Si, Luang Prabang)

도판 5-3-54 | 불전도 벽화(1860년, Vat Pahaouak, Luang Prabang)

도판 5-4-5 | 왓 비수나랏의 본존불(란쌍 양식, Vat Visounarath, Luang Prabang)

도판 5-4-6 | 왓 센(1718년, King Kitsarath, Wat Sen, Luang Prabang)

도판 5-4-7 | 왓 씨엥무안(19세기, Vat Xieng Mouane, Luang Prabang)

도판 5-4-8 | 왓 솝시카람(18세기, Vat Sop Sickaram, Luang Prabang)

과 옛 왕궁 건물, 조상의 형식 등은 타이와 유사하며, 높은 단층의 박공지붕이 특색이다. 벽
이나 문에 채색하거나 금박을 붙인 것이 많다. 왓 씨엥통은 16세기의 전형적인 라오스 사
원이다. 왓 씨엥통은 라오스를 대표하는 사원으로 란쌍 왕국의 세타티랏(Setthathirath)왕이
1560년에 건립했다. 메콩강과 남칸강(Namkhan River)에 둘러싸인 반도 지형의 가장 끝인 북

도판 5-4-10 | 왓 씨엥통(Vat Xieng Thong, Luang Prabang)

도판 5-4-9 | 왓 솝시카람의 본존불(18세기, Vat Sop Sickaram, Luang Prabang)

도판 5-4-11 | 외벽의 금박 장식과 본존불(Vat Xieng Thong, Luang Prabang)

도판 5-4-12 | 왓 씨엥통 뒷면의 황금 나무 벽화(Vat Xieng Thong, Luang Prabang)

도판 5-4-13 | 왓 마이(란쌍 양식, Vat Mai, Luang Prabang)

도판 5-4-14 | 왓 마하탓의 란쌍 양식 불탑과 승원(Vat Mahathat, Luang Prabang)

도판 5-4-15 | 파탓루앙(1566년, Pha That Luang, Vientiane)

동부에 있으며 동남아시아에서 가장 아름다운 사원으로 알려져 있다. 먼 옛날에 비엔티안의 상인이 북부에 소금을 북부에 소금을 가지고 가면 부자가 될 수 있다는 꿈을 꾸고 메콩강을 배로 거슬러 올라가 소금을 팔아 막대한 재산을 모아 저택을 세웠고, 그 후에 왕이 이곳에 사원을 건립했다고 전해진다.

주 사당은 루앙프라방 양식이라 불리는 우아하고 대담하게 곡선을 그리는 작은 지붕을 겹쳐서 만들었다. 경사는 비엔티안 사원보다 느슨하게 곡선을 그리며 동쪽을 향해서 3단, 서쪽에는 1단의 지붕이 중첩하며 총 9개의 지붕으로 구성되어 있다. 벽면은 보석 상자가 연성되는 장식이 있고, 사당 뒷면에 황금 나무(천국의 나무)의 모자이크화가 그려져 있다. 북쪽 벽에는 시바의 아들 가네샤의 얼굴이 그려져 있으며, 본당 안과 배수관으로 연결되어 있다. 라오스의 설날인 4월의 피마이 라오 때 의례에 사용한 성수가 흘러나오는 곳이다. 많은 참배객이 이 물을 찾아 라오스 각지에서 모인다. 이 성수야말로 라오스 사람들이 가장 갈망하는 신의 축복이다. 동남아시아 성수 신앙의 전형을 잘 보여주는 사원이다.

왓 파탓루앙은 라오스 비엔티안에 있는 불교 사원으로, 라오스의 국장과 지폐에 그려져 있는 상징적인 사원이다. 3세기에 마우리아 왕조의 아소카가 파견한 불교 승려들이 처음 세웠다고 전해지는데, 역사적으로는 자야바르만 7세가 13세기에 세운 앙코르 형식의 불교 사원이 시원이다. 13세기에 지어진 중앙탑을 원형으로 16세기에 현재와 같은 사원을 세웠다. 19세기에는 태국의 시암군이 침공하여 무너지기도 했지만 여러 차례에 걸쳐서 복원되었다. 사원 앞에는 라오스를 대표하는 왓 씨앙톤을 건립한 란쌍 왕국의 세타티랏왕의 동상이 세워져 있다.

5-5. 베트남 왕조

베트남은 10세기에 중국으로부터 독립한 후 19세기 말 프랑스의 식민지가 될 때까지 비엣족이 세운 응오 왕조(Ngo, 吳, 939~944년), 딩 왕조(Dinh, 鄭, 965~980년), 전기 레(Le, 黎, 980~1009년), 리(Ly, 李, 1009~1225년), 쩐(Tran, 陳, 1225~1400년), 호(Ho, 胡, 1400~1407년), 후기 레 왕조(Le, 黎, 1428~1788년), 막(Mae, 莫, 1527~1592년), 떠이썬(Tay Son, 西山, 1788~1802년), 응우옌 (Nguyen, 阮, 1802~1945년) 등 여러 왕조의 흥망성쇠가 있었다.[59]

딘보린(Đinh Bộ Lĩnh, 丁部領)은 968년에 베트남에서 하남성 삼각주의 서쪽 다이강 하구에 가까운 호아루(華閭)에 대구월국(大瞿越國)을 건국했다. 호아루(Hoa Lư, 華閭)는 10~11세기 베트남 왕조의 수도였다. 호아루성의 넓이는 내부 궁전과 사원을 포함하여 3㎢이다. 현재 호아루 유적은 하노이에서 약 90㎞ 떨어진 남쪽 닌빈성 호아루현 쯔엉옌트엉 마을에 있다. 10세기 후반 중국에서 수년간 내전이 일어나자, 968년에 비엣족의 호족 세력인 딘보린(사후 딘띠 엔황 또는 초대 딩 황제)은 중국 남한(南漢) 왕조로부터 독립운동을 전개했다. 이후 호아루는 대월의 수도이자 경제, 정치 및 문화의 중심지였다.

호아루는 다이강에 의해서 형성한 삼각주 중심의 농업 핵심 영역과 남중국해를 연결하는 교역로의 요지이기도 하다. 호아루는 1010년에 하노이로 천도하기까지 반세기 동안 베트남의 수도였다. 979년 딘보린이 암살되자 송나라 군사의 침공이 시작되었다. 980년 레 호안(黎

---

59   유인선, 『베트남의 역사-고대에서 현대까지』, 이산, 2018년.

도판 5-5-1 | 호아루의 딘보린(丁部領) 사당(Hoa Lư, Đinh Tiên Hoàng Trường Yên Thượng village, Hoa Lư District, Ninh Bình)

桓)은 베트남군을 이끌고 송나라군을 물리친 후, 새로운 왕조를 열었다. 980년 베트남에 압박받은 점성왕(占城王)이 베트남 남쪽으로 천도하자 레 호안의 가신인 루 케통(劉繼宗)은 레 호안에게 반란을 일으켜 점성왕이 떠난 지역을 중심으로 하여 왕으로 즉위했다.

1009년 베트남에서 레 호안 왕조가 멸망하자, 리콩안(李公蘊) 장군이 즉위하여 리조를 건국했다. 리태조(재위 1009~1028년)는 수도를 하노이(昇龍城, Hoàng thành Thăng Long)에 정했다. 리조(Nhà Lý)는 1225년까지 계속되어 베트남에서 처음으로 장기간 안정적인 왕조가 탄생했다. 리조는 중앙 관청을 중국식으로 정비하였으며 1075년에 과거를 도입하여 관료제를 정비했다. 또한 유교, 불교, 도교를 장려했다. 하노이 탕롱 문묘는 공자(Khổng Tử)를 모시는 사당이자 베트남 유교의 대표적인 상징이다. 베트남어로 문묘는 반미우(Văn Miếu) 또는 반탄미우(Văn Thánh Miếu)로 불린다. 리탄똥(Lý Thánh Tông)왕은 처음으로 유교를 받아들여 1070년에 공자를 모시기 위한 문묘를 세웠고, 1076년 리(Lý) 왕조는 문묘 옆에 왕족 자제들의 교육을 위해 국자감도 설립했다. 1075년에는 송나라 신종(神宗)이 대월국을 침략하자 베트남의 리조가 이를 격퇴한 후 송나라와 대등한 외교를 전개했다. 1225년 여제 리소황(李昭皇, Lý Chiêu Hoàng)을 마지막으로 멸망했다.

1104년, 베트남 왕조는 베트남 중부의 점성(占城, 참파 왕국)을 침략하여 꽝안찌, 꽝빈을 점령하여 비엣족을 이주시켰다. 그로 인해 동남아시아 대륙부의 동해안은 베트남 왕조가 우위를 점하여 점성 왕국의 쇠락이 확정됐다. 베트남 왕조의 이러한 압박 때문에 참파 왕조가 메콩강으로 진출하여 왕국의 명맥을 유지하려 하자, 메콩강을 지배했던 앙코르 왕조와 격돌하게 되었다. 1050년에 즉위하여 앙코르 도성에 호국 사원인 바푸온과 서 바라이를 건설한 우다야딧야바르만 2세는 재위 당시 남부 및 북동부에서 빈발하는 반란에 시달렸고 잇따라 침입하는 참파와 전쟁할 수밖에 없었다. 1080년에는 메콩강의 중요한 산림 생산물의 집산지(과거 육진랍의 중심지) 삼보르를 참파군에게 점령당했다. 이를 계기로 하여 앙코르 왕국은 동북 태국 세력과 씨엠립의 앙코르 왕가로 분열했다.

만복사의 석가 좌상은 베트남 북부(대월)의 리조 시대에 창건했다고 전해지는 츄아팟틱

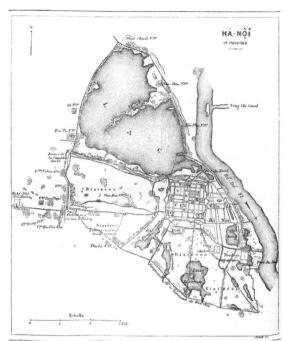

도판 5-5-2 | 탕롱탄 지도(하노이성, 1873년, Hoàng thành Thăng Long)

도판 5-5-3 | 하노이 탕롱 문묘(Văn Miếu,, Hanoi)

도판 5-5-5 | 진사비(晉祠碑, 1442~1779년, Văn Miếu,, Hanoi)

도판 5-5-4 | 탕롱 문묘의 공자상(Văn Miếu,, Hanoi)

(Chua Phat Tich=佛蹟寺)의 불상(11~12세기, 대리석, 높이 181㎝)으로 추정되며, 그 후 불적사는 진 (陳) 왕조 때 만복사(萬福寺)로 개명했는데, 1686년 비문에 따르면 리조(李朝) 3대 리성종(李聖宗) 이 1057년에 창건했다. 비문은 사원이 소실되어 1686년에 재건했다고 기록되어 있다. 그러

도판 5-5-6 | 석가 좌상(11~12세기, Chua Phat Tich, Tien Son, Bac Ninh)

도판 5-5-7 | 아마타여래 좌상(복제품, Chua Phat Tich, Tien Son, Vietnam National Museum of History)

나 만복사는 불행하게도 1948년의 프랑스와 독립 전쟁으로 또다시 파괴되어 당탑의 기단만 남아 있다. 이 만복사(불적사)의 불상은 창건 당시의 모습을 전하는 귀중한 유물이다. 중국 북송 시대 불상의 단정한 작품을 나타낸다. 전체적으로 좌우 대칭형으로 늘씬한 상반신, 양감 있는 다리, 긴장감 있는 용모 등은 북송 초기 조상의 모습을 느끼게 한다. 만복사의 원래 본존인 아미타여래 좌상(1057년 제작, 높이 292㎝)은 완전히 파괴되었는데, 최근에 복제품을 하노이의 베트남 역사박물관이 전시하고 있다.

몽골의 칭기즈칸은 1234년에 금나라를 점령한 후 비옥한 화중, 화남 지역과 남해 교역로를 장악하기 위해서 사천을 점령하여 남송 공격의 전진기지로 삼았다. 이어서 운남의 대리국을 점령한 후 1257년에는 운남에서 베트남으로 진군하여 하노이에 입성했다. 칭기즈칸 군은 1259년에 베트남에서 병사를 북상시켜 광서성을 교두보로 하여 남송을 공략했다. 1276에서 1279년까지 전쟁을 치른 끝에 결국 남송이 멸망했다. 남해 교역의 거점을 장악한 원나라는 1284년 베트남을 통하여 점성을 침략할 계획을 세웠다. 그러나 원나라의 강압적인 지배와 수탈로 베트남 세력의 저항에 직면하게 되었다. 1285년과 1286년에 침략한 원군은 베트남군의 게릴라전에 의해서 패퇴했다.

칭기즈칸은 두 번의 원정에 실패한 후, 1287년에 제3차 베트남 원정을 시작했다. 이번 원정에서는 칭기즈칸의 아들인 진남왕 토곤(脫驩, 탈환, 탈훈, 투간이라고도 한다)을 총사령관으로 하여 9만의 병력을 투입했다. 그 밖에도 수백 척의 전선과 장문호(張文虎) 장군이 이끄는 수십만 석의 식량을 운반하는 선단도 갖추고 있었다. 원군은 1288년에 하노이를 점령했지만, 이미 도성의 주민은 진 왕조의 전술적인 초토화 작전으로 피난했다. 원군은 아무것도 남아 있지 않은 도성 안에서 진 왕조의 게릴라 전술 때문에 갈수록 수세에 처했다. 위기에 처한 원군이 수로와 육로로 나누어 본국으로 퇴각하려고 하자, 진국준(陳國峻)은 백등강(白藤江)의 강바닥에 말뚝을 박아 놓고 복병을 배치했다. 원군의 전단이 강바닥에 말뚝을 박아 놓은 곳을 통과하려고 하자 베트남군의 작은 배에 분승한 수군이 원군의 전단을 강가로 유인한 후, 썰물이 되자 움직이지 못하는 원군을 공격하여 전멸시켰다.

보급 부대를 게릴라가 습격하는 작전은 베트남이 원나라와 전쟁할 때 기본 전략이었다. 이는 베트남의 진 왕조 시대에 홍강 삼각주 지대를 개척하는 데에 상당한 진척이 있었다는 것을 의미한다. 진 왕조는 1225년 홍강 삼각주 남부의 수상 세력이 리조 말기의 지방 세력을 진압하여 세운 왕조이다. 진 왕조 시대에 홍강 삼각주의 수리 공사가 뚜렷하게 진척되어, 당시 홍강과 다이강의 광대한 습지를 수전으로 개간한 덕분에 5월과 10월 이모작이 가능했다. 수전 농업의 발전에 따라서 인구는 폭발적으로 증가했다. 15세기 초에는 1㎢에 하나의 마을이 있었다고 한다.

홍강 삼각주를 정복한 진 왕조는 왕족을 각지의 영주로 파견했다. 이들 왕족은 임지에서 적극적으로 농지 간척 사업을 하였으며, 장원을 만들어 사병을 양성했다. 진 왕조는 통치권을 강화하기 위해 직계 혈연이 삼각주 각지에서 자립한 군사력과 생산력을 가진 지방을 통치하게 했다. 수전 간척과 쌀 이모작 등 농업 생산력이 향상하여 수공업의 발전을 촉진했다. 베트남에서는 12세기 이후 타인호아(Tinh Thanh Hóa)를 중심으로 중국 남송의 영향을 받아서 독자적인 작풍의 도자기를 만들었다. 14세기 초 원나라 시대의 용천 가마(龍泉窯)와 경덕진 가마(景德鎮窯)의 도자기 기술을 도입하여 베트남 도자기를 만들어 동남아시아 각지에 수출했다. [60]

14세기 초 원나라와 전쟁에서 승리한 결과 베트남의 정치 구조에 큰 변화가 시작되었다. 우선 왕족의 전제적 지배가 약해지면서 과거에 급제한 관료 세력이 커졌다. 관료는 군사와 행정 양면에서 왕족을 따돌리고, 마침내 14세기 후반에는 진 왕조 자체를 붕괴시킬 만한 힘을 가졌다. 생산력의 발전에 따라 농업 국가 안에서 관료적 중앙집권형 사회가 형성되는 과정을 보여주고 있다. 베트남 왕조는 이 시기부터 불교문화를 배척하고 통치 이념으로 중국 유교 문화를 적극적으로 받아들였다.

60 　김인규, 『동남아시아 도자기 연구』 솔과학, 2012년.

도판 5-5-8 | 청화목단당초문병(1450년, 黎朝 太和 8
年銘, Topkapi Sarayi Museum, Istanbul)

도판 5-5-9 | 화반(15~16세기, 黎朝, Indonesia National Museum,
Jakarta)

도판 5-5-10 | 일주사(一柱寺, Chua Mot Cot, Dien Huu Tu, Hanoi)

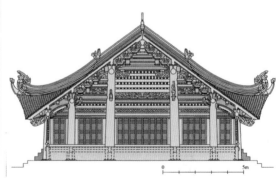

도판 5-5-11 | 단(亭)의 측면도(여조 후기, 18세기, Dinh Bang, Tien
Son, Bac Ninh)

    베트남의 북부 지역의 비엣족 사원은 목조 건축의 불교 사원 츄아(Chua)라고 불린다. 베트
남에 불교가 전파된 시기는 기원 전후로, 10~14세기에 왕과 귀족이 귀의하여 불교가 성행했

지만 14세기 이전의 목조 건축은 현존하지 않는다. 현재 전형적인 추아는 근세의 북부에서 건립된 것으로, 내부에는 아미타여래(과거)·석가여래(현재)·미륵보살(미래)인 삼세불, 유교, 도교, 지모신을 모신다. 법우신(法雨神)·호운신(法雲神)·호전신(法電神)·호뢰신(法雷神)인 농업 사법신도 믿는다. 추아 팍반 상전(太樂寺, 훈이엔성 14세기 말~16세기), 추아 자우 상전(延磨寺, 박닌성 15~16세기)은 현존하는 가장 오래된 목조 건축물이다. 내부 공간은 불전, 상전과 배전에 해당하는 전당(前堂)을 승려가 의례를 하는 소향당(燒香堂)으로 연결하는 구성이 일반적이지만, 17세기 이전에는 전당, 불전, 상전(上殿) 등 각 건물이 독립적으로 존재했다.

베트남의 목조 종교 건축물 중에는 마을의 수호신을 모시는 딘(Dinh, 亭)이 있다. 지연적 성격이 강하고 마을 회의나 마을 축제 등을 하는 마을의 중심 역할을 하는 사당이다. 우원산신(傘円山神), 제석천, 천신, 쯩짝(徵側)과 쯩니(徵弍) 자매, 국민적 영웅, 마을 설립자 등을 모신다. 한 마을에 하나의 신을 모시는 것이 원칙이지만, 복수의 신을 모시기도 한다. 딘은 추아와 마찬가지로 북부 지역에 남아 있다. 딘과 추아의 가구 형식과 조각 양식은 유사점이 많지만, 딘은 추아보다 조각이 화려하고 신화에 등장하는 동물이나 인물상 등 토착적 요소가 더 많이 새겨져 있다. 북부 지역에는 추쿤 마을(하타이성), 딘방 마을 등에 대표적인 딘이 남아 있다.

베트남 북부 남딘 툭맥 마을에는 불교 사원 추아포민(Chua Pho Minh=普明宝塔寺)이 있다.

도판 5-5-12 | 포민 탑(1305년, Chua Pho Minh, Nam Dinh)　도판 5-5-13 | 천모사의 전탑(1601년, Tháp Phước Duyên, Chua Thien Mu, Hue)

1262년 쩐왕조(Trần Triều)의 역대 상황의 별궁이었던 중광궁(重光宮=天長殿)에 인접하여 세운 사원이다. 상황이 된 3대 황제 쩐인종(Trần Nhân Tông / 陳仁宗, 1258~1308년)은 이 사원에서 깨달음을 얻고, 법라 법사(法螺, 1284~1330년)와 현광 법사(玄光, 1254~1334년)가 1293년에 죽림 선종을 창설했다. 쩐영종(Trần Anh Tông, 陳英宗, 1276~1320년)이 1305년에 사리탑(舍利塔)인 보명탑(Thap Pho Minh)을 건립했다. 보명탑은 방형의 평면으로, 높이는 약 17m이며 14층으로 구성되어 있다. 기단과 초층은 석재, 2층 이상은 벽돌로 만든 전탑이다. 응우옌 왕조인 1601 년에 세운 천모사(天姥寺, Chua Thien Mu)에 전탑이 남아 있다.

명나라는 1406년에 병력 10만 명을 베트남으로 진격시켰다. 새로운 국가 건설을 지향 하면서 체질적으로는 진 왕조의 옛 제도를 이용하여 탄생한 호꾸이리(Hồ Quý Ly, 胡季犛, 1336~1407년)는 얼마 가지 않아 중국의 일부로 통합되었다. 1418년에는 명의 과도한 통치, 부역과 조세의 과중한 부과에 저항하여 타인호아를 중심으로 레로이(黎利, Lê Lợi)가 독립 전 쟁을 일으켰다. 레로이는 장기간의 게릴라전을 전개하여, 1428년 하노이의 중국 군사를 물 리치고 레 왕조(黎朝)를 세웠다.

그해 레태조(Lê Thái Tổ, 黎太祖, 1385~1433년)는 하노이를 수도로 정했다. 레 왕조는 베트남 에 처음으로 율령 국가를 성립했다. 레 왕조에 이르러 리조와 진 왕조를 통해 필사적으로 노 력하여 받아들인 중국의 문물을 도입한 노력이 자리를 잡기 시작했다. 중국 정치 제도는 농 업 사회를 기반으로 성립했다. 동남아시아에서 중국적인 국가 이념을 도입하여 정착한 왕 조는 베트남의 레 왕조가 처음이다.

도판 5-5-14 | 호이안 구시가지를 흐르는 투본강(Mạc Đăng Dung, Hoian)

국내 정비를 끝낸 레 왕조의 성종은 베트남 남 쪽 있던 점성(참파)을 공격하여 막대한 재화를 수 탈했다. 베트남군은 1471년에 점성의 비자야를 점령했다. 점성은 두 번 다시 부흥하지 못하고 베트남 남쪽으로 도망한 후 멸망했다.[61] 16세기 로 들어서면서 베트남은 이전까지 중앙 정부가 지배했던 여러 군벌이 각지에 자립하여 다시 혼 란의 시대가 되었다. 1527년에 막등용(Mạc Đăng Dung, 莫登庸, 1470~1541년)이 레공황(Lê Cung Hoàng,

61   가종수, 베트남 참파의 사원과 조상, 『계간 한국의 고고학』 제24호, 주류성 출판사, 2013)

도판 5-5-16 | 호이안의 내원교(1593년, Lai Viễn Kiều, Hoian)　　　도판 5-5-17 | 후에 왕궁의 오문(午門, 1833년, Ngo Mon, Nguyen, Hue)

도판 5-5-15 | 황제가 집무를 보았던 태화전(1833년, 후에 왕궁, 응우옌 왕조, Hue)

黎 恭皇, 1507~1527년)을 폐위하고 왕위에 즉위했지만, 16세기 중반 베트남은 남북으로 분열했다. 호이안 구시가지(15~19세기)를 가로지르는 투본강(Sông Thu Bồn, 瀧秋盆)은 베트남 중부 꽝남성 근처를 흐르는 강이다. 호이안은 투본강과 더불어 국제적인 항구 도시로 발전했다.

　16세기 후반에 호이안에 일본인 상인의 왕래가 빈번하여, 우리나라 부산의 초량왜관(광복동 지역)과 비슷한 일본인 거주지를 형성했다. 일본 상인은 베트남에서 도자기와 동남아시아 특산품을 사들여 중국(명나라)과 부산을 거쳐서 일본 각지에 판매했다. 히로시마현립 역사박물관에는 쿠사도센겐 유적(草戸千軒町遺跡)에서 조선 왕조의 백자와 베트남의 도자기와 동반 출토된 유물들을 전시하고 있다. 호이안 시내에는 지금도 당시 일본인이 세웠다고 하는 내원교(來遠橋, 1593년)가 남아 있다.

16~18세기에 중부 베트남(広南)에 꽝남국(Quảng Nam Quốc)이 있었다. 후에를 수도로 하는 응우옌씨 왕조이다. 1558년 북부 레 왕조의 권신 응우옌호앙(Nguyễn Hoàng, 阮潢, 1525~1613년)은 정(鄭)씨와의 정쟁에 패하여 왕도 하노이에서 쫓겨나게 되자, 당시 변방이었던 후에에 군대를 주둔시켜서 실질적으로 독립했다. 응우옌씨(阮氏)는 때마침 남해 교역의 호경기로 일본, 포르투갈, 네덜란드와 교역하여 융성했다. 후에를 수도로 하는 응우옌씨(阮氏) 왕국을 중국과 일본에서는 꽝남국이라 불렀다. 17세기에는 북부 정씨의 남침을 막고 캄보디아의 메콩강 삼각주를 강탈했지만, 1777년 떠이썬(西山) 응우옌씨(阮氏)의 반란으로 멸망했다.

1788년 응우옌후에(Nguyễn Huệ, 阮惠, 1753~1792년)는 왕위에 올라 연호를 꽝쭝(光忠)이라 하여, 떠이썬(Tay Son, 西山) 왕조를 세웠다. 떠이썬 왕조는 베트남 역사에서 유일하게 농민 반란으로 세운 왕조이다. 떠이썬 왕조는 지역과 이념을 초월한 인재 등용에 힘썼고, 지방 교육에도 적극적이었다. 그러나 왕족인 완복영(阮福映 / Nguyễn Phúc Ánh)은 1802년 떠이썬(西山) 응우옌씨(阮氏)를 멸망시키고, 통일 베트남을 재건했다. 이것이 베트남 마지막 왕조인 응우옌(Nguyen) 왕조이다. 응우옌 왕조는 오늘날의 베트남 영토를 포괄하는 최초의 통일 왕조로 당시 청과 협상하여 베트남(Vietnam, 越南)이라는 이름을 처음 사용했다. 수도를 후에로 천도하여 강력한 중앙집권화 왕조를 수립하고 영토를 캄보디아 남부까지 확장했다. 그러나 1858년 프랑스와 스페인 연합군이 다낭시를 공격했고, 1884년 프랑스에 주권을 빼앗기게 되었다.

참고 문헌

제1장

Coedès, George (1968). Walter F. Vella (ed.). The Indianized States of Southeast Asia. trans. Susan Brown Cowing. University of Hawaii Press.

가종수, 『보로부두르-찬란한 불교 미술의 세계-』 북 코리아, 2013.

新田榮治·西村正雄·坂井隆, 『東南アジアの考古學』 同成社, 1998.

新田榮治編, 『岩波講座東南アジア史』 1, 2001.

高谷好一編, 『東南アジアの自然』 弘文堂, 1990.

賈 鍾壽, 『バリ島—Island of Gods—』 大学教育出版, 2009.

클리퍼드 기어츠 지음, 김용진 옮김, 『극장국가 느가라 19세기 발리의 정치체제를 통해서 본 권력의 본질』 눌민, 2017.

Higham, Charles (2002). Early cultures of mainland Southeast Asia.

안승모, 『아시아 재배벼의 기원과 분화』 학연문화사, 1999.

조흥국, 『한국과 동남아시아 교류사』 소나무, 2009.

권오영, 『고대 한반도와 동남아시아의 교류에 대한 고고학적 연구』 서울대학교, 2013~2016.

H. R. Van Heekeren. (1957). The Stone Age of Indonesia. Nijhoff.

H. R. Van Heekeren. (1989). The Bronze-Iron Age of Indonesia. S. Gravenhage Martinus NIJHOFF.

Higham, C. F. W. and Thosarat, R. (eds), The Excavation of Khok Phanom Di: Volume V: The People, by N. G. Tayles, The Society of Antiquaries of London, 1999.

Higham, C. F. W. & R. Thosarat. (ed.) 2004. The excavation of Khok Phanom Di, Volume VII. The Society of Antiquaries of London.

제2장

新田榮治·西村正雄·坂井隆(1998) 제1장 문헌 참조

Moktar Saidin (2011). From Stone Age to Early Civilisation in Malaysia: Empowering Identity of Race (Penerbit USM)

Douglas D. Anderson. (1990). Lang Rongrien Rockshelter. A Pleistocene, Early Holocene Archaeological Site from Krabi, Southwestern Thailand. University of Pennsylvania Press.

ハ·ヴァン·タン (著), 菊池誠一 (翻訳), 『ベトナムの考古文化(人類史叢書)』 六興出版, 1991.

Taylor, Keith Weller. (2013). A history of the Vietnamese. University of California Press.

이선복, 『항쪼 유적 베트남 호아빈 문화 조사 보고서』 서울대학교 역사연구소, 2008.

Peter S. Bellwood. (1979). Man's Conquest of the Pacific: The Prehistory of Southeast Asia and Oceania. Oxford University Press.

Bulbeck, D. (1997) "Description and preliminary analysis of the human remains from Gua Peraling,

Kelantan, Malaysia", report to the Department of Museums. Cambridge University Press c2013

Noel Hidalgo Tan, (2014), Rock Art Research in Southeast Asia: A Synthesis, Arts 2014.

Ivan Glover; Peter S. Bellwood (2004). Southeast Asia: from prehistory to history. Routledge Curzon.

Amara Srisuchat, Amara. (1990). "Rock Art at Khao Plara", Uthai Thani. Bangkok: The Fine Arts Department, Thailand.

Trinh Nang Chung. (2009). Study of ancient carved figures on rock At Xin Man, Ha Giang. Institute of Archaeology Viet Nam Academy of Social Sciences.

제3장

ハ・ヴァン・タン他(菊池誠一訳),『ベトナムの考古文化』, 六興出版, 1991.

Goscha, Christopher. (2016). Vietnam: A New History. New York: Basic Books.

新田榮治・西村正雄・坂井隆(1998) 제1장 문헌 참조.

Taylor, K. W. (2013), A History of the Vietnamese, Cambridge University Press.

Charles Higham. (2002). Early Cultures of Mainland Southeast Asia. River Books, Bangkok.

Charles Higham. (1996). The Bronze Age of Southeast Asia (Cambridge World Archaeology)

新田榮治編著,『東南アジア考古學最前線』第15回「大學と科學」公開シンポジウム, 2001.

Charles Higham and RachanieThosarat. (1998). "Early Thailand", River Books.

콜린 렌프류, 폴 반 지음, 이희준 옮김, 『현대 고고학의 이해』(Archaeology: Theories, Methods and Practice,) 사회평론, 2006.

안승모, 「동남아시아의 초기 도작」, 『한국고고학보』27, 96-155쪽, 1991.

Peter Bellwood. (2005), First Farmers: The Origins of Agricultural Societies, John Wiley & Sons.

Solheim II, Wilhelm G.; Gorman, Chester F. (1966). "Archaeological Salvage Program; Northeastern Thailand-First Season" (PDF). Journal of the Siam Society. 54 (2): 111-210.

Victor Paz. (2004). Southeast Asian archaeology : Wilhelm G. Solheim II festschrifted. University of the Philippines Press.

DONN T. BAYARD. (1976). Excavation at Non Nok Tha, Northeastern Thailand, AN INTERIM REPORT. University of Hawaii Press.

E. Nitta: "Archaeological study on the ancient iron-smelting and salt-making industries in the northeast of Thailand. Preliminary report on the excavations of Non Yang and Ban Don Phlong". Journal of Southeast Asian Archaeology, Bd. 11 (1991), S. 1-46.

Nitta Eiji. 1997. Iron-Smelting and Salt Making Industries in Northeast Thailand. Bulletin of the Indo-Pacific Prehistory Association. (PDF)

Nguyen, T. T.; Dinh, N. T. Discovery and Research of Megalith Sites in Soc Son (Ha Noi-Vietnam). Presented at the Training/Workshop on the Introduction to Rock Art Studies in Southeast Asia, Bangkok, Thailand, 2-13 May 2011.

Higham, C. F. W. & Kijngam, A., (2011). "The Origins of the Civilization of Angkor. Volume IV. The Excavation Ban Non Wat: the Neolithic Occupation." Bangkok, The Fine Arts Department of

　　　Thailand.

俵 寛司,「古式銅鼓の再編-HegerⅠ式後半期銅鼓に関する形式額學的研究-」『新田榮治先生退職記念, 東
　　　南アジア考古學論集』新田榮治先生退職記念東南アジア考古學論集, 2014.

김인규,「동남아시아 청동북의 기원과 전개」『동북아문화연구』27, 2011.

닛타 에이지,「동남아시아의 주연형 동고-그 존재와 제작, 유통에 대한 사회적 의의」『계간 한국의 고고
　　　학』19, 주류성출판사, 2012

新田榮治,「周縁型銅鼓の製作とその流通」『地域の多様性と考古學』雄山閣出版, 2007.

부산박물관,『베트남, 홍강에서 메콩강까지 : 2010 부산박물관 국제교류전』2010.

今村啓爾,「古式銅鼓の変遷と起源」『考古學雜誌』59(3), 1973-12.

가종수,「동남아시아 대륙부의 선사 시대 문화-라오스 참파삭을 중심으로-」『계간 한국의 고고학』제32
　　　호, 주류성출판사, 2016.

新田榮治,「銅鼓の起源と拡散」『海の道と考古學』高志書院, 2010.

横倉雅幸,「ヴェトナム金属器文化の起源」『考古學雜誌』72-3, 1987.

鈴木朋美, ベトナム中部出土土器棺の型式学的研究,『早稲田大学大学院文学研究科紀要』第4分册 57,
　　　97-115, 2011.

山形眞理子,「ベトナムの甕棺葬―その起源に関する予察―」『早稲田大学大学院文学研究科紀要』52.
　　　97-115. 2007.

가종수, 라오스의 거석문화,『계간 한국의 고고학』제29호, 주류성출판사, 2015.

가종수, 기무라 시게노부 편저,『한국 석상의 원류를 찾아서』북코리아, 2011.

제4장

山形眞理子,「林邑建國期の考古學的樣相-チャキウ遺跡の中國系遺物の問題を中心に」『東南アジア考古
　　　學』17, 1997.

大林太良編,『民族の世界史 6 東南アジアの民族と歴史』山川出版社, 1984.

Piriya Krairiksh. (2012). "Root of Thai Art". River Books.

Thosarat and Charles Higham. (2012). Early Thailand : From Prehistory to Sukhothai by Rachanee. River
　　　Books.

伊東利勝,「綿布と旭日銀貨：ビュー, ドヴァ-ラヴァティ-, 扶南」山本達郎 編,『岩波講座東南アジア史』
　　　第1巻, 岩波書店, 2001.

浅井和春,「プレ・タイ期の彫刻」『世界美術大全集東洋編第12巻東南アジア』小學館, 2001

Philip Rewson, (1990). THE ART OF SAOUTHEAST Asia. Thames and Hudson Ltd London.

鈴木 峻,『扶南・眞臘・チャンパの歴史』めこん, 2016.

Ho Chuimei 何翠媚. (1991) : Ceramic Found ad Excavations at Ko Kho Khao and Laem Pho, Southern
　　　Thailand(タイ南部・コーカオ島とポー岬出土の陶磁器),『貿易陶磁研究』11, 日本貿易陶磁研究
　　　会.

鈴木 峻,『シュリヴィジャヤの歴史―朝貢体制下における東南アジアの古代通商史』めこん, 2010.

淺湫毅,「タイ族の美術」『世界美術大全集東洋編12＋東南アジア』小學館, 2001.

TAKASHI SUZUKI, (2019), "THE HISTORY OF SRIVIJAYA, ANGKOR and CHAMPA", Mekong.

Naizatul Akma Mohd Mokhtar, Mokhtar Saidin. The contribution of technical ceramic to iron smelting production at Sungai Batu, Bujang Valley, Kedah. Centre of Global Archaeological Research, Universiti Sains Malaysia. 2 August 2020.

杉本直治郎, 『東南アジア史+究』 厳南堂書店, 1968.

石沢良昭, 『〈新〉古代カンボジア史研究』 風響社, 2013.

杉本直治郎, 『東南アジア史研究Ⅰ』 厳南堂書店, 1968.

Jean Boisselier/石澤 良昭, 中島節子訳, 『クメールの彫像』 連合出版, 1986.

Vickery, Michael. (1998). Socity, Economics and Politics in Pre-Angkor Cambodia: The 7th-8th Centuries. Tokyo.

賈鍾壽, 「クメール寺院の始原を探る-ラオスのワット・プーとホンナンシダ遺跡を中心に」 『環太平洋文化』 第31号, 2017.

한국문화재재단, 『앙코르 제국의 고대 성지-잊혀진 신들의 낙원』 2020.

가종수, 「베트남 참파 왕조의 사원과 조상」 『계간 한국의 고고학』 제24호, 주류성출판사, 2013.

Miksic, John Norman; Yian, Goh Geok (2016). Ancient Southeast Asia. Routledge.

重枝豊, 「ヴェトナムの建築」 『世界美術大全集東洋編第12巻東南アジア』 小學館, 2001.

서규석, 『잊혀진 문명 참파』 리북, 2013.

제5장

Higham, Charles (2002). Civilizations of Angkor. University of California Press.

小川晴暘寫眞, 小川光暘 監修・解説, 『アジアの彫刻』 読売新聞社, 1968.

Charles Higham 지음, 조홍철 옮김, 조홍국 감수, 『앙코르 문명 The Civilization of Angkor』 소나무, 2009.

John N. Miksic (Editor), Noerhadi Magetsari, Jan Fontein, Timbul Haryono, Idham Bachtiar Setiadi. (2011). Borobudur: Majestic Mysterious Magnificent. Tuttle Publishing.

Freeman, Michael; Jacques, Claude (2006). Ancient Angkor. River Books.

Rooney, Dawn F. (2011). Angkor: Cambodia's Wondrous Khmer Temples (6th ed.). Odissey.

石澤良昭, 『古代カンボジア史研究』 國書刊行會, 1982.

石澤良昭, 『アンコール・王たちの物語』 日本放送出版協會, 2005.

東照司著, 『アンコールワットの彫刻』 雄山閣, 2009.

고정은, 「앙코르와트 제1회랑에 나타난 '32지옥도'의 도상특징과 그 의미」 『강좌미술사』 36, 2011.

朴亨國, 「バイヨンの四面塔に関する二・三の考察」 共著, 『アンコール遺跡調査報告書1998』

朴亨國, 「バイヨンの四面塔について」 共著, 『1999年第5回バイヨン調査報告書』

Higham, C., (2014), Early Mainland Southeast Asia, Bangkok: River Books Co., Ltd.

内田悦生, 『石が語るアンコール遺跡-岩石學からみた世界遺産-』 早稲田大學出版部, 2011.

朴亨國, 「バイヨン修復活動における美術史學—巨大尊顔の新解釈—」 『建築雑誌』 118-1507, 2003.

한국문화재재단, 『라오스 홍낭시다 유적 문화재 발굴 조사 1차 보고서』 2007.

한국문화재재단, 『라오스 홍낭시다 유적 문화재 발굴 조사 2/3차 보고서』, 2020.

新田榮治, 「陣毯」の図像學—漢文史料とパノムルン中央祠堂レリーフから—」『東南アジア古代·中世考古學の創生』鹿児島大學法文學部人文學科比較考古學研究室, 2013.

Htin Aung, Maung (1967). A History of Burma. New York and London: Cambridge University Press.

가종수, 「미얀마의 바간 유적」『계간 한국의 고고학』제30호, 주류성출판사, 2015.

千原大五郎, 『東南アジアのヒンドゥー·仏教建築』鹿島出版會, 1982.

上野邦一, 「ミャンマーの建築」『世界美術大全集東洋12編東南アジア』小學館, 2001.

Donald M. (2013). Stadtner Ancient Pagan. River Books.

Betty Gosling. (1991). Sukhothai Its History, Culture, And Art. Asia Books (Oxford University Press), Bangkok.

伊東照司, 『夜明けのスコータイ遺跡』雄山閣, 平成26年.

成田剛, 「タイの建築」(『世界美術大全集東洋12編東南アジア』小學館, 2001年)

Chris Baker, Pasuk Phongpaichit. (2017). A History of Ayutthaya. Cambridge University Press.

유인선, 『베트남의 역사-고대에서 현대까지』이산, 2018.

김인규, 『동남아시아 도자기 연구』솔과학, 2012.

가종수, 「베트남 참파의 사원과 조상」『계간 한국의 고고학』제24호, 주류성출판사, 2013.

사원 및 유적 찾아보기

후기

　본서를 집필하는 데 있어서 8년간의 도시샤대학(同志社大學)에서 수학한 경험과 1980년대부터 동남아시아 각지에서 현지 조사한 자료가 큰 힘이 되었다. 도시샤대학 문화사학과에서 모리 고이치(森浩一) 교수님께 고고학, 오가와 고요(小川光暘) 교수님께 미술사의 가르침을 받은 것이 저자의 연구 기반이 되었다. 도시샤대학 문화사학과에서 고고학, 미술사는 물론 미학과 민족학 등 폭넓게 배운 지식들이 저자의 동남아시아 연구의 길잡이가 되었다. 또한 동남아시아 고고학을 평생 연구하신 가고시마대학 명예교수 닛타 에이지(新田 榮治) 선생님께 지금까지 많은 가르침과 발굴 조사 자료를 받았다.

　1992년 이후부터 지금까지 슈지츠대학(就實大學)의 '지역사 특수 연구(동남아시아)' 수강생들을 데리고 매년 동남아시아 각지의 유적을 답사해 왔다. 2014년에 탐마삿대학의 객원 연구원이 되었을 땐 대학에는 적만 두고 타이, 미얀마, 라오스, 캄보디아, 베트남의 오지에 있는 유적과 지방 박물관을 샅샅이 조사하였다. 본서에 게재한 사진들 대부분은 당시 촬영했던 사진이다. 2015년의 한국문화재재단 연구위원을 하면서, 다시 태국, 라오스, 캄보디아의 국경 지대에 있는 유적을 면밀하게 조사할 기회가 있었다.

　타이 문화부 예술국과 탐마삿 대학, 미얀마의 바간 고고국(U Aung Naing Myint Director, U Ko Ko Aung Assistant Director), 캄보디아의 압사라와 왕립예술 대학교, 라오스 문화관광국, 베트남의 현지 조사에서는 국립 하노이 대학 인문사회학부 고고학과의 람티미둥(Lam Thi My Dung) 교수님, 말레이시아의 현지 조사에서는 국립 말레이시아 과학대학 고고학 연구소의 목타르 사이딘(Moktar Saidin, Director of Centre for Global Archaeological Research Malaysia in Universiti Sains Malaysia) 교수님, 부산외국어대학교 박장식 교수님, 인제대학교 이동희 교수님께 많은 지도와 도움을 받았다. 동남아시아 각국의 국립 박물관, 국립 고고학 연구소의 자료 제공과 조사 협력에 깊은 사의(謝意)를 표한다.

고고학 관련 서적을 보면 도면, 발굴 사진, 출토 유물 등 매장 유적을 중심으로 하는 보고서 형식이 주류이지만, 본서는 독자들이 동남아시아 대륙부의 역사와 문화를 바르게 알고 쉽게 이해하기 위해서 게재 사진 작업에 큰 노력을 했다. 앙코르 와트 부조는 프로 사진가의 힘을 빌리지 않으면 아름다움을 오롯이 담을 수 없었다. 또한 동남아시아 대부분의 선사 유적은 외부 사람이 쉽게 접근할 수 없는 오지의 산악지대에 있는 것이 많고, 조사 허가조차 받기가 쉽지 않은 유적이 많다.

경주의 문화재 전문 사진가 오세윤 작가님은 타이, 라오스, 캄보디아의 장기간 현지 조사에 동행해 주셔서 많은 사진 작품을 제공해 주셨다. 이 책에 사진 작품의 게재를 허락해 주신 오세윤 작가님께 깊은 감사를 드리고, 본서의 '오세윤 촬영'이라고 명기한 사진의 저작권은 오 작가님께 있다. 1992년부터 장기간의 동남아시아 현지 조사를 허락해준 슈지츠대학 종합역사학과 동료 교수들과 슈지츠대학에 깊은 감사를 드린다. 우리나라에서 '동남아시아 고고학'이라는 책명의 첫 책을 출판해 주신 학연문화사의 권혁재 대표님과 권이지 실장님에게 깊은 사의(謝意)를 표한다.